DER WEG ZUR PROSPERITÄT

STEPHAN SCHULMEISTER

DER WEG ZUR PROSPERITÄT

ecoWIN

SALZBURG – MÜNCHEN

Sämtliche Angaben in diesem Werk erfolgen trotz sorgfältiger Bearbeitung ohne Gewähr. Eine Haftung der Autoren bzw. Herausgeber und des Verlages ist ausgeschlossen.

2. Auflage
© 2018 Ecowin Verlag bei Benevento Publishing,
eine Marke der Red Bull Media House GmbH,
Wals bei Salzburg

Alle Rechte vorbehalten, insbesondere das des öffentlichen Vortrags, der Übertragung durch Rundfunk und Fernsehen sowie der Übersetzung, auch einzelner Teile. Kein Teil des Werkes darf in irgendeiner Form (durch Fotografie, Mikrofilm oder andere Verfahren) ohne schriftliche Genehmigung des Verlages reproduziert oder unter Verwendung elektronischer Systeme verarbeitet, vervielfältigt oder verbreitet werden.
Gesetzt aus der Minion Pro, Helvetica Neue, BaseTwelve

Medieninhaber, Verleger und Herausgeber:
Red Bull Media House GmbH
Oberst-Lepperdinger-Straße 11–15
5071 Wals bei Salzburg, Österreich

Statistik: Eva Sokoll
Grafik: Studio 2000, Wolfgang Fuehrer
Lektorat: Bernd Klöckener
Satz: MEDIA DESIGN: RIZNER.AT
Umschlaggestaltung: b3K design, Andrea Schneider, diceindustries
Printed in Czech Republic

ISBN 978-3-7110-0148-1

*Den Neoliberalen in allen Parteien,
in den Medien und in der Wissenschaft.*

INHALT

1. Einleitung 9

Teil I
Theorieproduktion als sozialer Prozess
2. Der Markt als höheres Wesen:
   Idealistische versus realistische Wirtschaftstheorien 18
3. Exkursion mit Ludwik Fleck:
   Wissenschaftliche Weltbilder als »Harmonie der Täuschungen« 36
4. Die »unsichtbare Hand«:
   Markt als Subjekt, Mensch als Objekt und der
   missbrauchte Adam Smith 48

Teil II
Von der Depression zur Prosperität und zurück
5. Lernen aus der Weltwirtschaftskrise:
   Keynesianismus als Fundament von sozialer Marktwirtschaft
   und Prosperität 58
6. Restauration der »Marktreligiosität«:
   Gegen-Aufklärung bereitet den Boden für den Wechsel
   der »Spielanordnung« 75
7. Ent-Fesselung der Finanzmärkte und
   Selbst-Entmündigung der Politik:
   Der lange Weg in die große Krise 104

Teil III
Ein neuer theoretischer Rahmen
8. Realkapitalismus und Finanzkapitalismus:
   Zwei »Spielanordnungen« wechseln sich ab 124
9. »Lassen wir unser Geld arbeiten«:
   Finanzspekulation und ihre Folgen 157
10. Zwillingsprobleme:
    Arbeitslosigkeit und Staatsverschuldung 190

Teil IV
Europa in der Sackgasse
11. Therapie als Teil der Krankheit:
 Südeuropa in der Depression 210
12. Vor der Finanzkrise:
 Südeuropa expandiert, Deutschland stagniert 232
13. Austeritätspolitik:
 Zwanzig Jahre nach den USA setzt sich auch Deutschland ab 242
14. Der Euro:
 Das Richtige im Falschen 252

Teil V
Eine verheerende Gesamtbilanz
15. Vertrauensverlust und Zukunftsangst:
 Die herrschende »Spielanordnung« demoliert
 das Europäische Sozialmodell 272
16. Eigennutz, Leistungsstärke und Konkurrenz:
 Wie neoliberale Grundwerte unser Leben verändern 284
17. Neoliberalismus als Theorie und Politik:
 Ein unfassbar falsches Ganzes 295

Teil VI
Navigation aus der Krise
18. Überwindung des Finanzkapitalismus:
 Es braucht menschengerechte Theorien 306
19. Erneuerung des Europäischen Sozialmodells:
 Konkrete Vorschläge 315
20. Die Rolle von Ökonomen:
 Von der »Marktreligiosität« zurück zu Aufklärung und
 Anteilnahme 358

Anmerkungen 369
Literatur- und Quellenverzeichnis 443
Danksagung 463
Register 469

1. EINLEITUNG

Was ist los mit Europa? 20 Millionen Menschen sind arbeitslos, 100 Millionen müssen sich mit »atypischen« Jobs zufriedengeben, die Staatsverschuldung steigt seit vierzig Jahren, »wir« können uns den Sozialstaat nicht mehr leisten. Eigenverantwortung reicht aber auch nicht: Junge Menschen können schwer selbstständig werden, weder Jobs noch Wohnraum sind leicht zu finden. Einkommen und Vermögen einer kleinen Oberschicht wachsen weiter, während Armut unübersehbar geworden ist. Gleichzeitig nehmen nationalistische Spannungen zu, es drohen Handelskriege, die Nervosität auf den Finanzmärkten steigt.

Wachsende Ungleichheit nährt Verbitterung, Wut und Angst – auch unter den Noch-nicht-Deklassierten. Rechtspopulistische Politiker »arbeiten« mit diesen Gefühlen und lenken sie gegen Schuldige: *die* Globalisierung, *die* Europäische Union, *das* Establishment *oben* und *die* Muslime, *die* Flüchtlinge oder *die* Fremden *unten*. Und sie versprechen Sicherheit, soziale Wärme und Übersichtlichkeit in den nationalen Volksgemeinschaften – Erfüllung der Sehnsüchte von immer mehr Menschen.

Der Aufstieg der rechten Verführer beschleunigt das Auseinanderdriften Europas. Der EU-Austritt Großbritanniens ist nur *ein* Schritt in diesem Prozess, der bis zur Auflösung der EU führen könnte. Denn in Wissenschaft, Medien und Politik ist weiterhin jene Theorie unangefochten, deren Empfehlungen in eine Sackgasse führten. Demnach verwandle die Marktkonkurrenz mit »unsichtbarer Hand« den Eigennutz der Individuen ins allgemeine (ökonomisch) Beste. Daher müssen der Sozialstaat »verschlankt« und die Märkte durch »Strukturreformen« dereguliert werden.

Vor fünfzig Jahren herrschte Vollbeschäftigung, die Staatsverschuldung war zwanzig Jahre lang gesunken, der soziale und europäische Zusammenhalt war stärker als heute. Warum hat sich die Lage in Europa seither schleichend verschlechtert? Welche Einsichten braucht es, damit wir die gesellschaftliche Entwicklung nicht als »Sachzwang« erleben, sondern als gestaltbar, und zwar von uns selbst? Welche Wege führen aus der Krise?

Dieses Buch gibt konkrete Antworten auf diese Fragen. Es erklärt die Abfolge von Prosperität und Krise systemisch und konkret. Dabei spielt die

Wechselwirkung zwischen Theorie und Realität eine zentrale Rolle: Ökonomische Theorien werden in Reaktion auf Entwicklungen in der Realität erdacht und durchgesetzt, sie dienen dann als »Navigationskarte« und verändern ihrerseits die Realität. So legte der englische Ökonom John Maynard Keynes durch Aufarbeitung der Weltwirtschaftskrise das Fundament der »realkapitalistischen Spielanordnung« der Prosperitätsphase: Strikte Regulierung der Finanzmärkte lenkte die ökonomische »Kernenergie«, das Profitstreben, systematisch auf die »Turbinen der Realwirtschaft«, die Gütermärkte wurden liberalisiert, der Sozialstaat ausgebaut.

Ironischerweise bereitete dieser Erfolg den Boden für den Siegeszug des Neoliberalismus. Bei anhaltender Vollbeschäftigung gingen Gewerkschaften, Sozialdemokratie und Intellektuelle in den 1960er-Jahren in die Offensive; der linke Zeitgeist, Verteilungskämpfe, steigende Inflation und ein drohender Machtverlust der Vermögenden erleichterten es den neoliberalen Ökonomen, ihre Theorie durchzusetzen. Sie bildet die ideologische Basis der »finanzkapitalistischen Spielanordnung«, in der sich das Gewinnstreben von der Real- zur Finanzwirtschaft verlagert (»Lassen wir unser Geld arbeiten«).

Noch nie in der Geschichte hat eine ökonomische Weltanschauung so lange und so umfassend dominiert wie die neoliberale Theorie. Aus ihr wurde jene »Navigationskarte« für die Politik abgeleitet, die Europa seit fast fünfzig Jahren immer tiefer in die Krise führte:

- Die »Ent-Fesselung« der Finanzmärkte verlagerte das Gewinnstreben von der Realwirtschaft (wo die ökonomischen Stärken Europas liegen) zur »Finanzalchemie«.
- Der Rückgang des Wachstums von Realinvestitionen und Produktion ließ Arbeitslosigkeit und Staatsverschuldung steigen.
- Sparpolitik, Lohnsenkungen, Ausweitung prekärer Beschäftigung, Lockerung des Arbeitnehmerschutzes etc. schwächten den sozialen Zusammenhalt *und* die Realwirtschaft.
- Gleichzeitig verursachte Finanzspekulation immer größere Schwankungen von Wechselkursen, Rohstoffpreisen, Aktien- und Anleihekursen und Immobilienpreisen.
- Die Schwankungen in der Bewertung der entsprechenden Vermögen lösten schwere Wirtschaftskrisen aus – von den »Ölpreisschocks« der 1970er-Jahre bis zur Finanzkrise 2008.

Jede Theorie gleicht einer Brille mit einem bestimmten Schliff. Man kann mit ihr nur wahrnehmen, worauf sie den Blick fokussiert. Verteilungskämpfe und dadurch verursachte Inflationsschübe, Finanzspekulation als Ursache von »Bullen- und Bärenmärkten«, »unfreiwillige« Arbeitslosigkeit und vom Staat »erlittene« Defizite – all das ist in der neoliberalen Theorie nicht vorgesehen. Und so ist sie auch blind für den von ihr forcierten »Wechselschritt«: Neoliberale Maßnahmen schaffen Probleme (etwa steigende Arbeitslosigkeit und Staatsverschuldung durch ent-fesselte Finanzmärkte), entsprechende »Therapien« (Sparpolitik, Senkung von Löhnen und Arbeitslosengeld) vertiefen die Krise, machen weitere Maßnahmen nötig usw.

Um diesem Zirkel zu entkommen, braucht es einen neuen theoretischen Rahmen: Die ökonomische, soziale und politische Entwicklung lässt sich als Abfolge zweier kapitalistischer »Spielanordnungen« verstehen. Im Realkapitalismus dominieren die – überwiegend gemeinsamen – Interessen von Realkapital und Arbeit, Finanzkapital wird »ruhiggestellt«, bei festen Wechselkursen, Rohstoffpreisen sowie Zinssätzen unter der Wachstumsrate kann sich das Profitstreben nur in der Realwirtschaft entfalten. Im Finanzkapitalismus lenken die Anreizbedingungen, insbesondere schwankende Wechselkurse, Rohstoffpreise, Aktien- und Anleihekurse sowie Zinssätze über der Wachstumsrate, das Profitstreben auf Finanzspekulation; auch Großkonzerne der Realwirtschaft verstärken ihre Finanzinvestitionen auf Kosten von Realinvestitionen.

Die realkapitalistische »Spielanordnung« zielte ab auf eine *Integration* von Polaritäten wie Ökonomie und Politik, Markt und Staat, Konkurrenz und Kooperation, individuelles Glücksstreben und gesellschaftlicher Zusammenhalt, Unternehmerschaft und Gewerkschaften. Das finanzkapitalistische System gibt hingegen jeweils *einem* Pol den Vorrang: *Nur* die Konkurrenz der Individuen auf deregulierten Märkten ermögliche die wirtschaftlich besten Lösungen, die Koordination übernimmt ja die »unsichtbare Hand«.

Das »Navigationssystem« ermöglicht eine Positionsbestimmung im gegenwärtigen »langen Zyklus« von Prosperität und Depression, und es weist die wichtigsten Schritte auf dem Weg zu einer neuen realkapitalistischen »Spielanordnung« in Europa mit ökologischem und sozialen Schwerpunkten.

Ihren Ausgang nehmen meine Überlegungen jeweils bei einem bestimmten Problem – von der Durchsetzung der neoliberalen Theorien seit den 1960er-

Die Hauptaussagen dieses Buches und der Ertrag seiner Lektüre lassen sich in zwanzig Thesen zusammenfassen. Leserinnen und Leser werden jede von ihnen erläutern, ihre Begründung verstehen und sie (wenn sie die Thesen teilen) in Debatten verfechten können.

1. Noch nie hat ein ökonomisches Denksystem so lange und so umfassend das Denken der Eliten geprägt wie die neoklassisch-neoliberale Theorie seit den 1970er-Jahren.
2. Diese idealistische Theorie ist ein geschlossenes System, sie bietet keinen Raum für alternative Sichtweisen und Erklärungen.
3. Ihre Grundannahmen – Menschen sind nur Individuen, nur rationale, nur eigennützige, nur konkurrierende Wesen – verleugnen die Realität.
4. Innerhalb dieser Theorie erscheint »der Markt« als ein mit »unsichtbarer Hand« lenkendes Subjekt, dem sich die Menschen zu unterwerfen haben.
5. Der Neoliberalismus ist das erfolgreichste Projekt der Gegen-Aufklärung und der Selbst-Entmündigung der Politik.
6. Der Primat des Marktes ist unvereinbar mit Demokratie (»am Markt« zählen »Geldstimmen«).
7. Ethik und Moral haben in dieser Weltanschauung keinen Platz, die Frage »In welcher Gesellschaft wollen wir leben?« erübrigt sich – »der Markt« gibt die Antwort.
8. Individualistischer Eigennutz als Leitlinie des Handelns macht Menschen egozentrischer und ärmer.
9. Der negative Freiheitsbegriff als Freiheit von (staatlichem) Zwang schließt einen auch positiven Freiheitsbegriff als Entfaltungschancen aus.
10. Die »Ent-Fesselung« der Finanzmärkte hat unternehmerische Aktivitäten in der Realwirtschaft erschwert und Finanzspekulation attraktiv gemacht.
11. Der Neoliberalismus ist die Ideologie im Interesse des Finanzkapitals (der »Rentiers«), nicht des Realkapitals (der Unternehmer).

Jahren bis zum Anstieg der Finanzinstabilität, der Arbeitslosigkeit und prekärer Beschäftigung sowie der Staatsverschuldung –, das ich mit den Erklärungen und Therapien der herrschenden Theorie konfrontiere. Dabei werden immer wieder die enormen Widersprüche zwischen Theorie und Empirie sichtbar.

Ich zeichne nach, wie das Lernen aus der Weltwirtschaftskrise die Grundlagen für den nachhaltigen wirtschaftlichen Aufschwung legte, bis sich das

12. Die neoliberalen »Therapien« verschlimmern die »Krankheiten« Arbeitslosigkeit, prekäre Beschäftigung, Staatsverschuldung, soziale Unsicherheit und Armut.
13. Die »Spielanordnung« ist Hauptursache der Krise Europas, nicht der Euro. Er war und ist das Richtige im Falschen.
14. Der Neoliberalismus zerstört zwei der drei Grundwerte »Freiheit, Gleichheit, Brüderlichkeit« und damit das »Europäische Sozialmodell« – für die Freiheit der wenigen.
15. Die neoliberalen Leitlinien und ihre Übernahme durch die EU haben die Menschen in Europa in viel höherem Maß ihren Traditionen entfremdet als in den USA.
16. Das neoliberale Gesellschaftsmodell ist ein »falsches Ganzes«, das nur »im Ganzen« überwunden werden kann.
17. Dafür braucht es eine neue »Navigationskarte«, welche den Weg in die Krise erklärt und (damit) Wege aus der Krise weist.
18. Grundlage der »Navigationskarte« sind Theorien, welche die »Polaritäten« des Menschen als individuelles und soziales, als rationales und emotionales, als eigennütziges und anteilnehmendes sowie als konkurrierendes und kooperierendes Wesen berücksichtigen.
19. Wird das Gewinnstreben von der »Finanzalchemie« wieder auf die Realwirtschaft gelenkt und nimmt die Politik die Bewältigung der bedrückendsten Probleme in Angriff, kann Europa innerhalb eines Jahrzehntes echte Vollbeschäftigung (ohne prekäre Jobs) erreichen.
20. Dies mildert die Ungleichheit, stärkt den sozialen und europäischen Zusammenhalt und wird von den meisten Bürgerinnen und Bürgern Europas gewünscht – was fehlt, ist Aufklärung und Mut.

neoliberale Weltbild (wieder) durchsetzte und schließlich »der Markt« sogar zu einem Subjekt wurde, dem sich der Mensch zu unterwerfen habe (»*there is no alternative*«).

Dann skizziere ich den neuen theoretischen Rahmen, der nötig ist, um die Abfolge von Prosperität und Depression, die Auswirkungen der Finanzspekulation auf die Realwirtschaft und die gemeinsame Ursache von Arbeitslosigkeit und Staatsverschuldung – den Wechsel von einer real- zu einer finanzkapitalistischen »Spielanordnung« – zu verstehen.

Am Beispiel der Entwicklung in Südeuropa nach der Finanzkrise 2008 und der wirtschaftspolitischen Strategien in den USA und Deutschland seit Anfang der 1990er-Jahre zeige ich die unterschiedliche Erklärungskraft der neoliberalen Theorie und meines Alternativansatzes. Ein fataler Widerspruch kennzeichnet die Europäische Währungsunion: Inhaltlich ist sie ein antineoliberales Projekt (endgültige Überwindung von Devisenspekulation). Ihr Regelwerk aber ist durch und durch neoliberal, von der Dominanz der Geldwertstabilität bis zu den Fiskalregeln. Der Euro ist das Richtige im Falschen der »Spielanordnung«, Letztere ist daher »abzuwickeln«, nicht der Euro.

Neoliberalismus und Finanzkapitalismus haben Europa in eine Identitätskrise geführt. Sie sind unvereinbar mit den Grundwerten »Freiheit, Gleichheit, Brüderlichkeit«, mit der Bedeutung gemeinschaftlicher Institutionen wie Verbänden oder Sozialstaat und mit der ökonomischen Stärke Europas, die in der Realwirtschaft liegt. Neoliberale »Grundwerte« wie Eigennutz und Konkurrenz hingegen bestimmen unser Verhalten im Alltag, entfremden uns von uns selbst und von unseren Mitmenschen: Die Sehnsucht nach »Ganzheit« auf individueller und sozialer Ebene ist blockiert, wenn das *Bedürfnis* der Menschen nach Anteilnahme und Solidarität unterdrückt wird.

Anschließend erkläre ich, wie die Grundzüge einer »menschengerechten« Wirtschaftstheorie aussehen müssten. Auf Basis einer konkreten Erklärung der drückendsten Probleme – von Arbeitslosigkeit, prekärer Beschäftigung und Armut bis zum Klimawandel – skizziere ich Maßnahmen, deren Umsetzung Europa zu neuer Prosperität, besserer Umwelt und mehr Zusammenhalt in der Gesellschaft verhelfen kann. Dazu gehören die thermische Sanierung des gesamten Gebäudebestandes in der EU, der Ausbau des Netzes für Hochgeschwindigkeitszüge, die Vorgabe eines Preispfades für fossile Energieträger als Anreiz für Investitionen in die Energieeffizienz (die Differenz zum Weltmarktpreis wird durch eine Steuer abgeschöpft), die Ersetzung des Fließhandels an den Börsen durch elektronische Auktionen, die Stärkung des Sozialstaates und nicht zuletzt die Überwindung der Abhängigkeit der EU von US-Konzernen in der Informationstechnologie (Betriebssysteme, Suchmaschinen, Standardsoftware, Online-Plattformen, insbesondere für soziale Medien). Binnen eines Jahrzehntes könnte ein Wirtschaftswachstum, das die Umwelt verbessert und den sozialen Zusammenhalt stärkt, echte Vollbeschäftigung sowie die Erneuerung des Europäischen Sozialmodells bewirken und so wieder ein Gefühl von »europäischer Identität« nähren.

Nicht-Ökonomen scheuen die Auseinandersetzung mit den Experten aus Respekt vor deren mathematischen Modellen oder wegen der rätselhaften »Kürzel« der Finanzprofis (CDS, CDO, ABS, CFD, CTA etc.). Doch um zu verstehen, wie ökonomische Theorien die gesellschaftliche Entwicklung prägen, bestimmte Interessen (etwa durch Liberalisierung der Finanzmärkte) begünstigen, eine bestimmte Wirtschaftspolitik (etwa die Schwächung des Sozialstaates) legitimieren und unser alltägliches Verhalten (etwa durch den Vorrang für »Jeder ist seines Glückes Schmied«) ändern, muss man die unterschiedlichen »Theorieschulen« verstehen. Dazu übersetze ich Annahmen und Empfehlungen der herrschenden Theorie in die »gewöhnliche Sprache«, und das ist gar nicht schwer.

Zunächst erläutere ich das universelle Wahrnehmungsraster der Mainstream-Ökonomen, das Marktdiagramm mit Angebotskurve, Nachfragekurve und deren Schnittpunkt, dem Gleichgewicht, und illustriere dies am Beispiel der Entwicklung der Arbeitslosigkeit und der Finanzkrise 2008. An diesen Beispielen verdeutliche ich die Sichtweise der Mainstream-Ökonomen und skizziere einen alternativen Erklärungsansatz.

Die meisten Teile dieses Buches stellen für Mainstream-Ökonomen eine emotionelle und in der Folge auch intellektuelle Herausforderung dar. Denn das Schwierigste am Lernen ist das Ver-Lernen, besonders des »gesicherten Wissens« und der »wahren Modelle«. Voraussetzung dafür ist der Zweifel, und dem geben die vielen Grafiken Nahrung. Ob die Abwehrmechanismen stärker sind oder der Mut wächst, aus dem eigenen Denksystem – wenigstens »probeweise« – auszusteigen und es »von außen« zu betrachten, muss jeder selbst entscheiden. Doch nur wenn es gelingt, das aufklärende, anteilnehmende und problemorientierte Denken zu fördern, wird es möglich sein, den Weg zur Prosperität zu finden und zu gehen.

TEIL I

THEORIEPRODUKTION ALS SOZIALER PROZESS

2. DER MARKT ALS HÖHERES WESEN: IDEALISTISCHE VERSUS REALISTISCHE WIRTSCHAFTSTHEORIEN

Innerhalb der Wirtschaftswissenschaften kann man zwei gegensätzliche »Denkstile« und Theorietypen unterscheiden, die idealistische und die realistische Ökonomie.

Im ersten Fall geht der Theoretiker von einem Idealzustand aus: Die ökonomische Interaktion von Menschen auf Märkten führt zu einem allgemeinen Gleichgewicht, das den effizientesten Einsatz knapper Mittel und den maximalen Nutzen gewährleistet. Man analysiert, welche Annahmen über Akteure und Markteffizienz nötig sind, damit eine solche Modelllösung möglich wird: Menschen werden als nur individuelle, nur rationale, nur eigennützige Wesen mit identischen Präferenzen und vollkommener Information »modelliert«.[1]

Der Denkprozess ist deduktiv. Empirisch beobachtete Abweichungen vom theoretischen Optimum werden »theoriekonsistent«, also innerhalb der Logik des Modells, erklärt. Daher *muss* etwa Arbeitslosigkeit durch überhöhte Lohnkosten und/oder Regulierungen verursacht sein. Idealistische Ökonomen sehen sich als »wertfreie Wissenschaftler«, Abstraktion verdeckt ihr Erkenntnisinteresse, Mathematik verleiht den Schein von Objektivität.[2]

Als »realistische Ökonomie« bezeichne ich einen Denkansatz, der vom Konkreten ausgeht, die »Polaritäten« der Menschen als rationale und emotionale, individuelle und soziale, eigennützige und altruistische Wesen berücksichtigt und auf induktivem Weg Regelmäßigkeiten in ihren Verhaltensweisen und Interaktionen herauszufinden sucht. Auch in diesem Falle werden die Beobachtungen vorstrukturiert, doch ist das Wahrnehmungsraster beweglicher und weiter als in der idealistischen Ökonomie und daher offen für Neues. Realistische Ökonomen begreifen sich selbst nicht als wertfreie Wissenschaftler, weil sie wissen: Theorien verändern sich als Reaktion auf – »rätselhafte« – Entwicklungen in der Realität; haben sie sich durchgesetzt, verändern sie umgekehrt die Realität.

Der unübertroffene Meister der realistischen Ökonomie ist Adam Smith (siehe Kapitel 4). Andere große Ökonomen wie David Ricardo, Karl Marx, John Maynard Keynes oder Friedrich von Hayek folgen in manchen Bereichen dem idealistischen, in anderen dem realistischen Denkstil.[3]

Umwälzende Erkenntnisse werden immer auf realistisch-induktivem Weg gewonnen. Denn sie stellen Lösungen großer »Rätsel« dar, die nur gelingen können, wenn man aus den »eingeschliffenen Gedankenbahnen« ausbricht, sich in die Widersprüche zwischen der herrschenden Theorie und der Empirie vertieft und die »kognitiven Dissonanzen« nutzt, um sie in Impulse für das Neue zu verwandeln.

Das Wechselspiel zwischen Theorie und Realität prägt die langfristige Wirtschaftsentwicklung. So hat die Dominanz der idealistischen Gleichgewichtstheorie in den 1920er-Jahren zur nachfolgenden Depression beigetragen. Deren Erklärung durch die realistische Theorie von Keynes prägte die Entwicklung bis in die 1970er-Jahre. Seither dominiert wieder der idealistische Denkstil.

Das Marktdiagramm als Wahrnehmungsraster

Um den idealistischen Denkstil zu begreifen, muss man jenes Raster kennen, das Ökonomen zur Ordnung und Interpretation ihrer Beobachtungen verwenden: das Marktdiagramm. Es stellt gewissermaßen den »Grundschliff« der »neoliberalen Brille« dar. Mit ihm erklärt man die Veränderungen von Preisen und Mengen eines Gutes aus dem Zusammenspiel von Angebot und Nachfrage. Der Marktmechanismus sorgt dafür, dass sie ins Gleichgewicht kommen.

Nachfrage- und Angebotskurven sind gedankliche Konstruktionen, die (hypothetische) Veränderungen von angebotener und nachgefragter Menge als Folge von (hypothetischen) Preisänderungen darstellen.[4] Empirisch beobachtbar sind die Kurven nicht, sondern lediglich einzelne Tauschakte – ob sie zu Gleichgewichtspreisen erfolgten, weiß man nicht. Nur unter der *Annahme*, dass der Preis- und Konkurrenzmechanismus *allein* ausreicht, angebotene und nachgefragte Menge zum Ausgleich zu bringen, lassen sich Ungleichgewichte auf Abweichungen der tatsächlichen Preise von ihren Gleichgewichtswerten zurückführen.

Ist etwa eine Theateraufführung frühzeitig ausverkauft (die nachgefragte Menge übersteigt das Angebot), war der Eintrittspreis zu niedrig; bleibt ein Kinosaal fast leer, so war der Preis zu hoch; droht ein Obsthändler am Wochenendmarkt auf seinem Erdbeerangebot (teilweise) sitzen zu bleiben, so hat er den Preis zu hoch angesetzt (und senkt ihn gegen Verkaufsschluss).

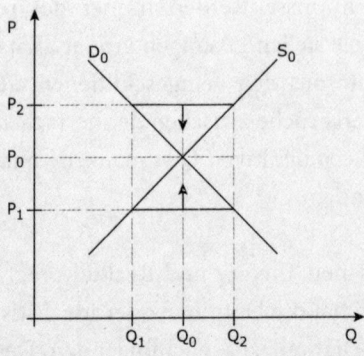

Abbildung 2.1 a): Das Marktdiagramm (Basisdiagramm)

Abbildung 2.1 zeigt das Marktdiagramm von Nachfragekurve D_0, Angebotskurve S_0 sowie Preis und Menge im Gleichgewicht (D und S stehen für »demand« und »supply«). Die Nachfragekurve hat fallenden Verlauf: Je niedriger der Preis, desto größer die nachgefragte Menge (ist die Kurve steil, so reagiert die Nachfrage auf Preisänderungen nur schwach, wie etwa jene nach Zigaretten oder Erdöl). Die Angebotskurve hat einen steigenden Verlauf: Je höher der Preis, desto mehr wird angeboten bzw. produziert (kurzfristig ist die Kurve steil, weil die Produktion nicht rasch auf Preisänderungen reagieren kann).

Im Schnittpunkt befindet sich der Markt im Gleichgewicht, und zwar bei einem Preis von P_0 und einer Menge Q_0 (angebotene und nachgefragte Menge sind gleich). Liegt der Preis darüber, etwa bei P_2, dann ist die angebotene Menge Q_2 größer als die nachgefragte Menge Q_1, das Umgekehrte gilt bei einem Preis unter dem Gleichgewichtsniveau. Die Konkurrenz zwischen Anbietern bzw. Nach-fragern wird dann den Preis zu seinem Gleichgewicht treiben.

Innerhalb dieser erdachten Welt lassen sich Preis- und Mengenänderungen auf Verschiebungen der Nachfrage- bzw. Angebotsfunktion reduzieren, ohne dass man deren Ursachen kennen muss. Wenn Preise und (umgesetzte) Mengen steigen, dann *muss* die Nachfrage stärker geworden sein (die entsprechende Kurve hat sich nach rechts oben verschoben). Dahinter können eine höhere Kaufkraft der Konsumenten (als Folge von Lohnsteigerungen), eine erfolgreiche Werbekampagne oder eine Mode stecken. Gehen hingegen Preis und Menge gleichzeitig zurück, kann das nur daran liegen, dass die Nachfrage sinkt, sei es wegen nachlassender Kaufkraft oder

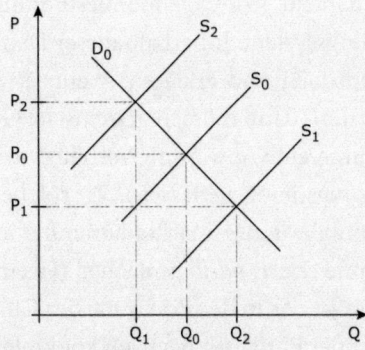
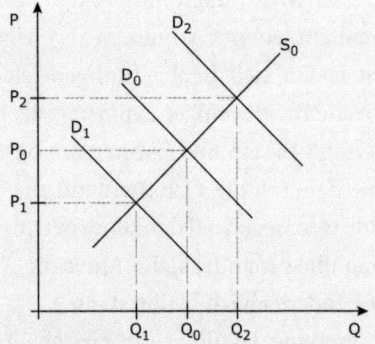

Abbildung 2.1 b): Angebotsverschiebung   Abbildung 2.1 c): Nachfrageverschiebung

Veränderungen von Preisen und Mengen werden im Rahmen dieses Kreuzdiagramms interpretiert. Sinkt etwa ein Güterpreis von P_0 auf P_1 bei gleichzeitiger Erhöhung der umgesetzten Mengen von Q_0 auf Q_2, dann *muss* sich die Angebotskurve nach rechts unten verschoben haben (von S_0 nach S_1 in Diagramm b von Abbildung 2.1 = Ausweitung des Angebotes). Steigt hingegen der Preis bei gleichzeitiger Umsatzreduktion, so *muss* sich die Angebotskurve nach links oben verschoben haben (von S_0 nach S_2). Dabei wird immer angenommen: Der Markt ist im Gleichgewicht (angebotene = nachgefragte Menge).

Steigt der Preis von P_0 auf P_2 bei gleichzeitiger Erhöhung der umgesetzten Mengen von Q_0 auf Q_2, so *muss* sich die Nachfragekurve nach rechts oben verschoben haben ($D_0 > D_2$ in Diagramm c von Abbildung 2.1). Beobachtet man hingegen einen gleichzeitigen Rückgang von Preis und Menge, so *muss* die Nachfrage insgesamt schwächer geworden sein ($D_0 > D_1$). Wieder wird unterstellt, dass es sich um Gleichgewichtspreise handelt.

weil das Gut außer Mode kommt (die Kurve verschiebt sich somit nach links unten).

Die Angebotsfunktion verändert sich in Abhängigkeit von den Produktionskosten oder durch »Schocks« wie Naturkatastrophen oder Ernteschwankungen. Steigen etwa die Kosten oder kommt es zu einer Missernte, so verschiebt sich die Angebotskurve nach links oben, und der Schnittpunkt »wandert« auf der Nachfragekurve aufwärts. Umgekehrt gilt: Wenn ich steigende Preise und sinkende Umsätze beobachte, so muss sich die Angebotskurve nach links oben verschoben haben.

Das Marktdiagramm bildet das Fundament jedes Ökonomiestudiums und dient jedem Ökonomen als Orientierungssystem. Innerhalb dieser Denkwelt lassen sich Beobachtungen leicht zuordnen und erklären. Wenn etwa Griechenland weniger exportiert als importiert, dann müssen griechische Güter zu teuer sein und können am besten durch eine Abwertung verbilligt werden (daher sollte Griechenland die Währungsunion verlassen). Zu solchen Schlüssen regen Gedankenexperimente auf Basis des Marktdiagramms an. Dazu muss man freilich immer die Annahme *ceteris paribus* machen (»wenn alles andere gleich bleibt, dann ...«) – leider ist das in der Praxis nie der Fall.

Für eine detaillierte empirische Analyse der Entwicklungen auf konkreten Märkten ist das Marktdiagramm ungeeignet (und wird dafür auch nicht eingesetzt). Denn da die Analyse auf Mengen und Preise beschränkt ist, müssen alle auf einem Markt gehandelten Güter homogen sein, dürfen sich also nicht unterscheiden. Genau genommen könnte man beispielsweise nur dann von einem Markt für Mittelklasse-Pkw in Europa sprechen, wenn VW, Renault, Fiat etc. *dasselbe* Pkw-Modell produzierten. Dann würde sich reine Preiskonkurrenz entfalten – im Gleichgewicht kann es dann keinen Gewinn geben (sondern nur eine Rendite für das eingesetzte Kapital und gegebenenfalls einen »Unternehmerlohn« für Arbeitsleistungen des Unternehmers).[5]

Weil ein idealistisches Konzept für die Erklärung des Konkreten nicht taugt, verwenden Ökonomen das Marktdiagramm gewissermaßen nur »schlampig« als ein Wahrnehmungs- und Orientierungssystem, das (die erwünschten) Schlussfolgerungen »wissenschaftlich« fundiert.[6] Da im Denksystem nur Preise und Mengen vorkommen, müssen Ungleichgewichte (Abweichungen von angebotener und nachgefragter Menge) durch »falsche« Preise verursacht worden sein (was wiederum darauf zurückzuführen sein muss, dass sich die Marktkräfte nicht frei entfalten konnten). Wendet man die Diagrammlogik – »mega-schlampig« – auf »den Arbeitsmarkt« an, dann folgt daraus: Die Ursache von Arbeitslosigkeit sind überhöhte Löhne. Die »Schlampigkeit« hat also Methode.

Seit den 1970er-Jahren wurde das Marktdiagramm (wieder) Universalinstrument zur Analyse von Entwicklungen nicht nur auf Einzelmärkten (Mikroökonomie), sondern auch in der Gesamtwirtschaft (Makroökonomie). Dies musste zu fatalen Fehlschlüssen führen, weil dann die *Ceteris-paribus*-Annahme gänzlich unhaltbar ist: Wenn etwa das gesamtwirtschaftliche

Lohnniveau gesenkt wird, sinkt notwendig auch die Kaufkraft und damit die Güternachfrage.

Auch die Verwendung des Marktdiagramms zu Erklärung des Zinsniveaus ergibt keinen Sinn: Die Gleichgewichtstheorie nimmt an, dass Sparen (Angebot an Finanzierungsmittel) und Investieren (Nachfrage nach Finanzierungsmittel) in der Gesamtwirtschaft durch den Zins in Übereinstimmung gebracht werden. Tatsächlich wird der Zins nicht auf einem Markt für Finanzierungsmittel bestimmt, sondern – im Wesentlichen – von der Zentralbank.

Die neoliberale Sicht der Arbeitslosigkeit

Das Problem der gesamtwirtschaftlichen Arbeitslosigkeit analysieren Mainstream-Ökonomen ebenfalls auf Basis des Marktdiagramms. Dies widerspricht allerdings dem neoklassischen Begriff von Markt, auf dem ja homogene Güter getauscht werden. Bei »schlampiger« Verwendung mag man von einem Markt für Automechaniker oder Lebensmitteltechniker sprechen, aber *einen* Markt *aller* Arbeitskräfte kann es nicht geben. Dennoch wird die makroökonomische Beschäftigungssituation als »Lage auf *dem* Arbeitsmarkt« angesprochen.

Ist in einem Land die Zahl der Beschäftigten kleiner als die aller Arbeitskräfte, besteht also Arbeitslosigkeit, so wird diese im Kontext des Marktdiagramms interpretiert: Die Nachfragekurve der Unternehmer wird als gegeben angesehen, es steht somit fest, wie viele (neue) Jobs entstehen würden, wenn der Lohn sinken würde. (Abbildung 2.1, Diagramm d).

Arbeitslosigkeit erklärt sich somit aus der Differenz zwischen der von Unternehmern nachgefragten und der von Arbeitnehmern angebotenen Arbeitsmenge. Ihre Ursache liegt darin, dass das realisierte Lohnniveau über dem Gleichgewichtsniveau liegt, etwa weil die Gewerkschaften überhöhte Lohnforderungen durchsetzen (womit sie den Arbeitslosen schaden, die bereit wären, zu einem »marktgemäßen« Preis zu arbeiten).

Der erste Schritt zur Besserung besteht dann darin, das Lohnniveau zu senken. Da Erwerbsfähige jedoch nur bereit sind, Arbeit anzubieten (aufzunehmen), wenn der Lohn höher ist als das Arbeitslosengeld oder Sozialleistungen, kann Arbeitslosigkeit nur durch »Strukturreformen« wie die »Agenda 2010« bzw. »Hartz IV« beseitigt werden: Man senkt die Sozialleistungen, schafft »atypische« Beschäftigungsformen, lockert den Arbeitnehmerschutz und die Verbindlichkeit von Tarif- bzw. Kollektivverträgen: Die Kurve des

Arbeitsangebotes wird auf diese Weise nach unten gedrückt und flacher gemacht – nunmehr reichen schon Löhne aus, die nur wenig über der Grund- oder Mindestsicherung (»Hartz IV«) liegen, um die Arbeitnehmer zur Annahme von (Niedriglohn-)Jobs zu veranlassen bzw. zu nötigen.

Wie sehr eine ökonomische Theorie und die daraus abgeleiteten »Therapien« die Lebensbedingungen von Millionen Menschen verschlechtern kön-

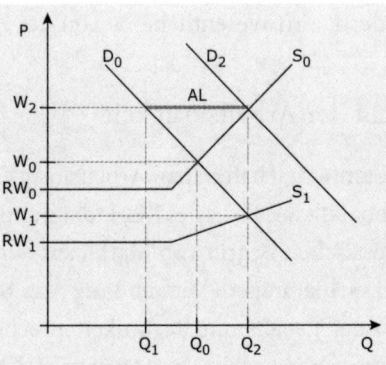

Abbildung 2.1 d): Arbeitsmarkt

Nach der Logik des (Arbeits-)Marktdiagramms *muss* die Ursache der Diskrepanz zwischen nachgefragter (Q_1) und angebotener (Q_2) Arbeitsmenge (= Arbeitslosigkeit) im überhöhten Lohnniveau W_2 (»*wage*«) liegen; nur wenn dieses gedrückt wird (auf W_0), kann die Arbeitslosigkeit überwunden werden.

Liegt die Beschäftigung im Gleichgewicht Q_0 unter dem (Voll-)Beschäftigungsniveau Q_2, so muss die Politik die Angebotskurve nach unten verschieben und flacher machen. Dabei ist zu berücksichtigen, dass die Kurve des Arbeitsangebotes einen horizontalen Bereich aufweist. Er markiert jenes Lohnniveau RW (»*reservation wage*«), unter dem man nicht bereit ist zu arbeiten, weil Ersatzleistungen zur Verfügung stehen (primär das Arbeitslosengeld).[7]

Um die Beschäftigung zu steigern, muss man daher das Arbeitslosengeld senken (von RW_0 auf RW_1) und die Angebotskurve flacher machen durch Lockerung des Arbeitnehmerschutzes und durch Schaffung prekärer Arbeitsverhältnisse (Ausbau eines Niedriglohnsektors). Dann verschiebt sich die Angebotskurve von S_0 nach S_1 und schneidet die Nachfragekurve beim erwünschten Beschäftigungsniveau Q_2 (Abbildung 2.1, Diagramm d). Gleichzeitig sinkt das Niveau des Arbeitslosengeldes auf RW_1 und jenes der Löhne auf W_1.

nen, zeigte sich nach der Finanzkrise in Südeuropa: Noch nie in der Nachkriegszeit wurden »Strukturreformen« so radikal umgesetzt, und noch nie sind Arbeitslosigkeit und Staatsverschuldung so dramatisch *gestiegen* (siehe Kapitel 11 und 12).

Seit den 1970er-Jahren hat die »Ent-Fesselung« der Finanzmärkte das Gewinnstreben der Unternehmen von Real- zu Finanzinvestitionen verlagert (siehe Kapitel 10). Dadurch nahm die Zahl der »normalen« Arbeitsplätze langsamer zu als jene der Arbeitskräfte, also stieg die Arbeitslosigkeit (sie stellt ein Defizit an Arbeitsplätzen dar). Zusätzlich wurden immer mehr atypische Jobs geschaffen.[8] Folglich stiegen die Sozialausgaben, und die Staatseinnahmen gingen zurück.

Unter den »realkapitalistischen« Anreizbedingungen der 1950er- und 1960er-Jahre konzentrierte sich das Profitstreben auf Realinvestitionen und damit indirekt auf die Schaffung von Arbeitsplätzen. Bei stabilem Wirtschaftswachstum und überdurchschnittlich *steigenden* Reallöhnen herrschte Vollbeschäftigung.[9] Wollte man diese Entwicklung mit dem Marktdiagramm beschreiben (obwohl es, wie gesagt, prinzipiell ungeeignet ist, die gesamtwirtschaftliche Beschäftigungslage abzubilden), so wäre die für die Prosperitätsphase typische Entwicklung – *steigende* Lohnquote (Reallöhne wuchsen rascher als die Arbeitsproduktivität) bei gleichzeitig *steigender* Beschäftigung – als Erhöhung der unternehmerischen Nachfrage nach Arbeitskräften zu beschreiben: Die Nachfragekurve verschiebt sich nach rechts oben, also steigen die Löhne, und die Zahl der Arbeitsplätze nimmt zu. Die herrschende (neoklassische) Beschäftigungstheorie schließt dies jedoch durch die Annahme aus, dass die Lage dieser Kurve durch die Gleichgewichte auf den Gütermärkten bestimmt wird, also weder durch eine expansive Wirtschaftspolitik noch durch realkapitalistische Anreizbedingungen beeinflusst werden kann (und soll).

Finanzmärkte: Effizient oder manisch-depressiv?

Mit dem Marktdiagramm als Wahrnehmungsraster konnte man auch den systemischen Charakter der Finanzkrise 2008 nicht wahrnehmen: Zum ersten Mal seit 1929 sanken Aktienkurse, Rohstoff- und Immobilienpreise gleichzeitig, nachdem zuvor drei Bullenmärkte ein »Absturzpotenzial« aufgebaut hatten (Abbildung 2.5).

Für Trader und Finanzinvestoren stellen »*bullishness*« und »*bearishness*« zwei Marktstimmungen dar, welche ihr Transaktionsverhalten mitbestimmen: Im Bullenmarkt beflügelt der Optimismus den Kursanstieg, der wiederum den Optimismus stärkt. Eine analoge negative Rückkoppelung prägt einen Bärenmarkt.

Gleichgewichtsökonomen schirmen ihre sogenannte Markteffizienzhypothese (»*efficient market hypothesis*« – EMH) gegen die empirische Evidenz durch folgende Annahmen ab: Alle Marktteilnehmer sind mit perfekter Information ausgestattet und bilden ihre (»rationalen«) Erwartungen nach dem »wahren« Modell, jenem der Gleichgewichtsökonomen selbst. Kommt es zu einem »Schock«, etwa einer Missernte bei Weizen, so treiben rationale Spekulanten den Weizenpreis zu seinem neuen (höheren) Fundamentalwert. Destabilisierende Spekulation – sie treibt den Preis von seinem Gleichgewichtswert weg – kann es unter diesen Annahmen nicht geben. Da »Schocks« zufällig auftreten, folgen die Preise einem Zufallsprozess. Spekulationstechniken von »Systemspielern« können daher nicht funktionieren.

Alle Akteure, etwa jene am Markt für Weizenderivate, kennen laut EMH die »Fundamentalfaktoren«, in unserem Beispiel die Angebots- und Nachfragekurve am Weltmarkt für (echten) Weizen. Sie wissen, wie eine Missernte die Angebotskurve verschiebt und wo sich diese mit der Nachfragekurve kreuzt, wo also der neue (höhere) Gleichgewichtspreis liegen wird. Somit müsste der auf dem Markt realisierte Preis theoretisch sofort mit Bekanntwerden der Missernte auf das neue Niveau springen. Da sich die Preise in der Praxis kontinuierlicher entwickeln, modifizieren die Theoretiker ihr Modell durch folgende Annahme: Zwar kennen alle rationalen Spekulanten den neuen Gleichgewichtspreis, doch wissen sie nicht, dass auch die anderen diesen kennen. Also braucht es Transaktionen, die den Preis zu seinem neuen Gleichgewicht hinführen. Dieser Preisfindungsprozess (»*price discovery process*«) ist abgeschlossen, sobald das neue Preisniveau erreicht ist. Unter diesen Annahmen entspricht der Preis am Finanzmarkt (von kurzen Anpassungsphasen nach Schocks abgesehen) immer dem Fundamentalwert (siehe Abbildung 2.2).[10]

Ich habe viele Jahre über Finanzspekulation geforscht und daraus eine Alternativhypothese, die »Bullen-Bären-Hypothese« (BBH), entwickelt (siehe Kapitel 9): Die einzelnen Akteure haben unterschiedliche Informationen und verwenden unterschiedliche Modelle für ihre Transaktionen. Diese werden

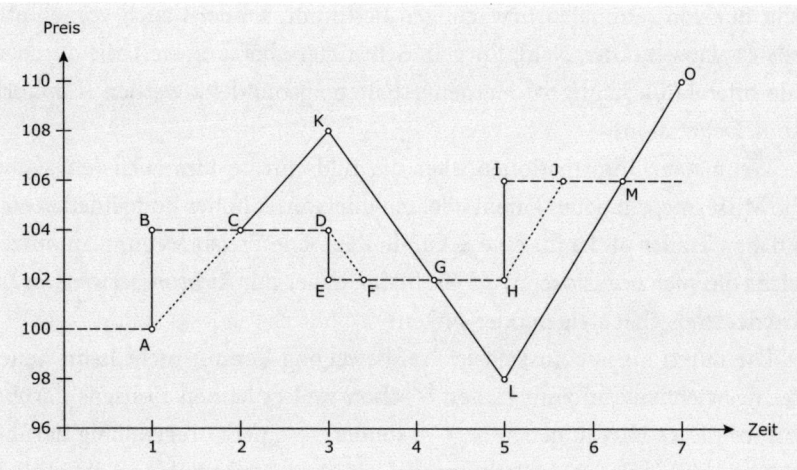

Abbildung 2.2: Preisentwicklung auf Vermögensmärkten

Die Grafik verdeutlicht den Unterschied zwischen beiden Hypothesen: Die »Markteffizienzhypothese« nimmt an, dass der Marktpreis in der Regel seinem Fundamentalwert entspricht. Nehmen wir an, zum Zeitpunkt t = 0 entspricht der Fundamental- bzw. Gleichgewichtspreis auf dem Weltmarkt für Weizen einem Wert von 100 und der neue Preis nach Bekanntwerden einer bevorstehenden Missernte einem Wert von 104. Zum Zeitpunkt t = 1 wird die Missernte bekannt – in der idealen Welt würde der Preis sofort auf das Niveau von 104 springen (Punkt B). Tatsächlich braucht es einige Transaktionen und – im Beispiel – eine Periode, bis der Preis um vier Einheiten gestiegen und das neue Gleichgewichtsniveau in Punkt C erreicht ist. Das Gleiche geschieht im Zeitpunkt t = 3, an dem eine weitere Nachricht über die »*market fundamentals*« bekannt wird (ein neuer Hybridweizen wurde entwickelt und ist einsatzbereit). Das neue Fundamentalgleichgewicht beträgt nunmehr 102, und das Trading senkt den Preis in einer halben Periode um zwei Einheiten auf dieses Niveau (Punkt F). In t = 5 beginnt der Preis aufgrund einer neuen »Fundamentalinformation« wieder zu steigen und erreicht das neue Gleichgewichtsniveau von 106 in Punkt J.

Die »Bullen-Bären-Hypothese« nimmt hingegen an, dass »Überschießen« (»*overshooting*«) der Kurse zum Wesen der Preisdynamik auf Finanzmärkten gehört: In Abbildung 2.2 folgt der Kurs dem Pfad A-K-L-O.

nicht nur von rationalen Erwägungen bestimmt, sondern auch von emotionellen Faktoren (Gier, Neid, Ehrgeiz, Selbstüberschätzung etc.), die durch soziale Interaktion häufig zu Herdenverhalten »gebündelt« werden (Euphorie, Panik, Depression).[11]

Wenn neue Informationen über die Bildschirme flimmern (etwa über eine Missernte, ein neues Patent oder ein unerwartet hohes Budgetdefizit etc.), so haben Trader oft kaum eine Sekunde Zeit, jene Preisbewegung zu nutzen, welche die »*news*« auslösen wird. Sie bilden daher nur *Richtungserwartungen* – wird der Preis eher steigen oder sinken?

Die durch »*news*« ausgelöste Preisbewegung kommt nicht beim neuen Gleichgewichtsniveau zum Halten – schon weil es keinen Konsens darüber gibt, wo dieses Niveau genau liegt –, sondern »schießt« regelmäßig darüber hinaus (Abbildung 2.2). Allerdings verliert jeder Preisschub an Dynamik, je länger er dauert – es springen ja immer weniger Trader auf den »Mini-Trend« auf (oft dauert er nur Sekunden).

Schon vor mehr als zweihundert Jahren haben »Systemspieler« damit begonnen, Kursschübe (»*price runs*«), also das »*trending*« spekulativer Preise, mit »*trading systems*« auszunutzen. Sie werden unter dem Oberbegriff »technische Analyse« zusammengefasst. Diese Art der »Finanzalchemie« hat mit der Computertechnologie und dem Internet enorm an Bedeutung gewonnen (heute spricht man von »*algo trading*« als Abkürzung für *algorithmic trading*).

Gemeinsam ist diesen Spekulationssystemen, dass sie von Trends zu profitieren versuchen (»*the trend is your friend*«) – sei es, dass sie in der Frühphase eines Preisschubs auf diesen »aufspringen« (»*trend-followers*«) oder in seiner Spätphase auf einen Gegentrend setzen (»*contrarians*«). In erster Linie diese Systemspieler sind es, die dafür sorgen, dass der Kurs über den theoretisch angenommenen Gleichgewichtswert hinausschießt.[12] Sie verstärken Trends in ihrer Frühphase und tragen in ihrer Spätphase dazu bei, dass sie in einen Gegentrend kippen (siehe Kapitel 9).

Das Überschießen charakterisiert nicht nur die kurzfristige Dynamik spekulativer Preise, sondern auch ihre langfristigen Zyklen. Trader reagieren nämlich auf »*news*«, die der Marktstimmung entsprechen, stärker als auf solche, welche ihr widersprechen. Während einer optimistischen Marktstimmung dauern Kursschübe nach oben etwas länger als Gegenbewegungen und akkumulieren sich so zu einem mehrjährigen Bullenmarkt. Analog entwickelt sich ein Bärenmarkt bei einer pessimistischen Marktstimmung.

Dieser Prozess ist natürlich nicht losgelöst von der Entwicklung der Fundamentalwerte (»*market fundamentals*«) – schließlich werden Kursschübe (»*price runs*«) zumeist von ökonomischen »*news*« ausgelöst. Doch werden Auf- und Abwertungsprozesse durch Spekulation verlängert und verstärkt. Mit der Über- bzw. Unterbewertung des jeweiligen Vermögenstitels werden die Gegenkräfte stärker, die zu einem langfristigen Gegentrend führen. Daher schwanken die für unternehmerische Aktivitäten in der Realwirtschaft wichtigsten Preise – Wechselkurse, Rohstoffpreise und Aktienkurse – in langen, irregulären Zyklen um ihr Fundamentalgleichgewicht, ohne gegen dieses »Gravitationszentrum« zu konvergieren.

Die Abbildung 2.3 veranschaulicht diese Dynamik am Beispiel von Aktienkursen, des Ölpreises und des Wechselkurses Dollar je Euro: Es ist unmöglich, dass sich der »wahre« Wert der dreißig wichtigsten Aktiengesellschaften Deutschlands zwischen 1996 und 2000 sowie zwischen 2003 und 2007 verdreifacht hat – genau deshalb folgte dem Bullenmarkt jeweils ein Bärenmarkt. Trotz unterschiedlicher Wirtschaftsentwicklung schwankten die Kurse in Deutschland und den USA parallel.

Noch extremer entwickelte sich der Ölpreis, er stieg zwischen Januar 2007 und Juli 2008 von 50 auf fast 150 Dollar je Barrel und stürzte im Zuge der Finanzkrise auf unter 40 Dollar. Der Euro-Kurs wiederum hat sich gegenüber dem US-Dollar zwischen 2002 und 2008 nahezu verdoppelt. Laut der Gleichgewichtstheorie sollten längerfristige Wechselkursänderungen die Inflationsdifferenziale zwischen den beiden Währungsräumen widerspiegeln. Diese waren aber zwischen dem Euroraum und den USA gering.

Die Dynamik der Nahrungsmittelpreise – sie werden wie alle Rohstoffpreise auf Derivatmärkten gebildet (siehe Kapitel 9) – zeigt eine ähnliche Abfolge von Bullen- und Bärenmärkten wie die Aktienkurse oder der Ölpreis (Abbildung 2.4). Dies macht deutlich, dass nicht die Fundamentalfaktoren, sondern Spekulation ihr treibender Faktor war. Denn warum sollten sich Angebot und Nachfrage für so unterschiedliche Produkte wie Reis, Mais, Erdöl und Weizen in ähnlicher Weise verschieben?

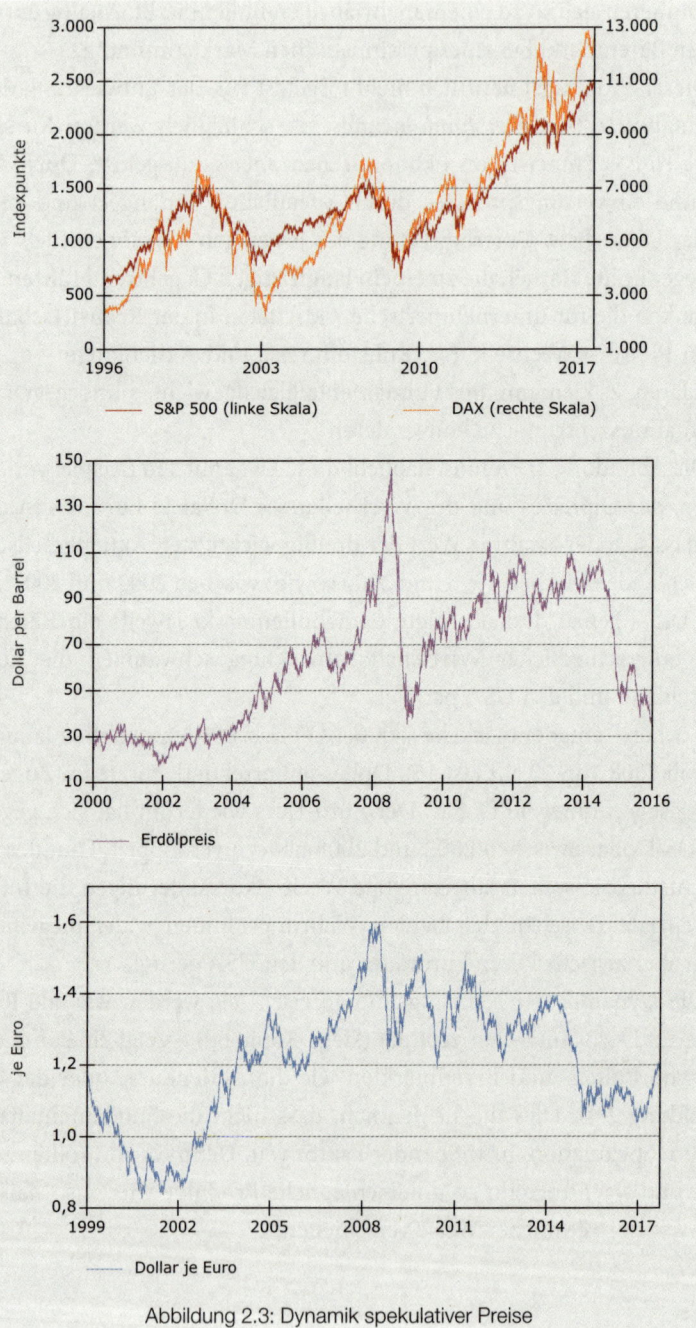

Abbildung 2.3: Dynamik spekulativer Preise

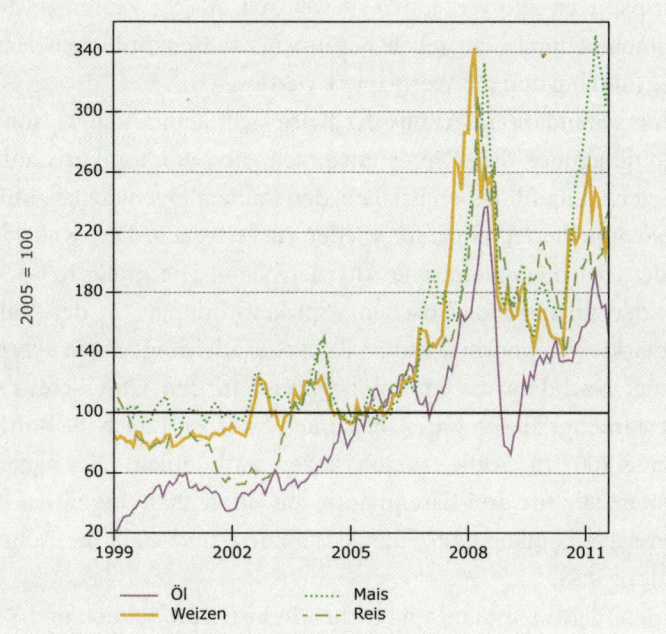

Abbildung 2.4: Dynamik der Rohstoffpreise

So unterschiedliche Rohstoffe wie Erdöl, Weizen, Mais oder Reis schwanken in einer Abfolge von übermäßigen Anstiegen (»Bullenmärkte« wie 2007/2008) und übermäßigen Rückgängen (»Bärenmärkte« wie 2008/2009). Dies gilt auch für Aktien- und Wechselkurse (Abbildung 2.3).

Die Ursachen der Finanzkrise: Betriebsunfall oder Systemversagen?

Für Mainstream-Ökonomen war die Finanzkrise 2008 ein Schock. Jahrelang hatten sie versichert, die Wirtschaft sei durch Marktliberalisierung stabiler geworden. Die Finanzkrisen in Ostasien, Russland und Lateinamerika zwischen 1997 und 2000, der Zusammenbruch des weltweit größten Hedgefonds (»Long-Term Capital Management«) 1998 und das Platzen der Internet-Bubble 2000 waren »Warnsignale« – mit »neoliberaler Brille« aber nicht zu erkennen.

Also hielt man sich an die Abläufe an der Oberfläche. US-Banken hatten in gewaltigem Umfang Hypothekarkredite an nahezu mittellose Haushalte vergeben, zu verlockenden Konditionen. Die Banken bündelten diese Kredite zu Wertpapieren und verkauften sie weltweit. Als die Zinsen zu steigen und die Immobilienpreise zu fallen begannen, wurden Millionen Hausbesitzer zahlungsunfähig und die Wertpapiere wertlos.

Diese »Standarderklärung« der Krise stellt keine Analyse, sondern eine Symptomdiagnose dar. Dieser entsprach die Symptomkur: faule Kredite »entsorgen«, Liquidität bereitstellen, den Banken Eigenkapital zuführen und an diese appellieren, einander wieder zu vertrauen. Den Kontrapunkt dazu bildet (m)eine systemische Alternativsicht: Die große Krise ist das Ergebnis der finanzkapitalistischen »Spielanordnung«, in der Bullen- und Bärenmärkte ganz normal sind.[13] Fatal war allerdings deren *synchrone* Entwicklung: Nachdem die Immobilienpreise in den USA bereits seit 1996 immer stärker gestiegen waren, begannen Ende 2001 auch die Rohstoffpreise und Ende 2002 die Aktienkurse (wieder) zu boomen. Dies baute das »Absturzpotenzial« für drei Bärenmärkte auf. Ende 2006 begannen die Immobilienpreise zu sinken, 2007 die Aktienkurse und 2008 die Rohstoffpreise (Abbildung 2.5).[14]

In den folgenden Monaten brachen Industrieproduktion und Welthandel teilweise stärker ein als nach dem Börsenkrach 1929: Die Haushalte, Unternehmen, Banken und Länder reagierten auf die dreifache Vermögensentwertung mit einer massiven Einschränkung der leicht verschiebbaren Ausgaben: Die Nachfrage nach dauerhaften Konsumgütern, insbesondere nach Pkw, ging ebenso zurück wie die Nachfrage nach Maschinen und sonstigen Investitionsgütern. Davon war der »Exportweltmeister« Deutschland am stärksten betroffen.

Mit der Rettung von Banken und mit Konjunkturpaketen bekämpfte die Politik die Folgen der Krise (anders als nach dem Börsenkrach von 1929), nicht aber ihre systemischen Ursachen, die finanzkapitalistische »Spielanordnung« und ihre wissenschaftliche Legitimation.

Die Griechen sind schuld

Im März 2009 war der Absturz der Aktienkurse zum Halten gekommen, und ein neuerlicher Boom begann (Abbildungen 2.3 und 2.5). Dies erleichterte es den Eliten, den Schrecken des Wirtschaftseinbruches zu verdrängen.[15]

Doch ein Schuldgefühl lastete auf ihnen: Ihre Deregulierungen hatten das Treiben auf den Finanzmärkten begünstigt, das Millionen Menschen den Job

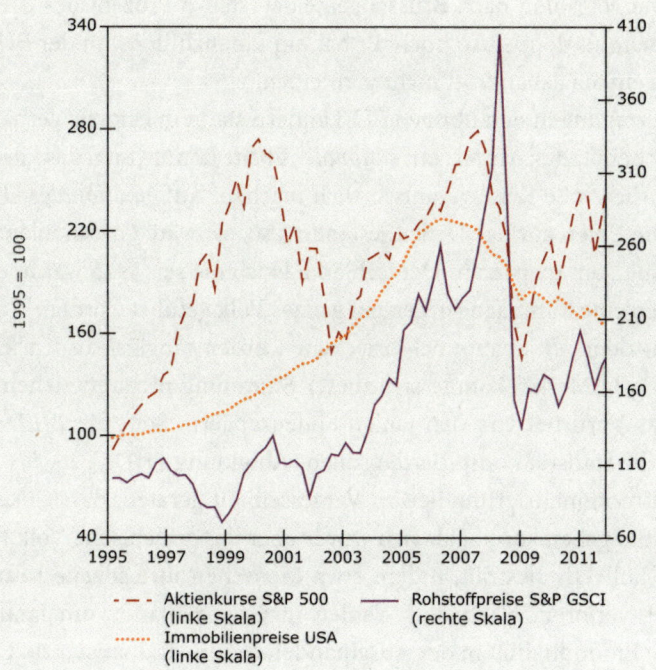

Abbildung 2.5: Verfall von Immobilienpreisen, Aktienkursen sowie Rohstoffpreisen und die große Krise

Zwischen 2002 und 2007 boomten Rohstoffpreise, Aktienkurse und Immobilienpreise gleichzeitig und bauten ein enormes »Absturzpotential« auf. Dieses wurde 2007/2008 »aktiviert«. Die gleichzeitige Entwertung von Rohstoff-, Aktien- und Immobilienvermögen (erstmals seit 1929) stellt die systemische Hauptursache der Finanz- und Wirtschaftskrise dar.

und die Staaten Billionen »Rettungsgelder« kostete. Die von den Eliten vor und nach der Krise geförderten »gierigen Banker« waren keine geeigneten Objekte für ihre Schuldabfuhr. Dazu brauchte es einen Schuldigen, der ins neoliberale Weltbild passte: Nicht Marktprozesse, sondern die Politiker müssen versagt haben, nicht der Markt, sondern der Staat muss in desaströser Verfassung sein, nicht Sparen, sondern das »Über-seine-Verhältnisse-Leben« muss in die Krise geführt haben. Im Oktober 2009 war der passende Schuldige gefunden.

Zu diesem Zeitpunkt musste der neu gewählte Ministerpräsident Griechenlands, Giorgos Papandreou, zugeben: Die Vorgängerregierung hatte (sehr) falsche Budgetzahlen nach Brüssel gemeldet, statt 6 Prozent des BIP sei das Defizit mehr als doppelt so hoch. Er bat um Finanzhilfen von der EU, anders lasse sich ein Staatsbankrott nicht vermeiden.

Die Erregung in den übrigen EU-Ländern stand in keinem Verhältnis zur Höhe der benötigten Mittel. Auf *rationaler* Ebene konnte man das kleine Land nicht für die große Krise verantwortlich machen. Auf *emotionaler* Ebene reagierten die Eliten auf das Defizitgeständnis so, als wäre Griechenland an der Krise schuld, am meisten in Deutschland: Noch nie seit 1945 war in den Massenmedien eine Kampagne gegen ein ganzes Volk geführt worden. »*Die* Pleite-Griechen« oder »*die* Schummel-Griechen« wurden gängige Ausdrucksformen. Selbst Angela Merkel konnte sich dieser Stimmung nicht entziehen und bediente das Vorurteil von den faulen Südeuropäern. Statt die *BILD*-Zeitung hätte sie die Statistik konsultierten sollen (Abbildung 11.7).

Die Emotionalisierung ließ in Vergessenheit geraten, dass es keine Kollektivschuld geben kann. Faktisch wurde aber das griechische Volk für seine Politiker kollektiv bestraft, indem etwa Menschen ihre soziale Krankenversicherung verloren. Nach den Wahlen in Griechenland vom Januar 2015 nahm die Emotionalität in der Auseinandersetzung dramatisch zu. Denn die Syriza-Regierung wollte nicht nur im eigenen Land die Austeritätspolitik aufgeben, sondern forderte dies für ganz Europa. Im Juli 2015 stellte der stellvertretende CDU-Vorsitzende Thomas Strobl fest: »Der Grieche hat jetzt lang genug genervt.«

Aus psychologischer Perspektive war die Erregung verständlich: Die Eliten selbst hatten durch Übernahme der neoliberalen Navigationskarte Europa immer tiefer in eine Krise geführt. Sie brauchten daher einen Schuldigen zur eigenen Entlastung und zur Ablenkung der Frustration der Krisenopfer im eigenen Land. »*Die* Griechen« waren dafür ideal, weil die Politik *tatsächlich* falsche Budgetzahlen geliefert hatte, weil der griechische Staat *tatsächlich* in einem desolaten Zustand ist, weil die Wirtschaftsstruktur *tatsächlich* zu konsumorientiert ist und weil Griechenland *tatsächlich* über seine Verhältnisse lebte, also permanent mehr importierte als es exportierte. Zudem ist Griechenland ein kleines Land – ein großes Land wie Spanien oder Italien wäre aus europapolitischen Gründen ungeeignet gewesen für die Rolle als schuldiger Schuldner.

Allerdings ist der katastrophale, sechs Jahre anhaltende Wirtschaftseinbruch in Griechenland *ausschließlich* Folge der austeritätspolitischen Spezialmaßnahmen, die diesem Land und seinen Bewohnern auferlegt wurden. Auch in den übrigen Ländern Südeuropas wurde die Krise durch die Wirtschaftspolitik verlängert und vertieft (siehe Kapitel 11 und 12).

Sind Diagnosen und Therapien selbst Teil der Krankheit, ist das Denksystem »im Ganzen« falsch. Gleichzeitig scheint es in sich widerspruchsfrei und alternativlos. Im nächsten Kapitel untersuchen wir daher die Beharrungstendenz eines wissenschaftlichen Weltbildes als eine »Harmonie der Täuschungen« und den Lernwiderstand des »Denkkollektivs«. An seiner Überwindung führt kein Weg zum Wohlstand vorbei.

3. EXKURSION MIT LUDWIK FLECK: WISSENSCHAFTLICHE WELTBILDER ALS »HARMONIE DER TÄUSCHUNGEN«

Zwischen den Beobachtungen des Konkreten und der sie (ein-)ordnenden Welt-Anschauung besteht eine Wechselwirkung – Induktion und Deduktion, Empirie und Theorie bedingen, beschränken oder bereichern einander. Der beschränkende Faktor dominiert, wenn es sich bei der Theorie um ein geschlossenes System mit exklusivem Wahrheitsanspruch handelt (was nicht vor-gesehen ist, kann man nicht sehen), der bereichernde Faktor dominiert, wenn die Theorie die Notwendigkeit ihres eigenen Wandels mit einschließt.

Die Neoklassik stellt ein geschlossenes Denksystem dar, sie ist widerspruchsfrei konstruiert und basiert auf »idealistischen« Annahmen. Am Anspruch, die Realität näherungsweise abzubilden, hält die Theorie dennoch fest. Da Menschen auf der Grundlage von Erwartungen handeln, müssen auch darüber Annahmen getroffen werden. Dieses Problem hatten die Erfinder der Neoklassik vor einhundertfünfzig Jahren übersehen, wohl auch deshalb, weil die Newton'sche Himmelsmechanik ihr wissenschaftliches Leitbild war.[16]

Die Vernachlässigung der Erwartungen war eine Hauptkritik von Keynes an der Neoklassik: Erwartungen sind Grundlage jeder Entscheidung, sie werden stets unter der Bedingung von Unsicherheit über die Zukunft gebildet und sind (daher) auch von Emotionen geprägt – auf der individuellen wie der sozialen Ebene.

Die antikeynesianischen Denker *mussten* eine Alternativlösung liefern, welche die logische Konsistenz zwischen ihrer Theorie und der angenommenen Erwartungsbildung gewährleistet (»*theory-consistent expectations*«): Alle Akteure sind mit gleichen Informationen ausgestattet und bilden ihre Erwartungen nach dem »wahren« Modell, dieses ist die Theorie der Ökonomen selbst (»rationale Erwartungen«). Stellt etwa Apple ein neues Produkt vor, so wissen alle Menschen, welche Gewinne dieses in alle Zukunft bringen wird und wo daher der neue Gleichgewichtskurs der Apple-Aktie liegt. Und auf dieses Niveau springt der Kurs sofort.

Die Theorie unterstellt, dass es ein zeitlos »wahres« Modell gäbe darüber, wie die Nutzenmaximierung aller Akteure, ausgestattet mit bestimmten Vermögen (einschließlich ihrer Fertigkeiten als »Humankapital«) und mit festen

Vorlieben (»Präferenzen«), ein Gleichgewicht auf allen Märkten ermöglicht, also das »allgemeine Gleichgewicht«. Eine solche Annahme ist allen anderen Wissenschaften fremd. Theorien sind ja nur *Vorstellungen* über mögliche Zusammenhänge, sie werden von anderen Theorien abgelöst, die neue Fragen beantworten oder alte Probleme besser erklären (auf Ptolemäus folgten Kopernikus, Newton, Einstein, Bohr etc.).

Das Neue entsteht aus dem Zweifel am Alten; dieser kann nur gedeihen, wenn man Beobachtungen gegenüber offen ist, sie sammelt und prüft: Welche Entwicklungen in der Realität kann ich in meinem Weltbild »unterbringen«, welche muss ich ausblenden? Wenn etwa Arbeitslosigkeit umso stärker steigt, je mehr die Löhne sinken, oder wenn die Staatsverschuldung umso stärker zunimmt, je radikaler gespart wird, wenn die »freiesten« Märkte »manisch-depressive« Preisschwankungen generieren, dann zwingen »kognitiven Dissonanzen« einen neoliberalen Ökonomen wegzuschauen oder zu zweifeln. Sie sind also Chancen für Verlernen als Voraussetzung für Lernen.

Haupthindernis für das Verlernen: Innerhalb eines Denksystems kann man dieses selbst nicht als Krisenursache begreifen. Man muss also aus dem eigenen System aussteigen und die Welt mit einer anderen – vorerst nur grob »geschliffenen« – »Test-Brille« betrachten.

Wie wurde in den letzten fünfzig Jahren ein ökonomisches Weltbild durchgesetzt, das schon vor der Weltwirtschaftskrise dominiert hatte? Warum prägt diese Theorie weiterhin das Denken der Eliten, obwohl sie keine konkreten Erklärungen für die bedrückendsten Probleme bietet und ihre Empfehlungen die ökonomische Performance verschlechtert haben?

Auf der Suche nach Antworten lassen wir uns von den Einsichten Ludwik Flecks leiten, einem der originellsten Erkenntnis- und Wissenschaftstheoretiker, ohne den meine Forschungen und daher auch dieses Buch nicht zustande gekommen wären.

Ludwik Fleck: Wissenschaft als sozialer Prozess

Ludwik Fleck wurde 1896 in Lemberg (heute Lwiw) als Pole jüdischen Glaubens geboren. Er studierte Medizin, arbeitete danach in der bakteriologischen Forschung und wurde ein führender Virologe. Daneben entwickelte er eine Wissenschaftstheorie, die er 1935 in einem (bald in Vergessenheit geratenen) Essay zusammenfasste. 1943 wurde Fleck nach Auschwitz deportiert, 1944 kam er ins KZ Buchenwald. Dort hatte ihm die SS ein Labor eingerichtet, damit er einen Impfstoff gegen Typhus entwickle. Dies gelang, doch lieferte Fleck der SS ein Placebo, das echte Medikament bekamen Mithäftlinge.

Fleck wurde 1947 Universitätsprofessor in Lublin und 1954 Mitglied der polnischen Akademie der Wissenschaften. Er wanderte 1957 nach Israel aus, wo er 1961 starb.[17] Im folgenden Jahr publizierte Thomas S. Kuhn *Die Struktur wissenschaftlicher Revolutionen* – eines der meistzitierten Bücher und *der* wissenschaftstheoretische Bestseller des 20. Jahrhunderts. Im Vorwort erwähnt Kuhn, dass er zufällig auf einen unbekannten Essay von Fleck aus dem Jahr 1935 gestoßen sei, der »viele meiner Gedanken vorwegnimmt«.[18] An keiner Stelle weist Kuhn allerdings darauf hin, wie viel *er* von Fleck übernommen hat. Erst die englische Übersetzung (1979) und eine Neuauflage des Originaltextes (1980) ermöglichten es, den Reichtum des Fleck'schen Essays kennenzulernen. Er hilft uns, die Verankerung des neoklassischen Weltbildes in den Köpfen der Eliten und deren Lernwiderstand besser zu verstehen.

Ausgangspunkt von Flecks Überlegungen ist die lapidare Feststellung, »dass unsere Kenntnisse viel mehr aus dem Erlernten als aus dem Erkannten bestehen«; in seinem Aufsatz »Zur Krise der ›Wirklichkeit‹« (1929) heißt es weiter: »Leider haben wir die Angewohnheit, alte, gewohnte Gedankengänge als besonders evident zu betrachten (…). Sie bilden das eiserne Fundament, auf dem ruhig weitergebaut wird. Dazu kommt (…), dass jede neue Erkenntnistätigkeit vom früheren Erkenntnisbestande abhängig ist (…).«[19]

Fleck wendet sich gegen die »heldenhafte Beschreibung« wissenschaftlicher Erkenntnisse: »Aus ihr geht nämlich die irrtümliche (…) Ansicht hervor, dass die sogenannte ›Wahrheit‹ fertig, von uns unabhängig, uralt und mehr oder weniger bedeckt oder verhüllt existiere. Man brauche nur die wagemutige Hand eines ›Entdeckers‹, der – von einer genialen Intuition geleitet – die Vorhänge herunterreißt und die Wahrheit für alle sichtbar werden lässt.«[20] Dem stellt Fleck die Entstehung des Wissens »auf dem Weg einer sachlichen, fast unpersönlichen wissenschaftlichen Analyse« gegenüber: »Die Hauptrolle spielt dann nicht mehr das Individuum und sein beschränkter menschlicher Verstand, sondern eine *Denkgemeinschaft* von Menschen, deren spezifische *intellektuelle Stimmung* zusammen mit den historischen und technischen

Möglichkeiten der Zeit einen spezifischen *Denkstil* erschafft. Die ›Wahrheit‹ ist dann der jeweilige Ausdruck dieses Stils (…).«[21]

Denkkollektiv, Denkstil und »Wahrheit«

Jener Essay, den Kuhn erwähnt, trägt den listigen Titel *Entstehung und Entwicklung einer wissenschaftlichen Tatsache*.[22] Darin fasst Fleck seine Erkenntnis- und Wissenschaftstheorie zusammen. Er verdeutlicht seine Hauptthesen am Beispiel einer unbestreitbaren Tatsache, der Beziehung zwischen Syphilis und der »Wassermann-Reaktion« (die einen eindeutigen Nachweis der Krankheit ermöglicht). Akribisch rekonstruiert Fleck die Geschichte der Wahrnehmung der Syphilis seit dem 15. Jahrhundert: Mit dem Wandel der religiösen, astrologischen, moralischen und (gesundheits-)politischen Vorstellungen wandelten sich auch Erklärung, Diagnose und Therapie der »Lustseuche«.

Unter dem gemeinsamen »Denkstil« von Wissenschaftlern versteht Fleck »ein gerichtetes Wahrnehmen, mit entsprechendem gedanklichen und sachlichen Verarbeiten des Wahrgenommenen«.[23] Ein objektives, von Vor-Stellungen bzw. Vor-Urteilen des Betrachters unabhängiges Beobachten existiert nicht. Jedes geschulte Wahrnehmen ist ein Gestaltsehen: »Das unmittelbare Gestaltsehen verlangt ein Erfahrensein in dem bestimmten Denkgebiete: erst

---

Im neoklassischen Denkstil stellt das Marktdiagramm die fundamentale Gestalt dar. Denn sie entspricht der Theorie, wonach ökonomische Prozesse in zwei Variablen (Preise und Mengen) und zwei Funktionen (Angebot und Nachfrage) erfasst werden können. Übersteigt die angebotene Arbeitsmenge die von Unternehmern nachgefragte Arbeitsmenge, so ist der Preis (= Lohn) zu hoch (Abbildung 2.1, Diagramm d). Dies ist eine *im Rahmen des neoklassischen Denksystems* wahre Aussage, also eine wissenschaftliche Tatsache.

In systemischer Sicht stellt Arbeitslosigkeit ein Defizit an Arbeitsplätzen dar. Die entsprechende »Gestalt« wird durch das Spiel »Reise nach Jerusalem« verdeutlicht: Es gibt 100 Arbeitsplätze, 110 suchen einen Job, 10 Personen gehen leer aus – es sind die weniger Qualifizierten, die weniger Flexiblen, oft die Älteren. Diese Sicht betrachtet die Zahl der Arbeitsplätze keinesfalls als fix, doch reichen Lohnsenkungen und Weiterbildungsmaßnahmen allein nicht aus, um Unternehmen zur Schaffung zusätzlicher Jobs zu veranlassen.

nach vielen Erlebnissen, eventuell nach einer Vorbildung erwirbt man die Fähigkeit, Sinn, Gestalt, geschlossene Einheit unmittelbar wahrzunehmen. Freilich verliert man zugleich die Fähigkeit, der Gestalt Widersprechendes zu sehen.«[24]

Denkstil ist für Fleck ein »bestimmter Denkzwang und noch mehr: die Gesamtheit geistiger Bereitschaften (...) für solches und nicht anderes Sehen und Handeln. Die Abhängigkeit der wissenschaftlichen Tatsache vom Denkstil ist evident«.[25] So *muss* ein Ökonom, der im System der rationalen Erwartungen operiert, Lohnniveau, Arbeitslosengeld und Arbeitnehmerschutz als Hauptursachen der Arbeitslosigkeit und übermäßige Staatsausgaben als Hauptursache der Staatsverschuldung ansehen; innerhalb eines Denksystems besteht Denkzwang.

»*Solche stilgemäße Auflösung (...) heißt Wahrheit.* Sie ist nicht ›relativ‹ oder gar ›subjektiv‹ im populären Sinn des Wortes. Sie ist immer oder fast immer, innerhalb eines Denkstils, vollständig determiniert. Man kann nie sagen, derselbe Gedanke sei für A wahr und für B falsch. Gehören A und B demselben Denkkollektiv an, dann ist der Gedanke für beide entweder wahr oder falsch. Gehören sie aber verschiedenen Denkkollektiven an, so ist es eben *nicht derselbe* Gedanke, da er für einen von ihnen unklar sein muss oder von ihm anders verstanden wird.«[26]

Die Grundproblematik des wechselseitigen Nicht-Verstehens kommentiert Fleck nüchtern: »Die Prinzipien eines fremden Kollektivs empfindet man (...) als willkürlich (...). Der fremde Gedankenstil mutet als Mystik an, (...) die Erklärungen als nicht beweisend oder danebengreifend, die Probleme oft als unwichtige oder sinnlose Spielerei.«[27] So können sich Ökonomen des neoklassischen und des (original-)keynesianischen Denkkollektivs nicht verstehen. »Man findet«, bemerkte Nobelpreisträger[28] Robert E. Lucas 1980, »keinen guten Ökonom unter vierzig, der sich oder sein Werk als keynesianisch bezeichnet. (...) In Seminaren wird keynesianische Theorie nicht mehr ernst genommen; die Zuhörer fangen an zu tuscheln und zu kichern.«[29]

»Harmonie der Täuschungen« stärkt Lernwiderstand

Jedes Denkkollektiv – der »gemeinschaftliche Träger des Denkstils« – leistet gegen die Weiterentwicklung oder gar radikale Änderung des Denkstiles Widerstand. Fleck bezeichnet dies als »die Beharrungstendenz der Meinungs-

systeme und die Harmonie der Täuschungen«: »Ist ein ausgebautes, geschlossenes Meinungssystem, das aus vielen Einzelheiten und Beziehungen besteht, einmal geformt, so beharrt es beständig gegenüber allem Widersprechenden (...). Nicht um bloße Trägheit handelt es sich oder Vorsicht vor Neuerungen, sondern um eine aktive Vorgangsweise, die in einige Grade zerfällt:
1. Ein Widerspruch gegen das System erscheint undenkbar.
2. Was in das System nicht hineinpasst, bleibt ungesehen, oder
3. es wird verschwiegen, auch wenn es bekannt ist, oder
4. es wird mit großer Kraftanstrengung dem Systeme nicht widersprechend erklärt.
5. Man sieht, beschreibt und bildet sogar Sachverhalte ab, die den herrschenden Anschauungen entsprechen, d. h. die sozusagen ihre Realisierung sind – trotz aller Rechte widersprechender Anschauungen.«[30]

Es kann wohl kaum eine präzisere Kurzcharakteristik des neoklassischen Denksystems geben als »Harmonie der Täuschungen«. Flecks Einsichten sind für ein Verständnis des gegenwärtigen Lernwiderstandes der ökonomischen Eliten von höchster Relevanz.

Zu These 1: »Wenn eine Auffassung genug stark ein Denkkollektiv durchtränkt, wenn sie bis ins alltägliche Leben und bis in sprachliche Wendungen dringt, (...) dann erscheint ein Widerspruch undenkbar, unvorstellbar.«[31] So werden in der Alltagssprache »die Märkte« als Subjekte dargestellt (»die Märkte fürchten einen Wahlsieg von LePen« oder »die Märkte disziplinieren Griechenland« etc.). Und ein »prinzipieller« Widerspruch gegen Sparpolitik, Lohnzurückhaltung und sonstige »Strukturreformen« ist undenkbar für die Eliten.

Zu These 2: »Jede umfassende Theorie passiert eine Epoche der Klassizität, wo nur exakt hineinpassende Tatsachen gesehen werden, und eine der Komplikationen, wo sich erst die Ausnahmen melden (...). Häufig überwuchern schließlich die Ausnahmen die Zahl der regelmäßigen Fälle.«[32] In den vergangenen Jahrzehnten haben sich immer mehr Entwicklungen ergeben, die in das neoklassische Denksystem nicht »hineinpassen« und daher »ungesehen« bleiben – von den Bullen- und Bärenmärkten bis zur austeritätspolitischen Demolierung der griechischen Wirtschaft (siehe Kapitel 11 und 12).

Zu These 3 (»Was in das System nicht hineinpasst (...), wird verschwiegen, auch wenn es bekannt ist«): Fleck erwähnt als »solche Ausnahme (...) die

Bewegungen Merkurs, bezogen auf die Newton'schen Gesetze. Obwohl Fachleute sie kannten, verschwieg man sie der breiteren Öffentlichkeit, da sie gegen herrschende Anschauung sprachen. Erst jetzt zitiert man sie, als sie für die Relativitätstheorie nützlich wurden.«[33]

Ein gutes Beispiel für das Ausblenden des »Unpassenden« ist die Prosperitätsphase der Nachkriegszeit. Damals wurde der Sozialstaat ausgebaut, die Staatsverschuldung sank, die Reallöhne wuchsen überdurchschnittlich, das Problem der Arbeitslosigkeit gab es nicht (Abbildung 5.1). Mainstream-Ökonomen tun diese Periode daher als »Sonderfall« ab – teils wegen des Wiederaufbaus nach dem Zweiten Weltkrieg (das Vorkriegs-BIP wurde allerdings schon Anfang der 1950er-Jahre übertroffen), teils weil die Finanzmärkte »unterdrückt« wurden (»*financial repression*« – dann wäre Demokratie »Repression von Diktatur«).

Zu These 4 (»Was in das System nicht hineinpasst (…) wird mit großer Kraftanstrengung dem Systeme nicht widersprechend erklärt«): So hat Nobelpreisträger Milton Friedman (1912–2006) gemeinsam mit Anna Schwartz (1915–2012) zu beweisen versucht, dass die Depression der 1930er-Jahre nicht durch den Aktiencrash 1929, die nachfolgende Sparpolitik und Lohnsenkungen verursacht wurde, sondern vom Staat durch eine zu restriktive Geldpolitik.[34] Obwohl die Daten über die Entwicklung von Geldmengen und Zinssätzen diese These nicht stützen,[35] hat sie sich durchgesetzt. Denn die Entwicklung einer wissenschaftlichen Tatsache gelingt, wenn sie »auf der Linie des geistigen Interesses ihres Denkkollektivs« liegt.[36] Auch für die Finanzkrise 2008 haben neoliberale Ökonomen wie John B. Taylor (2009) sogleich die – diesmal zu expansive – Geldpolitik der Notenbank verantwortlich gemacht. Dazu habe auch die großzügige Wohnbauförderung des Staates beigetragen.[37]

Zu These 5: »Den aktivsten Grad der Beharrungstendenz der Meinungssysteme bildet die schöpferische Dichtung, die sozusagen magische Versachlichung der Ideen, das Erklären, dass eigene wissenschaftliche Träume erfüllt seien.«[38] Damit meint Fleck, dass Forscher so sehr von der Richtigkeit ihrer Theorie bzw. Vorstellung überzeugt sind, dass sie dazu passende Fakten bzw. Beobachtungen (unbewusst) erfinden. Die ökonomische Theoriegeschichte der vergangenen Jahrzehnte ist reich an Beispielen für »schöpferische Dichtung«. Ich beschränke mich auf zwei Beispiele.

Die herrschende idealistische Theorie nimmt an, dass sich alle Märkte stets im Gleichgewicht befinden. Dann dürfte es keine Konjunkturschwan-

> Wie nahezu alle Modelle des neoklassischen, um »rationale Erwartungen« erweiterten Denksystems beruht auch die RBC-Theorie auf folgenden Annahmen: Es gibt nur »repräsentative«, perfekt informierte, ewig lebende und rein rational handelnde Akteure, welche ihren Nutzen über alle Zukunft maximieren. Die Nutzenfunktion des »repräsentativen« Haushaltes und die Produktionsfunktion des »repräsentativen« Unternehmens bestimmen den Output, die Verteilung zwischen Arbeitszeit und Freizeit, die Anteile von Konsum- und Investitionsgütern sowie die Verteilung des Outputs auf Gewinne und Löhne.
>
> Auf dem »Fundament« dieser Annahmen werden die »*dynamic stochastic general equilibrium models*« (DSGE-Modelle) geschätzt, die (auch) von den EU-Institutionen wie EZB oder der EU-Kommission für Prognosen sowie für die Bewertung politischer Maßnahmen wie etwa einer Finanztransaktionssteuer verwendet werden.[39]

kungen geben. Es gibt sie aber, und um diese Tatsache (weg) zu erklären, erfanden die Nobelpreisträger Edward C. Prescott und Finn E. Kydland die Theorie des »*real business cycle*« (RBC): Konjunkturzyklen seien ausschließlich das Resultat von »Technologieschocks«, also neuen Erfindungen, welche die Märkte aus dem Gleichgewicht bringen.

Mein zweites Beispiel knüpft an das erste an. Für Gleichgewichtsökonomen war der New Deal von Roosevelt und sein Erfolg – das BIP stieg zwischen 1933 und 1937 um 43,1 Prozent – immer schon ein Ärgernis, das als »Sonderfall« beiseitegeschoben wurde. Doch die Ausbreitung des neoklassischen Denkkollektivs ermutigte zwei US-Ökonomen zu einem Frontalangriff auf den New Deal: er habe schweren Schaden verursacht, denn wären die Löhne nicht so kräftig gestiegen, wäre das BIP der USA (noch) viel stärker gewachsen.[40]

Diese »magische Versachlichung der Ideen« (Fleck) gelang mithilfe eines »stilgemäß« geschätzten RBC-Modells. Daraus schloss Prescott, die Depression der 1930er-Jahre sei durch die Politik verursacht worden: Den Anstieg der Arbeitslosigkeit nimmt er als Rückgang der durchschnittlichen Arbeitszeit wahr, und da weniger gearbeitet wurde, wurde auch weniger produziert.[41]
Berücksichtigt man, dass der New Deal (»*policy changes*«) erst 1933 begann,

die Depression aber schon 1929, so wird der Charakter dieser Analyse als »schöpferische Dichtung« klar.

Selbstisolation von Denkkollektiven

Gestärkt wird die »Beharrungstendenz von Meinungssystemen« Fleck zufolge durch die »formelle und inhaltliche Abgeschlossenheit« des Denkkollektivs: »Gesetzliche und sittengemäße Einrichtungen, manchmal besondere Sprache (...) schließen formal (...) die Denkgemeinde ab. (...) Wichtiger ist jedoch die inhaltliche Abgeschlossenheit jedes Denkkollektivs als besonderer Denkwelt: (...) für jedes Wissensgebiet besteht eine Lehrlingszeit, während welcher rein autoritäre Gedankensuggestion stattfindet (...). Jede didaktische Einführung ist also wörtlich eine Hinein-Führung.«[42]

Damit verweist Fleck auf die Bedeutung der Einführungs-Lehrbücher für die »Einweihung in einen Denkstil«. So hat das Lehrbuch *Economics* von Paul A. Samuelson wesentlich zur Dominanz der »neoklassischen Synthese« in den 1950er- und 1960er-Jahren beigetragen.[43] In jüngster Zeit gilt Ähnliches für das »neu-keynesianische« Lehrbuch von Gregory N. Mankiw und Mark P. Taylor.[44]

»Zu jedem Denkstil parallel verläuft dessen praktische Auswirkung: die Anwendung.«[45] Die Wirtschaftspolitik passt sich dem dominanten Denksystem an, Letzteres dient umgekehrt als Legitimation der Politik. »Denkzwang, Denkgewohnheit oder wenigstens ausgesprochener Widerwille gegen denkstilfremdes Denken bewachen die Harmonie zwischen der Anwendung und dem Denkstil.«[46] In der EU bewachen zusätzlich »ewige« Vereinbarungen wie der Fiskalpakt die Harmonie zwischen neoliberaler Theorie und Politik (siehe Kapitel 11).

Innerhalb eines Denkkollektivs gibt es Zirkel und Hierarchien: »Um jedes Denkgebilde (...) bildet sich ein kleiner esoterischer und ein größerer exoterischer Kreis der Denkkollektivteilnehmer (...) ein Individuum gehört mehreren exoterischen Kreisen und wenigen, eventuell keinem esoterischen an. Es gibt eine stufenweise Hierarchie des Eingeweihtseins (...).«[47]

Einerseits stärken die Qualifikationsstufen vom Doktorat zum Nobelpreis die Beharrungstendenz eines Denkstils, andererseits ermöglicht die gleichzeitige Teilnahme an mehreren Denkkollektiven und damit der »interkollektive Denkverkehr« wechselseitige Anregungen und damit »Mutationen« des

Denkstils. Wie in der Evolution des Lebendigen sieht Fleck daher eine enorme Bandbreite möglicher »Denkstilergänzungen, Denkstiländerungen oder Denkstilumwandlungen« auf *evolutionärem* Weg.[48] Neue Entwicklungen in den Wirtschaftswissenschaften wie der »*behavioral economics*« oder der »*Neuroeconomics*« etwa wurden dadurch ermöglicht, dass Ökonomen das geschlossene System der Gleichgewichtstheorie verließen und sich von Sichtweisen anderer Wissenschaften anregen ließen (siehe dazu Kapitel 9 und 18).

Die »Idealisten« verharren hingegen in ihrem geschlossenen Denksystem.[49] Dieser intellektuelle Autismus schützt und bewahrt die »Harmonie der Täuschungen« um den Preis zunehmenden Realitätsverlustes. So verkündete Lucas im Januar 2003, fünf Jahre vor Ausbruch der großen Krise, die makroökonomische Theorie habe ihr zentrales Problem – Wie lassen sich wirtschaftliche Depressionen verhindern? – gelöst, und das für viele Jahrzehnte.[50]

Solche Positionen ergeben sich daraus, »dass der intrakollektive Denkverkehr (…) zur Bestärkung der Denkgebilde führt: Vertrauen zu den Eingeweihten, deren Abhängigkeit von der öffentlichen Meinung, gedankliche Solidarität Gleichgestellter, die im Dienste derselben Idee stehen, sind gleichgerichtete soziale Kräfte, die eine gemeinsame besondere Stimmung schaffen und den Denkgebilden Solidität (…) verleihen«.[51]

Zur Vereinheitlichung, Verbreitung und Verfestigung eines Denksystems tragen weiterhin die Zeitschriften, Handbücher sowie die »populäre Wissenschaft« bei. Die Zahl der Zeitschriftenpublikationen und deren »Ranking« bestimmen den Rang eines Ökonomen. Die Bewertung der eingereichten Artikel erfolgt durch Referees aus dem Kreis etablierter Wissenschaftler. Der Selektionsprozess erweckt den Anschein höchster Objektivität – tatsächlich reproduziert er den herrschenden Denkstil. Generell findet kaum ein Gedankenaustausch zwischen dem Mainstream und abweichenden Denkkollektiven wie den »Post-Keynesianern«, den »Institutionalisten« oder evolutionären Ökonomen statt (sie haben ihre eigenen Zeitschriften). Artikel, die nicht von der Annahme »rationaler Erwartungen« ausgehen, haben kaum Chancen auf Publikation in »hochrangigen« Journalen.

Das Handbuch repräsentiert das »geordnete System einer Wissenschaft«.[52] Ökonomische Handbücher decken sehr verschiedene Problembereiche ab (Wachstum, Arbeitsmarkt, Finanzmärkte, Industrie etc.), das »gesicherte Wissen« ergibt sich primär aus der Anwendung der neoklassischen Theorie auf den jeweiligen Bereich.

Die »populäre Wissenschaft« wendet sich an eine breite Öffentlichkeit: »Charakteristisch (...) ist der Wegfall der Einzelheiten (...), wodurch eine künstliche Vereinfachung erzielt wird. Sodann die künstlerisch angenehme, lebendige, anschauliche Ausführung. Endlich die apodiktische Wertung, das einfache Gutheißen oder Ablehnen gewisser Standpunkte.«[53] Genau das war Hauptaufgabe der seit den 1950er-Jahren expandierenden neoliberalen Think Tanks (siehe Kapitel 6).

Auch einzelne Ökonomen engagieren sich für die Popularisierung ihrer Positionen. So haben Paul Samuelson als Trivial-Keynesianer und Milton Friedman als Neoklassiker schon seit den 1950er-Jahren in US-amerikanischen Medien für ihre jeweilige Position gekämpft, heute haben Paul Krugman, Joseph Stiglitz oder Gregory Mankiw ihre Rollen übernommen.

In den Wirtschaftswissenschaften wird der Kampf gegen fremde Denkstile und Theorien brutaler geführt als in anderen Disziplinen. Denn setzt sich eine Theorie durch und wird sie zum »Paradigma« (Kuhn), so verändert sie die Verteilung von Einkommen, Vermögen und Macht in der Gesellschaft. Der Kampf um die Vorherrschaft einer ökonomischen Weltanschauung und die Verteidigung ihrer paradigmatischen Position ist intellektueller Krieg.

In der gegenwärtigen Krise wird die »Beharrungstendenz des neoliberalen Meinungssystems« zusätzlich zu den von Fleck beschriebenen Ursachen durch drei Faktoren verstärkt. Erstens haben Vermögende seit den 1950er-Jahren immer mehr in die Produktion und Verbreitung neoliberaler Theorien investiert (siehe Kapitel 6). Zweitens können junge Ökonomen am ehesten auf eine Karriere oder zumindest einen Job hoffen, wenn sie im »Mainstream« mitschwimmen. Drittens hat noch nie eine ökonomische Weltanschauung so lange und so unangefochten dominiert wie der Neoliberalismus.

Dass die neoliberale Navigationskarte Europa immer tiefer in die Krise geführt hat, können die Eliten nicht in Erwägung ziehen. Gleichzeitig entzog sich die Politik mit Übernahme der neoliberalen Leitlinien selbst die Legitimationsgrundlage ihres Handelns. Grundfragen wie »In welcher Gesellschaft wollen wir leben?« werden nicht mehr gestellt. Denn die Antwort gibt der Markt, ihm hat sich auch die Politik zu unterwerfen.

Dieser »Rollentausch« vom Menschen als aufgeklärtem Subjekt, der sich des Marktes als Steuerungsinstrument bedient, zum Markt als Subjekt, dem sich der Mensch anzupassen hat, findet seinen populärsten Ausdruck im Bild der »unsichtbarer Hand«, mit welcher »der Markt« die vom individuellen Eigennutz getriebenen Prozesse zu ihrem ökonomischen Optimum lenke. Wie eine Nebenbemerkung von Adam Smith zu einem Universalprinzip erhoben wurde und was dieser großartige Moralphilosoph, Ökonom und Mensch wirklich dachte, untersuchen wir im nächsten Kapitel.[54]

4. DIE »UNSICHTBARE HAND«: MARKT ALS SUBJEKT, MENSCH ALS OBJEKT UND DER MISSBRAUCHTE ADAM SMITH

In vielen Wissenschaften vermutet Ludwik Fleck die Existenz von »Urideen«, welche als »Richtlinien der Entwicklung einer Erkenntnis« wirken.[55] So herrschte in der Medizin schon Jahrhunderte vor der Entdeckung der Wassermann-Reaktion die Vorstellung, das Blut eines Syphilis-Kranken sei verseucht. »Auch andere Lehren, wie die Idee der Elemente und der chemischen Zusammensetzung; der Satz von der Erhaltung der Materie; der Satz von der Kugelgestalt der Erde und das heliozentrische System, entwickelten sich historisch aus mehr oder weniger unklaren Urideen, die viel früher waren als ihre naturwissenschaftlichen Beweise (...).«[56]

Die »Uridee« der Wirtschaftswissenschaft besteht in der Vorstellung, Märkte seien sich selbst regulierende Systeme. Erste Gestalt nimmt diese Idee in der Forderung der Physiokraten des 18. Jahrhunderts an, der Staat möge sich ökonomischer Direktiven – wie im Merkantilismus – enthalten. Die klassischen Ökonomen untermauerten diese Forderung mit der Vorstellung, dass sich dann ein »System natürlicher Freiheit« (Adam Smith) einstellen würde.

Während bei den Klassikern das *Prozesshafte* im Marktgeschehen dominiert, steht bei den Neoklassikern (Menger, Jevons, Walras) das *Gleichgewicht* im Zentrum. Die moderne, um »rationale Erwartungen« erweiterte (totale) Gleichgewichtstheorie stellt die Apotheose der ökonomischen »Uridee« dar.

Umdeutung einer Metapher: »Der Markt« als höheres Wesen

Die populärste Gestalt nimmt die ökonomische »Uridee« in der Metapher von der »unsichtbaren Hand des Marktes« an: Wenn jeder nur seinem Eigennutz folge, dann würden Konkurrenz und Preissignale die bestmögliche Lösung des wirtschaftlichen Grundproblems – Was soll wie für wen produziert werden? – finden. Diese Idee wird dem Gründungsvater der ökonomischen Wissenschaft zugeschrieben, Adam Smith (1723–1790). Tatsächlich wurde sie in ihn *projiziert*. Er selbst hat der Metapher keinerlei »marktreligiöse« Bedeutung beigemessen.

Das Bild von der »unsichtbaren Hand« war im 18. Jahrhundert in England weit verbreitet. Smith selbst verwendete die Redensart in seinem Gesamtwerk aber nur drei Mal, und überdies mit unterschiedlicher Bedeutung.[57] In seinem ökonomischen Hauptwerk *Der Reichtum der Völker* (*Wealth of Nations*[58]) spricht er nur *einmal* von einer »unsichtbaren Hand«, und zwar nicht im Zusammenhang mit seinen Überlegungen zu Preisbildung und Konkurrenz auf Märkten, sondern zum britischen Außenhandel.[59]

Smith stellt fest, dass Kaufleute den Binnenhandel in England dem Handel mit den Kolonien vorzögen, da Letzterer mit mehr Unsicherheit behaftet sei: »Wenn er [jeder Einzelne] die heimische Erwerbstätigkeit der ausländischen vorzieht, denkt er nur an seine eigene Sicherheit; und wenn er diese Erwerbstätigkeit so ausrichtet, dass die größte Wertschöpfung erfolgt, denkt er nur an seinen eigenen Vorteil, und dabei wird er, wie in vielen anderen Fällen auch, von einer unsichtbaren Hand geleitet, einem Zweck zu dienen, der nicht in seiner Absicht lag. Für die Gesellschaft ist es gar nicht immer von Schaden, dass dieser nicht in seiner Absicht lag. Indem er sein eigenes Interesse verfolgt, fördert er häufig das der Gesellschaft wirksamer, als wenn er sich tatsächlich vornimmt, es zu fördern.«[60]

Smith wiederholt hier einfach seine in den ersten Abschnitten seines Werkes dargelegte Grundposition: Die vom Eigeninteresse (»*self-interest*«) getriebenen Entscheidungen der Individuen werden häufig (»*frequently*«) dem Interesse des Gemeinwesens dienen, und zwar durch Konkurrenz und Preisbildung auf freien Märkten. Mit dem Bild von der »unsichtbaren Hand« wollte Smith keinesfalls »den Markt« zu einem »Generalkoordinator« ökonomischer Prozesse idealisieren.[61] Bezeichnenderweise erwähnten die auf Smith folgenden Klassiker Thomas Malthus (1766–1834), David Ricardo (1772–1823), John Stuart Mill (1806–1873) oder Karl Marx (1818–1883) – sie alle studierten Smith mit Akribie – die Metapher *an keiner Stelle*.[62] Für die Neoklassiker William Stanley Jevons (1835–1882), Carl Menger (1840–1921) und Léon Walras (1834–1910) hatte sie ebenfalls keine Bedeutung.

Die Mystifikation der »unsichtbaren Hand« setzt erst Mitte des 20. Jahrhunderts ein, und zwar mit einem Zitat von Paul A. Samuelson (1915–2009), der in seinem Lehrbuch *Economics* (1948) schreibt: »Adam Smith (...) war so begeistert von der Entdeckung einer Ordnung im Wirtschaftssystem, dass er das mystische Prinzip einer ›unsichtbaren Hand‹ proklamierte: dass jeder Einzelne, indem er selbstsüchtig [»*selfish*«] nur seinen eigenen Nutzen sucht, wie von einer unsichtbaren Hand dazu geführt, das Beste für alle erreicht, sodass jeder Eingriff der Regierung in den freien Wettbewerb fast mit Sicherheit schädlich wäre.«[63]

An dieser Aussage ist, wie Gavin Kennedy gezeigt hat,[64] fast alles falsch: Smith hat nie ein »mystisches Prinzip« proklamiert. Wer ihn im Original liest, ist beeindruckt davon, wie sorgfältig er Beobachtungen sammelt, wie einfühlend er Mutmaßungen über die Motive der Handelnden anstellt und wie vorsichtig er allgemeine Schlüsse zieht. Auch hat Smith »selfishness« keineswegs als positiv angesehen, vielmehr in der Auseinandersetzung mit Mandevilles *Bienenfabel* scharf verurteilt (dessen Hauptthese war gewesen, dass private Laster die Produktion stimulieren und so öffentlichen Nutzen stiften). Dabei unterscheidet Smith klar zwischen »*selfishness*« und »*self-interest*«. In den beiden ersten Abschnitten seines ökonomischen Hauptwerkes finden sich mehr als sechzig Beispiele für *negative* Folgen eigennützigen Verhaltens. Dass dieses grundsätzlich »zum Besten für alle« transformiert würde, kann Smith nicht gemeint haben. Darüber hinaus hat sich Smith nie gegen *jeden* Eingriff der Regierung in die Märkte ausgesprochen. Vielmehr war er der Meinung, dass die folgenschwersten Eingriffe in den freien Wettbewerb von den Kaufleuten und Unternehmern selbst ausgehen, indem sie sich absprechen oder von Politikern Monopole und (sonstige) protektionistische Maßnahmen fordern.

Es handelt sich also bei der Darstellung von Samuelson um eine »schöpferische Dichtung« im Sinne Flecks. Der »Treppenwitz« dabei: Als (Trivial-) Keynesianer kritisierte Samuelson das »magische Prinzip«, das er Smith unterschiebt. Gleichzeitig hat niemand mehr zur »marktreligiösen« Überhöhung der Metapher beigetragen als Samuelson selbst. Denn fast fünfzig Jahre lang wurden Studierende mit dessen Lehrbuch in die Volkswirtschaftslehre eingeführt (Gesamtauflage: fast 5 Millionen). In der Folge übernahmen fast alle Wirtschaftswissenschaftler die Vorstellung, Adam Smith habe »dem Markt« die Funktion eines »Generalkoordinators« zugeschrieben, und zwar nicht nur Gleichgewichtstheoretiker wie Kenneth Arrow oder Frank Hahn, sondern auch Keynesianer wie James Tobin oder Joseph Stiglitz.[65]

Für Friedrich A. von Hayek (1899–1992) stellt die »unsichtbare Hand des Marktes« das beste Beispiel einer »spontanen Ordnung« dar. »Der Markt« als koordinierendes Subjekt wurde zu einer »wissenschaftlichen Tatsache«. An ihr orientieren sich Politik und Medien, sie prägt die Regelwerke der EU, aber auch Begriffe wie »marktkonforme Demokratie«.

Anteilnahme, Sympathie und Moral als Fundament der Gesellschaft

Mit ihrer Interpretation der »unsichtbaren Hand« machten die neoliberalen Vordenker Adam Smith zum Vater ihres *eigenen* Glaubens an die Marktwirtschaft als eines sich selbst stabilisierenden Systems. Tatsächlich begreift Smith Entwicklungen auf der individuellen wie gesellschaftlichen Ebene als geprägt durch das »Ausbalancieren« gegensätzlicher Kräfte wie Leidenschaft und Moral, Emotionen und Vernunft, Eigenliebe und Nächstenliebe, Profitstreben und soziale Gerechtigkeit, Konkurrenz und Kooperation.[66]

Schon der Eingangssatz seines ersten Hauptwerkes *Theorie der ethischen Gefühle* (*Theory of Moral Sentiments*, 1759) bringt diese Haltung zum Ausdruck: »Mag man den Menschen für noch so egoistisch halten, es liegen doch offenbar gewisse Prinzipien in seiner Natur, die ihn dazu bestimmen, an dem Schicksal anderer Anteil zu nehmen, und die ihm selbst die Glückseligkeit dieser anderen zum Bedürfnis machen, obgleich er keinen anderen Vorteil daraus zieht als das Vergnügen, Zeuge davon zu sein.«[67]

Da Menschen immer auch Teil von Gemeinschaften und der Gesellschaft sind, stellt Anteilnahme einen Eigennutz sozialer Ordnung dar, nämlich den Eigennutz des Menschen in seiner Eigenschaft als soziales Wesen. Die neoliberale Vorstellung, der Mensch sei nur ein Individuum – Thatchers »*There is no such thing as society*« – wäre Smith absurd erschienen.

Die Anteilnahme am Schicksal anderer und an ihrer Gefühlslage nennt Smith »Sympathie«, sie wird durch Einfühlung gelebt: »Da wir keine unmittelbare Erfahrung von den Gefühlen anderer Menschen besitzen, können wir uns nur so ein Bild von der Art und Weise machen, wie eine bestimmte Situation auf sie einwirken mag, dass wir uns vorzustellen suchen, was wir selbst wohl in der gleichen Lage fühlen würden.«[68]

Die verschiedenen Formen von Einfühlung und Anteilnahme beschreibt und bedenkt Smith in einer so klugen, (selber) einfühlsamen, differenzierten und daher konkreten Art, dass einem beim Lesen Herz und Hirn aufgehen (gleichzeitig wird die intellektuelle und emotionale Verarmung der Mainstream-Ökonomen bedrückend klar).[69]

Um zu verstehen, wie ihr eigenes Verhalten zu beurteilen sei, fühlten sich Menschen in die Einfühlung anderer in sie selbst ein: »(…) unsere moralische Beurteilung [richtet sich] zunächst auf den Charakter *anderer* Leute. (…)

Aber wir erfahren bald, dass andere Leute mit ihren Urteilen über unseren Charakter und unser Verhalten ebenso freigiebig sind. (...) Wir fangen deshalb an, unsere Affekte und unser Betragen zu prüfen und Betrachtungen darüber anzustellen, wie diese ihnen erscheinen müssen. (...) Wir stellen uns selbst als die Zuschauer unseres eigenen Verhaltens vor und trachten nun, uns auszudenken, welche Wirkung es in diesem Lichte auf uns machen würde.«[70]

Gut handeln ist auch eigennützig

Indem jeder Mensch sein Verhalten danach prüft, wie der »unparteiische Zuschauer« (»*impartial spectator*«) in ihm es beurteilen würde, stimmt er sein Verhalten auf jenes der anderen bzw. auf die in der Gesellschaft gültigen Normen der Ethik ab: Stimme ich mit ihm (bzw. er mit mir) überein, dann erleben sowohl ich als auch die anderen mich als wertvolles Mitglied der Gesellschaft.[71]

Für Smith steht daher der Eigennutz, anerkannt und geliebt werden zu wollen, in keinem (grundsätzlichen) Gegensatz zu sozialem und sittlichem Verhalten. Im Unterschied zum »strengen« Immanuel Kant darf sittliches Verhalten bei Smith auch fröhlich und heiter machen. Gleichzeitig vermittelt der »unparteiische Zuschauer« zwischen der Kohärenz des Einzelnen mit sich selbst und seiner Kohärenz mit den anderen.

Beide Bedürfnisse des Menschen, »der nur in Gesellschaft bestehen kann«, stärken den sozialen Zusammenhalt: »Alle Mitglieder der menschlichen Gesellschaft bedürfen des gegenseitigen Beistandes (...). Wo jener notwendige Beistand aus wechselseitiger Liebe, aus Dankbarkeit, aus Freundschaft und Achtung von einem Mitglied dem anderen gewährt wird, da blüht die Gesellschaft und da ist sie glücklich.«[72] Ist dies nicht der Fall, »so wird die Gesellschaft zwar weniger glücklich und harmonisch sein, wird sich deshalb aber doch nicht auflösen müssen«.[73] Unverzichtbar aber ist Gerechtigkeit: »Die Wohltätigkeit ist eine Verzierung, die das Gebäude verschönt (...). Gerechtigkeit dagegen der Hauptpfeiler, der das ganze Gebäude stützt. Wenn dieser Pfeiler entfernt wird, dann muss der gewaltige, der ungeheure Bau der Gesellschaft (...) in Atome zerfallen.«[74]

Bedroht wird die Gerechtigkeit durch »*selfishness*«, also durch rücksichtslosen Egoismus und somit durch ein Verhalten, das nur die Eigenschaft des Menschen als Individuum auslebt, seine Mit-Menschlichkeit als soziales Wesen aber unterdrückt. Ein solches Verhalten muss durch die Rechtsordnung

(»*rule of law*«) und notfalls auch durch gesellschaftliche Sanktionierung eingedämmt werden.[75] Überdies kann der Staat »Vorschriften erlassen, die (…) bis zu einem gewissen Grade auch gegenseitige gute Dienste anbefehlen«.[76]

Gutes Leben gelingt für Smith dann, wenn die Beziehungen jedes Einzelnen zu sich selbst und zu den anderen Menschen durch Achtung, Wertschätzung und – idealerweise – durch Liebe geprägt werden. Denn: »Der Mensch (…) hat eine natürliche Liebe zur Gesellschaft und wünscht, dass die Vereinigung der Menschen um ihrer selbst willen erhalten werde und auch wenn er selbst keinen Vorteil aus ihr ziehen sollte.«[77]

Ganzheitlicher Denkansatz

Smith entwickelt eine ganzheitliche Theorie der Beziehungen der Menschen zu sich selbst, zu nahestehenden Personen (Gemeinschaften) und zur Gesellschaft insgesamt: Er berücksichtigt die diese Beziehungen prägenden Motive wie Vernunft, Sittlichkeit, Gefühle (»*sentiments*«) und Leidenschaften (»*passions*«), das Eigeninteresse der Individuen (differenziert in »*selfishness*« und »*self-interest*«), die Achtung der Interessen der anderen sowie Konkurrenz und Kooperation als unterschiedliche Interaktionsformen – diese Faktoren wirken stets zusammen. So kommen ein »rein« egoistisches oder ein »rein« altruistisches Verhalten kaum vor, weil jeder Mensch die Wahrnehmung seines eigenen Handelns durch andere mitberücksichtigt. Auch ein »rein« rationales Verhalten existiert für Smith nicht, denn die Interaktion von Menschen wird immer auch von ethischen und emotionalen Faktoren geprägt.

Auf dem »Interaktionsfeld Wirtschaft« stellt die Verfolgung des »*self-interest*« durch Konkurrenz die wichtigste Triebkraft dar: Sie befördert die Arbeitsteilung und damit den technischen Fortschritt. Gleichzeitig unterscheidet sie sich klar von destruktiver »*selfishness*«. Gerhard Streminger bringt dies auf den Punkt: »Besser als andere sein zu wollen – Ja. Andere dafür zu Boden stoßen – Nein.«[78]

Die Vorstellung, eine »unsichtbare Hand des Marktes« verwandle die Egoismen der Individuen in das wirtschaftlich Beste – wenn es auch häufig (»*frequently*«) vorkommt, dass eigennütziges Verhalten Nutzen für die Allgemeinheit stiftet –, ist Smith schon deshalb fremd, weil die meisten ökonomischen Interaktionen nicht am Markt stattfinden, sondern innerhalb der Unternehmen, und dabei dominieren Planung und Kooperation. Überdies besteht die größte Bedrohung des »Systems natürlicher Freiheit« (in dem vollkommene Konkurrenz die Marktpreise den »natürlichen Preisen« angleicht) im Egoismus der Unternehmer, die sich durch Absprachen oder Einflussnahme auf die Politik Vorteile verschaffen.

Smith stellt fest, dass die Achtung für die »Reichen, Mächtigen, Vornehmen und Großen« nicht auf Verdiensten beruht, sondern auf ihrer gesellschaftlichen Position: »Dieser Hang, die Reichen und Mächtigen zu bewundern und beinahe göttlich zu verehren und Personen in ärmlichen und niedrigen Verhältnissen zu verachten (…) ist zugleich auch die größte und allgemeinste Ursache der Verfälschung unserer ethischen Gefühle.«[79]

Bei Marktregulierungen solle sich die Politik zurückhalten, doch plädiert Smith keinesfalls für einen generell schwachen Staat. Vielmehr müsse dieser nicht nur für innere und äußere Sicherheit sowie für ein funktionierendes Rechtssystem sorgen, sondern auch für die Verbesserung der Infrastruktur sowie des Bildungs- und Gesundheitswesens.

Besonders im Hinblick auf das Bildungswesen fordert Smith »mehr Staat«. Denn er erkennt und benennt klar die negativen Effekte der Arbeitsteilung (die Marx später unter dem Begriff der »entfremdeten Arbeit« zu einem zentralen Konzept seiner Theorie ausbaute): »Mit zunehmender Arbeitsteilung beschränkt sich die Tätigkeit (…) der großen Masse des Volkes auf einige wenige, sehr einfache Verrichtungen, häufig auf ein oder zwei (…). Wer sein ganzes Leben damit zubringt, (…) hat keinen Anlass, seinen Verstand anzustrengen oder seine Erfindungsgabe zu bemühen (…). Natürlich entwöhnt er sich solcher Anstrengung und wird im Allgemeinen so dumm und unwissend, wie ein Mensch nur werden kann.«[80]

Auf Basis von Beobachtungen analysiert (»zerlegt«) Smith die Verhaltensweisen von Menschen in der Produktion, im Handel, im Staatswesen und in den privaten Beziehungen, fügt sie aber dann wieder zusammen, weil sie in Wechselwirkungen aufeinander bezogen sind. Ziel seiner Methode ist es, Regelmäßigkeiten in Gemeinschaften und der Gesellschaft im Allgemeinen (*Theorie der ethischen Gefühle*) und in der Wirtschaft im Besonderen (*Der Reichtum der Völker*) herauszuarbeiten. Da Verstand und Gefühle, Eigenliebe und Nächstenliebe, Konkurrenz und Kooperation zusammenwirken, kann und will er keine widerspruchsfreien »ökonomischen Gesetze« statuieren.

Smith hat ein ganz anderes Verständnis von Wissenschaft als die Neoklassiker: Er will das ökonomische und soziale Verhalten von Menschen in der

Realität erklären; die Neoklassik leitet ab, wie sich die Menschen verhalten *würden*, wenn sie rein rationale und nur eigennützige Individuen *wären*.

Adam Smith als »Kronzeuge« der neoliberalen Gegen-Aufklärung

Heute würden die Mainstream-Ökonomen ihre beiden härtesten Vorwürfe gegen Smiths Forschungsansatz in Stellung bringen: Eigenschaften und Verhalten seiner »Akteure« sind widersprüchlich, daher lassen sie sich nicht mathematisch modellieren, außerdem beruht Smiths Gedankengebäude auf Einzelbeispielen sowie »ad hoc« gesetzten Annahmen. Beide Vorwürfe bedeuten innerhalb des herrschenden Denkkollektivs intellektuelle »Todesurteile«.

Doch auch die Neoklassiker wollten ihre Abstammung auf den ökonomischen »Ahnvater« zurückführen. Es ist daher kein Zufall, dass im letzten Drittel des 19. Jahrhunderts das »Adam-Smith-Problem« erfunden wurde. Demnach bestünden grundsätzliche Widersprüche zwischen der *Theorie der ethischen Gefühle* (1759) und dem *Reichtum der Völker* (1776). Smith habe erst durch die Begegnung mit materialistisch orientierten Ökonomen während seines Frankreich-Aufenthaltes (1764–1766) den Egoismus als wichtigste Triebkraft menschlichen Verhaltens erkannt.

Die Smith-Forschung erwies diese These als »dichterische Schöpfung« im Sinne Flecks:[81] Beide Werke beruhen auf derselben Vorlesung von Smith an der Universität Edinburgh, zudem hat Smith im Jahr vor seinem Tod die *Theorie der ethischen Gefühle* überarbeitet und dabei die zentrale Bedeutung der »*sympathy*« für die Interaktion von Menschen noch stärker betont – als ethisches, rationales und emotionales »*sentiment*«.[82]

Im Namen der »unsichtbaren Hand« wurden in den vergangenen Jahrzehnten die Finanzmärkte »ent-fesselt«. Durch diese »Hintertür« erreichte die neoliberale Gegenreformation ihr Hauptziel, die Ent-Mächtigung der Politik, insbesondere von Sozialstaat und Gewerkschaften – sie alle haben sich »dem Markt« zu unterwerfen. Was geschaffen wurde, um der Gesellschaft zu dienen, hat die Macht über die Gesellschaft übernommen. Dazu meint Adam Smith trocken: »Jene ganze Erklärung der menschlichen Natur jedoch, welche alle Empfindungen und Neigungen aus der Selbstliebe ableitet, eine Erklärung, die so viel Lärm in der Welt gemacht hat, (…) scheint mir aus einem verworrenen Missverständnis des Sympathiesystems entsprungen zu sein.«[83]

TEIL II
VON DER DEPRESSION ZUR PROSPERITÄT UND ZURÜCK

5. LERNEN AUS DER WELTWIRTSCHAFTSKRISE: KEYNESIANISMUS ALS FUNDAMENT VON SOZIALER MARKTWIRTSCHAFT UND PROSPERITÄT

Als ich vor sechsundvierzig Jahren zu arbeiten begann, konnte jeder Mensch einen voll sozialversicherten Arbeitsplatz bekommen. Prekäre Jobs gab es nicht, Armut und Fremdenfeindlichkeit hatten keine Bedeutung. Mit der Arbeitslosigkeit war auch die Staatsverschuldung zwanzig Jahre lang gesunken (Abbildung 5.1), gleichzeitig wurde der Sozialstaat ausgebaut. Die Politik strebte nach einer Balance zwischen Markt und Staat, Unternehmern und Gewerkschaften, Innovationsdynamik und sozialer Sicherheit sowie zwischen Konkurrenz und Kooperation.

In einer Beziehung wurden klare Prioritäten gesetzt: Der Finanzsektor war »Diener« der Realwirtschaft, Unternehmertum hatte Vorrang. Bei festen Wechselkursen, stabilen Rohstoffpreisen, Zinssätzen unter der Wachstumsrate und »schlafenden« Aktienbörsen machte Finanzspekulation keinen Sinn. Kapital muss aber Rendite abwerfen. Wenn dies nur durch Investition, Produktion und Handel möglich ist, dann expandiert die Realwirtschaft.

Das »Wirtschaftswunder« war daher gar kein Wunder, sondern das Ergebnis eines Anreizsystems, das die kapitalistische »Kernenergie«, das Gewinnstreben, auf die »Turbinen der Realwirtschaft« lenkte. Es stärkte Sozialpartnerschaft und ermöglichte ein stabiles Wirtschaftswachstum sowie den Ausbau des Sozialstaates.[1] Diese »Spielanordnung« hatte auch sozialpsychologische Effekte: Wer als Unternehmer tätig ist, muss die Interessen anderer – Mitarbeiter, Kunden, Lieferanten – berücksichtigen; auf den Finanzmärkten gilt eine andere Logik: Je mehr mein »Partner« verliert, desto mehr gewinne ich.

In Westdeutschland und Österreich wurde die »Soziale Marktwirtschaft« zum Modell für die Gesellschaft. Nach den (ordoliberalen) Vertretern dieses Konzepts wie Alfred Müller-Armack (1901–1978) oder Ludwig Erhard (1897–1977) sollte der Wettbewerb auch die sozialen Probleme lösen, in der Realität entwickelte sich die Soziale Marktwirtschaft aber zu einer Kombination von Sozialstaat, liberalisierten Gütermärkten, Sozialpartnerschaft und regulierten Arbeits- und Finanzmärkten. Gestärkt wurden die sozialen Komponenten der realkapitalistischen »Spielanordnung« durch die Herausforderung

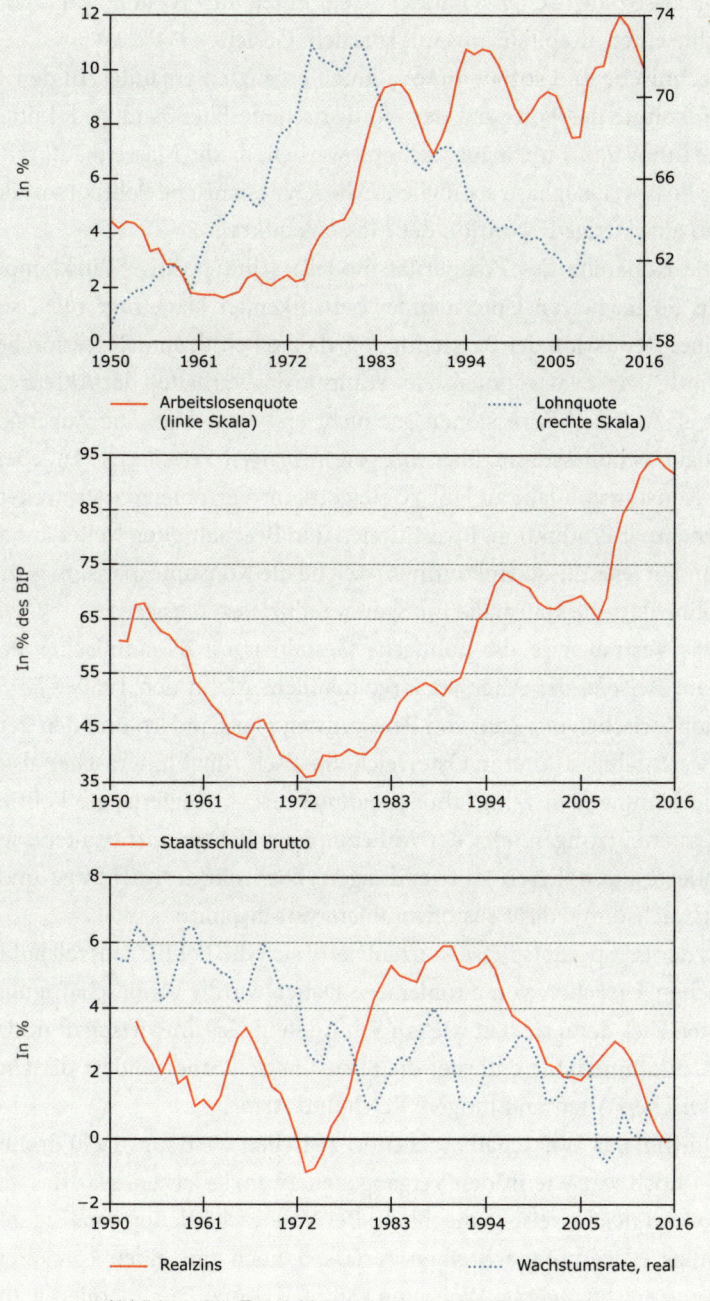

Abbildung 5.1: Entwicklungstendenzen in Westeuropa

der »real-sozialistischen« Länder. Den Eliten im Westen war klar: Man brauchte einen »Kapitalismus mit sozialem Gesicht«.

Technische und soziale Innovationen ergänzten einander. In den 1930er-Jahren konnte das Potenzial der »fordistischen« Fließbandproduktion (technische Innovation) nicht ausgeschöpft werden, da die Massenkaufkraft fehlte. In der Prosperitätsphase ermöglichte die keynesianische Politik (soziale Innovation) eine stetige Expansion der Massenkaufkraft.

Die Kohärenz des Prosperitätsmodells schuf positive Rückkoppelungseffekte. So reagierten Unternehmer bei sinkender Nachfrage nicht sogleich mit einer Reduktion der Beschäftigung, da die Politik eine Rezession bekämpfen würde. Die »Navigationskarte« stimmte das Verhalten der Akteure aufeinander ab und ließ Rezessionen gar nicht erst entstehen. Die Zuversicht der Haushalte veranlasste sie, über *ihre gegenwärtigen Verhältnisse* zu leben, also ihren Konsum von Jahr zu Jahr zu steigern; im Vertrauen darauf weiteten die Unternehmer Produktion, Investitionen und Beschäftigung weiter aus, und so entstanden jene Zusatzeinkommen, welche die Konsumexpansion ermöglichten (ohne dass die Haushalte ihr Sparen reduzieren mussten).

Das Vertrauen in die politische Gestaltbarkeit ökonomischer Prozesse wird am Beispiel der Altersvorsorge deutlich. Als in den 1960er-Jahren die Relation zwischen der Zahl von Pensionisten plus Kindern und den Personen im erwerbsfähigen Alter in Österreich drastisch zunahm – rascher als derzeit für die kommenden zehn Jahre prognostiziert –, reagierte die Politik nicht mit Rentenkürzungen oder der Anhebung des Renteneintrittsalters, sondern akzeptierte die höheren Aufwendungen. Dies stärkte Nachfrage und Wirtschaftswachstum – das Pensionsproblem verschwand.[2]

In der Prosperitätsphase konzentrierte sich die Politik generell auf die systemischen Ursachen von Problemen. Daher wurde Vollbeschäftigung zum obersten Ziel, denn sie hält wie ein Schlussstein Gesamtwirtschaft und Gesellschaft zusammen: Sie entlastet die Staatsfinanzen und mildert die Ungleichheit zwischen Alten und Jungen, Reich und Arm.

Obwohl das Wirtschaftswachstum zwischen 1950 und 1970 drei bis vier Mal so hoch war wie in den vergangenen zwanzig Jahren, war das »Lebenstempo« vergleichsweise gemächlich. Bei Vollbeschäftigung muss man weder unzählige Bewerbungsschreiben verfassen noch um einen (prekären) Job oder eine erschwingliche Wohnung kämpfen. Kurz: Die Energien wurden in der Prosperitätsphase effizienter genutzt als heute.

Die Weltwirtschaftskrise als Rätsel und als »Lernzwang« für Ökonomen

Wie hatte sich die Spielanordnung entwickelt, die das »*golden age of capitalism*« ermöglichte? Das Fundament bildete das Lernen aus der Weltwirtschaftskrise. Nach dem Ersten Weltkrieg und der Überwindung seiner Folgen hatte ein Wirtschaftsaufschwung eingesetzt, begleitet von einem Boom der Aktienkurse, insbesondere in den USA: Immer mehr Menschen wollten nicht nur ihr eigenes Geld an der Börse arbeiten lassen, sondern kauften Aktien auf Kredit, zwischen 1923 und 1929 stiegen die Kurse nahezu auf das Vierfache (auch damals dominierte eine liberale Wirtschaftstheorie und damit der Glaube an »den Markt«).

Im Oktober 1929 kam es zum Börsenkrach, die Entwertung des Aktienvermögens (bis 1932 sanken die Kurse um mehr als 90 Prozent), und massenhafte Pleiten führten in eine globale Rezession: Die Arbeitslosigkeit stieg, die Steuereinnahmen brachen ein, das Budgetdefizit nahm zu. Eine Senkung der Staatsausgaben, insbesondere für Arbeitslose, war die Folge. Damit sowie mit Lohnsenkungen sollte gleichzeitig die Arbeitslosigkeit bekämpft werden.

Mit der Senkung von Staatsausgaben und Löhnen schwand auch die Kaufkraft, und in der Folge gingen die Umsätze der Unternehmen zurück – die Entlassungen nahmen zu, die Lage der Wirtschaft und der Staatsfinanzen verschlechterte sich weiter. Daraufhin wurde die Sparpolitik verschärft: Eine »rückgekoppelte Abwärtsspirale« führte Wirtschaft und Gesellschaft in die Depression.[3] Immer mehr Länder versuchten, die eigene Lage durch Abwertungen und Protektionismus zu verbessern, also durch Sparen gegenüber dem Ausland. Diese Gegenreaktionen eskalierten zu Abwertungswettläufen, der Welthandel schrumpfte zwischen 1929 und 1933 um fast 70 Prozent, und dies verstärkte die Depression.[4]

In Deutschland und Österreich sprachen die Nationalsozialisten Verbitterung und Wut der Millionen Deklassierten gezielt an und verhießen ihnen soziale Wärme in der »Volksgemeinschaft«. Der Stärkung »völkischer« Identität diente die Identifikation von »Schuldigen« jenseits der Grenzen (»Erbfeind Frankreich«), im eigenen Land (»die Juden«) und auf supranationaler Ebene (vom Völkerbund bis zum »Weltjudentum«). Auch für finanzkapitalistische Exzesse wurden »die Juden« verantwortlich gemacht (»raffendes und schaffendes Kapital«).

In den USA zeigte Präsident Franklin D. Roosevelt: Man kann die Deklassierten auch erreichen, indem man ihre Not anspricht und konkrete Konzepte zu deren Linderung umsetzt. Sein New Deal schränkte ab 1933 den Handlungsspielraum der Wall Street radikal ein, er belebte die Wirtschaft durch Investitions- und Beschäftigungsprogramme sowie durch Schaffung einer Arbeitslosen- und Pensionsversicherung.

Die Weltwirtschaftskrise führte in den Zweiten Weltkrieg und damit zur größten Katastrophe in der Geschichte der Menschheit. Daher fiel auch das Lernen aus der Krise gründlich aus. Den größten Einzelbeitrag dazu leistete der englische Ökonom John Maynard Keynes (1883 bis 1946).

Keynes entstammte dem gehobenen Bürgertum (sein Vater war Professor für Politische Ökonomie), er besuchte das Elite-College in Eton, studierte Mathematik und – im Nebenfach – Ökonomie am King's College der Universität Cambridge. Seine Dissertation behandelte die Wahrscheinlichkeitstheorie (*A Treatise on Probability*); der Verwendung mathematischer Methoden in der Ökonomie stand er allerdings zunehmend skeptisch gegenüber. Ab 1908 lehrte er als Dozent für Volkswirtschaftslehre am King's College, war aber auch im Finanzsektor tätig und politisch als Mitglied der Liberal Party aktiv.

Auch kulturell war Keynes höchst interessiert und mit vielen Mitgliedern des »Bloomsbury-Kreises« befreundet. Er sammelte Kunst (vorzugsweise französische Impressionisten), liebte die Oper und unterstütze Opernhäuser. 1926 heiratete er Lydia Lopokova, eine russische, in London lebende Primaballerina, mit der er bis zu seinem Tod zusammen war.

Im Dauerkonflikt ökonomischer Theoretiker zwischen formaler Eleganz von Modellen und deren konkreter Erklärungskraft, zwischen Legitimation wirtschaftlicher Interessen und nützlichen Vorschlägen für die Politik entschied sich Keynes für den zweiten »Pol«. Das wurde schon 1919 klar, als er – Mitglied der britischen Delegation – empört die Friedensverhandlungen in Versailles verließ, weil die Alliierten Deutschland untragbar hohe Reparationszahlungen abverlangten (siehe Kapitel 14).

Keynes' Zweifel an der empirischen Relevanz der neoklassischen Theorie und seine Verachtung für das »*money making*« durch schnelle Spekulation wurden durch seine Erfahrungen als Finanzinvestor verstärkt: Als Schatzmeister des King's College mehrte er dessen Vermögen (1919–1946), er bestimmte als Direktor von zwei Versicherungsgesellschaften – der National

Mutual Life Assurance Society (1919–1938) und der Provincial Insurance Company (1923–1946) – deren Vermögensanlagen, und er spekulierte auf eigene Rechnung. Mit den Jahren wurde Keynes zu einem »*value investor*« – er wählte Aktien solcher Firmen, die er kannte und deren Management er vertraute. Zwischen 1933 und 1946 erzielte er eine jährliche Rendite von fast 20 Prozent, etwa doppelt so hoch wie jene des gesamten Aktienmarktes in Großbritannien.[5]

Diese Haltung ermöglichte es Keynes in den 1930er-Jahren, die Grundannahme der Gleichgewichtstheorie zu verwerfen, wonach Märkte sich selbst stabilisieren, also nach »Schocks« wieder zu einem Gleichgewicht bei Vollbeschäftigung finden (»*Laissez-faire*«). In seinem 1936 publizierten Hauptwerk, der *General Theory of Employment, Interest and Money*, entwickelte er einen neuen, systemischen Ansatz und wurde so zum Begründer der Makroökonomik.

Keynes' systemische Erklärung der Großen Depression

Die wichtigsten Botschaften von Keynes ergaben sich aus seinem Bemühen, die Haupträtsel der Weltwirtschaftskrise zu lösen: Warum hat eine Senkung des Preises der Arbeit, also der Löhne, die Nachfrage nach Arbeit nicht erhöht, sondern verringert? Unter welchen Bedingungen wird eine Senkung der Staatsausgaben die Lage der öffentlichen Finanzen verschlechtern? Welche Rolle spielen Emotionen und ihre Bündelung zu Marktstimmungen, insbesondere auf den Finanzmärkten? Und welche Bedeutung hat die Tatsache, dass zukünftige Entwicklungen prinzipiell unsicher sind?

Keynes ging davon aus, dass Lohnzahlungen – wie alle Zahlungsströme – Ausgaben für die einen (Unternehmen) und Einnahmen für die anderen (Haushalte) sind. Wenn die Arbeitnehmer auf eine Reduktion ihrer Einkommen rascher mit einer Einschränkung ihres Konsums reagieren als die Unternehmer mit einer Ausweitung der Beschäftigung, sinken die Umsätze der Unternehmen. Statt *mehr* Menschen einzustellen, werden sie daher *noch weniger* beschäftigen und ihre Investitionen weiter kürzen. Die mikroökonomische Logik des Marktdiagramms lässt sich auf die Makroökonomie nicht übertragen.

Keynes betrachtete das Verhalten der Akteure in ihrer Gesamtheit (systemisch) und berücksichtigte Kettenreaktionen und Rückkoppelungen. Dieser Ansatz führte ihn zu einer neuen Einschätzung von Staatsverschuldung und Sparpolitik.

Anfang des 19. Jahrhunderts hatte der französische Ökonom Jean-Baptiste Say (1767–1832) behauptet, dass der Nachfrageausfall durch das Sparen der Haushalte ausgeglichen würde durch die Investitionen der Unternehmen, eine Wirtschaft wäre daher nie aus Mangel an Nachfrage zu wenig ausgelastet. Die Neoklassiker haben diese These später zum Say'schen Gesetz verallgemeinert: Jedes Angebot (Produktionspotenzial in Gestalt von Arbeitskräften, Land und Maschinen) erzeuge eine gleich hohe Nachfrage (der Preismechanismus gewährleiste Vollauslastung). Das Say'sche Gesetz ist somit eine frühe Version des Mythos von der »unsichtbaren Hand«: Die Marktkräfte gewährleisten Vollbeschäftigung; senkt jemand seine Nachfrage durch Sparen, so wird ein anderer seine Nachfrage ausweiten.[6]

Hier setzt die Kritik von Keynes an: Die Tatsache, dass jemand spart, bedeutet nicht notwendig, dass ein anderer seine Ausgaben in gleicher Höhe ausweitet. Nicht zuletzt deshalb, weil ökonomische Prozesse nicht nur von Preisen gesteuert werden, sondern auch von Emotionen, ihrer Bündelung zu Marktstimmungen und von der »Liebe zum Geld«, die dazu verführt, dieses durch Finanzspekulation zu mehren. Wenn etwa als Folge einer Finanzkrise die Konsum- und Investitionsnachfrage einbricht, *erleidet* der Staat ein höheres Defizit als Folge zusätzlicher Ausgaben für Arbeitslose und insbesondere sinkender Steuereinnahmen. Reagiert er darauf mit Sparen, so verschlechtert er die Lage von Unternehmen und Haushalten weiter, die Wirtschaft schrumpft, und das Defizit des Staates wächst (»Sparparadox«).

Kettenreaktionen verstärken die Nachfrageeffekte. Nehmen wir an, die Haushalte geben von einem zusätzlichen Brutto-Einkommen 50 Prozent für zusätzlichen Konsum im Inland aus (ihre »marginale Konsumneigung« – bezeichnen wir sie mit »c« – beträgt 0,5), der Rest entfällt auf Steuern, Sozialabgaben, Importe und auf Sparen. Erhöht der Staat seine Ausgaben und damit die Brutto-Einnahmen der Empfänger um 1000, so werden davon 500 für den Konsum verwendet, was für entsprechend hohe Zusatzeinkommen bei anderen Haushalten sorgt, die wiederum Konsum und Zusatz-Einkommen in Höhe von 250 generieren, und so fort – insgesamt addiert sich der Gesamteffekt auf 2000. Werden umgekehrt die Staatsausgaben im Zuge einer Sparpolitik um 1000 gesenkt, so schrumpfen Gesamtnachfrage und -produktion (= BIP) um 2000. Der Gesamteffekt eines Nachfrageimpulses besteht somit aus einer »Initialzündung« und sämtlichen dadurch induzierten Einkommen und Konsumausgaben. Der von Keynes (bzw. seinem Mitarbeiter Richard

Kahn) entdeckte »Multiplikator« (in unserem Beispiel beträgt er 2) gibt an, um wie viel mehr die Gesamtnachfrage steigt (oder fällt) als der ursprüngliche Impuls.[7]

Ein weiterer Gedanke von Keynes trägt zu einem besseren Verständnis der Gegenwart bei: Je mehr eine Sparpolitik die Einkommen der Schwächsten reduziert (qua Senkung von Arbeitslosengeld, Kürzung der Mindestsicherung oder Erhöhung der Mehrwertsteuer), desto größer ist der Kontraktionseffekt. Denn ihre Konsumneigung liegt bei 1, Einkommenskürzungen führen daher »in der ersten Runde« zu einem ebenso hohen Rückgang des Konsums. Eine höhere Besteuerung der Spitzenverdiener oder der größten Vermögen würde hingegen die Nachfrage kaum dämpfen.[8]

Realistisches Menschenbild statt Homo oeconomicus

Die makroökonomischen Grundaussagen von Keynes wurden von den Wirtschaftswissenschaften akzeptiert (wenn auch in sehr vereinfachter Form). Ihre mikroökonomischen Grundlagen – Keynes Einsichten zur Bedeutung von Unsicherheit, Emotionen und Finanzspekulation – wurden allerdings vom Mainstream ignoriert, genau dies waren aber fundamentale, wenn auch noch nicht theoretisch ausgearbeitete Innovationen.

In einer Welt elementarer Unsicherheit ergibt es keinen Sinn, sich über langfristige Erträge eines Investitionsprojektes Erwartungen zu bilden. Denn wie sich die Weltwirtschaft, die Struktur der Güternachfrage, die Rohstoffpreise etc. in den nächsten Jahren bis Jahrzehnten entwickeln werden, kann man *prinzipiell* nicht wissen. Daher werden sich die Unternehmer an der jüngsten Entwicklung und (damit) am gegenwärtigen »*state of confidence*« orientieren.

Auch Emotionen und ihre Bündelung zu »Marktstimmungen« spielen eine Rolle: »Ein großer Teil unserer positiven Aktivitäten hängt eher von spontanem Optimismus ab als von mathematischer Erwartung.« Keynes spricht von »*animal spirits*« als einer ökonomischen Triebkraft: Unternehmertum wird sich nur dann hinreichend entfalten, wenn der »spontane Drang, zu Handeln statt untätig zu bleiben«, die »rationale Berechnung« unterstützt, »sodass der Gedanke an ein Ende mit Verlusten, der Pioniere oft überkommt, zur Seite geschoben wird wie ein gesunder Mensch die Erwartung des Todes zur Seite schiebt«.[9]

Emotionen und ihre Verknüpfung zu Marktstimmungen sind für Keynes keine Abweichungen (Anomalien) von grundsätzlich rationalem Verhalten, sondern konstitutive Elemente menschlicher Existenz.

Als Finanzinvestor war Keynes nahezu täglich mit den Praktiken der »*money makers*« konfrontiert. Auch diese Erfahrungen verdeutlichten ihm die Bedeutung elementarer Unsicherheit, der daraus resultierenden Neigung zu kurzfristigem Denken und der Rolle von individuellen Emotionen und kollektiven Marktstimmungen. Bei seiner Veranlagungsstrategie nahm er die (vermuteten) Fundamentalwerte in den Blick. Keynes' Einschätzungen lassen sich folgendermaßen zusammenfassen.

Sinnvolle Investitionen orientieren sich an ihrem langfristigen Ertrag und konzentrieren sich auf solche Unternehmen, deren Börsenwert unter ihrem wahren (intrinsischen) Wert liegt. Solche Investitionen nennt Keynes »*enterprise*«. Doch die meisten Trader versuchen, von kurzfristigen Kursschwankungen zu profitieren. Diese werden daher getrieben von der »Massenpsychologie einer großen Zahl ignoranter Individuen«, die versuchen, »die Psychologie des Marktes zu prognostizieren«.[10] Solche Geschäfte nennt Keynes »*speculation*«.[11] Ihr Ziel ist es, kurzfristige Kursbewegungen ein wenig früher als andere zu erkennen und zu deren Nachteil zu nutzen: »Das faktische, private Ziel des höchstentwickelten Investierens ist heute (...), die Masse auszutricksen und die schlechte oder abwertende Münze weiterzureichen.«[12]

Da die Kursbewegungen das Resultat der Transaktionen aller Trader sind, muss ein Spekulant Erwartungen über die Erwartungen der anderen bilden. Keynes vergleicht den Aktienmarkt daher mit einem Schönheitswettbewerb (»*beauty contest*«), bei dem es nicht gilt, jene zu wählen, die man selbst für die Schönste hält, sondern herauszufinden, wen die Mehrheit aller Teilnehmer auswählen wird.[13]

Je besser die Finanzmärkte organisiert sind und je schneller man daher handeln kann, desto stärker dominiert kurzfristige Spekulation.[14] Die dadurch verursachten Kursschwankungen erschweren das sozial nützliche, langfristig orientierte Investieren. Keynes bringt ein einfaches Beispiel: Warum soll jemand eine Aktie für 25 kaufen, deren wahren Wert er auf 30 schätzt, wenn er erwartet, dass der Kurs in absehbarer Zeit auf 20 fallen wird?[15]

Worauf Börsen damals wie heute besonders stolz sind, ihre hohe Liquidität (man kann permanent handeln), bezeichnet Keynes als »Fetisch« und zugleich als »unsozialste Maxime der orthodoxen Finanztheorie«.[16] Sie spiegelt lediglich die Dominanz kurzfristiger Spekulation wider. Um diese einzudämmen, schlägt Keynes – halb im Scherz – vor, den Kauf einer Aktie für bindend zu erklären wie eine Ehe, die nur aus schwerwiegenden Gründen aufgelöst werden könne.[17]

Für Keynes dämpft die Dominanz kurzfristiger Aktienspekulation die Bereitschaft der Unternehmer, Realinvestitionen zu tätigen: »Spekulanten als Luftblasen auf einem steten Strom von Unternehmertum mögen harmlos sein. Doch die Lage wird ernst, wenn Unternehmertum zur Luftblase wird im Strudel der Spekulation.«[18] Seine Überlegungen zur Spekulation auf »freien« Finanzmärkten sind somit verknüpft mit seiner Beschäftigungs- und Verteilungstheorie: Die Neigung bis Gier der Besitzer von Finanzkapital (»*rentiers*«), dieses durch Spekulation zu mehren, lässt die Realinvestitionen sinken und verursacht Arbeitslosigkeit und steigende Ungleichheit.

Kurzfristig könne man die Spekulation durch eine Transaktionssteuer eindämmen; zudem sei der Zugang zur Börse generell zu erschweren, schließlich herrsche auch Einigkeit darüber, »dass Eintritt zu Kasinos, im öffentlichen Interesse, teuer und beschränkt sein sollte«.[19] Langfristig fordert und erwartet Keynes eine systemische Änderung: die »Euthanasie der Rentiers«. Anders seien die beiden Hauptdefekte eines Wirtschafts- und Gesellschaftssystems, das von der Lust am »Geldmachen« geprägt ist, nicht zu überwinden: »sein Versagen, Vollbeschäftigung zu gewährleisten, und seine willkürliche und ungerechte Verteilung von Vermögen und Einkommen«.[20]

Die Rolle des Geldes in einer kapitalistischen Wirtschaft durchzieht Keynes' Gesamtwerk wie ein roter Faden.[21] Während Geld in der Neoklassik nur eine Ware ist, die sich für Tausch, Zahlung und Wertsicherung besonders eignet, war Keynes der Überzeugung, dass die Lust am Besitz von Geld und seiner Vermehrung Menschen von sich selbst und ihren Mitmenschen entfremdet: »Die Liebe zum Geld als ein Wert in sich (…) ist ein ziemlich widerliches, krankhaftes Leiden, eine jener halb-kriminellen, halb-pathologischen Neigungen, die man mit Schaudern den Spezialisten für Geisteskrankheiten überlässt.«[22]

»*Money making*« verstärkt Unsicherheit, Emotionen und Markstimmungen sowie ihre Folgen drastisch. Deshalb fasst Keynes eine Hauptbotschaft seiner *General Theory* so zusammen: »Eine Geldwirtschaft zeichnet sich dadurch aus, dass in ihr geänderte Einschätzungen der Zukunft Einfluss auf die Beschäftigungslage haben können.«[23]

Im Klartext: Produktion und Beschäftigung hängen von der Bereitschaft der Unternehmer zu Investitionen und damit von deren erwartetem Ertrag ab. Diese Erwartungen werden von einer Vielzahl von – rationalen und emotionalen – Faktoren beeinflusst. Die Instabilität der Finanzmärkte und die Verlockungen kurzfristiger Spekulation stellen die systemischen Hauptursachen dar für unzureichende Realinvestitionen und anhaltende Arbeitslosigkeit.

Sinn des Wirtschaftens: »Gut leben« ermöglichen

Seine *General Theory* beschließt Keynes mit sozialphilosophischen Überlegungen. Zwar ließen sich »beträchtliche Einkommens- und Vermögensunterschiede« rechtfertigen, denn die Umsetzung wertvoller Aktivitäten (in der Realwirtschaft) erfordere das Motiv des Geldmachens. Solange die Menschen von dieser Leidenschaft abhängig sind, solle die Politik das Spiel weiter ermöglichen, ihm allerdings Regeln und Beschränkungen auferlegen.[24] Dazu gehören feste Wechselkurse, stabile Rohstoffpreise, eine Aktientransaktionssteuer und eine Senkung des Zinsniveaus auf nahe null. Dies würde schrittweise zu der erhofften »Euthanasie der Rentiers« (der »funktionslosen Investoren«) führen und den Kapitalismus grundlegend verändern.[25]

Eine radikale Eindämmung von Finanzspekulation wäre zwar Voraussetzung für anhaltende Vollbeschäftigung, ausreichen werde dies allerdings nicht. Denn langfristig würde die Investitionsbereitschaft der Unternehmen hinter den Sparplänen der Haushalte zurückbleiben und damit das Wirtschaftswachstum dämpfen. Keynes schätzte, dass dieses Problem fünfzehn bis dreißig Jahre nach Kriegsende auftreten könnte.[26] Dann müsse die Politik danach trachten, die Gesamtnachfrage durch eine »höhere Besteuerung großer Einkommen und Erbschaften« zu erhöhen, und vielleicht sogar durch eine »*socialisation of investment*« (gesellschaftliche Kontrolle des Investitionsniveaus).[27] Vollbeschäftigung erschien Keynes so wichtig, dass er, der große Liberale, lieber eine fast sozialistisch erscheinende Maßnahme akzeptierte als anhaltend hohe Arbeitslosigkeit. Er fügt hinzu, dass eine Steuerung des Investitionsniveaus durch den Staat alle Arten von Kooperation mit privater Initiative ja nicht ausschließe.[28]

Zusätzlich sollte man die Arbeitszeit reduzieren. Keynes erwartete schon 1930, dass die Menschen in hundert Jahren einen Teil der auf ein Vielfaches gestiegenen Arbeitsproduktivität in Form von mehr Freizeit genießen würden. Alle Grundbedürfnisse seien dann bei Weitem gedeckt, und für die Befriedigung neu entstehender Bedürfnisse reiche ein geringes Wirtschaftswachstum aus. So werde Habsucht als Triebkraft wirtschaftlicher Dynamik langsam obsolet. Die Aufgabe des Menschen werde dann darin bestehen, seine Freizeit zu gestalten, »um weise, angenehm und gut zu leben«.[29]

Keynes' originellste Gedanken: Ein Erbe wird ausgeschlagen

Nach Veröffentlichung der *General Theory* war Keynes endgültig zum Star unter den Ökonomen geworden.[30] Die Politik berücksichtigte nach 1945 Keynes' Einsichten und schränkte den Spielraum für Finanzspekulation durch Marktregulierungen radikal ein (die Erinnerung an den Börsenkrach 1929 und die Abwertungswettläufe war noch präsent). Doch die mikroökonomische Fundierung seiner Makroökonomie – also seine Überlegungen zur Rolle von Unsicherheit, Erwartungen, Emotionen, Marktstimmungen und Finanzspekulation – konnte Keynes nicht zu einer Theorie ausbauen. Erstens blieb er selbst der neoklassischen Denkwelt in vielen Bereichen verhaftet.[31] Zweitens wollte er seine makroökonomischen Erkenntnisse möglichst rasch bekannt machen (die meisten Länder befanden sich noch in einer Depression). Und drittens war Keynes seit 1937 schwer herzkrank.

Da ihm klar war, dass seine makroökonomischen Empfehlungen ohne radikale Einschränkung von Finanzspekulation nicht hinreichend wirken würden, wählte Keynes folgenden Ausweg: Er beschrieb beispielhaft typische Verhaltensweisen von Spekulanten, die auf schnellen Gewinn abzielen; er setzte diese Aktivitäten in Kontrast zu sozial nützlichen (Aktien-)Investitionen (»*speculation*« versus »*enterprise*«); er verwendete eingängige Begriffe wie »*animal spirits*«, Marktstimmung (»*market sentiments*«), »Massenpsychologie« oder »Liquiditätsfetisch«; er formulierte provokante Forderungen wie »Euthanasie der Rentiers«; und er charakterisierte fundamentale Probleme mithilfe sorgfältig gewählter Metaphern.

All diese Überlegungen konzentrierte Keynes in einem Kapitel (12) seines Buches, ohne die »Querverbindungen« zu den anderen Teilen herauszuarbeiten und damit die mikroökonomische Fundierung seiner makroökonomischen Theorie deutlich zu machen. Der »unwissenschaftliche« Stil, in dem Keynes seine Gedanken über Unsicherheit, Erwartungen, Emotionen und Finanzspekulation präsentierte, erleichterte es dem neoklassischen Denkkollektiv, die Auseinandersetzung darüber zu verweigern.

Gerade weil seine Thesen die Neoklassik radikal infrage stellten, hätten sie einer empirischen und theoretischen Fundierung bedurft.[32] Das betrifft insbesondere die Frage, welche Formen von Erwartungsbildung und Transaktionsverhalten Spekulation auf Finanzmärkten charakterisieren; auf welche Weise kurzfristige Spekulation mehrjährige Bullen- und Bärenmärkte erzeugen; und welche *makroökonomische* Bedeutung die damit verbundenen Wertschwankungen der wichtigsten Vermögensarten für die Nachfrage von Unternehmen und Haushalten haben.

Statt diese Fragen zu behandeln, haben Keynes' Nachfolger dessen makroökonomische Erkenntnisse bis zur Unkenntlichkeit vereinfacht, sodass die Gesamtwirtschaft als eine Art hydraulisch steuerbarer Apparat erschien: Um Arbeitslosigkeit zu reduzieren, müsse der Staat nur seine Ausgaben erhöhen bzw. die Steuern senken und/oder die Geldmenge ausweiten, bis wieder Vollbeschäftigung erreicht ist. Arbeitslosigkeit konnte so als »Sonderfall« in einem Denksystem berücksichtigt werden, in dem die Marktkräfte »im Normalfall« für Vollbeschäftigung sorgen.

Keynes hatte den Grundglauben an Effizienz und Selbststabilisierung aller Märkte verloren. Doch gerade diesen Grundglauben wollte das ökonomische Denkkollektiv bewahren. Anderenfalls hätte man das gesamte Gleichgewichtsparadigma verwerfen müssen, an dem sich auch die »Trivial-Keynesianer« – insbesondere der einflussreiche (spätere Nobelpreisträger) Paul A. Samuelson – orientierten.[33] Damit wurde die Chance einer Emanzipation von der »Marktreligiosität« vertan, die ein »irdisches« Verständnis von Märkten ermöglicht hätte. Denn Märkte sind Steuerungssysteme, deren sich der Mensch bedient. Viele erfüllen ihre Funktion, knappe Mittel durch Preissignale zu effizienter Verwendung zu lenken, andere nicht.

Das Scheitern des Keynes-Planes einer Weltwährung

Seine letzten Lebensjahre widmete Keynes – er starb 1946 – der Stabilisierung des globalen Finanzsystems. Denn Ungleichgewichte in den Leistungsbilanzen, Abwertungswettläufe und sonstige protektionistische Maßnahmen hatten die Weltwirtschaftskrise vertieft. Sein Plan sah die Schaffung einer supranationalen Weltwährung (»*bancor*«) und einer »*Clearing Union*« vor. Ziel war die endgültige Verhinderung von Währungsspekulation und anhaltenden Ungleichgewichten in den Leistungsbilanzen. Länder mit Überschüssen sollten dazu angehalten werden, ihre Importe zu steigern, um so Ungleichgewichte durch Ausweitung der Aktivitäten zu überwinden (statt Defizitländer zum Sparen zu zwingen).

In Bretton Woods, wo sich 1944 Delegationen von mehr als vierzig Staaten trafen, um über eine neue internationale Währungsordnung für die Zeit nach dem Krieg zu beraten, konnte sich Keynes jedoch nicht durchsetzen (trotz seines Herzleidens nahm er an der dreiwöchigen Konferenz teil). Als Vertreter der abtretenden Weltmacht Großbritannien scheiterte er an den nationalen Interessen der neuen Weltmacht USA. Statt seines Planes wurde ein Weltwährungssystem beschlossen, in dem der US-Dollar als Ankerwährung diente und die USA sich verpflichteten, Dollar zu einem festen Kurs – 35 je Feinunze (31,3 Gramm) – gegen Gold zu tauschen (»Goldkonvertibilität«). Die Wechselkurse der Währungen aller anderen Teilnehmer im »Bretton-Woods-System« wurden gegenüber der Leitwährung fixiert.

Langfristig musste dieses System an den Interessenkonflikten zwischen den USA und den übrigen Ländern scheitern, die sich aus der Doppelrolle des Dollar als nationaler Währung der USA und als (Ersatz-)Weltwährung ergaben (siehe Kapitel 7). Doch für mehr als zwanzig Jahre blieben die Wechselkurse stabil, und das trug wesentlich dazu bei, dass sich auch die Rohstoffpreise stabil entwickelten, etwa im Gleichschritt mit den Preisen für Industriewaren (Abbildungen 7.1 und 7.2).

Bei festen Wechselkursen, stabilen Rohstoffpreisen, unter der Wachstumsrate liegenden Zinssätzen und »schlafenden« Aktienbörsen war durch Finanzspekulation nichts zu holen (unter realkapitalistischen Rahmenbedingungen dienen Aktien der Unternehmensfinanzierung und nicht der »schnellen« Spekulation – besonders in Europa waren die Kursschwankungen daher gering). Also konzentrierte sich das Gewinnstreben auf Investition, Produktion und Handel: Bis 1971 expandierte die Weltwirtschaft mit Wachstumsraten zwischen 4 Prozent und 6 Prozent (Abbildung 5.2).

In Westeuropa war das Wirtschaftswachstum – zusätzlich gefördert durch den Wiederaufbau – so stark, dass bereits Ende der 1950er-Jahre Vollbeschäf-

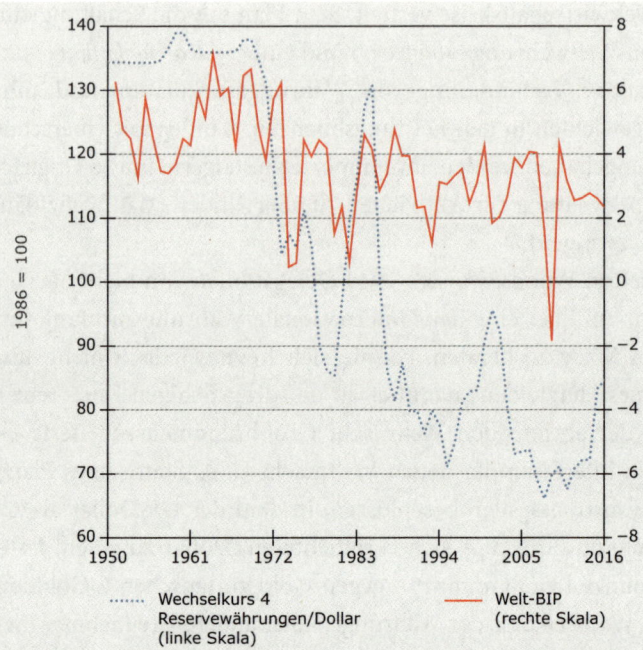

Abbildung 5.2: Dollarkurs und die Entwicklung der Weltwirtschaft

Bei festen Wechselkursen (1950 bis 1971) schwankte das jährliche Wachstum der Weltwirtschaft nur zwischen 4 und 6 Prozent. Seither hat die Instabilität der Währungen, insbesondere des US-Dollars, die Schwankungen der globalen Realwirtschaft erhöht. Das Vertrauen in den Dollar als Weltwährung wurde zusätzlich durch seine langfristige Entwertung geschwächt.

tigung erreicht wurde (Abbildung 5.1). Die Arbeitslosenquote lang im Durchschnitt bei etwa 2 Prozent, in Deutschland und Österreich sogar bei lediglich 1 Prozent, die Staatsverschuldung ging stetig zurück, der Sozialstaat wurde ausgebaut. Finanzkrisen gab es nicht. Die Banken erfüllten eine wichtige Funktion im ökonomischen System: Sie gaben das Sparen der Haushalte als Investitionskredite an die Unternehmen bzw. an »Häuslebauer« weiter und transformierten es so indirekt in Realkapital und Arbeitsplätze.

Auch im Verhältnis zwischen staatlicher Steuerung, unternehmerischen Entscheidungen und Marktprozessen war man um einen Ausgleich der »Polaritäten« bemüht: Planerische Gestaltung der Rahmenbedingungen (etwa durch Ausbau des Sozialstaates oder die Gründung der Europäischen Wirtschaftsgemeinschaft) wurde kombiniert mit evolutionärer Weiterentwicklung auf der Ebene der Unternehmen und Märkte.

Die gesellschaftspolitische Grundhaltung entsprach dem europäischen Projekt der Aufklärung als »Ausgang des Menschen aus seiner selbst verschuldeten Unmündigkeit« (Immanuel Kant): Nicht »höhere Wesen«, sondern die Menschen gestalten ihre Lebensbedingungen, teils durch das »Steuerungssystem Markt«, teils durch das »Steuerungssystem Politik«.

Wie ging das »*golden age of capitalism*« zu Ende bzw. wie wurde es zu Ende gebracht? So wie sich die Prosperitätsphase auf Basis einer Theorie entwickelt hatte, mit der Keynes die Folgen der vorangegangenen Weltwirtschaftskrise analysierte, so entwickelte sich die gegenwärtige Krise auf Basis von Theorien, mit denen Hayek und Friedman die Folgen der vorangegangenen Prosperitätsphase analysierten.

Hayek hatte 1927 gemeinsam mit seinem Lehrer Ludwig von Mises (1881–1973) das Österreichische Institut für Konjunkturforschung gegründet und in der Folge auch geleitet.[34] 1931 war der Zweiunddreißigjährige als Professor an die London School of Economics berufen worden und sogleich zum Shootingstar der marktliberalen Ökonomen geworden. Damit avancierte er zum größten Gegenspieler von Keynes in der Auseinandersetzung um Ursache und Bekämpfung der Depression.

Nach dem Erfolg der *General Theory* geriet Hayek ins Abseits. Doch er gab nicht auf, sondern nahm sich die letzten Sätze aus dem Buch seines Gegenspielers zu Herzen: »(…) die Ideen von Ökonomen (…) sind wirkungsmächtiger als man üblicherweise glaubt. In der Tat wird die Welt von nichts anderem mehr beherrscht. Menschen mit praktischem Verstand, die sich selbst für frei von intellektuellen Einflüssen halten, sind meist Sklaven irgendeines verblichenen Ökonomen.«[35]

Schon Ende der 1930er-Jahre plante Hayek, mit Gleichgesinnten neue theoretische Fundamente für eine Erneuerung des Liberalismus zu erarbeiten und damit zugleich die Grundlagen für eine prinzipielle Kritik am Keynesianismus. Es ging den neoliberalen *master minds* somit um die Frage, wie sie ihre politischen Zielvorstellungen wissenschaftlich fundieren und damit die intellektuellen Eliten »konvertieren« könnten. Wenn die Keynesianer alt geworden und die jungen Ökonomen von deren Ideen überzeugt sind, werde sich die Gesellschaft in ihrem Sinn verändern.

Das ist den neoliberalen Vordenkern großartig gelungen. Sie begriffen, dass Interessen und Theorien keinesfalls einen Gegensatz bilden müssen (wie Keynes unterstellte), sondern sich hervorragend ergänzen können. So haben sie die Schlusssätze der *General Theory* wahr gemacht: Heute sind Hayek und Friedman verblichen, aber die europäischen Eliten sind immer noch ihre ideologischen Sklaven.

6. RESTAURATION DER »MARKTRELIGIOSITÄT«: GEGEN-AUFKLÄRUNG BEREITET DEN BODEN FÜR DEN WECHSEL DER »SPIELANORDNUNG«

Mit dem fulminanten Erfolg seiner *General Theory* hatte Keynes die Auseinandersetzung mit Hayek für sich entschieden. Dieser war nicht einmal mehr bereit, das Buch zu rezensieren.[36] Er verlagerte nun sein Hauptinteresse auf gesellschaftspolitische Fragen. Dazu trug die wachsende Bedrohung liberaler Grundwerte durch den Totalitarismus bei, zu dem Hayek nicht nur Faschismus und Kommunismus, sondern auch Roosevelts New Deal zählte.

Intellektuelle wie Raymond Aron, Wilhelm Röpke, Alexander Rüstow, Jacques Rueff oder Walter Lippmann teilten seine Sorge. Lippmann war ein in den USA populärer Schriftsteller und Journalist, der insbesondere kritisierte, wie die »öffentliche Meinung« durch vielfache Selektion von Informationen erzeugt wird. Zu seinen Ehren fand im August 1938 in Paris das »Colloque Walter Lippmann« statt, an dem achtundzwanzig Liberale teilnahmen. Dort prägten sie für ihre Bewegung den Begriff »Neo-Liberalismus«. Damit wollten sie sich vom »Manchester-Liberalismus« abgrenzen und gleichzeitig zu den liberalen Grundwerten bekennen.[37]

Zur selben Zeit wurde die Unterstützung für Wohlfahrtsstaat und Vollbeschäftigung immer stärker. 1942 erschien der sogenannte *Beveridge-Report*, benannt nach seinem Verfasser William H. Beveridge, welcher darin der britischen Regierung empfahl, einen umfassenden Wohlfahrtsstaat zu errichten zur Bekämpfung der »fünf großen Missstände« Not, Krankheit, Unwissen, Elend und Untätigkeit. Zwei Jahre später publizierte Beveridge sein Buch *Full Employment in a Free Society*, in dem er konkrete Maßnahmen beschrieb, wie man die Theorie von Keynes umsetzen und so das wichtigste »Bindemittel« des gesellschaftlichen Zusammenhaltes erreichen und aufrechterhalten könne – Vollbeschäftigung.

Hayek wusste: Die Blüte von Keynesianismus und Wohlfahrtsstaat stand noch bevor, denn die (neo-)liberalen Grundwerte waren durch die Weltwirtschaftskrise total in Verruf geraten. Noch während des Krieges plante er die Gegenoffensive mit dem langfristigen Ziel, Keynesianismus, Sozialstaatlichkeit und Gewerkschaften zurückzudrängen. Dazu hatte er sich intensiv mit der Frage beschäftigt, wie es den Sozialisten Ende des 19. Jahrhunderts gelungen war, die Köpfe und Herzen der Intellektuellen zu erobern, und welche Rolle umgekehrt die sozialistische Gesinnung der Intellektuellen für die Weiterverbreitung dieser Idee spielte.

Als Vorbild diente Hayek namentlich die britische Fabian Society (gegründet 1884), die ihre sozialreformerischen Konzepte über viele Kanäle in Umlauf brachte, insbesondere über die 1895 »zur Verbesserung der Gesellschaft« gegründete London School of Economics. Die dort ausgebildeten Eliten arbeiteten im öffentlichen Dienst, in den Bildungseinrichtungen und in den Medien und verbreiteten so die »Fabianischen Ideen«.

In seinem Aufsatz »The Intellectuals and Socialism« hat Hayek 1949 die »wichtigste Lektion« benannt, »die ein echter Liberaler lernen muss vom Erfolg der Sozialisten«, nämlich »dass es ihr Mut zur Utopie war, der ihnen die Unterstützung der Intellektuellen und damit den Einfluss auf die öffentlich Meinung bescherte«. Denn »wenn erst der aktivere Teil der Intellektuellen zu bestimmten Glaubensvorstellungen konvertiert wurde, dann läuft der Prozess, durch den diese allgemein akzeptiert werden, fast automatisch und unaufhaltsam ab«.[38]

Für die »Konvertierung« der Intellektuellen brauchte es einen »Katechismus« (meine Formulierung), der gleichzeitig als ideologisches Fundament der neoliberalen Bewegung dienen konnte. Beide Zwecke erfüllte Hayeks Buch *Der Weg zur Knechtschaft*, das er 1944 publizierte. Es wurde rasch zu einem Bestseller und für die Gegner von New Deal, Keynesianismus und Sozialstaatlichkeit zur »Bibel der neoliberalen Gegenreformation«. Zentral ist dabei der Begriff der Freiheit.

Der neoliberale Begriff von Freiheit

Für Neoliberale ist »die Freiheit« der höchste Wert, er steht über allen anderen Werten wie Gleichheit, Gerechtigkeit, Solidarität oder Demokratie. Freiheit wird negativ verstanden als möglichst geringe Einschränkung des persönlichen Handlungsspielraumes, insbesondere durch den Staat.[39] Doch »der Sozialismus [ging] immer mehr dazu über, dem Volk eine ›neue Freiheit‹ zu versprechen. Die Ära des Sozialismus (…) sollte die ›wirtschaftliche Freiheit‹ verwirklichen, ohne die die bereits errungene politische Freiheit ›sich nicht lohne‹.«[40]

Eine solche »Freiheit von Not« bedeutet für Hayek eine Verdrehung des Freiheitsbegriffes: »Freiheit in diesem Sinne ist natürlich nur ein anderer Ausdruck für Macht oder Reichtum«, selbst wenn »der Glaube, der Sozialismus werde die Freiheit bringen, echt und aufrichtig ist. Dies wäre umso tragischer, wenn sich der Weg, den man uns als den Weg in die Freiheit versprochen hatte, in Wahrheit als die breite Heerstraße in die Knechtschaft erweisen sollte.«[41]

Hier begegnen wir einem generellen Merkmal neoliberaler Argumentation: Sie ist »prinzipiell«, daher oft apodiktisch und übersieht das Konkrete. Wenn ein Staat eine soziale Grundversorgung bereitstellt, muss das wirklich »Knechtschaft« bedeuten?

Wie großartig es den Neoliberalen in jahrzehntelanger Mission gelang, die Verwechslung von Freiheit mit Unabhängigkeit in den Köpfen der Eliten zu verankern, zeigt ein Vergleich mit dem positiven Freiheitsverständnis, das zur Zeit der Publikation von Hayeks »Katechismus« die Politik in den USA prägte: »Wahre persönliche Freiheit kann es ohne wirtschaftliche Sicherheit und Unabhängigkeit nicht geben. Hungrige Menschen ohne Arbeit sind der Stoff, aus dem Diktaturen gemacht sind.« So begründete US-Präsident Roosevelt seine »Economic Bill of Rights«, die er am 11. Januar 1944 dem US-Kongress vorschlug.[42]

Sein Sendungsbewusstsein veranlasste Hayek zu manichäisch-scharfer Unterscheidung zwischen Gut und Böse, Richtig und Falsch, Freiheit und Knechtschaft, Markt und Staat: »(...) unsere Generation (...) wehrt sich dagegen, sich wirtschaftlichen Notwendigkeiten zu beugen (...). Die Menschen sind dahin gekommen, sich hasserfüllt gegen die anonymen Kräfte aufzulehnen, denen sie sich in der Vergangenheit unterworfen haben«; dabei sei gerade dies die Voraussetzung für »die Entwicklung der Kultur (...) gewesen. Wenn wir uns so unterordnen, tragen wir jeden Tag zur Errichtung eines Baues bei, der größer ist, als irgendjemand von uns voll erfassen kann.«[43] Damit brachte Hayek die fundamentale Paradoxie des Neoliberalismus auf den Punkt: Menschen können nur dann frei sein, wenn sie sich »den unpersönlichen Kräften des Marktes unterwerfen«.

Zu Recht kritisierte Hayek die Propaganda totalitärer Staaten: »Der Hauptleidtragende in dieser Beziehung ist natürlich das Wort Freiheit (...). Ja, wir können fast sagen, dass überall dort, wo die Freiheit in unserem Sinn vernichtet worden ist, dies beinahe immer im Namen einer dem Volk versprochenen neuen Freiheit geschehen ist.«[44] Tatsächlich wurde in den »real-sozialistischen« Ländern der Begriff »Freiheit« inflationär verwendet (was war nicht alles »frei« in der DDR). Doch auch die Neoliberalen verwenden ihn inflationär und haben – »im Namen einer dem Volk versprochenen neuen Freiheit« – die Entfaltungschancen durch Arbeitslosigkeit, Sozialabbau und Armut beschränkt.

Vielleicht steckt dahinter eine Gesetzmäßigkeit: Wo Freiheit gelebt wird, braucht man nicht so viel darüber reden. Wo Freiheit unterdrückt wird, wird sie beschworen – von den »Unterdrückern« ebenso wie von den »Unterdrückten«. Die Rhetorik der Freiheit zeugt von einem Mangel. Freiheit im positiven Sinn, verstanden als Entfaltungsmöglichkeit, ist ein Kind des Wohlstandes von vielen, genährt von Furchtlosigkeit und Zuversicht. Freiheit im negativen Sinn, verstanden als Unabhängigkeit, ist ein Kind des Reichtums der wenigen, genährt von der Furcht, von ihrem Vielen etwas zu verlieren, und des Mangels der vielen, genährt von der Furcht, von ihrem Wenigen etwas zu verlieren.

Tatsächlich ist gelebte Freiheit – eine andere gibt es nicht – kein Zustand, sondern ein *Prozess*, in dem jede(r) stetig nach der Balance sucht zwischen persönlicher Entfaltung als individuelles und soziales Wesen einerseits und der Abgrenzung gegenüber Eingriffen anderer Menschen oder Institutionen wie dem Staat andererseits. Wie diese Balance gefunden wird und wo die Grenze zwischen dem »Eigenen« und den Ansprüchen anderer liegt, kann nicht bestimmt, sondern nur erprobt werden (abgesehen von dem durch die Grundrechte garantierten Mindestbereich des »Eigenen«).[45]

Hayek wendet sich gegen jede Art von Planwirtschaft. Aufgabe des Staates sei »die Schaffung von Bedingungen, unter denen der Wettbewerb den größtmöglichen Nutzen stiftet, seine Ersetzung in Fällen, in denen kein echter Wettbewerb möglich ist, die Bereitstellung von Leistungen, die, um mit Adam Smith zu sprechen, ›zwar der Gesellschaft als Ganzem höchst nützlich ist, doch der Art sind, dass sie für einen Einzelnen (...) nicht rentieren‹ (...)«.[46]

Wo die Grenze liegt zwischen jenen Leistungen, welche im Wettbewerb erstellt werden (sollen), und jenen, die der Staat bereitstellt, lässt sich nicht exakt bestimmen (gerade wenn man Hayeks Prämisse von der Beschränktheit menschlichen Wissens akzeptiert). Wenn man zum Beispiel – Adam Smith folgend – das Schulwesen (überwiegend) durch den Staat organisiert, warum nicht auch das Gesundheitswesen und die Altersvorsorge? Ist die Entscheidung darüber nicht primär eine Frage der Effizienz und der Präferenz der BürgerInnen?[47]

Doch für Hayek würde jede Ausweitung staatlicher Kompetenz zu einer »völligen Zentralisierung der Wirtschaftssteuerung« führen, »weil die meisten Leute immer noch glauben, es müsse möglich sein, irgendeinen ›Mittelweg‹ zwischen ›atomistischem‹ Wettbewerb und zentraler Steuerung zu finden«. Ein Mittelweg aber existiere nicht.[48]

Hayeks Ablehnung von Sozialstaatlichkeit als Etappe auf dem »Weg zur Knechtschaft« war auch durch seinen Widerwillen gegenüber allem »Kollektiven« und insbesondere »dem Sozialismus« bestimmt. Als junger Student hatte er sich noch für sozialreformerische Ideen begeistert, doch wurde er (auch) unter dem Einfluss seines Mentors, Ludwig von Mises, bald zu einem erbitterten »Sozialisten-Feind«.[49]

Eine lebenslange Feindschaft ist eine sprudelnde Quelle emotioneller Energie, und diese »beflügelte« Hayeks intellektuelle Brillanz und Kreativität: Seine originellsten und wichtigsten Einsichten waren Ergebnis seines Bestrebens, die ökonomische Theorie des Sozialismus (im doppelten Wortsinn) zu zerlegen.[50]

Für Hayek ist das Wissen jedes Einzelnen beschränkt, doch kann es durch den »Wettbewerb als Entdeckungsverfahren« und den Preismechanismus als »dezentrales Informationssystem« gebündelt werden. In einer Planwirtschaft hingegen »braucht man einen Registrierapparat, der automatisch alle bedeutungsvollen Wirkungen der individuellen Handlungen aufzeichnet, deren Angabe zugleich Wirkung und Ursache aller individuellen Entscheidungen ist«. Das aber sei »genau die Aufgabe, die der Preismechanismus unter dem Wettbewerbssystem löst (…). Je komplizierter das ganze Getriebe ist, umso mehr sind wir darauf angewiesen«, da »der unpersönliche Mechanismus des Preissystems (…) alle Einzelaktionen aufeinander abstimmt«.[51]

Daraus schließt Hayek: »Verglichen mit dieser Methode, das Wirtschaftsproblem durch Dezentralisierung und automatische Abstimmung zu lösen, ist die an sich näherliegende Methode der zentralen Steuerung unglaublich plump, primitiv und unzureichend.«[52] Und diese ökonomische Kritik ergänzt er mit dem (ebenso zutreffenden) politischen Argument, dass in einer Planwirtschaft die Macht der zentralen Planbehörde umfassend sein muss und ein solches System daher nur in einem totalitären Regime praktiziert werden kann.

Hayek behielt recht: Der »reale Sozialismus« scheiterte an der – im Vergleich zum Westen – miserablen Versorgung der Bevölkerung mit Gütern und Dienstleistungen und an seinem totalitären politischen System. Und Chinas Aufstieg wäre ohne die Entfesselung von Profitstreben und Marktkonkurrenz – in der Realwirtschaft – undenkbar.

Die Überlegenheit der Marktwirtschaft nutzte Hayek für folgenden »Argumentationstrick«: Er setzte jede Verfolgung gesellschaftspolitischer Ziele mit planwirtschaftlichem und daher schädlichem Handeln gleich.

Soziale Ziele darf es nicht geben

Für Hayek erfordert die Verfolgung gesellschaftspolitischer Ziele wie »Gemeinwohl«, »Verteilungsgerechtigkeit« oder »Vollbeschäftigung« planwirtschaftliche Maßnahmen, die unausweichlich in die »Knechtschaft« führen. Denn diese Ziele seien »viel zu allgemein gehalten (…), um einen bestimmten wirtschaftspolitischen Kurs zu bezeichnen«.[53] So versucht Hayek, aus einer richtigen Feststellung über die Leistungsstärke einer Marktwirtschaft eine falsche Schlussfolgerung abzuleiten, nämlich die Schädlichkeit einer Vollbeschäftigungspolitik (und das nur wenige Jahre nach Überwindung der Massenarbeitslosigkeit).

Generell sind »soziale Ziele« für Hayek »lediglich identische Ziele vieler Individuen«, und er folgert: »Dass die freiwillige Übereinstimmung das Handeln des Staates bestimmt, können wir nur erwarten, solange es sich auf die Gebiete beschränkt, auf denen die Menschen einig sind. Wenn der Staat direkt eingreift auf Gebieten, wo eine solche Übereinstimmung nicht besteht, ist es unausbleiblich, dass er die individuelle Freiheit unterdrückt.«[54]

Dann erübrigt sich allerdings jegliches Handeln des Staates, denn eine vollständige Einigkeit wird es auf keinem Gebiet geben. Dies war Hayeks zweiter »Argumentationstrick«: Wenn auch nur wenige gegen das Ziel der Vollbeschäftigung sind, darf es nicht angestrebt werden, weil damit deren Freiheit unterdrückt wird.

Hier begegnen wir wieder dem »prinzipiellen« Charakter neoliberaler Argumentation: Mag es auch unmöglich sein, »soziale Ziele« präzise und positiv zu definieren, so kann man doch mit praktischer Vernunft feststellen, wenn sie verfehlt werden, wann etwa Abweichungen von Vollbeschäftigung oder einer »fairen« Verteilung bestehen. Diese Abweichungen zu verringern, führt sicher nicht in die »Knechtschaft«.

Hayek stimmt der These zu, »dass wir es in erstaunlichem Ausmaß gelernt hätten, die Kräfte der Natur zu beherrschen«. Doch die Behauptung, »wir müssten lernen, die Kräfte der Gesellschaft in derselben Weise zu beherrschen«, sei verfehlt: »Dieser Weg führt nicht nur zum Totalitarismus, sondern auch zur Vernichtung unserer Kultur und mit Sicherheit zur Verhinderung des Fortschritts in der Zukunft.«[55] Im »intellektuellen Kampfmodus« vergisst Hayek seine eigene Grundposition, dass menschliches Wissen beschränkt ist, besonders, wenn es die Zukunft betrifft (»mit Sicherheit«).

Obwohl er »soziale Ziele« ablehnt, plädierte Hayek 1944 für »die Sicherheit eines Mindesteinkommens«, denn »in einer Gesellschaft, die einen Wohlstand wie die unsrige erreicht hat«, könne »zweifellos jedem Einzelnen ein gewisses Minimum an Nahrung, Obdach und Kleidung garantiert werden«. Daher spreche »sehr viel für die staatliche Hilfe bei der Organisation einer umfassenden Sozialversicherung«.[56] Angesichts des Zeitgeistes der 1940er-Jahre wollte Hayek offenbar nicht als »Manchester-Liberaler« erscheinen. Als Anfang der 1980er-Jahre ein anderer Zeitgeist »wehte«, empfahl er der britischen Regierung die Privatisierung der Sozialversicherung nach dem Vorbild Chiles, was Thatcher als zu radikal ablehnte.[57]

Erkenntnisse im Dienst von Interessen

Die Zurückweisung sozialer Ziele und damit jeglicher Umverteilung durch den Staat hängt mit dem Erkenntnisinteresse der neoliberalen Vordenker zusammen: Sie fühlen sich den Vermögenden stärker verbunden als den sozial Schwachen. Gleichzeitig begreifen sie sich als wertfreie Wissenschaftler und verbergen daher den ideologischen Gehalt ihrer Theorien (so gut es geht auch vor sich selbst).

Die neoklassischen Neoliberalen wie Milton Friedman oder Robert Lucas lösen das Dilemma durch Erhöhung des Abstraktionsgrades ihrer Theorien (Homo oeconomicus, vollkommene Information, »rationale Erwartungen« etc.), wodurch ihre Modelle die Verbindung mit der Realität verlieren.

Hayeks Lösung ist genial einfach: Er setzt eine realistische Prämisse, dass nämlich das Wissen jedes einzelnen Menschen extrem beschränkt ist; er macht plausibel, dass Marktprozesse das unterschiedliche Wissen von vielen in Preisen verdichten; er zeigt, dass zentrale »Planer« dieses verdichtete Wissen nicht haben können; er unterstellt, dass sich geplantes Handeln und (spontane) Marktprozesse ausschließen; und daraus schließt er: Es gibt keine Alternative zur reinen Marktwirtschaft.[58]

Konkret geprüft, verliert Hayeks – abstrakte, wenn auch nicht mathematische – Argumentation stark an Überzeugungskraft. So findet der größte Teil ökonomischer Informationsprozesse zwar auf dezentraler Ebene statt, aber nicht auf Märkten, sondern innerhalb der (großen) Unternehmen und zwischen ihnen. Es handelt sich fast nie um Preisprozesse, es dominiert Kooperation, der Staat spielt eine große Rolle, insbesondere bei der Entwicklung neuer Produkte.[59]

Lediglich im Finanzsektor finden die meisten Informations- und Transaktionsprozesse auf Märkten statt, es dominiert Preiskonkurrenz, es gibt keine Eintrittsbarrieren, die Transaktionskosten sind minimal, Informationen werden sekundenschnell verbreitet. Kurz: Die Finanzmärkte kommen dem idealen Markt der Theorie am nächsten. Doch gerade sie produzieren systematisch falsche Preise in Gestalt von Bullen- und Bärenmärkten.

Ein Gegner des Planens plant einen langen Weg

In den Schlussbemerkungen von *Der Weg zur Knechtschaft* stellt Hayek fest: »Es war nicht das Ziel dieses Buches, ein ausführliches Programm für die erstrebenswerte Gesellschaftsordnung der Zukunft zu entwerfen.« Falls er seine Aufgabe ein wenig überschritten habe, »so taten wir es, weil auf diesem Gebiet bald der Ruf an uns ergehen könnte, ein Gerüst zu errichten, auf das sich die weitere Entwicklung für lange Zeit stützen müsste (…). Auf jeden Fall wird es sich nur um den Anfang eines neuen, langen und schwierigen Weges handeln können, auf dem wir (…) Schritt für Schritt eine Welt schaffen werden, die wesentlich anders sein wird als diejenige, mit der wir während des letzten Vierteljahrhunderts vertraut geworden sind.«[60] Eine beeindruckend richtige Prognose.

Der Ruf, »der an uns ergehen könnte«, war sein eigener: Im Jahr der Buchveröffentlichung (1944) schlug Hayek die Gründung einer Gesellschaft Gleichgesinnter vor. Dort sollte jenes (ideologische) »Gerüst« geschaffen werden, »auf das sich die weitere Entwicklung für lange Zeit stützen müsste.« Hayek wollte damit an das »Colloque Lippmann« anknüpfen und so die Isolation der wenigen Neo-Liberalen überwinden. Andere Liberale wie Röpke verfolgten ein ähnliches Ziel.[61] Ihre Bemühungen führten zur Gründung der Mont-Pelerin-Society, benannt nach dem gleichnamigen Dorf oberhalb des Genfer Sees.

Im April 1947 trafen sich dort neununddreißig Intellektuelle, überwiegend Ökonomen (darunter eine Frau), um zehn Tage lang die Ausgangsbedingungen und Chancen ihres Projektes zu diskutieren.[62] Es müsse, wie Hayek einige Monate zuvor an Karl Popper geschrieben hatte, »in seinem Wesen ein langfristiges sein, das sich (...) mit jenen Glaubensvorstellungen beschäftigt, welche wieder die Oberhand gewinnen müssen, wenn die Gefahren abgewehrt werden sollen, die derzeit die individuelle Freiheit bedrohen«.[63]

Mont-Pelerin-Society: Netzwerk der Chefideologen

Zu den Gründungsmitgliedern gehörten neben Hayek unter anderem die späteren Nobelpreisträger Maurice Allais, Milton Friedman und George Stigler, des Weiteren Walter Eucken, Frank Knight, Fritz Machlup, Ludwig von Mises, Michael Polanyi (der Bruder des Ökonomen), Karl Popper, Lionel Robbins und Wilhelm Röpke.

Die Stimmung war gespalten: düster im Hinblick auf die Aussichten, den neoliberalen Grundwerten Geltung zu verschaffen – Karl Popper befand, die gegenwärtige Situation sei geradezu zum Verzweifeln[64] –, ermutigend hingegen war das Gefühl, nicht alleinzustehen.[65] Nun konnte der intellektuelle Krieg beginnen: »Die Gesellschaft ›holte die Fahne ein‹ und ›erneuerte den Angriff‹.«[66]

In seiner Eröffnungsrede schlug Hayek die Errichtung einer »geschlossenen Gesellschaft« vor, zu der nur Zutritt erhalten solle, wer »mit uns gewisse Grundüberzeugungen teilt«.[67] Außerdem sei das Treffen als private Zusammenkunft zu betrachten und alles, was dort diskutiert werde, vertraulich zu behandeln.[68]

Die Grundpositionen waren im Negativen markanter ausgeprägt als im Positiven.[69] Einig war man sich in der Ablehnung jeglichen Totalitarismus, da dieser »Menschenwürde und Freiheit« bedrohe. Und in dem Ziel, »deutlicher zwischen Totalitarismus und einer freiheitlichen Ordnung zu unterscheiden«.[70]

Die vage Umschreibung dessen, was zu bekämpfen sei, und der Ausschluss »mittlerer Lösungen« sind bezeichnend für die Mont-Pelerin-Society. So machte man sich ideologisch unangreifbar – wer ist schon gegen eine »freiheitliche Ordnung«, wenn der Totalitarismus die einzige Alternative ist?[71] Darüber aber, wie eine neoliberale Gesellschaft aussehen sollte, gingen die Meinungen weit auseinander. Von Anbeginn koexistierten drei Typen neoliberaler Weltanschauung:

- Die »Österreichische Schule« betont die Beschränktheit menschlichen Wissens. Preisveränderungen setzen Signale/Anreize und steuern so Angebot und Nachfrage. Im Zentrum der Analyse stehen (daher) Marktprozesse und nicht Gleichgewichte. Der Dimension Zeit – auch in Gestalt der Geschichte – wurde große Bedeutung beigemessen (die »Austrians« in Mont Pelerin waren 1947 Hayek, von Mises und Machlup).
- Die »neoklassische Schule« (ihr Zentrum wurde die Universität Chicago) arbeitet mit mathematischen Gleichgewichtsmodellen und daher extrem realitätsfernen Annahmen (Homo oeconomicus etc.). Zeitliche Abläufe und damit evolutionäre Prozesse sind im Modell nicht »vor-gesehen«. Neben Milton Friedman vertraten beim Gründungstreffen Aron Director und George Stigler den »neoklassischen Neoliberalismus«.
- Die »ordoliberale Schule« konzentriert sich auf wirtschaftspolitische Leitlinien. Generell soll der Staat verhindern, dass sich eine ungeregelte Marktwirtschaft durch Monopol- und Kartellbildung selbst aufhebt. Auch haben Fragen der Ethik im Ordoliberalismus einen größeren Stellenwert. Sein Einfluss war und ist auf Deutschland begrenzt. Ordoliberale Gründungsmitglieder der Mont-Pelerin-Society waren Walter Eucken, Wilhelm Röpke und Alexander Rüstow.

Die Unterschiede in Theorie und Methoden zwischen den »Österreichern« und den »Chicago-Ökonomen« sind fundamental.[72] Hinzu kommt, dass berühmte Ökonomie-Professoren über ausgeprägte »Egos« verfügen. Doch der gemeinsame Kampf gegen Keynesianismus, Wohlfahrtsstaat, Gewerkschaften und Sozialisten aller Art schuf eine Solidarität, die stärker war als die wechselseitige Geringschätzung wissenschaftlicher Positionen.[73]

Im »Statement of Aims« heißt es: »Die Gruppe (…) will keine strenge und hinderliche Orthodoxie errichten. Sie ist keiner bestimmten Partei verpflichtet.« Dies war eine kluge Festlegung: Gerade wenn ein Kollektiv eine Ideologie durchsetzen will, müssen seine Mitglieder als originelle Vordenker auftreten (»*original thinkers*«). Außerdem strebe die Vereinigung nicht danach, »Propaganda zu betreiben«. Dies war die Aufgabe der Think Tanks. So schreibt Antonio Martino (Mitbegründer der »Forza Italia«, Außen- bzw. Verteidigungsminister unter Silvio Berlusconi und von 1988 bis 1990 Präsident der Mont-Pelerin-Society): »Die [*free market*] Institute sind im Propaganda-Geschäft tätig, ihr Ziel ist Interessenvertretung, die Unterstützung politischer Maßnahmen, die den liberalen Ideen eines freien Marktes nützen.«[74]

Die Leiter der wichtigsten Think Tanks waren ebenso Mitglieder der Mont-Pelerin-Society wie einflussreiche Journalisten (von *Le Monde, Neue Zürcher Zeitung, Wall Street Journal, Newsweek, Fortune* etc.). Über die Society standen diese »*second-hand dealers in ideas*« mit den »*original thinkers*« von den Universitäten in Verbindung.[75]

Angesichts der Dominanz des keynesianischen Denkens schien das Projekt einer kleinen Gruppe Neoliberaler, ihre Weltanschauung durchzusetzen, chancenlos. Doch Hayek war zuversichtlich, mochte es auch zwei bis drei Generationen dauern – so seine Einschätzung 1949 im Aufsatz »The Intellectuals and Socialism«,[76] den er mit dem Appell beschließt: »Wir müssen den Aufbau einer freien Gesellschaft wieder zu einem intellektuellen Abenteuer machen, zu einem Akt des Mutes. Was uns fehlt ist eine liberale Utopie (…). Wir brauchen intellektuelle Führer, die bereit sind, für ein Ideal zu arbeiten, mögen die Aussichten auf eine baldige Verwirklichung auch gering sein (…).«[77] Damit skizzierte Hayek die langfristige Strategie der Mont-Pelerin-Society: Als »intellektuelle Führer« schufen er, Friedman und andere Nobelpreisträger Theorien, welche die Grundlage bildeten für »ein neues liberales Programm, das die Fantasie beflügelt«.[78]

Die erste Phase würde die schwierigste sein. Denn die Reputation der führenden Intellektuellen stamme daher, dass sie die gerade herrschenden Ansichten vertreten, und das waren damals die keynesianischen. Also müssten die intellektuellen Meinungsführer »bekehrt« werden, der Rest ergebe sich dann geradezu von allein.[79]

Tatsächlich wurden die meisten Eliten seit den 1970er-Jahren »bekehrt«: Zuerst fanden die Professoren auch in der Makroökonomik zur Gleichgewichtstheorie zurück. Die Vereinheitlichung von Studienplänen und Lehrbüchern »produzierte« danach mehr als eine Generation von neoliberal (ein-)geschulten Ökonomen, die besten sind in leitenden Positionen tätig als Professoren, in den Medien, in internationalen Organisationen und in der Politik(beratung).[80]

Lebenserfahren setzte Hayek auf den Opportunismus von Intellektuellen und wie man diesen nützen kann, um »Herdeneffekte« zu erzeugen. Heute sind sich die wenigsten dem Mainstream folgenden Professoren, Journalisten und Politiker bewusst, dass sie Akteure einer großen Inszenierung sind, die

Hayek und Co. vor siebzig Jahren planten – »Marionetten der Freiheit« haben Freiheitsbewusstsein, nicht Marionettenbewusstsein.

Die »Regisseure« selbst entwickelten eine Meisterschaft in der Fähigkeit, unterschiedliche Rollen zu übernehmen. Wenn Hayek General Pinochet besuchte, so tat er dies als politisch engagierter Privatmann; wenn er öffentlich über die Notwendigkeit räsonierte, zur Durchsetzung der Freiheit vorübergehend eine Diktatur zu errichten, äußerte er sich als Sozialphilosoph; wenn er Margret Thatcher Ratschläge gab, agierte er als Wirtschaftsberater; und wenn er lehrte und Bücher schrieb, war er wertfreier Wissenschaftler. Übertroffen wurde Hayek in dieser Rollenvielfalt nur von Friedman, der zudem regelmäßig Zeitungskolumnen verfasste.

Durch flexiblen Rollenwechsel machten sich die neoliberalen »Vordenker« zu »beweglichen Zielen«, schwer festzumachen für ihre Kritiker. Was ihre verschiedenen Rollen verband, war der unbedingte Wille, Keynesianismus und Wohlfahrtsstaat auszumerzen. Das Bewusstsein dieser Mission gab den »*freedom fighters*« Ausdauer, Kraft, Solidarität und Flexibilität.

Theorien als ideologische »Waffen«

Die wichtigste neoliberale »Waffenschmiede« wurde die Universität Chicago unter Führung von Milton Friedman. Dort schufen neun (spätere) Nobelpreisträger (vier von ihnen – Gary Becker, Ronald Coase, Milton Friedman und George Stigler – waren auch Mitglieder der Mont-Pelerin-Society) ganz unterschiedliche Theorien mit immer gleichen Schlussfolgerungen: Marktlösungen sind gut, staatliche Eingriffe schlecht, Keynes' Theorie unzulänglich bis falsch.

Dabei orientierten sie sich an den gemeinsamen ideologischen Leitlinien. Dies ist an ihren »Früchten«, also ihren Empfehlungen und deren Folgen leicht erkennbar, an ihren Konstruktionen nicht so leicht. Der einfachste Test ist wie immer: Wem nützen die Theorien?

Gegen den Einwand, die neoklassische Theorie gehe von unrealistischen Annahmen aus, argumentierte Friedman 1953 in seinem Essay »The Methodology of Positive Economics«, darauf komme es gar nicht an. Das entscheidende Kriterium für die Qualität einer Theorie sei, wie gut sie reale Entwicklungen erklären und prognostizieren könne. Sein Konzept einer »*positive economics*« sei »wertfrei«, also »prinzipiell unabhängig von jedem bestimmten moralischen Standpunkt oder Werturteil« und daher – »genau wie die Naturwissenschaften« – objektiv.[81]

Meisterhaft haben die neoliberalen Vordenker an der Veränderung der Gesellschaft gearbeitet und dies gleichzeitig durch die Behauptung von »Wertfreiheit« zu verschleiern versucht. James Buchanan, Nobelpreisträger und MPS-Mitglied, schrieb 1977: »Ich denke, wir müssen in unseren Bemühungen normativer werden, wir sollten die Ergebnisse unserer wissenschaftlich-wertfreien Analyse in der Auseinandersetzung um politische Reformen nutzen. Wir müssen das ›So ist es‹ verwenden, um das ›So soll es sein‹ durchzusetzen, auf welches das ›So ist es‹ sich bezieht – ungeachtet der Tatsache, dass eine solche Vermischung methodologisch unstatthaft ist.«[82]

Ebenfalls 1953 »bewies« Friedman in seinem viel zitierten Aufsatz »The Case for Flexible Exchange Rates«, dass eine Regulierung der Finanzmärkte unnötig sei, weil destabilisierende Spekulation sich selbst eliminiere: Der Markt bestimme den (richtigen) Kurs, daher erlitten irrationale Spekulanten, die den Preis von seinem Fundamentalgleichgewicht »wegzutreiben« versuchten, Verluste. Im Klartext: Friedman unterstellt, was zu beweisen wäre, dass nämlich rationale Spekulation dominiert. Unter dieser Annahme folgt tautologisch, dass destabilisierende Spekulanten nicht überleben können, denn sie kaufen teurer, als sie verkaufen können. (Friedmans Argumentation spielte beim Kampf gegen feste Wechselkurse eine wesentliche Rolle. Verstärkung erhielt er von einem anderen Chicago-Professor und Nobelpreisträger, Eugene Fama, der die Theorie effizienter Finanzmärkte entwickelte.[83])

Nicht nur die Regulierung der Finanzmärkte sei entbehrlich, sondern auch eine wirtschaftspolitische Stabilisierung der Gesamtnachfrage. Zu diesem Schluss führte Friedmans Konsumtheorie, die er im Jahr 1957 veröffentlichte. Demnach richten die Haushalte ihre Ausgaben an ihrem erwarteten Lebenseinkommen aus (»*permanent income hypothesis*«), kurzfristig reagieren sie daher auf Einkommensänderungen nur schwach. Der Nebeneffekt dieser Theorie war ihr Hauptzweck: Wenn die Haushalte auf Einkommensschwankungen kaum reagieren, dann ist der keynesianische Multiplikator klein und eine antizyklische Fiskalpolitik nahezu wirkungslos.[84] In einer freien Marktwirtschaft sei eine aktive Konjunkturpolitik ohnehin nicht nötig, denn es sei ja der Staat, der schwere Störungen verschulde. Dies versuchte Friedman (gemeinsam mit Anna Schwartz) am Beispiel der Depression der 1930er-Jahre zu zeigen.

Die Weltwirtschaftskrise war den neoliberalen Ökonomen aus zwei Gründen ein »Ärgernis«. Erstens widersprach ihr Auslöser (ein Aktiencrash) und ihr Ausmaß der Gleichgewichtstheorie, zweitens bereitete die Bekämpfung der Krise durch Roosevelts New Deal und ihre Erklärung durch die *General Theory* den Weg für Keynesianismus und Wohlfahrtsstaat. Daher versuchte Friedman zu beweisen, dass die Depression durch die Notenbank verursacht und vertieft wurde[85]: Sie habe nicht genügend Geld zur Verfügung gestellt.

Quantitätstheorie des Geldes

Als Monetaristen stellen die Autoren die »Quantitätsgleichung« ins Zentrum ihrer Analyse. Demnach entspricht das nominelle BIP (Preisniveau mal reales BIP, also P × Q) dem Produkt aus der vorhandenen Geldmenge (M) und ihrer Umlaufsgeschwindigkeit V (»*velocity*«), also der Häufigkeit, mit der Geld für Transaktionen mit Gütern und Dienstleistungen verwendet wird:

Geldmenge (M) × Umlaufsgeschwindigkeit (V) = Preisniveau (P) × BIP (Q)

Diese Beziehung ist leicht zu verstehen: Wenn in einer Volkswirtschaft eine Geldmenge von 1.000 (M) vorhanden ist und diese pro Jahr 20 Mal (V) für Transaktionen mit Gütern und Dienstleistungen verwendet (»umgeschlagen«) wird, dann muss die Summe aller Umsätze (P × Q) 20 000 betragen, also – vereinfacht – dem nominellen BIP entsprechen.[86]

Eine Definitionsgleichung sagt allerdings nichts über die Kausalbeziehungen aus. So könnte ein Anstieg des nominellen BIP eine Erhöhung der Geldschöpfung oder der Transaktionshäufigkeit nach sich ziehen. In diesem Fall »liest« man die Gleichung von rechts nach links.

Monetaristen »lesen« die Gleichung in die Gegenrichtung. Sie gehen davon aus, dass die Notenbank die Geldmenge steuern kann, die Umlaufsgeschwindigkeit stabil ist und das reale BIP durch die vorhandenen Ressourcen von Arbeit und Kapital gegeben (sie sind in der Neoklassik immer voll ausgelastet). Unter diesen Annahmen sind Inflation (und Deflation) stets durch die Notenbank verursacht (Friedman: »Inflation ist immer und überall ein monetäres Phänomen«).

Bis zum Ende seines Lebens hielt Friedman an dieser Erklärung fest: »Statt die Depression zu bekämpfen, hat sie [die Fed] einen Rückgang der Geldmenge zwischen 1929 und 1933 um ein Drittel zugelassen. (...) Die Depression war also keineswegs auf ein Versagen der freien Marktwirtschaft zurückzuführen, sondern auf ein tragisches Versagen der Regierung.«[88]

Diese Aussage bestätigt die These von Ludwik Fleck, dass man mit einem bestimmten Denkstil die Fähigkeit verliert, »der Gestalt Widersprechendes wahrzunehmen«. Zwar ging die Geldmenge zwischen 1929 und 1933 in der

---

Auch die Weltwirtschaftskrise sei daher durch eine viel zu restriktive Geldpolitik der US-Notenbank (Fed) verursacht worden.

Die laut Monetaristen stabilste Komponente der Quantitätsgleichung, die Umlaufsgeschwindigkeit, wurde aber in den letzten Jahrzehnten zur instabilsten Komponente. Den Grund dafür hat man übersehen: Geld wird nicht nur für Transaktionen mit Gütern verwendet, sondern auch für Finanztransaktionen. Die traditionelle Quantitätsgleichung ist daher auch als Definitionsgleichung unbrauchbar und müsste erweitert werden zu:

$$M \times V = PQ \times Q + PF \times QF$$

Dabei bezeichnen PF bzw. QF Kursniveau bzw. Menge von Finanztiteln, (PF × QF) mithin das Volumen der Finanztransaktionen. Fatal für die Quantitätstheorie des Geldes und damit auch für die herrschende Theorie ist die Tatsache, dass das Volumen der Finanztransaktionen etwa das Hundertfache des nominellen BIP (PQ × Q) beträgt (Abbildung 9.13).

Als John Locke im 17. Jahrhundert die Quantitätstheorie erstmals ausformulierte, waren Transaktionen mit Finanztiteln bedeutungslos. Als Irving Fisher die Theorie Anfang des 20. Jahrhunderts belebte, hatte sich das geändert, und als der Monetarismus von Milton Friedman dominierte, boomten die Finanzmärkte (seine Vertreter hatten ja auch für deren Ent-Fesselung gekämpft). Man hätte also schon lange erkennen müssen, dass die Quantitätsgleichung unbrauchbar ist. Doch »ist ein ausgebautes, geschlossenes Meinungssystem (...) einmal geformt, so beharrt es beständig gegenüber allem Widersprechendem (...)«.[87]

Tat zurück (um etwas mehr als ein Viertel), im selben Zeitraum ist aber das nominelle BIP der USA *viel stärker* geschrumpft (um fast die Hälfte).[89] Das bedeutet: Es war genug Geld vorhanden, doch wurde es gehortet.[90]

Immer wieder versuchten die neoliberalen Theoretiker zu zeigen, dass staatliche Eingriffe mehr Schaden anrichten als Nutzen bringen. So entwickelte George Stigler (1911–1991) in den 1960er-Jahren das Konzept der *»regulatory capture«*[91]: Private »Lobbys« könnten staatliche Regulierungen zu ihren Gunsten und zum Schaden der Gesellschaft veranlassen. Ohne Zweifel gibt es das (davon zeugt nicht zuletzt der Erfolg der »Freiheitskämpfer« selbst, den sie auch ideologischem Lobbying zu verdanken haben), allerdings verwendeten die neoliberalen Think Tanks Stiglers Theorie als Argument gegen Regulierungen überhaupt und nicht für eine Verbesserung ihrer Effizienz.

Das Konzept des *»regulatory capture«* ist Teil der von James Buchanan (1919–2013) gemeinsam mit Gordon Tullock (1922–2014) an der University of Virginia entwickelten »Public-Choice-Theorie«, die neoliberale Grundannahmen auf das System Politik überträgt.[92] Sie geht davon aus, dass Politiker – wie alle Individuen – nur in ihrem eigenen Interesse, nicht im Interesse des Gemeinwohls handeln. Als Hauptbotschaft blieb ihre Kritik an der Legitimität staatlichen Handelns »hängen«, weil Politiker im Eigeninteresse agierten. Das kommt gewiss (zu) oft vor, doch wer annimmt, dass Politiker *immer nur* im Eigeninteresse handeln, wird weder die Bedeutung solidarischer Organisation von Interessen wie etwa durch die Arbeiterbewegung begreifen noch das Handeln von Persönlichkeiten wie Franklin D. Roosevelt.

Ronald Coase (1910–2013) widmete sich der insbesondere für die Umweltpolitik relevanten Frage, was geschieht, wenn jemand dem System durch seine Tätigkeit Kosten verursacht, für die er nicht zahlen muss (»externe« bzw. »soziale« Kosten wie die Folgen des Klimawandels). Vor Publikation des »Coase-Theorems« gingen Ökonomen davon aus, dass hier ein prinzipielles »Marktversagen« vorliegt, weshalb der Staat durch Regulierungen (oder »Pigou-Steuern«) eingreifen müsse. Coase zeigte, dass es theoretisch möglich ist, jene Kosten zu »internalisieren«, also in den Preisen zu berücksichtigen – allerdings nur unter den Grundannahmen von vollkommener Information etc. Auch müssen klare Regeln existieren, wer das Verfügungsrecht über das öffentliche Gut besitzt.[93]

Die Absurdität des Optimierungskalküls im Fall des Klimawandels wird an einem konkreten Beispiel deutlich: Nehmen wir an, den 350 000 Einwohnern der Malediven wäre es 10 Mrd. Dollar wert, den Untergang ihrer Inseln zu verhindern. Sind aber die dafür nötigen Umweltinvestitionen teurer, dann ist es ökonomisch effizient, wenn die Malediven im Meer versinken.[94]

In der zweiten Arbeit, für die Coase den Nobelpreis erhielt, untersuchte er schon 1937, warum es überhaupt Unternehmen gibt.[95] Die Antwort lautet: Weil die Transaktionskosten kleiner sind, wenn Leistungen intern erstellt werden, statt sie zuzukaufen. Diese Sicht von Unternehmen als »hierarchisches Vertragsgeflecht« ergibt sich aus der Grundannahme, dass Menschen nur Individuen sind. Dadurch entgeht den Neoliberalen die Essenz jeder sozialen Organisation, denn diese ist mehr als die Summe ihrer Mitglieder. Egal ob in einer Fußballmannschaft, einer karitativen Organisation oder in einem Unternehmen, immer kommt es auf die Balance zwischen Kooperation und individueller Konkurrenz an.[96]

Zur neoklassischen Sicht des Unternehmens passt das Verständnis der menschlichen Arbeitskraft als einer Form von Kapital, das Gary Becker (1930–2014) zur »Humankapital-Theorie« ausbaute.[97] Später versuchte er zu zeigen, dass ökonomische Nutzenmaximierung das Verhalten der Menschen auch in ihren privaten Beziehungen bestimmt. Ehe, Kinderzeugung, Liebe zu und von den Kindern, Scheidung, Wohltätigkeit (»*charity*«) – all das werde vom individuellen Egoismus gesteuert.[98] Ausgelebt wird dieser durch Konkurrenz, sie ist das Fundament des »guten Lebens und der wertvollste Bestandteil menschlicher Existenz«.[99]

Diese Theorie harmonierte vorzüglich mit dem Zeitgeist der 1980er- und 1990er-Jahre, in denen die Ökonomisierung aller Lebensbereiche voranschritt. Wo »der Markt« mit unsichtbarer Hand lenkt und Nutzenfunktionen die Entscheidungen übernehmen, kann man Moral einsparen. Niemand hat das so klargemacht wie Becker mit seiner Theorie der Kriminalität: Ob ich einen Raubmord begehe oder nicht, sei ausschließlich eine Frage der Abwägung des Nutzens meines ökonomischen Gewinnes gegen den Schaden meiner möglichen Verurteilung (die Verhaltensökonomie zeigt, dass Beckers Grundannahmen empirisch unhaltbar sind – siehe dazu Kapitel 9).

Das Nobelpreiskomitee würdigte sein Gesamtwerk mit den Worten: »Gary Becker wandte ökonomische Theorien und Herangehensweise auf Gebiete an, die zuvor nur in der Soziologie, Demografie und Kriminologie bearbeitet wurden.« Das Komitee hat allerdings übersehen, dass die klassische politische Ökonomie die von Becker aufgegriffenen Probleme durchaus behandelt hat, als »*moral science*« kam sie aber zu anderen Ergebnissen.[100]

Wissenschaft beweist: Vollbeschäftigungspolitik geht nicht

Mit seiner Theorie der »natürlichen Arbeitslosenrate« griff Milton Friedman 1967 das Kernstück des Keynesianismus und die Finanzierungsbasis des Wohlfahrtsstaates frontal an: die Vollbeschäftigung. Die natürliche (strukturelle oder gleichgewichtige) Arbeitslosenrate sei durch Angebot und Nachfrage am Arbeitsmarkt festgelegt. Sie könne lediglich durch »Strukturreformen« wie Beschränkung von Arbeitnehmerschutz oder Kürzung von Arbeitslosengeld gesenkt werden (siehe Kapitel 2 und 10).

Daraus folgt allgemein: Will man ein nachhaltig höheres Beschäftigungsniveau erreichen, muss man den Sozialstaat abbauen und die kollektive Lohnbildung abschaffen (und damit Gewerkschaften und Sozialpartnerschaft). Versucht die Geld- oder Fiskalpolitik, die tatsächliche Arbeitslosigkeit unter die »natürliche« Rate zu drücken, erhöht dies letztlich nur die Inflation.

Der Grundgedanke ist tautologisch: Friedman geht – wie die Neoklassik – von der Annahme aus, dass die Arbeitslosigkeit am Arbeitsmarkt bestimmt wird durch die Produktionstechnologie und die Präferenzen der Arbeitnehmer in Bezug auf Arbeit und Freizeit.[101] Dann können monetäre Maßnahmen wie eine Senkung des Zinsniveaus oder eine Erhöhung der Staatsausgaben letztlich nur ein monetäres Phänomen hervorrufen – höhere Inflation. Aber wie Friedman den Gedankengang anlegt, ist brillant. Er holt nämlich die Keynesianer dort ab, wohin sie sich verlaufen hatten: in der Welt der Phillips-Kurve.

Der neuseeländische Ökonom Alban W. Phillips (1914–1975) hatte 1958 in einem Artikel gezeigt, dass es – statistisch – einen gegenläufigen Zusammenhang zwischen Lohnsteigerungen und Arbeitslosenquote gibt.[102] Seine (plausible) Interpretation: Je größer die Arbeitskräfteknappheit ist, desto höhere Lohnsteigerungen können die Gewerkschaften durchsetzen. Wenig später machten die »Trivial-Keynesianer« Paul Samuelson und Robert Solow aus der Korrelation ein Modell: Sie ersetzen die Lohnsteigerungsrate durch die Inflationsrate und nahmen an, die Politik könne zwischen Arbeitslosigkeit und Inflation wählen, also etwa mit einer höheren Inflation einen Rückgang der Arbeitslosigkeit erkaufen.

Diese (Wunsch-)Vorstellung passte zur Selbstgewissheit der damaligen »Keynesianer«, die im Gegensatz zu Keynes an eine »Feinsteuerung« der Gesamtwirtschaft glaubten. Der gedachte »*trade-off*« zwischen Inflation und Arbeitslosigkeit war aber allein schon deshalb unsinnig, weil mit der Inflation auch die Nominalzinsen steigen und die Unternehmer auf die damit einhergehende zusätzliche Kostenbelastung mit einer Reduktion von Investitionen und Arbeitsplätzen reagieren (siehe Kapitel 10).

Friedman nutzte die theoretische Schwäche des Phillips-Kurven-Modells: Kurzfristig könne durch einen Inflationsanstieg die Beschäftigung steigen, weil dadurch die Reallöhne sinken. Nachhaltig wäre dies aber nur, wenn die Arbeitnehmer das nicht begriffen. Da sie aber lernen, werden sie ihre Lohnforderungen der Inflation anpassen – der Reallohn steigt, und mit ihm auch die Arbeitslosigkeit, bis diese wieder ihr »natürliches« Niveau erreicht.

Da auch die »Trivial-Keynesianer« im Rahmen der »neoklassischen Synthese« annahmen, dass Arbeitslosigkeit am Arbeitsmarkt bestimmt wird, hatten sie dem nichts entgegenzusetzen.[103] Diese Niederlage markierte den Durchbruch der neoliberalen »Generaloffensive« gegen die keynesianische Theorie, die Mitte der 1970er-Jahre mit einem totalen Sieg endete. Erst danach entfalteten die anderen oben skizzierten Theorien ihren Einfluss auf die Politik, genau wie Friedman es 1951 vorausgesehen hatte: der Mont-Pelerin-Society werde es mit ihren Theorien gelingen, »die Gesetzgeber der nächsten Generation« zu lenken.[104]

Finanzierung der Theoriebildung

Die Arbeit an den neoliberalen Theorien und ihre Verbreitung durch Studienpläne, Konferenzen sowie Publikationen wurden in hohem Maß von diversen Stiftungen Vermögender finanziert (wie jenen der »Koch brothers« Charles und David), von Unternehmerverbänden (sie finanzieren in Deutschland die »Initiative Neue Soziale Marktwirtschaft«) oder Parteien (die FDP etwa ist Hauptträger der Friedrich-Naumann-Stiftung).

Besonders wichtig war von Anfang an der William Volker Fund, dessen Präsident, Harold Luhnow, schon 1947 der Mont-Pelerin-Society beitrat. Er hatte nicht nur die Reise der US-amerikanischen Teilnehmer nach Mont Pelerin finanziert, sondern später auch die Universitäts-Lehrstühle von Hayek (er lehrte von 1950 bis 1961 an der Universität Chicago), Aron Director (Schwager von Friedman, ebenfalls Professor in Chicago) und von Mises (New York University).[105]

John Blundell, Leiter der »Mutter aller Think Tanks«, des britischen »Institute of Economic Affairs«, stellte 1989 in seinem Vortrag »Wie man den Krieg der Ideen führt« fest: »Seit einigen Jahrzehnten ist die finanzielle Förderung der Wirtschaftswissenschaften nun en vogue. Obwohl mehrere Hundert Millionen, vielleicht sogar eine Milliarde Dollar vergeudet wurden, um Lehrstühle für freie Marktwirtschaft zu finanzieren, haben wir in den Wirtschaftswissenschaften seit geraumer Zeit den Sieg davongetragen.«[106]

Die Investitionen waren alles andere als vergeudet, ihre »Umweg-Rentabilität« vielmehr enorm: Seit Langem dominieren neoklassisch-neoliberale Ökonomen, sorgen für gleichgesinnten Nachwuchs und legitimieren die materialistischen Interessen ihrer Sponsoren mit idealistischen Theorien. Maßgeblich zu deren Popularisierung trugen die Think Tanks bei, deren Zahl im »Gleichschritt« mit der Offensive gegen Keynesianismus und Sozialstaatlichkeit zunahm.

Marketing durch Think Tanks

Aufgabe der Think Tanks war und ist es, die Theorien der »Vordenker« wie Hayek, Friedman und Co. in leicht lesbaren Broschüren zusammenzufassen, aktuelle wirtschaftliche oder politische Entwicklungen zu kommentieren, Lehrstühle zu finanzieren, Veranstaltungen zu organisieren und Kontakte zu Medien und Politik zu pflegen. Wichtig ist auch die Nachwuchsförderung durch Vergabe von Stipendien und Preisen (wie dem »Hayek Essay Contest«), die Organisation informeller Netzwerke junger Manager oder die Rekrutierung von »*freedom fighters*« für die Think Tanks selbst.

Wie von Hayek vor fast sechzig Jahren empfohlen, konzentriert sich die Arbeit der Think Tanks auf »die Intellektuellen, jene also, die der breiteren Öffentlichkeit Ideen verständlich machen und vermitteln«. Von besonderer Bedeutung seien Journalisten, doch auch Kulturschaffende (»Romanautoren, Zeichner, Filmemacher, Lektoren und Verleger«), ja selbst Geistliche sollten angesprochen werden.[107]

Bei der Öffentlichkeitsarbeit gelte es drei Punkte stets zu beachten: »Wissenschaftlicher Jargon wird in eine für jeden intelligenten Laien verständliche Sprache übersetzt (…). Dann wird das Buch zusammengefasst, sodass leicht darauf verwiesen werden kann, und wieder zusammengefasst (…). Die meisten Institute erreichen eine noch breitere Öffentlichkeit, indem sie Radio- oder Fernsehdebatten, Interviews und Seminare mit den Autoren finanzieren.«[108]

Seit 1981 werden die Think Tanks durch das »Atlas Network« global vernetzt, derzeit (April 2018) verbindet es 475 »*free-market organizations*« in 93 Ländern (www.atlasnetwork.org). Bei seinem Aufbau hat sich eine Person die größten Verdienste erworben, der Engländer Antony Fisher. Als Dreißigjähriger las er 1945 *Der Weg zur Knechtschaft*. Tief beeindruckt suchte er Hayek in London auf und sagte ihm, er wolle in die Politik gehen. Hayek riet ihm: »Zunächst müssen Sie die Intellektuellen erreichen, die Lehrer und Autoren, mit gut durchdachten Argumenten. Ihr Einfluss auf die Gesellschaft wird den Ausschlag geben, und die Politiker werden folgen.«[109] Zehn Jahre später gründete Fisher in London mit dem »Institute of Economic Affairs« (IEA)[110] die wichtigste neoliberale Einrichtung Großbritanniens, ein »Anti-Fabian Think Tank« nach den Vorstellungen von Hayek.[111] Sie konzentrierte sich auf Grundsatzfragen, propagierte ihre Botschaften auf hohem Niveau und bereitete den Boden für die »Thatcher-Revolution«.

Fisher aber strebte nach mehr, nämlich nach einer Vielfalt von Think Tanks, quasi einem neoliberalen Chor, in dem »unterschiedliche Stimmen – mag es auch scheinen, als würden sie durcheinanderrufen – in denselben Refrain einstimmen, weil sie unabhängig voneinander zu ähnlichen Schlussfolgerungen gekommen sind«.[112] Er verfügte über die finanziellen Möglichkeiten, den »neoliberalen Chor« weltweit auszuweiten. Mit einem Output von bis zu 500 000 Hühnern pro Woche war er zu einem der größten Geflügelproduzenten Europas geworden. Und er wurde zum »Geburtshelfer« von vierzig Think Tanks in aller Welt.

Oliver Letwin (später Minister im Kabinett von David Cameron) stellte die Hühnerproduktion in den weltgeschichtlichen Kontext: »Ohne Fisher kein IEA (›Institute of Economic Affairs‹); ohne IEA und seine Kopien keine Thatcher und möglicherweise auch kein Reagan; ohne Reagan kein ›Star Wars‹ [SDI]; ohne ›Star Wars‹ kein wirtschaftlicher Zusammenbruch der Sowjetunion. Was für eine Kettenreaktion, ausgelöst von einem Hühnerproduzenten!«[113]

Die wichtigsten Denkfabriken

Im Folgenden möchte ich nur die wichtigsten Denkfabriken auflisten, in jeder gehören zumindest einige Mitarbeiter und zumeist auch der Vorsitzende (weibliche gibt es nicht) der Mont-Pelerin-Society an.[114]

Die »Hoover Institution« war schon 1919 vom späteren US-Präsidenten Herbert Hoover (1929 bis 1933) gegründet worden, sie ist an die Stanford University angeschlossen (Jahresbudget ca. 65 Mio. Dollar). Zwei Kernsätze aus ihrem »Mission Statement« lauten: »Sowohl unsere Sozial- als auch unsere Wirtschaftssysteme beruhen auf privatem Unternehmertum, dem Entschlusskraft und Einfallsreichtum entspringen (…). In dem System, in dem wir leben, sollte die Bundesregierung nur dort politisch, sozial oder ökonomisch tätig werden, wo lokale Regierungen, oder die Menschen selbst, dazu nicht selber in der Lage sind (…).«[115]

Das »American Enterprise Institute« in Washington D. C. wurde 1938 gegründet, wird überwiegend von Großkonzernen finanziert und ist ein deklariert konservativer Think Tank (Budget ca. 35 Mio. Dollar). Sein Motto: »Der Wettbewerb der Ideen ist die Grundlage einer freiheitlichen Gesellschaft.«[116]

Die »Foundation for Economic Education« verfolgt seit ihrer Gründung 1946 einen radikal-neoliberalen Kurs (Ludwig von Mises arbeitete lange Zeit für diesen Think Tank) und spezialisierte sich auf die Publikation teils extremer Pamphlete, insbesondere für Schulen.

Kurze Zeit nach dem »Institute for Economic Affairs« (1955) wurde – davon unabhängig – in Deutschland die »Friedrich-Nauman-Stiftung für die Freiheit« gegründet (Budget: ca. 50 Mio. Euro), sie steht der FDP nahe und hat seit 2001 ihren Sitz in Potsdam.

Der 1960 gegründete »Liberty Fund« in Indianapolis ist einer der größten Think Tanks auf dem Gebiet der Publikation von Büchern und der Organisation von Konferenzen (Fondsvermögen: 300 Mio. Dollar, Budgetzahlen nicht verfügbar).

Marktgläubigkeit und Sendungsbewusstsein erstarken

Ende der 1960er-Jahre hatten die Neoliberalen schon viel erreicht: So unterschiedliche Denker wie Hayek, Friedman, Coase, Buchanan, Stigler oder Becker hatten zu unterschiedlichen Themen und mit unterschiedlichen Metho-

Die »Heritage Foundation« mit Sitz in Washington D. C. (Budget: 90 Mio. Dollar) wurde 1973 gegründet und ist einer der größten Think Tanks (Motto: »Leadership for America«), sie kämpft für freie Marktwirtschaft, einen minimalen Staat, individuelle Freiheit, amerikanische Werte und eine starke nationale Verteidigung. Ein Jahr später wurde in Vancouver das »Fraser Institute« gegründet (daran war auch Hayek beteiligt), das derzeit über etwa 50 MitarbeiterInnen verfügt.

Das britische »Centre of Policy Research« wurde 1974 unter anderen von Margret Thatcher gegründet mit dem Ziel, die konservative Partei zum Glauben an den »freien Markt« zu »konvertieren«. Denn Thatcher führte die Niederlage der »Tories« unter Edward Heath bei den Wahlen 1974 auf dessen positive Haltung zum Wohlfahrtsstaat und seinen »zahmen« Umgang mit den Gewerkschaften zurück.[117]

Das »Cato Institute« wurde 1977 unter anderem von Charles Koch geschaffen, der mit seinem Bruder David wesentlich zu seiner Finanzierung beisteuert. Das Institut ist einer der radikalsten Think Tanks mit Sitz in Washington D. C. (Budget ca. 100 Mio. Dollar). Es setzt sich für eine Totalprivatisierung der Sozialversicherung ein, wendet sich gegen jeden Arbeitnehmerschutz (auch gegen das Verbot der Kinderarbeit) und lehnt eine Bekämpfung des Klimawandels ab.

Im selben Jahr (1977) wurde in London das »Adam Smith Institute« gegründet, das sich auf »policy engineering« konzentriert, also auf Lobbying. Seine Propaganda stützt sich primär auf die Public-Choice-Theorie. Das »Adam Smith Institute« ist relativ klein (ca. 10 Mitarbeiter), hat aber wesentlich zur Umsetzung neoliberaler Forderungen unter Thatcher beigetragen.[118]

Ein Jahr später wurde in New York das »Manhattan Institute for Policy Research« gegründet (Budget: ca. 15 Mio. Dollar). Es entwickelte Konzepte für eine kompromisslose Bekämpfung der Kriminalität und der »Kultur der Abhängigkeit« durch den Wohlfahrtsstaat.

In den 1980er- und 1990er-Jahren wurden weltweit die meisten – überwiegend kleineren – Think Tanks gegründet, speziell in Osteuropa nach dem Zusammenbruch des »realen Sozialismus«.[119]

---

den Theorien entwickelt, die alle zum gleichen Schluss führten: »Der Markt« löst ökonomische Probleme prinzipiell besser als die Politik.

Die Mont-Pelerin-Society war stetig gewachsen, Ende der 1950er-Jahre hatte sie bereit um die 300 Mitglieder. Allerdings kritisierten die Ordoliberalen wie Röpke, Rüstow und der Sekretär der Gesellschaft, der Schweizer

Arnold Hunold, den wachsenden Einfluss des »ökonomistischen« Denkens der »Schule von Chicago«. Dadurch würden die »soziale Einbettung« der Wirschaft und die Bedeutung der Wettbewerbspolitik vernachlässigt. Hinzu kamen persönliche Konflikte, insbesondere zwischen Hayek und Hunold. Sie endeten 1961 mit dem Ausscheiden von Hunold, Röpke und Rüstow aus der Gesellschaft.[120]

Auch im akademischen Bereich nahm der Einfluss der »Chicago-Ökonomen« zu. Alle oben erwähnten Arbeiten basieren auf der neoklassischen Theorie. Das Echo auf Hayeks Opus magnum *The Constitution of Liberty* (1960) war hingegen recht verhalten – er hatte gehofft, dass es ähnlichen Erfolg haben würde wie *Der Weg zur Knechtschaft*. Gleichzeitig kam es innerhalb der Schule von Chicago zu einem Kurswechsel in der Monopolfrage. Hatte die ältere Schule unter Henry Simons noch eine konsequente »Anti-Trust Politik« befürwortet sowie öffentliches Eigentum an »natürlichen Monopolen« wie Eisenbahn-, Strom-, Gas- und Telefonnetzen, so hielten Friedman und Co. nunmehr private Monopole für das geringere Übel.[121]

Langsam wurde »der Markt« in ein Subjekt verwandelt, das alle wichtigen Ziele einer Gesellschaft viel besser als die Politik erreichen könne: Freiheit, Wohlstand, sozialer Ausgleich oder Demokratie – all das sei in seiner Obhut am besten aufgehoben. Wie Friedman in seinem Bestseller *Kapitalismus und Freiheit* (1962) argumentierte, gelte das auch für die Meinungsfreiheit: »Es genügt, [Vermögende] zu überzeugen, dass die Propagierung einer Idee ein finanzieller Erfolg wird (...). Ein konkurrenzbewusster Verleger kann es sich gar nicht leisten, nur das zu veröffentlichen, womit er persönlich übereinstimmt.«[122] Sogar die Rassendiskriminierung könne »der Markt« überwinden: »Wenn jemand sich weigert, von einem Neger [›*negro*‹] zu kaufen oder mit ihm zu arbeiten, dann wird er einen höheren Preis zahlen oder einen geringeren Lohn bekommen. Oder, anders ausgedrückt, wer von uns die Hautfarbe oder die Religion für [ökonomisch] irrelevant hält, wird billiger einkaufen können.«[123] Die Bürgerrechtsbewegung lehnte Friedman ab, sie hätte lieber auf die Marktkräfte vertrauen sollen.

Anlässlich des 200-Jahre-Jubiläums von *Reichtum der Völker* schrieb Friedman 1976, Smith habe die Auffassung vertreten, »dass die unsichtbare Hand des Marktes viel wirkungsvoller als die sichtbare Hand des Staates geeignet ist, (...) das Mitgefühl für selbstlose wohltätige Zwecke zu mobilisieren. Das 19. Jahrhundert ist ein schlagendes Beispiel hierfür.« Damals sei in den USA und Großbritannien »Smiths System natürlicher Freiheiten« annähernd verwirklicht worden, gleichzeitig hätten beide Länder »ein in der Welt bisher unbekanntes Maß an Wohltätigkeit« erlebt.[124]

Diese These Friedmans ist aus zwei Gründen bemerkenswert. Erstens hat die Metapher von der »unsichtbaren Hand« nichts mit Wohltätigkeit zu tun (zumal diese für Smith keineswegs selbstlos ist). Zweitens ist eine solche Gesellschaft erstrebenswert, in der möglichst wenig Wohltätigkeit *nötig* ist, weil die meisten Menschen selbstständig für ihr Wohlergehen sorgen können. Genau dies war in den 1960er-Jahren der Fall. Im »System der natürlichen Freiheiten« des 19. Jahrhunderts war die soziale Not hingegen groß.

Selbstgewissheit der »Trivial-Keynesianer«

Der Erfolg der keynesianischen »Spielanordnung« hatte die »Trivial-Keynesianer« selbstgewiss gemacht. Sie bemerkten nicht, dass die Theorien über die Stabilität »freier« Finanzmärkte (Friedman), über die Schädlichkeit (Stigler) bzw. Verzichtbarkeit (Coase) staatlicher Regulierungen, über das (allgemeine) Staatsversagen (Buchanan und Co.) und über die Sinnlosigkeit von Vollbeschäftigungspolitik (Friedman) Teil eines Angriffsplanes waren. Auch die Aktivitäten der Mont-Pelerin-Society und der Think Tanks wurden ignoriert.

Die »Trivial-Keynesianer« glaubten, die anhaltende Prosperität sei die Folge makroökonomischer Steuerung. Tatsächlich musste nicht gesteuert werden, es gab weder Finanzkrisen noch Rezessionen. Dass die Fokussierung des Gewinnstrebens auf die Realwirtschaft Hauptursache der Prosperität war, konnten die »Keynesianer« nicht sehen, diese (implizite) Botschaft von Keynes hatten ja auch sie ignoriert. Ende der 1950er-Jahre wollten sie auch noch die »Feinsteuerung« der Gesamtwirtschaft in Angriff nehmen (entgegen Keynes' Empfehlungen).

Zu diesem Zweck wurde die »Phillips-Kurve« zu einem »Menü« für die Politik ausgebaut[125]: Sie könne wählen zwischen der Höhe der Arbeitslosigkeit und der Höhe der Inflation. Diesen Unsinn machte Friedman 1967 zum Ausgangspunkt des neoliberalen Generalangriffs auf den Keynesianismus.

Der Weg zum großen Kurswechsel

Wie haben die politischen und ökonomischen Entwicklungen in der »Realität« einerseits und die Produktion und Propagierung neoliberaler Theorien andererseits zusammengewirkt und so den Boden bereitet für den Wechsel von der real- zur finanzkapitalistischen »Spielanordnung«?

Die Etablierung der »real-sozialistischen« Diktaturen in Osteuropa hatte die Überzeugung der Eliten in Westeuropa gestärkt, dass es einen »Kapitalismus mit sozialem Gesicht« braucht als das wichtigste Bollwerk gegen die kommunistische Ideologie. Die neoliberalen Außenseiter wurden hingegen in ihrer Überzeugung bestärkt, dass »die Freiheit« den Leitwert darstellt im Kampf gegen den Kommunismus und »die Sozialisten in allen Parteien« (ihnen hatte Hayek sein Buch *Der Weg zur Knechtschaft* gewidmet).

Anhaltende Vollbeschäftigung und der »Kalte Krieg« machten »sozial« zu einem weniger attraktiven Schlagwort als »Freiheit«. Denn soziale Sicherheit war in Westeuropa ja erreicht, bedroht hingegen schien die Freiheit. Am eindrücklichsten verdeutlichten dies die Niederschlagungen der Arbeiterproteste in Ostberlin 1953, des Volksaufstandes in Ungarn 1956 und des »Prager Frühlings« 1968. Die Neoliberalen verwendeten daher die Begriffe »Freiheit«, »frei« etc. (bzw. »*freedom*«, »*liberty*« etc.) exzessiv, meist verknüpft mit »Markt« oder »Unternehmen«. Die Vermengung ihrer »Markenzeichen« mit dem Begriff »sozial« war ihnen daher ein Gräuel: »Wahr ist nur«, so Hayek, »dass eine soziale Marktwirtschaft keine Marktwirtschaft, ein sozialer Rechtsstaat kein Rechtsstaat, ein soziales Gewissen kein Gewissen, soziale Gerechtigkeit keine Gerechtigkeit – und ich fürchte auch, soziale Demokratie keine Demokratie ist.«[126]

Gleichzeitig forderten die Gewerkschaften in den 1960er-Jahren vehement Umverteilung und (mehr) Mitbestimmung, die Zahl der Streiks nahm zu, der Zeitgeist »drehte auf links«, und die Sozialdemokratie bekam Aufwind. Nun stiegen die neoliberalen *master minds* voll in die öffentliche Auseinandersetzung ein. Am erfolgreichsten agierte Friedman mit seinem Bestseller *Kapitalismus und Freiheit*.

In den 1950ern war die Lohnquote (Abbildung 5.1 – gemessen als Anteil der Bruttolohnsumme am BIP) nur geringfügig gestiegen, die funktionelle Einkommensverteilung also stabil geblieben. Dafür schufen die Unternehmer Arbeitsplätze. Das Erreichen von Vollbeschäftigung setzte diesem Deal ein Ende. Nun verlangten die Gewerkschaften eine Umverteilung zu ihren Gunsten sowie (mehr) Mitbestimmung und erhöhten den Druck durch Streiks: Die dadurch verlorenen Arbeitsstunden *verdreifachten* sich zwischen 1965 und 1968 – vor allem in Italien, Frankreich und Großbritannien. Bis Mitte der

1970er-Jahre stieg die Lohnquote massiv (Abbildung 5.1). Die Unternehmen schlugen einen Teil der Lohnsteigerungen auf die Preise auf, es entwickelte sich eine Lohn-Preis-Spirale, 1970 lag die Inflation in Westeuropa bereits bei 6,4 Prozent. Diese Entwicklungen vertieften die Interessenkonflikte zwischen Realkapital und Arbeit und bedrohten das – dank der Prosperität stark angewachsene – Finanzkapital.

Der zweite Faktor, der den Widerstand gegen das Prosperitätsmodell stärkte, war der »aufmüpfige« Zeitgeist der 1960er-Jahre, genährt durch eine Grundstimmung, die mehr denn je von Zuversicht und Angstfreiheit geprägt war. Während in der Geschichte wirkungsmächtige Emanzipationsbewegungen von der Not vieler Menschen vorangetrieben werden (die Arbeiterbewegung ist das beste Beispiel), war die Studentenbewegung ein Kind der Prosperität – sie hatte nur einen »kurzen Atem«.

Dass immer mehr Intellektuelle dem linken Zeitgeist folgten (und ihn verstärkten), insbesondere in den Medien, war für die Vermögenden besorgniserregend.[127] Der Aufstieg der Sozialdemokratie verstärkte die Resonanz der neoliberalen Botschaften bei den Besitzern erheblicher Finanzvermögen (bedroht von Inflation) und bei Unternehmern (bedrängt von den Gewerkschaften): Mit Olof Palme wurde 1969 ein scharfer Kritiker der US-Militärintervention in Vietnam Regierungschef in Schweden, in der Bundesrepublik Deutschland wurde mit Willy Brandt erstmals ein Sozialdemokrat Kanzler, ein Jahr später Bruno Kreisky in Österreich.

Die zunehmend antiamerikanische und kapitalismuskritische Haltung von Teilen der Gewerkschaften und der Sozialdemokratie verstörte viele Vermögende und ließ ihnen die antisozialistische Position der Neoliberalen attraktiver erscheinen. Ähnliche politische Folgen hatte die Umweltbewegung. Studien über die Zerstörung der natürlichen Umwelt wie *Die Grenzen des Wachstums* im Auftrag des »Club of Rome« (1972) verwarfen den Kapitalismus aus ökologischer Sicht als »Auslaufmodell«.

Das Paradox der neoliberalen Verheißungen der 1960er-Jahre über die positiven Wirkungen deregulierter Finanz- und Arbeitsmärkte sowie eines Rückbaus des Sozialstaates besteht darin, dass sie nur deshalb propagiert werden konnten, weil in der Realität schon etwa zwanzig Jahre lang mit großem Erfolg die genau gegenteilige Politik praktiziert wurde. So war in Vergessenheit geraten, was in den 1930er-Jahren Börsenkrach, Bankenpleiten, Abwertungswettläufe, »Aussteuerung« der Arbeitslosen und Sparpolitik angerichtet hatten.

Polit-ökonomische Interpretation eines Bündniswechsels

Unterscheidet man drei ökonomische Fundamentalinteressen – Realkapital, Finanzkapital und Arbeit –, so war die Prosperitätsphase der 1950er- und 1960er-Jahre durch ein Bündnis zwischen den Interessen von Realkapital und Arbeit charakterisiert gegen die Interessen des Finanzkapitals (es wurde durch Regulierungen »ruhiggestellt«). Dieses Bündnis bildete die politische Basis der »realkapitalistischen Spielanordnung«. Ihr Erfolg führte zu einer Entfremdung zwischen Unternehmerschaft und Gewerkschaften. Gleichzeitig bedrohte die seit Mitte der 1960er-Jahre steigende Inflation den Wert des Finanzkapitals (Sparguthaben, Anleihen etc.), das nach zwanzig Jahren kräftigen Wirtschaftswachstums stark an Bedeutung gewonnen hatte.

Das neoliberale Programm wurde daher für beide Erscheinungsformen von Kapital immer attraktiver: Den Unternehmern versprach es die Disziplinierung der Gewerkschaften, einen Abbau des Sozialstaates und die Bekämpfung »des Sozialismus«, den Besitzern von Finanzvermögen eine Bekämpfung der Inflation und die Liberalisierung der Finanzmärkte. Im Verlauf der 1970er-Jahre kam es zur »Scheidung« im Bündnis von Realkapital und Arbeit und zur Bildung eines (stillschweigenden) Bündnisses zwischen Real- und Finanzkapital gegen die Interessen der Arbeit (siehe Kapitel 8).

Niemand hat diese Entwicklung mit so unglaublicher Präzision vorausgesagt wie der große, (zu) wenig beachtete Ökonom Michał Kalecki (1899–1970). Er war Pole jüdischer Abstammung, hatte sich ökonomisches Wissen als Autodidakt angeeignet und schon Anfang der 1930er-Jahre in – lediglich auf Polnisch erschienenen – Artikeln wichtige Aussagen der *General Theory* von Keynes vorweggenommen.[128]

In seinem Aufsatz »Political Aspects of Full Employment« (»Politische Aspekte von Vollbeschäftigung«) schrieb Kalecki 1943, das »big business« würde bei anhaltender Vollbeschäftigung ein Bündnis mit den »Rentierinteressen« eingehen, legitimiert durch ökonomische Theorien: Den Industriellen »gefällt andauernde Vollbeschäftigung ganz und gar nicht. Die Arbeiter würden ›außer Kontrolle geraten‹, und die ›Industriekapitäne‹ wären erpicht darauf, ihnen ›eine Lektion zu erteilen‹. Außerdem benachteiligt der Preisanstieg im Aufschwung die kleinen und großen *Rentiers* (…). In dieser Lage wird sich wahrscheinlich ein mächtiges Bündnis bilden zwischen der Industrie und den *Rentier*-Interessen, und sie werden wohl mehr als einen Ökonomen finden, der erklärt, dass die Lage vollkommen untragbar sei.«[129]

Damit beschrieb Kalecki 1943 die politisch-ökonomischen Prozesse der 1960er- und 1970er-Jahre. Das neue Bündnis zwischen Real- und Finanzkapital wurde zur politischen Basis der neoliberal-finanzkapitalistischen Spielanordnung und führte in die gegenwärtige Krise.

7. ENT-FESSELUNG DER FINANZMÄRKTE UND SELBST-ENTMÜNDIGUNG DER POLITIK: DER LANGE WEG IN DIE GROSSE KRISE

Der Weg in die Krise entwickelte sich nach folgendem Muster: Neoliberale Empfehlungen schufen (unerwartete) Probleme; die »Therapeuten« konnten sich selbst (natürlich) nicht als Verursacher wahrnehmen, also entwickelten sie »theoriekonsistente« Diagnosen und Therapien, die weitere Probleme schufen, mit denen man in gleicher Weise verfuhr. So führte die Aufgabe fester Wechselkurse zu zwei »Ölpreisschocks« und zwei Rezessionen. Der gleichzeitige Anstieg von Inflation *und* Arbeitslosigkeit wurde als Widerlegung des Keynesianismus gedeutet und mit einer Hochzinspolitik bekämpft. Diese zog eine massive Dollaraufwertung, die Schuldenkrise Lateinamerikas 1982 und eine schwere Rezession nach sich.

Die »theoriekonsistente« Bekämpfung der Arbeitslosigkeit durch Lohnzurückhaltung, Senkung des Arbeitslosengeldes und Lockerung des Arbeitnehmerschutzes erhöhte die Ungleichheit, dämpfte das Wirtschaftswachstum und ließ die Arbeitslosigkeit weiter steigen. Den gleichen Effekt hatte die Bekämpfung der Staatsverschuldung durch Sparpolitik und Sozialabbau.

Am folgenreichsten war die Liberalisierung der Finanzmärkte; den ersten und stärksten Anstoß für die nachfolgenden Kettenreaktionen gab der Zusammenbruch des Bretton-Woods-Systems.

Die Doppelrolle des Dollar und ihre Folgen

Das System von Bretton Woods musste an seiner Fehlkonstruktion scheitern, der Doppelrolle des Dollar als Weltwährung und nationaler Währung. Die USA konnten sich in eigener Währung verschulden. Dieses »*exorbitant privilege*« (Charles de Gaulle) nutzten sie nicht zuletzt zur Finanzierung des Vietnamkrieges.[130] Doch je mehr Dollars die USA »exportierten«, desto stärker schwand das Vertrauen in ihre Goldkonvertibilität. Gleichzeitig verloren die USA an Wettbewerbsfähigkeit, konnten ihre Währung aber nicht abwerten.

Innerhalb der USA wuchs daher die Ablehnung des Festkurssystems am stärksten. Das »Dollar-Problem« beflügelte die Offensive der Neoliberalen, die seit Langem freie Wechselkurse gefordert hatten. Davon versprachen sie sich – und der Öffentlichkeit – ein neues »Wirtschaftswunder«, das »genauso eindrucksvoll« sein werde wie jenes der 1950er-Jahre.[131] Im August 1971 nahm Präsident Nixon schließlich die im Vergleich zu den anderen Industrieländern ungünstige Wirtschaftslage zum Anlass, die Verpflichtung der USA, Dollarforderungen in Gold zu konvertieren, offiziell aufzuheben und durch eine Dollarabwertung die US-Wirtschaft zu beleben.

Das Ausmaß der nachfolgenden Dollarkursschwankungen war unerwartet hoch (Abbildung 5.2). Zwar hatte die neoliberale Theorie eine sofortige Abwertung des künstlich überhöhten Kurses vorhergesehen – er sank zwischen 1971 und 1973 um 25 Prozent[132] –, danach aber ein Oszillieren um sein fundamentales Gleichgewicht. Doch nach dem ersten erwarteten »Abwertungsschub« gab er weiter nach, und seit 1976 wurde die Kursentwicklung für neoliberale Ökonomen vollends rätselhaft (Abbildung 5.2): Obwohl der Dollar bereits unterbewertet war, verlor er abermals fast 25 Prozent an Wert.

Noch rätselhafter war die Entwicklung nach 1980: Die Zinsen waren in den USA höher als in den anderen wichtigen Ländern, also hätte der Dollar der Theorie zufolge abwerten müssen, tatsächlich stieg sein Wert jedoch fünf Jahre lang weiter an. Wer Kapital in Dollars angelegt hatte, erzielte Spitzenrenditen. Diese Entwicklung war mit der Gleichgewichtstheorie unverein-

---

Auf dem Devisenmarkt wird das fundamentale Gleichgewicht (laut Theorie) durch zwei Bedingungen bestimmt, durch das Gleichgewicht am Gütermarkt und am Finanzmarkt.

Die erste Bedingung besagt: Ein Wechselkurs ist dann im Gleichgewicht, wenn sein Niveau der Kaufkraftparität entspricht (das Preisniveau im In- und Ausland wäre dann gleich hoch). Ist etwa ein repräsentativer Warenkorb im Ausland billiger als im Inland, dann liegt der Kurs der ausländischen Währung unter der »Kaufkraftparität«, Letztere ist also unter- und die heimische Währung dementsprechend überbewertet.

Die zweite Bedingung besagt: Der Wechselkurs wird sich so verändern, dass der (erwartete) Zinssatz für eine Veranlagung im In- und Ausland gleich ist. Läge der Zins im Ausland bei 6 Prozent und im Inland bei 3 Prozent, so wäre die »Zinsparität« dann erfüllt, wenn die ausländische Währung pro Jahr um 3 Prozent an Wert verliert.

bar, also wurde Letztere adaptiert: Die Renditen werden vom Markt »im Prinzip« einander angeglichen, aber nur bei gleicher Risikoeinschätzung – wenn Dollaranlagen viel höhere Renditen erzielen als D-Mark- oder Yen-Anlagen, dann *muss* diese Differenz den Ausgleich für unterschiedliches Risiko darstellen. Dieses Konzept einer »*time-variant risk premium*« ist ein perfektes Beispiel für die »stilgemäße Auflösung« (Fleck) von Widersprüchen zwischen Theorie und Beobachtungen: Da sich die (angeblich) verlangte Risikoprämie nicht beobachten lässt, kann man ihr alle »Anomalien« zuschreiben.

Die Gleichgewichtsökonomen sahen keinen Zusammenhang zwischen den Dollarkursschwankungen einerseits und den beiden »Ölpreisschocks« 1973 und 1979 sowie der Schuldenkrise Lateinamerikas 1982 andererseits. Da ihre Theorie von den institutionellen und politischen Bedingungen ökonomischer Prozesse abstrahiert, konnten sie nicht erkennen, welche Auswirkungen die Funktion des Dollar als Weltwährung hat: Er dient nicht nur als Standardwährung für sämtliche Rohstoffe (diese notieren in Dollar) sowie für die meisten transnationalen Forderungen und Verbindlichkeiten (sie werden in Dollars gehalten), sondern auch als »Vehikelwährung« im Devisenhandel (die meisten Transaktionen werden via Dollar abgewickelt).

Die Eigenschaft des Dollar als »Rohstoff-Währung« bedeutet: Jede Dollarkursänderung verändert nicht nur die relativen Preise zwischen den USA und den anderen Ländern (Preiseffekt 1), sondern auch zwischen *jedem einzelnen Länderpaar* und damit die Verteilung der globalen Handelserlöse (Preiseffekt 2).

Der erste Preiseffekt gilt für alle Währungen: Wenn ein Land abwertet, so verteuern sich seine Importe, und seine Exporte verbilligen sich für das Ausland. Also verschieben sich die »realen Austauschverhältnisse« (»Terms of Trade«): Das Abwertungsland muss mehr Güter exportieren, um die gleiche Menge an Importgütern zu bekommen.

Der zweite Preiseffekt betrifft nur die Weltwährung: Wertet der Dollar ab und bleibt alles andere (zunächst) gleich (*ceteris paribus*), so verändern sich die »Terms of Trade« zwischen *allen* Drittländern: Saudi-Arabien beispielsweise muss nun für den gleichen Mercedes mehr Erdöl liefern (in Dollars werden deutsche Waren teurer).

Da der Dollar zugleich die nationale Währung der USA ist, wird deren Zinspolitik und Beeinflussung des Wechselkurses (»*talking the dollar down*«) durch nationale Interessen bestimmt. So waren die USA Anfang der 1970er-Jahre an einer Dollarabwertung interessiert (die Rezession 1969/70 fand nur in den USA statt). Umgekehrt hatte die Inflationsbekämpfung zehn Jahre später oberste Priorität bekommen, also wurden die Dollarzinsen erhöht, und der Dollarkurs stieg.

Die Doppelrolle des Dollar als nationale Währung der USA und als Weltwährung zog also unweigerlich Konflikte zwischen den »national-ökonomischen« Interessen der USA und den »global-ökonomischen« Interessen an einer stabilen Ankerwährung nach sich. Bei freien Devisenmärkten musste die Weltwährung zur instabilsten aller wichtigen Währungen werden. Genau aus diesen Gründen hatte Keynes – vergeblich – für die Schaffung einer supranationalen Weltwährung gekämpft.

Am stärksten vom Wertverlust des Dollar betroffen waren die Erdölproduzenten des Nahen Ostens. Der Jom-Kippur-Krieg im Oktober 1973 bot eine günstige Gelegenheit zum »Gegenschlag«. Als Akt der Solidarität mit den Nachbarn Israels erklärten sie einen »Ölboykott«. In den Industrieländern herrschte kurze Zeit Panik, und dies nutzte die OPEC: In wenigen Wochen

---

Die Eigenschaft des Dollar als »Schulden-Währung« bedeutet: Jede Änderung von Zinssatz und Wechselkurs des Dollar verändert *ceteris paribus* die Belastung von Dollarschuldnern. Steigen die Dollarzinsen, so steigen die Zinszahlungen. Wenn zusätzlich auch der Dollarkurs steigt, so wird der gesamte Bestand an Dollarschulden aufgewertet. Je weniger Exporterlöse ein Land in Dollars erzielt, desto größer ist dieser Effekt.

Die Eigenschaft des Dollar als »*vehicle currency*« bedeutet: Transaktionen zwischen Drittwährungen werden über den Dollar abgewickelt (möchte ich Franken gegen Yen tauschen, so verkaufe ich Franken gegen Dollars und dann Dollars gegen Yen). Daher wird der globale Devisenhandel durch eine »Wippe« geprägt. Auf einer Seite »sitzt« der Dollar, auf der anderen die übrigen (wichtigen) Währungen. Spekuliert wird entweder auf einen steigenden oder fallenden Dollar, die »*cross rates*« zwischen Drittwährungen schwanken daher weniger als die Dollarkurse gegenüber diesen Währungen.

stieg der Ölpreis auf 14,80 Dollar pro Fass (OECD-Importpreis), fast das Vierfache seines Vorjahreswertes (Abbildung 10.1).[133]

Nach zwanzig Jahren stabiler Wechselkurse waren den Ökonomen die Funktionen einer Weltwährung nicht bewusst. Der Anstieg des Ölpreises wurde daher als Akt politischer Willkür der »Ölscheichs« und damit als ein »exogenes« Ereignis (»Schock«) interpretiert. In der Folge verschlechterten sich die Wirtschaftserwartungen dramatisch, zumal in vielen Ländern die Benutzung des eigenen Autos – Symbols des Wohlstandes – eingeschränkt wurde. 1974/75 schlitterten alle Industrieländer in die erste »synchrone« Rezession der Nachkriegszeit, Budgetdefizit und Arbeitslosigkeit stiegen sprunghaft.

Die Aufgabe fester Wechselkurse und die Verschlechterung des »*state of confidence*« waren in der Gleichgewichtstheorie nicht als Rezessionsursachen vorgesehen. In den Fokus rückte daher die Gleichzeitigkeit des Anstieges von Inflation und Arbeitslosigkeit, welche laut »trivial-keynesianischer« Phillips-Kurve ausgeschlossen sei. Auf akademischem Boden war der Keynesianismus damit »erledigt«.[134]

Nachdem der Dollar zwischen 1976 und 1979 abermals fast 25 Prozent an Wert verloren hatte, nutzte die OPEC erneut politische Turbulenzen im Nahen Osten, insbesondere die Machtergreifung der Ayatollahs im Iran, zur Durchsetzung der zweiten drastischen Ölpreiserhöhung. Eine weitere weltweite Rezession war die Folge. Sie dauerte zwei Jahre, weil gleichzeitig die Inflation durch eine Hochzinspolitik bekämpft wurde – seither liegt der Zinssatz fast permanent über der Wachstumsrate (Abbildungen 5.1, 5.2 und 7.1).

Der Anstieg des Ölpreises von 3,3 Dollar (1972) auf 37,9 Dollar (1980) und die damit einhergehende Verteuerung der übrigen Rohstoffe übertrug sich auf die Welthandelspreise insgesamt. Sie nahmen auf Dollarbasis zwischen 1972 und 1980 um 253 Prozent zu, stiegen also auf das 3,5-Fache. Die Weltwährung erwies sich geradezu als »Inflations- bzw. Deflationsmaschine«: Wann immer der Dollar an Wert verliert, steigen die Welthandelspreise, und umgekehrt (Abbildung 7.2).[135]

Dies hat wegen der zweiten Eigenschaft der Weltwährung globale Bedeutung: Der größte Teil internationaler Kredite wird in Dollars gehalten. Wenn etwa alle Währungen gegenüber dem Dollar um 10 Prozent aufwerten, steigen – rein »statistisch« – die Preise und Zahlungsströme im Außenhandel auf

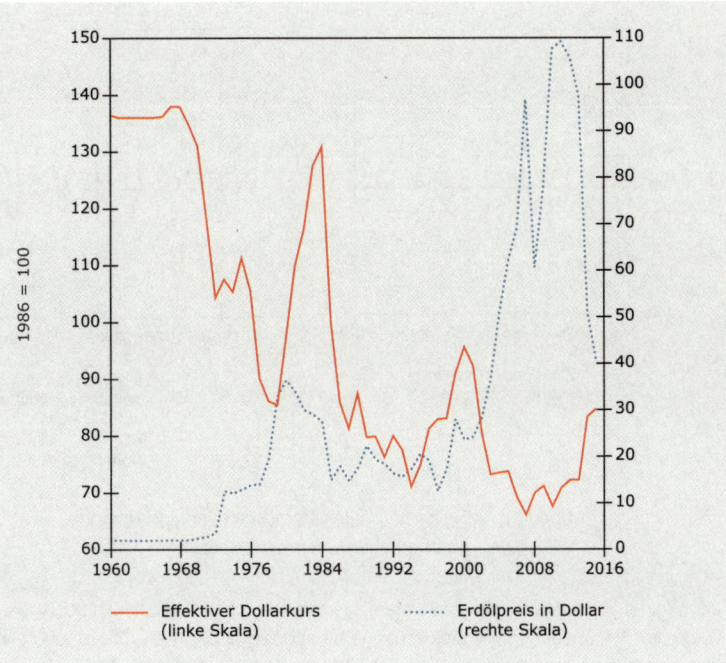

Abbildung 7.1: Dollarkurs und Erdölpreis

Nach Aufgabe fester Wechselkurse zogen zwei Dollarabwertungen (1971/73 und 1976/78) zwei »Ölpreisschocks« (1973 und 1979) nach sich, die zwei Rezessionen und einen massiven Preisauftrieb verursachten. Der gleichzeitige Anstieg von Inflation und Arbeitslosigkeit wurde als Widerlegung des Keynesianismus interpretiert bzw. genutzt.

Dollarbasis um 10 Prozent (außer die US-Exporte und Rohstoffe, da beide in Dollars notieren). Hat ein Land Dollarkredite zu einem Zinssatz von 6 Prozent aufgenommen, wird der reale Dollarzins somit negativ: Er liegt bei −4 Prozent.[136]

Welche Konsequenzen Wechselkursschwankungen für Schuldner haben können, wurde Anfang 2015 deutschen und österreichischen Häuslebauern, die Kredite in Schweizer Franken aufgenommen hatten, schmerzlich bewusst, als der Franken massiv aufwertete: Ihre Schulden in Euro wuchsen deutlich an.[137] Im Weltmaßstab hat dieser Effekt eine ungleich größere Bedeutung. Die Schwankungen der Weltwährung trugen daher nicht nur zu den beiden »Ölpreisschocks« bei, sondern ebneten auch den Weg zur ersten großen Schuldenkrise.

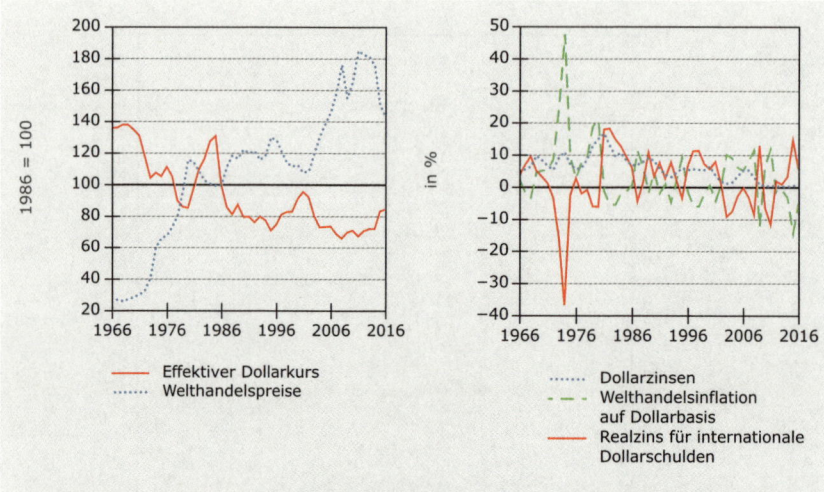

Abbildung 7.2: Dollarkurs, Welthandelspreise und Realzins
für internationale Dollarschulden

Der Wechselkurs des Dollars wirkt wie eine »Inflations- bzw. Deflationsmaschine«. Sinkt er, wie in den 1970er-Jahren, so steigen die Welthandelspreise massiv. Dies bedeutet negative Realzinsen für internationale Dollarschulden und »verführt« Entwicklungsländer zu übermäßiger Verschuldung. Steigt dann der Dollarkurs wie 1980/85 bzw. 1995/2000, so schlittern diese Länder in eine Schuldenkrise (1982 Lateinamerika, 1997 Ostasien).

Als Folge massiver Dollarentwertungen lag der Realzins für einen internationalen Dollarkredit zwischen 1972 und 1980 im Durchschnitt bei −7,8 Prozent (Abbildung 7.2). Das »verführte« viele Entwicklungsländer, insbesondere in Lateinamerika, immer mehr Dollarkredite aufzunehmen, maßgeblich finanziert durch Londoner Banken, bei denen die OPEC-Länder einen erheblichen Teil ihrer enormen Überschüsse deponiert hatten.[138] Dieses »recycling of petro-dollars« stabilisierte gleichzeitig die wirtschaftliche Lage in den rezessionsgeplagten Industrieländern. Denn die Dollarkredite ermöglichten es den boomenden Ländern Lateinamerikas, ihre Importe von Industrieprodukten auszuweiten.

Doch 1980 drehte sich die Entwicklung von Dollarkurs und Welthandelspreisen. Die US-Hochzinspolitik nach dem zweiten »Ölpreisschock« (1979) und der Wahlsieg von Ronald Reagan (November 1980) lösten die stärkste Dollaraufwertung der Nachkriegszeit aus.[139] Die Welthandelspreise, die im Jahr 1980 noch um 21,1 Prozent gestiegen waren, sanken 1981 um 1,1 Prozent, der Realzins sprang von −6,0 Prozent auf +18,0 Prozent (Abbildung 10.2). Im folgenden Jahr brach die Schuldenkrise Lateinamerikas aus.

Die Ähnlichkeiten mit der Eurokrise sind frappierend: Eine Ländergruppe (Lateinamerika bzw. Südeuropa) entwickelt sich dynamisch und stimuliert mit ihrer Importnachfrage die langsamer wachsenden Volkswirtschaften (Industrieländer bzw. »Nordeuropa«). Finanziert wird dies durch günstige Kredite der Überschussländer (OPEC bzw. »Nordeuropa«). Turbulenzen (zweiter »Ölpreisschock« bzw. Finanzkrise 2008) sowie Finanzspekulation (auf einen steigenden Dollar bzw. auf den Staatsbankrott) verschlechtern die Finanzierungsbedingungen abrupt und führen Lateinamerika bzw. Südeuropa in eine verheerende Krise.[140]

Innerhalb eines Jahrzehntes hatte sich die ökonomische »Spielanordnung« radikal geändert. Instabile Wechselkurse und Rohstoffpreise sowie steigende Zinsen verursachten zwei Rezessionen und eine Finanzkrise, die Liberalisierung der Finanzmärkte und die Hochzinspolitik verlagerten die Profitanreize von Realinvestitionen zur Finanzspekulation. Dieser Systemwechsel konnte mit »neoliberaler Brille« nicht wahrgenommen werden: Eine konsequente Differenzierung zwischen Real- und Finanzkapital, Güter- und Finanzmärkten, Unternehmens- und Finanzsektor sind in der idealistischen Ökonomie nicht vorgesehen. Dort gibt es nur »den Markt«, »die Konkurrenz« und »die Freiheit« als Grundprinzipien.

Deren Durchsetzung war das Hauptziel der neoliberalen Bewegung. Dazu brauchte es nach Friedman eine Krise und alternative Konzepte: »Nur eine Krise bringt echten Wandel hervor. Welche Maßnahmen nach dem Eintreten der Krise ergriffen werden, hängt davon ab, welche Ideen gerade virulent sind.« Wie Friedman zurückblickend auf den Politikwechsel in den 1970er-Jahren bemerkte, habe seine wesentliche Funktion darin bestanden, »Alternativen zu vorhandenen politischen Konzepten zu entwickeln« und sie »so lange lebendig und verfügbar zu halten, bis das politisch Unmögliche politisch unvermeidlich wird«.[141]

Neoliberalisierung in der Praxis: Premiere in Chile

Der Nachweis, dass sich die neoliberalen Konzepte in die Praxis umsetzen lassen, gelang in Chile nach dem Militärputsch gegen die Regierung Salvador

Allendes 1973. Dabei halfen Chicago-Ökonomen unter Führung von Arnold Harberger mit. »Moralische« Unterstützung erhielten sie durch wiederholte Besuche der *master minds* Friedman und Hayek bei General Pinochet. Zentrale Maßnahmen der neoliberalen »Schocktherapie« waren: Liberalisierung des Außenhandels, Deregulierung des Finanzsektors, Privatisierung (bis 1976 wurden 437 von 507 staatlichen Unternehmen verkauft), Deregulierung des Wohnungsmarktes, Teilprivatisierung des Bildungswesens, Auflösung der bestehenden Gewerkschaften, Vereinigungsverbot für neue Gewerkschaften (sie sollen miteinander konkurrieren!), Beschränkung kollektiver Lohnbildung, Auflösung der sozialen Pensionsversicherung und ihr Ersatz durch individuelles Ansparen (»Kapitaldeckung«). Chile wurde zum Experimentierfeld für alle wichtigen Theorien, welche die neoliberale Bewegung entwickelt hatte, insbesondere für den Friedman'schen Monetarismus und die »Public-Choice-Theorie« von Buchanan und Co.[142]

Die frisch gekürten Nobelpreisträger Hayek und Friedman verteidigten das Pinochet-Regime. Denn für Neoliberale wird die Freiheit der Individuen erst durch die Freiheit des Marktes ermöglicht, und letztere hatte Pinochet ja wiederhergestellt. Manchmal, meinte Hayek, brauche ein Land eben – vorübergehend – eine gewisse Form diktatorischer Macht: »Es versteht sich, dass ein Diktator auf liberale Weise herrschen kann. Und es ist ebenso möglich, dass eine Demokratie herrschen kann, in welcher der Liberalismus keinen Platz hat. Ich persönlich ziehe einen liberalen Diktator einer demokratischen Regierung vor, der es an Liberalismus mangelt.«[143]

Generell kann man neoliberale Positionen vom Standpunkt einer Sozialethik nicht sinnvoll kritisieren, weil eine solche im neoliberalen Denksystem nicht existiert. Der Ausdruck »soziale Gerechtigkeit« etwa gehört für Hayek »nicht in die Kategorie des Irrtums, sondern in die des Unsinnes wie der Ausdruck ›ein moralischer Stein‹«.[144] Kritisieren kann man aber den damit verbundenen Realitätsverlust. So schrieb Hayek 1978 in einem Brief an *The Times*: »Ich habe in dem viel geschmähten Chile nicht einen Menschen getroffen, der nicht der Meinung war, dass die persönliche Freiheit unter Pinochet weitaus größer war als unter Allende.« Drei Jahre später ergänzte er: »Ich kenne keine totalitäre Regierung in Lateinamerika. Die einzige war Chile unter Allende.«[145]

Unter Präsident Allende hatten dessen Gegner die Freiheit, ihn in (ihren) Zeitungen zu bekämpfen, Streiks zu organisieren, den Nachschub mit Gütern zu boykottieren (Streik der Transportunternehmer) etc. Unter General Pinochet wurden dessen Gegner umgebracht oder in Konzentrationslager gesteckt, es gab keine Pressefreiheit, die Gewerkschaften wurden verboten etc. Es ist daher »jenseitig«, die »persönliche Freiheit« in Chile unter Pinochet als »weitaus größer« zu bezeichnen als unter Allende.

Generell wird »Realitätsverlust« durch den Mangel an konkretem und anteilnehmendem Denken gefördert. Im Zentrum stehen dann Prinzipien, nicht aber, wie deren Umsetzung Menschen im Konkreten (be-)trifft. So war die soziale Lage der unteren Schichten in Chile unter Allende viel besser als unter Pinochet.[146]

Die neoliberale »Reconquista«

Selbstgewissheit, Sendungsbewusstsein und Kampfkraft der »Freiheitskämpfer« trieben in den 1970er-Jahren die neoliberale »Reconquista« voran.[147] Dieser Begriff aus der spanischen Geschichte wurde in der Mont-Pelerin-Society häufig verwendet im Sinne einer Wiedereroberung liberaler Freiheiten.[148]

Die wichtigsten Zwischenerfolge der neoliberalen Offensive waren der Sieg in der »Schlacht« um die Phillips-Kurve, die Gründung großer Think Tanks und schließlich die Wahlerfolge von Margret Thatcher 1979 und Ronald Reagan 1980. Dazu kam die Verleihung von Nobelpreisen an führende Neoliberale. Ihre Fähigkeit, informelle Kontakte zu knüpfen, erwies sich auch dabei als hilfreich. So war mit Erik Lundberg von Anbeginn ein Mitglied der Mont-Pelerin-Society im Komitee zur Auswahl der Wirtschafts-Nobelpreisträger vertreten und stand diesem von 1975 bis 1979 vor. Sein Nachfolger von 1980 bis 1994 war Assar Lindbeck, der Marktregulierungen und Wohlfahrtsstaat radikal ablehnt.[149]

Ab 1974 wurden jene Ökonomen mit dem Preis bedacht, deren Theorien den »wissenschaftlichen« Boden für die neoliberale »Reconquista« bereitet hatten: Hayek (1974), Friedman (1976), Stigler (1982), Buchanan (1986), Coase (1991), Becker (1992). Danach folgten jene Ökonomen, welche die neoklassische Theorie durch Abstraktion von der Realität vollendeten: Robert E. Lucas (1995), der die »rationalen Erwartungen« in die Makroökonomik eingeführt (und sie damit faktisch aufgelöst) hatte, Finn E. Kydland und Edward C. Prescott (2004) für ihre »Theorie der realen Konjunkturzyklen«, Thomas Sargent (2011), weil er die Sinnlosigkeit jeder (keynesianischen) Konjunkturpolitik, und Eugene Fama (2013), weil er umgekehrt die Effizienz freier Finanzmärkte »bewiesen« hatte.

Auch die meisten anderen Preisträger gehören dem idealistisch-neoklassischen Denkkollektiv an.[150] Denn ein Paradigma reproduziert sich selbst: So wie nur Mitglieder des Denkkollektivs Artikel für die Publikation in wissenschaftlichen Journals auswählen, so werden auch die Kandidaten für den Nobelpreis durch die Nominierung renommierter Ökonomen rekrutiert (darunter alle bisherigen Nobelpreisträger).

Theorien als abstrakte Kunst

Die Weiterentwicklung der neoliberal-neoklassischen Theorie folgte dem von Fleck beschriebenen »Denkzwang«: Friedman hatte in seiner Kritik an der Vollbeschäftigungspolitik angenommen, dass Arbeitnehmer »adaptive Erwartungen« bilden, also ihre Lohnforderungen um den Fehler ihrer jüngsten Inflationsprognose korrigieren. Doch adaptive Erwartungen widersprechen rein rationalem Verhalten (Letzteres impliziert, dass man keiner »Geldillusion« unterliegt, also nicht nominelle Lohnsteigerungen für real hält). Also führte der spätere Nobelpreisträger Lucas das Konzept der »rationalen Erwartungen« ein (die Grundidee hatte John Muth schon 1961 entwickelt): Alle Akteure orientieren sich am »wahren« Modell, jenem der Gleichgewichtsökonomen. Da sie gleiche Präferenzen haben müssen (sonst ist das Modell nicht lösbar), reduziert man sie zu einem einzigen »repräsentativen Agenten«. Durch diese »mikroökonomische Fundierung« der Makroökonomie wurde Letztere faktisch aufgelöst. Als begriffliches Täuschungsmanöver nannten Lucas und Co. ihre Theorie »Neue Klassische Makroökonomik« (statt »Alte neoklassische Mikroökonomik«).

Die Vorstellung, dass alle Menschen bzw. ihr »Repräsentant« ausschließlich an das Modell des Allgemeinen Gleichgewichtes glauben, war so bezaubernd, dass auch die wichtigsten Herausforderer des neuen Mainstream, die »Neu-Keynesianer«, das Konzept »rationaler Erwartungen« übernahmen (der Begriff »*New Keynesian Economics*« ist daher ebenso irreführend wie jener der »*New Classical Macroeconomics*«).[151]

Anfang der 1980er-Jahre war ein Prozess vollendet, der in anderen Wissenschaften undenkbar ist: die Rückkehr zu einem überwundenen Paradigma, der Allgemeinen Gleichgewichtstheorie, verfeinert durch »rationale Erwartungen« (man stelle sich vor, die Physik kehrte zu Newton zurück). Damit konnten Mainstream-Ökonomen die Welt zwar nicht begreifen, aber verändern: durch die daraus abgeleiteten Anweisungen an die Politik sowie durch »Produktion« gleichgesinnter Ökonomen an den Universitäten.

Die »Neue Klassische Makroökonomik« führte – dem »Denkzwang« folgend – zu Schlussfolgerungen, deren Distanz vom Boden der Realität groteske Ausmaße annahm (die entsprechenden Arbeiten erschienen innerhalb weniger Jahre und wurden oft mit Nobelpreisen ausgezeichnet): Robert Barro griff eine auf Ricardo zurückgehende Überlegung auf, wonach expansive Fiskalpolitik sinnlos sei, weil die Haushalte auf ein zusätzliches Staatsdefizit mit höherem Sparen reagieren, um für künftige Steuererhöhungen vorzusorgen (»Ricardianische Äquivalenz«[152]).

Diese Idee ließ sich für *jede* Art makroökonomischer Politik verallgemeinern: Die »rationalen« Akteure sähen die Folgen regulatorischer Maßnahmen voraus, machten sie dadurch unwirksam und sorgten dafür, dass sich das auf den Märkten hergestellte Gleichgewicht erhält (»Lucas-Kritik«[153]; Theorem der »Politikineffizienz«[154]). Dass es dennoch Konjunkturschwankungen gibt, erklärten Finn E. Kydland und Edward C. Prescott später mit »Technologieschocks« (Theorie der »realen Konjunkturzyklen«[155]).

Die – zunehmend konservativen – Eliten begrüßten die Schlussfolgerungen der neuen Theorien: Jede Art makroökonomischer Politik ist schädlich, der Sozialstaat ist abzubauen, die Gewerkschaften sind zu disziplinieren. Wie die Nobelpreisträger zu ihren Schlussfolgerungen gekommen waren, interessierte außerhalb des »Denkkollektivs« (fast) niemanden.[156]

Versagen der »Trivial-Keynesianer«

Ein bedeutender Unterschied zu früheren Gesellschaftskrisen besteht darin, dass es derzeit keine von den meisten »Anti-Neoliberalen« akzeptierte Wirtschaftstheorie gibt, die den Weg Europas von Prosperität in die große Krise konkret erklären und damit auch den Weg zu ihrer Überwindung weisen könnte. In der Depression der 1870er-Jahre hatte die Theorie von Marx und Engels der Arbeiterbewegung als »Navigationskarte« gedient, in der Prosperitätsphase nach 1945 übernahm die Theorie von Keynes diese Funktion.

Während die neoliberalen *master minds* in der Zeit ihrer Ausgrenzung neue antikeynesianische Theorien produziert hatten, hielten die meisten antineoliberalen Ökonomen am »Trivial-Keynesianismus« fest. Neue Theorien, die den Weg in die große Krise konkret erklären, wurden nicht entwickelt. Dafür hätten die Finanzmärkte das eindrücklichste Anschauungsmaterial geboten – die immer schneller werdende Spekulation, die Abfolgen von Bullen- und Bärenmärkten, ihre Folgen in Gestalt von Ölpreisschocks, Rezessionen, Konsumbooms und Finanzkrisen etc. Hätte man diese Entwicklungen auch theoretisch als Folge der neoliberalen »Navigationskarte« erklären können, dann wäre es möglich gewesen, die Finanzkrise 2008 für eine »Generaloffensive« zu nutzen. So aber waren es die Neoliberalen, welche die Krisenfolgen zum Anlass nahmen für eine weitere Beschädigung des Europäischen Sozialmodells.

Den neoliberalen Ökonomen ist es trotz der hervorragenden Performance der keynesianisch-realkapitalistischen Spielanordnung in der Prosperitätsphase gelungen, ihre Weltanschauung durchzusetzen. Die »Keynesianer« hingegen schafften es trotz der miserablen Performance der neoliberal-finanzkapitalistischen Spielanordnung nicht, eine alternative Theorie zu entwickeln. Dafür waren auch folgende Paradoxien maßgeblich.

In ihren Theorien bekämpfen Neoliberale Kollektivismus und Planwirtschaft. In der Praxis haben sie aber kollektiv, planend und kooperativ gehandelt, ihre »Kampfstärke« ergab sich aus den Vernetzungen, von der Mont-Pelerin-Society und den Think Tanks bis zum Nobelpreiskomitee. Sie haben in ihrem »*battle of ideas*« das Individuelle zurückgestellt gegenüber ihrem gemeinsamen politischen Ziel.[157]

Bei den meisten »Keynesianern« verhielt es sich umgekehrt: In ihren Theorien kommt der Koordination ökonomischer Prozesse durch die Politik große Bedeutung zu, in der Praxis prägen aber solitäre Einzelkämpfer und ihre jeweiligen Initiativen die Auseinandersetzung. Ein Netzwerk sozial eingestellter Ökonomen gibt es bis heute nicht.

Am verhängnisvollsten erwies sich die Tatsache, dass die »Trivial-Keynesianer« keine empirisch und theoretisch fundierte Erklärung der Haupttendenzen der Wirtschaftsentwicklung seit den 1970er-Jahren erarbeiteten, insbesondere der Verlagerung des Gewinnstrebens von Aktivitäten in der Realwirtschaft zur Finanzspekulation (die »Denkanstöße« von Keynes hatten die Wirtschaftswissenschaften schon dreißig Jahre früher ignoriert – siehe Kapitel 5).

Finanzspekulation und »egozentrischer Eigennutz«

Wenn ein Unternehmer nach Profit strebt, muss er gleichzeitig auch die Interessen anderer, insbesondere seiner Mitarbeiter, Lieferanten und Kunden, berücksichtigen (»sozialer Eigennutz«). Eine völlig andere Art von Eigennutz treibt das Profitstreben auf den Finanzmärkten. Wenn ich etwa mit Derivaten spekuliere, also mit einem anderen Wetten auf die Entwicklung von Aktienkursen, Rohstoffpreisen, Zinssätzen oder Wechselkursen abschließe, weiß ich: Je mehr mein »Wettpartner« verliert, desto mehr gewinne ich (würde ein Unternehmer nach der gleichen Maxime handeln, könnte er seine Firma gleich zusperren).

Der größte Teil spekulativer Finanztransaktionen wird nicht bilateral, sondern auf Börsen abgewickelt. Der einzelne Spekulant spielt dann allein gegen den Rest der Welt, sein Ziel ist es, »den Markt zu besiegen«. Dazu muss er seinen »egozentrischen Eigennutz« perfektionieren. Dieses Geschäft ist gleichzeitig »autistisch«: Es erfordert keine persönliche Kommunikation, der Trader beobachtet Kursbewegungen und gibt seine Orders elektronisch. Allerdings fehlen der neoliberalen Theorie die Denkkategorien, um die unterschiedlichen Formen von »Eigennutz« von unternehmerischem und »finanzalchemistischem« Profitstreben zu begreifen. Für Friedman ist das *Profitstreben an sich* die einzige »moralische Verpflichtung« der Unternehmer, egal ob sie dieses durch Realinvestitionen oder durch Finanzspekulation ausleben.

Tatsächlich prägt die jeweilige Dominanz von »sozialem Eigennutz« oder »egozentrischem Eigennutz« Einstellungen und Verhalten der Menschen. Die realkapitalistische »Spielanordnung« macht es nötig und lohnend, die Interessen anderer zu berücksichtigen, um den *eigenen* Interessen zu dienen.

Der Systemwechsel zu finanzkapitalistischen Anreizbedingungen wurde von der Vorstellung geleitet, »der Markt« koordiniere mit »unsichtbarer Hand« das individuelle Profitstreben zum allgemeinen Besten. Je mehr jemand »über die Stränge schlägt«, desto mehr leistet er für das Gemeinwohl. Dem entsprechend bildet sich eine Werthierarchie heraus, in der Scharfsinn, Schnelligkeit, Trickreichtum und ein »Riecher« für – von anderen – Unvorhergesehenes zählen (siehe Kapitel 16).

In reiner Form zeigt sich der entfesselte Egoismus auf den Finanzmärkten, weil er den »*rules of the game*« entspricht. Einige Beispiele aus der Zeit vor und unmittelbar nach der Finanzkrise 2008 dokumentieren die für »Finanzalchemisten« typischen Verhaltensweisen.[158]

Während des US-Immobilienbooms entwickelten Banken und Hedgefonds folgendes Geschäft. Sie kauften Hypothekarforderungen, bündelten sie zu »synthetischen« Wertpapieren mit unterschiedlichen Risikoklassen (»*asset backed securities*« – ABS) und verkauften diese weltweit als vermeintlich sichere »*collateral debt obligations*« (CDOs). Am stärksten engagiert waren Goldman Sachs und Deutsche Bank. Es handelt sich dabei um bilaterale Derivatgeschäfte (deren Handel unterlag keinerlei Regulierung).

Um auch hochriskante CDOs verkaufen zu können, überließ Goldman Sachs die Zusammenstellung der Kreditforderungen dem Hedgefonds-Eigentümer John Paulson. Dieser spekulierte mithilfe von »*credit default swaps*« auf das Platzen des Immobilienbooms. Er packte die riskantesten Kreditforderungen (»*subprime mortgages*«) in das ABS-Papier »Abacus 2007-AC1«. Goldman Sachs verdiente am Verkauf solcher CDOs Hunderte Millionen Dollar, doch am meisten kassierte Paulson (20 Mrd. Dollar), weil »Abacus« in kürzester Zeit wertlos war (darauf hatte Paulson gewettet).

Die Deutsche Bank machte beide Geschäfte gleichzeitig. Gemeinsam mit Goldman Sachs und anderen Banken schuf sie ein Derivat, das auf den ABX-Index bezogen war (»*synthetic* CDS«) und die Wertentwicklung der »schlechtesten« Hypothekarforderungen abbildete. Je stärker sein Marktwert und damit der ABX-Index sank, desto wertvoller wurde das Derivat. So profitierte die Deutsche Bank in Milliardenhöhe von der Krise und konnte daher auf Staatshilfe verzichten (das »dicke Ende« kam später).

Seit Anfang der 2000er-Jahre haben in den USA Gemeinden, Bezirke (»*counties*«) und Universitäten versucht, ihre Zinsbelastung durch Swaps zu senken. Dabei tauschen zwei Partner unterschiedliche Zinssätze oder Währungen. Glaubt jemand beispielsweise, die kurzfristigen Zinsen würden stärker steigen als die Anleihezinsen, dann kann er durch einen Swap den Differenzgewinn einstreichen (geht die Wette nicht auf, muss er zahlen). Die Risiken der von den »Finanzalchemiebanken« angebotenen Swaps wurden von ihren »Partnern« nicht (voll) verstanden – fast alle mussten hohe Verluste hinnehmen.[159]

Sogar die Harvard University »erwischte« es: Nach dem Aktiencrash 2000/2003 erwartete das Management unter ihrem Präsidenten Larry Summers einen fortgesetzten Zinsanstieg. In einem Swap-Geschäft mit Goldman Sachs verpflichtete sich die Universität, die 2004 gültigen, festen (langfristigen) Zinsen für ein Anleihevolumen von 2,3 Mrd. Dollar zu bezahlen und dafür Zinszahlungen auf Basis variabler (kurzfristiger) Zinsen für diese 2,3 Mrd. Dollar zu bekommen. Nach Ausbruch der Finanzkrise sanken die kurzfristigen Zinsen gegen null, Harvard hatte die Wette verloren. Um sie zu liquidieren, musste die Universität 900 Mio. Dollar an Goldman Sachs zahlen (und auf eine Erweiterung ihres Campus verzichten).[160]

Ähnliche Geschäfte machten die »Finanzalchemiebanken« mit Gebietskörperschaften in ganz Europa, die ihre Zinsbelastung durch Swaps verringern wollten, besonders nachdem sich ihre Finanzlage durch die Finanzkrise verschlechtert hatte. Tatsächlich haben fast alle Kommunen und Länder gegenüber den Finanzprofis verloren, Städte wie St. Etienne, Pforzheim oder das Land Salzburg zwei- bis dreistellige Millionenbeträge, Tausende kleinerer Gemeinden entsprechend weniger.[161]

Allein gegen die Markttheologen: Brooksley Born

Es ist kein Zufall, dass die verhängnisvollsten und »anrüchigsten« Spekulationen vor und nach der Finanzkrise 2008 mit »*over-the-counter* (OTC) *derivatives*« ausgeführt wurden, bei denen zwei Partner »maßgeschneiderte« Wetten über die künftige Entwicklung beliebiger »*asset prices*« abschließen (Finanzprofis fiel es leicht, Kommunalpolitiker von den »Vorteilen« von Zins-Swaps zu überzeugen).

Eine Person hat früher und klarer als alle anderen die Gefahren erkannt, die davon ausgingen, Brooksley Born. Die Juristin war 1996 von Präsident Clinton zur Chefin der »Commodity Futures Trading Commission« (CFTC) ernannt worden, der Aufsichtsbehörde für den Börsenhandel mit Derivaten. Sie hatte sich als Anwältin intensiv mit den Möglichkeiten beschäftigt, durch – nicht regulierte – Derivatwetten andere »reinzulegen«. Also entwickelte Born ein Konzept für deren Regulierung und ihre Beaufsichtigung durch die CFTC.

Doch Notenbankchef Alan Greenspan, Finanzminister Robert Rubin und sein Stellvertreter Larry Summers machten Born fertig: Die OTC-Märkte seien »selbstregulierend« und bedürften keiner staatlichen Bevormundung. Summers warf Born sogar vor, ihre Vorschläge seien geeignet, die schlimmste Finanzkrise seit Ende des Zweiten Weltkrieges auszulösen. Tatsächlich sollten zehn Jahre später genau diese Derivate die schlimmste Finanzkrise seit 1929 verursachen.

Als 1998 der Hedgefonds »Long-Term Capital Management« aufgrund der Spekulation mit OTC-Derivaten zusammenbrach und das globale Finanzsystem an den Rand des Abgrundes brachte – seine beiden Direktoren, Robert Merton und Myron Scholes, hatten wenige Monate zuvor den Wirtschaftsnobelpreis für ihr Modell zur Berechnung des Wertes von Finanzoptionen erhalten –, glaubte Born, ihre Stunde sei gekommen. Doch sie hatte gegen Greenspan, Rubin und Summers keine Chance, sie verfolgten Born und ihren »Regulierungswahn« in den Medien und im Kongress. Es gelang dem Triumvirat sogar, eine weitere Deregulierung durchzusetzen: 1999 wurde das in den USA seit 1933 geltende Trennbankensystem aufgehoben. Fortan durften auch die Geschäftsbanken (»*commercial banks*«) mit den Einlagen ihrer Kunden spekulieren, davor war das nur Investmentbanken erlaubt. Im selben Jahr trat Born von ihrem Amt zurück.[162]

Larry Summers aber schwamm weiter im Mainstream nach oben: Er war von 1999 bis 2001 US-Finanzminister, danach bis 2006 Harvard-Präsident (in seine Zeit fielen die verhängnisvollen Swap-Geschäfte). 2009 und 2010 war er Chefökonom von Präsident Obama und ist weiterhin Professor in Harvard. Zusätzlich verdient er Millionen Dollars als Berater des Hedgefonds G. E. Shaw und als Redner für Wall-Street-Firmen. Auch nach der Finanzkrise 2008 weigerte sich Summers anzuerkennen, dass Brooksley Born recht behalten hatte.[163]

Gefangen im »falschen Ganzen«

Vergleicht man die momentane Lage in Europa mit jener Anfang der 1970er-Jahre, so zeigt sich eine im Ausmaß unfassbare Verschlechterung der Lebensbedingungen für Millionen Menschen – unfassbar deshalb, weil Produktion und Einkommen seither auf das Zweieinhalbfache gestiegen sind.

Auch die Eliten spüren, dass die Europäische Union immer tiefer in eine existenzielle Krise gerät. In den Rechtspopulisten sehen sie die Hauptursache für die Re-Nationalisierung und damit für die Des-Integration« Europas. Deren Aufstieg ist aber nur Symptom einer Systemkrise, die von den Eliten selbst verursacht wurde. Sie wird durch folgendes Dilemma geprägt: Einerseits nehmen Probleme und Konflikte wie Arbeitslosigkeit, prekäre Beschäftigung, Staatsverschuldung, Sozialabbau, Ungleichheit, Armut, »Ich-Optimierung«, Rechtspopulismus, bis zum Klimawandel langfristig zu.

Andererseits hat die Neoliberalisierung Europas ein »falsches Ganzes« heranwachsen lassen, dessen Komponenten – die Wirtschaftstheorie, die Rolle der Ökonomen, die Dominanz des Konkurrenz- und Leistungsdenkens etc. – sich gegenseitig stützen.

Diese Probleme erhöhen den Druck, einen grundsätzlichen Kurswechsel in Erwägung zu ziehen, doch die neoliberale Gegen-Aufklärung und damit die Selbst-Entmündigung der Politik lässt den dafür nötigen Mut erst gar nicht entstehen. »Gefangen im falschen Ganzen«, können die Eliten keine systemische »Therapie« entwickeln, die Unternehmertum fördert und »Finanzalchemie« radikal einschränkt, der Politik wieder den Primat über »den Markt« einräumt und den sozialen Zusammenhang stärkt. Nicht einmal die Einführung einer Finanztransaktionssteuer konnte durchgesetzt werden.

Überdies verfehlen Maßnahmen, die in einer anderen »Spielanordnung« sinnvoll wären, in einem »falschen Ganzen« ihre Wirkung. So würde eine Nullzinspolitik unter realkapitalistischen Rahmenbedingungen Investitionen und Konsum beleben, in einer finanzkapitalistischen »Spielanordnung« belebt sie hingegen die Aktienkurse. Frei nach Adorno: »Es gibt nichts Richtiges im Falschen.«[164]

Weder die sozialdemokratischen Parteien noch die Gewerkschaften haben in den 1970er- und 1980er-Jahren begriffen, dass die Entfesselung der Finanzmärkte und die Aufgabe der Vollbeschäftigungspolitik zugunsten der Geldwertstabilität Teil einer politischen Offensive gegen die Interessen der von ihnen vertretenen Menschen waren. Ohne Theorie und zunehmend ohne »Fußvolk« hatten die Eliten von Gewerkschaften und Sozialdemokratie dem Neoliberalismus nichts entgegenzusetzen. Nach dem Zusammenbruch des »realen Sozialismus« übernahmen vielmehr auch die sozialdemokratischen Eliten das neoliberale Weltbild und setzten seine Empfehlungen als »Reformen« um. Das war ein wesentlicher Schritt zur Vollendung des »falschen Ganzen«.

Die Finanzkrise 2008 und die Bekämpfung ihrer Folgen verstärkten Not und Unsicherheit, die Deklassierten und die noch größere Zahl der besorgten »Noch-nicht-Deklassierten« mussten den Eindruck bekommen, die Eliten hätten im Prozess der gesellschaftlichen Entwicklung jegliche Orientierung verloren. Also wenden sie sich in wachsendem Ausmaß neuen (Ver-)Führern zu.

Eine erfolgreiche Strategie gegen den Rechtspopulismus muss die Sorgen der Menschen direkt ansprechen und konkrete, verständliche Erklärungen anbieten, warum sich die Lage so vieler Menschen verschlechtert hat. Dazu braucht es einen neuen theoretischen Rahmen als Basis eines Navigationssystems, das Wege aus der Krise weist.

TEIL III
EIN NEUER THEORETISCHER RAHMEN

8. REALKAPITALISMUS UND FINANZKAPITALISMUS: ZWEI »SPIELANORDNUNGEN« WECHSELN SICH AB

Die charakteristischen Entwicklungen der letzten Jahrzehnte – von der »selbstreferenziellen« Geldvermehrung bis zu ihren Auswirkungen auf Investitionen, Produktion und Beschäftigung – sind mit den Kategorien der herrschenden Wirtschaftstheorie nicht zu erfassen, aber auch nicht mit »trivial-keynesianischer Brille«.

Ich knüpfe daher an Gedanken großer Ökonomen über ähnliche Phänomene an: Smiths und Ricardos essenzielle Unterscheidung von *drei* Beteiligungsformen am Produktionsertrag, nämlich Arbeit, (Real-)Kapital und (Grund-)Vermögen, Marx' Begriffe von »Geldfetisch« und »fiktivem Kapital«, Smiths Differenzierung zwischen »*self-love*«, »*self-interest*« und »*selfishness*« oder Keynes' Gedanken zur »*money-making passion*«.

Im Zentrum steht das Konzept von zwei unterschiedlichen »Spielanordnungen« – Realkapitalismus und Finanzkapitalismus. Die Abfolge von Prosperität und Depression ergibt sich aus dem Wechsel zwischen real- und finanzkapitalistischen Entwicklungsphasen. Diese Sichtweise ist in meinem Bestreben herangewachsen, eine allgemeine Erklärung für die unterschiedlichen Entwicklungsphasen der Nachkriegszeit zu erarbeiten.

Jede sozialwissenschaftliche Theorie setzt – explizit oder stillschweigend – Annahmen über die essenziellen Eigenschaften der Akteure (»Menschenbild«). Ich begreife Menschen als rationale *und* emotionale, individuelle *und* soziale, (daher) »sozial-eigennützige« (»*self-interested*«) *und* »egozentrisch-eigennützige« (»*selfish*«), konkurrierende *und* kooperierende Wesen. Daraus resultieren ein Verlust an Exaktheit der Aussagen und ein Gewinn an Realitätsnähe. Denn Menschen und ihre Verhaltensweisen sind durch eine Vielzahl von Polaritäten und Widersprüchen geprägt, unterschiedliche Interessen und ihre Interaktionen spielen eine zentrale Rolle. Innerhalb der ökonomischen Interessen der Vermögensbesitzer unterscheide ich konsequent zwischen den Interessen von Realkapital und Finanzkapital.

Diese »prinzipielle« Unterscheidung ist neu: In der Neoklassik existieren keine Kollektivinteressen. Die Klassiker der »politischen Ökonomie«, Smith und Ricardo, unterschieden zwischen den Interessen der Kapitalisten, der Arbeiter und der Grundbesitzer, Marx reduziert diese Triade zum Gegensatz zwischen Kapital und Arbeit. In der Theorie von Keynes spielt der Antagonismus zwischen Real- und Finanzkapital keine Rolle (wohl aber in seinen – nicht in die Theorie integrierten – Gedanken zur Finanzspekulation).[1]

Thomas Piketty operiert in *Das Kapital im 21. Jahrhundert* (2014) lediglich mit dem Konzept eines Gesamtkapitals. Dessen Verteilung nach Vermögensklassen und ihre langfristige Entwicklung führen ihn zu folgender Grundthese: Im Kapitalismus steigt die Ungleichheit in der Verteilung von Einkommen und Vermögen, da die Profitrate des Gesamtkapitals im Normalfall über der Wachstumsrate liegt. Diese deprimierende These ist Folge seines Kapitalbegriffes. Differenziert man zwischen Real- und Finanzkapital, kann man besser verstehen, warum sich der Kapitalismus in langen Zyklen entwickelt und damit auch die Einkommens- und Vermögensverteilung:

- In Prosperitätsphasen wie zwischen 1950 und 1973 liegt der Zinssatz unter der Wachstumsrate, die Profitrate des Realkapitals – auch deshalb – *weit darüber*. Diese Konstellation sowie stabile Wechselkurse und Rohstoffpreise lenken das Gewinnstreben auf Realinvestitionen. Bei anhaltend hoher Vollbeschäftigung *sinkt* die Ungleichheit.
- In Krisenphasen wie seit 1980 in Europa liegt der Zinssatz über der Wachstumsrate, instabile Finanzmärkte lenken das Gewinnstreben auf Finanzinvestitionen, die Profitrate des Realkapitals sinkt und damit das Wachstum der Realinvestitionen. Arbeitslosigkeit, prekäre Beschäftigung und Sozialabbau *erhöhen* die Ungleichheit.

Eine Unterscheidung zwischen Real- und Finanzkapital erklärt, warum auch kleine und mittlere Unternehmen Opfer der finanzkapitalistischen »Spielanordnung« sind. Im Gegensatz zu den Konzernen können sie nämlich nicht ohne Weiteres zwischen Real- und Finanzinvestitionen wechseln. Zugleich ermutigt diese Unterscheidung zu einer emanzipatorischen – statt fatalistischen – Haltung gegenüber den verschiedenen Erscheinungsformen des Kapitalismus. In seiner realkapitalistischen Variante lässt er sich durchaus bändigen (zähmen allerdings nicht).

Realkapital und Finanzkapital

Realkapital ist das in Produktionsmitteln angelegte Vermögen, es stellt die wichtigste Komponente der Aktivseite der Bilanz von nicht finanziellen Unternehmen dar (Finanzunternehmen halten auch Realkapital, ihr Finanzkapital hat aber größeres Gewicht). Das Realkapital des Staates besteht in seinem Infrastrukturvermögen, jenes der Haushalte überwiegend in Eigenheim und Auto.

Finanziert wird das Realkapital durch Eigenkapital und Fremdkapital, verzeichnet auf der Passivseite der Bilanz. Sie bilden das Finanzkapital im weiteren Sinn. Solange dieses weder einen eigenständigen Ertrag abwirft noch gehandelt werden kann, stellt es lediglich die buchhalterische Gegenposition für das Realkapital dar. Eine Unterscheidung zwischen Real- und Finanzkapital hat dann keinen Erklärungswert (wenn etwa eine Einzelfirma zu 100 Prozent durch das Eigenkapital ihres Inhabers finanziert ist). Wird hingegen ein Unternehmen (auch) durch Fremdkapital wie Bankkredite oder Anleihen finanziert, ergibt sich ein Verteilungskonflikt zwischen Realkapital und Finanzkapital, also zwischen Schuldner und Gläubiger. Denn je höher der Zinssatz, desto kleiner ist die Rendite auf das Realkapital.[2]

Die Besitzer von Anleihen und Aktien können ihr Vermögen auch durch Spekulation auf Kurssteigerungen zu vermehren suchen. Dann verwenden sie diese Instrumente nicht zur Unternehmensfinanzierung, sondern zum Erzielen von Aufwertungsgewinnen.[3] Die optimalen Spekulationsinstrumente sind Finanzderivate: Sie ermöglichen eine Wette auf steigende und fallende Kurse, ohne dass man die zugrunde liegenden Finanztitel erwerben muss (siehe Kapitel 9).

Finanzkapital kann somit auf zwei fundamental unterschiedliche Weisen eingesetzt und vermehrt werden, entweder als »Mittel zum Zweck« der Finanzierung von Unternehmen oder als »Mittel zum Selbstzweck«, also für selbstreferenzielle Vermögensvermehrung. Im ersten Fall fungiert Finanzkapital als »Diener« des Realkapitals: Die Rendite auf das Finanzkapital (Zinssatz oder Dividendenrendite) ist kleiner als die Profitrate des Realkapitals, denn der Rentier verleiht ja lediglich ein knappes Gut, der Unternehmer macht hingegen etwas daraus und hat überdies ein höheres Risiko. Im zweiten Fall »emanzipiert« sich das Finanzkapital von seiner »dienenden« Rolle: Seine Besitzer (»Rentiers«) versuchen, ihren Anteil am Sozialprodukt durch selbstreferenzielle Spekulation (losgelöst von der Finanzierung des Realkapitals) zu steigern und ihren Einfluss in der Gesellschaft auszuweiten.

Auf welche Weise Finanzkapital vermehrt wird, hängt vom Ensemble der Anreizbedingungen ab. Im Realkapitalismus sind die Finanzmärkte »ruhiggestellt«, und das Profitstreben richtet sich auf realwirtschaftliche Aktivitäten – stabiles Wachstum und Vollbeschäftigung sind »Nebeneffekte« dieses Plussummenspiels (der zu verteilende »Kuchen« wächst). Im Finanzkapitalismus erschweren schwankende Wechselkurse, Rohstoffpreise, Aktienkurse und Zinssätze die Aktivitäten in der Realwirtschaft und erhöhen gleichzeitig die Profitchancen von Finanzspekulation. Die in der Realwirtschaft Produzierenden – »echte« Unternehmer und Arbeitnehmer – werden durch die Anreizbedingungen schlechtergestellt als die Besitzer großer Vermögen, und damit sinkt das Niveau der Realinvestitionen.

Vorläufer des Konfliktes zwischen Besitzenden und Produzierenden war im (Spät-)Feudalismus jener zwischen Grundherren und Pächtern. Er stand im Zentrum der Verteilungstheorien der Klassiker Smith, Ricardo und Malthus. Da die Arbeiter mit dem Existenzminimum entlohnt wurden (»Arbeitswertlehre«), minderten steigende Grundrenten und damit steigende Nahrungsmittelpreise indirekt den Profit der Kapitalisten – sie erhöhten ja die (Über-)Lebenskosten der Arbeiter.

Karl Marx war der Erste, der einen ähnlichen Konflikt registrierte im Verhältnis zwischen den »fungierenden« bzw. »industriellen« Kapitalisten und den »Geldkapitalisten«. Mit Ausbreitung des Kapitalismus nimmt die Bedeutung des Geld- (bzw. Finanz-)kapitals zu: Es wächst »die Zahl und der Reichtum der sich zurückziehenden Kapitalisten, der Rentiers«, und damit auch »die Zahl der Bankiers, Geldverleiher, Finanziers etc.«.[4] Das Geldkapital wird an den »industriellen« Kapitalisten gegen Zins verliehen. Es kann aber auch in Staatsanleihen oder Aktien angelegt werden. Schließlich kann man versuchen, durch »Jobbers, die in diesen Papieren Spekulationsgeschäfte machen«,[5] Gewinn zu erzielen, also durch »schnelles« Trading.

Zwischen dem »fungierenden« Kapitalisten (Unternehmer) und dem »Geldkapitalisten« (Rentier) besteht ein Interessengegensatz, der Konflikt um die Aufteilung des Gesamtprofites: »Den Durchschnittsprofit als gegeben vorausgesetzt, ist die Rate des Unternehmergewinnes nicht durch den Arbeitslohn bestimmt, sondern durch den Zinsfuß. Sie ist hoch oder niedrig im umgekehrten Verhältnis zu diesem.«[6]

Durch seinen Ertrag nimmt Geldkapital den Charakter eines »Fetisches« an: »Während der Zins nur ein Teil des Profites ist, (…) erscheint jetzt umgekehrt der Zins als die eigentliche Frucht des Kapitals, als das Ursprüngliche, und der Profit (…) als bloßes Accessorium und Zutat. Hier sind die Fetischgestalt des Kapitals und die Vorstellung vom Kapitalfetisch fertig. (…) Wie das Wachsen den Bäumen, so scheint das Geldzeugen dem Kapital in dieser Form als Geldkapital eigen (…). Das Geld hat jetzt Lieb' im Leibe. Sobald es verliehen ist (…), wächst ihm der Zins an, es mag schlafen oder wachen, sich zu Hause oder auf Reisen befinden, bei Tag und bei Nacht.«[7]

Aus dieser Perspektive betrachtet, erscheint Geld als Arbeitskraft und umgekehrt die Arbeitskraft als (Human-)Kapital: »Der Arbeitslohn wird hier als Zins aufgefasst und daher die Arbeitskraft als das Kapital, das diesen Zins abwirft. Ist z. B. der Arbeitslohn eines Jahres 50 Pfund und steht der Zinsfuß auf 5 Prozent, so gilt die jährliche Arbeitskraft als gleich einem Kapital von 1.000 Pfund. Die Verrücktheit der kapitalistischen Vorstellungsweise erreicht hier ihre Spitze, indem, statt die Verwertung des Kapitals aus der Exploitation der Arbeitskraft zu erklären, umgekehrt die Produktivität der Arbeitskraft daraus erklärt wird, dass Arbeitskraft selbst dieses mystische Ding, zinstragendes Kapital ist.«[8]

Als Fetisch nimmt Geldkapital selbst den Charakter einer Ware an. Dies bedeutet zweierlei. Erstens kann es – statt gegen (wirkliche) Waren getauscht zu werden (Geld-Ware-Geld bzw. G-W-G') – auf den Finanzmärkten (direkt) gegen andere Arten von Geldkapital gehandelt werden (G-G'), um »schnelle« Spekulationsgewinne zu erzielen (G' ist um den Profit größer als G). Zweitens wird Finanzkapital (vornehmlich in Form von Aktien und Anleihen) akkumuliert, um längerfristige Bewertungsgewinne einzustreichen. Beide Formen des Profitstrebens ergeben sich aus dem Anwachsen von Finanzkapital: »Mit der Entwicklung des disponiblen Geldkapitals entwickelt sich die Masse der zinstragenden Papiere, Staatspapiere, Aktien etc. (…). Aber damit zugleich die Nachfrage nach disponiblem Geldkapital, indem die Jobbers, die in diesen Papieren Spekulationsgeschäfte machen, eine Hauptrolle im Geldmarkt spielen.«[9]

In solchen Phasen steigt die Bedeutung von Finanzmetropolen: »Mit der Entwicklung des Kreditwesens werden große konzentrierte Geldmärkte geschaffen, wie London, die zugleich Hauptsitze des Handels in diesen Papieren sind. Die Bankiers stellen dem Gelichter dieser Händler das Geldkapital des Publikums massenweise zur Verfügung, und so wächst diese Brut von Spielern.«[10]

Aktiengesellschaften führen zu einer »Verwandlung des wirklich fungierenden Kapitalisten in einen bloßen Dirigenten, Verwalter fremden Kapitals, und der Kapitaleigentümer in bloße (...) Geldkapitalisten«.[11] Diese Trennung von Management und Eigentum (die auch das heutige Shareholder-Value-Denken charakterisiert) »reproduziert eine neue Finanzaristokratie, eine neue Sorte Parasiten (...), ein ganzes System des Schwindels und Betruges mit Bezug auf Gründungen, Aktienausgabe und Aktienhandel. Es ist Privatproduktion ohne die Kontrolle des Privateigentums.«[12]

Zur Rolle der Bankiers merkt Marx an: »Diese Burschen besitzen das Kapital (...) stets in Geldform oder in direkten Forderungen auf Geld. Die Akkumulation des Vermögens dieser Klasse kann vor sich gehen in sehr verschiedener Richtung mit der wirklichen Akkumulation, beweist aber jedenfalls, dass diese Klasse einen guten Teil von dieser Letzteren einsteckt.«[13]

Diese Umverteilung erfolgt sowohl durch den Zins als auch durch Spekulation mit Wertpapieren: »Das Leihkapital [Finanzkapital] akkumuliert auf Kosten zugleich der Industriellen und Kommerziellen. Wir haben gesehen, wie in den ungünstigen Phasen des industriellen [konjunkturellen] Zyklus der Zinsfuß so hoch steigen kann, dass er für einzelne besonders nachteilig gestellte Geschäftszweige den Profit zeitweilig ganz verschlingt. Gleichzeitig fallen die Preise der Staatseffekten [Anleihen] und andren Wertpapiere. Dies ist der Moment, wo die Geldkapitalisten diese entwerteten Papiere massenweise aufkaufen, die in den späteren Phasen bald wieder auf ihre normale Höhe steigen. Dann werden sie losgeschlagen und so ein Teil des Geldkapitals des Publikums angeeignet.«[14] Genau so nützen »diese Burschen« auch heute Bullen- und Bärenmärkte.

Mit der Zunahme der Finanzspekulation hebt sich die »kapitalistische Produktionsweise« selbst auf: »Gewinnen und Verlieren durch Preisschwankungen dieser Eigentumstitel (...) wird mehr und mehr Resultat des Spieles, das an der Stelle der Arbeit als die ursprüngliche Erwerbsart von Kapitaleigentum erscheint (...)«,[15] zumal der Börsenwert einer Aktie sich von ihrem Fundamentalwert emanzipiert: »Ihr Wertbetrag kann fallen und steigen ganz unabhängig von der Wertbewegung des wirklichen Kapitals, auf das sie Titel sind.«[16] So geht der »Zusammenhang mit dem wirklichen Verwertungsprozess des Kapitals (...) bis in die letzte Spur verloren, und die Vorstellung vom Kapital als einem sich durch sich selbst verwertenden Automaten befestigt sich«.[17] Doch boomende Aktienmärkte schaffen lediglich »fiktives Kapital«: »Die selbstständige Bewegung des Wertes dieser Eigentumstitel (...) bestätigt den Schein, als bildeten sie wirkliches Kapital.«[18]

Im modernen Finanzkapitalismus hat der »reine« Besitz und das Erzielen von Monopolrenten wieder wachsende Bedeutung (wie vor Jahrhunderten das Grundeigentum der Aristokraten). Dies betrifft insbesondere Immobilien und Computer-Software im weiteren Sinn (von Betriebssystemen bis zu Internet-Plattformen). In beiden Fällen werden zunächst durch realwirtschaftliche – und im Bereich der Informationstechnologien höchst innovative – Aktivitäten »Quasi-Monopole« geschaffen und dann durch Erzielen von Renten verwertet:

- Wer etwa im Zentrum von Metropolen (Büro-)Hochhäuser errichtet oder in deren Umfeld Einkaufszentren, erzielt in der Folge Monopolrenten, weil Grund nicht vermehrbar ist bzw. weil im Fall von »Shoppingmalls« zusätzlich »Netzwerkexternalitäten« wirksam sind (Einkaufszentren sind für Kunden umso attraktiver, je mehr Geschäfte sie vernetzen).[19]
- Die Entwickler von Betriebssystemen und Standardsoftware (wie Microsoft) oder von Online-Plattformen (wie Facebook, Twitter, Uber oder Airbnb) haben sich eine »Quasi-Monopolposition« geschaffen (siehe Kapitel 19). Die »Silicon-Valley-Konzerne« können so den Rest der Welt »kolonialisieren« und nicht nur Monopolrenten erzielen, sondern auch enorme »Datenschätze« akkumulieren.[20]

Finanzkapital als Eigenwert macht uns arm

Welche Vermögenswerte gehören konkret zum »Finanzkapital«? Zunächst alle Finanzaktiva der Haushalte und Unternehmen wie Bargeld, Bankguthaben, Aktien, Anleihen und Anteile an Investment- bzw. Pensionsfonds. Auch der Staat hält Bankkonten für den Zahlungsverkehr sowie Forderungen aus Krediten an Unternehmer (Wirtschaftsförderung) und Haushalte (Wohnbauförderung etc.). Die Banken fungieren als »Finanzintermediäre«: Sie halten auf der Passivseite Guthaben der Haushalte, Unternehmen, des Staates und anderer Banken und legen sie in Form von Krediten, (Staats-)Anleihen, Aktien oder (kurzfristig) in Derivaten an.

Aggregiert man die Bilanzen der vier Sektoren zur Bilanz der gesamten (geschlossenen) Volkswirtschaft, so saldieren sich alle Finanzaktiva und -passiva, und es ergibt sich: Das Gesamtvermögen einer Gesellschaft besteht ausschließlich aus ihren realen Vermögenswerten, dem Realkapital der Haushalte, der Unternehmen, der Banken und des Staates. Dieses Realvermögen ist Eigenkapital, also Eigentum, der Bevölkerung in ihrer Gesamtheit, direkt als Haushalte und indirekt als Eigentum »ihres« Staates. Ein »eigenständiges« Finanzkapital existiert nicht. Denn so wie die Summe aller Überschüsse und Defizite null beträgt, so auch die Summe aller Forderungen und Verbindlichkeiten. Doch innerhalb des Gesamtsystems sind die einen Gläubiger und die anderen Schuldner. Wenn Letztere versuchen (oder gezwungen werden), ihre Schulden zu reduzieren, dann müssen sie gegenüber den Gläubigern Überschüsse erzielen (sonst können sie ihre Schulden nicht tilgen). Also müssen die Gläubiger Defizite gegenüber den Schuldnern akzeptieren, von Letzteren somit mehr kaufen, als sie ihnen verkaufen (nur durch einen solchen Gütertransfer lassen sich Schulden abbauen – sie sind ja auch durch einen Gütertransfer »in die Gegenrichtung« entstanden). Sind die Gläubiger dazu nicht bereit, dann wird eine logische Unmöglichkeit angestrebt. Die Gleichheit von Überschüssen und Defiziten bzw. von Forderungen und Schulden wird dann dadurch hergestellt, dass unfreiwillige Schulden »erlitten« werden (besonders vom Staat) und/oder Forderungen unfreiwillig verloren gehen (durch Bankrotte etc.).

In die Zukunft kann eine (geschlossene) Volkswirtschaft Finanzkapital nur dann »mitnehmen«, wenn damit Realkapital gebildet wurde (die Weltwirtschaft ist ein geschlossenes System). Ein Einzelner mag zwar durch Sparen den Konsum in der Gegenwart gegen künftigen Konsum tauschen. Gibt die Bank sein Sparguthaben aber an jemanden als Kredit, der damit seinen Gegenwartskonsum erhöht, so wird dieser zum Zeitpunkt der Rückzahlung seinen eigenen Konsum einschränken müssen. Netto werden keine Vermögen in die Zukunft transferiert. Dies ist nur in Form von Realkapital möglich.[21]

Hier zeigt sich die Grundparadoxie des Finanzkapitalismus: Je einflussreicher die Maxime »Lassen wir unser Geld arbeiten« wird, desto weniger »arbeitet« Geld wirklich. Denn die Verlagerung des Profitstrebens von der Real- zur Finanzwirtschaft dämpft die Gesamtproduktion. Einzelne Akteure können zwar durch Finanzspekulation viel schneller viel reicher werden als durch Unternehmertum. Doch Finanzkapital wirft diese Erträge nur durch Ausnutzen von Bewertungsänderungen ab, langfristig durch Spekulieren auf Bullen- und Bärenmärkte, kurzfristig durch das »schnelle« Trading. In beiden Fällen wird lediglich umverteilt.

Seit fast vierzig Jahren ist das Finanzvermögen immer weniger durch Realkapital gedeckt, sondern durch Staatsanleihen, überbewertete Aktien und faule Bankkredite, also durch »fiktives Kapital« (Marx). Die damit verbundene finanzkapitalistische Grundparadoxie zeigt sich am deutlichsten in der Altersvorsorge: Je mehr Menschen in Pensionsfonds einzahlen, desto schwächer wachsen Gegenwartskonsum und -produktion. Gleichzeitig erhöhen steigende Aktien- und Anleihekurse die Ansprüche an das künftige Sozialprodukt. Das Tauschgeschäft kann nicht aufgehen: Wenn künftig die »Privatpensionisten« ihr Finanzkapital gegen Güter und Dienstleistungen tauschen wollen, wird ihren Ansprüchen kein ebenso stark gewachsenes BIP gegenüberstehen.

Die Vorstellung, eine Volkswirtschaft könne durch Enthaltsamkeit den Konsum in der Zukunft sichern, ist von den Hamstern inspiriert. Übersehen wird, dass Hamster ihre Vorräte in Gestalt von Realvermögen bilden, die vorsorgenden Haushalte aber in Form von Finanzkapital, das man nicht essen kann und dessen Akkumulation nicht automatisch mehr Realkapital schafft. Durch Bildung von Finanzkapital *allein* kann eine Gesellschaft nicht zu mehr Wohlstand gelangen. Vielmehr gilt das Gegenteil: Die »unsichtbare Hand« der »freiesten« Märkte, der Finanzmärkte, verschlechtert systematisch die gesamtwirtschaftliche Performance.

Profitrate des Realkapitals:
Prämie für den Verzicht auf Liquidität

Die von Unternehmern geforderte Realkapitalrendite hängt von der erwarteten Rendite von Finanzinvestitionen als Alternative ab. Wegen der (zumeist) größeren Unsicherheit einer Realinvestition und ihrer geringeren Liquidität liegt die geforderte Rendite von Realkapital immer über jener von Finanzkapital. Steigt letztere, so gehen die Realinvestitionen zurück, weil auch der Renditeanspruch des Realkapitals höher ist.

Je größer die Unsicherheit ist, desto größer ist der Einfluss der unterschiedlichen Liquidität von Real- und Finanzkapital. In Form von Realkapital ist Vermögen »eingefroren« und kann nicht ohne Weiteres (wieder) »liquid« gemacht, also verkauft werden. Gleichzeitig reicht die Amortisationsdauer einer Realinvestition weit in die Zukunft. Mit einer Finanzinvestition bleibt man hingegen »flüssig«: Egal ob man sich in Anleihen, Devisen, Aktien oder Derivaten veranlagt – Finanzkapital kann jederzeit wieder in Cash verwandelt werden. Mit der Unsicherheit über die künftige Entwicklung – des eigenen

Unternehmens und letztlich der Weltwirtschaft – steigt jene Prämie, die Unternehmer als Ausgleich für den Verzicht auf Liquidität verlangen.

Dieser Gedanke überträgt das Konzept von Keynes zur Erklärung der Finanzkapitalrendite (Zinssatz) auf jene der Realkapitalrendite. Seine Einsicht, dass Menschen eine Präferenz für Bargeld haben und deshalb für den Verzicht auf Liquidität eine Prämie verlangen (den Zins), ist für das Verständnis der Investitionsbereitschaft viel relevanter als für die Erklärung des Zinssatzes. Denn wahrhaft »illiquid« ist Realkapital, nicht Finanzkapital.[22]

Die Erfahrung der letzten Jahre verdeutlicht die Sinnhaftigkeit einer Differenzierung zwischen Real- und Finanzkapital im Hinblick auf Liquidität und (erwartete) Profitabilität: Finanzkrise und Austeritätspolitik haben die Unsicherheit und damit die Liquiditätsprämie für Realveranlagungen erhöht. Aus beiden Gründen stagnierten die Investitionen und konnten auch durch die Nullzinspolitik der EZB nicht nachhaltig stimuliert werden. Die Unternehmen und Haushalte haben allerdings nicht (primär) Geld gehalten (wie die Theorie von Keynes erwarten ließe), sondern sich in Aktien und Anleihen veranlagt.[23]

Die Interessen von Realkapital, Finanzkapital und Arbeit

Die ökonomische Dynamik wird längerfristig durch die Interaktion von drei »Fundamentalinteressen« geprägt:

- Das Erwerbs- und Vermehrungsinteresse des Realkapitals entfaltet sich auf den Gütermärkten durch Produktion, Handel und Investitionen. Der Profit stammt aus der *Schaffung* von Vermögen.
- Das Erwerbs- und Vermehrungsinteresse des Finanzkapitals entfaltet sich auf den Finanzmärkten durch Halten von Finanzvermögen oder »schnelles« Trading. Der Profit stammt aus Bewertungsdifferenzen und Benutzungsgebühren bestehender Vermögen.
- Das Erwerbs- und Beschäftigungsinteresse der Arbeit entfaltet sich in der Produktion von Gütern und Dienstleistungen, ihre Entlohnung stammt aus der *Schaffung* von Vermögen.

Diese Unterscheidung erklärt wesentliche Merkmale der wirtschaftlichen Entwicklung besser als der Gegensatz zwischen (Gesamt-)Kapital und Arbeit. So lenkten die Anreizbedingungen in der Prosperitätsphase der 1950er- und 1960er-Jahre das Profitstreben auf Aktivitäten in der Realwirtschaft und förderten so die gemeinsamen Interessen von Realkapital und Arbeit (das Finanzkapital wurde durch regulierte Finanzmärkte und niedrige Zinsen »ruhiggestellt«). In den letzten fünfundvierzig Jahren verlagerten »ent-fesselte« Finanzmärkte und Zinsen über der Wachstumsrate das Profitstreben der Unternehmer von Real- zu Finanzinvestitionen, zulasten der Interessen von Arbeit.

Auch die Klassiker der »politischen Ökonomie« wie Smith und Ricardo hatten drei Arten der Beteiligung an Produktion und Verteilung unterschieden, untätigen (Grund-)Besitz, tätigen (Kapital-)Besitz und tätigen Nicht-Besitz (Arbeit). Marx reduzierte diese Triade zum Antagonismus zwischen Kapital und Arbeit.[24] In beiden Konzepten sind den drei bzw. zwei Hauptinteressen soziale Gruppen (»Klassen«) zugeordnet: bei Smith und Ricardo die Grundbesitzer, Kapitalisten und Arbeiter, bei Marx Kapitalisten und Arbeiter.

Eine eindeutige Zuordnung ist innerhalb der modernen »Interessentriade« nicht möglich: Die Arbeitnehmer bilden (auch) Finanzvermögen (allerdings sind dessen Erträge im Vergleich zu den Lohneinkommen gering), und Unternehmen können ihren Gewinn entweder auf dem Finanzkapitalmarkt anlegen oder ihn in Realkapital verwandeln. Gerade deshalb ist die Unterscheidung zwischen den *Interessen* von Arbeit, Realkapital sowie Finanzkapital einerseits und den *sozialen Gruppen* der (jeweils »hauptberuflichen«) Arbeitnehmer, Unternehmer und Rentiers andererseits essenziell: Da Arbeitnehmer und Unternehmer auch (sekundäre) Finanzkapitalinteressen haben, ist die Verheißung »Lassen Sie Ihr Geld arbeiten« für sie ebenfalls attraktiv. Allerdings haben große Konzerne und vermögende Privatstiftungen auf den Finanzmärkten bessere »Karten« als kleine und mittlere Unternehmen oder Arbeitnehmer.

Je stärker Unternehmer als »Finanzkapitalisten« agieren (wenn sie etwa ein Unternehmen nur zum Zweck erwerben, es nach »Verschlankung« wieder zu verkaufen), desto weniger werden sie die Interessen ihrer Arbeitnehmer mitberücksichtigen. Konzentrieren sie hingegen ihr Profitinteresse langfristig auf die realwirtschaftliche Produktion, so werden sie die Motivation ihrer Mitarbeiter und ihre Corporate Identity fördern, da beides zum wirtschaftlichen Erfolg des Unternehmens beiträgt.

Der »kleine Finanzkapitalist« in den Arbeitnehmern und Unternehmern und seine »Liebe zum Geld« kann »verführt« und für eine Politik gewonnen werden, welche ihren ökonomischen Hauptinteressen schadet. So versprach Bundeskanzler Helmut Kohl der ostdeutschen Bevölkerung 1990 für jede »schlechte« Ost-Mark eine »gute« West-DM. Dies brachte ihm einen Wahlsieg, aber der ostdeutschen Wirtschaft eine drastische Aufwertung und führte zu einem Zusammenbruch der Industrie. In Österreich wiederum wollte Bundeskanzler Bruno Kreisky Anfang 1983 angesichts des Zinsanstieges und der Rezession eine »Zinsertragssteuer« von 10 Prozent einführen. Die nachfolgende Medienkampagne (»Ausgerechnet der Sozialdemokrat Kreisky vergreift sich an den kleinen Sparern!«) kostete ihn im April 1983 den Wahlsieg. Heute lehnen die meisten Sparer die Niedrigzinspolitik der EZB ab, obwohl steigende Zinsen angesichts des Ausmaßes von Staatsschulden und faulen Krediten die Krise Europas vertiefen und damit ihren genuinen Erwerbsinteressen schaden würden.

Ähnliches gilt für Immobilien. Besitzt man solche, ist man über deren Wertsteigerung erfreut, ohne zu begreifen, dass ein langfristig überdurchschnittlicher Anstieg dieser Güter Einkommen zu den Rentiers umverteilt. Die US-Immobilienkrise verdeutlicht die Verlockung der »kleinen Leute«, von Wertsteigerungen zu »profitieren«, und die Folgen: Scheinbar attraktive Kreditbedingungen und boomende Hauspreise ermöglichten es auch »NINJA-Haushalten« (»*no income, no job, no assets*«), sich ein Haus zu kaufen. In ihrer Gesamtheit haben sie daher zum Aufbau jenes »Absturzpotenzials« der Immobilienpreise beigetragen, dessen Realisierung sie ab 2007 obdachlos machte oder zumindest in finanzielle Not stürzte.

Am Beispiel von Immobilien lassen sich die Unterschiede zwischen real- und finanzkapitalistischer Spekulation besonders klar verdeutlichen: Ein Produzent von Wohnbauten agiert als »Realspekulant«, ein Händler mit Wohnbauten (primär) als Finanzspekulant. Der Unterschied liegt in der Quelle des Profits – Schaffung von Vermögen versus Ausnützen von Bewertungsänderungen (Spekulation ist *jedes* Geschäft mit der – prinzipiell unsicheren – Zukunft, daher ist auch jede Realinvestition eine Spekulation).

Im Finanzkapitalismus nahmen die Aktivitäten des Finanzsektors in der Immobilienwirtschaft enorm zu, insbesondere in den USA: Die privaten Haushalte wurden mit scheinbar günstigen Hypothekarkrediten überschwemmt, diese wurden zu Wertpapieren gebündelt und weltweit verkauft. Schließlich wurden Derivate entwickelt, mit denen man auf deren Wertverfall wetten konnte (siehe dazu Kapitel 10).[25]

	Arbeit	Realkapital	Finanzkapital
Ökonomische Interessen	Vollbeschäftigung Reallohnsteigerungen	Hohe Rendite auf Realveranlagung: – Niedrige Zinsen und Wechselkurse – Stabile Finanzmärkte	Hohe Rendite auf Finanzveranlagung und -spekulation: – Hohe Zinsen und Wechselkurse – Instabile Finanzmärkte
Beispiele für Interessenkonflikte	Lohnsteigerung		Zinssteigerung Reale Aufwertung
Potentielle Partner für Interessenbündnis	Realkapital	Arbeit oder Finanzkapital	Realkapital
Ökonomisches Interesse am Staat	Vollbeschäftigungspolitik Soziale Sicherheit Bildung Daseinsvorsorge	Konjunkturstabilisierung und Wachstumspolitik: – Infrastruktur – Bildungspolitik	Mächtige Notenbank Restriktive Geldpolitik Privatisierung der Sozialversicherung
Politische Hauptinteressen	Starker Sozialstaat, Starke Gewerkschaften	Schwacher Sozialstaat, Schwache Gewerkschaften	Kein Sozialstaat, Keine Gewerkschaften

Übersicht 8.1: Interessen von Arbeit, Realkapital und Finanzkapital

Um das Entstehen und Vergehen von »Interessenbündnissen« zwischen Realkapital und Arbeit bzw. zwischen Real- und Finanzkapital zu begreifen, muss man zwischen ökonomischen und sozialen bzw. politischen Interessen unterscheiden: *Ökonomisch* ist der Interessengegensatz zwischen Realkapital und Finanzkapital schärfer als zwischen Realkapital und Arbeit. So fließen Lohnzahlungen als Konsumausgaben zum Großteil wieder an die Unternehmen zurück, Zinszahlungen werden hingegen überwiegend gespart (in Übersicht 8.1 wird der Unterschied durch die durchgehende bzw. unterbrochene Linie symbolisiert). Auch erzielen Realkapital und Arbeit ihr Einkommen in der Realwirtschaft und haben daher ein gemeinsames Interesse an stabilen finanziellen Rahmenbedingungen. *Politisch* und *sozial* stehen die Unternehmer den (»hauptberuflichen«) Rentiers und ihren Managern bei Banken, Versicherungen und Investmentfonds viel näher als den Arbeitnehmern. Dafür ist das Gefühl gesellschaftlicher Zusammengehörigkeit der Vermögenden bestimmend.[26]

Im Hinblick auf ihr Erwerbsinteresse sind die »hauptberuflichen« Unternehmer an einem – in bestimmten Bereichen – aktiven Staat interessiert. Dies betrifft insbesondere Investitionen in die Infrastruktur und in das Bildungswesen (Wachstumspolitik), eine antizyklische Politik zur Stabilisierung der Konjunktur sowie einen »bescheidenen«, stabilisierenden Sozialstaat. Gleichzeitig sind die (großen) Unternehmen an einer Privatisierung von Staatsbetrieben sowie der Unternehmen der Daseinsvorsorge interessiert (Post, Bahn, Energie- und Wasserversorgung etc.).

Die »Finanzrentiers« haben kein Interesse an einer wirtschaftspolitisch aktiven Regierung, wohl aber an einer starken Notenbank. Diese ist die wichtigste »Schutzmacht« des Finanzkapitals, das ja keine institutionelle Interessenvertretung hat wie Arbeit und Realkapital. Auch ist das Finanzkapital an einer Privatisierung der sozialen Kranken- und Rentenversicherung interessiert. Allerdings braucht das Finanzkapital in Finanzkrisen den Staat als seinen Retter.

Realkapitalismus und Finanzkapitalismus stellen zwei »Spielanordnungen« einer kapitalistischen Marktwirtschaft dar, jede wird durch eine Vielzahl einander ergänzender Rahmenbedingungen geprägt. Der Hauptunterschied besteht im Fokus des Profitstrebens: Im Realkapitalismus lenken die Anreizbedingungen die »Kernenergie« kapitalistischer Dynamik auf realwirtschaftliche Aktivitäten, im Finanzkapitalismus hingegen auf Finanzspekulation.

Während der Realkapitalismus durch ein Interessenbündnis zwischen Realkapital und Arbeit geprägt wird, die ein gemeinsames Interesse an einer florierenden Realwirtschaft und stabilen finanziellen Rahmenbedingungen haben, dominiert im Finanzkapitalismus ein Interessenbündnis zwischen Real- und Finanzkapital, also ein (stillschweigendes) Bündnis der Vermögenden gegen die Interessen der Arbeit.

Wie aber können sich Real- und Finanzkapital verbünden, wo doch ihre ökonomischen Interessen in einem diametralen Gegensatz zueinander stehen? Die Erklärung ist einfach: Unternehmen der Realwirtschaft können ihr Profitstreben auf Finanzspekulation aller Art verlagern – von längerfristiger Finanzveranlagung bis zum »schnellen Trading«. Auch Banken können sich stärker auf »Finanzalchemie« konzentrieren statt auf die Finanzierung der Realwirtschaft. Ähnliches gilt für die Haushalte: Statt für eine Realinvestition, etwa ein Haus oder Auto, zu sparen, können sie der Devise folgen »Lassen wir unser Geld arbeiten« und in Wertpapiere investieren. Nicht wenige spekulieren mit Derivaten und halten daher ein Konto bei einem Internet-Broker.

Da die Chance, in der »Finanzalchemie« erfolgreich zu sein, mit der Größe des Unternehmens steigt, verschlechtert sich beim Übergang von real-

zu finanzkapitalistischen Rahmenbedingungen die Lage der kleinen und mittleren Unternehmen gegenüber jener der Konzerne. Auch bei den Haushalten profitieren (fast) nur die Großen und Reichen: Sie sind begehrte Kunden des »*private banking*«, sie haben das nötige »Spielgeld«, um sich an Hedgefonds zu beteiligen oder temporäre Verluste durchzustehen. Die Masse der Privaten hat schlechtere Karten, ist aber genötigt mitzuspielen, schon weil die Schwächung der sozialstaatlichen Altersvorsorge zu Veranlagungen in Pensionsfonds nötigt.

Banken konzentrieren sich im Realkapitalismus auf die Investitionsfinanzierung – das erfordert »realkapitalistisches Know-how«, aber keine »finanzalchemistischen Kunststücke«. Die Beschäftigten sind daher nur »Bankbeamte«, ihre Tätigkeit erscheint heute als »*boring banking*«. Im Finanzkapitalismus hingegen spezialisieren sich Großbanken und Hedgefonds auf die selbst-referenzielle Geldvermehrung. Die kleineren Institute widmen sich weiter überwiegend dem »faden Geschäft«.[27] Selbst der Staat und seine Gebietskörperschaften haben in den letzten fünfzehn Jahren versucht, ihre Finanzlage durch spekulative Transaktionen zu verbessern (siehe Kapitel 7).

In beiden »Spielanordnungen« besteht ein Widerspruch zwischen der Performance des Gesamtsystems und der relativen Position der obersten Oberschicht in der Gesellschaft: Im Realkapitalismus ermöglichen die Systembedingungen stabiles Wirtschaftswachstum bei Vollbeschäftigung; der Ausbau des Sozialstaates, die Stärkung der Gewerkschaften und ein emanzipatorischer Zeitgeist schwächen die relative Position der obersten Oberschicht. Im Finanzkapitalismus verschlechtert selbst-referenzielle Geldvermehrung die Performance der Realwirtschaft, gleichzeitig verbessert sich die relative Position der Vermögenden durch »mehr Markt, weniger Staat«. Am meisten gewinnt die oberste Oberschicht, weil Konzerne, Großbanken und (Super-)Reiche die Möglichkeiten der »Finanzchemie« am besten nutzen können.[28]

Die Beziehungen zwischen Unternehmerschaft und Gewerkschaften sind im Realkapitalismus durch enge Zusammenarbeit charakterisiert (Sozialpartnerschaft, »rheinischer Kapitalismus«). Staat und Markt, Konkurrenz und Kooperation werden als einander ergänzende Steuerungssysteme begriffen. So fördert die Wettbewerbspolitik die Konkurrenz der Individuen auf Gütermärkten, gleichzeitig stärkt der Sozialstaat den gesellschaftlichen Zusammen-

	Realkapitalismus	Finanzkapitalismus
Dominantes Interesse	Realkapital	Finanzkapital
Unternehmer/ Gewerkschaften	Korporatismus	Konflikt
Staat/Markt	Komplementär	Antagonistisch
Wirtschaftspolitische Ziele	Vollbeschäftigung, Wirtschaftswachstum, soziale Sicherheit, Geldwertstabilität, »faire« Verteilung von Einkommen und Vermögen	Geldwertstabilität, »solide« Staatsfinanzen, sinkende Staatsquote, Regelbindung der Politik, Wettbewerbsfähigkeit der nationalen Volkswirtschaft
Wirtschaftspolitisches »Machtzentrum«	Regierungen	Notenbanken
Wirtschaftswissenschaftliches Modell	Keynesianismus	Monetarismus/Neoliberalismus
Diagnose/Therapie	Systemisch	Symptomorientiert
Finanzielle Rahmenbedingungen	Zinssatz < Wachstumsrate, »ruhige« Aktienmärkte, stabile Wechselkurse und Rohstoffpreise	Zinssatz > Wachstumsrate, »boom« und »bust« auf Aktienmärkten, instabile Wechselkurse und Rohstoffpreise
Technische/soziale Innovationen	(tendenzielle) Kohärenz	(tendenzielle) Inkohärenz
Gewinnstreben fokussiert auf	Realwirtschaft (Positiv-Summenspiel)	Finanzwirtschaft (Null-Summenspiel)
Relativ begünstigt sind	Schuldner(sektoren)	Gläubiger(sektoren)
Dominanz der Institutionen der Kapitalvermehrung	Industrie / nationale und internationale Gütermärkte	Finanzsektor / nationale und internationale Finanzmärkte
Rolle des Finanzkapitals	Sparvermögen als »Sicherheitspolster« finanziert Realinvestitionen	»Lassen wir unser Geld arbeiten!« durch längerfristige Veranlagung oder »schnelles« Trading
Sozial-psychologische Funktion von Geld	Mittel zum Zweck realwirtschaftlicher Aktivitäten	»Liebe zum Geld« als Selbstzweck (»Dagobert-Duck-Syndrom«)
Ideales Wirtschaftsmodell	Soziale und regulierte Marktwirtschaft	»Reine« Marktwirtschaft
Gesellschaftspolitische Ziele	Chancengleichheit, individuelle Entfaltung, sozialer Zusammenhalt	Rahmenbedingungen schaffen für: »Jeder ist seines Glückes Schmied«
Fokus der Globalisierung	Monetäre Rahmenbedingen (Weltwährungssystem), Regulierung der Finanzmärkte, Liberalisierung der Gütermärkte (GATT), kooperative Wachstumsstrategien (Marshall-Plan, Entwicklungshilfe)	De-Globalisierung des »Systems Politik« durch Konkurrenz der Volkswirtschaften gegeneinander, geringe Bedeutung globaler Strategien (Klimawandel), Deregulierung der Finanzmärkte

Übersicht 8.2: Realkapitalismus und Finanzkapitalismus

halt. Zugleich gilt es als Aufgabe der Politik, für Vollbeschäftigung, Wirtschaftswachstum, Preisstabilität, soziale Sicherheit, (mehr) Chancengleichheit und eine »faire« Einkommensverteilung zu sorgen.

Die wirtschaftspolitische Macht ist im Realkapitalismus bei den Regierungen konzentriert. Die Notenbanken unterstützen sie durch Stabilisierung des Zinssatzes unter der Wachstumsrate. Der Zinssatz ist kaum höher als die Inflation, die von den Unternehmern geforderte Realkapitalrendite daher moderat. Bei hohem Wirtschaftswachstum und voll ausgelastetem Realkapital fällt die *realisierte* Profitrate viel höher aus. Dies wirkt positiv auf die Investitionsbereitschaft zurück. Niedrige Zinsen und stabile Finanzierungsbedingungen begünstigen die Schuldner und damit die Expansion der Realwirtschaft. Denn Schuldner haben eine größere Nachfrageneigung als Gläubiger.

Realkapitalistische Leitlinien prägen auch die globalen Rahmenbedingungen: Feste Wechselkurse und eine schrittweise Liberalisierung der internationalen Gütermärkte durch Zollabbau im Rahmen der GATT-Runden fördern die Expansion des Welthandels ebenso wie kooperative Wachstumsstrategien (Marshall-Plan, Entwicklungshilfe).

Insgesamt stellt der Realkapitalismus eine »Spielanordnung« dar, deren Komponenten auf eine stabile Expansion von Produktion und Beschäftigung abzielen und auf eine Integration bzw. ein Ausbalancieren von Gegensätzen. Das gemeinsame ökonomische Interesse von Realkapital und Arbeit überwiegt den Gegensatz ihrer politischen Interessen.

Die konkrete Ausprägung der beiden »Spielanordnungen« hängt von den historischen, politischen und kulturellen Rahmenbedingungen ab. So haben die Reformen von Deng Xiaoping in China seit 1978 das Profitstreben systematisch auf die Realwirtschaft gelenkt (»Werdet reich!«): Wechselkurs und Zinssatz wurden von der Politik gesteuert, der Finanzsektor war im Staatsbesitz, internationalen Konzernen wurden attraktive Bedingungen für Betriebsansiedlungen geboten, aber nur in der Realwirtschaft und in Form von Joint Ventures (50 Prozent des Eigenkapitals halten chinesische Firmen). Auf diese Weise wurde ein stetiger Technologietransfer organisiert.[29]

Die meisten Merkmale des Finanzkapitalismus sind jenen des Realkapitalismus direkt entgegengesetzt. Der Anstieg des Zinssatzes über die Wachstumsrate, die höheren Profitchancen von Finanzspekulation und die gestiegene Unsicherheit verlagern das Gewinnstreben von der Real- zur Finanzwirtschaft und lassen Arbeitslosigkeit und Staatsverschuldung steigen. Die den Finanzkapitalismus legitimierenden Theorien erklären die Symptome der Krise zu ihren Ursachen und deren Bekämpfung durch Sozialabbau, Lohnkürzungen und Lockerung des Arbeitnehmerschutzes zu Sachzwängen.

Die Unternehmer(vertreter) »adoptieren« den Neoliberalismus als ihre Ideologie. Damit nützen sie ihren politischen Interessen an einer Schwächung von Gewerkschaften und Sozialstaat, schaden aber ihren (genuinen) Unternehmerinteressen. Die Zusammenarbeit mit den Gewerkschaften verschlechtert sich, »Rheinischer Kapitalismus« und »Soziale Marktwirtschaft« sterben aus.

Auch in den Hauptzielen neoliberaler Politik – Geldwertstabilität und »solide« Staatsfinanzen – manifestiert sich die Dominanz der Finanzkapitalinteressen: In der Geschichte wurde Finanzkapital ja immer durch (Hyper-)Inflation oder Staatsbankrott entwertet. Die Verlagerung der wirtschaftspolitischen Macht von den Regierungen zu den Notenbanken kommt in Europa insbesondere in der Machtausstattung der Europäischen Zentralbank zum Ausdruck.[30]

Der »lange Zyklus«: Abfolge von real- und finanzkapitalistischen »Spielanordnungen«

Die Rekonstruktion der ökonomischen, sozialen und politischen Entwicklung seit den 1920er-Jahren hat mich zu folgender Grundthese geführt: Die Abfolge von Aufschwungsphasen mit zunehmender Prosperität und Abschwungsphasen mit zunehmenden Krisenerscheinungen ergibt sich aus dem Wechsel von real- zu finanzkapitalistischen »Spielanordnungen«. Beide Formen von Kapitalismus bereiten selbst den Boden für ihren Niedergang. Da Real- und Finanzkapitalismus komplexe Systeme darstellen, werden »lange Zyklen« durch viele Teilprozesse vorangetrieben und nicht nur durch Entstehung und Ausbreitung technologischer »Basisinnovationen« wie in den Theorien von Nikolai Kondratieff (1892–1938) oder Joseph A. Schumpeter (1883–1950).[31]

Die wichtigsten Etappen des »langen Zyklus« seit den 1920er-Jahren haben wir bereits kennengelernt: In den USA entwickelte sich ab 1924 ein Spekulationsboom, die Aktienkurse stiegen auf mehr als das Dreifache. Die Losung »Lassen wir unser Geld arbeiten« breitete sich auf andere Länder aus. Der Bullenmarkt endete abrupt mit dem Börsenkrach von 1929. Gleichzeitig sanken auch die Immobilien- und Rohstoffpreise. Die umfassende Vermögensentwertung führte in eine globale Rezession, Arbeitslosigkeit und Staatsverschuldung stiegen sprunghaft. Da die Gleichgewichtstheorie die Senkung von Löhnen und Arbeitslosengeld sowie eine Sparpolitik verordnete, vertiefte sich die Krise, immer mehr Länder suchten Zuflucht im Protektionismus, die Weltwirtschaft schlitterte in eine Depression (Talsohle des »langen Zyklus«).

Jede Krise erzwingt ein Lernen und bereitet so den Boden für ihre Überwindung. Auf Basis neuer Theorien (in den 1930er-Jahren jener von Keynes) werden realkapitalistische Anreizbedingungen geschaffen und ermöglichen die Aufschwungsphase des »langen Zyklus«. Mit der Prosperität wächst auch das Finanzkapital, doch seine Renditen sind gering und werden durch steigende Inflation geschmälert. Gleichzeitig bedrohen Gewerkschaften, Sozialdemokratie und der linke Zeitgeist die Interessen des Realkapitals. So bereitete der Erfolg des Realkapitalismus den Boden für die nachfolgende finanzkapitalistische Abschwungsphase. Sie setzte Anfang der 1970er-Jahre ein und führte, wie wir gesehen haben, in mehreren Etappen in die gegenwärtige Krise und damit in die Talsohle des »langen Zyklus«.

Kann dieses Denkmodell auch frühere Zyklen erklären? Das wollen wir am Beispiel der Aufschwungsphase zwischen 1848 und 1873, des nachfolgenden Abschwungs bis etwa 1890 und dem erneuten Aufschwung in der Belle Époque bis 1914 prüfen.

Nach den Turbulenzen des Revolutionsjahres 1848 setzte rasch ein Boom der Realwirtschaft ein, der Ausbau des Eisenbahnnetzes stimulierte die Eisen- und Stahlindustrie und indirekt die Bauwirtschaft (erste »Gründerzeit«). Mit der realwirtschaftlichen Expansion wuchsen die Vermögen und damit auch die Versuchung, diese durch Finanzspekulation zu vermehren. Gleichzeitig dominierte die Theorie des klassischen Liberalismus, Aktiengesellschaften konnten einfach gegründet werden. Ende der 1860er-Jahre setzte ein beispielloser Spekulationsboom ein, der von der Wiener Börse ausging und auf andere Börsen ausstrahlte.[32]

Unmittelbar nach Eröffnung der Weltausstellung krachte am 9. Mai 1873 (»Schwarzer Freitag«) die Wiener Börse. Bis zum Herbst erfassten die Kursverluste die Börsen in Berlin, Paris, London und New York. Die europäische Wirtschaft schlitterte in eine Depression.

Ab Anfang der 1880er-Jahre begann sich die Wirtschaft zu erholen, doch blieb das Wachstum instabil und schwächer als zwischen 1848 und 1873.

Dazu haben die anhaltende Deflation, entsprechend hohe Realzinsen sowie instabile Aktienkurse und Rohstoffpreise beigetragen (so führte der Staatsbankrott Argentiniens als Folge sinkender Rohstoffpreise 1890 zum Fast-Bankrott der britischen Barings Bank und löste eine Finanzpanik aus).

Wissenschaft und Politik verwarfen das »Laissez-faire-Denken« des klassischen Liberalismus. Nun gewannen Theorien an Einfluss, welche den Menschen nicht nur als Individuum, sondern auch als soziales Wesen begreifen (wie die Historische Schule von Wilhelm G. F. Roscher und Gustav Schmoller). Noch weiter gingen die Sozialismus-Theorien (insbesondere von Karl Marx und Friedrich Engels), welche die gesellschaftliche Bedingtheit menschlicher Existenz ins Zentrum rückten.

Diese Theorien legitimierten (daher) ein stärkeres Eingreifen des Staates in die Marktprozesse – das Spektrum reicht von den Argumenten Friedrich Lists für Schutzzölle und den Ausbau des Eisenbahnnetzes, der Forderung der Vertreter der (jüngeren) Historischen Schule um Schmoller nach einem sozialen Staat (»Kathedersozialisten«) bis zu den Theorien von Marx und Engels und ihrer »Adaptierung« als ideologische Basis der Arbeiterbewegung, insbesondere durch Karl Kautsky, August Bebel und Viktor Adler.

Im Zuge der Depression hatte die Not der Arbeiter wieder zugenommen. Sie organisierten sich in Gewerkschaften und in Arbeiterparteien (in Deutschland vereinigten sich 1875 die zwei größten »Arbeitervereine« zur »Sozialistischen Arbeiterpartei Deutschlands«). Mit den Konzepten von Kautsky, Bebel und Adler und ihrer »Übersetzung« in Parteiprogramme verfügte die Arbeiterbewegung über eine »Navigationskarte«, die ihr Orientierung und Hoffnung gab.

Der deutsche Reichskanzler Bismarck bekämpfte die Arbeiterbewegung durch eine Doppelstrategie: Mit der Schaffung des Sozialstaates in den 1880er-Jahren (Einführung einer allgemeinen Kranken-, Unfall- und Rentenversicherung) versuchte er, der Bewegung ihre revolutionäre Spitze abzubrechen, mit dem »Sozialistengesetz« zwang er Arbeiterparteien und Gewerkschaften bis 1890 in den Untergrund.[33]

Genützt hat es nicht. Denn ein gesellschaftlicher Wandel setzt sich dann durch, wenn drei Bedingungen erfüllt sind: Erstens, eine schwere Krise und damit eine wachsende Zahl von Erniedrigten, zweitens, eine Organisation ihrer Interessen, und drittens, eine »Navigationskarte«, welche der Bewegung Orientierung und Ausdauer verleiht.[34]

Mit dem – wenn auch nur rudimentären – Sozialstaat wurde eine wesentliche Bedingung für die realkapitalistische Belle Époque zwischen 1895 und 1914 gelegt: Die Zuversicht auch der Benachteiligten stieg, ihre Reallöhne nahmen langsam zu. Innerhalb der Arbeiterbewegung gewannen die reformistischen Kräfte an Einfluss und erkämpften (auch) auf parlamentarischem Weg soziale und politische Verbesserungen (Arbeits-, Miet- und Wahlrecht).[35]

In Europa wuchs die Wirtschaft zwanzig Jahre lang nahezu krisenfrei. Dazu trugen die durch den Goldstandard festen Wechselkurse und unter der Wachstumsrate liegende Zinssätze bei. Die Realinvestitionen konzentrierten sich auf die Anwendung der Elektrizität (die wichtigste Basisinnovation der

Exkurs: Vergleich mit dem Konzept des »Kondratieff-Zyklus«

Bei meiner Darstellung der »langen Zyklen« habe ich den zweiten, dritten und vierten »Kondratieff-Zyklus« als Abfolge von real- und finanzkapitalistischen »Spielanordnungen« erklärt. Diese Zyklen wurden erstmals von Kondratieff (1926) beschrieben und von Schumpeter (1939) daher Kondratieff-Zyklen genannt. Sie haben eine Dauer von ungefähr fünfzig Jahren, mit je einer Aufschwungs- und Abschwungsphase von etwa fünfundzwanzig Jahren.

Treibende Kraft des Aufschwunges sind die Entwicklung, Umsetzung und Ausbreitung neuer Technologien (Basisinnovationen, welche nahezu alle Bereiche der Wirtschaft durchdringen). Der Abschwung beginnt, wenn diese sich durchgesetzt haben und »ausgereizt« sind. In dieser Phase werden die Innovationen des nächsten Aufschwunges vorbereitet:[36]
- Der erste Zyklus zwischen 1790 und 1848 wird durch die Anwendung der Dampfmaschine, der Umsetzung des Fabriksystems und Kanalbauten geprägt.
- Der zweite Zyklus zwischen 1848 und 1895 wird zunächst durch den Eisenbahnbau, die Telegrafie und den Maschinenbau vorangetrieben, der Abschwung setzt mit dem Börsenkrach 1873 ein und führt in die »Lange Depression«.
- Der dritte Zyklus zwischen 1895 und 1945 wird durch die Elektrotechnik, Telefonie und (beginnende) Massenproduktion geprägt und endet mit dem Börsenkrach 1929 und der nachfolgenden Depression.
- Der vierte Zyklus setzt 1945 ein, der Aufschwung wird durch die Kernenergie, den Transistor, Kunststoffe und die Massenproduktion von Konsumgütern, ins-

damaligen Epoche – von der Beleuchtung bis zur beginnenden Elektrifizierung der Bahn) sowie auf die Bereiche Chemie und Stahl. Am rasantesten verlief die Industrialisierung im Deutschen Reich, von der Politik nicht nur durch Schutzzölle und (Rüstungs-)Aufträge gefördert, sondern indirekt auch durch Regulierung der Finanzmärkte (so schränkte das deutsche Börsengesetz von 1896 nach dem Platzen von Weizenspekulationen den Handel mit Terminkontrakten massiv ein, diese Geschäfte wanderten nach London ab). In den etwa fünfundzwanzig Jahren der Aufschwungsphase wurde Deutschland zur führenden Wirtschaftsnation in der Realwirtschaft, gleichzeitig baute Großbritannien seine finanzkapitalistische Vormachtstellung aus.

besondere Autos, vorangetrieben, der Abschwung beginnt mit der Ölkrise 1973.
Uneinigkeit herrscht über das Ende des vierten Zyklus. Die strikten Kondratieff-Anhänger datieren es auf etwa 1990 und sehen in der Ausbreitung der Informationstechnologien die wichtigste Triebkraft des fünften Zyklus (allerdings widersprechen das schwache Wirtschaftswachstum der 1990er-Jahre in Europa, die Finanzkrise 2008 und die nachfolgende Stagnation dieser Interpretation).
Paul Mason ergänzt die Theorie von Kondratieff um Marx' Theorie vom tendenziellen Fall der Profitrate und den Verteilungskampf zwischen Arbeit und Kapital: Mit Fortschreiten des »langen Zyklus« sinkt die Profitrate, und die Kapitalisten versuchen, diesen Prozess durch Drücken der Löhne aufzuhalten. Leisten die Arbeiter erfolgreich Widerstand (wie in den 1880er- und 1930er-Jahren), so zwingen sie die Kapitalisten zu Innovationen, die wiederum die Basis für einen neuen Aufschwung bilden. Doch in den 1980er-Jahren gelang dies den Arbeitern angesichts der neoliberalen Offensive nicht. Daher »konnte die gesamte Weltwirtschaft zum Vorteil des Kapitals neu ausgerichtet werden«.[37]
Dieser Erfolg hatte seinen Preis. Er produzierte eine allumfassende Unordnung und setzte »die Gesetze der Ökonomie außer Kraft«. Erkennbar sei dies daran, dass die Technologien für einen fünften Zyklus vorhanden waren (die Informationstechnologien), der Zyklus sich aber nicht entwickeln könne. Daraus folgt Masons Grundthese: »Der Kapitalismus ist ein komplexes und anpassungsfähiges System, das jedoch an die Grenzen seiner Anpassungsfähigkeit gestoßen ist. Nun sei der Boden bereitet für seine Überwindung durch eine Alternative: »Diese Alternative ist der Postkapitalismus.«[38]

Dass es in der kapitalistischen Entwicklung (bisher) immer wieder längere Aufschwungs- und Abschwungsphasen gab, steht außer Zweifel. Doch das Grundmodell von Kondratieff mit seiner (Über-)Betonung der technischen Innovationen ist zu mechanistisch und monokausal. Dies gilt auch für das um Profitrate und Klassenkämpfe erweiterte Mason-Modell:
- Die Abschwünge wurden nicht durch das »Erlahmen« der Triebkraft technischer Innovationen verursacht (das gilt weder für den Eisenbahnbau 1873 ff. noch für die industrielle Massenfertigung 1929 ff.), sondern durch Finanzkrisen ausgelöst.
- Wie sich das Potenzial für Finanzkrisen im *Aufschwung* langsam aufbaut und welche Rolle dabei die jeweils dominante Wirtschaftstheorie spielt, bleibt unerklärt (allerdings stellt Kondratieff fest, dass sich – freilich im *Abschwung* –

Begreift man die langfristige Dynamik als Ergebnis der Interaktion der Interessen von Realkapital, Arbeit und Finanzkapital, der ihnen »dienenden« ökonomischen Theorien, der Interessenorganisationen und Parteien, der technischen *und* sozialen Innovationen, so ergibt sich ein realitätsnäheres Bild als im Kondratieff-Schumpeter-Mason-Modell (siehe Exkurs): Die real- und finanzkapitalistische »Spielanordnung« produziert jeweils selbst die Bedingungen für ihren Niedergang, die zyklische Dynamik ist endogen. Für ihr Verständnis sind daher die Übergangsphasen von größter Bedeutung, in denen das Alte an sein Grenzen stößt, das Neue aber noch nicht gefunden ist.

Spätestens seit der Finanzkrise 2008 befinden sich Wirtschaft und Gesellschaft in einer solchen Übergangsphase: Die Krisenerscheinungen verdichten sich, die orientierungslosen Eliten suchen Zuflucht bei den alten Rezepten, Grundzüge einer neuen Form von Realkapitalismus sind aber nicht in Sicht. Daraus schließt Paul Mason, dass das Ende des Kapitalismus nahe ist und wir uns Gedanken über einen »Postkapitalismus« machen sollten.[40]

Meine Diagnose ist nüchterner: Noch nie in der Geschichte hat eine finanzkapitalistische »Spielanordnung« so lange dominiert. Daher braucht es zunächst eine empirisch fundierte Aufklärung, wie wir in die Talsohle des »langen Zyklus« geraten sind. Erst das Lernen der systemischen Krisenursa-

- überschüssiges, weil nicht investiertes Kapital bildet, das im Finanzsystem veranlagt wird).
- Das Mason-Modell folgt der marxistischen Tradition, nur zwischen (Gesamt-) Kapital und Arbeit zu unterscheiden, setzt Interessen mit Klassen gleich und sieht deren Interaktion als Klassenkampf. Doch in Prosperitätsphasen kooperieren (Real-)Kapital und Arbeit (häufig).
- Aus gleichen Gründen differenziert Mason nicht zwischen den Profitraten auf Real- und Finanzkapital, diese unterscheiden sich aber erheblich zwischen Aufschwungs- und Abschwungsphasen.
- In der Prosperitätsphase der Nachkriegszeit bis Anfang der 1970er-Jahre wurden keine Basisinnovationen entwickelt, in der nachfolgenden Krisenphase aber schon, insbesondere in Gestalt der Informations-, Bio- und Nanotechnologie.[39]

chen ermöglicht die Entwicklung einer neuen »Spielanordnung«, um die Herausforderungen der Gegenwart (evolutionär) zu bewältigen.

Damit wäre schon viel gewonnen. Denn ohne neue »Navigationskarte« und einen Kurswechsel der Politik könnte die gegenwärtige Talsohle länger dauern als je zuvor. Die Bedingungen für ein Absterben des Kapitalismus »an sich« sind (für mich) nicht erkennbar – trotz aller Sehnsucht nach einer besseren Welt.

Arrighis Modell der »systemischen Akkumulationszyklen«

Den »polit-ökonomischen Entwicklungszyklus« als Ergebnis der Interaktion der Interessen von Arbeit, Realkapital und Finanzkapital habe ich 1998 erstmals skizziert.[41] Etwa zehn Jahre später lernte ich das von Giovanni Arrighi (1937–2009) entwickelte Konzept der »*systemic cycles of accumulation*« kennen.[42] Demnach wurde die Dynamik des Kapitalismus seit dem 15. Jahrhundert durch vier solcher Zyklen geprägt, den Genueser, Holländischen, Britischen und den US-Zyklus. Sie entfalten sich – stark vereinfacht dargestellt – nach folgender Logik.

Ökonomische Hegemonialmächte in der (jeweiligen) Weltwirtschaft verdanken ihren Aufstieg der Fähigkeit, sich auf die profitabelsten Geschäftsfelder der Realwirtschaft zu spezialisieren, diese können, müssen aber nicht im Bereich der neuesten Technologien liegen. Unabdingbar für den Aufstieg ist eine enge Kooperation zwischen Kapital und Staat. Mit dem Anwachsen des Reichtums aus realkapitalistischen Aktivitäten wachsen die Fähigkeiten und Versuchungen, die Vermögen durch »high finance« zu vermehren. Dabei finanziert der Hegemon den Aufstieg seines Nachfolgers und bereitet den Boden für den eigenen Niedergang.

Die erste Hegemonialmacht wurde im 15. Jahrhundert die Republik Genua durch Ausweitung ihrer Handelsbeziehungen nach Spanien, England und Flandern (samt Gründung eigener Stützpunkte). Die Entdeckung der Neuen Welt förderte den Handel zwischen diesen Regionen. Gleichzeitig wurden die Genueser zu Spezialisten in internationaler Finanzierung (nur sie konnten etwa die Zahlungen von Philipp II. an seine in den Niederlanden kämpfenden Söldner organisieren). Genueser Bankiers finanzierten so (auch) den Aufstieg ihres Nachfolgers als Hegemon, die Holländischen Republiken.

Holland hatte schon im 15. Jahrhundert den Handel mit den baltischen Staaten ausgebaut (Getreideimporte von dort waren unverzichtbar geworden für das kriegerische Westeuropa) und weitete ihn nun auf alle Weltgegenden aus (die »Niederländische Ostindienkompanie« wurde das größte Unternehmen der Welt). Der Reichtum der größten Handelsnation wuchs und damit ihre Fertigkeiten, diese finanzkapitalistisch zu vermehren: Amsterdam wurde zum Finanzzentrum Europas, holländische Banken zu den wich-

---

Arrighis Interpretation der kapitalistischen Entwicklung als Abfolge systemischer Akkumulationszyklen baut auf zwei theoretischen Konzepten auf: zum einen auf der Theorie von Karl Marx, wonach Kapitalisten ihren auf Geldakkumulation ausgerichteten »absoluten Bereicherungstrieb« nicht nur (als »industrielle Kapitalisten«) durch die Warenzirkulation (G-W-G') ausleben können, sondern auch (als »Geldkapitalisten«) durch die »Zirkulation des Geldes als Selbstzweck« (G-G'). Zum anderen auf der vom Sozialhistoriker Fernand Braudel entwickelten Theorie, wonach die kapitalistische Entwicklung von der Akkumulationsdynamik ökonomischer Zentren vorangetrieben wird (Florenz, Genua, Amsterdam, London). Sobald ein bestimmtes (realwirtschaftliches) Geschäftsmodell ausgereift ist, beginnt die Phase der »finanziellen Expansion«, Braudel interpretiert sie als »Zeichen des Herbstes«.[45]

Braudel und Arrighi teilen die Einschätzung von Marx, dass sich der Kapitalismus von früheren Wirtschaftsordnungen durch das Streben nach Reich-

tigsten Kreditgebern. So finanzierten sie ihren Nachfolger als Hegemon, das aufstrebende England.

England hatte sich im 18. Jahrhundert zum Mutterland des industriellen Kapitalismus entwickelt.[43] Mit Dampfmaschinen betriebene Textilproduktion und später die Eisen- und Stahlindustrie (insbesondere für den Eisenbahnbau) machten das Vereinigte Königreich zum Hegemon. London wurde zum Finanzzentrum der Welt, gefördert durch der Rolle Großbritanniens als Kolonialmacht. Nach dem Börsenkrach 1873 wandten sich die Vermögenden der »high finance« zu. Ihr wichtigster Kreditnehmer werden die USA, gleichzeitig ihr Nachfolger als Hegemon.

Der industrielle Aufholprozess der USA hatte nach dem Bürgerkrieg (1861/1865) eingesetzt und fand mit dem Ersten Weltkrieg seinen Abschluss. Der New Deal Roosevelts förderte die Expansion der Realwirtschaft durch öffentliche Investitionsprogramme und die Verbesserung der sozialen Sicherheit. Im Zweiten Weltkrieg wurden die USA endgültig zum ökonomischen (und politischen) Hegemon. Seit den 1970er-Jahren werden die realwirtschaftlich akkumulierten Vermögen zunehmend durch »high finance« vermehrt, die »Wall-Street-Kultur« dominiert. Mit erheblichem Kapitaleinsatz (in Gestalt von Direktinvestitionen) fördern die USA seit den 1980er-Jahren den Aufstieg ihres Nachfolgers als realökonomischer Hegemon, China.[44]

tum um seiner selbst willen unterscheidet: »Dieser absolute Bereicherungstrieb (...) ist dem Kapitalisten mit dem Schatzbildner gemein, aber während der Schatzbildner nur der verrückte Kapitalist ist, ist der Kapitalist der rationelle Schatzbildner. Die rastlose Vermehrung des Wertes, die der Schatzbildner anstrebt, indem er das Geld vor der Zirkulation zu retten sucht [in der Fußnote verweist Marx auf die Doppelbedeutung von ›to save‹], erreicht der klügere Kapitalist, indem er es stets von Neuem der Zirkulation preisgibt.«[46]

Im »Normalfall« sucht der Kapitalist den Profit, indem er Geld (Finanzkapital) in Waren (Realkapital) und dann wieder zurück in Geld (Finanzkapital) verwandelt, erhöht um den von der Arbeit geschaffenen Mehrwert (G–W–G'). Es gibt aber auch eine »abgekürzte« Form der Akkumulation: »In dem zinstragenden Kapital endlich stellt sich die Zirkulation G-W-G' abgekürzt dar, in ihrem Resultat ohne die Vermittlung, sozusagen im Lapidarstil, als G-G', Geld, das gleich mehr Geld, Wert, der größer als er selbst ist.«⁴⁷

Arrighi überträgt das G-W-G'-Schema von Marx auf das Muster der kapitalistischen Entwicklung: »Der zentrale Aspekt dieses Musters ist die Abfolge von Epochen materieller Expansion (W-G-W'-Phasen der Kapitalakkumulation) mit Phasen finanzieller Wiedergeburt und Expansion (W-G'-Phasen). In Phasen der materiellen Expansion setzt Geldkapital eine wachsende Masse von Waren ›in Bewegung‹ (einschließlich der Ware Arbeitskraft und natürlicher Ressourcen); und in Phasen der finanziellen Expansion befreit sich eine wachsende Masse von Geldkapital von seiner Warenform, und die Akkumulation setzt sich in Form von ›*financial deals*‹ fort (wie in Marx' abgekürzter W-G'-Formel). Zusammen bilden die beiden Epochen oder Phasen einen gesamten systemischen Akkumulationszyklus (G-W-G').«⁴⁸

Im Aufschwung entwickelt sich die Wirtschaft stabil, denn Waren (Realkapital) und deren Akkumulation bedeuten »Konkretheit, Starrheit und eine Verengung oder Schließung von Möglichkeiten«. Der Abschwung stellt hingegen »eine Phase unsteten Wandels« dar. Dies hatte schon Kondratieff (1926) beobachtet,

Die innere Logik von Arrighis Akkumulationszyklen entspricht meinem Konzept einer Abfolge von real- und finanzkapitalistischen »Spielanordnungen«.⁵¹ In beiden Fällen erzeugt der Erfolg der realwirtschaftlichen Aktivitäten in der Aufschwungsphase die Bedingungen für den Wechsel zur Finanzakkumulation und damit für den Abschwung. Während Arrighi sein Modell jedoch ausgehend von der gesamten Geschichte des Kapitalismus entwickelte, lag mein Ausgangspunkt in den *trading rooms* der 1980er-Jahre.

Dass so unterschiedliche Wege zu einem in seiner Grundstruktur gleichen Modell führten, bestärkte mich, meinen Erklärungsansatz von Akkumulationszyklen zu erweitern: Ich wollte berücksichtigen, wie die dominante Wirtschaftstheorie, das Verhältnis von Unternehmerschaft und Gewerkschaften (»*labour relations*«), aber auch sozialpsychologische Faktoren wie die »Liebe zum Geld« die Interaktion der Interessen von Realkapital, Finanzkapital und Arbeit im Auf- und Abschwung (mit-)prägen.

Die Unterschiede zwischen real- und finanzkapitalistischen Entwicklungsphasen werden an drei Beispielen besonders deutlich.

doch benennt Arrighi den wichtigsten Grund: Geld- bzw. Finanzkapital und seine Akkumulation bedeuten »Liquidität, Flexibilität und Wahlfreiheit«.[49] Der Abschwung wird daher (auch) von Finanzkrisen geprägt.

Da Arrighi die Dynamik in Zeit *und* Raum untersucht, überlappen sich seine »systemischen Akkumulationszyklen« und sind daher viel länger als die Kondratieff-Zyklen. So beginnt der Aufstieg Großbritanniens zur ökonomischen Weltmacht in der zweiten Hälfte des 18. Jahrhunderts, während sich der Niedergang Hollands fortsetzt, seinen Endpunkt aber noch nicht erreicht hat. Ähnliches gilt für den Übergang der Hegemonialposition von Großbritannien zu den USA, der um 1873 beginnt und Anfang der 1930er-Jahre mit der Aufgabe der Goldkonvertibilität des Pfund und dem New Deal Roosevelts endet.

Der Abschwung des Hegemons beginnt mit der Verlagerung seiner Aktivitäten zur *»high finance«* (»*signal crisis*«) und führt schließlich in eine *»terminal crisis«*. Die *»signal crisis«* der britischen Hegemonie erfolgte um 1873, die *»terminal crisis«* um 1931/33. Die *»signal crisis«* der US-Hegemonie sieht Arrighi im Zusammenbruch des Systems von Bretton Woods und dem nachfolgenden Aufstieg der »Wall Street«.[50]

Kapitalakkumulation, Börsenwert und Vermögen der Haushalte 1960 bis 2015

Unter realkapitalistischen Anreizbedingungen – also bis Anfang der 1970er-Jahre – war der Wert des Realkapitals der Unternehmen (zu laufenden Preisen) etwa drei Mal so hoch wie jener ihres Finanzkapitals (Girokonten, Finanzforderungen, Wertpapiere) (Abbildung 8.1). Während sich in den USA die Realkapitalbildung schon in den 1960er-Jahren abschwächte (nicht zuletzt wegen des überbewerteten Dollarkurses), stieg der Realkapitalstock der Unternehmen in Deutschland stetig und stärker als ihre Netto-Wertschöpfung (nach Abzug der Abschreibungen).

Da überwiegend Erweiterungsinvestitionen getätigt wurden, nahm auch die Zahl der Beschäftigten stetig zu. Die Investitionsdynamik entlastete die Staatsfinanzen auch deshalb, weil ein Teil der Investitionen durch Kredite bzw. Anleihen finanziert wurde: Die Unternehmen hielten ein Finanzierungsdefizit aufrecht, das annähernd so groß war wie die Überschüsse (das Sparen) der Haushalte. Daher blieb das Staatsbudget ausge-

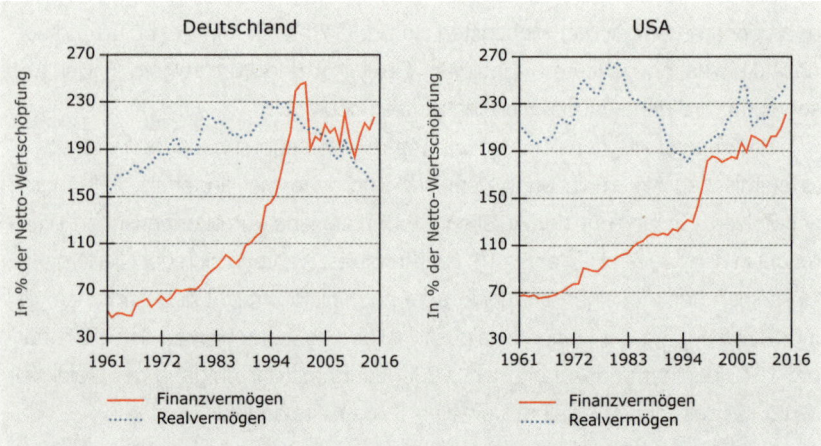

Abbildung 8.1: Vermögensbildung der Unternehmen (ohne Finanzsektor und Einzelfirmen)

Bis in die 1970er Jahre konzentrierten sich die Unternehmen auf die Schaffung von Realkapital (und damit indirekt von Arbeitsplätzen). Seither hat die Entfesselung der Finanzmärkte das Gewinnstreben auf Finanzveranlagung gelenkt, die Realkapitalbildung verlor an Bedeutung (in den USA schon in den 1980er Jahren, in Deutschland erst seit den 1990er Jahren). Die Schaffung »guter« und produktiver Arbeitsplätze kam so zum Erliegen.

glichen, ohne dass der Staat spezielle Anstrengungen unternehmen musste (Abbildung 10.1).

In den 1970er-Jahren begann sich die Finanzakkumulation zu beleben, doch auch der Realkapitalstock wurde nach dem ersten Ölpreisschock wieder ausgeweitet, besonders in den USA (gefördert durch die Dollarentwertung). In der »Hochblüte« des Finanzkapitals in den USA der 1980er-Jahre nahm deren Realkapitalstock relativ zur Wertschöpfung massiv ab und stieg erst ab Mitte der 1990er-Jahre wieder an (Abbildung 8.1).[52] Noch viel stärker stieg der Wert des Finanzkapitals der nicht finanziellen Unternehmen, er hat sich seit 1980 – relativ zu ihrer Wertschöpfung – annähernd verdreifacht.

In Deutschland und den meisten anderen EU-Ländern begann sich die Finanzakkumulation des Unternehmenssektors erst ab Ende der 1980er-Jahre zu beschleunigen, während die Realkapitalbildung – abgesehen von einer kurzen Erholung nach der deutschen Wiedervereinigung – zurückging (Abbildung 8.1). Bis 2015 stieg der Wert deutschen Finanzkapitals auf 217 Prozent der Wertschöpfung, der seines Realkapitals lediglich auf 156 Prozent.

Der Unterschied zwischen den beiden »Spielanordnungen« zeigt sich auch am Verhältnis des Netto-Gesamtwertes der Aktiengesellschaften[53] zu ihrem Börsenwert. Zwischen 1960 und 1980 stieg der Wert des Kapitalstocks der Aktiengesellschaften ebenso wie ihr Netto-Gesamtwert in Deutschland auf

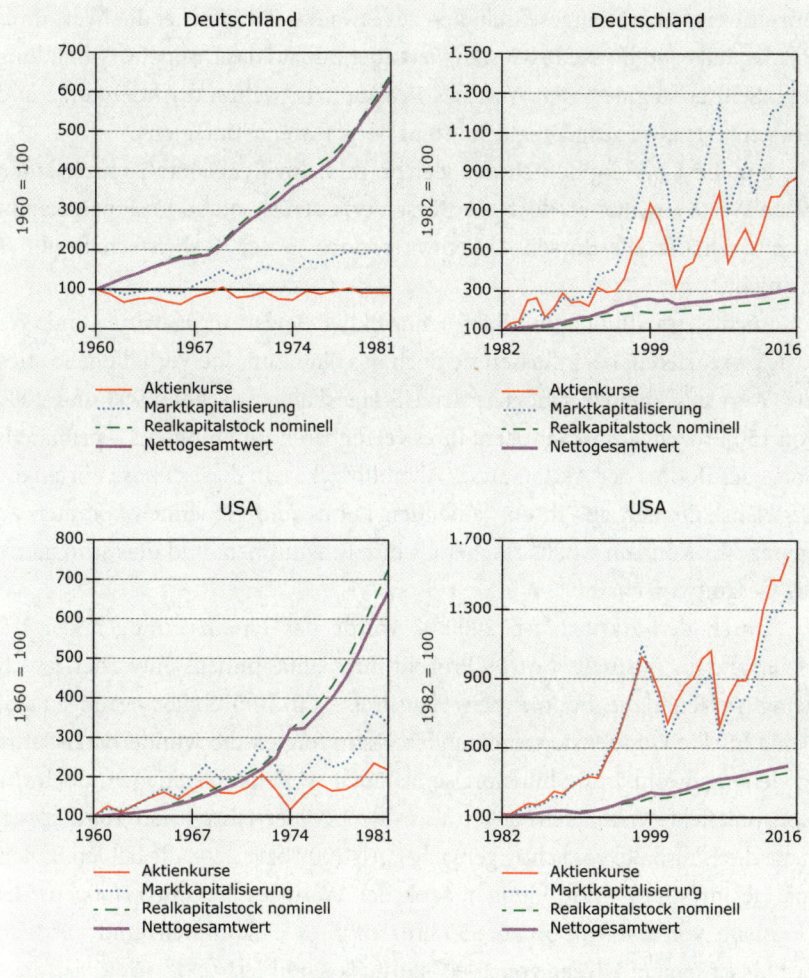

Abbildung 8.2: Börsenwert und Realvermögen der Aktiengesellschaften

Unter realkapitalistischen Anreizbedingungen sind der Wert des Realkapitals der Unternehmen und (damit) ihr Gesamtwert viel stärker gestiegen als ihr Börsenwert (= Marktkapitalisierung). Seit Anfang der 1980er Jahre ist es umgekehrt: Der Börsenwert stieg auf das Dreizehnfache, der tatsächliche Wert nur auf das Dreifache.

das Siebenfache. Dabei *stagnierten* die Aktienkurse, dank positiver Netto-Emissionen von Aktien nahm der Börsenwert (Marktkapitalisierung) zu, allerdings nur auf das Doppelte (Abbildung 8.2).

Der nachfolgende Aktienboom verursachte eine Überbewertung der Kurse: Zwischen 1982 und 1999 – also bis vor dem ersten Crash – stieg der Börsenwert der Aktiengesellschaften auf etwa das Zwölffache, der Wert ihres Realkapitals und ihr Netto-Gesamtwert aber nur auf das Doppelte (Abbildung 8.2). Seither stagniert der Wert des Realkapitals, während Aktienkurse und Börsenwerte zwei ausgeprägte Tal- und Bergfahrten »hinlegten«.

Für die USA ergibt sich das gleiche Bild: Im Realkapitalismus werden echte Werte geschaffen, doch die Börsen erfassen sie nicht. Im Finanzkapitalismus schaffen die Börsen Aktienwerte, doch in der Realwirtschaft gibt es sie nicht.[54]

Auch wenn »Bullen und Bären« nur fiktive Bewertungsgewinne und -verluste produzieren, beeinflussen sie doch das ökonomische Verhalten. So stieg der Wert des Finanzvermögens der US-Haushalte zwischen 1990 und 2000 von 150 Prozent auf 315 Prozent ihres verfügbaren Einkommens – primär als Folge des Booms der Aktienkurse (Abbildung 8.3). In dieser Phase hörten die US-Haushalte auf, aus ihrem laufenden Lohn- und Gewinneinkommen zu sparen, ihr Konsum wuchs rascher als ihre Einkommen, und dies stimulierte die Gesamtwirtschaft.

Durch den Aktiencrash 2000/02 wurde das Finanzvermögen der US-Haushalte im Ausmaß von 109 Prozent ihres Einkommens entwertet, gleichzeitig werteten die boomenden Hauspreise ihr Immobilienvermögen auf, beide Effekte kompensierten einander. Dann folgten die wunderbaren Jahre, in denen sowohl Immobilienpreise als auch Aktienkurse stiegen, doch die Konsumeffekte waren schwächer als in den 1990er-Jahren (der Aktiencrash hatte die Haushalte vorsichtig gemacht). Als 2007 bzw. 2008 die beiden Bullenmärkte in Bärenmärkte kippten, sank der Wert des Gesamtvermögens der Haushalte von 498 Prozent auf 350 Prozent ihres Einkommens und wurde so fast bis zu seinem Niveau von 1990 »zurückkatapultiert«.[55]

Die Erholung der Hauspreise, insbesondere aber der Aktienboom steigerten das Vermögen der US-Haushalte bis 2017 auf 492 Prozent ihres Einkommens, ihre Konsumnachfrage aber nur geringfügig. Dafür war nicht nur das gesunkene Vertrauen der Haushalte in die Beständigkeit spekulativer Vermögenszuwächse maßgeblich, sondern auch die Verteilungseffekte von Bullen-

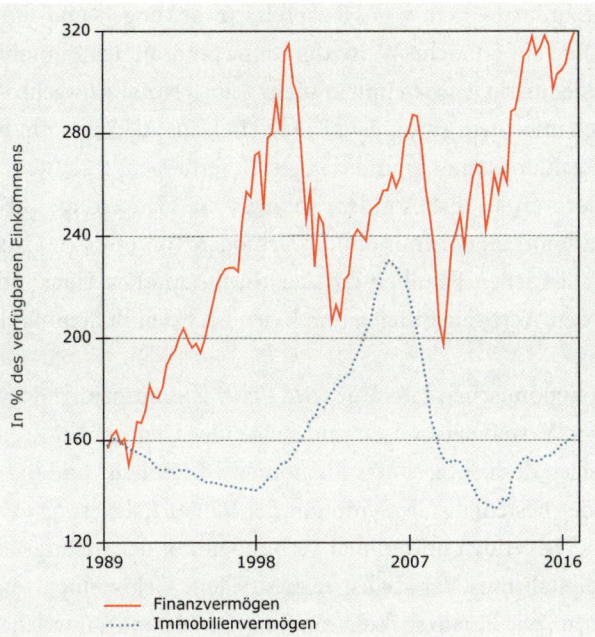

Abbildung 8.3: Vermögen der privaten Haushalte in den USA

Die Schwankungen von Aktienkursen und Immobilienpreisen bestimmen den Wert der Vermögen der Haushalte stärker als ihr Sparen. Dieser lag 1990 beim Dreifachen ihres verfügbaren Einkommens, 2000 fast beim Fünffachen. Dann wurde Aktienkapital entwertet, dafür stieg der Wert der Immobilien. Zwischen 2002 und 2007 wurden beide Vermögen aufgewertet, in der Finanzkrise aber wieder abgewertet. Seither hat sich wieder ein erhebliches »Absturzpotential« aufgebaut.

und Bärenmärkten. Diese erhöhen die Ungleichheit der Verteilung sowohl von Finanz- als auch von Immobilienvermögen.

Ausgangspunkt ist die für den Finanzkapitalismus typische Verlagerung der Altersvorsorge von staatlichen zu kapitalgedeckten Systemen. Nun kommen die »Bullen und Bären« ins Spiel: Steigen Aktien- und Anleihekurse, so werden Menschen verführt, über ihre Verhältnisse zu leben. Sinken die Vermögenspreise, so kommt es zu einer Rezession, viele Einkommensschwächere werden arbeitslos und lösen ihr Pensionskapital ganz oder teilweise auf (trotz erheblicher Steuernachteile). Die Wertpapiere gelangen so in den Besitz derer, die keine Not haben. Sie partizipieren daher am meisten von dem nachfolgenden Bullenmarkt.

Das Zusammenwirken von Hauspreisschwankungen und Finanzinnovationen erhöhte auf ähnliche Weise die Konzentration des Immobilienvermögens. Im Bullenmarkt wurden immer mehr – auch sozial schwache – Haushalte verführt, sich mit einem attraktiven Kredit ein Haus zu kaufen. Im Bärenmarkt wurden sie zahlungsunfähig und delogiert. Vermögende kauften die Häuser zu Schleuderpreisen, insbesondere indirekt via Hedgefonds (»Blackstone« ist der größte mit einem Immobilienvermögen von etwa 200 Mrd. Dollar). In vielen Fällen leben Familien (wieder) in ihrem alten Haus, nun aber als Mieter. An den Wertsteigerungen durch den nächsten Bullenmarkt partizipieren sie nicht.

In der ökonomischen Literatur wird *dieser* Zusammenhang zwischen der Dynamik von Vermögenspreisen und steigender Ungleichheit weitgehend ignoriert, einfach deshalb, weil das Phänomen von Bullen- und Bärenmärkten ignoriert oder bestenfalls als Symptom der »Finanzialisierung« wahrgenommen wird. Es ist jedoch untrennbar verbunden mit der wichtigsten Aktivität im Finanzkapitalismus, der »selbst-referentiellen« Geldvermehrung. Schauen wir uns also an, wie Finanzspekulation funktioniert und auf welche Weise das immer »schnellere« Trading die »manisch-depressiven« Schwankungen von Aktienkursen, Rohstoffpreisen und Wechselkursen (also Bullen- und Bärenmärkte) produziert.

9. »LASSEN WIR UNSER GELD ARBEITEN«: FINANZSPEKULATION UND IHRE FOLGEN

Diskussionen über die Rolle des Geldes leiden ebenso wie Losungen (»Lassen Sie Ihr Geld arbeiten«) oder Thesen (»Geld regiert die Welt«) unter einem gravierenden Problem: Was jeweils mit »Geld« konkret gemeint ist, bleibt vage, ohne dass man sich dieser Unklarheit bewusst ist. In der Kommunikation wird also ein Vorverständnis unterstellt, was »Geld« ist, aber »das« Geld gibt es nicht.

Gehen wir von der wichtigsten Funktion des Geldes aus, seinem Charakter als Tauschmittel, und stellen wir uns folgende Frage: Welche konkrete, quantifizierbare Geldmenge erfüllt die Funktion eines allgemeinen Zahlungsmittels? Mit der Antwort auf diese Frage steht oder fällt das Fundament der meisten Wirtschaftstheorien.

Ökonomen haben vergeblich versucht, die für Transaktionszwecke relevante Geldmenge zu bestimmen. Die Geldmenge M1 umfasst nur Bargeld plus Girokonten, der weite Geldbegriff M3 zudem die meisten Spareinlagen, Bankschuldverschreibungen und Ähnliches. Doch auch dieses Geldkonzept ist nicht umfassend genug, und zwar aus folgendem Grund: Wenn jemand ein Girokonto, ein Sparbuch, Aktien oder Anteile an einem Investmentfonds besitzt, so kann er via Onlinebanking in Sekunden jedes dieser Finanzaktiva liquid machen und für Zahlungen verwenden. Möchte er sich etwa ein Auto kaufen, kann er dafür de facto mit Aktien oder Anleihen bezahlen.

Wo aber lässt sich dann die Grenze zwischen Geld und Finanzkapital ziehen? Gar nicht, weil es sie nicht gibt! Die Menge an Geld als Tauschmedium ist nicht bestimmbar, Geld wird vom Besitzer eines *financial asset* in dem Moment geschaffen, in dem er dieses *als Geld verwendet*. Daher stellt *jedes* Finanzvermögen, das liquid ist (Bargeld, Girokonto) oder zu jedem Zeitpunkt rasch liquid gemacht werden kann, *Potenzialgeld* dar (also auch Aktien, Anleihen, Derivate etc. – sie alle haben in jedem Moment einen eindeutigen Kurs- und damit Veräußerungswert). Solange jemand sein Finanzkapital nicht als Geld verwendet, ruht es als Wertspeicher. Wird es für Transaktionen eingesetzt, so entsteht und vergeht Geld in dem Moment, in dem Finanzkapital die Funktion als Transaktionsmittel übernimmt.[56]

In einer von elementarer Unsicherheit und ökonomischer Instabilität geprägten Welt ist der Anteil des Finanzkapitals, das als Geld verwendet wird,

Dass die Monetaristen Geld als Substanz begreifen (müssen), deren Menge gesteuert werden kann, ergibt sich aus ihren theoretischen Annahmen und praktischen Erkenntnisinteressen. In ihrer Welt ist jede/r Einzelne ein nutzenmaximierender Automat, und als solcher gibt er/sie immer einen bestimmten Teil seines Geldvermögens aus. Da der reale Gesamt-Output durch die Märkte bestimmt wird, ist das Preisniveau bzw. seine Veränderung ausschließlich eine Funktion der Geldmenge, die von der Notenbank auf einem stabilen Pfad gehalten werden kann. Andere Aufgaben der Wirtschaftspolitik gibt es nicht.

Auch bei Keynes und im »trivial-keynesianischen« IS/LM-Modell kann die Notenbank die (exogene) Geldmenge steuern.[57] In meinem Konzept ist Geld hingegen das Ergebnis von Prozessen im ökonomischen System (endogen). Allerdings nicht deshalb, weil Banken durch Kreditvergabe Giralgeld schaffen können, sondern weil die Menschen selbst Geld schaffen, indem sie Finanzkapital als Geld verwenden.

prinzipiell nicht konstant. Es gibt Phasen, in denen Menschen – etwa aus Sorge – einen größeren Teil ihres Finanzkapitals ruhen lassen, es gibt andere Phasen, in denen sie einen größeren Teil davon für den Tausch gegen Güter oder Finanztitel verwenden.

Anders formuliert: Geld als Tauschmittel ist ein *Medium* und daher durch seine *Funktionalität* bestimmt; Finanzkapital ist ein *Wertspeicher* und daher durch seine *Substanz* bestimmt. Da beide in derselben monetären Einheit gemessen werden, kann Finanzkapital als Geld verwendet werden. Geschieht dies, so übernimmt Finanzkapital für einen Moment die Funktion von Geld und ruht dann wieder (in Form von Finanzkapital) in der Geldbörse eines anderen oder auf dessen Konto bzw. in seinem Wertpapierdepot. Daher kann man zwar den Bestand an Finanzkapital exakt bestimmen, nicht aber Geld als Transaktionsmittel (es ist etwas »Fließendes«).

Jeder Bullen- und Bärenmarkt verändert den Wert des Finanzkapitals – etwa von Aktien oder Anleihen – und damit auch die Menge an Potenzialgeld.[58] In einer Welt »ent-fesselter« Finanzmärkte ist daher die Unterscheidung zwischen Geld als Funktion und Finanzkapital als Substanz wichtig, um die Folgen schwankender Vermögenspreise besser zu verstehen (in der Welt der 1950er- und 1960er-Jahre hätte diese Unterscheidung »nur« theoretische Bedeutung gehabt). Wie aber entstehen Bullen- und Bärenmärkte?

Das Muster in der Dynamik spekulativer Preise

Um zu verstehen, durch welche Arten von Transaktionsverhalten die Schwankungen spekulativer Preise zustande kommen, müssen wir zuerst die »Gestalt« in der Dynamik von »asset prices« wahrnehmen.

Die Abbildungen 9.1, 9.2 und 9.3 zeigen die Entwicklung des US-Aktienindex S&P 500, des Wechselkurses Dollar/Euro sowie des Erdölpreises in Dollar je Barrel auf Basis von Tagesdaten. Mit freiem Auge erkennt man: Spekulative Preise schwanken fast immer um »underlying trends«. Ein Oszillieren um ein stabiles Gleichgewichtsniveau kommt kaum vor.

Mithilfe »gleitender Durchschnitte« (»moving averages« – MA) lassen sich die Trends herausfiltern. Dabei wird zu jedem Zeitpunkt der Durchschnitt der vergangenen Preise ermittelt, in unserem Beispiel 100 Tage (S&P 500) bzw.

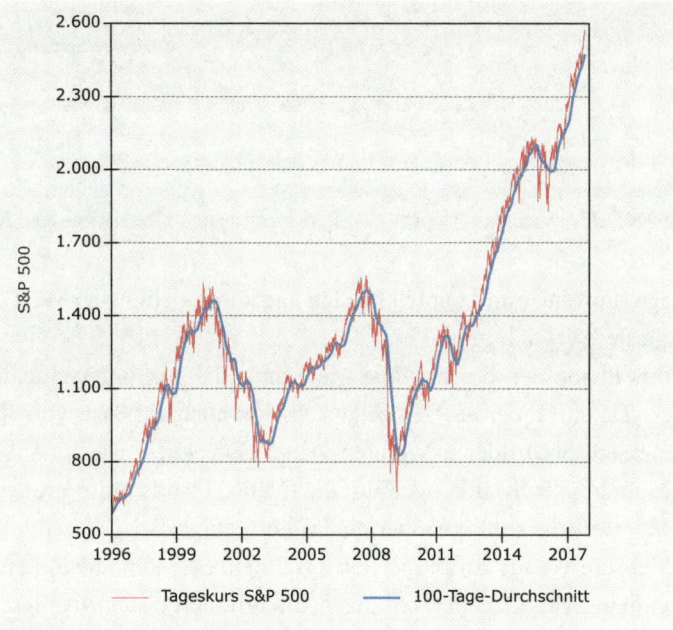

Abbildung 9.1: Trending und Spekulation am Aktienmarkt

Auf den »Internetbubble« der 1990er-Jahre und den Bullenmarkt vor der Finanzkrise 2008 folgte jeweils ein Bärenmarkt. Seit März 2009 sind die Aktienkurse auf das Drei- bis Vierfache gestiegen – und damit auch die Wahrscheinlichkeit eines neuerlichen Bärenmarktes.

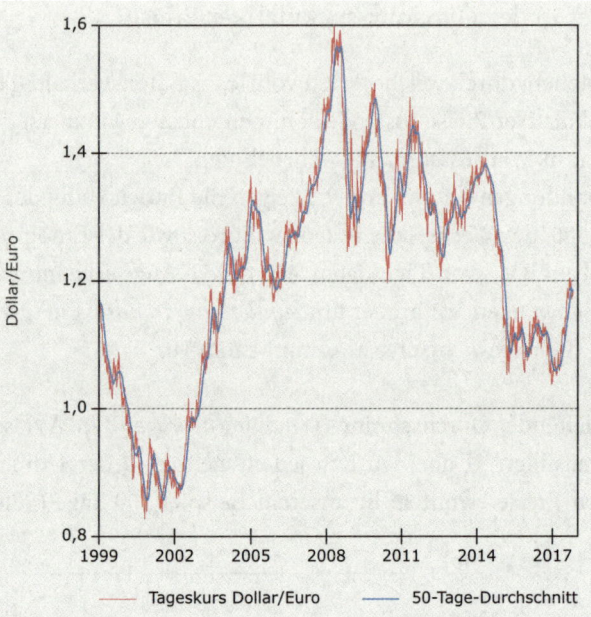

Abbildung 9.2: Trending und Spekulation am Devisenmarkt

Auch die Wechselkurse entwickeln sich in einer Abfolge von »Schüben«, die sich über mehrere Jahre zu Bullen- bzw. Bärenmärkten akkumulieren. So ist der Euro zwischen 2002 und 2008 auf nahezu das Doppelte gestiegen – eine extrem »überschießende« Aufwertung.

50 Tage (Eurokurs und Ölpreis). Jeden Tag kommt ein neuer Wert hinzu, und der älteste Wert fällt raus.

Das Phänomen des *trending* wiederholt sich auf unterschiedlichen Zeitskalen (Datenfrequenzen). Es zeigt sich etwa auch auf Basis von 30-Minuten-Daten (S&P 500) oder 5-Minuten-Daten (Eurokurs) wie in Abbildung 9.4. Dabei sind die Schwankungen um die (Mini-)Trends umso größer, je kürzer die Zeitintervalle sind (je höher die Datenfrequenz ist).

Mehrere Trends auf Basis relativ »schneller« Daten, die in eine Richtung länger dauern als Gegenbewegungen, akkumulieren sich zu einem Trend auf Basis relativ »langsamer« Daten. So resultieren mehrere Preisschübe auf Basis von Tick-Daten (sie erfassen jeden realisierten Preis) zu einem Trend auf Basis von Minutendaten, diese akkumulieren sich wieder zu einem Trend auf Basis von 30-Minuten-Daten und diese zu Trends auf Basis von Tagesdaten usw.

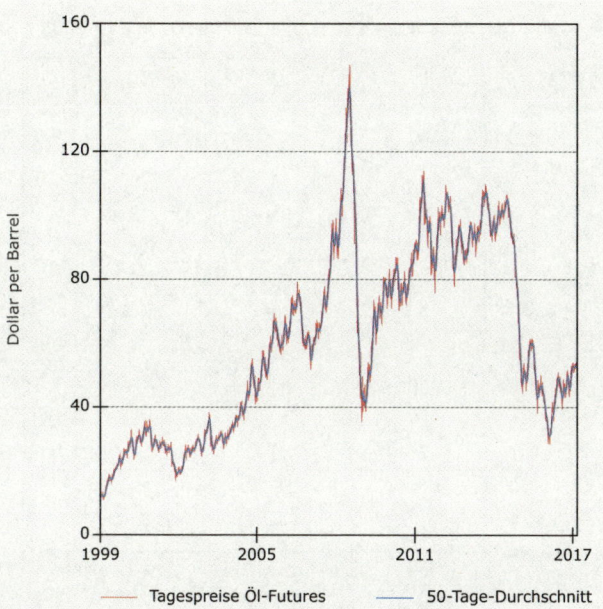

Abbildung 9.3: Trending und Spekulation am Erdölmarkt

Die Verfünffachung des Erdölpreises zwischen 2004 und 2008 (insbesondere die Beschleunigung des Preisanstiegs ab Anfang 2007) und der nachfolgende Preisverfall sind Musterbeispiele für einen Bullen- bzw. Bärenmarkt.

Über mehrere Monate oder Jahre dauern Trends nach oben länger als nach unten und akkumulieren sich zu einem Bullenmarkt. Ein Bärenmarkt entwickelt sich analog, indem Trends nach unten länger dauern als nach oben. So stieg der US-Aktienindex zwischen 1995 und 2000 auf das Dreifache, fiel danach auf die Hälfte, verdoppelte sich bis 2008, fiel wieder auf die Hälfte und ist seit März 2009 auf das Dreifache gestiegen (Abbildung 9.1).

Das gleiche Muster zeigt sich am Beispiel des Eurokurses gegenüber dem Dollar (Abbildung 9.2). Besonders extrem fiel die Endphase des Ölpreisbooms zwischen Januar 2007 und Juli 2008 aus, gefolgt von einem noch steileren Einbruch (Abbildung 9.3). Um dieselbe Zeit wurden auch die übrigen Rohstoffpreise zuerst von »Bullen« nach oben und danach von »Bären« nach unten gezogen (Abbildung 9.10).

Das Ausmaß der Wertschwankungen von »*financial assets*« lässt sich im Rahmen der Theorie effizienter Finanzmärkte nicht erklären. Denn es ist un-

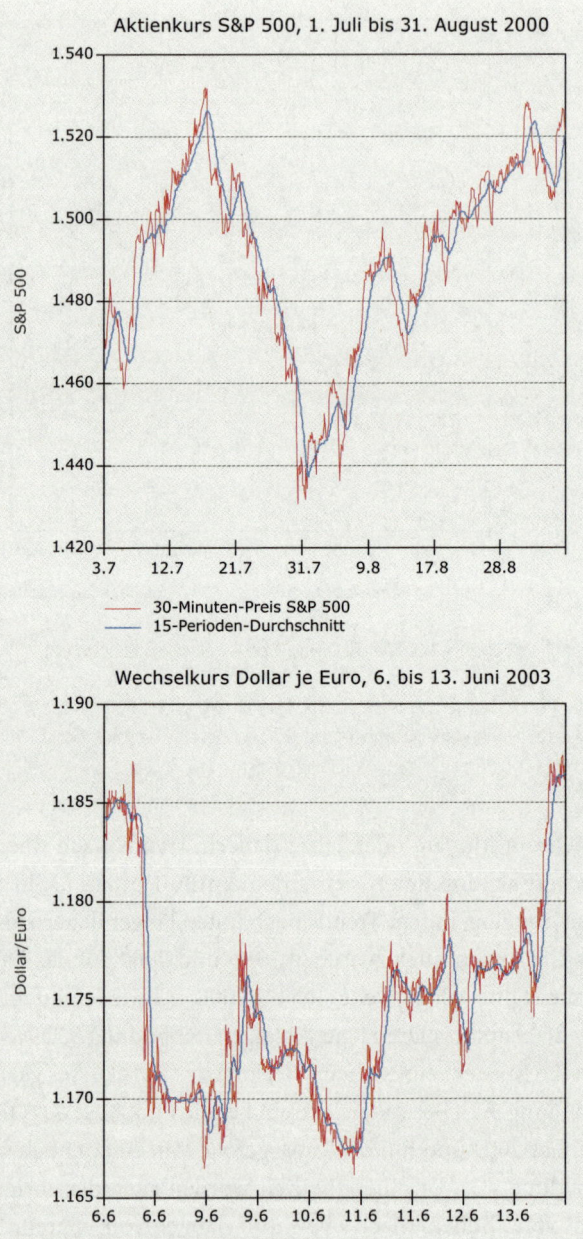

Abbildung 9.4: Trending und Spekulation auf Basis von »Intraday«-Preisdaten

möglich, dass der »wahre« oder »fundamentale« Wert der 500 wichtigsten US-Konzerne in wenigen Jahren auf das Dreifache steigt, um danach wieder auf die Hälfte zu fallen. Noch »jenseitiger« ist die Verdoppelung des Eurokurses zwischen 2002 und 2008, zumal »falsche« Wechselkurse die Realwirtschaft unmittelbarer beeinträchtigen als »falsche« Aktienkurse.

Mainstream-Ökonomen ignorieren die Abfolge von Bullen- und Bärenmärkten und damit das Phänomen der irregulären Zyklen spekulativer Preise. Sie berühren diese Problematik nur mit dem Konzept der *»bubbles«*, doch sind dies »explosive« Preispfade (alle Akteure erwarten permanente Kurssteigerungen). Bei Bullenmärkten ist den Akteuren von Anbeginn klar, dass der Boom einmal ein Ende haben wird.

Schauen wir uns, bevor wir die Preisdynamik aus dem Zusammenwirken unterschiedlicher Spekulationsstrategien erklären, deren wichtigste Instrumente an.

Spekulation mit Finanzderivaten

Der größte Teil aller Finanztransaktionen entfällt auf den Handel mit Derivaten, insbesondere mit Futures und Optionen (Abbildung 9.13). Dies sind Wetten auf die künftige Entwicklung eines Preises/Kurses, sei es von Anleihen (Zinssätze), Aktien, Rohstoffen oder Devisen. Dabei macht der »Wetteinsatz« nur einen Bruchteil des Basiswertes aus.

> Dazu ein Beispiel für Futures: Jemand erwartet einen Anstieg der Rohölpreise und kauft deshalb einen an der »New York Mercantile Exchange« (NYMEX) gehandelten »crude oil future«. Der Wert des »Wettscheines« (Kontrakt) beträgt 1000 Barrel Öl, bei einem (aktuellen) Ölpreis von 100 Dollar also 100.000 Dollar. Hinterlegen muss er beim Kauf aber nur eine Margin (Sicherstellung) von etwa 7 Prozent, also 7.000 Dollar.[59] Steigt nun der Ölpreis um 10 Prozent und damit der Wert des Future auf 110.000 Dollar, so macht der »Spieler« einen Gewinn von 143 Prozent (er bekommt die Margin zurück und erhält 10.000 Dollar Gewinn ausgezahlt). Sinkt der Ölpreis aber um 10 Prozent, so sind die 7.000 Dollar verloren, und er muss noch 3.000 Dollar nachzahlen. Die Hebelwirkung (»leverage effect«) von 14,3 resultiert daraus, dass der Basis(kontrakt)wert 14,3 Mal so hoch ist wie der Wetteinsatz.[60]

Mit einer Option erwirbt jemand das Recht, das zugrunde liegende Asset innerhalb einer Frist zu einem bestimmten (Ausübungs-)Preis zu kaufen (Call) oder zu verkaufen (Put). Erwartet ein Trader einen Anstieg des Kurses, so wird er eine Call-Option kaufen. Trifft seine Prognose zu, so wird der Preis der Option viel stärker steigen als jener des Basiswertes (der Eurokurs).[61]

Amateurspekulanten lassen sich davon faszinieren, dass Optionspreise manchmal an einem Tag um 30 Prozent oder sogar 50 Prozent steigen. Allerdings sind Amateure nicht in der Lage, das Risiko von Optionsgeschäften abzuschätzen. Erstens ist die auf der Wahrscheinlichkeitstheorie basierende Bestimmung des »fairen« Optionspreises mathematisch anspruchsvoll. Zweitens hält sich die Realität häufig nicht an die Wahrscheinlichkeitstheorie.[62]

Die bilateralen Finanzgeschäfte (»*over-the-counter-transactions*« – OTC) sind den professionellen Tradern vorbehalten. Dies betrifft insbesondere Spot- und Terminkontrakte sowie Swaps bezogen auf Wechselkurse, Rohstoffpreise, Aktienkurse und Zinssätze.[63] Bei einem Spotgeschäft kaufe (oder verkaufe) ich ein (»echtes«) Finanzinstrument (etwa Devisen) heute zum heutigen Kurs, bei einem Termingeschäft verpflichte ich mich, zum heute fixierten (Termin-)Kurs, aber zu einem späteren Termin zu kaufen (oder verkaufen). Ist der (Spot-)Kurs bis dahin gestiegen, so mache ich im Falle eines Terminkaufes einen Gewinn.[64]

Das größte Spotgeschäft ist der Devisenhandel. Da er Banken, Hedgefonds und Konzernen vorbehalten ist, braucht es keine Sicherstellungen (»*gentlemen agreements*«) und keinen Kapitaleinsatz: Wer 10 Mio. Euro auf einen sinkenden Dollar/Euro-Kurs wettet, nimmt sich einen entsprechenden Eurokredit und kauft damit Dollars. Geht seine Wette auf, tauscht er die Dollars wieder in Euro, zahlt den Eurokredit zurück und behält den Rest.

Ein Swap kombiniert ein Spot- und ein Termingeschäft. Dies vereinfacht die Abwicklung einer Spekulation: Je nach Wettentwicklung bzw. -ausgang überweist der Verlierer seinen Verlust direkt an den Gewinner (Zinsswaps haben wir bereits in Kapitel 7 kennengelernt im Zusammenhang mit den Spekulationsverlusten der Harvard-Universität und vieler Gebietskörperschaften in Europa und den USA).

All diese Spekulationen sind Umverteilungsspiele: Die Summe der Gewinne entspricht der Summe der Verluste. Insofern ähnelt das Trading auf

Finanzmärkten Kasino-Spielen wie Roulette, die auch Nullsummenspiele sind (wenn man die Gewinne des Kasinos bzw. der Börsen berücksichtigt). Allerdings folgt der Lauf der Kugel keinem Zufallsprozess, sondern hängt vom Spielverhalten der Teilnehmer ab: Wird mehr Kapital auf Rot (Kurssteigerung) gesetzt als auf Schwarz (Kursrückgang), landet die Kugel mit größerer Wahrscheinlichkeit bei Rot. Und dieses Ergebnis beeinflusst wiederum die wichtigsten Preise in der Weltwirtschaft.

Ursprünglich sind Terminkontrakte zur Absicherung gegen Preisschwankungen landwirtschaftlicher Produkte entstanden (Hedging). Nehmen wir an, ein Farmer möchte sich dagegen absichern, dass der Weizenpreis bis zur nächsten Ernte im Juni fällt. Dann verkauft er die zu erwartende Ernte schon heute zum aktuellen Preis auf Termin im kommenden Juni. Sein Partner ist ein Spekulant, der glaubt, dass der Weizenpreis bis dahin steigen wird. Trifft das zu, dann hat er gewonnen, und der Farmer hat einen möglichen Gewinn (im Tausch gegen größere Sicherheit) »verspielt«.

Im diesem Beispiel steht bei einer Derivattransaktion einem »Hedger« ein Spekulant gegenüber. Wenn allerdings mehr als 95 Prozent aller Transaktionen zwischen Spekulanten mit unterschiedlichen Kurserwartungen stattfinden und wenn deren »*trading systems*« gar keine Informationen über die »*fundamentals*« (Angebot an und Nachfrage nach Weizen) berücksichtigen, dann werden die Schwankungen der Preise zunehmen. Dies nötigt wieder mehr Farmer, sich abzusichern.

Genau das geschah mit dem Übergang zu einer finanzkapitalistischen »Spielanordnung«: Die Instabilität aller spekulativen Preise, von Devisen-, Rohstoff- und Aktienkursen sowie Zinssätzen nahm drastisch zu. Daher wurden immer mehr Finanzderivate erfunden, zum Zwecke der Absicherung, aber in ungleich größerem Ausmaß für Spekulation.

Mainstream-Ökonomen begrüßten den Boom der Finanzderivate. Denn sie ermöglichen die Verteilung von Risiken. Doch sie übersehen: Bevor man was verteilen kann, muss man es produzieren, und die Finanzderivate als Spekulationsinstrumente haben Unsicherheit und Risiken drastisch erhöht. Anders gesagt: Die »Finanzalchemisten« produzieren selbst jene Instabilität, gegen die sie dann Absicherungsinstrumente verkaufen.

Spekulationsstrategien auf den Finanzmärkten

Wir können vier verschiedene Handelsstrategien unterscheiden, je nachdem, auf welche Informationsbasis sie sich stützen: neueste Nachrichten (»*news-based trading*«), Kauf- bzw. Verkaufssignale von Modellen der »Technischen Analyse« (»*technical trading*«), Stärke und Dauer eines schon bestehenden Trends (»*bandwagonist trading*« bzw. »*herding*«) und schließlich das Ausmaß der Abweichung des aktuellen Kursniveaus von seinem (vermuteten) Fundamentalwert (»*overbough/oversold trading*«).

Auslöser eines neuen Kursschubs, also einer Richtungsänderung in der Kursbewegung, sind meistens neue Informationen (»*news*«), etwa ein überraschender OPEC-Beschlusses im Fall des »*oil futures price*« oder die Genehmigung eines Patents im Fall des Kurses einer Aktiengesellschaft. Auch politische »*news*« können eine Trendumkehr auslösen.[65] Trifft eine solche Nachricht ein, schätzen die einzelnen Händler ab, wie die Mehrheit der anderen Händler (»der Markt«) reagieren wird. Erwartet ein Händler, dass die Mehrheit einen Kursanstieg erwartet, so wird er das entsprechende »*asset*« kaufen (Keynes' »*beauty contest*«[66]).

Um die Komplexität extrem rascher Entscheidungen auf jenes Minimum zu reduzieren, das ausreicht, um Gewinne zu machen, bilden Händler lediglich Erwartungen über die *Bewegungsrichtung* von Kursen. So wird ein Händler bei einer überraschenden Dollarzinssenkung – »im Normalfall« – blitzartig auf eine Euroaufwertung setzen (»Richtungserwartung«), statt das neue »Fundamentalgleichgewicht« des Euro-Dollar-Kurses zu quantifizieren. Denn dies ist in einer unsicheren (Finanz-)Welt eine unlösbare Aufgabe.

Computergesteuerte Spekulationssysteme verarbeiten die von »*news*« ausgelöste Kursbewegung und lösen Käufe bzw. Verkäufe aus, die wiederum die Kursbewegung verstärken. Das Ziel solcher »*trading systems*« besteht darin, die jüngste Kursbewegung mithilfe von Algorithmen näherungsweise (heuristisch) daraufhin prüfen, ob sie sich zu einem Trend fortsetzen wird.[67]

Betrachten wir ein konkretes Beispiel. Wie die Abbildungen 9.1 bis 9.4 zeigen, kann man durch Berechnung gleitender Durchschnitte (MAs) Kurstrends »herauspräparieren«: Wenn ein Kurs deutlich steigt bzw. fällt, liegt er über bzw. unter dem entsprechendem MA-Wert (denn der MA erfasst ja auch die früheren – niedrigeren bzw. höheren – Werte). Dies nützt folgende »*trading rule*«: Kaufe, wenn der aktuelle Kurs den MA von unten schneidet, und verkaufe, wenn der Kurs den MA von oben schneidet. (Oder äquivalent: Halte eine »*long position*«, solange der aktuelle Kurs über dem MA-Wert liegt, andernfalls halte eine »*short position*«.) Selbst mit einer so einfachen Regel kann man die ausgeprägten Trends während der Bullen- und Bärenmärkte des Aktienindex S&P 500, des Dollar/Euro-Wechselkurses und des Ölpreises profitabel

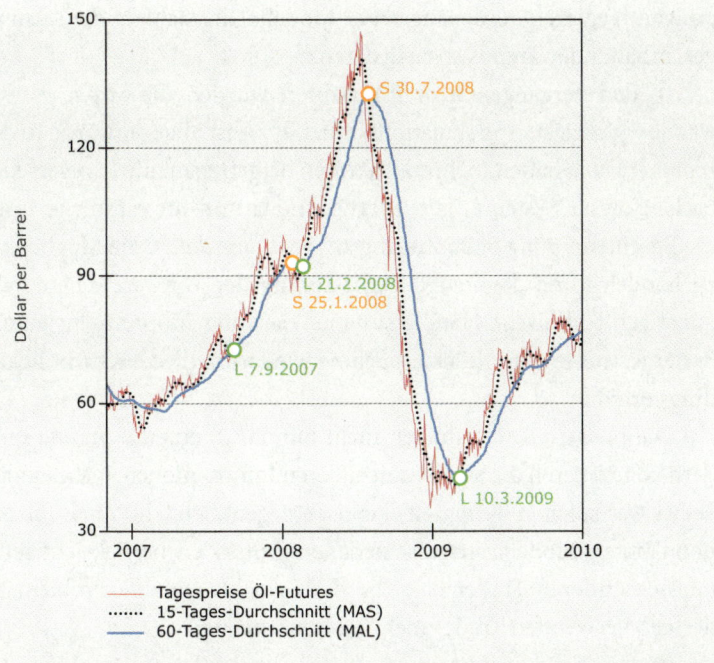

Abbildung 9.5: Handelssignale eines »langsamen« MA-Modells am Erdölmarkt

Die Grafik verdeutlicht, wie ein »langsames« MA-Modell (es produziert relativ selten ein Handelssignal) am Erdöl-Futuresmarkt funktioniert: Am 7. September 2007 schneidet der kürzere MA (MAS – »S« steht für »short«) den längeren MA (MAL – »L« steht für »long«) von unten, ein Kontrakt wird zum Preis von 76,2 Dollar je Barrel gekauft. Am 25. Januar 2008 schneidet der MAS den MAL von oben, und es wird verkauft zu 90,4 Dollar. Auch der bald darauf folgende Aufwärtstrend wird mit großem Gewinn genützt: Am 21. Februar 2008 wird zu 99,1 Dollar gekauft und am 30. Juli zu 121,4 Dollar verkauft.[68] Der nachfolgende »Crash-Trend« wird voll genützt: Erst am 10. März 2009 wird die »short position« geschlossen zu einem Preis von 48,6 Dollar.[69]

nützen. Allerdings wird diese Regel umso weniger leistungsfähig, je höhere Datenfrequenzen man verwendet; auf Basis von Intraday-Daten, beispielsweise 5-Minuten-Daten (Abbildung 9.4), funktioniert sie gar nicht mehr. Je nach den gewählten Parametern (etwa Länge der »moving averages«) produzieren die unterschiedlichen Modelle mehr oder weniger häufig Transaktionssignale: Es gibt »schnelle« Modelle, die schon auf kleine Preisbewegungen reagieren, und »langsame« Modelle, die sich auf die Ausnutzung länger anhaltender Trends spezialisieren.[70]

In den vergangenen dreißig Jahren wurden die »trading systems« zur weitaus wichtigsten Spekulationsstrategie, sie ist allgegenwärtig in den trading rooms.[71] Dazu haben mehrere Faktoren beigetragen: die »universelle« Einsetzbarkeit dieser Systeme (auf jeder Zeitskala und für sämtliche Instrumente), die Beschleunigung beim Zugang zu »real time data«, die Möglichkeit, online zu handeln, und die stetige Verbesserung der Software. Diese Faktoren begünstigen technische Handelssysteme, darunter immer mehr automatisierte Systeme, was in einer Rückkoppelung wiederum die Geschwindigkeit des Tradings erhöht.[72]

Die meisten Trader folgen nicht blindlings einem »trading system«, sondern kombinieren die Signale mit anderen Informationen, insbesondere »news«. Selbst wer solchen Systemen skeptisch gegenübersteht, muss die Signale der populärsten Modelle in verschiedenen Zeitskalen berücksichtigen, weil die meisten anderen Trader dasselbe tun (»beauty-contest«-Problematik). Auch deshalb verwenden Trader mehrere Bildschirme.

Ich habe in den letzten dreißig Jahren die Profitabilität einer großen Zahl technischer Spekulationssysteme im Handel mit Devisen (D-Mark/Dollar, Yen/Dollar und Dollar/Euro), Aktien-Futures (S&P 500, DAX) und Rohstoff-Futures (Erdöl, Weizen, Reis, Mais) untersucht.[73] Es wurden jeweils zwischen 1024 und 2580 Modelle analysiert. Der Untersuchungszeitraum erstreckte sich über 19,5 bis 48 Jahre.[74] Dabei zeigte sich: Die meisten Modelle waren profitabel; die Wahrscheinlichkeit, mit einem einzelnen Modell einen Verlust zu machen, wenn man ihm konsequent folgte, lag nahe bei null[75] – und das, obwohl Modelle häufiger Einzelverluste als Einzelgewinne produzieren.[76] (Die Gesamtprofitabilität rührt daher, dass profitable Positionen länger andauern als Verlustpositionen.) Ein weiteres wichtiges Ergebnis war, dass die Profitabilität auf Basis von Tagesdaten, nicht aber auf Basis von 30-Minuten-Daten abnimmt. Offenbar hat sich das »*trending*« zu Intraday-Daten verlagert.[77]

Die Finanzmärkte sind durch extreme Unsicherheit charakterisiert, quantitative Prognosen daher unmöglich. Technische Spekulationssysteme sind das Resultat des Suchens nach jenem Minimum an Informationen und Wissen, das ausreicht, um Gewinne zu erzielen. Das Minimum an Informationen sind vergangene Preisdaten, das Minimum an Wissen besteht im Wiederholungscharakter von Preistrends. Die Kaufs- und Verkaufssignale der Modelle enthalten keine Information, wie lang ein Trend anhält, und das Modell liefert keine Information, wann sich wieder ein Trend entwickeln wird. Angenommen wird lediglich, dass dies hinreichend oft der Fall ist.

Im Gegensatz dazu unterstellt die »*efficient market theory*« perfekte Information der rational und unabhängig voneinander handelnden Akteure (Herdenverhalten darf es nicht geben). Nur dann wird der jeweilige »*asset price*« seinem Fundamentalgleichgewicht entsprechen.[78]

Neben den »*news-based traders*« und den »*technical traders*« gibt es Akteure, die abwarten, bis sich ein Trend gefestigt hat. Sie springen erst relativ spät »auf den Zug« auf, zusätzlich motiviert durch andere Akteure (»*herding*«). Implizit ist diesem »*bandwagonist trading*« die Annahme, dass sich ein Trend »auswachsen« wird, wenn er eine bestimmte Stärke erreicht hat. Dies aber ist ein Irrtum. Die meisten Trends vergehen rasch, ihre Dauer folgt keinerlei Muster. »*Bandwagonists*« steigen daher häufig zu spät ein bzw. aus und verlieren.[79]

Die vierte Spekulationsstrategie nützt die langfristigen Schwankungen von »*asset prices*« um ihren Fundamentalwert als »Gravitationszentrum«. Dann muss es »Regionen« geben, in denen der Preis extrem über- bzw. unterbewertet ist, also »reif« für einen Richtungswechsel: Man verkauft ein »*asset*«, das man als »*overbought*« einschätzt, und kauft, wenn es »*oversold*« erscheint. Diese Strategie trägt zum »Kippen« von Bullen- bzw. Bärenmärkten bei.[80]

Kursschübe, Emotionen, Herdeneffekte und ihre »Verwertung«

Nach der Theorie effizienter Finanzmärkte sollten die Kurse einem Zufallsprozess folgen. Genau dies ist aber nicht der Fall. In mehreren Studien konnte ich zeigen, dass die markanteste Abweichung der Dynamik spekulativer Preise vom »*random walk model*« im Phänomen des »*trending*« besteht. Dafür gibt es viele Gründe: Selbst wenn alle Menschen rein rational agierten, kann jeder einzelne nicht wissen, welche Kursänderung eine neue (fundamentale) Information auslösen wird, da nicht alle über dieselben Informationen verfügen und zudem unterschiedliche Entscheidungsmodelle verwenden.

Verstärkt wird dieser Effekt dadurch, dass Emotionen wie die Gier auf Gewinn, die Angst vor Verlust, die (Schaden-)Freude, schlauer zu sein als andere, Spaß am Spekulieren an sich, Optimismus oder Pessimismus etc. besonders markant ausgeprägt sind, wenn es ums (»schnelle«) Geld geht: Neue, global verbreitete Nachrichten – egal ob über ein neues Patent einer Firma, den Ausgang einer Präsidentenwahl oder eine Naturkatastrophe – lösen bei vielen Menschen gleichzeitig Emotionsschübe aus; durch Rating-Agenturen, Wirtschaftsexperten (und deren Prognosen), internationale Organisationen und die Medien werden Herdeneffekte zusätzlich verstärkt, ohne dass man deren Kurseffekte quantifizieren könnte. Aus dem Zusammenwirken rationaler und emotionaler Faktoren auf individueller und sozialer Ebene bilden sich optimistische oder pessimistische Grundstimmungen heraus, welche die Trader seit Langem mit »*bullishness*« oder »*bearishness*« bezeichnen.

Besonders eindrücklich erlebte ich den Zusammenhang zwischen Erregung und Preisdynamik, als ich 1991 den Handel mit Erdöl-Futures an der New York Mercantile Exchange (NYMEX) beobachten durfte.[81] Damals wurde noch per »*open outcry*« gehandelt – die Trader riefen sich ihre Transaktionswünsche zu (ergänzt durch eine eigene Zeichensprache). Ich machte folgendes Experiment: Mit geschlossenen Augen versuchte ich, Preisbewegungen nach der Intensität der Schreie zu skizzieren. Die Zunahme der Lautstärke entsprach einem »Minitrend« von 10 bis 30 Sekunden, nach einem Höhepunkt kehrte (relative) Ruhe ein, verbunden mit minimalen Kursschwankungen (»*whipsaws*«).[82] Mich erinnerte dies an die Erregungskurve in Alfred C. Kinseys *Das sexuelle Verhalten des Mannes*, die ich als Jugendlicher in der väterlichen Bibliothek mit Interesse studiert hatte. Im Unterschied zum Liebesleben folgt auf den Märkten dem einen Höhepunkt bald der nächste.

Am folgenden Tag besuchte ich das *trading desk* für Öl-Derivate bei Merrill Lynch: ein kleiner Raum, es herrschte hohe Konzentration, die Trader beobachteten die Positionen unterschiedlicher technischer Modelle auf ihren Bildschirmen, telefonierten mit ihren (Groß-)Kunden aus dem *oil business* über das optimale Timing von Transaktionen. Dann gaben sie die Kauf- oder Verkaufsorders an ihre Händler am *trading floor* der NYMEX weiter. Mir wurde klar: Anders als Mainstream-Ökonomen behaupten, ist *technical trading* der rationale Versuch, das auch emotionale und sozial verknüpfte Verhalten *anderer* Marktteilnehmer auszunützen. Das Phänomen des Trends ist ja nichts als das verdichtete Resultat des Zusammenwirkens all dieser Faktoren.

Kursdynamik, technische Spekulation und »bandwagonist trading«

Auf einen von »*news*« ausgelösten Kursanstieg bzw. -rückgang folgt eine »Kaskade« von Kauf- bzw. Verkaufssignalen der »*trend-following systems*«. Zuerst produzieren die besonders kursreagiblen (»schnellen«) Modelle auf Basis hochfrequenter Kursdaten Handelssignale, zum Schluss die »langsamen« Modelle auf Basis von Stunden- oder Tagesdaten, und diese Signale verstärken in einem Rückkoppelungsprozess den Trend.

Mainstream-Ökonomen können diesen Effekt nicht sehen, weil sie nicht zwischen Arbitrage und Spekulation unterscheiden. Arbitrage merzt Preisdifferenzen *im Raum* aus: Wenn ein Finanztitel am Markt A billiger ist als am Markt B, so werde ich bei A kaufen und bei B verkaufen, einen risikolosen Gewinn erzielen, und die Preisdifferenz verschwindet.

Gäbe es vollkommene Information über die Zukunft, dann wäre Spekulation nichts anderes als Arbitrage *in der Zeit*: Wenn ich heute einen Finanztitel kaufe, weil ich *weiß*, dass sein Preis morgen höher ist, so merze ich die Preisdifferenz sogleich aus.[83] Doch die Zukunft ist unsicher und damit auch der künftige Preis. Wenn ich *vermute*, dass sich ein Finanztitel verteuern wird, dann kaufe ich. Folgen mir andere, wird dies den Preis *erhöhen* und (möglicherweise) einen Trend auslösen.

Um diesen Zusammenhang zu analysieren, habe ich am Computer das »*trading behaviour*« einer großen Zahl technischer Modelle am Aktien-, Devisen- und Rohstoffderivatmarkt simuliert.[84] Für jeden Tag (bzw. 30-Minuten-Zeitpunkt) wird ermittelt, welche Modelle eine »*long position*« und welche eine »*short position*« halten. Diese Information wird durch einen Positionsindex zwischen +100 und −100 verdichtet. Ein Wert von +100 bzw. −100 bedeutet: Alle Modelle sind »*long*« bzw. »*short*«.

Mit dem Index steigt die Netto-Nachfrage aller Modelle: »*Short positions*« werden geschlossen (durch Kauf des »*asset*«) und neue »*long positions*« eröffnet (dazu muss man nochmals kaufen). Abbildung 9.6 verdeutlicht diese

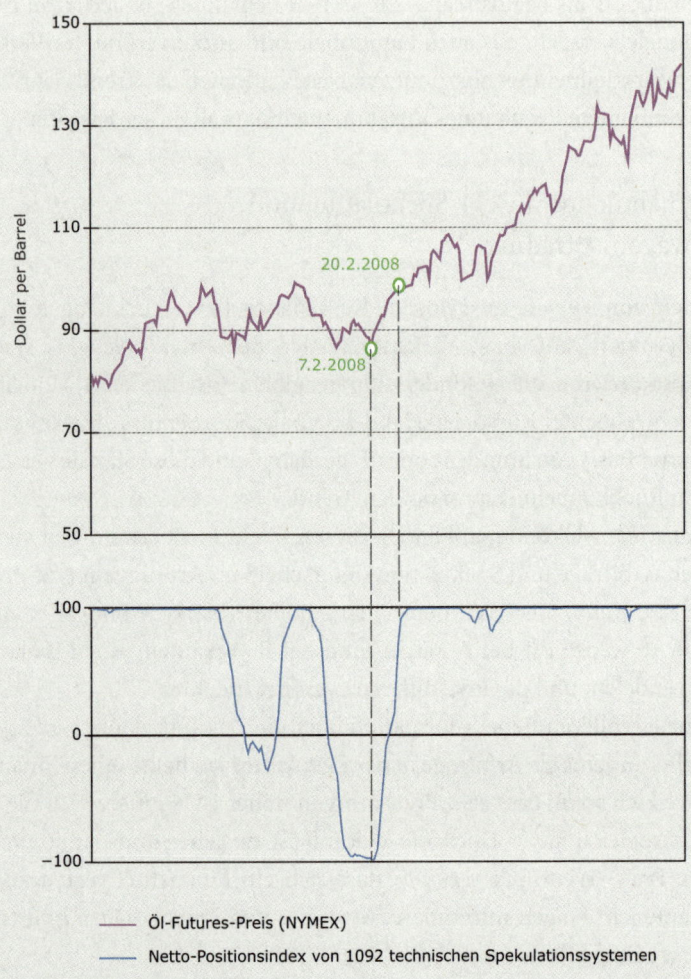

Abbildung 9.6: Wechselwirkung zwischen Ölpreisdynamik und Spekulationssystemen

Die Verwendung einer Vielzahl technischer Spekulationssysteme mit unterschiedlichen Parametern verstärkt das Muster in der Dynamik spekulativer Preise. So hielten am 7. 2. 2008 alle der untersuchten 1092 Systeme eine »short position« (als Folge des vorangegangenen Abwärtstrends stand der Positionsindex bei –100), wechselten in Reaktion auf einen Aufwärtstrend die Position (»kauften«) und verstärkten so den neuen Trend. Am 21. 2. 2008 hielten alle Modelle eine »long position« (der Positionsindex stand bei +100).

Dynamik am Beispiel von »*crude oil futures*«: In Reaktion auf einen Abwärtstrend halten Anfang Februar 2008 fast alle 1092 Modelle eine »*short position*«. Mehrere »*news*« – so prognostizierte Goldman Sachs einen Ölpreis von 200 Dollar – lösen ab dem 7. Februar eine Aufwärtsbewegung aus, darauf beginnen die »schnellen« Modelle zu kaufen, dies verstärkt den Trend, was wiederum weitere Kaufsignale auslöst. Nach zwei Wochen halten *alle Modelle* »*long positions*«, doch der Trend setzt sich noch etwa zwei weitere Wochen fort, offenbar getrieben von der Nachfrage der »*late-coming bandwagonists*«.

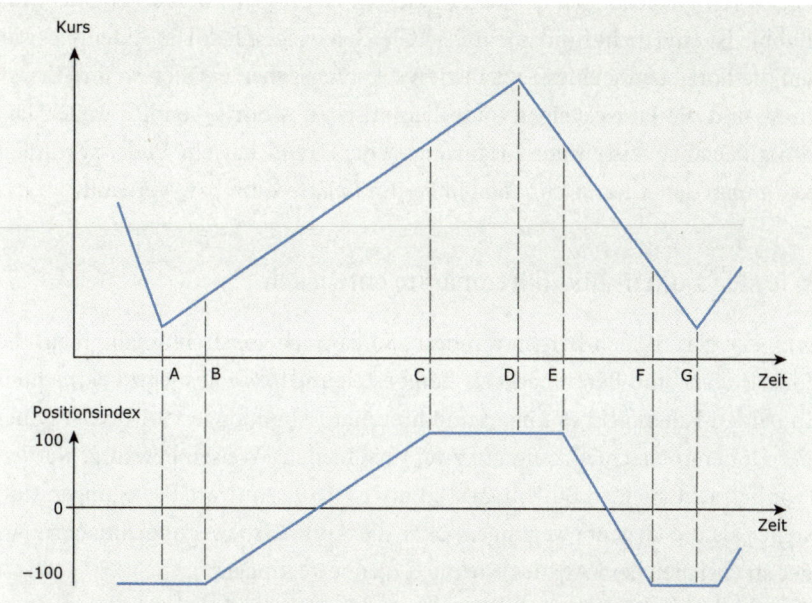

Abbildung 9.7: Entwicklung von Trends spekulativer Preise

Die Grafik stellt diese Wechselwirkungen in schematischer Form dar: Zum Zeitpunkt A veranlasst eine neue Nachricht die »*news-based trader*« zu kaufen, der Kurs beginnt zu steigen. Im Zeitpunkt B reagieren die »schnelleren« Spekulationssysteme auf den Kursanstieg mit Kaufsignalen – der Positionsindex steigt. Je länger die Kursbewegung anhält, desto mehr Modelle wechseln von »*short*« zu »*long*«, was wiederum den Kursanstieg verstärkt. Im Zeitpunkt C halten alle Modelle eine »*long position*« (der Positionsindex erreicht +100). Weitere Mitläufer springen auf den Zug auf, der Kurstrend setzt sich daher noch eine Zeit lang fort.

Da der Trend umso schwächer wird, je länger er dauert (»*the trend looses momentum*«), werden die Akteure »empfänglicher« für »*news*«, welche einen Richtungswechsel auslösen könnten. Im Zeitpunkt D ist es so weit, »*news-based trading*« lässt die Kurse fallen, ab dem Zeitpunkt E produzieren die »*trendfollowing sytems*« Verkaufssignale, und es entwickelt sich ein Abwärtstrend nach der oben skizzierten Logik.[85] Aus der Akkumulation von Trends entstehen indirekt Bullen- bzw. Bärenmärkte.

Mainstream-Ökonomen können diesen Prozess nicht verstehen, da sie in Gleichgewichtslösungen denken, in diesem Fall in der »Bubble-Logik«: Eine Bubble ist ein (nicht fundamentaler) Gleichgewichtspfad: Die Akteure erwarten die Fortsetzung eines Kursanstieges, kaufen daher, erfüllen so ihre Erwartung, und die Preise steigen – im theoretischen Modell – endlos weiter. Die Praktiker aber wissen aus Erfahrung: Jeder Trend hat ein Ende, gewinnen kann man daher nur, wenn man *in der Frühphase* kauft bzw. verkauft.[86]

Wie sich Bullen- und Bärenmärkte entwickeln

Ich gehe gern in den Bergen wandern. So kam ich vor dreißig Jahren auf die Idee, Bullen- und Bärenmarkt als Bergbesteigung bzw. -abstieg zu betrachten. In beiden Fällen geht es hinauf und hinunter (Abbildungen 9.1 bis 9.4), aber der Höhenunterschied kann auf zwei verschiedene Weisen bewältigt werden (wir betrachten einen Bullenmarkt): Entweder, die Aufwärtsbewegungen sind steiler als die Gegenbewegungen, oder die Aufwärtsbewegungen dauern länger an (bei gleichem Anstieg wie die Gegenbewegungen).

Abbildung 9.8 zeigt die beiden unterschiedlichen »Aufstiegs- bzw. Aufwertungspfade«. Der linke Pfad entspricht der Gleichgewichtstheorie: In einem effizienten Markt sind immer alle Informationen im Preis berücksichtigt (»eingepreist«), Preisbewegungen ergeben sich aus »*news*«. Sobald diese den Markt erreichen, springt der Preis *sofort* auf seinen neuen Fundamentalwert (»*at time zero*«).

Der rechte Pfad entspricht einer Welt, in der Unsicherheit, rationale und emotionale Faktoren und deren Bündelung zu »Marktstimmungen« Preistrends generieren, die von Spekulationssystemen ausgenützt und verstärkt werden. Aufwertungstrends dauern während eines Bullenmarktes länger als die Gegentrends, der jeweilige Preis steigt daher in einem stufenweisen Prozess (in einem Bärenmarkt dauern Abwertungstrends länger).

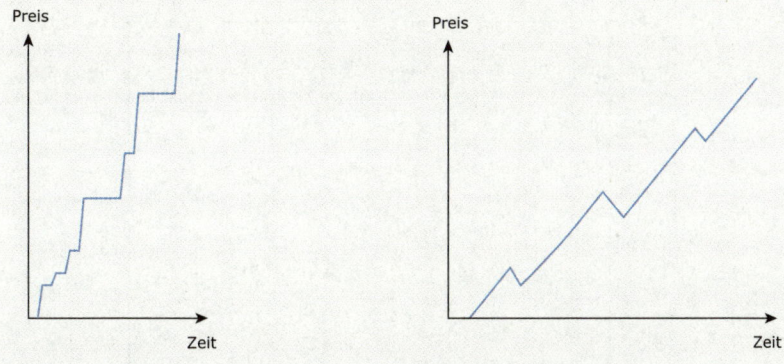

Abbildung 9.8: Zwei Muster der Entwicklung spekulativer Preise

Um zu prüfen, welchem der beiden Muster die Entwicklung spekulativer Preise eher entspricht, habe ich den Pfad von Wechselkursen (D-Mark/Dollar, Dollar/Euro, Yen/Dollar), Rohstoffpreisen (Erdöl, Weizen, Reis, Mais) und Aktienkursen (S&P 500, DAX) vermessen. Die wichtigsten Ergebnisse waren:[87]
- Bullen- bzw. Bärenmärkte entwickeln sich – in einem statistischen Sinn – deshalb, weil über einen längeren Zeitraum monotone Kursbewegungen (»*runs*«) nach oben bzw. unten länger dauern als Gegenbewegungen. Ihre Anstiege unterscheiden sich kaum.
- Der größte Teil der gesamten Aufwertung bzw. Abwertung wird in relativ wenigen, besonders ausgeprägten Trends realisiert. Solche Trends treten signifikant häufiger auf und dauern länger, als bei einem Zufallsprozess (»*random walk*«) zu erwarten wäre.

Dieses Muster stellt das Missing Link zwischen zwei Phänomenen dar: Transaktionsvolumen und damit die Geschwindigkeit des Tradings sind drastisch gestiegen (Abbildung 9.13), gleichzeitig aber auch das Ausmaß der Bullen- und Bärenmärkte und damit die Amplitude der »*long swings*« (Abbildungen 9.1, 9.2, 9.4 sowie 9.9 bis 9.12).

Die Abfolge von Bullen- und Bärenmärkten stellt die *Essenz* der langfristigen Dynamik spekulativer Preise dar. Dabei fungiert der Fundamentalwert eines »*financial asset*« nicht als Gleichgewicht, zu dem sein Preis konvergiert, sondern als »Gravitationszentrum«, um das der Preis in mehrjährigen, irregulären Zyklen schwankt. Diese wiederum ergeben sich daraus, dass sich rationale und emotionale Faktoren durch soziale Interaktion zu Marktstimmungen (Keynes'

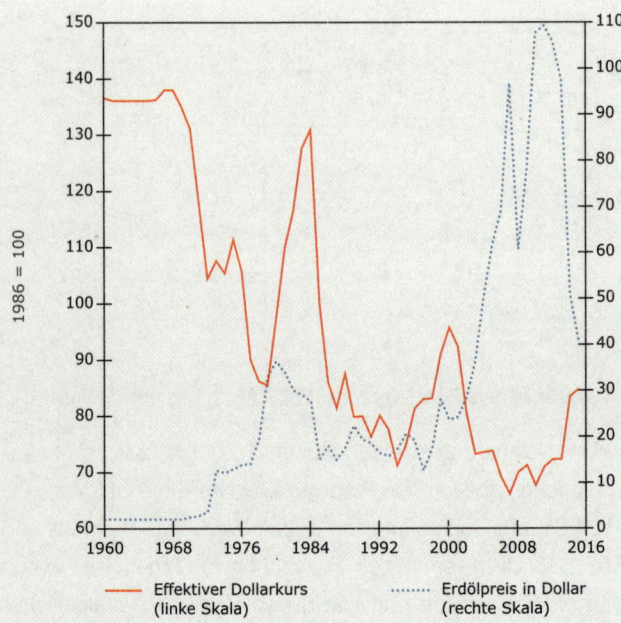

Abbildung 9.9: Dollarkurs und Erdölpreis

Nach Aufgabe fester Wechselkurse entwickelte sich zwischen 1971 und 1980 ein »Dollar-Bärenmarkt« in zwei großen »Schüben«, gefolgt von einem Bullenmarkt zwischen 1980 und 1985. Die stärkste Dollarabwertung erfolgte zwischen 1985 und 1995, danach entwickelte sich wieder ein Bärenmarkt bis zur Finanzkrise 2008. Die langfristigen Trends des Ölpreises entwickelten sich gegenläufig zu jenen des Dollars (die Abbildung ist identisch mit Abbildung 7.1, hier jedoch geht es um die Dynamik spekulativer Preise).

»market sentiment«) verdichten.[88] Ist die Stimmung »bullish«, so reagieren Trader auf positive Neuigkeiten stärker als auf negative und investieren mehr Kapital in eine »long position« als in eine »short position«. Daher dauern Aufwärtstrends länger als Gegenbewegungen, und der Kurs steigt in einem stufenweisen Prozess an. Dies befeuert wiederum die optimistische Grundstimmung.[89]

Dieses *Phänomen* bedeutet geradezu eine Verhöhnung der Gleichgewichtstheorie. Zur Vermeidung »kognitiver Dissonanzen« haben ihre Vertreter verschiedene Abwehrmechanismen entwickelt: Sie ignorieren das Phänomen, nehmen unbekannte »Schocks« an oder verwechseln Bullenmärkte mit »bubbles«. Rating-Agenturen und Wirtschaftsforscher entwickeln »Theorien«, warum die Kursanstiege (diesmal) fundamental gerechtfertigt sind und nicht einfach einen ganz »normalen« Bullenmarkt darstellen, dem ein Bärenmarkt

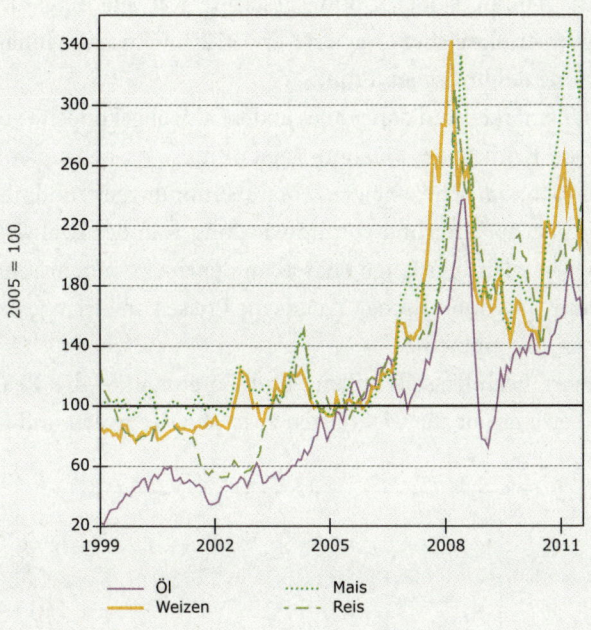

Abbildung 9.10: Dynamik der Rohstoffpreise

Auch so unterschiedliche Rohstoffe wie Erdöl, Weizen, Mais oder Reis schwanken in einer Abfolge von übermäßigen Anstiegen (»Bullenmärkte« wie 2007/2008) und übermäßigen Rückgängen (»Bärenmärkte« wie 2008/2009). Die Abbildung ist identisch mit Abbildung 2.4 und wird hier nochmals gezeigt, um die empirische Evidenz über die Preisdynamik auf den verschiedenen Spekulationsmärkten kompakt zusammenzufassen.

folgen wird (so hat man den Aktienboom der 1990er-Jahre mit den künftigen Gewinnen der Internetkonzerne – »*new economy*« – erklärt).

Doch Bullen- und Bärenmärkte verlieren, je länger sie dauern, an Dynamik. Dafür gibt es auch ökonomische (»rationale«) Gründe. So wird eine überbewertete Währung die Leistungsbilanz und das Wirtschaftswachstum des betreffenden Landes dämpfen und damit den Boden bereiten für einen »Stimmungsumschwung« von »*bullish*« auf »*bearish*«. Ein Bullenmarkt bei Rohstoffen wie Erdöl wird zu einer Ausweitung der Produktion führen (etwa durch »*fracking*«) und damit Angebot und Marktstimmung verändern.

Dazu kommen die Aktivitäten der »*overbought/oversold*-Strategien«, die in der Endphase von Bullen- und Bärenmärkten zunehmen. So hat George Soros 2000 das baldige Ende der »Internet-Bubble« prognostiziert und darauf gewettet (das Timing seiner Optionsgeschäfte war allerdings unglücklich). Ähnlich – nur erfolgreicher – agierte er 1992 im Zusammenhang mit der Überbewertung des britischen Pfund.

Die Finanzmärkte sind daher alles andere als »abgekoppelt« von der Realwirtschaft, wie Kritiker des »Kasino-Kapitalismus« oft behaupten: Trader reagieren auf ökonomische »news«, »Marktstimmungen« und ihr Wechsel bilden sich (primär) aufgrund von Entwicklungen in der Realwirtschaft. Dazwischen liegen allerdings lange Phasen, in denen »asymmetrische« Spekulation und damit »asymmetrische« Trends die Preise von ihrem jeweiligen Fundamentalwert »wegtreiben«.

Umgekehrt beeinflussen Bullen- und Bärenmärkte die Realwirtschaft, schließlich betreffen sie die wichtigsten zwischen der realen und finanziellen

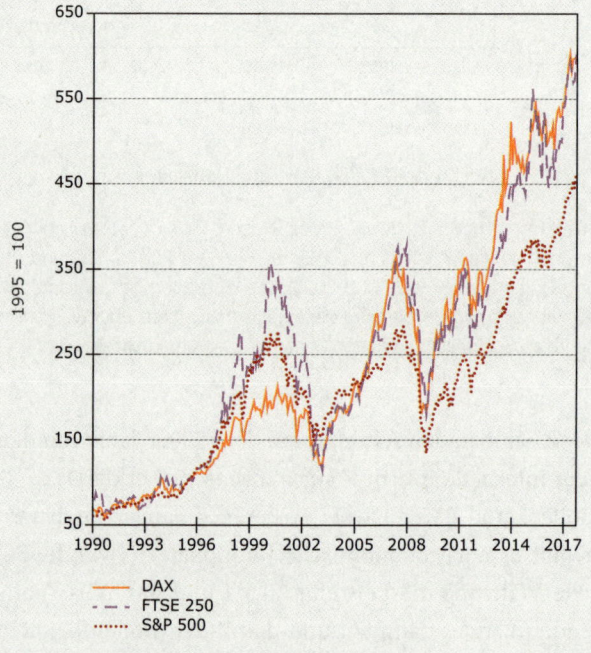

Abbildung 9.11: Aktienkurse in Deutschland, Großbritannien und den USA

Bullen- und Bärenmärkten entwickeln sich in Deutschland, Großbritannien und den USA weitgehend parallel, trotz unterschiedlicher Performance der Realwirtschaft. Der Aktienboom seit 2009 war besonders stark, entsprechend groß ist das »Absturzpotential«.

»Welt« vermittelnden Preise – den Wechselkurs im Raum und Anleihe- sowie Aktienkurse in der Zeit. So zog, wie wir gesehen haben, die Dollarentwertung der 1970er-Jahre zwei »Ölpreisschocks« samt Rezessionen (Abbildung 9.9) und die Dollaraufwertung ab 1980 die Schuldenkrise 1982 nach sich. Nach gleicher Logik entwickelte sich die Finanzkrise in Ostasien 1997, während die nachfolgende Dollarabwertung den Boom der Rohstoffpreise förderte (Abbildungen 9.9 und 9.10).

So, wie Aktien-Bullenmärkte in den 1990er-Jahren den Glauben an reale Vermögenszuwächse und den Konsumboom in den USA »befeuert« haben (Abbildungen 9.11, 13.3 und 8.3), auf die der Aktiencrash des Jahres 2000 folgte, baute sich das »Potenzial« für die große Finanzkrise 2007/08 durch drei Bullenmärkte die Immobilien-, Aktien- und Rohstoffvermögen auf (Abbildung 9.12).

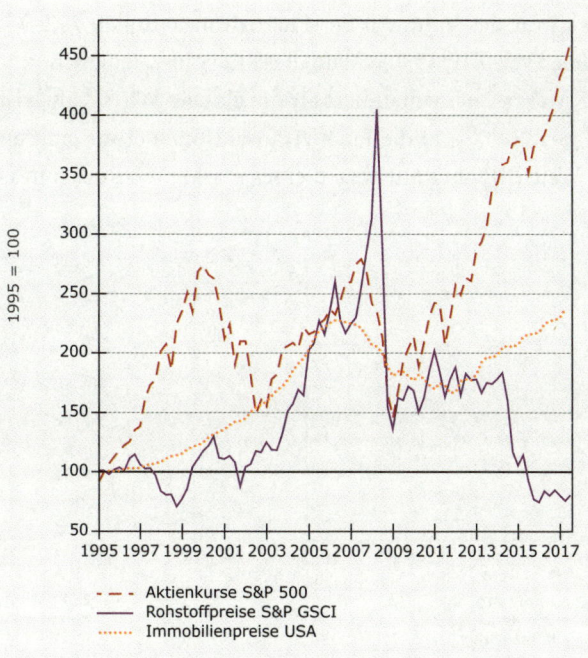

Abbildung 9.12: Verfall von Immobilienpreisen, Aktienkursen sowie Rohstoffpreisen und die große Krise

Zwischen 2002 und 2007 boomten Rohstoffpreise, Aktienkurse und Immobilienpreise gleichzeitig und bauten ein enormes »Absturzpotential« auf. Dieses wurde 2007/2008 »aktiviert« und führte in die Finanzkrise. Seither hat sich auf den Immobilienmärkten und noch mehr auf den Aktienmärkten neuerlich ein erhebliches »Absturzpotential« aufgebaut.

Manisch-depressiv Kranke brauchen Sedierung und Therapie. Dies gilt erst recht für die Finanzmärkte, deren Schwankungen Hunderten Millionen Menschen Unglück gebracht haben.

Mainstream-Ökonomen denken in Gleichgewichten und – bei Abweichungen durch »Schocks« – in Konvergenzprozessen zum Gleichgewicht, dies beschränkt den Erkenntnisraum. Ergänzend relativieren sie die mehrjährigen Abweichungen der Wechselkurse von der Kaufkraftparität mit der Feststellung, dass die Kurse im langfristigen Durchschnitt ihrem Fundamentalwert entsprächen – wie wenn ein Psychiater seinen manisch-depressiven Patienten mit der Diagnose tröstet: Im Durchschnitt sind Sie gesund!

Boom der Finanztransaktionen

Im Jahr 2007 war das Volumen der Finanztransaktionen 73,5 Mal höher als das nominelle Welt-BIP, 1990 betrug diese Relation »lediglich« 15,3 – sie sind somit fast 5 Mal rascher expandiert als die globale Wirtschaftsleistung (Abbildung 9.13). Seit 2007 sind die Finanztransaktionen etwas langsamer gewachsen als das Welt-BIP, aber nur wegen eines markanten Rückgangs in den USA

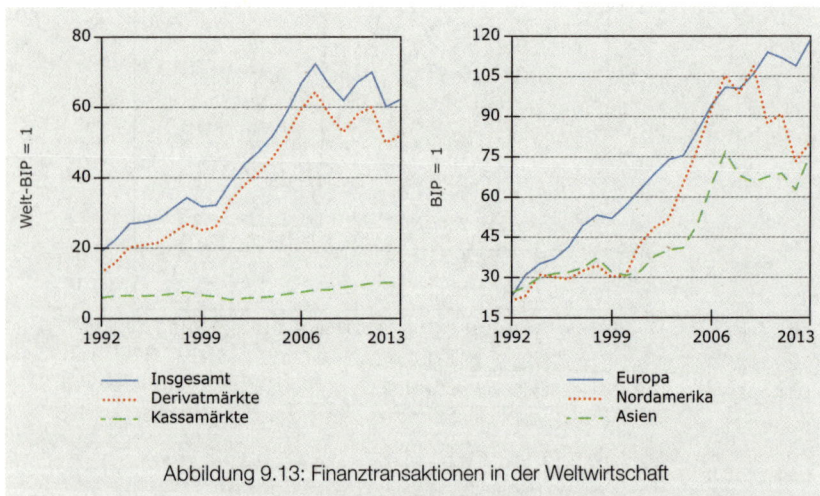

Abbildung 9.13: Finanztransaktionen in der Weltwirtschaft

Das Volumen der Finanztransaktionen ist bis zur Finanzkrise 2008 auf mehr als das Siebzigfache des Werts der Weltproduktion gestiegen. Diese Zunahme erstreckte sich ausschließlich auf Derivate. Nur in Europa ist das Transaktionsvolumen auch nach der Finanzkrise weiter stärker gestiegen als das BIP.

infolge von Regulierungen (»Frank-Dodd-Act«). In Europa haben sie weiter zugenommen, ihr Volumen erreichte 2013 das 120-Fache des BIP. Spot-Transaktionen, also der Handel mit »echten« Aktien, Anleihen und Devisen (»Kassamärkte«), haben nur etwa so stark zugenommen wie das Welt-BIP, die Aktivitäten auf den Derivatmärkten sind hingegen drastisch gestiegen (Abbildung 9.13): 2007 war das Transaktionsvolumen beim Börsenhandel mit Futures und Optionen 43,4 Mal so hoch wie das Welt-BIP.

Das Volumen des Handels mit Finanzderivaten und sein exorbitanter Anstieg bedeuten: Der größte Teil der Handels entfällt auf spekulative Transaktionen – für die Absicherung realwirtschaftlicher Aktivitäten (Hedging) reichen nämlich Transaktionen im maximalen Ausmaß des zweifachen BIP (jede Absicherung involviert zwei Derivattransaktionen) –, und die Preiserwartungen der Marktteilnehmer weichen hochgradig voneinander ab. Denn bei rationalen und damit gleichen Erwartungen fehlen die »*trading opportunities*«.[90]

Gewinner und die Verlierer im Finanzhandel

Die professionellen Trader bei Banken und Hedgefonds machen Gewinne – zwar nicht jeder einzelne, wohl aber in ihrer Gesamtheit (die »Finanzalchemiebanken« wie Goldman Sachs oder Deutsche Bank weisen regelmäßig Gewinne in diesem Geschäftsbereich aus). Daher müssen die Amateurspekulanten in ihrer Gesamtheit die Verlierer sein: Sie können nicht permanent auf das Marktgeschehen reagieren, sie haben nicht genügend Kapital, um Verlustphasen durchzustehen, können kein systematisches Risikomanagement betreiben und haben weniger Zugang zu Insiderinformation.

Viele Amateure unterschätzen die Komplexität des Spekulierens, auch aus Gier. So werden ihnen auf »Lernen-Sie-die-Kunst-des-Tradens«-Seminaren (ich habe einige besucht) Grafiken vorgeführt wie jene in den Abbildungen 9.1, 9.2 oder 9.4. Am Beispiel der Trends wird gezeigt, wie leicht es sei, Spekulationsgewinne zu erzielen. Die wenigsten begreifen, dass es sich um »Ex-post-Darstellungen« handelt – im Vorhinein weiß niemand, wann sich ein Trend entwickeln und wie lange er anhalten wird.

Ein ähnlicher Fehler besteht in der »Optimierung« technischer Modelle: Mithilfe von Trading-Software kann man – ex post – Millionen Modellkombinationen austesten. Wählt man dann jene Modelle, mit denen man (in der Vergangenheit) den maximalen Gewinn erzielt *hätte*, wird man Schiffbruch erleiden: Dies sind solche Modelle (meist mit »exotischen« Parameterkombinationen), die *nur zufällig* auf Basis der vergangenen Daten hohe Profite erzielt hätten (erfahrene Trader verwenden bewährte Modellparameter).

Um ein Bild zu verwenden: Relativ wenige »Hirten« (professionelle Trader) führen viele »Schafe« auf die Weide, dort werden sie geschoren. So entsprechen den Gewinnen von vielleicht 50 000 »Profis« (Banken, Hedgefonds, Industriekonzerne) die Verluste von Millionen Schafen.[91]

Wenn die Amateure in ihrer Gesamtheit die Verlierer sind, warum expandiert das Spiel dann weiter? Warum ziehen sich die geschorenen Schafe nicht zurück bzw. werden eliminiert, wie Friedman argumentiert hatte?[92] Warum kommen immer neue Schafe auf die Weide? Erstens vermittelt *das Spiel an sich* für viele Spannung. Schließlich verlieren auch die meisten Lottospieler oder Kasinobesucher ihren Einsatz und machen doch weiter. Und so, wie diese eine »Pechsträhne« wettzumachen versuchen, fordert ein Spekulationsverlust dazu heraus, *das nächste Mal* den Markt zu besiegen (»*to beat the market*«), zumal die meisten Amateurspieler über genügend Einkommen verfügen, um das verlorene Spielkapital zu ersetzen (in den USA heißen sie im Trader-Jargon »*the dentists and doctors*«). Außerdem sind die Spekulationsmagazine voll von Artikeln darüber, wer mit welchem System wie viele Millionen gemacht hat – wer sein Vermögen verloren hat, behält das lieber für sich. Die Kunde von den Gewinnern und das Schweigen der Lämmer über ihre Verluste führen den Märkten stetig »frisches Blut« zu. Einzelne Verlierer lernen zwar und ziehen sich zurück, der Zustrom neuer Spieler ist aber meist größer.

Nach fast fünfzig Jahren zunehmend »befreiter« Finanzmärkte ist der empirische Befund über die Preisdynamik auf diesen Märkten desaströs für die herrschende Theorie: Die Preise folgen keinem Zufallsprozess (»*random walk*«), die »freiesten« Märkte sind nicht einmal schwach effizient, und die jeweils herrschende Marktstimmung (»*bullish*«/»*bearish*«) beeinflusst die Bildung von Trends, die es der Theorie zufolge gar nicht geben dürfte.

Am Beispiel der Erwartungsbildung, des Transaktionsverhaltens und der Preisdynamik auf Finanzmärkten offenbaren sich die fundamentalen und irreparablen Schwächen der idealistischen Wirtschaftstheorie: Sie vernachlässigt die Rolle von Unsicherheit, den Einfluss von Emotionen und soziale Interaktion. Innerhalb ihrer Gleichgewichtswelt sind sie dem Fleck'schen »Denkzwang« unterworfen und haben den Realitätsbezug verloren. Die indirekten Verluste, welche die Gesellschaft insgesamt als Folge der »Ent-Fesselung« der Finanzmärkte erlitten hat, sind daher unvergleichlich größer als die direkten Verluste der erfolglosen Spekulanten.

Verhaltensökonomie: »Anomalien« nähren den Zweifel

In den letzten vierzig Jahren hat sich mit der »*behavioral finance*« bzw. der »*behavioral economics*« (Verhaltensökonomie) eine Forschungsrichtung entwickelt, welche die Annahmen der Neoklassik infrage stellt und »nicht rationales« Verhalten zu erklären versucht.

Die »Initialzündung« gaben zwei Psychologen, Daniel Kahneman und Amos Tversky, schon in den 1970er-Jahren. Mit psychologischen Experimenten untersuchten sie, wie Menschen unter Unsicherheit Erwartungen bilden und Entscheidungen treffen. Demnach suchen Menschen nicht mit optimalen Methoden nach optimalen Lösungen, sondern verwenden heuristische Verfahren, um die Komplexität von Entscheidungen zu reduzieren.[93]

Die wichtigste Aussage ihrer »*prospect theory*« besteht darin, dass Menschen eine hohe »Verlustaversion« haben, also den Schaden bei einem (erwarteten) Verlust von – sagen wir – 100 Euro höher bewerten als den Nutzen eines Gewinnes von 100 Euro. Damit lässt sich zum Beispiel erklären, weshalb Menschen eine Aktie mit sinkendem Kurswert nicht verkaufen: Sie wollen die Realisierung des Verlustes vermeiden – und erleiden in der Folge noch viel höhere Verluste.[94]

Auch ein übersteigertes Vertrauen in die eigenen Fähigkeiten (*overconfidence*),[95] die Orientierung an bestimmten Referenzwerten (*anchoring*),[96] Herdenverhalten[97] und das damit verbundene Phänomen der Bullen- und Bärenmärkte[98] können Entwicklungen auf Finanzmärkten erklären, die der Gleichgewichtstheorie widersprechen. So reagieren »*asset prices*« auf »*news*« zunächst zu schwach (»*short-term underreaction*«), danach folgt oft ein Trend, der den Kurs »überschießen« lässt (»*long-term overreaction*«). Das erste Phänomen kann man etwa auf eine konservative Haltung zurückführen, das zweite Phänomen mit »Erwartungsregimen« erklären: Entweder die Akteure erwarten einen Trend, dann kommt es zur »*overreaction*«, oder sie erwarten eine Gegenbewegung, dann bleibt es bei der »*underreaction*«.[99]

Mit der »*overconfidence*« der Investoren in den Wert ihrer (vermeintlich) speziellen Informationen (von denen sie glauben, dass die anderen Marktteilnehmer sie nicht kennen) lassen sich auch die »*underraction*« und »*overreaction*« von Vermögenspreisen erklären, ebenso wie das hohe Volumen an Finanztransaktionen (»*overtrading*«). Dabei erzielen jene, die oft »*traden*«, geringere Renditen als jene, die dies seltener tun.[100]

Da die meisten Vertreter der »*behavioral finance*« der Neoklassik verhaftet sind, klassifizieren sie ihre Beobachtungen als einzelne »Anomalien«. Das »business as usual« auf Finanzmärkten wie die ganz »normale« Verwendung technischer Spekulationssysteme unter der Bedingung elementarer Unsicherheit wird hingegen vernachlässigt, da beides den Grundannahmen der Gleichgewichtstheorie widerspricht.

Berücksichtigt man Unsicherheit und die Tatsache, dass die meisten Transaktionen von technischen Spekulationssystemen ausgelöst werden, lassen sich die »Anomalien« einfacher und realitätsnäher erklären als mit den Theorien der »*behavioral finance*«: Bei Unsicherheit kann es – nach Eintreffen einer »*news*« – kein exaktes Wissen über den neuen Fundamentalwert geben. Jeder weiß, dass ihn auch die anderen nicht kennen. Setzt sich ein Aufwertungstrend (aufgrund einer *Richtungs*erwartung) durch, so wird der Kurs zu steigen beginnen (siehe Kapitel 2). Zunächst langsam, weil die »*trend-following models*« nicht sogleich den Trend erfassen (dies erklärt die »*underreaction*«), dann – ausgelöst durch die »Kaskade« an Kaufsignalen der automatischen Systeme – beschleunigt, bis er an Kraft verliert, weil diese Systeme nicht mehr weiter kaufen (Abbildung 9.7). Die »*late-coming bandwagonists*« verlängern den Trend (dies erklärt die »*overreaction*«), bis er schließlich immer schwächer wird und durch die Verkäufe der »*contrarian trading systems*« und »*news*« zum »Kippen« gebracht wird. Wer glaubt, den Fundamentalwert zu kennen, und bereits bei seinem (vermuteten) Erreichen »aussteigt«, würde auf jene Profite verzichten, die das »*overshooting*« ermöglicht (»Profitrationalität« und »Modellrationalität« sind verschieden).

Auch das exzessiv hohe Handelsvolumen auf den Finanzmärkten lässt sich mit den »*trading signals*« computergesteuerter Systeme besser erklären als durch die »*overconfidence*« der Amateure. Denn deren Transaktionen machen nur einen Bruchteil des Handelsvolumens aus.

Dass die Verhaltensökonomen das »*technical trading*« ignorieren, ist auch deshalb denkwürdig, weil diese heuristischen Verfahren genau jene Fehler zu vermeiden suchen, welche die »*behavioral finance*« als typisch für Finanzinvestoren identifiziert: Die Handelssignale zwingen die Trader, Verluste zu realisieren, statt diese wegen der »*loss aversion*« anwachsen zu lassen,[101] und sie verhindern, dass Trader – verleitet durch ihre »*overconfidence*« – in einer Boomphase weiter kaufen bzw. bei starkem Kursverfall weiter verkaufen (denn jedes Modell generiert immer nur *ein* Signal pro Trend). Generell besteht ein Ziel der »*trading systems*« darin, die eigenen Emotionen unter Kontrolle zu halten, um so die *Emotionen anderer Trader* ausnutzen zu können.

Ob ein Verhalten »rational« oder »irrational« ist, hängt vom systemischen Kontext ab: In einer unsicheren Welt, in der Menschen als rationale und emotionale sowie als individuelle und soziale Wesen agieren, ist das Verhalten eines »*technical trader*« rational. In der idealistisch-neoklassischen Welt ist es hingegen irrational. Der Gedanke, dass nicht der »*noise trader*« irrational handelt, sondern der ihn bewertende Ökonom, kann von Letzterem nicht gedacht werden. Wären die Ökonomen der »*behavioral finance*« zum Schluss gekommen, dass die Verwendung technischer Systeme unter realistischen »Umweltbedingungen« rational ist, dann hätten sie die Gleichgewichtstheorie als Referenzsystem verworfen und wären vom neoklassischen Denkkollektiv ausgeschlossen worden.

Keynes war mit der gleichen Problematik konfrontiert: Um seine Kollegen zu neuen Gedankengängen zu führen, musste er sie dort abholen, wo sie sich befanden, in der Gleichgewichtstheorie. Seine radikale Kritik an der Finanzspekulation formulierte er daher abgesondert in Kapitel 12 seiner *General Theory*. Dadurch konnten die Neoklassiker »diesen Keynes« allerdings leichter verdrängen.

Den »intellektuellen Kompromiss« vieler »*financial behavioralists*« mit dem Mainstream verdeutlichen zwei Zitate. So schreibt Andrew Lo, mit seiner »*Adaptive Market Hypothesis*« sei es möglich zu erklären, weshalb »Marktpreise (...) bisweilen aufgrund von starken emotionalen Reaktionen wie Furcht und Gier von der rationalen Preisbildung abweichen können«.[102] Das bedeutet im Umkehrschluss, dass die auf Finanzmärkten gebildeten Preise »im Normalfall« rationale Erwartungsgleichgewichte darstellen.

Für Nobelpreisträger Richard Thaler ist die Theorie effizienter Finanzmärkte »ein höchst nützliches, für die Geschichte der Erforschung von Finanzmärkten unentbehrliches Konzept«.[103] In Wirklichkeit hat diese Theorie

Ökonomen *erblinden* lassen, sie können die zentralen Merkmale der Dynamik von »asset prices« ebenso wenig sehen wie die Dominanz kurzfristiger Trends, ihre Akkumulation zu Bullen- und Bärenmärkten und deren Folgen für die Realwirtschaft.

In einem wichtigen Buch haben Roman Frydman und Michael Goldberg die *Imperfect Knowledge Economics* entwickelt.[104] Sie zeigen: Wenn man *lediglich* die Annahme vollkommener Information aufgibt, können Marktprozesse einen »asset price« von seinem Fundamentalwert abweichen lassen und »long swings« generieren. Und zwar auch dann, wenn man einen Einfluss von Emotionen ausschließt.[105]

Berücksichtigt man die empirische Evidenz in ihrer Gesamtheit – von der Dominanz des »technical trading«, dem Einfluss von »Marktstimmungen«, der Dominanz von Richtungserwartungen bis zur Akkumulation kurzfristiger Trends zu Bullen- und Bärenmärkten und ihren Folgen für die Realwirtschaft –, dann kann es nur einen Befund geben: Die Theorie effizienter Finanzmärkte und rationaler Erwartungen ist ein kompletter und irreparabler Unsinn.

Auf dem Weg zur Bestattung des *homo oeconomicus*

Aber ist es möglich, ökonomische Theorien zu entwickeln, die das Verhalten von Menschen als rationale *und* emotionale, als individuelle *und* soziale Wesen berücksichtigen, und zwar in einer *unsicheren* Welt?

Natürlich geht das! Gerade die großen Ökonomen wie Adam Smith, John Stuart Mill, Karl Marx oder John Maynard Keynes haben ihr Leben lang an »menschengerechten« Theorien gearbeitet. Zwar sind Theorien Vorstellungen und daher prinzipiell nicht »wahr« und in der Ökonomie mehr als in jeder anderen Wissenschaft von Erkenntnisinteressen mitgeprägt, doch kann konkretes und reflektierendes Denken das Ausmaß ideologischer Verzerrungen in Grenzen halten.

Die Theorien von Daniel Kahneman und Amos Tversky sind ein gutes Beispiel. Auf Basis unzähliger psychologischer Experimente haben sie die empirische Evidenz über Erwartungsbildung und Entscheidungsfindung von Menschen unter Unsicherheit erarbeitet und in einem einfachen Modell formuliert (die formalisierte Darstellung der »prospect theory« dürfte ihre Akzeptanz durch Ökonomen begünstigt haben). Eine Reihe von »Verhaltensökonomen« haben diesen Forschungsansatz vertieft und ausgeweitet.[106] Sie stellen das Konzept des *homo oeconomicus* radikal infrage und untersuchen jene Motive menschlichen Handelns, welche die Neoklassik ausgeblendet hat: soziale Interaktion durch Konkurrenz und Kooperation, die Berücksichtigung der Interessen anderer Menschen, die Arten altruistischen Verhaltens (bedingungslos oder »reziprok«), den Stellenwert von »Fairness« und des Gemeinschaftlichen, die Rolle von Emotionen auf individueller und sozialer Ebene (etwa die Bildung von Vertrauen) etc.

Die Forschungsmethode der Verhaltensökonomik (»*behavioral economics*«) ist induktiv, das empirische Material wird zunächst in Laborexperimenten erarbeitet: Menschen werden mit bestimmten Aufgaben konfrontiert (Annahme oder Ablehnung von Wetten, Verhalten in Konflikten wie dem »Gefangenendilemma« oder in »Spielen« wie dem »Ultimatum Game« oder dem »Trust Game«), dann wird geprüft, ob und in welcher Weise das Verhalten der Probanden von jenem des *homo oeconomicus* abweicht.

Je mehr die ökonomische Verhaltensforschung ausgeweitet und vertieft wurde, umso offensichtlicher wurde: Die Abweichungen stellen den »Normalfall« dar, der *homo oeconomicus* erwies sich als intellektuelle »Anomalie«. Die Neoklassik dient daher immer weniger als Referenzmodell, vielmehr wird ökonomisches Verhalten in seinen vielfältigen Erscheinungen untersucht.

Im Zuge dieses Prozesses gewann interdisziplinäres Arbeiten an Bedeutung, zunächst mit Psychologen, dann mit Neurowissenschaftlern und Anthropologen. So entstand eine neue Forschungsrichtung, die *Neuroeconomics*, deren Ziel es ist, die Zusammenhänge zwischen ökonomischem Verhalten, seinen kognitiven und emotionalen Faktoren und den Aktivitäten des menschlichen Gehirns zu erforschen.[107] All dies ist »*work in progress*«. Doch der Hauptbefund ist bereits jetzt eindeutig: Die Grundannahmen der Gleichgewichtstheorie stellen keine näherungsweisen Vereinfachungen der Realität dar, sondern ihre umfassende Verleugnung.[108]

Für das vorliegende Buch am wichtigsten sind die Forschungsergebnisse zur Frage, unter welchen Bedingungen soziale Interaktion zu kooperativen bzw. nicht kooperativen Lösungen führt. Dabei wird angenommen, dass manche Menschen nur eigennützige Präferenzen haben (»Egoisten«) und andere »soziale Präferenzen« (ihnen ist *auch* ein »faires« Gesamtergebnis wichtig – »*fair-minded players*«). Wie sich zeigt, kommt es weniger auf die Verteilung von »Egoisten« und »*fair-minded players*« an als auf die »strategische Umgebung« (also das, was ich als »Spielanordnung« bezeichne): Bei bestimmten

Spielen bzw. Spielanordnungen kann eine kleine Minderheit von »Egoisten« erreichen, dass sich auch die Mehrheit der »*fair-minded players*« komplett egoistisch verhält. Bei anderen Spielanordnungen kann umgekehrt eine Minderheit von »*fair-minded players*« die Mehrheit der »Egoisten« zu kooperativem Verhalten nötigen.[109]

Analysen der Bedingungen von kooperativer und nicht kooperativer Interaktion bestätigen die obigen Ergebnisse.[110] Sie lassen sich am Beispiel verschiedener Variationen des »Gefangenendilemmas« verdeutlichen: Räumlich entfernt leben zwei Personen, A und B, jeder besitzt ein Gut, das er mit 10 bewertet; das Gut des anderen bewertet jede mit 20. Sie einigen sich auf einen Tausch, bei dem jeder gewinnt. Einer der beiden (B) ist ein »*strong reciprocator*« (»Wie ich dir, so du mir«), der andere (A) ein »Egoist«. Wenn beide die Präferenzen des anderen kennen und gleichzeitig versendet werden soll, unterbleibt der Tausch (B weiß ja, dass A nichts versenden wird). Wird hingegen hintereinander versendet, so wird A sein Gut versenden, weil er auf die Gegensendung von B vertrauen kann. So wird eine kooperative Lösung zu beiderseitigem Vorteil erreicht.

Erweitert man das Beispiel auf viele Personen samt wiederholtem Tausch, zeigt sich: Selbst wenn A und B komplette »Egoisten« sind, werden sie sich kooperativ verhalten (ihr Gut versenden), solange sie *glauben*, dass die Mehrheit der Mitmenschen »Reziprokatoren« sind. Dieser Effekt wird verstärkt, wenn soziales Verhalten in der Gesellschaft hohe Reputation genießt. Denn dadurch steigt das Vertrauen der Egoisten darauf, dass sich die meisten anderen Player kooperativ verhalten werden – und dann zahlt sich ein solches Verhalten auch für die »Egoisten« aus.[111]

Wenn der *Glaube* an »reziprokes« Verhalten der jeweils anderen Menschen so wichtig ist für das eigene soziale Verhalten, stellt sich die Frage: Welche *gesellschaftlichen* Faktoren stärken ein solches (Grund-)*Vertrauen*, welche schwächen es? Diese Frage kann die Verhaltensökonomie nicht beantworten, da ihr Forschungsansatz mikroökonomisch ist.[112] Doch eine Studie, in deren Rahmen die ökonomischen Interaktionen innerhalb von fünfzehn indigenen Gruppen in Südamerika, Asien und Afrika verglichen wurden, erlaubt erste Hinweise.[113] Es zeigte sich, dass die Bereitschaft zu kooperativem Verhalten umso größer war, je mehr die produktiven Aktivitäten in der Gruppe die Zusammenarbeit mit Nicht-Verwandten erforderten und je wichtiger der Tausch auf (Güter-)Märkten war. Diese Ergebnisse bestätigen meine Überlegungen über den »sozialen Eigennutz« der Akteure in der Realwirtschaft, deren Erfolg ja immer die Berücksichtigung der Interessen anderer verlangt, seien es Mitarbeiter, Lieferanten oder Kunden. Das Trading auf Finanzmärkten fördert hingegen nicht kooperatives Verhalten, denn es gilt die Logik: Je mehr die anderen verlieren, desto mehr gewinne ich.

Ist also das Gespenst des *homo oeconomicus* schon vertrieben? Keinesfalls, es treibt in den Empfehlungen an die Wirtschaftspolitik, insbesondere in den Regelwerken der EU wie dem Fiskalpakt oder dem Statut der EZB, nach wie vor sein Wesen. Denn sie basieren auf einer Theorie, in der unfreiwillige Arbeitslosigkeit, Finanzkrisen, Bullen- und Bärenmärkte etc. »*by construction*« nicht entstehen können. Und die Vertreter dieser Makro-Theorie ignorieren die Ergebnisse der »*behavioral economics*«, zumal diese »nur« die Mikroökonomie betreffen.[114]

Auf welche Weise verursachen die manisch-depressiven Schwankungen der Finanzmärkte und die neoliberale Wirtschaftspolitik das Entstehen und Anwachsen der beiden »Zwillingsprobleme« Arbeitslosigkeit (samt prekärer Beschäftigung) und Staatsverschuldung?

10. ZWILLINGSPROBLEME:
ARBEITSLOSIGKEIT UND STAATSVERSCHULDUNG

Für Mainstream-Ökonomen sind Arbeitslosigkeit und Staatsverschuldung zwei eigenständige Probleme: Arbeitslosigkeit entsteht, wenn sich die Arbeitsmärkte nicht frei entfalten können und durch zu hohe Lohnansprüche der Arbeitnehmer, kollektive Lohnbildung (Tarifverträge) oder Regulierungen wie Kündigungsschutz oder Mindestlöhne aus dem Gleichgewicht geraten. Staatsverschuldung wird durch übermäßige Sozialleistungen, generelle »Kompetenzüberschreitungen« des Staates und eine ineffiziente Bürokratie verursacht. In beiden Fällen helfen nur »Strukturreformen«: Deregulierung des Arbeitsmarktes und Verschlankung des (Sozial-)Staates.

In systemischer Sicht haben beide Probleme eine *gemeinsame Ursache*: Die Verlagerung des Gewinnstrebens auf Finanzinvestitionen dämpft die Realkapitalbildung und damit die Schaffung (»guter«) Arbeitsplätze. Gleichzeitig »dreht« der Unternehmenssektor seinen Finanzierungssaldo von einem Defizit (Aufnahme von Investitionskrediten) in einen Überschuss (Akkumulierung von Finanzkapital). Da auch die Haushalte Überschüsse erzielen, »erleidet« der Staat ein Defizit (insbesondere in Gestalt gedämpfter Steuereinnahmen und höherer Sozialausgaben).

Vergleichen wir die neoliberale und die systemische Erklärung von Arbeitslosigkeit und Staatsverschuldung am Beispiel der Nachkriegsgeschichte.

Mehr Sozialstaat und weniger Schulden – wie geht das?

Nachdem in Europa um 1960 Vollbeschäftigung erreicht war, wurde der Sozialstaat (weiter) ausgebaut, die Staatsschuldenquote sank (Abbildung 5.1), dabei waren die Arbeitsmärkte stärker reguliert als heute, und die staatliche Verwaltung war weniger effizient. Da sich das Gewinnstreben nur in der Realwirtschaft entfalten konnte, weiteten die Unternehmen ihr Realkapital stetig aus (Abbildung 8.1). Sie finanzierten die Investitionen nicht nur durch (einbehaltene) Gewinne, sondern zusätzlich durch Kredite, »machten« also Defizite, die den Überschüssen der Haushalte (ihrem Sparen) entsprachen. Beide lagen in Deutschland zwischen 1960 und 1973 bei etwa 7 Prozent des BIP (Abbildung 10.1). Die Haushalte legten, verkürzt gesagt, ihr Erspartes im Finanzsektor an, und die Unternehmer verwandelten es via Investitionskredite in Realkapital und Arbeitsplätze.

In den USA war diese Dynamik weniger ausgeprägt als in Europa. Zwar machten auch die US-Unternehmen Defizite, doch lagen sie nur zwischen 1 Prozent und 3 Prozent des BIP.[115] Die Überschüsse der Haushalte waren deutlich höher (etwa 5 Prozent des BIP), bei ausgeglichener Leistungsbilanz betrug das Defizit des Staates durchschnittlich 3,5 Prozent (Abbildung 10.2).

Die inländischen Sektoren einer Volkswirtschaft, also die (nicht finanziellen) Unternehmen, die Finanzinstitutionen, die privaten und öffentlichen Haushalte, bilden gemeinsam mit dem Auslandssektor ein geschlossenes System. Daher ist die Summe aller Überschüsse (»*flows*«) bzw. Finanzforderungen (»*stocks*«) gleich der Summe aller Defizite bzw. Finanzschulden.[116] Soll der Staat seine Schulden senken, müssen andere Sektoren ihre Forderungen reduzieren oder ihre Schulden erhöhen.[117]

Dazu ein konkretes Beispiel: 1973 hatte der Unternehmenssektor in Deutschland ein Defizit von 8,2 Prozent des BIP und der Staat einen Überschuss von 1,2 Prozent (Abbildung 10.2). Als Folge von Ölpreisschock und Rezession verringerten die Unternehmen ihr Defizit um nahezu 5 Prozentpunkte des BIP, gleichzeitig »erlitt« der Staat eine Verschlechterung seines Saldos um nahezu 7 Prozentpunkte.

In der Prosperitätsphase waren die außenwirtschaftlichen Salden der Länder generell klein, auch die Leistungsbilanz Deutschlands war annähernd ausgeglichen (Abbildung 10.1). Da die Überschüsse der Haushalte von den Unternehmern in Form von Defiziten übernommen wurden, hatte der Staat einen ausgeglichenen Haushalt.[118] Bei Vollbeschäftigung wachsen die Einnahmen an Steuern und Sozialabgaben stetig, und der Aufwand für Arbeitslose ist gering. So blieben genügend Mittel übrig, um die Infrastruktur zu verbessern und den Sozialstaat auszubauen, was wiederum das Wirtschaftswachstum stärkte. Die Staatsschuldenquote sank in Westeuropa bis in die 1970er-Jahre, der Rückgang folgte dem der Arbeitslosigkeit (Abbildung 10.6).[119]

Unter realkapitalistischen Rahmenbedingungen gab es zwanzig Jahre lang keine ausgeprägten Rezessionen, also brauchte es auch keine antizyklische Geldpolitik. Diese hat nämlich – entgegen ihren Intentionen – einen *destabilisierenden* Effekt auf die Gesamtwirtschaft. Wird etwa zur Dämpfung einer »überhitzten« Konjunktur der Leitzins erhöht, sodass der Kreditzins von 5 Prozent auf 6,5 Prozent steigt, nehmen die Zinszahlungen der Schuldner bei

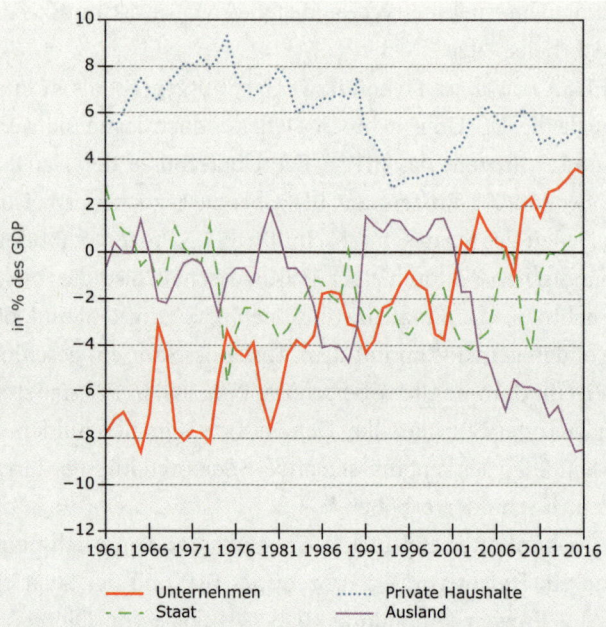

Abbildung 10.1: Gesamtwirtschaftliche Finanzierungssalden in Deutschland

In den 1960er Jahren war das Defizit der Unternehmen mittelfristig so hoch wie der Überschuss der Haushalte, der Staat hatte einen ausgeglichenen Saldo, ohne zu sparen. In Rezessionen wie nach dem »Ölpreisschock« 1973 sinkt das Defizit der Unternehmen, und jenes des Staates steigt. Langfristig dämpften finanzkapitalistische Anreizbedingungen die Investitions- und Kreditbereitschaft der Unternehmen, ihr Defizit sank und »drehte« sich vor fünfzehn Jahren in einen Überschuss. Nun hat das Ausland ein Defizit gegenüber Deutschland: Seit Einführung des Euro steigen seine Überschüsse in der Leistungsbilanz, der »Exportweltmeister« trug so zum Entstehen der Eurokrise wesentlich bei.

flexibler Verzinsung um 30 Prozent zu («Akzelerator-Effekt«): Beträgt ihre Schuld 1000, steigt der Zinsendienst von 50 auf 65 – der Effekt ist umso kleiner, je geringer der Anteil der flexibel verzinsten Schulden ist.

Aus dem gleichen Grund ist die Bekämpfung der Inflation durch Zinssteigerungen kontraproduktiv: Aufgrund des Akzelerator-Effektes nehmen die Kosten des Fremdkapitals sprunghaft zu. Als beispielsweise die Bundesbank 1965 den Diskontsatz von 3 auf 4 Prozent erhöhte, stiegen die Zinszahlungen der Unternehmen im darauffolgenden Jahr um 18 Prozent und schmälerten ihre Gewinnquote. Sie finanzierten die bereits geplanten Investitionen mit zusätzlichen Krediten, ihre Schulden stiegen rascher als ihre Gewinne. 1967 sta-

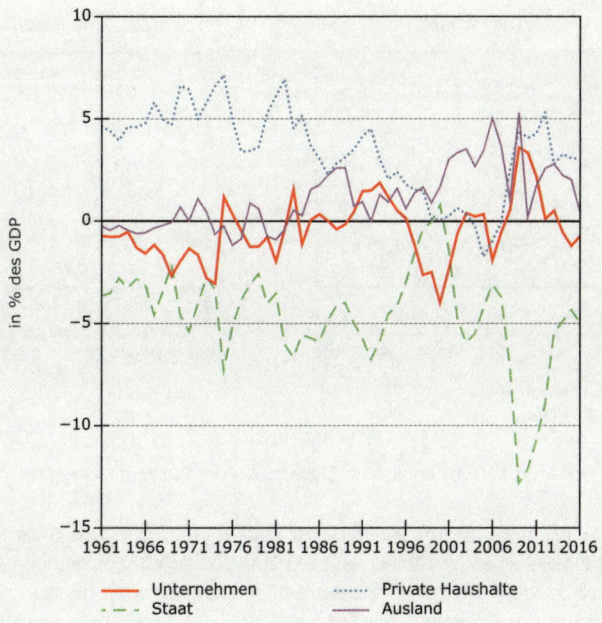

Abbildung 10.2: Gesamtwirtschaftliche Finanzierungssalden in den USA

In den USA haben die Unternehmen schon in den »finanzkapitalistischen« 1980er Jahren ihren Finanzierungssaldo in einen Überschuss »gedreht«. In den Jahren der Clinton-Administration boomte die Realwirtschaft, die Unternehmen machten wieder Defizite, der Staat konnte seinen Saldo in einen Überschuss verwandeln. Danach verringerten die Unternehmen ihr Defizit und machten nach der Finanzkrise 2008 Überschüsse (Folge des Einbruchs ihrer Investitionen). Das Defizit des Staates stieg sprunghaft an.

bilisierten sie ihre Finanzlage durch Einschränkung ihrer Investitionen um etwa 5 Prozent – ihr Defizit sank (Abbildung 10.1), und Deutschland schlitterte in eine Rezession.[120]

Das Verhältnis von Zinssatz zur Wachstumsrate

Voraussetzung für den Erfolg des Prosperitätsmodells war ein negatives Zins-Wachstums-Differential (Abbildung 10.6): Nur wenn der Zinssatz *unter* der Wachstumsrate liegt, kann die Profitrate auf Realkapital um so viel höher sein als jene auf das Finanzkapital, wie nötig ist, um die Vermögensbesitzer zu

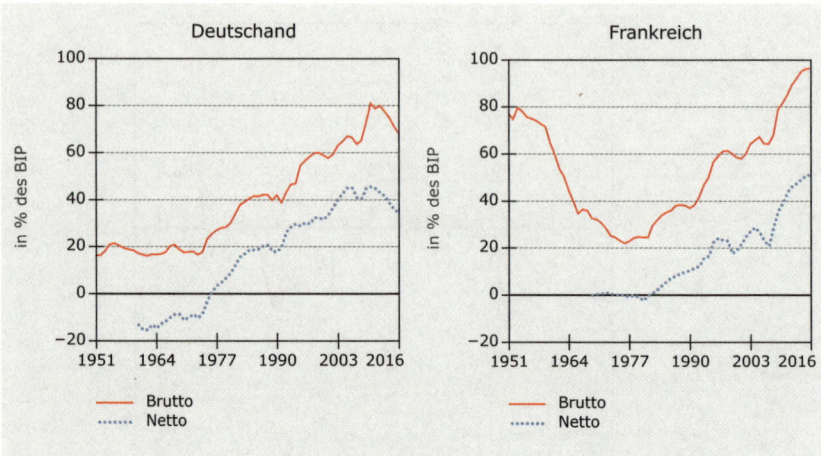

Abbildung 10.3: Langfristige Entwicklung der Staatschuldenquoten

Als Folge der Währungsreform 1948 hatte der Staat in Deutschland bis in die 1970er Jahr niedrige Brutto-Schulden (vor Abzug seiner – damals höheren – Forderungen, netto hatte er negative Schulden). Die hohen Staatsschulden Frankreichs (Folge der Kriegskosten) konnten unter den realkapitalistischen Rahmenbedingungen der 1950er und 1960er Jahre stark reduziert werden (das Gleiche gilt für die USA und Großbritannien). Erst mit dem Übergang zum Finanzkapitalismus sind die Staatsschulden immer mehr gestiegen (in allen Industrieländern).

Realakkumulation statt zu Finanzveranlagung zu motivieren. Zwischen 1960 und 1972 betrug die inflationsbereinigte Eigenkapitalrendite in Deutschland etwa 23 Prozent, die Finanzkapitalrendite (= Zinssatz) lag real bei lediglich 1,5 Prozent.[121]

Sowohl in der neoklassischen als auch in der keynesianischen Wachstumstheorie entspricht die Profitrate im Gleichgewicht der Wachstumsrate (»*golden rule of accumulation*«). Unterscheidet man – im Gegensatz zu diesen Theorien – zwischen Real- und Finanzkapital und akzeptiert die »*golden rule*« als Richtwert für die Gesamtkapitalrendite, so gilt: Liegt der Zinssatz unter der Wachstumsrate, dann liegt die Realkapitalrendite darüber. Eine solche Konstellation ist Voraussetzung für realkapitalistische Dynamik: Die Differenz zwischen Real- und Finanzkapitalrendite stärkt das Wachstum von Investitionen und Gesamtwirtschaft und ermöglicht Vollbeschäftigung. Ist diese erreicht, können die Gewerkschaften einen Anstieg der Lohnquote durchsetzen (Abbildung 5.1). Dadurch wird die Tendenz zu steigender Ungleichheit gemildert, die sich daraus ergibt, dass die Realkapitalrendite größer als die Wachstumsrate ist.[122] Der dämpfende Effekt der steigenden Lohnquote auf die Realkapitalrendite wurde wiederum durch die hohe Auslastung des Realkapitals ausgeglichen: In den 1960er-Jahren erreichte die Kapazitätsauslastung das höchste Niveau der Nachkriegszeit: In der Industrie lag sie 1960/72 in den USA bei durchschnittlich 84 Prozent und in Deutschland bei 87 Prozent.[123]

Der zweite Grund, warum ein negatives Zins-Wachstums-Differential Voraussetzung für eine stabile Wirtschaftsentwicklung ist, besteht in der »dynamischen Budgetbeschränkung«: Liegt der Zins unter der Wachstumsrate, kann ein Schuldner(sektor) permanent mehr an Krediten aufnehmen, als er an Zinsen für bestehende Kredite zu zahlen hat, ohne dass seine Schuld rascher wächst als das BIP (er kann ein Primärdefizit aufrechterhalten = Gesamtdefizit minus Zinszahlungen). Da die Unternehmen die wichtigsten Schuldner sind, vergrößert ein negatives Zins-Wachstums-Differential das Wachstumspotenzial.[124]

Liegt der Zinssatz jedoch über der Wachstumsrate, dürfen Schuldner (Unternehmer und Staat) nicht mehr Kredite aufnehmen, als sie an Zinsen für die Altschuld zu bezahlen haben, sie müssen Primärüberschüsse erzielen (sonst würden ihre Schulden rascher wachsen als das BIP). Gleichzeitig dürfen die Gläubiger (Haushalte) nur weniger sparen, als ihnen an Zinserträgen zufließt, sie müssen Primärdefizite erzielen (diese müssen ja aus Gründen der Konsistenz den Primärüberschüssen ihrer Schuldner entsprechen).[125]

Dazu ein einfaches Beispiel:[126] In einer – gegenüber dem Ausland – geschlossenen Wirtschaft sind die Unternehmen im Ausmaß von 100 Geldeinheiten (GE) bei den Haushalten verschuldet, das BIP beträgt ebenfalls 100 GE, das (nominelle) Wachstum 5 Prozent, der Nominalzins 2 Prozent. Bei konstanter Schuldenquote können die Unternehmen ein Gesamtdefizit von 5 Prozent des BIP machen (dieses wächst ja auch um 5 Prozent), also im Ausmaß von 5 GE. Davon zahlen sie Zinsen (2 GE), und der Rest (3 GE) ist ihr Primärdefizit. In diesem Ausmaß fließen den Unternehmen Mittel zu, mit denen sie Investitionen finanzieren können. Wenn die Haushalte einen Gesamtüberschuss (Sparen) von 5 GE und einen Primärüberschuss von 3 GE halten, hat der Staat einen ausgeglichenen Gesamt- und Primärsaldo. Die Haushalte sparen nicht nur ihre Zinserträge (2), sondern im Ausmaß von 3 GE auch Teile ihrer Lohn- und Gewinneinkommen.[127]

> Liegen umgekehrt der Zinssatz bei 5 Prozent und die Wachstumsrate bei 2 Prozent, so dürfen die Unternehmen nur ein Gesamtdefizit von 2 GE aufrechterhalten, müssen aber 5 GE an Zinsen bezahlen. Im Ausmaß des Primärüberschusses von 3 GE fließen Finanzierungsmittel *ab*, welche sich die Unternehmen durch Verzicht auf Investitionen verschaffen. Soll der Staat seine Schuldenquote von – angenommen ebenfalls 100 Prozent – konstant halten, müsste auch er einen Primärüberschuss von 3 GE erzielen (bei einem Gesamtdefizit von 2 zahlt er 5 an Zinsen an die Haushalte). Das wäre aber – im inter-sektoralen Gleichgewicht – nur möglich, wenn die Haushalte ihr gesamtes Lohn- und Gewinneinkommen verkonsumieren und zusätzlich noch 6 GE ihrer Zinserträge von 10 GE (sie haben ja Forderungen von je 100 GE gegenüber den Unternehmen und dem Staat). Nur dann entsprächen ihr Gesamtüberschuss (4) dem aggregierten Gesamtdefizit von Unternehmen sowie Staat (2+2) und ihr Primärdefizit (6 = 4 minus 10) dem aggregierten Primärdefizit der beiden anderen Sektoren (3 + 3).

Diese Konstellation ist in der Realität nicht erreichbar. *Steigt* der Zins über die Wachstumsrate wie um 1980 (Abbildungen 10.3 und 10.6), so müssten die Haushalte darauf mit einer *Senkung* ihres Sparens reagieren: Sie müssten einen Teil ihrer Zinserträge sowie ihre gesamten übrigen Einkommen konsumieren. Ein solches Verhalten widerspricht sowohl der Neoklassik (ein höherer Zins sollte das Angebot an Sparkapital erhöhen) als auch der keynesianischen Theorie (von einem zusätzlichen Zinseinkommen wird überdurchschnittlich viel gespart).

Tatsächlich haben die Haushalte auf den Wechsel von einem negativen zu einem positiven Zins-Wachstums-Differential (Abbildung 10.6) nicht mit einem Wechsel zu einem Primärdefizit reagiert. Die Unternehmen haben hingegen seit 1980 ihren Primärsaldo in einen Überschuss gedreht.[128] Daher *konnte* es dem Staat nicht gelingen, selbst einen Primärüberschuss zu erzielen, folglich sind die Staatsschuldenquoten seit 1980 massiv gestiegen (Abbildungen 10.3, 10.6 und 10.9).

In der Prosperitätsphase haben die Unternehmen ein höheres Primärdefizit aufrechterhalten, als der »dynamischen Budgetbeschränkung« entsprach. Daher sind ihre Netto-Schulden rascher gestiegen als das BIP, aber nicht schneller als ihr Realvermögen (zu laufenden Preisen). Das verweist auf einen wichtigen Aspekt: Es kommt darauf an, *was* mit Schulden gemacht wird. Wird investiert, dann sind die Finanzschulden durch Realvermögen gedeckt. Im Finanzkapitalismus ist dies nicht der Fall: Die Realkapitalbildung sinkt, das Finanzkapital von Unternehmen und Haushalten ist zunehmend durch Staatsschulden »gedeckt«.

Realkapitalbildung und »job creation«

Wie viele neue Arbeitsplätze durch Realinvestitionen entstehen, hängt davon ab, ob vorwiegend in Rationalisierungen oder in Produktionserweiterungen investiert wird. Im ersten Fall werden die Arbeitsplätze mit mehr Kapital ausgestattet (ein Handschraubenzieher durch einen elektrischen ersetzt), und damit steigt die Produktivität (mit besseren Maschinen leistet man mehr pro Stunde, der gleiche Output kann mit geringerem Arbeitseinsatz realisiert werden). Im zweiten Fall bleibt die Technologie gleich, mehr Realkapital bedeutet dann mehr Arbeitsplätze.

Im gesamtwirtschaftlichen Durchschnitt nimmt die Arbeitsproduktivität annähernd gleich stark zu wie die Kapitalintensität, das heißt wie die Kapitalausstattung je Arbeitsplatz. Steigt diese beispielsweise um 2 Prozent, entstehen Arbeitsplätze (nur) dann, wenn das BIP rascher wächst als 2 Prozent. Bleiben hingegen Kapitalintensität und Arbeitsproduktivität konstant, werden mit jeder Produktionsausweitung (für die bei gleicher Technologie nur Erweiterungsinvestitionen getätigt werden) zusätzliche Arbeitsplätze geschaffen.

In der Zunahme der Kapitalintensität materialisiert sich der prozesstechnische Fortschritt, und dieser entwickelt sich langsam und stetig.[129] Gleichzeitig ist die Steigerung der Kapitalintensität und damit die Ersetzung menschlicher Tätigkeiten durch Maschinen die Quelle des Wachstums von Produktivität und Einkommen. Dabei gehen die Entwicklung neuer Maschinen, das Lernen der sie bedienenden Arbeiter, die Vertiefung der Arbeitsteilung und die Änderungen in der Unternehmensorganisation Hand in Hand.[130]

Betrachten wir das Zusammenschweißen zweier Karosserieteile in der Autoproduktion. In den 1950er-Jahren verrichtete ein Arbeiter diese Tätigkeit an einer Fließbandstation mit einem Handschweißgerät. Heute steht dort ein Schweißroboter, der mit größerer Genauigkeit ein Vielfaches an Schweißnähten in der gleichen Zeit bewerkstelligen kann. Aus dem (Hand-)Arbeiter ist ein Mechatroniker geworden, der mehrere solcher Roboter überwacht. In den sechzig Jahren dazwischen liegen Innovationsprozesse von Werkzeug- und Maschinenbauern, die zunächst immer bessere Handschweißgeräte und schließlich immer bessere Schweißroboter entwickelt haben, deren Einsatz wiederum ein Lernen des Arbeiters, eine Veränderung des Fließbandtempos und der Gliederung in Teilprozesse erforderte.[131]

Jede Produktion stellt eine »Komposition« dar, in der die Teilprozesse ineinandergreifen. Kapital und Arbeit sind in einer spezifischen, durch die Technologie bestimmten Form aufeinander abgestimmt (komplementär), also nicht substituierbar (gebe ich dem Arbeiter ein zweites Handschweißgerät, so kann er damit nichts anfangen, stelle ich einen zweiten Arbeiter ein, muss ich dafür sorgen, dass auch ihm ein Schweißgerät zur Verfügung steht).[132]

Wirtschaftliche Entwicklung als die Gesamtheit komplementärer Innovations-, Lern-, Spezialisierungs- und (Re-)Organisationsprozesse ist *irreversibel*. Das bedeutet (unter anderem): Das Verhältnis von Kapital- zu Arbeitseinsatz steigt stetig an, Arbeitsplätze mit gleichem Tätigkeitsprofil werden *nie* mit weniger Kapital ausgestattet. Abbildung 10.4 zeigt den Anstieg der Kapitalintensität am Beispiel der (west-)deutschen Gesamtwirtschaft. Dieser Prozess wird gewissermaßen von den Ingenieuren vorangetrieben und ist unabhängig vom Verhältnis der Kapital- zu den Arbeitskosten (den relativen Faktorpreisen). Bei gegebenem Output würde eine Lohnsenkung ja nur dann zu mehr Jobs führen, wenn die Unternehmer zu einer alten Technologie zurückkehrten (es werden Schweißroboter außer Dienst gestellt und durch Handschweißgeräte ersetzt). Das aber ist ausgeschlossenen, es gibt nur einen technologischen Fortschritt, nicht aber Rückschritt.[133]

Doch genau einen solchen Zusammenhang unterstellt die herrschende Theorie: In ihr kann ich den Einsatz von Kapital und Arbeit beliebig variieren.[134] Denn nur unter der Annahme, dass die Unternehmer auf eine Verbilligung der Arbeit mit höherem Arbeitseinsatz reagieren, kann die Mainstream-Politik die Senkung von Reallöhnen und Arbeitslosengeld als Therapie von Arbeitslosigkeit verordnen. Diese Therapie beruht auf einer Produktionstheorie, die zur empirischen Evidenz in totalem Widerspruch steht.[135] Dem entsprechen die Folgen dieser Therapien, insbesondere in Südeuropa (siehe Kapitel 11 bis 13).

Jeder einigermaßen produktive Arbeitsplatz braucht eine bestimmte Kapitalausstattung – je größer sie ist, desto produktiver ist der Arbeitsplatz. Für die

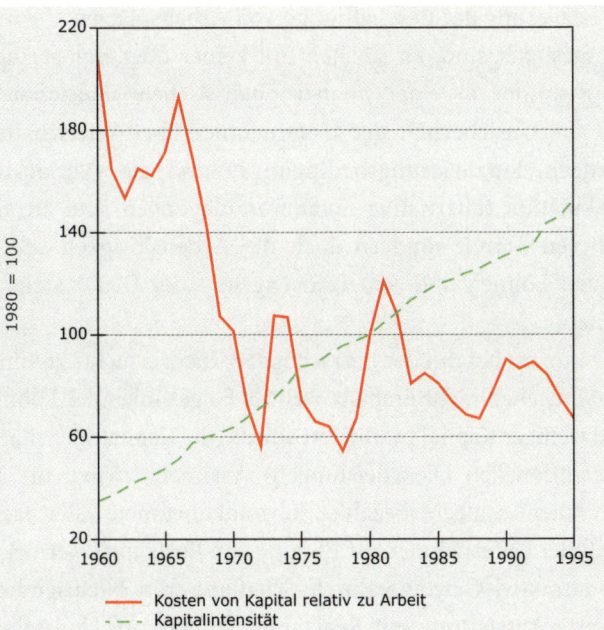

Abbildung 10.4: Kosten von Kapital und Arbeit und ihr Einsatz in der Produktion

Zwischen den Kosten von Kapital relativ zur Arbeit und dem Einsatz von Kapital relativ zur Arbeit (Kapitalintensität) besteht nicht der geringste Zusammenhang (auch wenn dieser von der herrschenden Theorie unterstellt wird und die Grundlage für die Empfehlung bildet, Arbeitslosigkeit durch Lohnsenkungen zu bekämpfen, weil dann mit mehr Arbeit und weniger Kapital produziert würde). Die Kapitalintensität steigt vielmehr stetig an und ist Ausdruck des produktionstechnischen Fortschritts.

Schaffung »guter« Jobs haben die Kapitalkosten größere Bedeutung als die Arbeitskosten. Denn Erstere sind höher und im Realkapital »eingefroren«. Unternehmer werden solche Arbeitsplätze daher nur dann schaffen, wenn ihr Vertrauen in die Absatzchancen der mit den zusätzlichen Arbeitskräften und dem zusätzlichen Realkapital erzeugten Güter groß ist, aber auch ihr Vertrauen in stabile und günstige Finanzierungsbedingungen. Sonst nimmt allenfalls die Schaffung von Jobs zu, die mit wenig oder keinem Realkapital ausgestattet sind (jemand steckt an der Supermarktkasse die Ware des Kunden in eine Tüte, generell Arbeitsplätze im Einzelhandel, Gastgewerbe und den persönlichen Dienstleistungen). Ihre Produktivität und Bezahlung sind gering, es handelt sich um die typischen »*working-poor-jobs*«.

Die Verlagerung der Beschäftigung von Arbeitsplätzen, die mit viel Realkapital ausgestattet sind, zu solchen mit keiner oder nur geringer Kapitalausstattung nimmt in einer finanzkapitalistischen »Spielanordnung« zu: Nicht nur die Unsicherheit der Unternehmer über Wirtschaftswachstum, Absatzchancen, Finanzierungsbedingungen und die »Verlockungen« der Finanzspekulation (alternative Finanzveranlagungen sind attraktiver) verstärken diesen Trend, sondern auch die Arbeitslosigkeit selbst und die Senkung von Löhnen und Arbeitslosengeld – der Druck steigt, jeden Job anzunehmen.

Dieser Prozess hat mit der herrschenden Theorie nichts zu tun: »*Workingpoor-jobs*« entstehen nicht deshalb, weil als Folge sinkender Löhne mit mehr Arbeit und weniger Kapital produziert würde (die Kapitalintensität steigt auch bei den traditionellen Dienstleistungen). Vielmehr zwingt die Not immer mehr Menschen, schlecht bezahlte Jobs anzunehmen. Gleichzeitig ist die Bereitschaft der Unternehmer zur Bildung von Realkapital gering. Es wird für sie daher attraktiv, Gewinne durch Schaffung von Niedriglohnjobs ohne nennenswerte Ausstattung mit Realkapital zu erzielen. Und selbst dafür ist ein Minimalwachstum nötig: In einer schrumpfenden Wirtschaft wie in Südeuropa nach 2008 entstehen nicht einmal genügend Niedriglohnjobs.

Wären Realinvestitionen attraktiver als »*financial investments*«, so könnten produktivere und daher besser bezahlte Jobs geschaffen werden. In den 1950er-Jahren war die Investitionsdynamik so stark, dass der Realkapitalstock rascher wuchs als die Kapitalausstattung je Arbeitsplatz und damit auch rascher als die Arbeitsproduktivität. Daher nahm die Zahl der Arbeitsplätze zu. Basis des »Beschäftigungswunders« waren realkapitalistischen Anreizbedingungen, in Europa zusätzlich gefördert durch den Wiederaufbau.[136]

Nach Erreichen der Vollbeschäftigung konnte die Produktion nur mehr durch Erhöhung der Kapitalintensität gesteigert werden (ergänzt durch das Anwerben von »Gastarbeitern«). Sie nahm in Westdeutschland zwischen 1960 und 1972 um durchschnittlich 6,1 Prozent pro Jahr zu, wesentlich stärker als in den USA (+1,8 Prozent).[137] Bei annähernd konstantem Arbeitsstundenvolumen (pro Kopf sank es um 1,1 Prozent pro Jahr, während die Zahl der Beschäftigten um 1,0 Prozent stieg) wurde in Deutschland ein Wirtschaftswachstum von 4,4 Prozent pro Jahr realisiert. Unter diesen Bedingungen konnten die Gewerkschaften Lohnsteigerungen durchsetzen, die höher waren als der Anstieg der Arbeitsproduktivität, und damit stieg der Anteil der

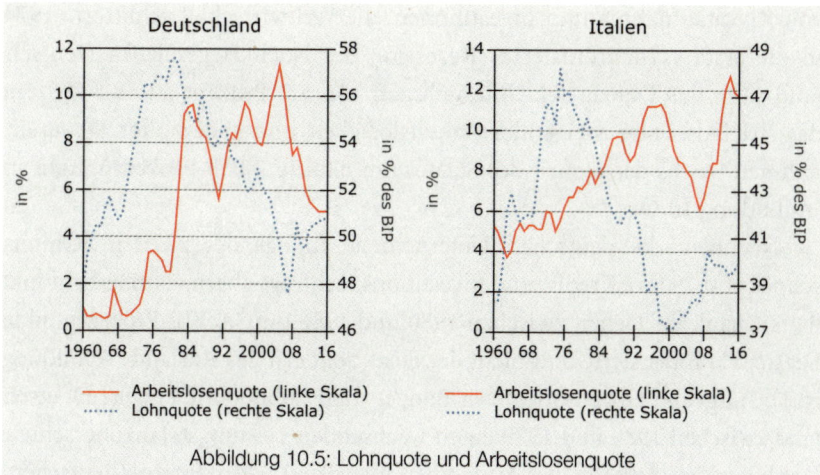

Abbildung 10.5: Lohnquote und Arbeitslosenquote

Zwischen 1960 und 1975 herrschte in Deutschland Vollbeschäftigung, selbst in Italien lag die Arbeitslosenquote bei nur 5 Prozent, obwohl die Reallöhne stärker stiegen als die Produktivität der Arbeitnehmer (dies ist immer dann der Fall, wenn die Lohnquote steigt). Danach sanken die Reallöhne relativ zur Arbeitsproduktivität, doch die Arbeitslosigkeit nahm fast dreißig Jahre lang zu. Diese Entwicklungen widersprechen der herrschenden Theorie.

Lohneinkommen am »Gesamtkuchen«: In den 1960er-Jahren nahm die Lohnquote markant zu (Abbildungen 5.1 und 10.5).

Am Beispiel von Deutschland und Italien wird die empirische Irrelevanz der neoklassischen Produktions- und Beschäftigungstheorie deutlich (Abbildung 10.5): In den Phasen, in denen die Reallöhne rascher zunahmen als die Arbeitsproduktivität (dies ist immer dann der Fall, wenn die Lohnquote steigt), ging die Arbeitslosigkeit zurück bzw. herrschte Vollbeschäftigung; in jenen Phasen, in denen die Lohnquote sank, stieg die Arbeitslosigkeit. Offenbar verwechselt die herrschende Theorie hier Ursache und Wirkung: Nicht die Lohnsteigerungen bestimmen die Beschäftigungslage, sondern Letztere bestimmt (maßgeblich), ob die Gewerkschaften hohe oder niedrige Lohnsteigerungen durchsetzen können.

Die tatsächlichen Ursachen steigender Arbeitslosigkeit und Staatsverschuldung

Auf die Abfolge von Dollarabwertung und »Ölpreisschock« 1973 reagierten die Unternehmer in allen Industrieländern mit einem abrupten Rückgang von Kreditaufnahme und Investitionen, die Weltwirtschaft schlitterte 1974 in die erste »synchronisierte« Rezession der Nachkriegszeit. In Deutschland sank das Defizit der Unternehmen von 8,2 Prozent auf 3,4 Prozent des BIP. Als Folge steigender Arbeitslosigkeit und gedämpfter Steuereinnahmen wuchs das Defizit des Staates um nahezu 7 BIP-Prozentpunkte an (Abbildung 10.1).

Nachdem die deutschen Unternehmen infolge des zweiten »Ölpreisschocks« 1979 ihre Kredit- und Investitionsnachfrage abermals eingeschränkt hatten, sank ihr Defizit zwischen 1980 und 1986 um 5,8 BIP-Prozentpunkte. Diesmal kompensierte dies nicht der Staat, sondern das Ausland (Abbildung 10.1): Aufgrund einer restriktiven Budget- und Lohnpolitik erzielte Deutschland zwischen 1980 und 1989 einen wachsenden Leistungsbilanzüberschuss: Der Finanzierungssaldo des Auslandes sank von +1,9 Prozent des (deutschen) BIP auf −4,7 Prozent.

Auch in den USA erhöhten die Unternehmen ihr Realkapital viel langsamer als ihr Finanzkapital, insbesondere in den 1980er-Jahren, dem »Goldenen Zeitalter« des »Wall-Street-Kapitalismus« (Abbildung 8.1). Die Schaffung »guter« Arbeitsplätze kam zum Erliegen.

Im Zuge der Wiedervereinigung erholte sich die Realkapitalbildung der Unternehmen in Deutschland zwischen 1990 und 1993, schwächte sich danach aber stetig ab (siehe Kapitel 14). Wie in den USA haben die Unternehmen allerdings auch hier viel mehr Finanzkapital akkumuliert als Realkapital. Dazu trug auch der markante Rückgang der Eigenkapitalrendite der Unternehmen relativ zu ihrer Fremdkapitalrendite bei. Die Differenz hatte in Deutschland zwischen 1960 und 1972 noch etwa 21 Prozentpunkte betragen, zwischen 1982 und 2000 hingegen nur mehr 6 Prozentpunkte.[138] Dieser Prozess wurde durch den Wechsel von einem negativen zu einem positiven Zins-Wachstums-Differential verstärkt (Abbildung 10.6). Um ihre Schulden nicht rascher wachsen zu lassen als das BIP, reduzierten die Unternehmen ihre Kreditaufnahme und drehten so ihre Primärbilanz in einen Überschuss.[139]

Diese Reduktion fiel größer aus, als zur Stabilisierung ihrer Schuldenquote nötig gewesen wäre.[140] Daher standen (und stehen) den weiterhin wachsenden Finanzaktiva der Haushalte keine Finanzschulden der Unternehmen mehr gegenüber (die durch Realkapital gedeckt sind), sondern Finanzschulden des Staates (bei denen das nicht der Fall ist). Denn die Haushalte erzielten weiter Primärüberschüsse (sie sparten mehr als ihre Zinserträge), also konnte es den Staaten nicht gelingen, selbst Primärüberschüsse zu erzielen: Seit 1980 haben alle Industriestaaten anhaltende Defizite und steigende Schuldenquoten *erlitten* (Abbildungen 10.1, 10.2 und 10.6).

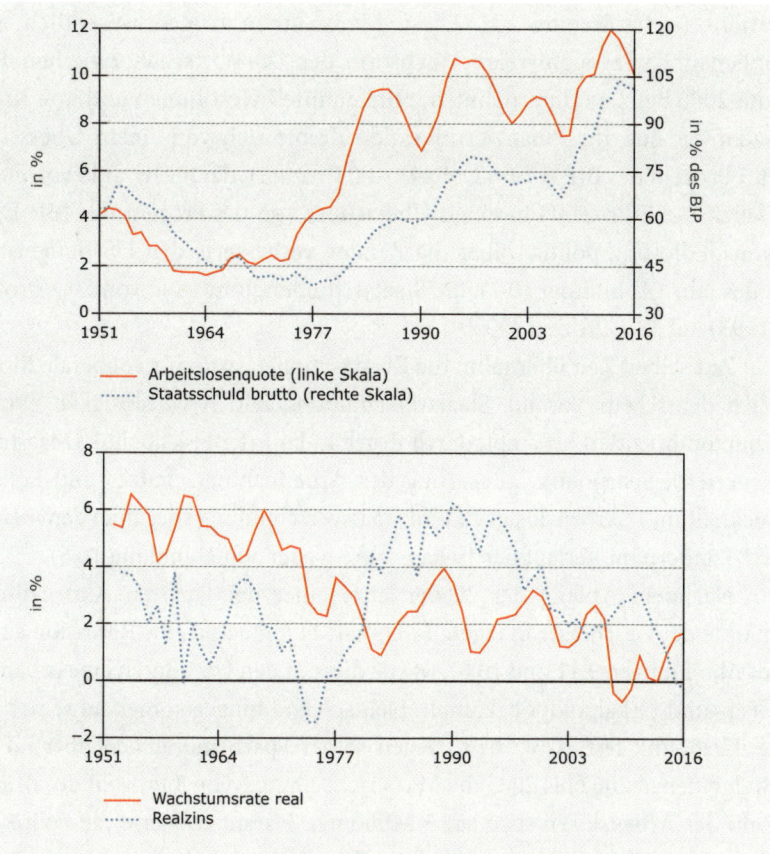

Abbildung 10.6: Arbeitslosigkeit und Staatsverschuldung in Westeuropa

Die gemeinsame Ursache von Arbeitslosigkeit und Staatsverschuldung besteht in den finanzkapitalistischen Rahmenbedingungen: Das Wachstum von Realinvestitionen, Arbeitsplätzen und des BIP schwächte sich ab, dies dämpfte die Steuereinnahmen und erhöhte die Sozialausgaben. Die Staatsverschuldung stieg zusätzlich deshalb, weil der Zinssatz zwischen 1980 und 2015 fast permanent höher war als die Wachstumsrate. Im Realkapitalismus der 1950er und 1960er Jahre lenkten Zinsen unter der Wachstumsrate und regulierte Finanzmärkte das Gewinnstreben auf die Realwirtschaft, Arbeitslosigkeit und Staatsverschuldung sanken trotz Ausbau des Sozialstaats.

Um 1990 wechselten die USA zu einer »trivial-keynesianischen« Politik, seither liegt der Zinssatz mittelfristig wieder unter der Wachstumsrate (Abbildung 13.2), Konsum und Investitionen des Staates wurden ebenso ausgeweitet wie die öffentliche Beschäftigung (Abbildungen 13.3 und 13.4). Auf eine Sparpolitik wurde verzichtet, lediglich der Spitzensteuersatz wurde deutlich erhöht (siehe Kapitel 13). Diese Maßnahmen trugen wesentlich zum hohen und rezessionsfreien Wachstum der US-Wirtschaft zwischen 1992 und 2000 bei. Die Unternehmen weiteten ihre Investitionen und ihre Kreditnachfrage aus, ihr Finanzierungssaldo drehte sich von einem Überschuss (1,5 Prozent des BIP) in ein Defizit (–4,0 Prozent), der Staatssaldo von einem Defizit (–6,7 Prozent) in einen Überschuss von 0,8 Prozent des BIP. Diese Konsolidierungspolitik »über die Bande« verbesserte den US-Budgetsaldo jedes Jahr (Abbildung 10.2), die Staatsschuldenquote sank von 70,2 Prozent (1993) auf 53,1 Prozent (2000).

Zur selben Zeit übernahm die EU das monetaristisch-neoliberale Modell nach deutschem Vorbild. Staatsverschuldung und Arbeitslosigkeit wurden symptomorientiert bekämpft durch Regelbindung der Fiskalpolitik (Maastricht-Kriterien), Sparpolitik, Lockerung des Arbeitnehmerschutzes und Lohnzurückhaltung – Arbeitslosigkeit und Staatsverschuldung stiegen in den meisten EU-Ländern im Verlauf der 1990er-Jahre weiter an (Abbildung 10.6).

Nachdem Anfang der 2000er-Jahre einer der längsten Aktien-Bullenmärkte der Geschichte in einen Bärenmarkt kippte und eine Rezession auslöste (Abbildungen 9.11 und 10.6), wurde diese in den USA durch eine expansive Geld- und Fiskalpolitik bekämpft. Deutschland hingegen hielt an seiner Austeritätspolitik fest: Trotz bzw. wegen seiner Sparbemühungen übertraf das Budgetdefizit 2002 bis 2005 die Maastricht-Grenze von 3 Prozent des BIP, die Zahl der Arbeitslosen stieg auf 5 Millionen. Darauf reagierte die Politik mit einer Verschärfung ihres neoliberalen Kurses in Gestalt der »Agenda 2010«: Deregulierung »des Arbeitsmarktes« und Reduktion des Arbeitslosengeldes drückten die Reallöhne, die Binnennachfrage stagnierte. Zwischen 2000 und 2004 drehten die Unternehmer ihren Finanzierungssaldo von einem Defizit (3,8 Prozent des BIP) in einen Überschuss (1,7 Prozent). Seither akkumulieren sie Finanzkapital, statt ihr Realkapital (durch Kredite finanziert) zu steigern (Abbildungen 8.1 und 10.1).

Auch nach der Finanzkrise 2008 reagierten die USA mit einer extrem expansiven Geld- und Fiskalpolitik; der Leitzins wurde auf null gesenkt, das

Budgetdefizit 2009 auf 12,7 Prozent des BIP ausgeweitet (Abbildung 13.5) und danach schrittweise zurückgeführt (parallel dazu senkten die Unternehmer ihre Überschüsse – Abbildung 10.2). So gelang es den USA, die Krise rasch zu überwinden: Produktion und Beschäftigung sind seit 2009 stetig gewachsen.

In Europa orientierte sich die Politik schon 2010 wieder an der neoliberalen »Navigationskarte« (2009 hatte sie diese kurzfristig zur Seite gelegt, Banken gerettet und Konjunkturpakete umgesetzt, um zwei Hauptfehler der Politik nach dem Börsenkrach von 1929 zu vermeiden): Sie sah zu, wie »Finanzalchemisten« auf den Staatsbankrott der Länder Südeuropas spekulierten und die Zinsen in unfinanzierbare Höhen trieben. Diese Länder wurden zu einer harten Sparpolitik genötigt und schlitterten in eine Depression (siehe Kapitel 11 und 12). Die meisten anderen EU-Länder verharrten in einer Stagnation, lediglich in Deutschland wechselte die Politik diskret auf einen (leicht) expansiven Kurs und erreichte ein schwaches Wirtschaftswachstum (Kapitel 13).

Kurz: Die gemeinsamen Hauptursachen für den langfristigen Anstieg von Arbeitslosigkeit und Staatsverschuldung bestehen im Wechsel von einer realkapitalistischen zur einer finanzkapitalistischen »Spielanordnung« und damit im Übergang von einem negativen zu einem positiven Zins-Wachstums-Differential und von einer systemischen zu einer symptomorientierten Geld- und Fiskalpolitik. Diese Bestimmungsgründe kommen auch in den fünf »synchronisierten« Rezessionen 1973/74, 1980/82, 1991/93, 2001/03 und 2008/09 zum Ausdruck. Sie wurden *alle* durch »Turbulenzen« auf den Finanzmärkten ausgelöst (und nicht durch den »überbordenden Sozialstaat«) – von den beiden Dollarabwertungen samt »Ölpreisschocks« der 1970er-Jahre bis zur Finanzkrise 2008. In diesen Rezessionen *erlitten* die Staaten Defizite als Folge höherer Arbeitslosigkeit und sinkender Steuereinnahmen.

»Reise nach Jerusalem«

Die empirische Evidenz und theoretische Überlegungen zeigen: Die Bildung von Realkapital ist eine notwendige, aber keine hinreichende Bedingung für die Schaffung produktiver Arbeitsplätze. Wird Realkapital ausschließlich zum Zweck der Rationalisierung gebildet, so steigt die Kapitalausstattung je Arbeitsplatz (Kapitalintensität) und damit die Arbeitsproduktivität, es werden aber keine Jobs geschaffen.

Die jährliche Zunahme der Kapitalintensität, also die Implementierung des prozesstechnischen Fortschritts, ist aus technologischen wie organisatorischen Gründen beschränkt. Es gibt daher immer eine so starke Investitionsdynamik, die sowohl Effizienzsteigerung als auch »*job creation*« ermöglicht. Liegt die Rendite auf Realkapital weit über jener auf Finanzkapital, sind hohe Realinvestitionen und damit die Schaffung von Arbeitsplätzen *ein gutes Geschäft*. Vollbeschäftigung stellt dann einen »Kollateralnutzen« des Profitstrebens dar. Ist sie erreicht, konzentriert sich die Investitionsdynamik auf die Erhöhung der Kapitalausstattung je Arbeitsplatz und damit der Produktivität. Die beiden Ziele »Ausschöpfung des prozesstechnischen Fortschritts« und »Vollbeschäftigung« ergänzen einander.

Eine finanzkapitalistische »Spielanordnung« hingegen dämpft die Anreizbedingungen für die Bildung von Realkapital und Arbeitsplätzen, die Diskrepanz zwischen der Zahl der (»guten«) Arbeitsplätze und der Zahl der Arbeitssuchenden (also die Arbeitslosigkeit) nimmt zu. In das Bild eines Kinderspieles – »Reise nach Jerusalem« – gesetzt: Es gibt 100 Stühle, und 110 Menschen versuchen, einen zu ergattern. Das Spiel wird laufend wiederholt, es bleiben immer 10 Menschen übrig (ihre Zahl steigt, wenn Stühle wegrationalisiert werden). Nun untersuchen Arbeitsökonomen die Eigenschaften jener, die selten oder fast nie einen Stuhl erobern, die (Langzeit-)Arbeitslosen. Der Befund ist klar: Sie sind schlechter qualifiziert, älter und weniger flexibel. Daraus wird geschlossen, dass man sie qualifizieren und den Druck auf sie erhöhen müsse, auch schlechtere Jobs anzunehmen. Das systemische Problem – das Defizit an Plätzen – ist so freilich nicht zu lösen. Dazu müsste man die Bedingungen für die Unternehmen verbessern, Arbeitsplätze zu schaffen.

Laut neoklassischer Theorie reicht dafür ein Rückgang der Löhne kombiniert mit schwächerem Arbeitnehmerschutz und weniger Arbeitslosengeld. Das aber ist falsch: Damit Unternehmer bereit sind, »gute« Arbeitsplätze zu schaffen, müssen sich die dafür nötigen Investitionen rentieren. Dazu müssen viele Bedingungen gleichzeitig erfüllt sein, was jedoch nur in einer realkapitalistischen »Spielanordnung« möglich ist. Im Finanzkapitalismus entstehen daher in erster Linie solche Arbeitsplätze, die mit wenig oder keinem Realkapital ausgestattet und (sozial-)rechtlich nicht abgesichert sind, also prekäre Jobs. In der Metapher ausgedrückt: Statt ordentlicher Stühle werden kleine Hocker bereitgestellt. Das verschönert zwar die Arbeitslosenstatistik, schafft aber immer mehr verunsicherte, verbitterte und enttäuschte (junge) Menschen.

Das Bild der »Reise nach Jerusalem« impliziert keinesfalls, dass die Zahl der Arbeitsplätze fix ist, sondern Folgendes: Es muss für Unternehmer profitabel sein, hinreichend viele gute Jobs zu schaffen. Dazu braucht es keine Lohnsenkung, wohl aber eine radikale Beschränkung der Profitchancen von Finanzspekulation und (damit) stabile Finanzierungsbedingungen.

Doch je stärker Arbeitslosigkeit und Staatsverschuldung stiegen, desto mehr orientierte sich die Politik in der EU an den neoliberalen Diagnosen und »Therapien«.

TEIL IV
EUROPA IN DER SACKGASSE

11. THERAPIE ALS TEIL DER KRANKHEIT: SÜDEUROPA IN DER DEPRESSION

Anfang der 1990er-Jahre wechselte die EU-Politik auf einen neoliberalen Kurs: In der Wissenschaft hatte sich das neoklassische Paradigma wieder durchgesetzt, also setzte sich auch in Medien und Politik die Sicht durch, dass Arbeitslosigkeit am Arbeitsmarkt entsteht (und nicht nur in Erscheinung tritt) und dass der Staat schuld sei an seiner Verschuldung. Zugleich wurde eine der wichtigsten Forderungen der »Schule von Chicago« von der EU umgesetzt, die Regelbindung der Politik (und die De-Regulierung der Finanzmärkte). Anlass war die Vorbereitung der Europäischen Währungsunion: Mit den Maastricht-Kriterien wurde die Fiskalpolitik 1992 an Regeln gebunden, mit dem Statut der EZB 1997 die Geldpolitik.

Nach der Finanzkrise verursachten der Wirtschaftseinbruch 2009, die Bankenrettungen und die Konjunkturpakete einen drastischen Anstieg der Staatsverschuldung. Doch schon ab 2010 wurde dieser nicht mehr den deregulierten Finanzmärkten zugerechnet, sondern dem »Defizitsünder Staat«. In der Folge forderte insbesondere die deutsche Regierung eine Verschärfung der Regeln für eine konsequente Sparpolitik. Sie sind seit 2012 in der EU in Gestalt des Fiskalpaktes (»*fiscal compact*«) in Kraft.[1]

Der Fiskalpakt: Wie Theorien Millionen Menschen in Not bringen

Das Ziel des EU-Fiskalpaktes ist legitim: die Eindämmung der öffentlichen Verschuldung. Steigt diese immer weiter, dann stehen den Finanzvermögen der Haushalte in wachsendem Maß Schulden gegenüber, die nicht durch Realkapital gedeckt sind. Es droht eine »Korrektur« in Gestalt einer Finanzschmelze.

Doch der Fiskalpakt setzt voraus (wie schon die Maastricht-Kriterien), dass der Staat seinen Finanzierungssaldo steuern könne, unabhängig von der Entwicklung der Gesamtwirtschaft und unabhängig von den Folgen seiner Budgetpolitik. Diese Annahme mag – in Grenzen – für einen einzelnen Haushalt zutreffen (»Schwäbische Hausfrau«), nicht aber für einen so großen Sektor wie den Staat (dessen Ausgaben bzw. Einnahmen etwa 50 Prozent des BIP ausmachen). Sinkt etwa in einer Rezession die (Investitions-)Nachfrage, dann *erleidet* der Staat eine Defizitausweitung durch steigende Sozialausgaben und sinkende Steuereinnahmen.

Der Fiskalpakt scheint die Konjunkturabhängigkeit des Budgetsaldos durch die neue Zielgröße, das »strukturelle Defizit«, zu berücksichtigen. Es ergibt sich aus dem Gesamtsaldo nach Abzug des konjunkturbedingten Defizits (»Konjunkturkomponente«).[2] Hat der Staat etwa ein Gesamtdefizit von 4 Prozent des BIP, wovon 3 Prozent konjunkturbedingt sind, dann beträgt sein strukturelles Defizit 1 Prozent.

Da kein Land in einer Rezession strukturelle Überschüsse erzielt (dafür sorgt die EU-Kommission mit ihrer Schätzmethode, wie wir gleich sehen werden) und das strukturelle Defizit laut Fiskalpakt kleiner sein muss als 0,5 Prozent des BIP, dürfen Rezessionen in Europa nicht durch eine spürbar expansive Fiskalpolitik bekämpft werden – genau eine solche Politik praktizieren die USA seit fast dreißig Jahren!

Die Regelbindung der Politik war ein Herzensanliegen von Milton Friedman gewesen. In den USA konnte sich der ideologische Hauptgegner des Sozialstaates nicht durchsetzen, wohl aber im sozialstaatlichen Europa – fatal, weil gleichzeitig die von Friedman geforderte Liberalisierung der Finanzmärkte fünf Rezessionen auslöste. Während die USA – nach dem »gegenläufigen« Kurswechsel der Wirtschaftspolitik in Europa und Amerika – die letzten drei (1991/92, 2001/02 und 2008/09) durch eine expansive Konjunkturpolitik rasch überwinden konnten, blieb Europa immer länger in der Krise stecken.

Die schlimmsten Folgen für die Menschen hat nicht der Fiskalpakt an sich, sondern die Methode seiner Anwendung. Dazu muss man den konjunkturbedingten Teil des Budgetsaldos bestimmen. Produziert eine Volkswirtschaft weniger, als sie bei Vollauslastung von Arbeit und Kapital produzieren könnte (»Potenzialoutput«), so besteht eine (negative) »Outputlücke«.[3] Je größer sie ist, desto höher ist die Konjunkturkomponente des Staatsdefizits und desto kleiner das strukturelle Defizit.

Um die Potenzialoutputs zu bestimmen, verwendet die EU-Kommission die sogenannte Cobb-Douglas-Produktionsfunktion, die sich in den Lehrbüchern etabliert, mit den Zusammenhängen zwischen Kapitaleinsatz, Arbeitseinsatz und Output in der Realität aber nichts zu tun hat (siehe Kapitel 10). In die Funktion werden die verfügbaren Arbeitskräfte, der vorhandene Kapitalstock sowie ein Wert für das Wachstum der »totalen Faktorproduktivität« eingesetzt, und heraus kommt der Potenzialoutput.

Die Frage, wie viele Arbeitskräfte einsetzbar sind, wird mithilfe des Friedman'schen Konzeptes der »natürlichen Arbeitslosenrate« beantwortet, in der Version der »*non-accelerating wage rate of unemployment*« (NAWRU). Dies ist jene Arbeitslosenrate, die nötig sei, um Lohnsteigerungen stabil zu halten. Als Teil des Konzeptes wird angenommen, dass flexible Arbeitsmärkte jeden durch »Schocks« verursachten Anstieg der Arbeitslosigkeit rasch korrigieren. Daraus folgt (tautologisch): Wenn die Arbeitslosigkeit hoch bleibt oder weiter steigt, dann *muss* sie strukturell bedingt (»freiwillig«) sein – und die NAWRU wird hinaufgeschätzt.

Gleichzeitig gilt: Wer »strukturell« und damit »freiwillig« arbeitslos ist, der steht der Produktion nicht zur Verfügung. Also wird die Zahl von Arbeitslosen, welche der NAWRU entspricht, von der Zahl aller Erwerbsfähigen abgezogen (also nicht in die Cobb-Douglas-Funktion eingesetzt). So werden der Potenzialoutput und damit auch die Outputlücke kleingeschätzt. Somit ist die Konjunkturkomponente des Staatsdefizits klein, die Strukturkomponente groß – und der Staat muss weiter sparen.

Diese Schätzmethode des strukturellen Defizits »übersieht«, dass viele der atypisch Beschäftigten und der »stillen Arbeitsreserven« (Menschen, die wegen Aussichtslosigkeit nicht mehr nach Arbeit suchen) *arbeitsbereit* sind und daher bei Schätzung des Potenzialoutputs berücksichtigt werden *müssen*. Denn dieser (PO) soll ja jenes BIP erfassen, das bei Vollauslastung von Kapital und Arbeit erzeugt werden könnte.[4]

Ich weiß, das klingt technisch und kompliziert. Schließlich haben auch die PolitikerInnen 2011 nicht verstanden, was sie mit dem Fiskalpakt unterschrieben haben, und so wurde er zum regulatorischen Treibsatz, der die EU immer tiefer in die Krise führte. Denn die EU-Kommission verwandelt durch ihre Schätzmethode den größten Teil eines Staatsdefizits in ein strukturelles Defizit, indem sie die meisten Arbeitslosen zu strukturell Arbeitslosen erklärt, die man nicht mehr brauchen kann. Diesen Prozess der Umdeutung muss man Schritt für Schritt begreifbar machen. Ohne Aufklärung kein Widerstand.

Irr-Sinn auf höchstem Niveau

Am Beispiel Spaniens lässt sich nachvollziehen, wie der Fiskalpakt eine Wirtschaft in eine Depression und die Staatsverschuldung (daher) *in die Höhe* trieb.[5]

Nach Gründung der Währungsunion erreichte Spanien das höchste Wirtschaftswachstum aller großen EU-Länder. Bis 2007 ging die Arbeitslosenquote auf 8,3 Prozent zurück, der Budgetsaldo drehte sich von einem Defizit in einen Überschuss (+2 Prozent des BIP), die Staatsschuldenquote sank auf 36 Prozent; dann ließen Finanz- und Immobilienkrise die Wirtschaft einbrechen, 2009 lag die Arbeitslosenquote bei 18,0 Prozent (Abbildung 11.1).

Da die EU-Kommission die strukturelle Arbeitslosigkeit als Trendwert der tatsächlichen schätzt (!), stieg die NAWRU auf 15,0 Prozent. 2009 waren demnach 3,6 Millionen Menschen »strukturell« arbeitslos (Abbildung 11.1) und wurden folglich bei der Berechnung des Potenzialoutputs ausgeblendet: Nur mehr 85,0 Prozent aller Arbeitskräfte wurden in die Cobb-Douglas-Funktion eingesetzt. Entsprechend deutlich sank der Potenzialoutput, und die Outputlücke wurde kleingeschätzt, auf lediglich 4,2 Prozent (Abbildung 11.1): Nur so viel mehr hätte die spanische Wirtschaft demnach auch bei Vollauslastung produzieren können, obwohl 18,0 Prozent der Arbeitskräfte auf der Straße standen!

So geht es weiter: Nur knapp die Hälfte der Outputlücke wird laut Schätzverfahren als Konjunkturkomponente des Budgetsaldos anerkannt (2009 waren es 2,0 Prozent des BIP). Laut EU-Kommission war somit fast die gesamte Verschlechterung des Budgetsaldos von einem Überschuss (+2,0 Prozent) 2007 zu einem Defizit (−11,1 Prozent) 2009 auf »Strukturfaktoren« zurückzuführen: Das strukturelle Defizit betrug nach dieser Rechnung 9,1 Prozent (Abbildung 11.1)! Damit wird das Konzept eines Struktursaldos auf den Kopf gestellt. Dieser soll ja langfristige Fehlentwicklungen – einen »überbordenden« Sozialstaat, zu viele Beamte etc. – abbilden. Krisenbedingte Verschlechterungen sollten durch die Konjunktur- und nicht durch die Strukturkomponente erfasst werden.[6]

Um die Schätzung struktureller Defizite vollständig auf das Fundament der idealistischen Theorie zu stellen, nimmt die EU-Kommission in einem neuen Berechnungsverfahren seit 2014 an, dass die Akteure in 21 von 28 Mitgliedsländern »rationale Erwartungen« bilden, also entsprechend dem NAWRU-Modell der EU-Ökonomen. In den übrigen Ländern sind die Menschen noch nicht so weit – sie bilden »adaptive Erwartungen«.[7]

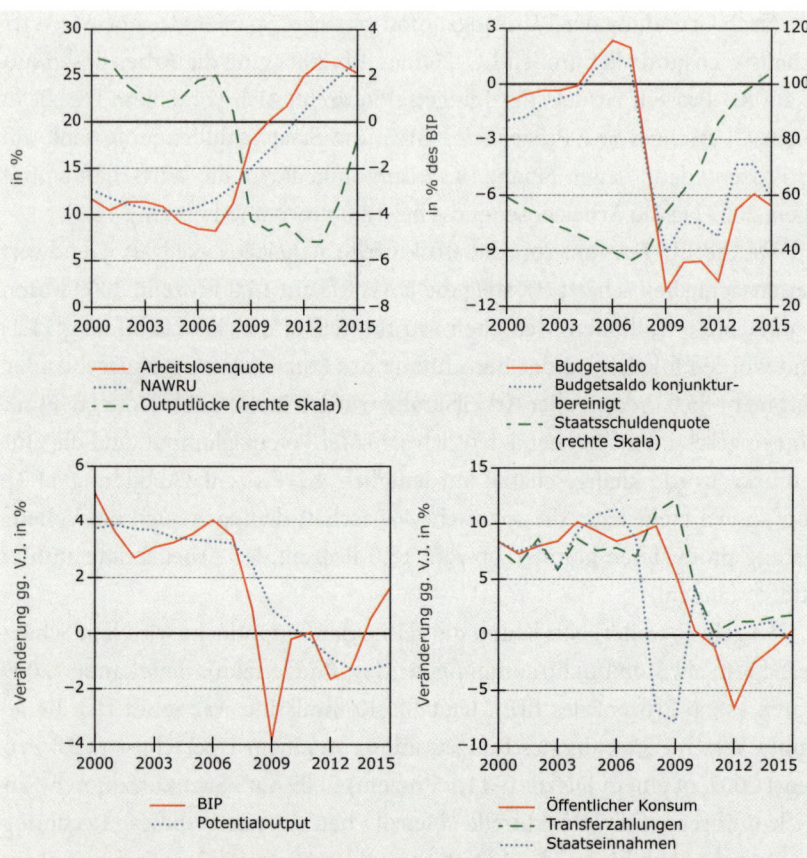

Abbildung 11.1: Arbeitslosenrate, Outputlücke und Budgetsalden in Spanien
Datenbasis: EU-Kommission, Herbst 2013

Laut EU-Fiskalpakt darf das »strukturelle« Defizit maximal 0,5 Prozent des BIP betragen. Das Verfahren der EU-Kommission zu seiner Schätzung hat die Krise Südeuropas dramatisch vertieft. Das Beispiel Spanien zeigt dies klar: Die »strukturelle« Arbeitslosenquote (»NAWRU«) wurde als Trendwert der tatsächlichen Quote geschätzt, also wären 2013 fast 25 Prozent der spanischen Arbeitnehmer »freiwillig« arbeitslos gewesen. Sie wurden daher bei Berechnung des »Potentialoutputs« nicht berücksichtigt. Also lag das tatsächliche BIP nur um etwa 5 Prozentpunkte unter dem Potential. Die Hälfte davon wird als »konjunkturbedingt« anerkannt, 2013 waren das 2,5 BIP-Prozentpunkte. Der größte Teil des Defizits von etwa 7 Prozent blieb auch nach der »Konjunkturbereinigung« bestehen und war somit »strukturell«. Trotz des sprunghaften Anstiegs der Arbeitslosigkeit nach 2009 musste der Staat seinen Konsum und seine Transferleistungen schrumpfen bzw. stagnieren lassen. 2012 schlitterte Spanien wieder in eine Rezession. Danach ignorierte die spanische Politik den Fiskalpakt, die EU verzichtete auf Sanktionen und dies ermöglichte gemeinsam mit der Nullzinspolitik der EZB einen Wirtschaftsaufschwung.

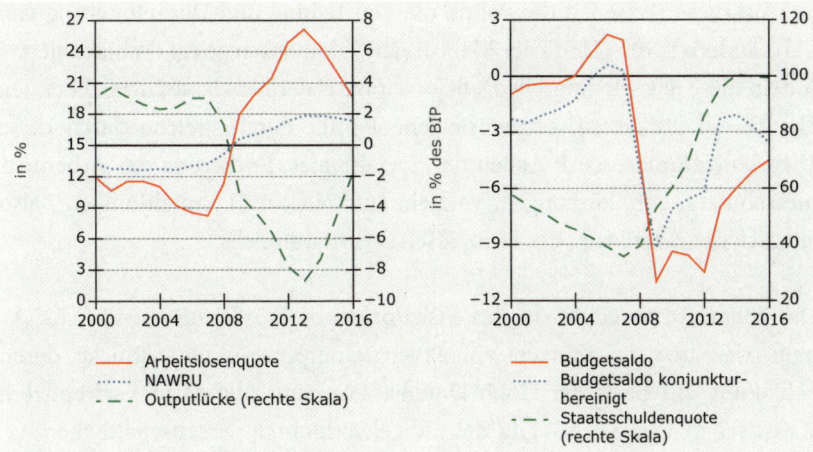

Abbildung 11.2: Arbeitslosenraten, Outputlücke und Budgetsalden in Spanien
Datenbasis: EU-Kommission, Frühjahr 2017

Betrachten wir nun, wie die EU-Kommission versucht, die »jenseitigsten« Zwischenschritte in ihrem Schätzverfahren abzumildern und dennoch zum gleichen Endergebnis zu kommen. Zu diesem Zweck vergleichen wir die wichtigsten Schätzwerte der Abbildung 11.1 mit jenen nach der aktuellen Methode (Abbildung 11.2 – Daten vom Frühjahr 2017). Während die »natürliche« Arbeitslosigkeit nach dem alten Verfahren dem Trend der tatsächlichen Arbeitslosigkeit folgte, liegt sie nun für die Jahre nach 2008 deutlich darunter. Daher wird die Outputlücke höher eingeschätzt. Doch die Verschlechterung des strukturellen Budgetsaldos zwischen 2007 und 2009 bleibt annähernd gleich, weil nunmehr ein kleinerer Teil der Outputlücke als konjunkturbedingt anerkannt wird. Am »Grundunsinn« ändert sich nichts: Der überwältigende Teil der durch die Finanz- und Immobilienkrise verursachten Verschlechterung des Budgetsaldos wird »Strukturfaktoren« zugerechnet (vergleiche Abbildungen 11.1 und 11.2).

Die vielen zur Schätzung des Struktursaldos nötigen Schritte und die unterschiedlichen statistischen Verfahren machen ein *eindeutiges Resultat unmöglich*. Je nach den konkreten Annahmen ergeben unterschiedliche Ergebnisse, und der gesamte Schätzprozess ist nicht nachvollziehbar (»Blackbox«). Dementsprechend weichen die Schätzungen von EU-Kommission, IWF oder OECD erheblich voneinander ab und werden häufig revidiert.[8] Dementsprechend groß ist der Gestaltungsspielraum der damit befassten Ökonomen. Da sie alle in der Gleichgewichtstheorie geschult wurden und somit »theoriekonsistente« Überzeugungen haben, entspricht ihre Schätzung des strukturellen Defizits ihren Überzeugungen (gelenkt von der »unsichtbaren Hand« der »Marktreligiosität« und von »pädagogischen Motiven« – Erziehung der »Defizitsünder«).

Auf diese Weise hat die Politik die Beurteilung und Disziplinierung von EU-Ländern in die Hände der Mainstream-Ökonomen gelegt (»objektiviert«). Indem diese das »strukturelle Defizit« auf Basis der neoklassisch-neoliberalen Theorie quantifizieren, setzen sie jene Politik durch, welche durch diese Theorie legitimiert wird: Abbau des Sozialstaates, Lockerung des Arbeitnehmerschutzes, Lohnkürzungen, Verzicht auf kollektive Lohnbildung etc., also letztlich die Zerstörung des Europäischen Sozialmodells.[9]

Der theoretische Unterbau des Fiskalpaktes – Friedmans »natürliche Arbeitslosenrate«, das Konzept von Potenzialoutput und Outputlücke, deren Schätzung auf Basis der Cobb-Douglas-Funktion, die dafür verwendeten statistischen Verfahren – gibt dem Regelwerk einen wissenschaftlichen Anstrich. Dabei handelt es sich um einen Irr-Sinn auf höchstem Niveau,[10] der als »materialisierte Theorie« für Millionen Menschen, insbesondere in Südeuropa, verheerende Folge hatte (viele sind vorzeitig verstorben, wenn auch im Verborgenen): Die EU-Kommission schätzte das strukturelle Defizit von Griechenland, Spanien und Portugal auf ein Vielfaches des im Fiskalpakt festgesetzten Höchstwertes von 0,5 Prozent des BIP (Abbildung 11.4). Also musste gespart werden. Damit geriet eine Abwärtsspirale in Gang, welche die Länder immer tiefer in eine Depression führte (siehe Kapitel 11 und 12).

So wurden in Spanien die Sozialleistungen radikal gekürzt: Obwohl sich die Zahl der Arbeitslosen bis 2012 verdreifachte, stagnierte das Volumen der Transferzahlungen. Auch der öffentliche Konsum – die wichtigste Komponente der Staatsnachfrage – wurde reduziert, 2012 um 6,5 Prozent. Im selben Jahr schrumpfte das spanische BIP erneut (Abbildung 11.1).

2016 betrug die Arbeitslosigkeit in der EU 8,5 Prozent, die »natürliche Arbeitslosenrate« (NAWRU) schätzte die EU-Kommission (Mai 2017) auf 8,1 Prozent. Das bedeutet: Etwa 95 Prozent aller Arbeitslosen werden »abgeschrieben«, 2016 waren dies 20 Millionen Menschen! Fast alle haben Berufsausbildung und -erfahrung, doch ihr Arbeitspotenzial wird als nicht existent betrachtet. So werden Potenzialoutput und Outputlücke klein- und die strukturellen Staatsdefizite großgerechnet.

Nimmt man an, dass ein Großteil der arbeitslosen (oder atypisch beschäftigten) Bauarbeiter, Lehrer, Sozialarbeiter, Industriearbeiter, Köche, Friseure etc. sehr wohl arbeiten könnten, wenn es nur Jobs gäbe, dann er-

> Der Fiskalpakt und seine Anwendung programmieren somit folgenden »Teufelskreis«, wenn ein »Schock« wie etwa eine Finanzkrise eine Rezession auslöst:
> Schritt 1: Das BIP schrumpft, Budgetdefizit und Arbeitslosigkeit steigen.
> Schritt 2: Der gestiegene Arbeitslosigkeit wird als »natürlich« oder »strukturell« interpretiert, damit sinkt der Potenzialoutput, die Outputlücke bleibt klein.
> Schritt 3: Das durch die Rezession erlittene Defizit wird als »strukturelles« Defizit interpretiert, es muss gespart werden.
> Schritt 4: Die Sparpolitik dämpft das BIP, gehe zu Schritt 1.

gäbe sich eine viel größere Outputlücke. Es wäre sichtbar, dass die Defizite primär Folge der Finanz- und Eurokrise sowie einer verfehlten Wirtschaftspolitik sind. Die meisten EU-Länder hätten *strukturelle Überschüsse* und bräuchten sich nicht weiter durch eine »verewigte« Sparpolitik zu strangulieren.

Nährboden dieses Irr-Sinns ist das abstrakte »Luftschloss-Denken«, abgehoben von den Hütten am Boden der Realität. Wie sollen ausgelernte Mainstream-Ökonomen, die sich jahrelang mit der Gleichgewichtstheorie in all ihren Facetten abmühen mussten, eine konkrete Vorstellung von der Lage jener Menschen entwickeln, die sie mit ihren Berechnungen abschreiben bzw. deren Bereitschaft zu (Mehr-)Arbeit sie ausblenden? Wie soll Zweifel wachsen, wo die Methoden zur Schätzung des strukturellen Defizits doch dem »Stand der Wissenschaft« entsprechen?

Der von Fleck beschriebene »Denkzwang«, der innerhalb eines Denksystems herrscht (»was in das System nicht hineinpasst, bleibt ungesehen«), und die magisch-moralinsaure Vorstellung, nur eine bittere Medizin könne eine selbst verschuldete Krankheit heilen, hindert die Eliten, folgende seit 2007 gemachten Erfahrungen wahrzunehmen: In jenen Ländern, in denen die Arbeitslosigkeit am radikalsten durch Lohnsenkungen, Deregulierungen und Kürzung des Arbeitslosengeldes bekämpft wurde, ist sie am stärksten gestiegen (Abbildungen 11.3, 11.11, 11.12 und 11.13). Auch die Staatsschuldenquote nahm dort, wo die härteste Sparpolitik praktiziert wurde – in Griechenland, Portugal und Spanien, aber auch in Großbritannien –, am stärksten zu (Abbildungen 11.3 und 11.14).

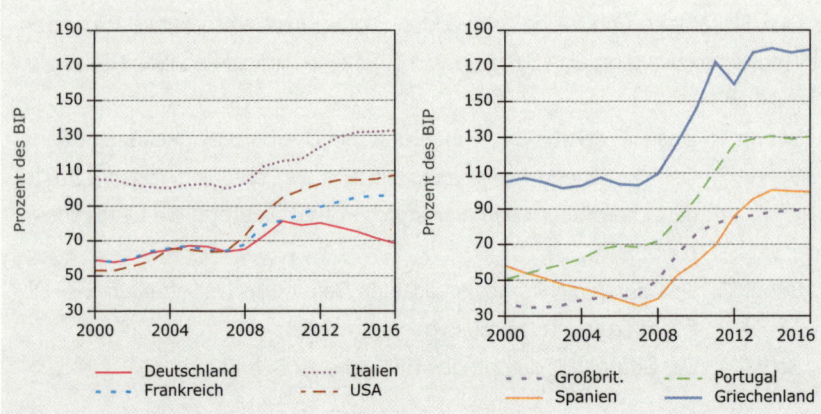

Abbildung 11.3: Staatsschuldenquote brutto

In jenen Ländern, in denen nach der Finanzkrise und dem Wirtschaftseinbruch 2008/2009 die härteste Sparpolitik »durchgezogen« wurde, ist die Staatsverschuldung am stärksten gestiegen. Dazu gehören nicht nur die südeuropäischen »Problemländer«, sondern auch Großbritannien (rechtes Diagramm). In anderen großen Ländern ist sie schwächer gestiegen, und in Deutschland sogar gesunken (dort wechselte die Politik nach 2008 auf einen gemäßigt expansiven Kurs – siehe Kapitel 13).

Seit 2013 verbessert sich die Lage in den »Problemländern«, in denen die neoliberalen Therapien – insbesondere die Sparpolitik – stillschweigend ausgesetzt wurden. Sie sind aus dem »Teufelskreis« ausgebrochen, indem sie sich nicht an den Fiskalpakt halten. So lag 2016 das strukturelle Defizit in Spanien bei 3,6 Prozent des BIP, in Frankreich bei 2,2 Prozent und in Italien bei 1,7 Prozent. Rat und Kommission der EU gehen darüber hinweg (vielleicht erahnend, dass der Fiskalpakt eine Fehlkonstruktion darstellt). Unterstützt werden sie in ihrem »Ausbruchsversuch« seit 2012 durch die EZB: Sie senkte den Leitzins auf null und erleichtert den Staaten durch Anleihenkäufe im Ausmaß von 60 bis 80 Mrd. Euro pro Monat (»*quantitative easing*«) weitere Kreditaufnahmen.

Nur ein Land bleibt von all dem ausgeschlossen, der »schuldige Schuldner« Griechenland. Nachdem Millionen Menschen die Krankenversicherung und das Arbeitslosengeld entzogen wurde, werden jetzt die Pensionen weiter gekürzt, obwohl ganze Familien auf *eine* Pension angewiesen sind. Griechenland kommt weder in den Genuss des »*quantitative easing*« der EZB noch darf

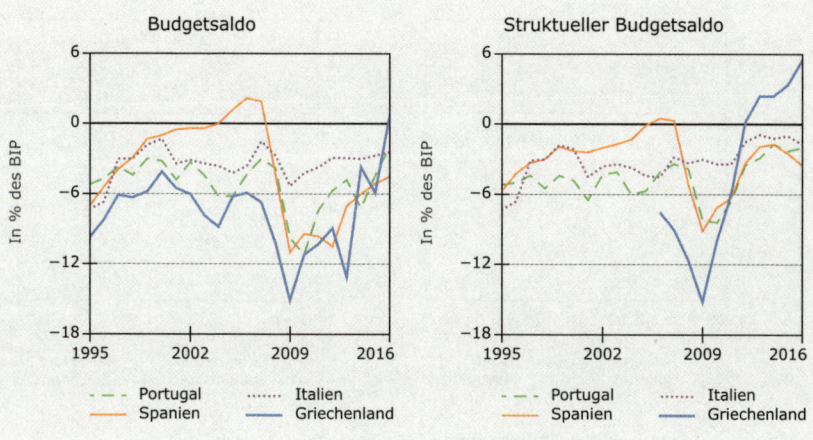

Abbildung 11.4: Entwicklung des Staatsbudgets

Auch in Südeuropa hat sich der Saldo des Staatshaushalts zwischen 2007 und 2009 massiv verschlechtert. Obwohl diese Entwicklung eindeutig durch Finanzkrise und Wirtschaftseinbruch verursacht wurde, interpretiert die EU-Kommission sie als »strukturbedingt«; auch das gesamte Defizit Griechenlands 2009 sei »strukturell«.

es seine Sparbemühungen aufgeben. Also verharren das Land und seine Bevölkerung in einer Depression. Das beweist: Nicht die dem Land auferlegten Maßnahmen sind schuld, sondern die Griechen selbst.

Wie wichtig die Rolle Griechenlands als »schuldiger Schuldner« für die Bewahrung des Weltbildes der Eliten war, zeigt sich nicht nur an der medialen Herabwürdigung »der (Pleite- und Schummel-)Griechen« (siehe Kapitel 2), sondern auch an seiner wirtschaftspolitischen »Spezialbehandlung«: Kein anderes Land hat so harte Sparauflagen hinnehmen müssen, der dadurch verursachte Wirtschaftseinbruch ließ seine Schulden explodieren. Doch auch vom »*quantitative easing*« der EZB, das die Zinsen in allen übrigen Euroländern senkte, blieb Griechenland ausgeschlossen.

Erst die Opferung von Iphigenie brachte günstige Winde. Schauen wir uns an, auf welche Weise das sechsjährige Opferungsritual vollzogen wurde, im (guten?) Glauben, damit der »unsichtbaren Hand des Markts« zu dienen.

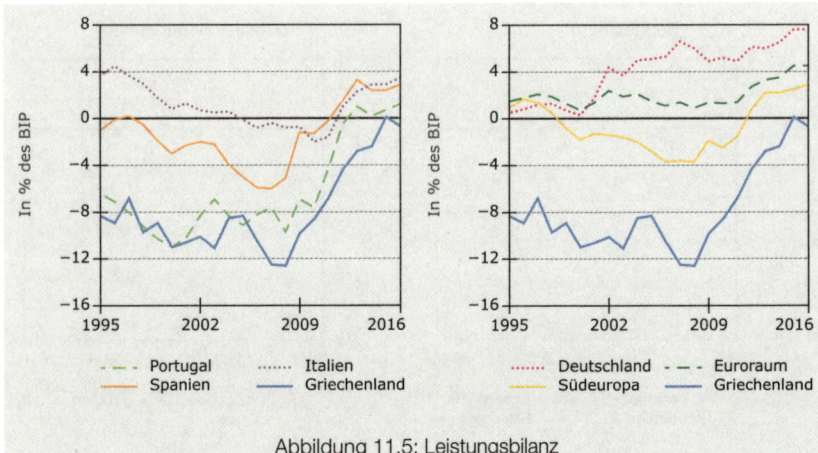

Abbildung 11.5: Leistungsbilanz

Deutschland hat nach Einführung des Euro seinen Überschuss in der Leistungsbilanz enorm gesteigert (nun konnten die Preisvorteile der Lohnzurückhaltung voll genützt werden), gleichzeitig weiteten die Länder Südeuropas ihr Defizit aus. Besonders hoch war es bis 2009 in Griechenland und Portugal. Die Verbesserung seither ist primär Folge der Austeritätspolitik und der deshalb kollabierenden Importnachfrage.

Spekulation auf den Staatsbankrott der »Defizitsünder«

Am 4. Oktober 2009 verlor der konservative Ministerpräsident Kostas Karamanlis die von ihm selbst vom Zaun gebrochenen (vorzeitigen) Parlamentswahlen in Griechenland. Sein Nachfolger, der Sozialist Giorgos Papandreou, erklärte, die Vorgängerregierung habe falsche Budgetzahlen nach Brüssel gemeldet (mit trickreicher Unterstützung durch Goldman Sachs): Schon 2008 hatte das Defizit 10,2 Prozent des BIP erreicht und sollte 2009 noch auf 15,1 Prozent steigen.

Zwischen 2001, als das Land der Währungsunion beigetreten war, und 2007 war das Defizit allerdings »nur« von 5,5 Prozent auf 6,7 Prozent gestiegen, die massive Verschlechterung war Folge der Finanzkrise (Abbildung 11.4). Deren Budgeteffekte wurden durch die EU-Kommission »weggeschätzt«: Das strukturelle Defizit Griechenlands sei 2009 genauso hoch wie das tatsächliche und nach 2006 auch gleich stark gestiegen (Abbildung 11.1).

Auch die griechische Leistungsbilanz (die Differenz zwischen den Gesamtexporten und -importen) zeigte ein schockierendes Bild: Nach Eintritt in die Währungsunion hatte sich das Defizit geringfügig verringert, doch zwischen

2005 und 2008 war es von 8,3 Prozent auf 12,6 Prozent des BIP gestiegen (Abbildung 11.5).

Die Eliten in den übrigen EU-Ländern signalisierten der griechischen Regierung und der Öffentlichkeit im eigenen Land: Griechenland bekommt keine finanzielle Unterstützung. Diese Erklärung signalisierte den »Finanzalchemisten«, dass das Land tatsächlich pleitegehen könnte.[11] Den Investmentbanken und Hedgefonds ermöglichte das ein neues Spiel, die Spekulation auf den Staatsbankrott mithilfe von »*credit default swaps*« (CDS).

Im Oktober 2009 begannen die CDS-Prämien für griechische Staatsanleihen zu steigen, bis Ende April 2010 hatten sie sich verfünffacht (Abbildung 11.6). Gleichzeitig stieg der Anleihezins von 4,7 Prozent auf 12,2 Prozent und

---

CDS sind Kreditversicherungen, mit denen man – wie bei jedem Derivat – zweierlei tun kann: sich absichern (»*hedging*«) oder spekulieren. Für beide Zwecke haben CDSs seit den 1990er-Jahren enorm an Bedeutung gewonnen.

Beispiel 1: Goldman Sachs hat Forderungen gegen Lehman Brothers in Höhe von 20 Mrd. Dollar und fürchtet, Lehman könnte pleitegehen. Dann sucht Goldman einen Dritten, etwa den größten US-Versicherungskonzern AIG (American International Group), und versichert diese Forderung gegen Bezahlung einer CDS-Prämie von – sagen wir – 200 Basispunkten (also 2 Prozent der Versicherungssumme – diese Prämie bildet sich am CDS-Markt). Geht Lehman pleite, muss AIG 20 Mrd. Dollar an Goldman zahlen.

Beispiel 2: Goldman hat gar keine Forderungen gegen Lehman und schließt das gleiche Geschäft mit AIG ab (»*naked* CDS«). Dann spekuliert Goldman auf den Bankrott von Lehman: Geht die Konkurrenzbank pleite, erzielt Goldman einen Spekulationsgewinn von 20 Mrd. Dollar. Tatsächlich hatte AIG viele Kreditgarantien gegeben und musste daher sofort nach der Lehman-Pleite vom Staat gerettet werden. Dieser zahlte dann Goldman die 20 Mrd. Dollar.

Besonders attraktiv sind diese Geschäfte, weil die CDSs selbst laufend gehandelt werden. Wenn ich zu einem Zeitpunkt, als noch kein Pleite-Verdacht bestand, einen CDS bezogen auf Lehman abgeschlossen habe, dann mag die Prämie nur 50 Basispunkte (0,5 Prozent) betragen haben. Verschlechtert sich die Bonität, könnte sie am Markt auf 200 Basispunkte steigen, der Wert meiner günstigeren Police hat sich dann vervierfacht. Gleichzeitig steigen die Zinsen für Lehman, denn die CDS-Prämien sind ein Indikator für die Bonität eines Schuldners.

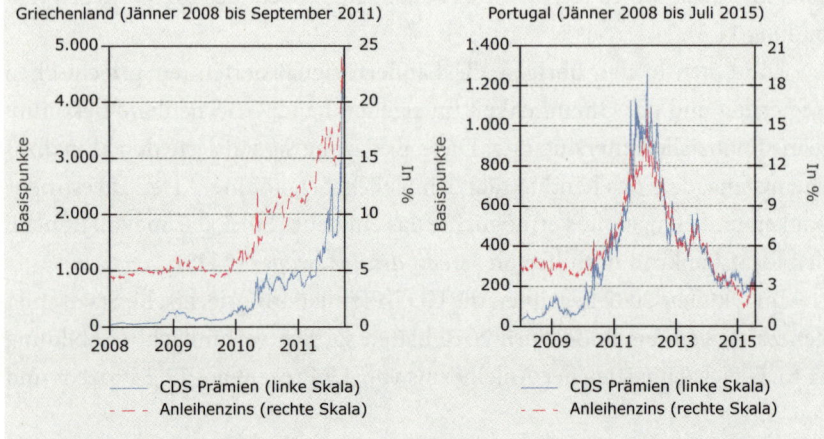

Abbildung 11.6: CDS-Prämien und Zinsen für 10-jährige Staatsanleihen

Im Herbst 2009 begann die Spekulation auf den Staatsbankrott Griechenlands mit Hilfe von »Credit Default Swaps« (CDS). Steigen die Prämien für diese Kreditausfallversicherungen, so steigen auch die Anleihezinsen (die Bonität des Schuldners verschlechtert sich). Bereits im Mai 2010 waren sie für Griechenland unbezahlbar, der Euro-Rettungsschirm musste gegründet werden. Wenig später wurde Portugal von der Spekulationswelle erfasst, danach Spanien und Italien.

erzwang die Gründung des Euro-Rettungsschirmes. Zu Jahresbeginn 2011 setzte die nächste Spekulationswelle ein, bis Ende September stiegen die Zinsen auf 23 Prozent (Abbildung 11.6).[12]

Nach Griechenland wurde Irland von der »Zinsepidemie« erfasst, dann folgte Portugal: Noch im Juli 2010 hatten dort die Anleihezinsen bei 5 Prozent gelegen, ein Jahr später waren es 13 Prozent (Abbildung 11.6). Im Herbst 2010 erreichte die Welle Spanien (die Zinsen stiegen von 4,0 Prozent auf 5,5 Prozent) und im Frühjahr 2011 Italien (innerhalb eines halben Jahres kletterten die Zinsen von 4,6 Prozent auf 7,2 Prozent), gleichzeitig sanken die Zinsen in den »guten Nordstaaten« (Abbildung 11.7).[13]

Aus neoliberaler Sicht war diese Entwicklung zu begrüßen: Wie ein Richter bestrafte »der Markt« die Defizitsünder mit hohen Zinsen und belohnte die guten »Nordstaaten« mit niedrigen Zinsen – zuvor hatte er die »Südstaaten« allerdings zehn Jahre lang mit niedrigen Zinsen zu ihrem »Leben auf Pump« verführt.

Die »Finanzalchemisten« nutzten die neuen Profitmöglichkeiten, indem sie die jahrzehntelang praktizierte Devisenspekulation mit den früheren

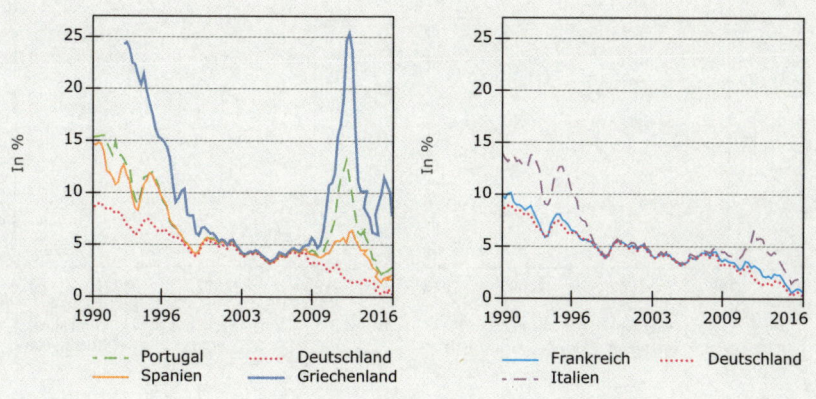

Abbildung 11.7: Langfristige Entwicklung der Anleihezinsen

Nach Ausbruch der Finanzkrise 2008 trieb Spekulation auf den Staatsbakrott die Zinsen in Griechenland und den anderen Ländern Südeuropas in unfinanzierbare Höhen. Das »Machtwort« von EZB-Präsident Mario Draghi im Sommer 2012 und die nachfolgende Niedrigzinspolitik beendeten diesen Prozess. Griechenland blieb vom EZB-Programm der Anleihekäufe (»quantitative easing«) ausgeschlossen. Als im Herbst 2014 ein Wahlsieg der Syriza-Partei wahrscheinlich wurde, stiegen die Zinsen neuerlich.

Währungen der Euroländer durch Zinsspekulation ersetzten. So »revanchierten« sie sich dafür, dass die Politik mit der Währungsunion den Devisenmarkt geschlossen hatte. Allerdings war »Marktreligiosität« der Eliten Voraussetzung für das neue »Spiel«: Hätten etwa die deutsche Kanzlerin, die Eurogruppe oder der EZB-Präsident Trichet ein Machtwort gesprochen (»Die Politik duldet nicht, dass Finanzinvestoren Mitglieder der Währungsunion gegeneinander ausspielen!«), dann wäre es gar nicht erst zur Eurokrise gekommen.[14]

Als im Sommer 2012 die Zinsspanne zwischen Nord und Süd immer größer wurde – Deutschland musste für seine Anleihen nur mehr 1,3 Prozent zahlen, Italien und Spanien hingegen 6,6 Prozent bzw. 7,5 Prozent –, sprach der neue EZB-Präsident Draghi endlich das Machtwort: Er werde alles tun, um den Euro zu retten. Damit signalisierte er den »Finanzalchemisten«, dass die EZB weitere Spekulationen gegen Eurostaaten nicht dulden werde. Seither sinken die Zinsen in allen Euroländern gegen null – mit Ausnahme von Griechenland (Abbildung 11.7).[15]

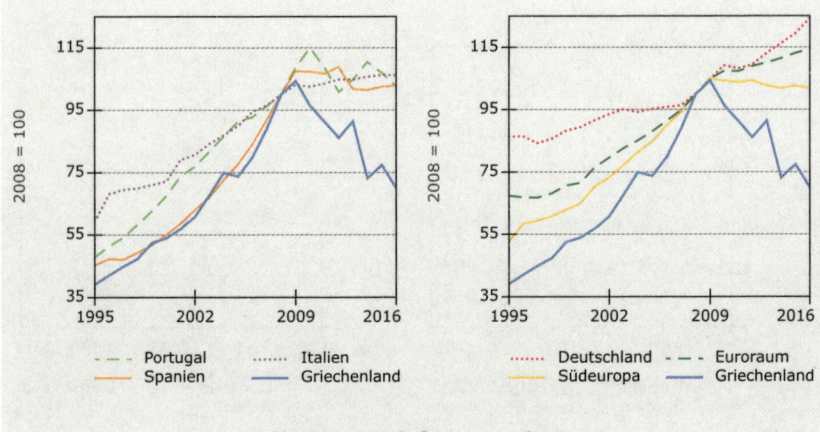

Abbildung 11.8: Staatsausgaben

Griechenland wurde ab 2010 zu einer ungleich radikaleren Sparpolitik gezwungen als die übrigen Ländern Südeuropas. Ein Rückgang der Staatsausgaben um 30 Prozent hätte jedes Land der Welt in eine verheerende Abwärtsspirale gezogen.

Griechenland als »Sonderfall«

Oft wird behauptet, die anderen Länder Südeuropas hätten ein ähnliches Sparprogramm wie Griechenland umgesetzt und (damit) die Krise überwunden, Griechenland sei also ein hoffnungsloser Fall. Diese These ist jedoch unhaltbar: Die gesamten Staatsausgaben wurden in Griechenland zwischen 2008 und 2016 um 30,0 Prozent *gesenkt*, in Portugal und Spanien aber *erhöht* (um 2,8 Prozent), ebenso wie in Italien (6,2 Prozent). Im Euroraum stiegen sie um 14,4 Prozent, in Deutschland sogar um 24,3 Prozent (Abbildung 11.8).[16]

Noch deutlicher sind die Unterschiede bei den Sozialtransfers: Sie gingen in Griechenland um 9,6 Prozent zurück (in Portugal, Spanien und Italien wurden sie um 21,5 Prozent, 26,9 Prozent und 21,7 Prozent ausgeweitet), das durchschnittliche Arbeitslosengeld pro Kopf sank zwischen 2008 und 2014 von 2.927 Euro auf 576 Euro *pro Jahr*[17] (Abbildung 11.11), die Brutto-Löhne gingen um 16,4 Prozent zurück, während sie in den anderen Ländern Südeuropas geringfügig stiegen (Abbildung 11.9). Auch die gesetzlichen Mindestlöhne wurden lediglich in Griechenland reduziert (2012 von 877 auf 684 Euro pro Monat).

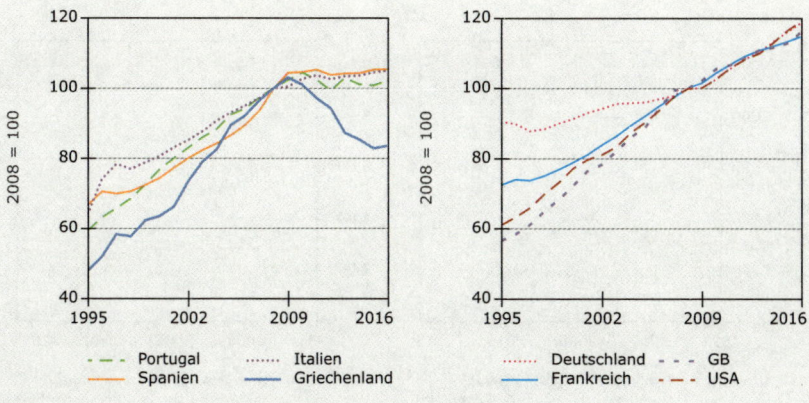

Abbildung 11.9: Entwicklung der Löhne

In Griechenland wurden die nominellen Brutto-Löhne seit 2008 um 16 Prozent gesenkt, im übrigen Südeuropa sind sie leicht gestiegen. Dies hat den Einbruch von Nachfrage und Produktion in Griechenland verschärft.

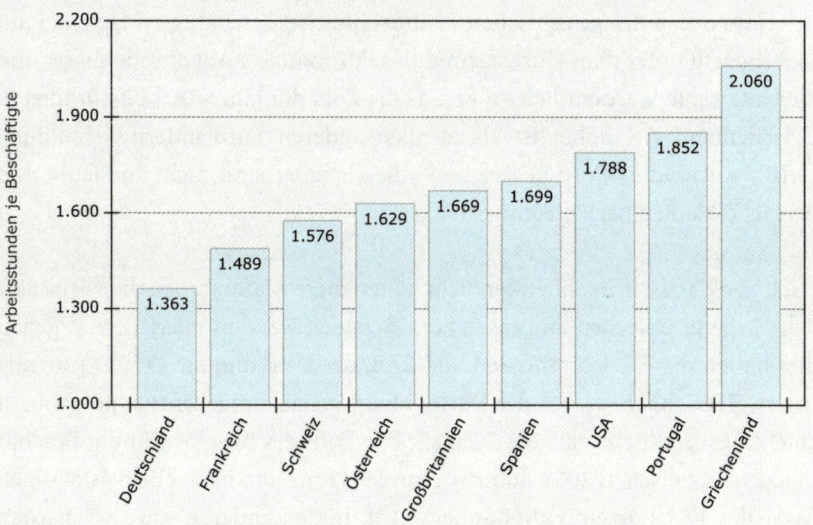

Abbildung 11.10: Arbeitsstunden je Erwerbstätigen 2013

Das – besonders in deutschen Medien verbreitete – Bild von den »faulen« Griechen bzw. Südeuropäern ist offensichtlich falsch. So ist die durchschnittliche, tatsächliche Arbeitszeit in Griechenland um etwa 50 Prozent höher als in Deutschland.

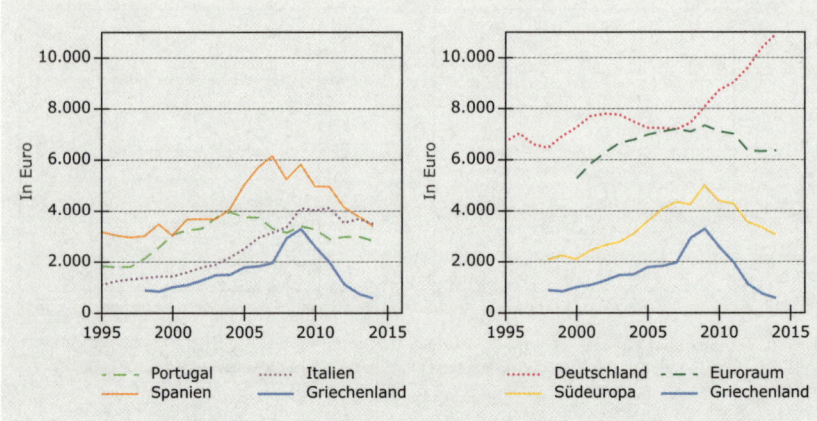

Abbildung 11.11: Durchschnittliche Arbeitslosenunterstützung pro Jahr

Da die meisten Arbeitslosen in Griechenland keine Unterstützung bekommen, betrug die Unterstützung 2014 im Durchschnitt 576 € *pro Jahr* (in Deutschland stieg sie auf etwa 11.000 €).

Das Niveau der griechischen Brutto-Löhne je Beschäftigten lag 2016 um 44,8 Prozent unter dem Durchschnitt des Euroraumes. Auf Stundenbasis sind die Unterschiede wesentlich größer, da die Zahl der Jahres-Arbeitsstunden in Griechenland viel höher ist als in allen anderen Euroländern (Abbildung 11.10). Auch »die« Portugiesen und »die« Spanier sind nicht so »faul«, wie deutsche Medien berichteten.

Nach neoklassisch-neoliberaler Sicht hätten diese Maßnahmen die wirtschaftliche Lage in Griechenland rasch zum Besseren wenden müssen, und genau dies hatten die EU-Kommission, die EZB, der IWF und die OECD prognostiziert. Tatsächlich verlief die Entwicklung genau umgekehrt, und zwar in einem historisch einmaligen Ausmaß: Die Zahl der unselbstständig Beschäftigten sank zwischen 2008 und 2016 um 15,3 Prozent, die der Selbstständigen sogar um 17,9 Prozent (Abbildung 11.12). In den anderen südeuropäischen Ländern, in denen sich der Staat weniger stark zurückgezogen hatte, fiel die Entwicklung längst nicht so ungünstig aus.

Daher ist die Arbeitslosenquote in Griechenland am stärksten gestiegen, wesentlich stärker als im Durchschnitt Südeuropas (lediglich in Spanien nahm sie fast ebenso sprunghaft zu, ging aber nach 2013 deutlich zurück –

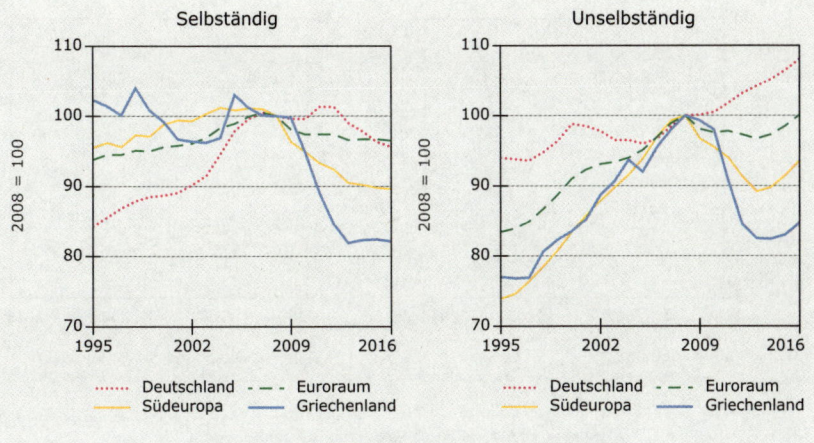

Abbildung 11.12: Entwicklung der Beschäftigung

Als Folge der austeritätspolitischen Sondermaßnahmen ist die Zahl der selbständig und unselbständig Beschäftigten in Griechenland viel stärker eingebrochen als im übrigen Europa.

Abbildung 11.13). Wo Löhne und Arbeitslosengeld am stärksten gekürzt wurden, hat sich die Beschäftigungslage somit am meisten *verschlechtert*. Umgekehrt hat sie sich in Deutschland, wo Löhne, Arbeitslosengeld und Staatsausgaben am stärksten stiegen, mit Abstand am besten entwickelt (Abbildungen 11.12 und 11.13).

Auch die Staatsschuldenquote stieg zwischen 2008 und 2016 umso stärker, je mehr gespart wurde: am meisten in Griechenland (trotz des Schuldenschnittes in Höhe von 55 Prozent des BIP im Jahr 2012), gefolgt von Spanien, Portugal und Italien. In Deutschland ist sie hingegen nur geringfügig gestiegen und seit 2012 deutlich gefallen (Abbildung 11.14).[18]

Die Brutto-Investitionen sanken in Griechenland zwischen 2008 und 2016 um 63,2 Prozent (in den drei anderen Ländern Südeuropas »nur« um etwa 30 Prozent), das BIP ging um 26,2 Prozent zurück. In Spanien und Portugal erholte sich die Gesamtproduktion ab 2013, in Italien allerdings nur schwach. Diese drei Länder haben – mit Duldung der EU – die Sparpolitik gelockert und profitierten von der Nullzinspolitik der EZB (Abbildung 11.15).

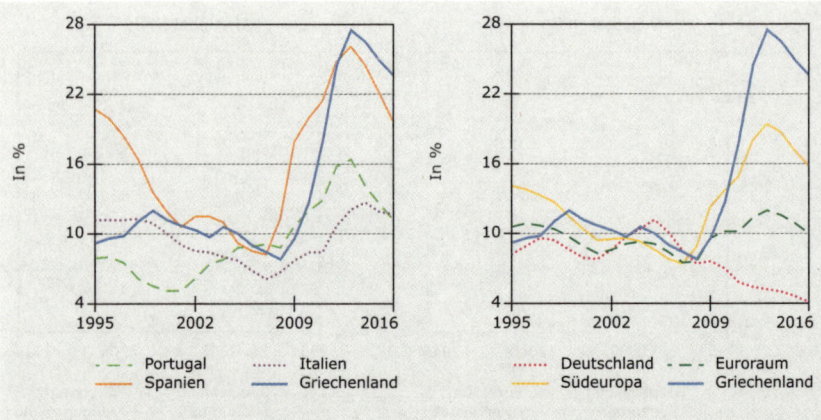

Abbildung 11.13: Entwicklung der Arbeitslosigkeit

Nur in Spanien ist die Arbeitslosigkeit nach Ausbruch der Finanzkrise 2008 annähernd so stark gestiegen wie in Griechenland. Dank der Niedrigzinspolitik der EZB und einer expansiven Wirtschaftspolitik (die Verletzung des Fiskalpakts wird von der EU nicht sanktioniert) ist die Arbeitslosigkeit in Spanien seit 2013 stärker gesunken als in Griechenland.

Systemische Erklärung der Krise

Aus systemischer Sicht können folgende Abläufe den Weg Griechenlands in die große Krise besser – weil konkret – erklären als Verweise auf »Strukturprobleme«. Gleichzeitig sind diese Kettenreaktionen und Rückkoppelungen typische Folgen jeder Austeritätspolitik in einer Krise.

Die wichtigsten Sparmaßnahmen wie die Senkung der (Mindest-)Löhne, der Pensionen, des Arbeitslosengeldes und sonstiger Sozialtransfers reduzieren insbesondere die Einkommen der Armen. Ähnliche Verteilungswirkungen haben Erhöhungen indirekter Steuern (MwSt., Steuern auf Tabak, Spirituosen, Kraftstoff). Je kleiner das Einkommen, desto größer ist der Anteil, der für den Konsum ausgegeben wird. Wer am Existenzminimum lebt, muss sein gesamtes Einkommen ausgeben. Gleichzeitig ist der Anteil der importierten Güter am Konsum der Einkommensschwachen kleiner als im Durchschnitt (allein schon wegen der Wohnkosten).

Daher ließen die Finanzkrise und noch mehr die Austeritätspolitik den Konsum in Südeuropa einbrechen, und zwar umso stärker, je enger die Gürtel geschnallt werden mussten (Abbildung 11.16). So hat die Sparpolitik den binnenwirtschaftlichen Kreislauf abgewürgt: Die Masse der griechischen Haus-

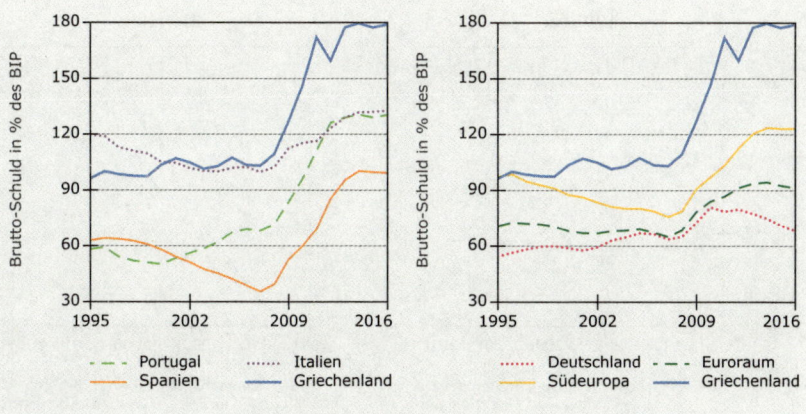

Abbildung 11.14: Staatsverschuldung

Je radikaler nach 2008 gespart wurde, desto stärker sank das BIP und desto stärker nahm die Staatsschuldenquote zu. Seit 2013 ist sie auch in Südeuropa kaum mehr gestiegen, in erste Linie als Folge einer Lockerung der Austeritätspolitik und der niedrigen Zinsen.

halte reduzierte mit ihren Ausgaben die Einnahmen griechischer Unternehmer, sodass diese ihrerseits Ausgaben und Investitionen kürzen, Beschäftigten kündigen und nicht selten ihre Betriebe schließen mussten. Die neu arbeitslos Gewordenen reduzierten ebenfalls ihren Konsum – und die nächste Runde im »Schrumpfungskreislauf« begann: In Griechenland schrumpfte die Konsumnachfrage zwischen 2008 und 2016 um 24,4 Prozent, in Portugal, Spanien und Italien hingegen nur um etwa 5 Prozent.

In den fünfzehn Jahren vor der Finanzkrise und der danach erzwungenen Austeritätspolitik hatte sich die Wirtschaft in Südeuropa, insbesondere in Griechenland, viel besser entwickelt als in den anderen EU-Ländern, insbesondere in Deutschland. Diese Fakten sehen wir uns nun genau an, denn sie lassen die These fragwürdig erscheinen, wonach die Krise Südeuropas durch »Strukturprobleme« verursacht worden sei.

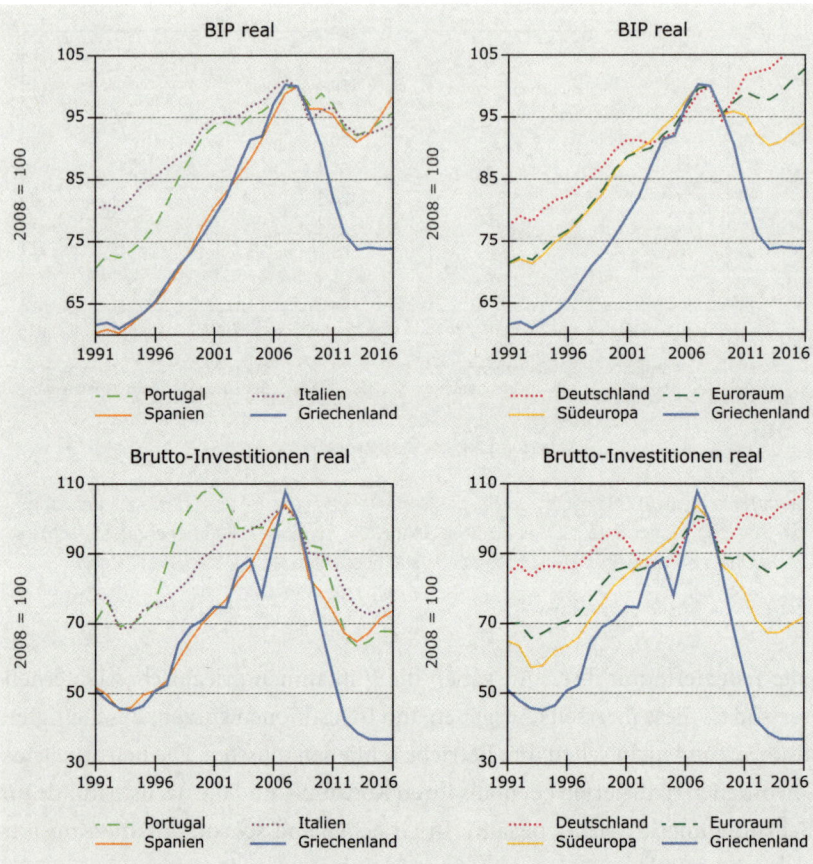

Abbildung 11.15: Entwicklung der Gesamt- und Investitionsnachfrage

Das – auch historisch – einzigartige Ausmaß der Griechenland »verordneten« Austerität hat seine Wirtschaft schwer beschädigt: Die realen Investitionen sind seit 2008 um fast 70 Prozent gesunken, das BIP um fast 30 Prozent. Mit – durchaus vorhandenen – »Strukturschwächen« hat dieses Desaster nichts zu tun.

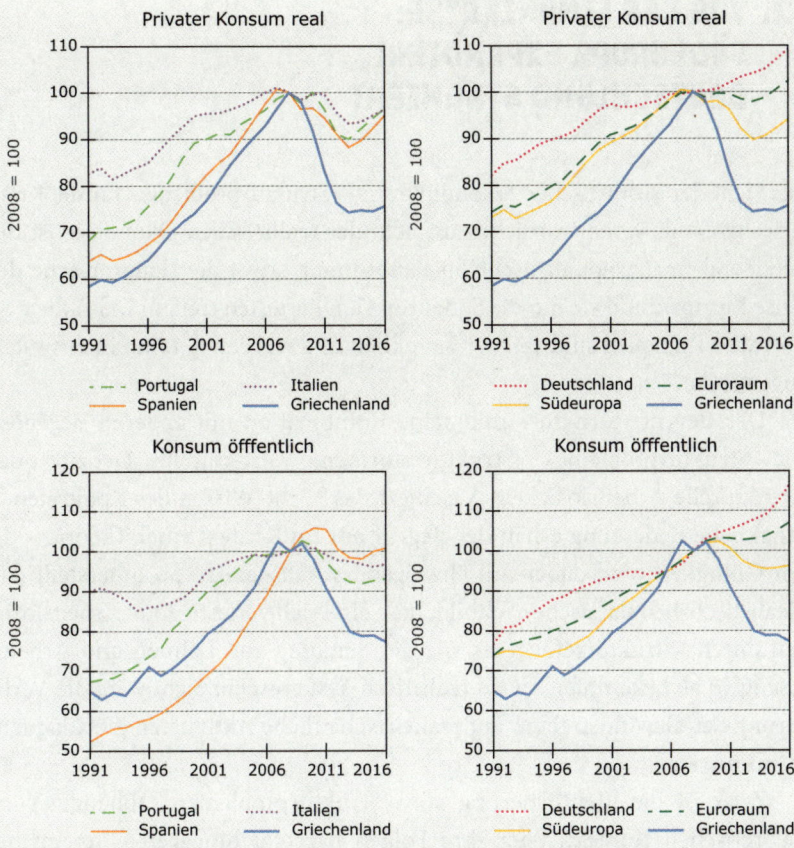

Abbildung 11.16: Entwicklung der privaten und öffentlichen Konsumnachfrage

Der private und öffentliche Konsum sind in Griechenland seit 2008 viel stärker eingebrochen als in allen anderen Ländern Europas, weil auch Sparpolitik, Lohnkürzungen und Sozialabbau in Griechenland viel markanter ausgeprägt waren.

12. VOR DER FINANZKRISE: SÜDEUROPA EXPANDIERT, DEUTSCHLAND STAGNIERT

Aus Sicht der idealistischen Ökonomie sind »Strukturprobleme« für die Krise Griechenlands verantwortlich. Aus Sicht der realistischen Ökonomie ist die neoliberal-finanzkapitalistische Spielanordnung selbst die Hauptursache der Krise Europas, und sie musste Südeuropa am härtesten treffen. Denn die neoliberalen Therapien sind Teil der Krankheit und wurden dort am intensivsten angewendet.

Der Begriff »Struktur« und seine Kombination mit anderen Begriffen wie »Strukturprobleme«, »Strukturreformen«, »strukturelles Defizit« oder »strukturelle Arbeitslosigkeit« kaschiert das Nicht-Wissen des Konkreten.[19] Inhaltliche Bedeutung erhält der Begriff nur im Kontext einer Theorie – deren Gültigkeit wird dabei stillschweigend vorausgesetzt. So unterstellt das idealistisch-neoklassische Weltbild, dass eine sich verfestigende Arbeitslosigkeit durch »Strukturreformen« wie der Senkung von Löhnen und Arbeitslosengeld zu bekämpfen sei (in realistisch-systemischer Sicht wäre die Verlagerung des Gewinnstrebens auf realwirtschaftliche Aktivitäten die adäquate »Strukturreform«).

Zwar ist die Identifizierung von »Strukturproblemen« abhängig vom theoretischen Kontext, über ihre Folgen herrscht hingegen Übereinstimmung: Sie verursachen unzureichendes Wirtschaftswachstum und mangelnde Wettbewerbsfähigkeit. Wir vergleichen daher die Entwicklung dieser beiden Symptome von »Strukturproblemen« zwischen Griechenland, Südeuropa, Deutschland und dem Euroraum vor Ausbruch der Finanzkrise 2008.

Südeuropa stützt den »kranken Mann« Europas

Zwischen 1995 und 2008 expandierte die Wirtschaft in Griechenland um 57,4 Prozent und damit wesentlich rascher als der Durchschnitt Südeuropas bzw. des Euroraumes (+33,4 Prozent bzw. +32,3 Prozent); am weitaus schwächsten wuchs die deutsche Wirtschaft, nämlich nur um 22,4 Prozent (Abbildung 11.15).[20]

Während das Wachstum in Südeuropa durch die Binnennachfrage, insbesondere Investitionen, angetrieben wurde, trugen in Deutschland lediglich die Exporte nennenswert zum Wachstum bei. So expandierten die Brutto-Investitionen in Griechenland um 115,3 Prozent, in Südeuropa insgesamt um 61,6 Prozent, im Euroraum um 44,1 Prozent und in Deutschland nur um 15,8 Prozent (Abbildung 11.15).

Der private Konsum wuchs in Griechenland bzw. in Südeuropa geringfügig stärker als das BIP (+60,5 Prozent bzw. +33,0 Prozent), in Deutschland wesentlich schwächer (+12,8 Prozent – Abbildung 11.16). Hauptursache war die Lohnpolitik: In Deutschland stieg die Brutto-Lohnsumme je Beschäftigten nominell zwischen 1995 und 2008 nur um 10,4 Prozent, in Spanien hingegen um 49,7 Prozent, in Italien um 55,9 Prozent, in Portugal um 68,3 Prozent und in Griechenland um 108,9 Prozent (Abbildung 11.9).[21]

Der öffentliche Konsum wuchs in Griechenland um 48,2 Prozent und damit etwas schwächer als das BIP (in Spanien und Portugal war das Verhältnis umgekehrt; Abbildung 11.16); wesentlich stärker stiegen – wegen der Ausweitung von Transferzahlungen und Investitionen – die nominellen Staatsausgaben (Abbildung 11.8). Doch auch die Staatseinnahmen wuchsen kräftig, deshalb war das Budgetdefizit in allen Ländern Südeuropas bis zur Finanzkrise 2008 kleiner als 1995 (Abbildung 11.4).

Die realen Gesamtexporte (Waren und Dienstleistungen) Griechenlands nahmen zwischen 1995 und 2008 um 180,8 Prozent zu. Da die Importe gleichzeitig um 185,3 Prozent stiegen, vergrößerte sich das Leistungsbilanzdefizit (Abbildung 11.5). Dies wurde als Beweis herangezogen für die unzulängliche Wettbewerbsfähigkeit der griechischen Wirtschaft. Ein solcher Schluss ist jedoch falsch, wenn ein Land seine Exporte rascher steigern kann als die Konkurrenzländer. Und genau das war fünfzehn Jahre lang der Fall (Abbildung 12.4).

Gewinnt ein Land im Export Marktanteile, so sind seine Produkte offensichtlich wettbewerbsfähig.[22] Wachsen allerdings Binnennachfrage und BIP rascher als im Ausland, dann werden *aus diesem Grund* die Importe stärker expandieren als die Exporte. Ein hohes Leistungsbilanzdefizit allein sagt also nichts über die Wettbewerbsfähigkeit einer Volkswirtschaft aus. Umgekehrt ist die enorme Verbesserung der Leistungsbilanz Griechenlands seit 2008 (Abbildung 11.5) nicht Folge verbesserter Wettbewerbsfähigkeit, sondern der kollabierenden Binnennachfrage.

In den fünfzehn Jahren vor Ausbruch der Finanzkrise hat sich die Wirtschaft in Griechenland besser entwickelt als in allen anderen Euroländern mit Ausnahme Irlands. Wie aber sieht ein Vergleich des langfristigen Wirtschaftswachstums aus?

Zwischen 1950 und 2008 stieg das BIP in Griechenland auf das 11,5-Fache (+1047 Prozent) und damit auch langfristig stärker als in Südeuropa insgesamt (+711 Prozent), in Deutschland (+617 Prozent) oder in der EU15 (+540 Prozent). Die Perioden, in denen sich die griechische Wirtschaft besonders gut entwickelte, waren überwiegend solche, in denen die Wechselkurse stabil waren wie von 1962 bis 1971 und von 1998 bis 2008 (Abbildung 12.1). Die häufigen Abwertungen zwischen 1973 und 1998 haben der griechischen Wirtschaft – außer einem stärkeren Anstieg von Preisen und Löhnen – nichts gebracht. Diese Erfahrung sollten die Mainstream-Ökonomen berücksichtigen, die den Austritt Griechenlands aus der Währungsunion deshalb befürworten, weil das Land dann durch Abwertungen seine Konkurrenzfähigkeit verbessern würde.

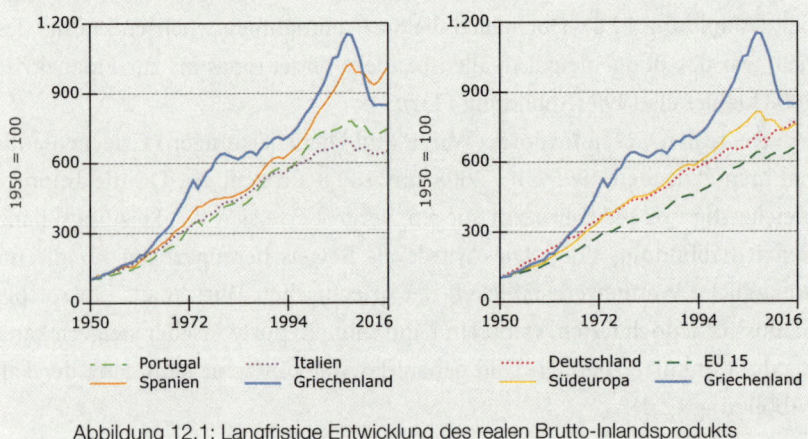

Abbildung 12.1: Langfristige Entwicklung des realen Brutto-Inlandsprodukts

Es waren die wachsenden Ungleichgewichte in den Leistungsbilanzen der Euroländer, die das Potenzial für den Ausbruch der Eurokrise aufgebaut haben: Deutschland und – in geringerem Ausmaß – andere »Nordstaaten« wie die Niederlande, Österreich oder Finnland erzielten seit den 1990er-Jahren steigende Überschüsse, in Südeuropa nahmen umgekehrt die Defizite immer mehr zu (Abbildung 11.5). Hauptursachen für den so erzeugten

»Berg« an Forderungen und Verbindlichkeiten waren vor allem drei markante Unterschiede zwischen der Wirtschaftspolitik in den »Nord-« und den »Südstaaten«:

- Nach der Rezession 1993 verfolgte Deutschland eine restriktive Lohnpolitik, die Länder Südeuropas hingegen eine expansive Politik, insbesondere Griechenland. Bei anhaltend steigender Arbeitsproduktivität blieben die Lohnstückkosten und die Exportpreise in Deutschland dreizehn Jahre lang konstant, während sie in Südeuropa stark stiegen.
- Deutschland setzte auf ein exportgetriebenes Wachstum, Südeuropa auf die Dynamik der Binnennachfrage. Beide Pfade ergänzen einander, sofern die Finanzierung der Leistungsbilanzdefizite gesichert ist: Südeuropa verbesserte seine Ausstattung mit Gütern »made in Germany«, Deutschland stabilisierte seine schwächelnde Wirtschaft.
- Die beiden Wachstumsmodelle sind eingebettet in unterschiedliche ökonomische Weltanschauungen. Nach der Wiedervereinigung und der Rezession 1993 wechselte die deutsche Politik endgültig auf einen neoliberal-angebotsorientierten Kurs. In Südeuropa gab es keinen solchen Kurswechsel, er wurde erst im Zuge der Eurokrise erzwungen.

Entscheidend zum Anwachsen der Leistungsbilanzdifferenz beigetragen hat die enorme Diskrepanz in der Entwicklung der Lohnstückkosten (Abbildung 12.2). Sie sind in Deutschland zwischen 1995 und 2008 konstant geblieben, in Südeuropa hingegen stark gestiegen (+49,4 Prozent), am meisten in Griechenland (+55,1 Prozent). Diese Entwicklung musste die Kohärenz der Währungsunion unterminieren, denn sie verlangt eine einheitliche Inflation in den Mitgliedsländern.

Auch deshalb hat die EZB ein Inflationsziel (annähernd 2 Prozent) festgelegt, an dem sich die Lohnpolitik orientieren sollte. Zwischen 1999 und 2008 sind die Lohnstückkosten im Euroraum um 1,9 Prozent pro Jahr gestiegen und damit im Ausmaß des Zielwertes. In Südeuropa lag die Steigerungsrate bei 3,1 Prozent pro Jahr (Griechenland: 3,2 Prozent) und damit um 1,1 Prozentpunkte über dem Zielwert. Wesentlich größer war die Zielverfehlung in Deutschland – allerdings *nach unten*: Die Lohnstückkosten blieben praktisch konstant (+0,1 Prozent).[23]

Das Auseinanderdriften der Lohnstückkosten übertrug sich auf die Exportpreise, und dadurch verschob sich die Wettbewerbsfähigkeit drastisch: Von 1995 bis 2008 stiegen die Exportpreise für Waren und Dienstleistungen

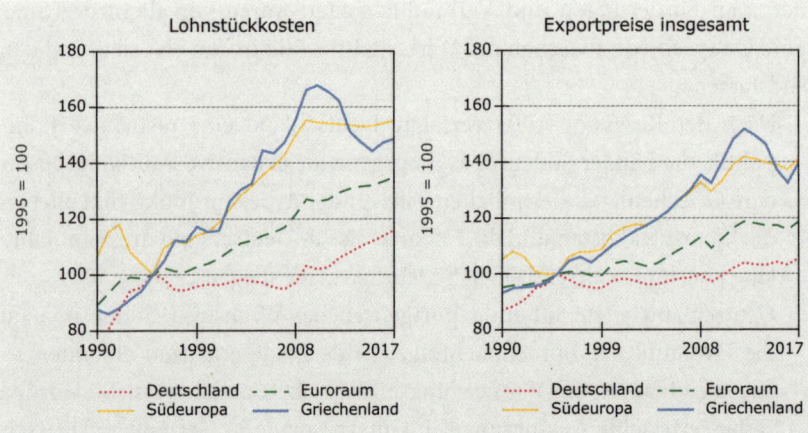

Abbildung 12.2: Entwicklung von Lohnstückkosten und Exportpreisen

Von 1995 bis 2008 blieben die deutschen Lohnstückkosten und Exportpreise konstant. Damit verletzte Deutschland ein Grundprinzip der Währungsunion, das »Anpeilen« der gemeinsamen Inflationsrate von knapp unter 2 Prozent. Im Euroraum insgesamt wurde dieses Ziel erreicht. Auf diese Weise hat sich Deutschland zwischen 1999 und 2008 einen preislichen Wettbewerbsvorteil von etwa 20 Prozentpunkten gegenüber seinen »Partnern« verschafft. Noch größer war dieser Vorteil gegenüber den Ländern Südeuropas, deren Lohnstückkosten und Exportpreise stärker stiegen als im Durchschnitt des Euroraums.

aus Südeuropa insgesamt um 32,8 Prozent (Griechenland: +35,3 Prozent), während sie in Deutschland leicht sanken (Abbildung 12.2).[24] Dennoch entwickelten sich die realen Warenexporte Südeuropas günstig (Abbildung 12.3): Zwischen 1995 und 2008 konnten Griechenland, Portugal und Spanien ihre Warenausfuhren verdoppeln.[25]

Die realen Gesamtexporte Griechenlands (Waren und Dienstleistungen) expandierten in den dreizehn Jahren vor der Finanzkrise um 180,8 Prozent. Sie wuchsen stärker als jene Deutschlands (+156,4 Prozent) oder des Euroraumes (+113,2 Prozent). Diese Gewinne Griechenlands auf den internationalen Waren- und Dienstleistungsmärkten widerlegen die These, dass die griechische Wirtschaft schon lange an unzureichender Wettbewerbsfähigkeit laboriert hätte.

Der überdurchschnittliche Anstieg der Exportpreise und das dennoch starke Wachstum der realen Ausfuhren ließen Griechenlands nominelle Exporterlöse enorm wachsen, sie stiegen zwischen 1995 und 2008 um 274,4 Pro-

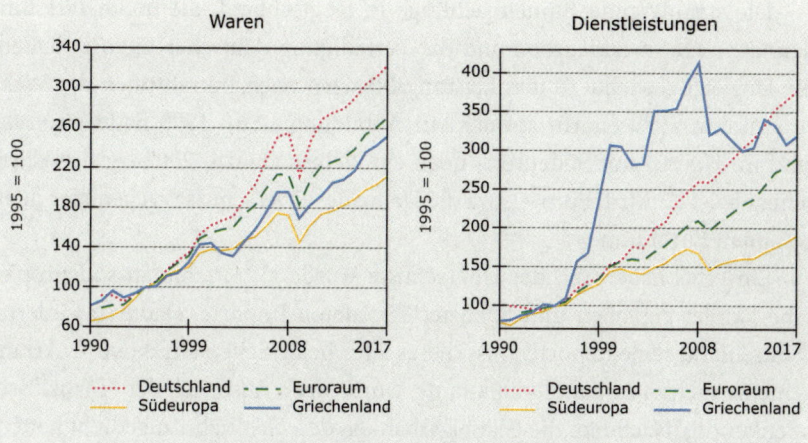

Abbildung 12.3: Entwicklung der Exporte real

Trotz überdurchschnittlicher Preissteigerungen nahmen die realen Warenexporte Griechenlands vor der Finanzkrise kaum schwächer zu als jene des Euroraums, die Exporte von – überwiegend touristischen – Dienstleistungen boomten so stark, dass die realen Gesamtexporte Griechenlands sogar *stärker* wuchsen als jene von Deutschland. Der nachfolgende Einbruch im Tourismus wurde durch die negative Berichterstattung über »die Griechen« mitverursacht.

zent (Abbildung 12.4) – viel stärker als in den anderen Ländern Südeuropas und fast doppelt so stark wie Deutschland (+155,2 Prozent).

Nach der Finanzkrise 2008 verschlechterte sich die Exportperformance Griechenlands, obwohl die Lohnstückkosten und Exportpreise sanken.[26] Entscheidend war der Tourismus-Einbruch zwischen 2008 und 2012 (Abbildung 12.3). Dazu hat das in den Medien der Herkunftsländer gezeichnete Bild von den »Schummel- und Pleitegriechen« erheblich beigetragen.

Nun betrachten wir den nominellen Außenhandel Deutschlands zwischen 1995 und 2008, der wirtschaftlich schwierigsten Phase seit 1950. In diesen Jahren hat die Nachfrage Südeuropas wesentlich zur Stabilisierung der deutschen Wirtschaft beigetragen (Abbildung 12.5). Doch während die Einnahmen aus deutschen Exporten nach Südeuropa um 146,4 Prozent stiegen – an der Spitze lagen Spanien (+217,6 Prozent) und Griechenland (+202,7 Prozent) –, hat die deutsche Wirtschaft ihre Ausgaben für Importe von Gütern und Dienstleistungen aus Südeuropa lediglich um 62,1 Prozent gesteigert.[27]

Die stagnierende Binnennachfrage in Deutschland, die boomende Binnennachfrage in Südeuropa und die Verbilligung deutscher Exporte ließen die Ungleichgewichte in den Leistungsbilanzen nach Inkrafttreten der Währungsunion 1999 enorm anwachsen (Abbildung 12.6): 1995 hatte Deutschland im Handel mit Südeuropa noch ein kleines Defizit, 2007 lag der Überschuss bei 47,3 Mrd. Euro – etwa die Hälfte des Überschusses gegenüber dem gesamten Euroraum.

Ein erheblicher Teil der Überschüsse wurde als Kredite an südeuropäische Länder vergeben und finanzierte so deren Importe. Dadurch förderte Deutschland seine Exporte. Dass dieses – für beide Seiten attraktive – »Arrangement« nicht nachhaltig sein konnte, wurde nach Ausbruch der Finanzkrise offenkundig. Nachdem die Gläubigerbanken den Geldhahn zugedreht hatten und die Zinsen am Kapitalmarkt durch CDS-Spekulationen in unfinanzierbare Höhen gestiegen waren, wurde der Euro-Rettungsschirm gegründet und den Defizitländern ein striktes Sparprogramm verordnet.

Die so erzwungene Austeritätspolitik beschädigte die Interessen sowohl der Gläubiger als auch der Schuldner. Letztere können ihre Verbindlichkeiten

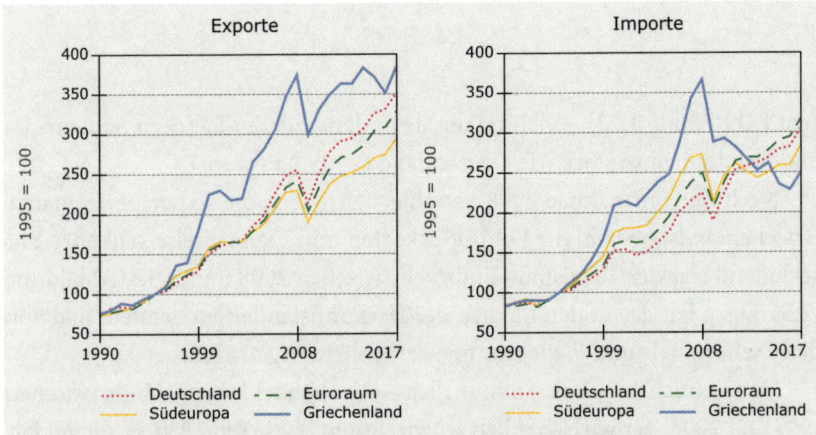

Abbildung 12.4: Entwicklung des gesamten Außenhandels nominell

Griechenland konnte in den fünfzehn Jahren vor der Finanzkrise seine gesamten Exporteinnahmen (Waren und Dienstleistungen zu laufenden Preisen) fast vervierfachen und damit wesentlich stärker erhöhen als die anderen Euroländer und auch *viel stärker als Deutschland*. Wegen des hohen Wirtschaftswachstums stiegen die Importausgaben noch etwa stärker als die Exporteinnahmen.

ja nur aus Überschüssen in der Leistungsbilanz finanzieren, was wiederum Defizite aufseiten der Gläubigerländer bedeutet. Es müssen also die Rollen des »über bzw. unter seinen Verhältnissen Lebens« getauscht werden. Zu diesem Zweck hätte Deutschland Löhne, Binnennachfrage und Importe kräftig ausweiten müssen, im Idealfall so stark, dass die Ungleichgewichte ohne Importeinschränkungen der Schuldnerländer zurückgehen. Stattdessen wurden die Leistungsbilanzdefizite der Schuldnerländer in erster Linie dadurch verringert, dass sie im Zuge der Austeritätspolitik weniger importierten. Das hat die Leistungsstärke der Volkswirtschaften Südeuropas, insbesondere Griechenlands, enorm geschwächt.

Ziehen wir ein Fazit am Beispiel eines Gedankenexperimentes: Wir legen Ökonomen die Abbildungen 11.4 bis 11.16 sowie 12.1 bis 12.6 vor, ohne dass die einzelnen Länder bzw. Ländergruppen gekennzeichnet sind (wie bei einer »Blindverkostung«), und blenden zunächst die Jahre nach 2008 aus. Die Testpersonen wären nicht auf die Idee gekommen, dass die mit blauen Linien gekennzeichnete Volkswirtschaft die schwächste Europas sei, nämlich Griechenland. Denn in den fünfzehn Jahren vor Ausbruch der

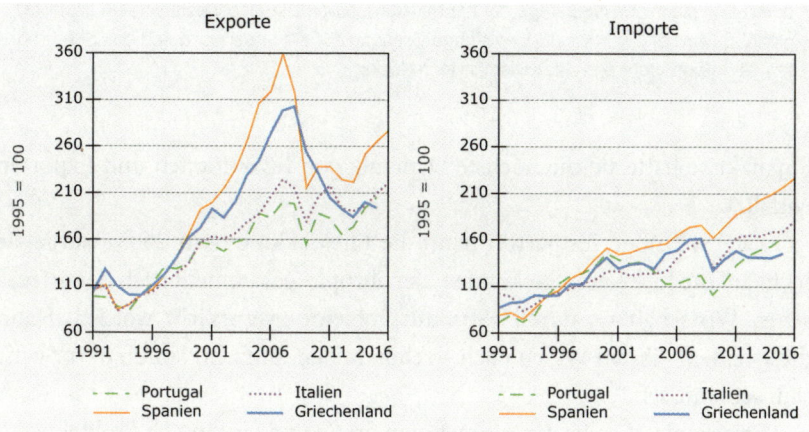

Abbildung 12.5: Gesamter Außenhandel Deutschlands nach Partnerländern nominell

Deutschland hat bis zur Finanzkrise seine Exporte nach Südeuropa viel stärker ausgeweitet als seine Importe aus diesen Ländern. Diese Diskrepanz wurde einerseits durch die Verbilligung deutscher Produkte als Folge der Lohnzurückhaltung verursacht und andererseits durch die Wachstumsschwäche der deutschen Wirtschaft (sie dämpfte die Importnachfrage).

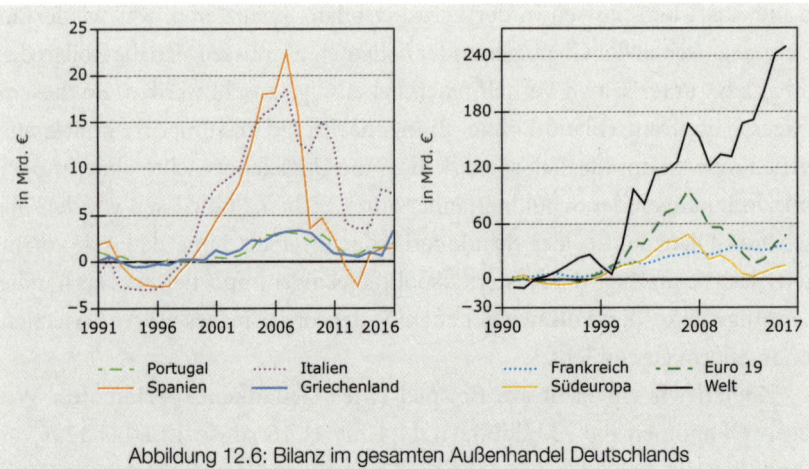

Abbildung 12.6: Bilanz im gesamten Außenhandel Deutschlands nach Partnerländern

Bis zur Finanzkrise erzielte Deutschland (auch) gegenüber den südeuropäischen Ländern steigende Handelsüberschüsse (Waren und Dienstleistungen) und konnte so sein schwaches Wirtschaftswachstum stabilisieren. Gleichzeitig nahm dadurch die Auslandsverschuldung Südeuropas gegenüber Deutschland immer mehr zu. Diese Entwicklung bereitete den Boden für die Eurokrise. Als die Wirtschaft in Südeuropa stagnierte, wurde sie nicht durch eine steigende Nachfrage der Länder Nordeuropas, insbesondere von Deutschland, gestützt. Vielmehr wurden die Ungleichgewichte im Außenhandel nur durch das Schrumpfen der Importnachfrage der Krisenländer reduziert.

Finanzkrise hatte sie die höchste Dynamik von Investitionen und Exporten entfaltet.

Zeigt man der Testperson dann die Entwicklung nach 2008, würde sie nicht auf die Idee kommen können, der abrupte Zusammenbruch der griechischen Wirtschaft sei durch »Strukturprobleme« verursacht worden. Denn diese hätten – ihrem Wesen nach – schon in den fünfzehn Jahren davor wirksam sein müssen.

Griechenland weist seit Jahrzehnten große und spezifische Probleme auf, deren Wurzeln weit in die Vergangenheit reichen – von der deutschen Besatzung (1941 bis 1945) und dem nachfolgenden Bürgerkrieg (1946 bis 1949) bis in die Zeit des Osmanischen Reiches: Korruption, Klientelismus, Dominanz zweier Familienclans (die »Papandreous« links, die »Karamanlis« rechts), ineffiziente Verwaltung samt viel zu großem Beamtenapparat, ein miserables Rechtssystem etc. Und doch hat das Land einen Weg gefunden, der seit 1950 den Wohlstand mehrte und den Zusammenhalt stärkte. Erst sechzig Jahre später setzte ein beispielloser Niedergang ein (Abbildung 12.1).

Betrachtet man diese Entwicklung und ihre wichtigsten Bestimmungsgründe in ihrer Gesamtheit, so kann es nur einen Befund geben: Die neoliberalen »Therapien« haben die griechische Wirtschaft und Gesellschaft schwer beschädigt.[28]

13. AUSTERITÄTSPOLITIK: ZWANZIG JAHRE NACH DEN USA SETZT SICH AUCH DEUTSCHLAND AB

Um ihre Auslandsschulden abzubauen, müssen Schuldnerländer Überschüsse in der Leistungsbilanz erzielen (aus diesen finanzieren sie die Tilgung). Also müssen die Gläubigerländer Defizite »fahren«. Sind sie dazu nicht bereit, werden ihre akkumulierten Exportüberschüsse nachträglich in Geschenke an die Schuldner verwandelt. So hat etwa Deutschland zwischen 1999 und 2014 fast 800 Mrd. Euro »verschenkt«. Danach möchte ich zeigen: Deutschland hatte seine internationale Konkurrenzfähigkeit durch eine Austeritätspolitik und durch den Euro markant verbessern können. Dieser Vorsprung ermöglichte es der deutschen Politik, nach der Finanzkrise 2008 die Austeritätspolitik im eigenen Land zu entsorgen und an Südeuropa weiterzureichen.

Ohne Defizit der Gläubiger kein Schuldenabbau

Welche politische Sprengkraft die Tatsache hat, dass Gläubiger *durch eigene Defizite* den Schuldnern die Möglichkeit geben müssen, ihre Schulden abzutragen, erkannte Keynes 1919, als er an den Friedensverhandlungen in Versailles teilnahm. Die Alliierten forderten von Deutschland hohe Reparationszahlungen. Diese Schulden hätte Deutschland nur durch Überschüsse im Handel mit den Siegermächten finanzieren können, diese waren aber nicht bereit, entsprechende Defizite zu akzeptieren. Die Alliierten forderten also eine logische Unmöglichkeit.

Wütend verließ Keynes die Verhandlungen und schrieb seinen ersten Bestseller, *Die wirtschaftlichen Folgen des Friedensvertrages*.[29] Darin begründete er, warum der Vertrag von Versailles eine Tilgung der Kriegsschulden unmöglich machen, die Verelendung der deutschen Bevölkerung vertiefen und so den Boden für neue Konflikte bereiten würde.

Keynes betonte später immer wieder den systemischen Charakter der Beziehungen zwischen Gläubigern und Schuldnern: Verlangt man von einem Staat, sein Defizit zu senken, so muss man *vorher* erwägen, wer seinen Überschuss reduzieren wird (müssen) und welche Kettenreaktionen der Anpassungsprozess nach sich ziehen könnte. Defizite und Überschüsse und damit die Akkumulation von Forderungen und Verbindlichkeiten sollten möglichst klein gehalten werden: Je größer der »Berg« an finanziellen Forderungen und Verbindlichkeiten, desto größer nämlich die Versuchung, durch Spekulation mit Anleihen, Devisen und Derivaten Bewertungsgewinne zu erzielen. Gleichzeitig wird das System immer anfälliger für Bewertungsverluste.[30]

Um die langfristige Akkumulation von finanziellen Forderungen und Verbindlichkeiten und deren Wertschwankungen einzudämmen, schlug Keynes die strikte Regulierung der Finanzmärkte vor sowie die Bekämpfung von Defiziten des Staates oder einzelner Länder durch Erhöhung der Nachfrage des Überschusssektors (Haushalte) bzw. der Überschussländer. Denn Sparen der »Defizitsünder« dämpft die Produktion, Ent-Sparen der »Überschusssünder« erhöht sie.

Exportüberschüsse werden zu Geschenken

Dieser Gedanke ist für ein Verständnis der Eurokrise relevant. Die Senkung des Budget- bzw. Leistungsbilanzdefizits durch Sparen hat ja nicht nur die Wirtschaft in Südeuropa geschwächt – die deutschen Exporteinnahmen aus Südeuropa sanken zwischen 2008 und 2013 um 19,8 Prozent (Abbildung 12.5). Hätte Deutschland umgekehrt seine Importnachfrage ausgeweitet (etwa durch Urlaubsgenuss in Griechenland), so wären die Ungleichgewichte auf einem *höheren Aktivitätsniveau* reduziert worden.

Geradezu grotesk sind die Folgen *langfristiger* Ungleichgewichte in den Leistungsbilanzen: Die Überschüsse der »Exportweltmeister« werden zu *Geschenken* an die »Importweltmeister«.

Vergleichen wir den »Exportweltmeister« Deutschland mit dem »Importweltmeister« USA (Abbildung 13.1): Die USA leben seit fast dreißig Jahren permanent über ihre Verhältnisse, ihre Importe sind viel höher als ihre Exporte. Gleichzeitig haben die USA ihre Direktinvestitionen im Ausland stärker ausgeweitet als umgekehrt. Daher ist die Netto-Position der USA gegenüber dem Ausland beim Realkapital positiv, beim Finanzvermögen aber extrem negativ – die USA sind der größte Finanzschuldner der Welt.

Deutschland lebt *unter* seinen Verhältnissen: Jahr für Jahr importiert es weniger als es exportiert (Abbildung 13.1). Diese Überschüsse legt Deutschland primär in Form von Finanzvermögen im Ausland an, insbesondere in den USA: Zwischen 1999 und 2014 summierte sich die Finanzvermögensbildung auf 1.788 Mrd. Euro. Allerdings stieg der Wert der deutschen Finanzanlagen lediglich um 1.020 Mrd. Euro: Durch Kursänderungen (Bewertungseffekte), aber noch mehr durch die Finanz- und Eurokrise gingen 768 Mrd. Euro verloren. Für diesen Betrag – etwa 25 Prozent des deutschen BIP – hätte die deutsche Volkswirtschaft viele Güter und Dienstleistungen aus dem Ausland genießen können, von Urlauben in Südeuropa bis zu Boeing-Flugzeugen aus den USA.

Das Boeing-Beispiel verweist freilich auf ein Dilemma: Wenn die Binnennachfrage eines Landes stagniert, dann können nur Exportüberschüsse die Beschäftigung sichern. Hätte Deutschland seine Finanzforderungen gegenüber den USA durch Importe von Boeing-Flugzeugen eingelöst, wären Arbeitsplätze bei Airbus gefährdet worden. Anders gesagt: Auch die Produktion von Geschenken an das Ausland schafft Arbeitsplätze. Allerdings könnte man diese auch zum eigenen Vorteil schaffen, etwa mit Investitionen in das Bildungs- und Sozialsystem, in Umwelt und Infrastruktur und (damit) in die Lebens- und Entfaltungschancen der Jungen.

Spiegelverkehrt stellt sich die Lage des »Importweltmeisters« USA dar (Abbildung 13.1): Als Leitwährungsland können sie (unbeschränkt) Defizite finanzieren: Jeder Exporteur akzeptiert Dollars, er kann sie ja sofort in eine andere Währung umtauschen. Die Gesamtheit aller Länder kann das nicht, irgendwer muss den wachsenden »Dollarschatz« halten. Würden die übrigen Länder keine Dollarforderungen mehr akkumulieren, dann bräche eben der Dollarkurs ein (das wäre den USA nur recht).[31]

Die USA finanzieren ihr Leistungsbilanzdefizit überdies nach der Methode von Charles Ponzi.[32] Seit fast dreißig Jahren übersteigt die Netto-Kreditaufnahme der USA ihre Netto-Zinszahlungen für die Altschulden (Abbildung 13.1). Dies hat den Prozess der Akkumulation der Auslandsschulden der USA (= Forderungen der übrigen Länder) beschleunigt. In ein sarkastisches Bild gesetzt: Die USA als Charles Ponzi handeln mit Deutschland als Dagobert Duck. Deutschland erarbeitet Porsches, Mercedes und BMWs, gefahren werden sie in den USA. Dafür erhält Deutschland Dollarguthaben. Auch wenn es dafür keine Zinsen gibt und die Guthaben langfristig entwertet werden, steht dieser Handel hoch im Kurs. Denn die deutschen Exporterfolge sichern Arbeitsplätze.

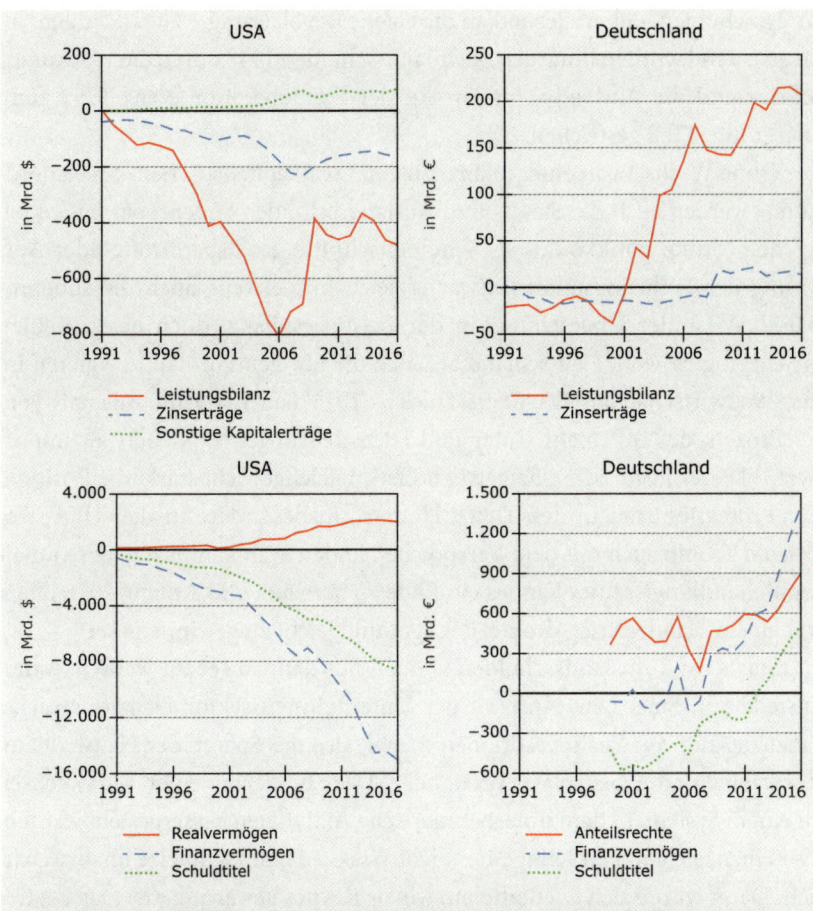

13.1 Leistungsbilanz und Vermögensposition gegenüber dem Ausland

Seit fast dreißig Jahren leben die USA über ihre Verhältnisse, sie importieren mehr als sie exportieren und finanzieren das Defizit mit Krediten in eigener Währung. Ihr Netto-Realvermögen allerdings ist positiv (die USA besitzen mehr Unternehmen im Ausland als das Ausland in den USA); die Neuverschuldung – sie entspricht annähernd ihrem Leistungsbilanzdefizit – ist permanent höher als die Netto-Zinszahlungen für die bestehenden Schulden.

Nachhaltiger Schuldenabbau verlangt Systemwechsel

Anhaltend hohe Auslands- oder Staatsschulden wurden in der Geschichte immer entwertet. Die wichtigste Ausnahme stellen die ersten fünfundzwanzig Jahre der Nachkriegszeit dar: Unter realkapitalistischen Anreizbedingungen wuchs die Wirtschaft stabil, deshalb konnten die Siegerstaaten ihre enormen

Kriegsschulden – überwiegend an die eigene Bevölkerung – zurückzahlen. In Deutschland wurden hingegen die Inlandsschulden 1948 durch die Währungsreform und die Auslandsschulden auf der Londoner Konferenz 1953 zum allergrößten Teil gestrichen.

Ohne Wechsel von einer finanz- zu einer realkapitalistischen »Spielanordnung« werden auch die Staats- und Auslandsschulden Südeuropas entwertet werden (durch Bankkonkurse, Schuldenschnitte, Staatsbankrotte oder Auflösung der Währungsunion). Zwar erzielen mittlerweile auch die südeuropäischen Länder Überschüsse in der Leistungsbilanz, doch das bedeutet gleichzeitig: Sowohl Deutschland als auch die übrigen Euroländer agieren in der Weltwirtschaft als Dagobert Duck – 2016 haben sie im Ausmaß von 4,7 Prozent des BIP mehr Güter und Dienstleistungen exportiert als importiert.[33] Dieses historisch einzigartig hohe Ungleichgewicht stärkt die Position der Protektionisten in den Defizitländern, insbesondere in den USA, wo Donald Trump auch mit dem Versprechen in den Wahlkampf zog, der »unfairen Behandlung« seines Landes ein Ende zu bereiten, und Anfang 2018 offen mit einem Handelskrieg drohte, der »gut und leicht zu gewinnen« sei.

Staats- und Auslandsschulden können nur dann abgebaut werden, wenn anstelle von Staat bzw. Ausland der Unternehmenssektor Defizite zwecks Finanzierung von Realinvestitionen macht, also das Sparen der Haushalte in Realkapital und Arbeitsplätze verwandelt. Dazu braucht es einen Kurswechsel zu einem System, in dem unternehmerische Aktivitäten bessergestellt werden als »Finanzalchemie«. Gelingt dies nicht, ist eine Finanzschmelze unausweichlich. Dann würde sich wiederholen, wovor Keynes gewarnt hatte: Das Bestreben, immer mehr Finanzvermögen zu akkumulieren, führt zu seinem Verlust.

Dieses Paradox veranschaulicht Keynes mit einer Episode aus *Bruno und Sylvie*, dem zweiten Roman des englischen Mathematikers Charles L. Dodgson (der erste war *Alice im Wunderland*, beide Bücher erschienen unter dem Pseudonym Lewis Carroll): Jahrelang hatte ein Schneider für einen Professor auf Kredit gearbeitet, nun kommt er, um die aufgelaufene Summe von 2.000 Pfund einzufordern. »Oh, das ist gar nichts!«, bemerkte der Professor unbekümmert. »Aber wollen Sie nicht lieber ein weiteres Jahr warten und dann viertausend berechnen? Überlegen Sie einmal, wie reich Sie sein würden!« – »Es klingt nach einer großen Menge Geld! Nun, ich denke, ich werde warten.« Sylvie hat die Szene beobachtet und fragt den Professor: »Werden Sie ihm jemals diese 4.000 Pfund bezahlen müssen?« – »Niemals, mein Kind!«, antwortete der Professor nachdrücklich. »Er wird es immer wieder verdoppeln lassen, bis er stirbt. Du siehst, es lohnt sich immer, ein weiteres Jahr zu warten, um doppelt so viel Geld zu bekommen!«[34]

Abkehr von Austerität – mit Verspätung auch in Deutschland

In den USA begann die neoliberal-finanzkapitalistische Blütezeit mit der Bestellung von Paul Volcker zum Chef der US-Notenbank (1979) und der Wahl von Ronald Reagan zum Präsidenten (1980): Die Dollarzinsen stiegen bis nahe 20 Prozent, der Dollarkurs verdoppelte sich, Finanzderivate wurden geschaffen, der Aktienboom begann 1982. Gleichzeitig verlor die Realwirtschaft immer mehr an Boden, insbesondere gegenüber Japan.

Darauf reagierten die USA um 1990 mit einem wirtschaftspolitischen Kurswechsel: Die für die Realwirtschaft wichtigsten Preise, Zinssatz und Wechselkurs wurden niedrig gehalten und antizyklisch gesteuert (der Wechselkurs indirekt durch »*talking the dollar down*«), das finanzkapitalistische Profitstreben wurde auf die Aktienmärkte gelenkt. Die Clinton-Administration komplettierte den Kurswechsel mit einer antizyklischen Fiskalpolitik.

Zur gleichen Zeit tauschte die Politik in Europa die »trivial-keynesianische« gegen die neoliberale »Navigationskarte«. Deutschland wurde zum Vorreiter einer angebotsorientierten Austeritätspolitik. Ein Vergleich mit den USA verdeutlicht die unterschiedlichen makroökonomischen Strategien.

In den USA steuert die Geldpolitik das Zinsniveau so, dass der Zinssatz in Normalzeiten der Wachstumsrate entspricht, im Abschwung und in der ersten Aufschwungphase (1992/94; 2002/04) aber deutlich darunter liegt. Seit dem Wirtschaftseinbruch 2009 liegen die nominellen Geldmarktzinsen bei null, real sind sie daher negativ. In Deutschland war das Zinsniveau zwischen 1991 und 2005 hingegen permanent höher als die Wachstumsrate (Abbildung 13.2).

Die öffentlichen Investitionen wurden in den USA zwischen 1995 bis 2009 jedes Jahr ausgeweitet, besonders in jenen Phasen, in denen die privaten Investitionen einbrachen wie 2001/02 oder 2008; noch stärker ausgeprägt war die antizyklische Nachfragepolitik beim öffentlichen Konsum (Abbildung 13.3). In Deutschland schrumpften die Investitionen des Staates bis 2005 in nahezu jedem Jahr, und das Wachstum des öffentlichen Konsums ging bis

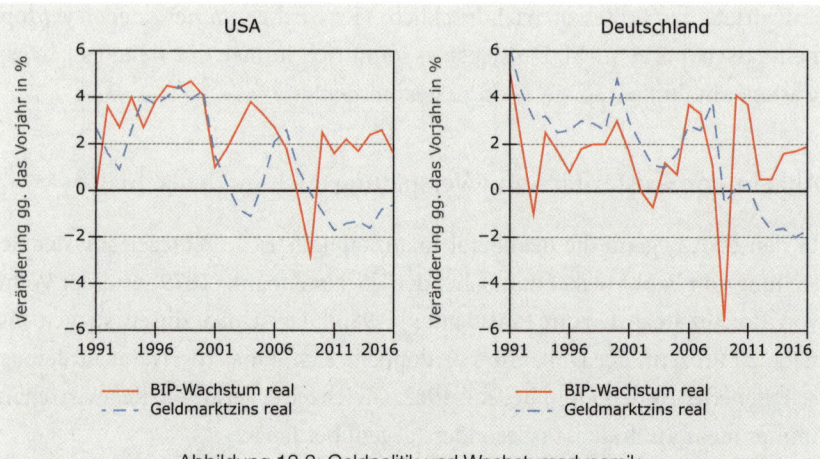

Abbildung 13.2: Geldpolitik und Wachstumsdynamik

Seit Anfang der 1990er Jahre wird in den USA eine antizyklische und expansive Geldpolitik betrieben: In Rezessionen wird der Zinssatz unter die Wachstumsrate gedrückt, doch auch in guten Zeiten (wie zwischen 1992 und 2000) liegt er nicht darüber. In Deutschland lag der Realzins hingegen bis zur Finanzkrise 2008 immer über der Wachstumsrate. Erst seither liegt er auch in Deutschland darunter.

2004 zurück. Erst seit den Krisenjahren 2008 und 2009 wurden Investitionen und Konsumnachfrage deutlich als Teil einer antizyklischen Fiskalpolitik.[35]

Die Zahl der öffentlich Beschäftigten stieg in den USA in jedem Jahr zwischen 1992 und 2009, während sie in Deutschland in jedem Jahr sank (Abbildung 13.4). 2016 war daher der Anteil der öffentlich Beschäftigten an der Gesamtbeschäftigung in Deutschland mit 11,3 Prozent viel kleiner als in den USA (14,7 Prozent).

Der Clinton-Administration gelang die erfolgreichste Budgetkonsolidierung der letzten fünfzig Jahre (Abbildung 13.5): 1992 lag das Staatsdefizit bei 6,6 Prozent des BIP, danach verbesserte sich der Saldo jedes Jahr um etwa einen Prozentpunkt und drehte 2000 in einen Überschuss von 0,8 Prozent des BIP. Statt durch Sparen wurde das Defizit systemisch therapiert: Bei stabilem Wirtschaftswachstum löst sich das Budgetproblem von selbst.

Das Platzen der »Dotcom-Blase« 2000, Steuersenkungen unter Präsident Bush und insbesondere die Finanzkrise 2008 haben die Lage der Staatsfinanzen verschlechtert, am antizyklischen Kurs hielt die US-Fiskalpolitik aber fest. Vor allem aus diesem Grund hat sich die Wirtschaft in den USA seit 2008 viel besser entwickelt in Europa.

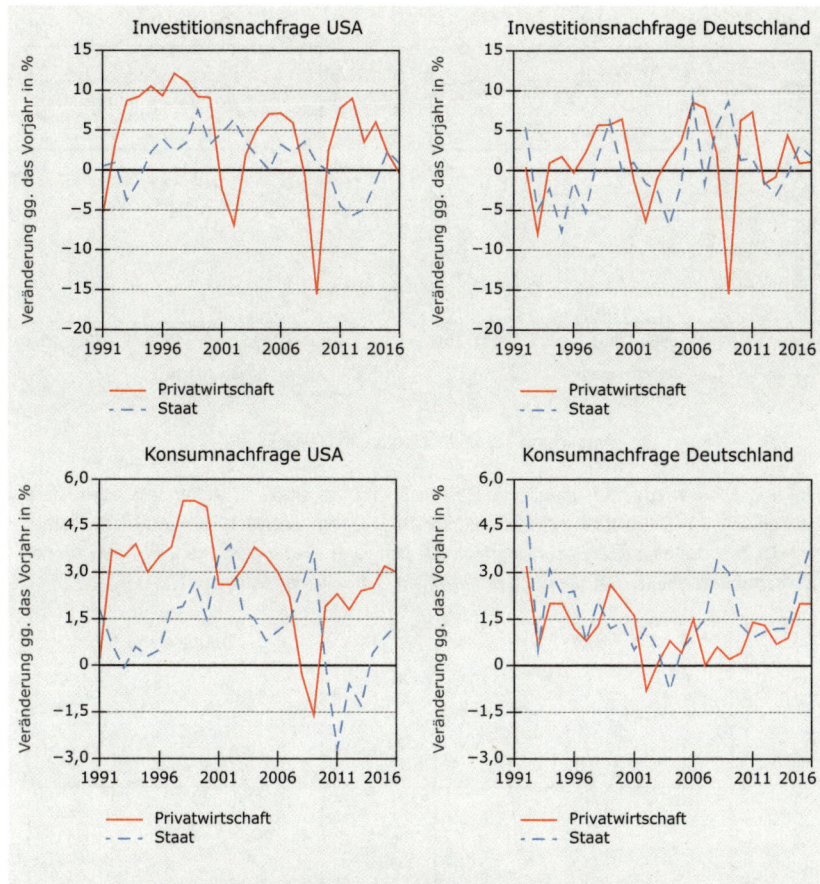

Abbildung 13.3: Investitionen und Konsum

Auch die Fiskalpolitik wird in den USA seit fast dreißig Jahren antizyklisch gestaltet: Wenn die private Investitions- und Konsumnachfrage kräftig expandiert, wird die Nachfrage des Staates nur mäßig ausgeweitet oder sogar gesenkt (wie 2012 bis 2014), in Rezessionen hingegen kräftig erhöht. In Deutschland schrumpften die öffentlichen Investitionen bis 2005 fast in jedem Jahr, auch das Wachstum der Konsumnachfrage des Staates wurde immer schwächer. Seit 2008 wird die öffentliche Nachfrage auch in Deutschland stärker ausgeweitet.

In Deutschland versuchte die Politik, rezessionsbedingte Einnahmenausfälle durch Ausgabenkürzungen zu kompensieren, ein nachhaltiger Aufschwung konnte sich daher nicht entwickeln (Abbildung 13.5). Dies gelang erst nach der Finanzkrise 2008 – durch einen Kurswechsel zu einer (relativ) expansiven Politik.

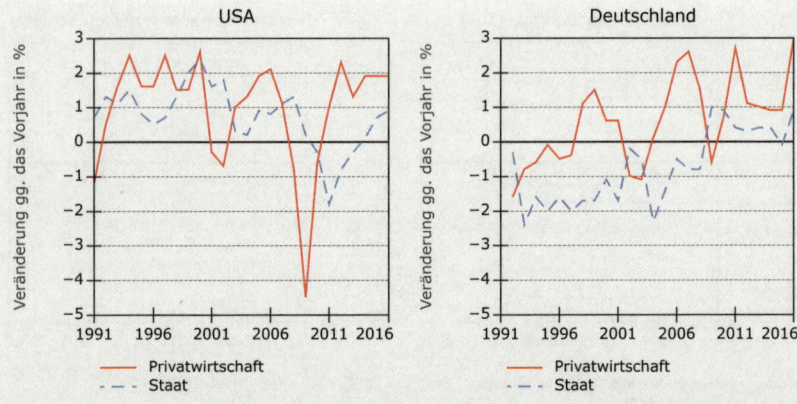

Abbildung 13.4: Unselbständig Beschäftigte

In den USA wurde die öffentliche Beschäftigung bis 2009 in jedem einzelnen Jahr ausgeweitet, in Deutschland hingegen bis 2008 in jedem einzelnen Jahr reduziert. Seither ist die Zahl der öffentlich Beschäftigten in Deutschland wieder gestiegen, ihr Anteil an der Gesamtbeschäftigung ist dennoch *um etwa ein Drittel kleiner als in den USA*.

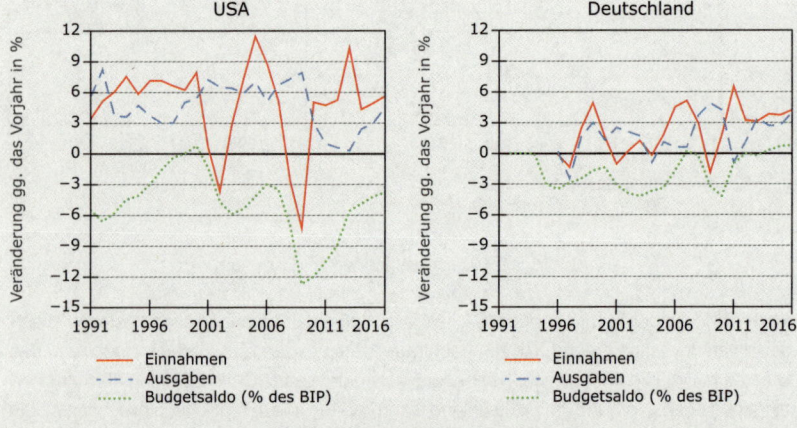

Abbildung 13.5: Staatshaushalt

Zwischen 1992 und 2000 konnte der Budgetsaldo in den USA jedes Jahr um etwa einen BIP-Prozentpunkt verbessert werden. Statt auf eine Sparpolitik zu setzen, konsolidierte die Clinton-Administration die Staatsfinanzen indirekt durch ein stabiles Wirtschaftswachstum. Dazu trug auch die Expansion der Staatsausgaben bei. Gleichzeitig wuchsen die Staatseinnahmen noch rascher, auch wegen der Erhöhung des Spitzensteuersatzes von 31 auf 42 Prozent. Deutschland wechselte erst nach der Finanzkrise auf einen mäßig expansiven Kurs der Fiskalpolitik. Die Staatsausgaben stiegen stärker als in den fünfzehn Jahren davor, und dies förderte die günstige Entwicklung der Gesamtwirtschaft.

Wie in den USA zwei Jahrzehnte zuvor wiederholte die deutsche Politik auf der Ebene der Rhetorik die neoliberalen Mantras, wechselte in der Praxis aber zu einer pragmatisch-nachfrageorientierten Strategie: Abwrackprämie, massive Förderung von Kurzarbeit, Ausweitung des Kinderbetreuungsgeldes, Erhöhung der Arbeitslosenunterstützung, Förderungen im Rahmen der »Energiewende«, Einführung des Mindestlohnes sind nur die wichtigsten Beispiele für diesen faktischen Kurswechsel. Dementsprechend sind die Staatsausgaben seit 2008 pro Jahr deutlicher gestiegen als in den dreizehn Jahren davor. Das Gleiche gilt für die Lohnentwicklung (Übersicht 13.1).

Als die deutsche Politik dem eigenen Land Austerität verordnete und es so zum »kranken Mann« Europas machte, half (auch) Südeuropa mit seiner Nachfrage nach deutschen Gütern. Als die deutsche Politik Südeuropa Austerität verordnete, nahmen die deutschen Importe aus diesen Ländern kaum zu.

Ohne den Euro wäre das außenwirtschaftliche Ungleichgewicht zwischen Deutschland und den Ländern Südeuropas nicht so stark angewachsen. Auch hätte man die »Defizitsünder« nicht zu so harter Austerität zwingen können. Daraus schließen rechte wie linke Euro-Gegner, dass die Währungsunion selbst eine Hauptursache der Krise Europas sei. Dieser Schluss ist falsch.

Durchschnittliche Wachstumsraten in %		
	2016/2008	2008/1995
Öffentlicher Konsum	1,9	1,2
Öffentliche Investitionen	1,5	0,4
Staatsausgaben insgesamt	2,8	1,1
Lohnsumme öffentlicher Dienst	2,8	0,7
Brutto-Investitionen	3,0	0,2
Sozialtransfers	2,3	1,3
Arbeitslosenunterstützung insgesamt	0,2*)	0,3
Je Arbeitslosem *) 2014/2008	4,9*)	0,8
Staatseinnahmen insgesamt	3,0	1,7
Brutto-Lohn je Beschäftigtem	2,2	0,8
Lohnstückkosten	2,0	–0,2

Übersicht 13.1: Indikatoren der Fiskal- und Lohnpolitik in Deutschland vor und nach 2008

14. DER EURO:
DAS RICHTIGE IM FALSCHEN

Nichts eint die rechten Parteien aller EU-Länder mehr als die Ablehnung der Währungsunion – von der »Front National« in Frankreich, der FPÖ in Österreich bis zur »Alternative für Deutschland«: der Euro trage die Hauptschuld an der Krise Europas, er bedrohe die Existenz der kleinen Leute und des Mittelstandes; die südeuropäischen Länder hätte man nicht in die Währungsunion aufnehmen dürfen, nun müssten »wir« die Zeche zahlen, und bei Nullzinsen verzehre die Inflation auch noch das Ersparte.

Die Rechten verknüpfen zutreffende Beobachtungen wie die Deklassierung von immer mehr Menschen, die steigende Ungleichheit, den Abbau von Sozialleistungen so, dass der Euro als der Schuldige erscheint. Sie nutzen die Krise zu ihrer Profilierung als EU-feindliche und nationalistische Parteien der »kleinen Leute«.

Auch bei der Linken steht der Euro keineswegs hoch im Kurs: Als Reaktion auf die Austeritätspolitik in Südeuropa fordern Ökonomen, Soziologen und Politiker wie Heiner Flassbeck, Wolfgang Streeck oder Oskar Lafontaine ein Ende der Währungsunion.[36] Sie sei ein Instrument zur Durchsetzung der neoliberalen Umgestaltung Europas unter deutscher Führung. Nur die »Abwicklung« des Euro könne den »Vormarsch des neoliberal-supranationalen Leviathan« (Streeck) stoppen. »Neoliberales Wohlverhalten« werde durch eine doppelte Abhängigkeit der Euroländer erzwungen: einerseits von der Kreditbereitschaft der Finanzmärkte, andererseits – wenn diese erlischt – von den Vorgaben des *European Stability Mechanism* (ESM) oder der EZB, die nach Gutdünken diktieren könnten, welchen Bedingungen sich ein Land unterwerfen muss, um in der Währungsunion zu bleiben. Selbst wenn die Mehrheit der Bevölkerung eine weitere Sparpolitik ablehnt, werde ihr der Gürtel enger geschnallt – frei nach Brecht: »Das Volk hat sich das Vertrauen der EU verscherzt und kann es nur durch verdoppelte Sparanstrengung zurückgewinnen.«

In ihrer Ablehnung des Euro gehen Rechtspopulisten und linke Intellektuelle von den gleichen Fakten aus. Sie verknüpfen diese allerdings zu unterschiedlichen Argumentationsketten, motiviert durch noch unterschiedlichere Motive – und kommen doch zum gleichen Ergebnis.

Das stimmt nachdenklich: Sollte man nicht zwischen der Währungsunion »an sich« und ihrem Regelwerk unterscheiden? Könnte man nicht die integrierende Kraft einer gemeinsamen Währung bewahren und gleichzeitig ihr des-integrierendes Regelwerk verändern? Warum glauben – ausgerechnet – Linke, man müsse das Nationale stärken, um Sozialstaat und Demokratie zu retten? Wo liegen die Wurzeln ihres Geschichtspessimismus?

Um Antworten auf diese Fragen zu finden, müssen wir die Geschichte des Europrojektes rekonstruieren.

Feste Wechselkurse als »Vorläufer« einer Währungsunion: 1949 bis 1971

Die innereuropäischen Beziehungen entwickelten sich in der Prosperitätsphase bei festen Wechselkursen stabil. Die 1950 geschaffene »Europäische Zahlungsunion« (EZU) organisierte den Zahlungsverkehr zwischen den (west-)europäischen Ländern.[37] Kursanpassungen waren nur selten nötig, auch die Währungen Südeuropas blieben stabil.[38] Gleichzeitig haben Griechenland, Portugal, Spanien und – in geringerem Ausmaß – Italien zwanzig Jahre lang ein überdurchschnittliches Wirtschaftswachstum erzielt (Abbildung 12.1).

Es stimmt also nicht (wie Streeck behauptet), dass die Mittelmeerländer auf Abwertungen angewiesen waren (und noch immer seien). In einer realkapitalistischen »Spielanordnung« sind die Triebkräfte des ökonomischen Aufholens (»*catching-up*«) viel stärker als die Vorteile von Abwertungen der »rückständigen« Länder (außerdem wächst der gesamte »Kuchen« – das BIP Europas – schneller und stabiler). Daher stellt eine Währungsunion per se keine »Zwangsvereinheitlichung der Wirtschafts- und Lebensweisen der europäischen Völker« dar.[39] Das Beispiel Südeuropas zeigt vielmehr: Feste Wechselkurse halten die Inflation in Grenzen. Erst nach dem Zusammenbruch des Bretton-Woods-Systems samt Ölpreisschock beschleunigte sich die Inflation massiv als Folge einer Rückkoppelung von Abwertungen und Lohn-Preis-Spirale.

Der langfristige Konvergenzprozess (West-)Europas erfolgte trotz unterschiedlicher »Wirtschaftskulturen« und trotz – vielmehr wegen – fester Wechselkurse, denn diese waren eingebettet in die *gemeinsame* »Spielanordnung« samt *gemeinsamen* Zielen wie Vollbeschäftigung, Geldwertstabilität und außenwirtschaftliches Gleichgewicht. Die entsprechende »Navigationskarte« koordinierte das Verhalten von Unternehmern und Politikern.

Der anhaltende Erfolg der Kombination von Realkapitalismus mit Sozialstaatlichkeit stärkte die Zustimmung der Menschen zum »Europäischen Sozialmodell«. Daher war der europäische Zusammenhalt stärker als heute. Eine gemeinsame Weltanschauung und »Navigationskarte« sind wichtiger als gemeinsame Institutionen.

Vom Währungschaos zum Beschluss der Währungsunion: 1971 bis 1992

Die lange Phase zwischen der Aufgabe fester Wechselkurse und der Gründung der Währungsunion wurde durch folgenden Widerspruch geprägt: Einerseits strebte die Politik nach einer Erweiterung und Vertiefung der europäischen Integration, andererseits schränkten »Marktreligiosität« und Finanzkapitalismus ihren Handlungsspielraum ein. So wurde die Gemeinschaft um Großbritannien, Irland und Dänemark (1973), Griechenland (1981), Spanien und Portugal (1986) sowie Österreich, Schweden und Finnland (1995) erweitert und durch die »Einheitliche Europäische Akte« (1987) gefestigt. Gleichzeitig ließen Dollarkursschwankungen, Ölpreisschocks, das positive Zins-Wachstums-Differential und die Attraktivität von Finanzspekulation Arbeitslosigkeit und Staatsverschuldung steigen.

1979 wurde das »Europäische Währungssystem« (EWS) geschaffen. Als Recheneinheit diente der ECU (»*European Currency Unit*«), bestehend aus einem Korb der EWS-Währungen. Für jede wurde ein Leitkurs zum ECU und eine Schwankungsbreite von +/-2,25 Prozent festgelegt. Doch bald setzte massive Spekulation gegen Franc, Lira, Peseta und Drachme ein, ihre Leitkurse mussten wiederholt gesenkt werden. Wirtschaftlich konnten diese Länder von den Abwertungen nicht profitieren, ihre Inflation stieg dadurch stärker als ihr Wirtschaftswachstum.

Ab Ende 1986 gelang es der Politik, die EWS-Kurse fast sechs Jahre lang stabil zu halten. Dies förderte die Integration Europas, gleichzeitig sank die Inflation ebenso wie ihr unterschiedliches Tempo in den (früheren) Hart- und Weichwährungsländern. 1989 entwarf der damalige Präsident der Europäischen Kommission Jacques Delors einen Dreistufenplan für den Weg zu einer Währungsunion. 1991 traten auch Großbritannien, Spanien und Portugal dem EWS bei.

Der Zusammenbruch des »realen Sozialismus« in Osteuropa öffnete 1989 die große Chance auf die Wiedervereinigung Deutschlands, und diese wollte Kanzler Helmut Kohl mit allem Nachdruck nützen. Als »Gegenleistung« forderte der französische Staatspräsident Mitterrand die Umsetzung des »Delors-Planes«. Dadurch würde Deutschland seine Rolle als De-facto-Leitwährungsland der EU verlieren.

Die europäische Währungsunion war – ebenso wie die deutsche Wiedervereinigung – Ergebnis des *Gestaltungswillens der Politik*: Devisenspekulation und Wechselkursinstabilität sollten durch »Marktschließung« unwiderruflich überwunden werden. Inhaltlich war und ist der Euro das bedeutendste *antineoliberale* Projekt der EU, neoliberale *master minds* wie Milton Friedman oder Martin Feldstein haben es daher verdammt.

Die Ausgestaltung des institutionellen Rahmens der Währungsunion überließ die Politik (leider) den Mainstream-Ökonomen: Mit der Regelbindung der Fiskalpolitik wurde eine Hauptforderung der »Schule von Chicago« im Vertrag von Maastricht 1992 verankert und im Vertrag von Amsterdam 1997 »verewigt«. Gleichzeitig wurde die Geldpolitik zum Vorrang der Geldwertstabilität vor allen anderen Zielen verpflichtet.

Die Einbindung eines antineoliberalen Projektes (»der Euro an sich«) in ein neoliberales Regelwerk schuf einen systemischen Konflikt- und Krisenherd. Wird lediglich *ein* Sektor, der Staat, an Defizitregeln gebunden, können die anderen Sektoren bewirken, dass dieser sein Budgetziel verfehlt und daher sparen und den Sozialstaat abbauen muss. Denn die Entwicklung der Finanzierungssalden ist das Ergebnis der Interaktion *aller* Sektoren. So kann eine Notenbank das Zinsniveau derart erhöhen, dass der Staat ein »regelwidriges« Defizit *erleidet*, weil die Unternehmer die Investitionen einschränken und die Wirtschaft in eine Rezession schlittert.[40]

Überdies fördert eine einseitige Regelbindung den »Neo-Merkantilismus« (den Versuch, die eigene Wirtschaft auf Kosten anderer Länder zu fördern): Unter finanzkapitalistischen Rahmenbedingungen erzielen nicht nur die Haushalte, sondern auch die Unternehmen Überschüsse, daher kann der Staat nur dann eine »schwarze Null« erreichen, wenn das Ausland ein ausreichend hohes Defizit akzeptiert – das eigene Land also einen ebenso hohen Leistungsbilanzüberschuss erzielt.[41]

Zusammenbruch des EWS 1992/93: »Markt« gegen Politik

Der Konflikt zwischen dem Primat der Politik und dem Primat der (Finanz-) Märkte eskalierte nach Beschluss der Währungsunion im Februar 1992. Der nachfolgende Zusammenbruch des EWS ist ein Lehrstück über politische Ökonomie.

Es begann mit einer asynchronen Konjunktur: 1990 verschlechterte sich die Wirtschaftslage in den USA, Großbritannien und Skandinavien, 1991 schlitterten diese Länder in eine Rezession. Gleichzeitig boomte die deutsche Wirtschaft infolge der Wiedervereinigung. Am schwierigsten war die Lage in Großbritannien. In den USA sanken die Zinsen, und der Dollar verlor an Wert, beides vertiefte die britische Rezession. Zusätzlich stiegen die Spannungen innerhalb des EWS wegen der Ablehnung des Maastricht-Vertrages in Dänemark (Juni 1992) und zunehmender Spekulation gegen die italienische Lira.

In dieser Situation wurde von der Bundesbank ein »gesamteuropäisches Signal« in Gestalt einer D-Mark-Zinssenkung erwartet.[42] Stattdessen *erhöhte* die Bundesbank den Leitzins am 17. Juli 1992 auf 8,75 Prozent – auf das höchste Niveau der Nachkriegszeit. Diese »national-ökonomische« Politik ignorierte die Interessen der Partnerländer, die ihre Zinsen nicht unter das deutsche Niveau senken konnten, ohne ihre EWS-Wechselkurse zu gefährden. (Ein ähnlich falsches Signal setzte die EZB, als sie im Juli 2008 – am Beginn der Finanzkrise – den Leitzins erhöhte.)

Also bekundete George Soros in der *Times* seine »Sorge« um die britische Währung, nahm Pfundkredite in Milliardenhöhe auf und »investierte« sie in D-Mark. Da die Bundesbank den Kurs von Pfund und Lira nicht mehr stützte, mussten beide Währungen im September 1992 das EWS verlassen (und Soros machte 1 Milliarde Pfund Gewinn).[43]

Der Zusammenbruch des EWS 1992/93 und die Eurokrise seit 2010 weisen Ähnlichkeiten auf. In beiden Fällen gerieten Länder ins Visier der Finanzspekulation, Großbritannien wegen einer Rezession bei gleichzeitig boomender Wirtschaft in Deutschland, Südeuropa wegen hoher Leistungsbilanzdefizite. Gegen Großbritannien wurde 1992 auf eine Pfund-Abwertung spekuliert, gegen die Länder Südeuropas 2010 auf steigende Zinsen und den Staatsbankrott. In beiden Fällen verweigerten die Notenbanken den Krisenländern ihre Unterstützung, die Bundesbank ließ Großbritannien und Italien

»hängen«, die EZB Südeuropa (später nur mehr Griechenland). Und so wurden die Spekulationen zu einem Erfolg.[44]

Der Weg zur Währungsunion und die ersten zehn Eurojahre: 1993 bis 2008

Nachdem auch die deutsche Wirtschaft 1993 in eine Rezession geraten war, verschlechterte sich die Lage der Staatsfinanzen. Gleichzeitig forderten die Maastricht-Kriterien fiskalische Disziplin. Also wechselte Deutschland zu einer Austeritätspolitik, die mit der »Agenda 2010« ihren »krönenden« Abschluss finden sollte.

Das »Gürtel-enger-Schnallen« erfasste alle Bereiche, von der Reduzierung der öffentlichen Investitionen bis zur Kürzung von Reallöhnen, Arbeitslosengeld, Renten und sonstigen Sozialleistungen (Abbildungen 13.2 bis 13.5). Komplettiert wurde der neoliberale Kurs durch Lockerung des Arbeitnehmerschutzes, des Flächentarifvertrages sowie durch eine Senkung der Spitzensteuersätze und der Unternehmenssteuern. Mit diesen Reformen übernahm die deutsche Politik den neoliberalen Mainstream.[45]

In der Folge wurde Deutschland zum »kranken Mann« Europas (2005 waren mehr als 5 Millionen Menschen arbeitslos), gleichzeitig verbesserte sich seine preisliche und technologische Wettbewerbsfähigkeit. Die südeuropäischen Länder erreichten dank sinkender Zinsen, einer mäßig expansiven Wirtschaftspolitik und boomender Binnennachfrage zwischen 1995 und 2008 das höchste Wirtschaftswachstum in der EU.

Insgesamt hat sich die Wirtschaft im Euroraum in den ersten zehn Jahren seiner Existenz gut entwickelt: Investitionen, Exporte und BIP wuchsen kräftig (Abbildung 14.1), die Arbeitslosigkeit sank, ebenso die Staatsschuldenquote. Dabei expandierten die weniger entwickelten Volkswirtschaften in Südeuropa stärker als jene im »Norden«, und das führte zu dem oben beschriebenen Ungleichgewicht, das den Boden für die Eurokrise bereitete.

Die Währungsunion seit der Finanzkrise 2008

Auslöser der Eurokrise war die Finanzkrise 2008: Mit der Entwertung von Aktien, Immobilien und Rohstoffen schmolzen die Vermögenswerte der Ban-

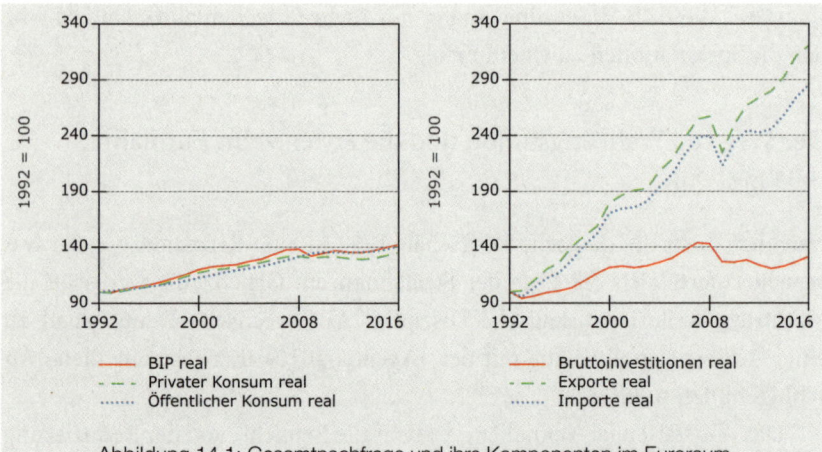

Abbildung 14.1: Gesamtnachfrage und ihre Komponenten im Euroraum

Zwischen 2008 und 2016 hat die Wirtschaft im Euroraum nahezu stagniert. Dafür war die Schwäche der Binnennachfrage maßgeblich, insbesondere der Investitionen, aber auch des privaten und öffentlichen Konsums. An unzureichender Wettbewerbsfähigkeit lag es nicht: Die Exporte boomten und wuchsen merklich stärker als die Importe.

ken und damit ihr Eigenkapital dahin. In einer solchen Situation muss die Notenbank als »*lender of last resort*« handeln: Durch Ankündigung unbeschränkter Kreditvergabe an Geschäftsbanken kann sie einen Ansturm der Einleger auf Banken im Keim ersticken.[46]

Anders als nach dem Börsenkrach 1929 war die Politik 2008 bereit, die (großen) Finanzinstitutionen *im eigenen Land* zu retten wie den Versicherungskonzern AIG in den USA oder die »Hypo Real Estate« in Deutschland: In den USA und Großbritannien holte sich der Staat das nötige Geld bei seiner nationalen Notenbank, in den »Nordländern«, insbesondere in Deutschland, profitierte er von der »Flucht in Sicherheit« und finanzierte sich am Anleihemarkt zu Niedrigzinsen.

Den Ländern Südeuropas war beides nicht möglich – und *erst an dieser Stelle* kommt der Euro als »Krisenverstärker« ins Spiel: Sie konnten sich weder bei der eigenen Notenbank finanzieren (die gibt keine Euros aus) noch auf »den Märkten« (denn Spekulation auf den Staatsbankrott trieb die Zinsen für Staatsanleihen in unfinanzierbare Höhen).[47] Die von den Banken Südeuropas gehaltenen Anleihen »ihrer« Staaten verloren an Wert, also schrumpfte ihr Eigenkapital, sie brauchten mehr Staatshilfe, das wiederum erhöhte die Staatsschulden, die Anleihekurse sanken und damit wiederum das Eigenkapital der

Banken.[48] Gleichzeitig belohnten »die Märkte« den deutschen Staat mit Zinsgewinnen, die sich bis 2015 auf mehr als 100 Mrd. Euro summierten.[49] Das Signal war klar: Wer rechtzeitig den Sozialstaat »verschlankt«, wird zur »Zufluchtsstätte« des Finanzkapitals, und das zahlt sich aus.

Von Anbeginn wurde der Euro mit der Sparpolitik verknüpft: Die »No-Bailout-Klausel« wurde in den Verträgen von Maastricht, Amsterdam und Lissabon gleich dreifach verankert (Mitgliedsländer dürfen einander in Sachen Staatsfinanzen nicht helfen). Die wichtigere Verankerung eines »*lenders of last resort*« hatte man aber vergessen – sein Fehlen bedroht jedes Währungssystem in seiner Existenz.[50] Genau dies trat 2012 ein, als Spanien und Italien von der »Zinsepidemie« erfasst wurden. Erst als sie selbst bedroht war, agierte die EZB de facto als »*lender of last resort*«: Mit seiner Ankündigung, den Euro mit allen Mittel zu verteidigen (»*whatever it takes*«), machte Draghi den Wetten auf den Staatsbankrott ein Ende, und mit der radikalen Lockerung der Geldpolitik kamen auch die Länder Südeuropas (mit Ausnahme Griechenlands) in den Genuss von billigem Kredit.

Die systemischen Ursachen der Eurokrise liegen in der Kombination folgender Faktoren:[51]
- In den ersten zehn Jahren der Währungsunion hatte sich die Wirtschaft im »Süden« viel besser entwickelt als im »Norden«.
- Die Wachstumsdifferenz ließ die Ungleichgewichte in den Leistungsbilanzen steigen, die Defizite des »Südens« wurden durch Kreditvergabe des »Nordens« finanziert.
- In der Finanzkrise 2008 kollabierte die private Kreditvergabe. In den nationalen Währungssystemen wurde dies durch die Notenbanken ausgeglichen.
- Bei transnationalen Kreditströmen geht das nicht, brechen diese ein, ist eine Finanzkrise unvermeidlich wie in Lateinamerika 1982, in Ostasien und Russland 1997 oder in Südeuropa 2010.
- Die Europäische Währungsunion weist einen fundamentalen Konstruktionsdefekt auf: Wer die Rolle eines »*lender of last resort*« übernimmt, ist nicht geregelt.
- Dieser Defekt ermöglichte den »Finanzalchemisten« die Spekulation auf den Staatsbankrott – sie ersetzten Wechselkursspekulation durch Zinsspekulation.

Als Folge der Finanzkrise »erlitten« alle Eurostaaten einen massiven Anstieg ihrer Defizite (Abbildung 14.2). Doch bald wurde die Krise in eine Staatsschuldenkrise umgedeutet: Weder die Finanzmärkte noch der Euro seien schuld an der europäischen Misere, sondern der Sozialstaat. Diese falsche These verkehrten die linken »Eurofighter« in die »halb-falsche« Gegenthese: Nicht der Sozialstaat sei schuld an der Krise (richtig), sondern der Euro (falsch).

Ursache der Eurokrise: Die »Spielanordnung«, nicht die Gemeinschaftswährung

Das Fundament der Eurokrise ist *nicht* die Währungsunion »an sich«, sondern ihr neoliberal-finanzkapitalistisches »Design«. *Deshalb* wurde die Erfahrung früherer Finanzkrisen verdrängt, *deshalb* wurden »Sicherungen« wie ein »*lender of last resort*« nicht installiert, *deshalb* wurde die Politik an Regeln gebunden und die Spekulation gegen Eurostaaten toleriert.

Sowohl die *politischen* Ziele der Währungsunion (»Riesenschritt« auf dem Weg zum gemeinsamen Europa) als auch ihre ökonomischen Ziele (Überwindung von Währungsspekulation in Europa) stehen in diametralem Gegensatz zur »Spielanordnung«, in die das Projekt »hineingeboren« wurde. Dieser Konflikt manifestierte sich in der Ablehnung der Gemeinschaftswährung durch die Mainstream-Ökonomen, in der »Sabotage« durch die Bundesbank 1992, in der Spekulation auf den Bankrott von Eurostaaten und in der Forderung der Neoliberalen nach einem »unpolitischen Euro«.[52]

In der Prosperitätsphase gab es einen breiten Konsens, dass die Soziale Marktwirtschaft als Verbindung von individuellen Entfaltungsmöglichkeiten mit sozialem Zusammenhalt das Fundament eines künftig vereinten Europas bildet. Bis in die 1990er-Jahre hielten Christ- und Sozialdemokraten – Politiker wie Kohl, Mitterrand oder Delors – daran fest, dass ein gemeinsames Europa ein soziales Europa sein muss. Doch unter finanzkapitalistischen Rahmenbedingungen wurde der Sozialstaat immer schwerer finanzierbar. Dem Diktum »Wir können uns den Sozialstaat nicht mehr leisten« hatten die Politiker wenig entgegenzusetzen, zumal sie nicht begriffen, dass die »Sachzwang-Experten« mit ihren Empfehlungen selbst die »Sachzwänge« produziert hatten.

In der Folge wurden der Euro an sich, sein Regelwerk, die Leitlinien neoliberaler Politik und ihre Umsetzung durch Sparpolitik und »Strukturrefor-

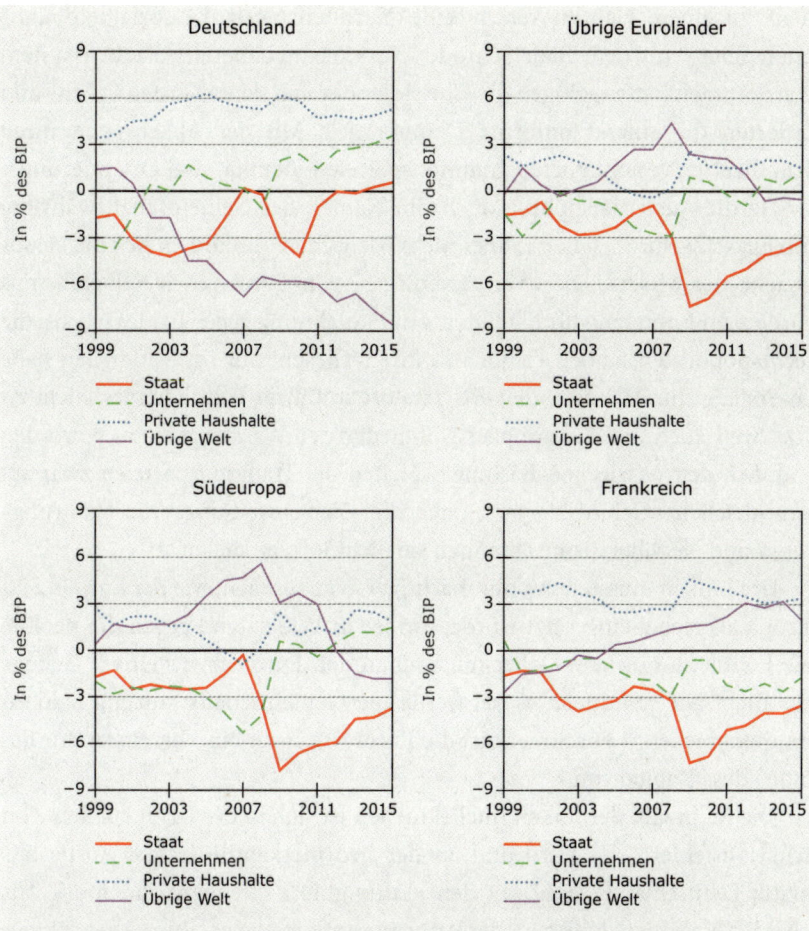

Abbildung 14.2: Gesamtwirtschaftliche Finanzierungssalden

Schon seit 2002 nimmt der Unternehmenssektor in Deutschland netto keine Kredite mehr auf, sondern akkumuliert Finanzkapital (er erzielt Finanzierungsüberschüsse). In den übrigen Euroländern ließ hingegen die expandierende Binnennachfrage das Defizit der Unternehmen steigen, insbesondere in Südeuropa. Diese unterschiedliche Entwicklung erhöhte die Ungleichgewichte in der Außenwirtschaft: Deutschland erzielte wachsende Überschüsse, die übrigen Euroländer steigende Defizite. Nach Ausbruch der Finanzkrise 2008 reduzierten die Unternehmen auch in den übrigen Euroländern ihre Kreditnachfrage, sie erzielen seither Überschüsse. Da auch die privaten Haushalte ihre Überschüsse erhöhten, erlitten die Staaten einen drastischen Anstieg ihrer Defizite. Die nachfolgende Sparpolitik dämpfte die Binnenachfrge und (damit) die Importe so stark, dass der gesamte Euroraum historisch einmalig hohe Leistungsbilanzüberschüsse erwirtschaftete. Das einzige große Euroland, in dem der Unternehmenssektor weiterhin netto Kredite aufnimmt, ist Frankreich.

men« zu einem Ganzen verschweißt. Nachdem auch die sozialdemokratischen Eliten mit dem Blair-Schröder-Kurs das neoliberale Glaubenssystem übernommen hatten, gingen die Christdemokraten den nächsten Schritt und forderten die »marktkonforme Demokratie«. Mit der Abkehr von ihren Grundwerten verloren beide Traditionsparteien Identität und Orientierung.

Da die Austeritätspolitik (auch) im Namen der Gemeinschaftswährung durchgesetzt wurde, sahen immer mehr Menschen im Euro *an sich* die Hauptursache der Misere. Die »Verschweißung« von Euro und Neoliberalismus wurde zum Bumerang für die Eliten – die Ablehnung gegen beides wuchs, die Rechtspopulisten fanden Gehör mit ihren Thesen: nur im Nationalen habe das Soziale eine Heimat, »die« EU zerstöre mit ihrer Politik beides, nicht zuletzt, weil auch die Südeuropäer Mitglieder der Währungsunion geworden sind. Mit dem »Griechen-Bashing« spielten die Traditionsparteien zwar auf dem gleichen »Gefühlsklavier«, doch die »Verschweißung« von Währungsunion und Neoliberalismus konnten sie nicht infrage stellen.

Die Linken mussten mit ohnmächtiger Wut zusehen, wie der Euro in Südeuropa als Hebel eingesetzt wurde, um jeden Widerstand gegen die neoliberale Politik zu brechen. Daher müsse man den Euro »abwickeln«.[53] Gelinge dies nicht auf geordnete Weise, werde die Gemeinschaftswährung bald zusammenbrechen.[54] Für Streeck ist die Eurokrise sogar ein Vorzeichen für das Ende »des« Kapitalismus.[55]

Die Mehrzahl der linken Intellektuellen ist sich in der Kritik an den Konstruktionsfehlern des Euro und an der neo-merkantilistischen Austeritätspolitik Deutschlands einig mit den »Eurofightern«, lehnen jedoch ein Ausscheiden einzelner Länder aus der Währungsunion oder gar ihre »Abwicklung« ab. Sie erkennen, dass sich das Rad der Geschichte nicht zurückdrehen lässt.[56]

Rückwärts geht es nicht

Eine Auflösung der Währungsunion würde Europa in einen Wirtschaftskrieg führen: Nach fast vierzig Jahren Finanzalchemie beträgt die Bilanzsumme der Banken in den größeren Euroländern das Drei- bis Fünffache des BIP. Dazu kommen Aktien und Anleihen, welche von Hedgefonds, Pensionsfonds, Unternehmen und Privaten direkt gehalten werden. Der größte Teil dieses Kartenhauses notiert in Euro, überwiegend handelt es sich um Forderungen bzw. Verbindlichkeiten zwischen Euroländern.[57]

Würde die Währungsunion aufgelöst, müsste jede einzelne »Karte« (Finanztitel) vom Euro auf eine der 19 neuen/alten nationalen Währungen »umgewertet« werden. Dabei ergäben sich 342 bilaterale Gläubiger- und Schuldnerbeziehungen mit jeweils unterschiedlichen Typen von Finanztiteln (von Bankeinlagen bis zu Derivaten). Eine geordnete Abwicklung des Euro ist deshalb nicht möglich. Wie in der Natur, so gibt es auch in der Gesellschaft irreversible Prozesse: Man kann 19 Flüssigkeiten in einen Krug gießen, trennen kann man sie nicht mehr – höchstens das Ganze verschütten.

Betrachten wir lediglich einen Finanztitel (Staatsanleihen) und lediglich zwei Länder, Deutschland und Frankreich. Nehmen wir an, der neue Franc würde gegenüber dem alten Euro um 20 Prozent abwerten (1 FF = 0,8 Euro), die D-Mark um 20 Prozent aufwerten (1 D-Mark = 1,2 Euro). Die Umwertung einer französischen Staatsanleihe auf D-Mark würde die Schuldenlast in jener Währung, in welcher der französische Staat künftig seine Einnahmen erzielt, um 50 Prozent erhöhen (1 D-Mark = 1,5 FF) – für Frankreich inakzeptabel. Eine Umwertung in Franc würde für deutsche Besitzer der Anleihe einen Wertverlust (in D-Mark) von 33 Prozent bringen (1 FF = 0,67 D-Mark) – für Deutschland inakzeptabel.[58]

Zudem würde ein Scheitern des Euro enorme »Wutenergien« freisetzen, die sich vor allem gegen Deutschland richten würden.[59] Denn in den Krisenländern hat die von der »deutschen EU« diktierte Sparpolitik ein Desaster angerichtet. Voll entladen kann sich die so angestaute Wut (noch) nicht, weil man in der Währungsunion verbleiben möchte und daher vom Wohlwollen Deutschlands abhängig ist.

Das würde sich radikal ändern, wenn die Währungsunion aufgelöst würde und alle Sparanstrengungen sich als vergeblich erwiesen. In ihrer Verbitterung würden die Krisenländer ein Moratorium ihrer Auslandsschulden erklären.[60] Um ihre Wirtschaft anzukurbeln und auch als »Revanche« gegenüber Deutschland würden sie ihre Konkurrenzfähigkeit durch Abwertungen zu verbessern suchen, selbst Abwertungswettläufe wären dann nicht ausgeschlossen, Finanzchaos und Wirtschaftskrieg würden die Nationalgefühle stärken – die Kettenreaktionen wären unkontrollierbar.[61] Eine solche Entwicklung würde der Theorie des »langen Zyklus« als Abfolge real- und finanzkapitalistischer »Spielanordnungen« entsprechen (Kapitel 8).

Vorwärts geht es auch nicht

Um die Zentrifugalkräfte innerhalb der EU zu bekämpfen, wurde eine Reihe von Maßnahmen vorgeschlagen:[62] von der Schaffung eines »Euro-Finanzministers« samt eigenem Budget, mit dem antizyklische Impulse gesetzt, öffentliche Güter finanziert und eine Sozialunion aufgebaut werden könnten;[63] über die Gründung einer »Europäischen Finanzierungsagentur«, die gemeinschaftliche Instrumente (»Eurobonds«) begibt;[64] eine formelle Verankerung der Funktion eines »*lender of last resort*« bei der EZB;[65] bis hin zur Schaffung einer Bankenunion einschließlich einer EU-weiten Einlagensicherung, einer einheitlichen Regulierung der Finanzmärkte und einer umfassenden Beaufsichtigung ihrer Akteure.[66]

Eine tatsächlich stabilisierende Wirkung könnten solche Maßnahmen allerdings nur haben, wenn sie eingebunden wären in das Ziel einer gemeinsamen europäischen Fiskal-, Wirtschafts- und Sozialpolitik. Sie wäre orientiert auf »ein supranationales, aber überstaatliches Gemeinwesen, das ein gemeinsames Regieren erlaubt« (Jürgen Habermas),[67] und würde die Stärkung des Prinzips der Demokratie auf europäischer Ebene ermöglichen. Anderenfalls liefe die Erweiterung der Kompetenzen europäischer Institutionen darauf hinaus, dass sich der bisherige Kurs der EU verfestigt.

Wenn »mehr Europa« bedeutet »mehr neoliberales Europa«, würde das die Des-Integration Europas beschleunigen (und keine Zustimmung unter der Bevölkerung der Mitgliedsstaaten bekommen).[68] Doch eine neue EU (auch) als Solidargemeinschaft (und nicht nur als Verwalter gemeinsamer Märkte) ist im neoliberalen Weltbild der Eliten, das seit mehr als vierzig Jahren in ihren Köpfen verankert ist, nicht vor-gesehen.[69] Nur ein Paradigmenwechsel bietet einen Ausweg aus diesem Dilemma: Es gibt eben keine richtige Politik in einer falschen »Spielanordnung«.

Europa steckt in »Hayeks Falle«

Der erstarkte Nationalismus blockiert den Weg zu einem gemeinsamen *und* sozialen Europa. Zurück in eine Welt, in der das Soziale im Nationalen beheimatet ist, geht es aber auch nicht.

Diese Blockade hat Hayek schon 1939 in seinem Aufsatz »The economic conditions of interstate federalism« beschrieben:[74] Wenn Staaten eine Wirt-

Eine grundlegende Erneuerung der EU-Regelwerke ist innerhalb der herrschenden »Spielanordnung« illusorisch. Gerade jene Änderungen, welche Wirtschaftswachstum, sozialen Zusammenhalt und europäische Integration nachhaltig stärken könnten, widersprechen dem herrschenden Denksystem:[70]
- Die EZB sollte den Zins auf einem Niveau nahe null stabil halten und auf eine Feinsteuerung zur Stabilisierung der Konjunktur verzichten.
- Durch Käufe bzw. Verkäufe von (Staats-)Anleihen gewährleistet die EZB, dass die Zinsen in jedem Euroland um maximal 2 Prozentpunkte höher liegen als in Deutschland.
- Darüber hinaus sollte die EZB auch Maßnahmen setzen zur Vermeidung bzw. Eindämmung von spekulativen Bubbles auf Finanzmärkten.
- Die »Goldene Regel der Lohnpolitik« – die Nominallöhne steigen wie die Produktivität plus der Zielinflation von 2 Prozent – würde Leistungsbilanzungleichgewichte eindämmen. Deren Bandbreite sollte durch Regeln eingegrenzt werden.[71]
- Das Defizit des Staates sollte den Überschüssen des privaten Sektors entsprechen.[72] Damit werden insbesondere öffentliche Investitionen finanziert. Diese gelten nach der »Goldenen Regel der Fiskalpolitik« nicht als Teil des Staatsdefizits.[73]

schaftsunion gründen, dann führe die Freizügigkeit von Arbeit und Kapital zu einer massiven Einschränkung des Handlungsspielraumes nationaler Politik (Hauptthese I). Denn jede Änderung der Investitionsbedingungen oder der Arbeitskosten in einem Teil der Union werde Angebot und Preise von Kapital und Arbeit in anderen Teilen der Union beeinflussen.[75] Zudem beschränke ein gemeinsamer Markt die Steuerhoheit der einzelnen Staaten sowie den Handlungsspielraum von Gewerkschaften.[76] Auch eine unabhängige Geldpolitik könne es nach Einführung einer Gemeinschaftswährung nicht mehr geben.

Allerdings könne die Politik auf Unionsebene den Handlungsspielraum nicht in dem Maße erweitern, in dem er auf nationaler Ebene verloren ginge (Hauptthese II): Maßnahmen, die in einem reichen Land selbstverständlich seien wie eine Arbeitslosenversicherung oder die Beschränkung von Arbeitszeiten, würden einem armen Land schaden und daher dort abgelehnt.[77] Zudem ließe sich eine umfassende Wirtschafts- und Sozialpolitik auf Unionsebene nicht demokratisch legitimieren: Die Menschen würden sich Entscheidungen widersetzen, die auf Unionsebene von Menschen anderer Nationalität getroffen werden.[78] Daher sei der wirtschaftspolitische Spielraum für die Regierung einer Föderation wesentlich kleiner als für Nationalstaaten.[79]

In einer Staatenunion müsse sich die (Wirtschafts-)Politik somit darauf beschränken, dauerhaft sicherzustellen, dass sich Eigeninitiative optimal entfalten kann.[80] Ein »im Wesentlichen liberales ökonomisches Regime« sei Voraussetzung für das Funktionieren einer Konföderation, ohne die wiederum kein dauerhafter Frieden möglich sei. »Was immer man von der Wünschbarkeit anderer Ziele der Regierung hält – die Verhinderung von Krieg oder ziviler Unruhen haben zweifellos Vorrang, und wenn sich das nur durch eine Beschränkung der Regierungsaufgaben auf diese und ein paar andere Kernaufgaben erreichen lässt, werden jene anderen Ideale weichen müssen.«[81]

Auf den Punkt gebracht: Wer Frieden wolle, brauche eine Staatenunion und müsse daher auf »andere Ziele der Regierung« wie Marktregulierungen und Ideale wie Sozialstaatlichkeit verzichten. Wie später von Buchanan gefordert (»Wir müssen das ›So ist es‹ verwenden, um das ›So soll es sein‹ durchzusetzen«), stellt Hayek seinen Wunsch nach Abbau des Sozialstaates als notwendige Folge der Gründung eines Staatenbundes dar, der wiederum zur Sicherung des Friedens unabdingbar sei.

Für Wolfgang Streeck liest sich Hayeks Aufsatz »wie ein Konstruktionsplan für die Europäische Union von heute«.[82] Streeck zieht daraus den Schluss, dass Sozialstaatlichkeit und Demokratie nur im Rahmen des Nationalstaates verteidigt werden können, also durch »weniger Europa«.[83] Offenbar hält er Hayeks Analyse für zutreffend. Aber ist sie das wirklich? Beim ersten Lesen möchte man das allein schon deshalb bejahen, weil eine fast achtzig Jahre alte Analyse genau jene Probleme anspricht, an denen die EU heute leidet. Doch beim Nach-Denken erhebt sich der Zweifel an der These, dass eine umfassende Wirtschafts- und Sozialpolitik in einer Staatenunion unmöglich sei.

Hayek argumentiert (auch hier) »prinzipiell«, also axiomatisch und ahistorisch. Eine zentrale Steuerung wirtschaftlicher Aktivitäten setze gemeinsame Ideale und Werte voraus, und eine solche Übereinstimmung lasse sich umso weniger herstellen oder erzwingen, je geringer die Homogenität bzw. Ähnlichkeit der Bewohner einer Region (wie Europa) seien.[84] Doch Nationen haben keine feste Ausstattung mit »Idealen und Werten«, diese wandeln sich im Prozess der gesellschaftlichen Entwicklung. So hat die Aufklärung die universelle Gültigkeit von Grundwerten wie die Gleichwertigkeit aller Menschen, ihr Recht auf freie Entfaltung und ihre Verpflichtung zur Solidarität philosophisch bzw. naturrechtlich begründet. Dies trug wesentlich zur Überwindung des Wahrheitsanspruches des Christentums gegenüber anderen Religionen bei (»Nathan der Weise« statt »Kreuzrittertum«).

Für Kant solle und werde die Menschheit zu einer Weltgemeinschaft zusammenwachsen (»Zum ewigen Frieden«). Die schottischen Aufklärer Hume und Smith skizzierten, wie die »*natural liberties*« durch Unternehmertum, Märkte und einen die Chancengleichheit verbessernden Staat umgesetzt werden könnten. Voltaire und Rousseau bereiteten den Boden für die Verankerung von »Freiheit, Gleichheit, Brüderlichkeit« als universell gültiger Werte, an denen sich auch die Arbeiterbewegung orientierte.

Sehr vereinfacht ausgedrückt: Aufklärung, Emanzipation, Menschenrechte, Sozialstaatlichkeit, Demokratie und Internationalismus gehören zusammen (»Aufklärungssyndrom«). Das »Gegen-Aufklärungssyndrom« bilden Nationalismus, Autoritarismus, entfesselter Kapitalismus und Rassismus. Es führte in den Ersten Weltkrieg, zum Faschismus und in den Zweiten Weltkrieg. Nach diesen Katastrophen gewann das »Aufklärungssyndrom« wieder an Bedeutung. Allerdings orientierte sich die Politik nicht an den »hohen« (und abstrakten) Zielen wie »Freiheit, Gleichheit, Brüderlichkeit«, sondern an »niedrigen« (und konkreten) Zielen wie Vollbeschäftigung, soziale Sicherheit, gesellschaftlicher Zusammenhalt und europäische Integration. Die Länder gestalteten ihr »nationales Zuhause« nach diesen Grundsätzen, und so entwickelte sich langsam so etwas wie »europäische Identität«.

Doch auch das »Gegen-Aufklärungssyndrom« erschien in neuer Gestalt: Nicht mehr Gott, Kaiser und Vaterland sind höchste Autorität, sondern »der Markt«. Wenn »er« lenkt, erübrigen sich Ethik und Moral, Begriffe wie »Soziale Gerechtigkeit« haben keine Bedeutung. So bereitete der Neoliberalismus den Boden für Nationalismus: Das »freie Spiel« der Finanzmärkte deklassiert immer mehr Menschen, sie wenden sich rechtsnationalen Verführern zu – nach dem Börsenkrach 1929 ebenso wie seit der Finanzkrise 2008.

Hayek hat recht: Ein Staatenbund mit einer gemeinsamen Wirtschafts- und Sozialpolitik braucht gemeinsame Werte und Ideale. Doch Hayek irrt, wenn er meint, dass Nationen mit unterschiedlichem Wohlstand und unterschiedlicher Kultur keinen Staatenbund bilden können, der mehr gewährleistet als die Freiheit der Märkte: Gemeinsame Werte und Ziele entwickeln sich in einem vielschichtigen Prozess und lassen sich mithilfe einer realitätsnahen »Navigationskarte« auch erreichen – das beweist die Prosperitätsphase.

Damals entfaltete sich gesellschaftliche Dynamik innerhalb eines Systems, das von den meisten Menschen als ein *gemeinsames Ganzes* empfunden und bejaht wurde, weil es Polaritäten »ausbalancierte«, insbesondere zwischen der Konkurrenz auf (Güter-)Märkten und Sozialstaatlichkeit als institutionalisierter Solidarität. Dieses »soziale Zuhause« wurde in den Nationalstaaten geschaffen. Doch da die anderen Nationen ihr »Zuhause« nach der gleichen »Navigationskarte« gestalteten, wurde ein gemeinsames Europa nicht als Gegensatz zur nationalen Heimat empfunden. Um den Nationalismus zu überwinden und die Idee eines »gemeinsamen Hauses Europa« zu nähren, musste zuerst im eigenen Land und bei den Nachbarn ein »soziales Zuhause« geschaffen werden.[85]

Am fatalsten erweist sich Hayeks Annahme, der freie Verkehr von Waren, Dienstleistungen, Arbeit und Kapital – gewährleistet durch ein »im Wesentlichen liberales ökonomisches Regime« – reiche aus, um einen Staatenbund zusammenzuhalten. Tatsächlich führt ein solches Regime in eine Krise, die »Zentrifugalkräfte« werden immer stärker. Dafür liefert die Entwicklung der EU in den vergangenen fünfundzwanzig Jahren ein eindrucksvolles Beispiel.

Wieder begegnen wir dem »Haltet-den-Dieb-Effekt«: Die Propagierung von Eigennutz und Marktkonkurrenz als Universalprinzipien macht Menschen egoistischer, »die Anderen« werden zu Gegnern, »die Fremden« zu Feinden. Solidarität erstickt daher zuerst auf supranationaler Ebene. Beschränkt sich das Europäische auf Märkte und Wettbewerb, so kann man sich »soziale Wärme« nur im Nationalen erhoffen – die EU steht dann für »neoliberale Kälte«.

Was Hayek als gegeben ansieht, das Fehlen gemeinsamer »Ideale und Werte« in einer Staatenunion, wurde durch die Dominanz der neoliberalen Ideologie selbst verursacht. Mit der gescheiterten Verteilung von Flüchtlingen erreichte die Ent-Solidarisierung innerhalb der EU einen vorläufigen Höhebzw. Tiefpunkt. Ohne Emanzipation vom Neoliberalismus kann es keine Stärkung des europäischen Zusammenhaltes geben.

Dabei geht es nicht um »mehr« oder »weniger« Europa, sondern um *ein anderes Europa*, dessen »Navigationskarte« auf einer realitätsnahen Wirtschaftstheorie beruht, dessen Rahmenbedingungen das Profitstreben auf unternehmerische Aktivitäten in der Realwirtschaft fokussieren statt auf »Finanzalchemie« und dessen gesellschaftspolitische Leitlinien den Grundwerten und Lebensgewohnheiten seiner BürgerInnen entsprechen.

TEIL V
EINE VERHEERENDE GESAMTBILANZ

15. VERTRAUENSVERLUST UND ZUKUNFTSANGST: DIE HERRSCHENDE »SPIELANORDNUNG« DEMOLIERT DAS EUROPÄISCHE SOZIALMODELL

Neben den in der Dimension Zeit wechselnden real- und finanzkapitalistischen »Spielanordnungen« haben sich in der Dimension Raum in Jahrhunderten unterschiedliche Gesellschaftsmodelle entwickelt. Dieses Kapitel skizziert die Hauptunterschiede zwischen dem Europäischen und dem US-amerikanischen Modell (Übersicht 15.1). So wird deutlich: Eine realkapitalistische »Spielanordnung« stärkt das Europäische Sozialmodell, finanzkapitalistische Rahmenbedingungen widersprechen hingegen den europäischen Grundwerten und unterminieren den Zusammenhalt Europas.

Das Europäische und das US-amerikanische Modell

Die Vereinigten Staaten sind als Land von Einwanderern, Abenteurern und Eroberern entstanden, ihr wichtigstes Leitbild wurden der individuelle Held, der mit Mut, Ausdauer und Unbeugsamkeit seine Träume erfüllt, egal ob als Cowboy, Farmer, Unternehmer, Finanzspekulant oder Künstler.[1] Dementsprechend hoch sind der Stellenwert des Individualismus (»Jeder ist seines Glückes Schmied«) und die räumliche, soziale und berufliche Mobilität der Einzelnen. Die Organisation von Interessen in Gewerkschaften oder Unternehmerverbänden hat kaum Bedeutung, eine Arbeiterpartei konnte sich nicht entwickeln. Der Staat verzichtet weitgehend auf die (Mit-)Gestaltung der Arbeitsbeziehungen und Marktprozesse (»*Laissez-faire*«).

In Europa prägte hingegen die Eingebundenheit in Verbänden das gesellschaftliche Leben, sei es im Rahmen der Grundherrschaft, der Zünfte, der Städte oder der Staaten. Zwischen jenen »oben« und jenen »unten« entwickelten sich wechselseitige Rechte und Pflichten. Die Gründung von Gewerkschaften und Parteien knüpfte an die Tradition kollektiver Interessenorganisationen ebenso an wie die Schaffung des Sozialstaates: Der Ausbau einer Kranken-, Unfall- und Rentenversicherung sowie die Regulierung der Arbeitsbeziehungen und des Wohnungsmarktes prägten die gesellschaftliche Entwicklung in Europa seit Ende des 19. Jahrhunderts: Nicht individuelle »*charity*« der Wohlhabenden sollte Not mildern, sondern das »System Politik«.

Mit der Verschärfung der »sozialen Frage« im 19. Jahrhundert ging jene Ideologie in die Offensive, welche den Menschen nur als gesellschaftliches Wesen betrachtet, der Sozialismus. Dem setzten die Vermögenden ihre Ideologie entgegen, welche den Menschen nur als Individuum betrachtet, die Neoklassik.

Weltwirtschaftskrise und Faschismus wurden vom Konflikt zwischen Kapital und Arbeit geprägt: In der Weltwirtschaftskrise prallten die ökonomischen und politischen Gegensätze aufeinander, im Faschismus wurden sie zwangsweise »integriert« (»Volksgemeinschaft«). Auf der Grundlage dieser Erfahrungen wurde in (West-)Europa nach 1945 das Europäische Modell in Gestalt der Sozialen Marktwirtschaft realisiert: Der Grundkonflikt zwischen Arbeit und Kapital sollte durch Marktregulierungen und durch den Sozialstaat gesellschaftlich integriert werden.[2] Dem diente auch die Kooperation von Gewerkschaften und Unternehmerverbänden (»Sozialpartnerschaft« bzw. »Rheinischer Kapitalismus«).[3]

Im Europäischen Modell ergänzen das »Steuerungssystem Markt« und das »Steuerungssystem Politik« einander: Aufgabe der Märkte und Unternehmen ist es, Investition, Produktion und Handel privater Güter effizient zu organisieren. Der Staat setzt die »Spielregeln«, er dämpft die Konjunkturschwankungen durch die Fiskal- und Geldpolitik, verbessert die Wachstumsbedingungen durch Ausbau der Infrastruktur und sorgt für die Bereitstellung öffentlicher Güter, vom Rechtssystem bis zu sozialer Sicherheit. Als Sozialstaat wird er insbesondere in drei Bereichen aktiv:
- in der Vorbereitung auf das Erwerbsleben (Bildungswesen);
- im Erwerbsleben (Regulierung der Arbeitsbeziehungen);
- bei – temporärem oder endgültigem – Ausscheiden aus dem Erwerbsleben (Unfall-, Kranken-, Arbeitslosigkeits- und Rentenversicherung).

Im US-amerikanischen Modell ist das Bildungswesen überwiegend privatwirtschaftlich organisiert (dies gilt insbesondere für die Eliteeinrichtungen), es gibt keinen Arbeitnehmerschutz (»*hire and fire*«), und die Sozialversicherung ist nur rudimentär entwickelt.

Das Europäische Modell berücksichtigt somit die duale Existenz des Menschen als individuelles *und* soziales Wesen in höherem Maß als das US-amerikanische Modell.

	Europäisches Modell	US-amerikanisches Modell
Determinanten der langfristigen Entwicklung	Eingebundenheit in Verbände (Zünfte, Gemeinden, etc.)	Einwanderungsland: »Jeder ist seines Glückes Schmied«
	Verbindlichkeit in den Beziehungen zwischen »oben« und »unten« (Feudalsystem, »Vater Staat«, patriachales Unternehmertum)	»Lockere« ökonomische und soziale Beziehungen/Bindungen in einer »(Ein)Wanderergesellschaft«
Gesellschaftspolitik	Kollektive Organisation von Interessen (Gewerkschaften, Unternehmerverbände)	Kaum vorhanden bzw. oft im Keim erstickt
	Klassen im Zentrum der Ideologien (Marxismus, Katholische Soziallehre)	Individuum, insbesondere auch im Kampf gegen mächtige Kollektive
Gesellschaftliche Grundwerte	Individuelle Entfaltung, Chancengleichheit und Solidarität (»Freiheit, Gleichheit, Brüderlichkeit«)	Individuelle Entfaltung (»persuit of happiness«)
Sprache und Kultur	Viele Länder mit jeweils einer dominanten Nation, Kultur und Sprache	Ein Land mit vielen Ethnien und kulturellen Traditionen, aber einer dominanten Sprache
Gesellschaftlicher Erfolg	Ökonomischer, politischer oder kultureller Aufstieg	Primär ökonomischer Aufstieg (»vom Tellerwäscher zum Millionär«)
Räumliche Mobilität	Gering (auch: Rolle der »Heimat«)	Groß
Labor relations	Korporatistisch	»Locker«
Bedeutung von Gewerkschaften und Unternehmerverbänden	Groß	Gering
Arbeitsmarkt	Stark reguliert	Kaum reguliert (»hire and fire«)
Verhältnis Markt/Staat	Komplementär	Antagonistisch
Absicherung gegen Krankheit, Unfall, Arbeitslosigkeit, Armut im Alter	Überwiegend durch den Sozialstaat	Überwiegend individuell (oder gar nicht)
Bildungssystem	Überwiegend sozialstaatlich	Überwiegend privat
Bereitstellung öffentlicher Güter (einschließlich Daseinsvorsorge)	Relativ groß	Klein
Streuung der Qualifikation der Arbeitskräfte	Gering	Hoch
Ökonomische und sozialpsychologische Bedeutung der Aktienbörse	Gering	Hoch
Ungleichheit in der Verteilung von Einkommen und Vermögen	(Relativ) Niedrig	Hoch

Übersicht 15.1: Das europäische und das US-amerikanische Modell

Die beiden Gesellschaftsmodelle unter real- und finanzkapitalistischen Bedingungen

Die Kombination »Europäisches Modell und Realkapitalismus« prägte die Entwicklung in (West-)Europa bis Anfang der 1970er-Jahre. Sie ermöglichte nach allen wesentlichen Kriterien eine bessere Performance als das US-amerikanische »Laissez-faire-Modell« (Übersicht 15.2).

Die Hauptursache dafür bestand in der *Kohärenz* der Sozialen Marktwirtschaft mit den realkapitalistischen Anreizbedingungen: Der hohe Stellenwert der Wirtschaftspolitik im keynesianischen »Weltbild« entsprach der Rolle des (Sozial-)Staates im Europäischen Modell, gleichzeitig ermöglichte die realkapitalistische »Spielanordnung« ein so stabiles Wachstum von Produktion und Beschäftigung, dass der Sozialstaat ausgebaut, die Staatsverschuldung gesenkt und Verteilungskämpfe gemildert werden konnten.

Makroökonomische Rahmenbedingungen / Institutionelle Rahmenbedingungen (»Gesellschaftsmodell«)	Real-kapitalismus	Finanz-kapitalismus	Mischform (Keynesianische Geld- und Fiskalpolitik, Finanzveranlagung und -spekulation auf Aktienmarkt fokussiert)
Europäisches Modell (»Soziale Marktwirtschaft«)	Europa bis ~ 1973/1980	Europa seit ~ 1973/1980	———
US-amerikanisches Modell (»Laissez-faire«)	USA bis ~ 1973/1980	USA seit ~ 1973/1980	USA seit ~ 1990

Übersicht 15.2: Ökonomische Spielanordnungen in Europa und den USA

Die Kombination »Laissez-faire-Modell und Realkapitalismus« ermöglichte auch in den USA eine stabile wirtschaftliche Entwicklung. Geprägt vom »New-Deal-Denken« – quasi eine »Teil-Europäisierung« des US-Modells – verfolgte der Staat bis in die 1970er-Jahre eine aktive Wirtschafts- und Sozialpolitik, als es der US-amerikanischen Tradition entsprach. Genau diesen Widerspruch begannen die neoliberalen Vordenker schon frühzeitig zu »bearbeiten« nach dem Motto »Der Wohlfahrtsstaat bedroht die Freiheit«.

Der Übergang von real- zu finanzkapitalistischen Systembedingungen verursachte in Europa einen viel stärkeren Bruch in der gesellschaftlichen Entwicklung als in den USA. Denn Bewahrung und Modernisierung des Sozialstaates brauchen ein stabiles Wirtschaftswachstum und langfristig eine Verkürzung der Lebensarbeitszeit.[4] Das Erste wurde durch die finanzkapitalistischen Systembedingungen unmöglich, das Zweite durch den Einfluss der neoliberalen Ideologie.

Da der Staat im Europäischen Modell mehr Aufgaben übernimmt als in den USA und da die Arbeitsproduktivität in Europa – nicht zuletzt wegen des öffentlichen Bildungssystems – stärker stieg als in den USA, hat die Halbierung des Wirtschaftswachstums seit den 1970er-Jahren die Staatsverschuldung und die Arbeitslosigkeit in Europa stärker steigen lassen als in den USA. In der Folge wechselte die Politik in Europa seit den 1990er-Jahren schrittweise auf einen neoliberalen Kurs, allerdings um den Preis einer Deklassierung von immer mehr Menschen.

Die Kombination »Europäisches Modell und Finanzkapitalismus« erweist sich somit als in sich widersprüchlich: Die Anreizbedingungen verlagern das Profitstreben zur »Finanzalchemie«, doch die Stärke Europas liegt in der Realwirtschaft. Arbeitslosigkeit und Staatsverschuldung »erzwingen« eine Schwächung des Sozialstaates und beschädigen die Beziehungen zwischen Unternehmern und Gewerkschaften, doch die meisten Menschen brauchen soziale Sicherheit und eine gute Sozialpartnerschaft.

Die Entwicklung in den USA auf Basis der Kombination »Laissez-faire-Modell und Finanzkapitalismus« weist weniger (gravierende) Widersprüche auf: Der Vorrang für die Individuen und ihren Konkurrenzkampf ist ja in den Grundwerten des US-amerikanischen Modells ebenso verankert wie in der neoliberalen Ideologie.

Die jeweils dominante Kombination von Gesellschaftsmodell und ökonomischer »Spielanordnung« prägt die Qualität der sozioökonomischen Entwicklung: Die beste Gesamtperformance ermöglichte die Kombination »Europäisches Modell und Realkapitalismus« in Europa während der 1950er- und 1960er-Jahre, gefolgt von der Kombination »Laissez-faire-Modell und Realkapitalismus« in den USA während der gleichen Periode. Am schlechtesten fiel die Entwicklung in Europa seit den 1970er-Jahren aus auf Basis der Kombination »Europäisches Modell und Finanzkapitalismus«.

Die relative Position der US-Wirtschaft spiegelt diese Zusammenhänge wider (Abbildung 15.1): Anfang der 1950er-Jahre war das BIP pro Kopf in den USA um 120 Prozent höher als jenes der übrigen Industrieländer. Danach gelang diesen ein enormer Aufholprozess: Bis Anfang der 1970er-Jahre war

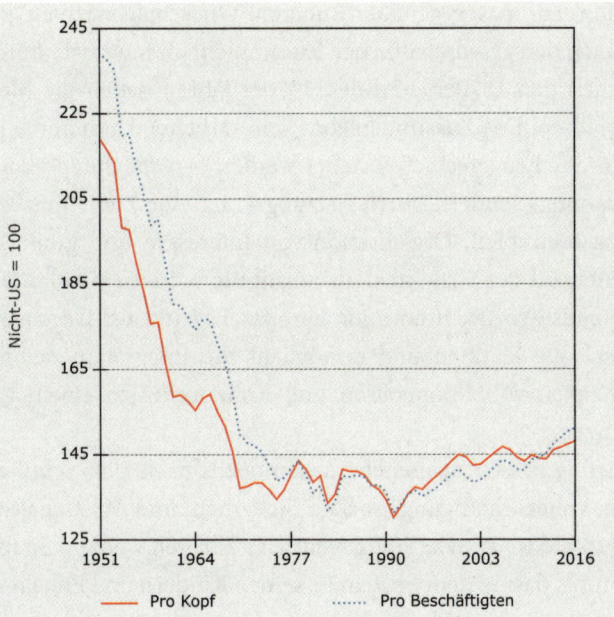

Abbildung 15.1: BIP der USA relativ zu den übrigen Industrieländern

1951 war das BIP pro Kopf in den USA um etwa 120 Prozent höher als der Durchschnitt der übrigen Industrieländer (wird letzterer gleich 100 gesetzt, so lag der Indexwert bei 220). Pro Beschäftigten gerechnet war der US-Vorsprung noch größer. Als Folge des Aufholens der übrigen Industrieländer schmolz der US-Vorsprung bis Anfang der 1970er Jahre auf etwa 40 Prozent. Danach war das Wirtschaftswachstum annähernd gleich, seit Anfang der 1990er Jahre konnten die USA ihren Vorsprung ausbauen, nicht zuletzt als Folge ihrer »trivial-keynesianischen« Wirtschaftspolitik.Importe.

der Vorsprung der USA auf etwa 40 Prozent geschrumpft. Danach war das Wirtschaftswachstum zwanzig Jahre lang annähernd gleich, seit 1990 expandierte die Wirtschaft in den USA hingegen merklich rascher als jene in Europa bzw. in Japan: 1990 war das BIP pro Kopf der USA um etwa 35 Prozent höher als jenes der übrigen Industrieländer, 2016 schon um 48 Prozent (Abbildung 15.1).

Vertrauen, Unsicherheit, Zukunftsangst und Sorgenmachen

Die Widersprüche zwischen den Leitlinien des Europäischen Sozialmodells und der neoliberal-finanzkapitalistischen »Spielanordnung« haben nicht nur die Position Europas gegenüber anderen Wirtschaftsmächten geschwächt, sondern auch den gesellschaftlichen Zusammenhalt innerhalb Europas.

Zwischen den 1870er- und den 1970er-Jahren hatten die Menschen in Europa erfahren: Das Zusammenleben und -arbeiten kann durch politisches Handeln menschengerechter gestaltet werden – nicht durch »konstruktivistische« Planung, sondern durch Setzung konkreter Ziele, Erarbeitung von Umsetzungskonzepten, Organisation von Interessen und große Beharrlichkeit. So entstand der Sozialstaat als »institutionalisierte Solidarität« und als die bedeutendste soziale Innovation Europas. Er wirkt als »Gegengewicht« zur Konkurrenz auf Märkten und ermöglicht die Integration der gegensätzlichen Prinzipien von Kooperation und Konkurrenz zu einem gesellschaftlichen Ganzen.

Der Erfolg des Europäischen Sozialmodells nach 1945 schuf ein Grundvertrauen: Vollbeschäftigung, soziale Sicherheit und Wirtschaftswachstum können durch das »System Politik« aufrechterhalten werden. So festigte sich die Erwartung, dass es dem Einzelnen, seinen Kindern und Enkeln in Zukunft (noch) besser gehen werde, und zwar nicht nur im eigenen Land, sondern auch in einem künftig vereinten Europa.

Diese Erwartung wurde seit den 1970er-Jahren immer mehr enttäuscht, insbesondere in den vergangenen fünfundzwanzig Jahren. Gleichzeitig wurde das System undurchschaubar. Auf die Frage »Warum sollten wir uns den Sozialstaat nicht mehr leisten können, den wir uns so lange bei niedrigerem Produktionsniveau leisten konnten?« bekamen die Menschen keine Antwort. Unsicherheit und Zukunftsangst nahmen zu, und damit auch die individuelle Vorsorge und das »Sorgenmachen«. Beides verstärkte sich wechselseitig: So trägt die kapitalgedeckte Altersvorsorge zur Instabilität der Finanzmärkte bei, Arbeitslosigkeit und Staatsverschuldung steigen, die sozialen Pensionssysteme werden weiter geschwächt, die »Sorgenproduktion« expandiert, also muss man noch mehr »kapitalgedeckt« vorsorgen.

Während bei echter Vorsorge in der Gegenwart *gehandelt* wird, um sich Sorgen in der Zukunft zu ersparen, bedeutet das »Sorgenmachen«, die in der Zukunft möglicherweise berechtigte Sorge in die Gegenwart *vorzuziehen* und gleichzeitig in der Gegenwart *nicht zu handeln*, um das befürchtete Problem zu vermeiden. Ein solches Vor-Sorgen belastet das Leben in der Gegenwart. Man versucht, die elementare Unsicherheit menschlichen Lebens – dass es nämlich immer auch eine Fahrt ins Ungewisse ist – dadurch zu bannen, dass man sich schon heute damit abgibt, was morgen (nicht) alles passieren könnte.[5]

Das Vertrauen in die Absicherung gegen Risiken wie Unfall, Krankheit, Arbeitslosigkeit oder Armut im Alter wurde bis in die 1990er-Jahre durch den Sozialstaat geschaffen und gestärkt. Er basiert auf Solidarität als *Eigennutz sozialer Ordnung*. Alle Mitglieder der Solidargemeinschaft sind an einer stabilen Entwicklung der Realwirtschaft interessiert, da von ihr die Finanzierbarkeit der Sozialleistungen abhängt. Eine hohe nicht prekäre Beschäftigung nützt auch den Pensionisten, das »Ausspielen« der Generationen gegeneinander wird durch ihr gemeinsames Interesse an Vollbeschäftigung verhindert.

Bei individuell-kapitalgedeckter Vorsorge konzentriert sich hingegen das Interesse auf das in Pensionsfonds »arbeitende« Finanzkapital. Wenn die »Verschlankung« der Unternehmen und die Ausweitung atypischer Beschäftigung eine Aufwertung der Aktienkurse (und damit des Pensionskapitals) begünstigen, entsteht ein Grundkonflikt zwischen dem Interesse der »Alten« an möglichst guten Einkommen und dem Interesse der »Jungen« an gut bezahlten Jobs. Damit macht man Politik: Die Rentner werden zu Rentiers (erklärt) und vor den Karren der Finanzkapitalinteressen gespannt.[6]

Der wichtigste »Verunsicherungsfaktor« besteht darin, dass der Wert des Vorsorge-Kapitals auf den Finanzmärkten bestimmt wird und daher großen Schwankungen unterliegt. Überdies »arbeitet« Finanzkapital ja nur, wenn es in Realkapital transformiert wird. Unter finanzkapitalistischen Anreizbedingungen geschieht dies aber nur unzureichend, während mit dem Anstieg von Aktien- und Anleihekursen zugleich die Ansprüche an das künftige Sozialprodukt steigen: Es entwickelt sich eine Diskrepanz zwischen dem Wert der »Bezugsscheine« auf das künftige BIP und dem Wert des geschaffenen BIP.

Wenn die Vorsorge gegen Grundrisiken des Lebens durch den Sozialstaat wahrgenommen wird, ist das Vertrauen in die Zukunft stärker und das »Sorgenmachen« daher schwächer als in Systemen, in denen die Altersvorsorge, aber auch die Vorsorge gegen Unfall und Krankheit, durch Bildung von individuell zurechenbarem Finanzkapital bzw. durch Privatversicherungen organisiert wird (»Eigenvorsorge«). Das Pensionskapital ist immer weniger durch reale Werte gedeckt und immer mehr durch »fiktives Kapital«.

Orientierungslosigkeit, Verbitterung und Zukunftsangst und ihre »Verwertung«

Das Vertrauen in das Europäische Sozialmodell wurde in den letzten Jahrzehnten immer mehr geschwächt. Menschen fühlen sich in ihrer Ratlosigkeit und oft auch diffuser Zukunftsangst nicht wahrgenommen. Also stauen sich in ihnen drei Arten von Bedürfnissen auf: die Sehnsucht nach Wertschätzung, der Wunsch nach Orientierung und der Drang nach »Entladung« ihrer Gefühle von Verbitterung, Angst und Wut. Auf eine (Ersatz-)Befriedigung dieser Bedürfnisse haben sich die Rechtspopulisten spezialisiert.

Die Eliten weisen die hetzerische Sprache und die simplen Erklärungen empört zurück und schließen die Verführten mit ein. Doch deren Gefühle haben gute Gründe: Das System ist ja *tatsächlich* undurchschaubar geworden, die Ungleichheit hat *tatsächlich* skandalöse Ausmaße angenommen, das Europäische Sozialmodell wird *tatsächlich* langsam ruiniert. Nur wenn sich die Eliten einer Auseinandersetzung darüber stellen, könnten sie die rechte »Politik der Gefühle« bekämpfen.

Eine Gegen-Gegen-Aufklärung ist auch deshalb nötig, weil Mündigkeit – die Fähigkeit, »sich seines Verstandes ohne Leitung eines anderen zu bedienen« (Kant) – Voraussetzung ist für eine funktionierende Demokratie. So hatte die Aufklärung den Boden bereitet für die Emanzipation von Bürgertum und Arbeiterschaft, und beide erkämpften die parlamentarische Demokratie. Nun wollen rechte Bewegungen die – plebiszitäre – Demokratie als Vehikel für ihren Aufstieg nützen.

Ihren Erfolg verdanken die Populisten auch den christ- und sozialdemokratischen Parteien. Diese übernahmen die neoliberalen Leitlinien und gaben jene Positionen auf, die das Fundament des Europäischen Sozialmodells bilden: der Primat der Politik über die Ökonomie und das Prinzip der Sozialstaatlichkeit. Gleichzeitig setzen immer mehr christ- und sozialdemokratische Politiker, aber auch Linke, auf Anpassung an den »Nationalpopulismus«. Sie sprechen die gleichen Gefühle an wie die Rechten, nur in einer anderen Sprache. Statt (rassistischer) Herabwürdigung »Fremder« aller Art fordert man die »Stärkung unserer Werte«, statt Deportierung von Flüchtlingen fordert man geschlossene Grenzen, statt gegen »das Establishment« zu wüten, fordert man einen »Systemwechsel«, statt gegen »Sozialschmarotzer« zu hetzen, möchte man »mehr für die Fleißigen tun« – die Politik der »miesen Gefühle« dringt in die Mitte vor.

Europäische Grundwerte und Ent-Moralisierung der Politik

Wenn Eigennutz und Konkurrenz durch eine »unsichtbare Hand« des Marktes die ökonomischen, sozialen und letztlich auch die persönlichen Beziehungen steuern, gibt es keine Freiheit – alles ist durch das System vollständig determiniert, und dieses ist »alternativlos«. Daher machte die neoliberale Weltanschauung die Triade der europäischen Grundwerte zunichte, und zwar sowohl jene der christlichen Tradition (Gottes-, Nächsten- und Selbstliebe)[7] als auch die der laizistischen Tradition (Freiheit, Gleichheit, Brüderlichkeit).

Diese Werte gehören zusammen, lassen sich aber nicht aufeinander reduzieren – sie sind widersprüchlich wie wir alle und unser (gemeinschaftliches) Leben. Schon jeder einzelne der Werte ist im gelebten Leben unerreichbar (wie alle »großen Ziele«), und das gilt noch viel mehr für ihre Kombination. Widerspricht Freiheit nicht der Gleichheit? Selbst wenn gleiche Startbedingungen gegeben wären, muss realisierte Freiheit nicht zu unterschiedlichen Lebenswegen führen und damit zu Ungleichheit? Und schränkt das Streben nach Brüderlichkeit nicht meine Freiheit ein?

Menschengerecht wäre: Da jeder der drei Werte unverzichtbar ist und sie einander gleichzeitig widersprechen, kann man nur versuchen, *alle drei anzustreben* in einem Prozess des *Ausbalancierens*. Der individuelle Lebensweg und der gesellschaftliche Entwicklungspfad entstehen dann in »schwankendem Gang«, geprägt von den großen Zielen und der Mühe, ihre Widersprüche zu integrieren bzw. die entsprechenden Konflikte auszutragen. Diese Metapher kennzeichnet auch den Umgang mit anderen »Polaritäten« wie den Eigenschaften des Menschen als individuelle *und* soziale, als eigennützige *und* altruistische, als rationale *und* emotionale Wesen.[8]

Das Streben nach Widerspruchsfreiheit ist nicht menschengerecht, seine Folgen sind fatal: Der Versuch der revolutionären Sozialisten wie Lenin, Trotzki, Stalin und Mao Tse-tung, die »Kurven« der gesellschaftlichen Entwicklung »abzuschneiden«, führte in Katastrophen. Ihre Theorien waren zu logisch. Die reformistische Arbeiterbewegung hat hingegen in kleinen Schritten Großes erreicht.

Auch die herrschende Gleichgewichtstheorie strebt nach Widerspruchsfreiheit, auch ihre Folgen sind fatal, und auch die daraus abgeleiteten Strategien führten in soziale Katastrophen – die Weltwirtschaftskrise in einen

»Keulenschlag«, die Krise der vergangenen Jahrzehnte als ein langsames »Enger-Werden« für immer mehr Menschen.

Die neoliberalen Denker haben die (menschengerechte) Widersprüchlichkeit der europäische »Werttriade« dadurch beseitigt, dass sie nur einen alles überragenden Wert gelten lassen, »die Freiheit«. Dann aber müssen »Gleichheit« und »Brüderlichkeit« verkommen, und schließlich auch die »Freiheit« der meisten. Darin besteht die Paradoxie der »Werttriade«: Die drei Werte stehen in einem Spannungsverhältnis zueinander, wenn man dieses – im Streben nach Widerspruchsfreiheit – auflöst, löst sich das Ganze der »Triade« auf (wie schon in den Ländern des »realen Sozialismus«).

Nationale und europäische Identitäten

Ähnlich verhält es sich mit der Beziehung nationaler und europäischer Identitäten zueinander, die den Prozess der europäischen Integration bzw. Des-Integration prägt. Gruppenidentitäten entwickeln sich in Wechselwirkung zwischen »Dazugehören« zu einer Gruppe und »Abgrenzen« von anderen. So besteht meine Identität als Österreicher einerseits darin, in diesem Land beheimatet zu sein, mit dessen BürgerInnen ich ähnliche Lebensgewohnheiten, Umgangsformen, kulturelle Traditionen sowie die Landesgeschichte teile, und andererseits in der Abgrenzung gegenüber anderen Nationen wie der italienischen oder deutschen.

Eine Identität auf höherer, transnationaler Ebene – die Identität von Italienern, Deutschen, Griechen, Österreicher, Franzosen etc. *als Europäer* – kann sich nur entwickeln, wenn die nationalen Identitäten in der »europäischen Identität« aufgehoben sind (mit der Betonung auf »bewahren«, die sich langfristig in »überwinden« verwandeln könnte) und wenn sich das Gemeinschaftlich-Europäische, Nationen-Verbindende auf Basis der gemeinsamen Grundwerte und Lebensgewohnheiten entfalten kann (auch das in Europa besonders ausgeprägte Bedürfnis nach sozialer Sicherheit und gesellschaftlichem Zusammenhalt). Das ist allerdings so lange nicht möglich, wie die »Abgrenzungskomponente« das Nationalbewusstsein dominiert, dieses also die Abwertung anderer Nationen »braucht«.

Die jeweilige Ausprägung der »Identitäts-Hierarchie« prägte die europäische Geschichte. Zwischen 1849 und 1945 wurden die nationalen Identitäten immer stärker durch die negative Abgrenzung gegenüber anderen Nationen definiert, »Erbfeindschaften« stärkten das Nationalbewusstsein mehr als der Stolz auf die eigene Kultur. Die »negativen Identitäten« stauten Emotionen auf, die sich in zwei Weltkriegen entluden. Das Lernen aus diesen Katastrophen führte nach 1945 zum Prozess der europäischen Integration.[9]

Die politische Steuerung dieses Prozesses wurde und wird durch den Primat des Ökonomischen geprägt, von der Europäischen Gemeinschaft für Kohle und Stahl über die EWG, die EU bis zur Währungsunion. Als das Europäische wurde der *gemeinsame Markt* realisiert, die wichtigsten »Grundfreiheiten« waren der ungehinderte Verkehr von Waren, Dienstleistungen, Kapital und Arbeit. Das war so lange kein Problem, wie sich die Politik in allen europäischen Ländern an der sozialstaatlich-realkapitalistischen »Navigationskarte« orientierte. Doch seit die neoliberal-finanzkapitalistische Spielanordnung dominiert, wurde die europäische Identität immer mehr beschädigt.

Eine Einbettung der nationalen Identitäten in eine solche gemeinsame europäische Identität wird erst gelingen, wenn die Politik die Stärken des (traditionellen) europäischen Gesellschaftsmodells fördert. Sie liegen nicht in der Finanzalchemie, sondern in (innovativen) Aktivitäten in der Realwirtschaft, sie liegen nicht in der Verfolgung des individuellen »Jeder ist seines Glückes Schmied«, sondern im Streben nach einer Balance zwischen individueller Entfaltung und sozialem Zusammenhalt, sie liegen nicht in einer prinzipiellen Staatsfeindlichkeit, sondern in der Kombination von Konkurrenz auf Gütermärkten mit Kooperation auf der Ebene der Politik – durch den Staat als »unseren Verein«.

16. EIGENNUTZ, LEISTUNGSSTÄRKE UND KONKURRENZ: WIE NEOLIBERALE GRUNDWERTE UNSER LEBEN VERÄNDERN

Die neoliberale Weltanschauung hat nicht nur die wirtschaftliche Entwicklung geprägt, sondern auch Denkmuster, Sprache, Werte und (damit) alltägliche Verhaltensweisen verändert. Begreift man Menschen als individualistische Nutzenmaximierer, so werden ökonomische Anreize (»*incentives*«) zum wichtigsten Instrument der Verhaltenssteuerung. Dann ist es vernünftig, Sozialleistungen zu senken, um die »Anreize zum Nichtstun« oder den »Sozialtourismus« von Migranten einzudämmen; Verbrechen bekämpft man am besten durch härtere Strafen; und um den Leistungsanreiz der Bestverdienenden (»Leistungsträger«) zu steigern, werden die Spitzensteuersätze gesenkt. Der Mensch wird zu einem ökonomisierten »Pawlow'schen Hund«, für den moralische Erwägungen keinen Sinn ergeben.

In einem brillanten Essay zeigt der Harvard-Philosoph Michael Sandel, wie das Bild des *homo oeconomicus* das Verhalten ent-moralisiert.[10] Denn der Charakter einer Transaktion verändert sich, wenn sie nur aus ökonomischem Kalkül erfolgt. So macht es einen Unterschied, ob jemand Blut aus altruistischen Motiven spendet oder um Geld zu verdienen: Für Menschen, die spenden möchten, um anderen, die darauf angewiesen sind, zu helfen, ist die Bezahlung höchstens ein Nebeneffekt. Fördert man ein solches Verhalten durch wirtschaftliche »*incentives*«, so schwächt man die soziale Motivation.[11]

Als weiteres Beispiel erwähnt Sandel die Erfahrungen eines israelischen Kindergartens: Um einen Anreiz zu schaffen, dass Eltern ihre Kinder rechtzeitig abholen, wurde eine Strafzahlung eingeführt. Danach häufte sich jedoch das Zu-spät-Abholen, weil die Eltern der Meinung waren, dass sie mit Zahlung der Gebühr das Recht erwarben, ihre Kinder später abzuholen.

Zum Nachdenken regt auch folgendes Beispiel an: Der US-Pensionistenverband ersuchte eine Gruppe von Anwälten, zu einem verbilligten Tarif Rechtsberatung zu geben. Sie lehnten ab. Als sie gebeten wurden, es kostenlos zu tun, willigten sie ein – die altruistische Motivation war stärker als die ökonomische.[12]

Mainstream-Ökonomen hingegen wissen: Menschen sind ihrem Wesen nach eigennützig-rationale Individuen, effiziente Problemlösungen schafft daher nur der Markt. So hat der Rechts- und Wirtschaftswissenschaftler der

Universität Chicago Richard Posner (MPS-Mitglied) schon vor dreißig Jahren vorgeschlagen, zur Adoption freigegebene Kinder zu versteigern: Die attraktiveren Babys kämen so in wohlhabendere Familien, und das bedeute eine effiziente Ressourcenallokation.[13]

Nobelpreisträger Kenneth Arrow verteidigte vehement den kommerziellen Handel mit Blut gegenüber einem System freiwilliger Blutspenden. Denn es sei »das Beste, den Bedarf an ethischem Verhalten auf die Umstände zu beschränken, in denen das Preissystem zusammenbricht (...). Wir möchten die raren Vorräte an altruistischen Motiven nicht rücksichtslos verbrauchen.«[14] Während Adam Smith dem Menschen das »Bedürfnis« und »Vergnügen« attestiert, anderen zu helfen aufgrund des Bandes der »Sympathie«, stellt soziales Verhalten innerhalb des neoklassisch-neoliberalen Weltbildes einen »raren Vorrat« dar.

Für Smith hat soziales Verhalten immer auch eine eigennützige Komponente, ich erfahre ja Zuneigung und Wertschätzung. Umgekehrt hat die Verfolgung des Eigennutzes in der Realwirtschaft auch eine soziale Komponente: Wenn ich als Unternehmer meinen Eigennutz befriedigen möchte, muss ich den Eigennutz meiner Mitarbeiter, Lieferanten und Kunden berücksichtigen (»sozialer Eigennutz«).

Das *wechselseitige Vertrauen auf den Eigennutz der anderen* ist das sozialpsychologische Fundament einer (realkapitalistischen) Marktwirtschaft. Das berühmteste Zitat von Adam Smith bringt dies auf den Punkt: »Nicht vom Wohlwollen des Metzgers, Brauers oder Bäckers erwarten wir unsere Mahlzeit, sondern von deren Bedachtnahme auf ihr eigenes Interesse. Wir wenden uns nicht an ihre Menschenliebe, sondern an ihre Eigenliebe und sprechen ihnen nie von unseren eigenen Bedürfnissen, sondern von ihren Vorteilen.«[15]

Unmittelbar zuvor leitet Smith die Interaktion der Eigennutze (»*self-interest*«, nicht »*selfishness*«!) aus den wechselseitigen Abhängigkeiten ab: »Der Mensch (...) braucht so gut wie unausgesetzt die Hilfe seiner Mitmenschen, und diese würde er vergeblich nur von deren Wohlwollen erwarten. Er wird eher Erfolg haben, wenn er ihre Eigenliebe zu seinen Gunsten wecken und ihnen zeigen kann, dass es zu ihrem Vorteil ist, das zu tun, was er von ihnen haben will.«[16]

Die Notwendigkeit, die Interessen der anderen mitzuberücksichtigen (»sozialer Eigennutz«), ist die Basis für die Vertiefung der Arbeitsteilung, sei es vermittelt durch den Markt (via Tausch), sei es innerhalb der Unternehmen. Und die Arbeitsteilung ist wiederum die Basis für wachsenden Wohlstand.

Eine völlig andere Art von Eigennutz treibt das Profitstreben auf den Finanzmärkten: Je mehr mein »Wettpartner« verliert, desto mehr gewinne ich (würde ein Unternehmer nach der gleichen Maxime handeln, könnte er seine Firma gleich zusperren).

Den neoliberalen Theorien fehlen die Denkkategorien für die unterschiedlichen »Eigennutze«. Tatsächlich prägt aber die jeweilige Dominanz von »sozialem Eigennutz« oder »egozentrischem Eigennutz« das Verhalten der Menschen.[17]

Neoliberale Grundwerte

Aus dem Glauben an die »unsichtbare Hand des Marktes« leiten sich Grundwerte wie Eigennutz, Leistungsstärke, Selbstoptimierung, Konkurrenzfähigkeit, Eigenverantwortung etc. ab. Am intensivsten kann man sie auf den Finanzmärkten ausleben. »Lassen wir unser Geld arbeiten« wurde daher zu einer Leitlinie der herrschenden »Spielanordnung«. Gleichzeitig verloren Werte wie einander Helfen, Solidarität als Eigennutz »sozialer Ordnung«, Sozialstaatlichkeit als »institutionalisierte Solidarität«, Teilen und kollektives Handeln an Bedeutung. Natürlich orientieren sich Einzelne in ihrem privaten Leben an diesen Werten, doch dienen sie nicht mehr als gesellschaftliche Leitlinien. Wer sich öffentlich für sie einsetzt, fällt als »Gutmensch« unangenehm auf.

Dieser Wertewandel verstärkt sich selbst. Wenn Eigennutz den ökonomischen Fortschritt vorantreibt, ist es gut, ein Egoist zu sein. So dient man überdies der sozialen Selektion: Das Starke setzt sich durch, verfestigt die Wertordnung und nährt die Hoffnung auf den eigenen Aufstieg. Zwar nimmt in der Realität die soziale Mobilität ab (»Vom Tellerwäscher zum Millionär« findet nicht statt), doch wenn Leistung nicht reicht, hilft vielleicht Glück – die Glücksspieleinsätze der Schwachen werden zu Gewinnen der Starken.

Die Einflüsse einer Weltanschauung, die den Menschen *nur* als individuelles, eigennütziges und rationales Wesen begreift, auf das zwischenmenschliche Verhalten sind vielfältig.[18] Die vielleicht wichtigste Reproduktion der neoliberalen Wertordnung erfolgt durch das Bildungssystem.

Bildungssystem: Anpassung an die »Spielanordnung«

Um sich im Konkurrenzkampf durchzusetzen, braucht es Leistungsstärke und Ehrgeiz – beides will früh gelernt sein. Kaum können Kinder gehen, warten auf sie intelligenzfördernde Spiele aller Art. Besorgte Eltern wählen leistungsorientierte Kindergärten und Schulen, solche mit »ausländischen« oder behinderten Kindern meiden sie, selbst wenn sie Neoliberalismus und Sozialdarwinismus ablehnen. Als Einzelne können sie ja das System nicht ändern, also müssen sie ihre Kinder »fit« dafür machen.

Das Bildungssystem soll in erster Linie solche Qualifikationen vermitteln, die von »der Wirtschaft« benötigt werden, das heißt ihre Wettbewerbsfähigkeit und damit »den Standort« verbessern.[19] Auch wenn einzelne LehrerInnen die Ziele von Bildung umfassender verstehen, verhindern können sie den Systemwandel nicht. Mittlerweile fördert auch das öffentliche Bildungssystem hochbegabte Kinder stärker als die »Nachzügler«.

Der »Bologna-Prozess« hat die akademische Ausbildung in der EU »amerikanisiert« und damit »marktkonform« reformiert: Das Bachelor-Studium steigert durch kürzere Dauer und praxisnähere Inhalte den »Output« für die Wirtschaft, auf höherem Niveau gilt das auch für den »Master«, während das Doktorat nur dem wissenschaftlichen Nachwuchs offensteht.

Die Systeme der Leistungsbewertung erfassen immer mehr Menschen. So testen die (privaten) Elite-Kindergärten in den USA die kleinen Bewerber umfassend, damit die Leistungsstärksten zusammenbleiben. Dies wiederholt sich bei der Auswahl der Schüler bzw. Studenten von den Grundschulen bis zu den Universitäten. Auf diese Weise können die Starken den besten (überwiegend privaten) Bildungseinrichtungen zugeordnet werden, die Schwachen den schlechteren (überwiegend öffentlichen) Institutionen.[20]

Finanzielle Unterstützung ermöglicht in den USA auch Kindern aus »bildungsfernen« Schichten, an den besten Universitäten zu studieren, sofern sie (hoch-)begabt sind. Ziel einer Leistungsgesellschaft ist ja die Ausschöpfung aller Effizienzpotenziale. Allerdings sind die Chancen, solche Potenziale zu entwickeln und den Weg zu einer Elite-Schule zu finden, in wohlhabenden Familien ungleich größer als in armen.[21] Deshalb sollte ein sozialstaatliches Bildungssystem die milieubedingten Unterschiede in den Entfaltungschancen von Kindern verringern (das schließt Begabtenförderung nicht aus), ohne »mehr Staat« geht das aber nicht.[22]

Tatsächlich wird Ungleichheit durch die neoliberale Ideologie selbst (re-)produziert. Absolventen der (Elite-)Universitäten besetzen die Spitzenpositionen in Wirtschaft und Politik und beweisen: »Die Tüchtigen schaffen es.« Und die »Untüchtigen« werden durch die »Reformen« der Tüchtigen immer mehr.[23]

Liebe zum Geld

Die Bedeutung von Geld im weiteren Sinn (einschließlich aller Arten von Finanzkapital) ist in zweifacher Hinsicht gestiegen: Durch die Ent-Fesselung der Finanzmärkte wurde Geld zum Medium seiner eigenen Vermehrung, und sein Besitz gilt mehr denn je als Gradmesser für den Wert einer Person – je besser es ihr gelingt, die Grundwerte von Unabhängigkeit, Eigennutz, Leistungswille und Konkurrenzstärke zu leben, desto mehr Geld wird ihr zufließen. Der Besitz von Geld wird zum »Indikator« für die Position im sozialen »Ranking«. Geld verleiht Unabhängigkeit (nicht Freiheit) und kennt keine Moral (»Geld stinkt nicht«).

Die ökonomische und (sozial-)psychologische Rolle von Geld verstärken einander. Wer sein Geld zu vermehren weiß, steht in der Gesellschaft und vor sich selbst hoch im Kurs. Gleichzeitig macht Geld sich selbstständig und erscheint als Subjekt: Es arbeitet, es sorgt für unsere Zukunft (insbesondere in Pensionsfonds), es beruhigt und macht uns frei (»Geldleben« nannte eine österreichische Bank ihr Kundenmagazin).[24]

Das Verhältnis zum eigenen Geld ist intim. Nur ich selbst habe Zugang zu ihm, nur ich kann jederzeit nachsehen, wie meine Wertpapiere sich entwickeln. Mit der Liebe zum Geld steigt allerdings auch die Angst vor Objektverlust. Nicht ohne Grund: Je mehr sich eine Gesellschaft am Grundsatz orientiert »Lassen wir unser Geld arbeiten«, desto mehr Finanzvermögen wird geschaffen, das keine realwirtschaftliche Deckung hat.

Die seelischen Auswirkungen von »Geld als Selbstzweck« (»Dagobert-Duck-Syndrom«) verdeutlicht ein Vergleich mit »Geld als Mittel zum Zweck« realwirtschaftlicher Aktivitäten. Durch *Halten* (»Bunkern«) von Geld setzen wir eine Grenze zu den anderen, durch *Ausgeben* von Geld treten wir hingegen mit anderen in Kontakt und beteiligen sie. Während uns der Besitz von *Realvermögen* einen konkreten Nutzen stiftet, indem wir ein Haus bewohnen oder ein Auto fahren, vermittelt uns der Besitz von *Geldvermögen* lediglich das Gefühl von Stärke und Sicherheit. Schließlich könnten wir es jederzeit einsetzen, sind also »flüssig«.

Michael Sandel dokumentiert, wie aus dem Risiko des Todes ein »*financial investment*« gemacht werden kann.[25] So schließen US-Konzerne Versicherungen auf das Ableben nicht nur ihrer Topmanager ab, sondern auch ihrer einfachen Angestellten – ohne dass diese davon wissen. Zusätzlich hat sich ein großer Sekundärmarkt für Lebensversicherungen gebildet. Ursprünglich wurden nur die Policen todkranker Versicherter gehandelt (insbesondere von Aids-Patienten), die sich einen Teil der Versicherungssumme auszahlen ließen. Diese »Wetten auf den Todeszeitpunkt« erstrecken sich mittlerweile auf alle Arten von Lebensversicherungen, also auch von kerngesunden Menschen (dementsprechend steigt das Wettrisiko).[26]

Konkurrenz, Leistungsdruck, Vereinzelung und Selbstoptimierung

In der Prosperitätsphase strebten die Unternehmer nach Profit durch Realinvestitionen und damit durch Expansion (»offensiv«). Die Produktivität der Arbeitskräfte stieg daher so stark, dass noch genügend Freiraum für einige Minuten Plaudern blieb, mit oder ohne Kaffee bzw. Zigarette.

In den vergangenen Jahrzehnten passten sich die Unternehmen dem sinkenden Nachfragewachstum durch Rationalisierungen (Kostensenkungen) an, gewissermaßen »defensiv«: Die immer effizientere Nutzung der Arbeitszeit der Beschäftigten trug zur Steigerung ihrer Produktivität bei, Zeit zum Plaudern gibt es allerdings kaum mehr.

Doch die Dominanz des mikroökonomischen Kalküls (Profitsteigerung durch Kostensenkung) hat widersinnige makroökonomische Folgen. Dazu ein kleines Beispiel: Seit Privatisierung der österreichischen Post wurde der Personalstand drastisch reduziert. Ist der Andrang der Kunden stark, so müssen sie halt warten. Diese Kosten gehen natürlich nicht in die betriebliche Kalkulation ein, sind aber für die Kunden verlorene Zeit. Gleichzeitig sind etwa 8 Prozent der Unselbstständigen arbeitslos. Dies ist insgesamt für die gestressten Beschäftigten, die Arbeitslosen und die Kunden keine optimale Lösung.

Wäre weniger Personal abgebaut worden, so wären die Gewinne der Post und/oder die Lohnsteigerungen der Beschäftigten etwas geringer ausgefallen, die Zahl der Arbeitslosen (und damit das Budgetdefizit) wäre weniger gestiegen, und die Arbeits- und Lebensqualität der Beschäftigten und Kunden der Post wären höher.

Der unternehmerischen Strategie der Kostensenkung entspricht die »Schnäppchenjagd« der Konsumenten. Auch die Werbung vermittelt neoliberale Grundwerte (»Geiz ist geil«). Nicht nur um Kosten zu sparen, sondern auch dem Trend zur Vereinzelung folgend, gewinnt die Essenslieferung nach

Hause an Bedeutung – statt mit Freunden ins Restaurant zu gehen. Auch andere Formen gemeinschaftlichen Konsums wie Ausflüge oder gemeinsame Urlaube werden selten.

Dafür wird »Selbstoptimierung« wichtiger, fast immer allein praktiziert – sei es beim »Bodystyling« im Fitnessstudio oder beim Joggen. Präsentiert wird das Ergebnis in den sozialen Medien. Die Interaktion auf Facebook, Instagram oder Twitter besteht im Angebot von Informationen von Individuen, nach denen andere Individuen durch »Liken«, »Dis-liken«, Weiterleiten (»*sharen*« bzw. »*retweeten*«) ein Interesse bekunden (Nachfrage). Der Informationsaustausch entspricht dem Marktmodell.[27]

Soziale Medien sind in hohem Maß Foren der individuellen Selbstdarstellung in »Echokammern«. Man teilt ja seine Meinungen primär mit »Freunden« oder »Followern«. »Tragfähige« demokratische Entscheidungen werden dadurch schwieriger. Denn diese setzen eine inhaltliche Auseinandersetzung mit unterschiedlichen Positionen, eine »aufklärerische« Haltung sowie die grundsätzliche Bereitschaft voraus, nach Kompromissen zu suchen.

Zwischen der digitalen Revolution und der neoliberalen »Gegenreformation« – beide begannen in den 1970er-Jahren – gibt es wohl keinen kausalen Zusammenhang. In ihrer Entwicklung haben sie sich jedoch wechselseitig verstärkt. So ermöglichen erst die Rechnerkapazität und das Internet den Boom der Finanzinnovationen, von den computergestützten »*trading systems*« bis zum Hochfrequenzhandel, vom globalisierten 24-Stunden-Handel mit Hunderttausenden Finanztiteln bis zu Kryptowährungen wie Bitcoin.

Liebe als knappes Gut

Neoklassische Ökonomen halten ihre Theorie für universell gültig, also begreifen sie alle Verhaltensweisen in deren Kategorien. So ist die Liebe eine »knappe Ressource«, die man sparsam verwenden muss.[28] Dass Liebe wächst, indem man sie »ausgibt«, widerspricht dem Gesetz der Knappheit. »Ökonomen wie ich«, meinte Larry Summers, als er 2003 in der »Memorial Church« die Morgenpredigt hielt, »halten Altruismus für ein wertvolles und knappes Gut, das geschont werden muss.«[29]

Tatsächlich gedeihen die »sozialen Gefühle« wie Anteilnahme, Einfühlung, Großzügigkeit oder Liebe (in allen ihren Erscheinungsformen) dann, wenn man sie pflegt und lebt. Neoliberale Grundwerte und eine finanzkapitalistische »Spielanordnung« machen das schwer. Verhalten sich die Menschen dann immer egozentrischer, bestätigt dies das neoliberale Menschenbild. »Marktkonforme Liebe« gewinnt an Bedeutung, die modernste Form ermöglicht die Dating-App »Tinder«. Sie verarbeitet die Facebook-Daten der an einer neuen Bekanntschaft Interessierten und sendet Partnervorschläge ans Handy. Wischt man nach links, ist der Vorschlag abgelehnt. Wischen zwei nach rechts, so können sie zu chatten beginnen oder sich gleich ins Bett legen. Ein effizienter »Liebesmarkt«.

Dass Teilen Menschen reicher machen kann, hat Adam Smith einfühlend beschrieben – für neoklassische Ökonomen, die ihr Modell auf alle (zwischen-)menschlichen Phänomene übertragen (wie Nobelpreisträger Gary Becker), ein absurder Gedanke. Das gilt auch für das Schenken: Da Menschen ihre eigenen Vorlieben besser kennen als die Schenkenden, dürfte man nur mehr Bargeld transferieren. So schätzt der US-Ökonom Joel Waldfogel, dass wir den Wert von Geschenken im Durchschnitt um 20 Prozent geringer einschätzen als das, was wir uns selbst gekauft hätten. Das bedeutet, dass insbesondere zu Weihnachten eine »Orgie an Wertvernichtung« gefeiert wird.[30]

Dazu passt meine liebste Weihnachtsgeschichte, »Das Geschenk der Weisen« von O. Henry (1905): Jim und Della sind ein verliebtes, junges Ehepaar, sie sind arm und können sich kein Weihnachtsgeschenk leisten, doch das ertragen sie nicht. Also verkauft Jim seinen einzigen Besitz, eine schöne Taschenuhr, die er geerbt hatte und für die er ohnehin keine Kette besaß. Mit dem Geld kaufte er seiner Della wertvolle Kämme aus Schildpatt, die sie so oft in Schaufenstern bewundert hatte. Della aber verkaufte ihr knielanges Haar an einen Perückenmacher und kaufte ihrem Jim mit dem Erlös die fehlende Uhrkette.

Am Schluss heißt es: »Und hier habe ich euch nun schlecht und recht die ereignislose Geschichte von zwei törichten Kindern in einer möblierten Wohnung erzählt, die höchst unweise die größten Schätze ihres Hauses füreinander opferten. Doch mit einem letzten Wort sei den heutigen Weisen gesagt, dass diese beiden die weisesten aller Schenkenden waren. Von allen, die Geschenke geben und empfangen, sind sie die weisesten. Überall sind sie die weisesten. Sie sind die wahren Weisen.«

Da kann ein »heutiger« Ökonom nur verständnislos den Kopf schütteln: Hier wurde die Ineffizienz eines Geschenketausches auf die Spitze getrieben!

Entfremdung und Ganzheit

Die Verwechslung von Ich-Bezogenheit mit Selbst-Findung entfremdet Menschen von sich selbst und den Mitmenschen. Begegnet man Egoisten, wird man selber egoistischer, begegnet man dem Geiz, wird man selber geizig, begegnet man der Herzlosigkeit, wird man selber härter. Zur Selbst-Entfremdung jener, die (noch) mithalten können, kommt die Verbitterung der Verlierer. Gefühle von sozialer Heimatlosigkeit und diffuser Unzufriedenheit bis Wut gedeihen, doch ihre fundamentale Ursache bleibt verborgen: die herrschende Wert- und Gesellschaftsordnung. Sie gibt den Polaritäten menschlicher Existenz keinen Raum zur Entfaltung.

Was dabei zu kurz kommt, ist die Sehnsucht der Menschen nach »Ganzheit«. Mag es auch weit hergeholt erscheinen: Die Zunahme von Praktiken der Selbsterfahrung (von Überlebenstraining im Urwald, Heilfasten, Esoterik-Seminaren bis zu »ganz normalem« Tai Chi oder Yoga) hat mit der Vereinzelung der Menschen ebenso zu tun wie die boomende Mitgliedschaft bei Fanclubs von Fußballvereinen. Eine »Ganzheit«, die im Alltag immer weniger zu erleben ist, wird in speziellen Lebensbereichen spürbar (gemacht). Ähnliches gilt für »soziale Sonderzonen« wie Gemeinschaftsgärten, Wohnprojekte, Tauschkreise etc. Sie sind nicht zuletzt deshalb entstanden, weil im »neoliberalen Alltag« das Bedürfnis nach gemeinschaftlichem (Er-)Leben und Handeln wenig Entfaltungsraum hat.

Auch die Intensität des »Ausbruches« an Hilfsbereitschaft in den Monaten des massivsten Flüchtlingszustromes im Herbst 2015 war eine »Entzugserscheinung«: In einer neoliberalen »Wertordnung« kommt das *Bedürfnis* der Menschen, anderen beizustehen, zu kurz (obwohl es nach Adam Smith das Gemüt mit »Heiterkeit und Seelenruhe« erfüllt). Allerdings kann dieses Bedürfnis in einer neoliberal geprägten Gesellschaft nicht gedeihen, der Stimmungsumschwung kam bald.

Ungleichheit und die armen Reichen

Die bedeutendste Studie über die Folgen von Ungleichheit ergibt einen klaren Befund:[31] Je größer die Ungleichheit, desto weiter verbreitet sind Säuglingssterblichkeit, Fettleibigkeit, psychische Erkrankungen, Selbstmorde, Kriminalität und desto geringer sind die schulischen Leistungen, das Vertrauen der

Menschen, die soziale Mobilität und die Lebenserwartung. Die Befunde sind so klar, dass sie nicht einmal von den meisten neoliberalen Ökonomen bestritten werden. Zwischen der wachsenden Ungleichheit in der Verteilung der Einkommen und Vermögen[32] einerseits und der Verschlechterung der sozialen Lage von immer mehr Menschen bestehen vielfältige Wechselwirkungen. So werden schlechtere Bildungschancen, ungesunde Ernährung oder (psychische) Krankheiten durch ökonomische Ungleichheit begünstigt und verstärken diese. Zudem ist die Verteilung von Einkommen und Vermögen ihrerseits das Ergebnis »vorgelagerter« Entwicklungen, insbesondere der Dominanz unterschiedlicher Wirtschaftstheorien und der durch sie legitimierten »Spielanordnung«. Während realkapitalistische Anreizbedingungen und Vollbeschäftigungspolitik die Ungleichheit in Europa zwischen Ende der 1940er-Jahre und Anfang der 1970er-Jahre verringert haben, nahm die Ungleichheit seither zu als Folge der neoliberal-finanzkapitalistischen Anreizbedingungen.

Eine Verringerung der ökonomischen Ungleichheit und damit mehr Lebenszufriedenheit für (viel) mehr Menschen ist durch Maßnahmen, die lediglich Symptome bekämpfen – dazu gehören die von *Piketty*, 2014, vorgeschlagenen (höheren) Vermögenssteuern –, nicht zu erreichen. Dazu braucht es eine Emanzipation von der »Marktreligiosität« und damit eine andere »Spielanordnung«.

Häufig werden »die Reichen« als die Gewinner der gesellschaftlichen Entwicklung angesehen. Nach ökonomischen Kriterien stimmt das, nicht aber in ganzheitlicher Sicht. Auch als Reicher bin ich Teil der Gesellschaft und möchte von anderen anerkannt, geschätzt und geliebt werden. Verdiene ich als Unternehmer zehnmal so viel wie der Durchschnitt, zahle aber überproportional viel (Vermögens-)Steuern und bin auch noch karitativ tätig, dann kann ich mich als tüchtiges Mitglied der Gesellschaft wahrnehmen. Nimmt gleichzeitig der Wohlstand für alle zu, brauche ich kein schlechtes Gewissen zu haben.

Fließt mir hingegen hundert- oder tausendmal so viel an Erträgen aus Besitz von (Finanz-)Kapital oder durch Spekulation zu und zahle ich kaum Steuern, während sich Armut immer weiter ausbreitet, dann werde ich mich stärker abschotten. Verleugnung der Realität und Lebenslügen werden unmerklich zu einem Teil meines Lebensmodells (»Ich bin ein Leistungsträger, die Armen sind halt Minderleister«). Da ich aber auch als Reicher Sehnsucht nach Ganzheit und Wahrhaftigkeit habe, bleibt ein schlechter Beigeschmack. Extreme Ungleichheit schafft Ausschließung nicht nur »unten«, sondern auch »oben«. Je reicher die Reichen werden, desto mehr verarmen sie.[33]

Politik der Gefühle und die Sehnsucht nach dem starken Mann

Sowohl die »Oberen« als auch die »Unteren« sind sich und ihren Mitmenschen in einer von Individualismus, Konkurrenz, Vereinzelung und Unsicherheit geprägten Gesellschaft entfremdet. Die »sozialen Gefühle« finden zu wenig Nährboden, das Bedürfnis nach wechselseitiger Anteilnahme und Wertschätzung bleibt unbefriedigt.

»Asoziale Gefühle« der »Unteren« wie Neid, Missgunst und Wut entladen sich gegenüber »Schuldigen«. Unsicherheit und Zukunftsangst verlangen nach einfachen Erklärungen, einem »neuen System« und einem starken Mann. Zur Untermauerung ihrer Solidarität mit »dem Volk« richten die politischen Aufsteiger der heutigen Zeit die »asozialen« Gefühle der »Zu-kurz-Gekommenen« gegen noch Schwächere, besonders »Fremde«, aber auch gegen das »Establishment«. Und sie versprechen »neue Wege« zu einem »neuen System«, das die Nation vereint.

Dieses Grundparadox ist zugleich Ausdruck der Sehnsucht nach Erlösung von der Entfremdung: Gegen die Feinde in uns (die »schlechten« Gefühle) und in der Gesellschaft (die »Schuldigen«) zu kämpfen und gleichzeitig »ganz« zu werden, also versöhnt mit allen unseren Gefühlen und mit allen Mitgliedern unserer Gesellschaft.

Einzelne »Reiche« können durch Wohltätigkeit ihre Entfremdung von Anteilnehmen und Teilen mildern (besonders wenn das Lebensende naht), für die Gruppe aller »Reicher« kann das nur durch politisches Handeln gelingen. Denn es liegt ein »Gefangenendilemma« vor: Die meisten würden sich in einer Gesellschaft wohler fühlen, in der die Ungleichheit kleiner ist als heute, selbst wenn jeder Einzelne mehr beitragen müsste. Dieser Zustand kann aber nur durch politische Koordination erreicht werden: Solange jeder einzelne Reiche nicht darauf vertrauen kann, dass auch die anderen mehr beitragen werden, wird er doch nicht »der Dumme« sein.

17. NEOLIBERALISMUS ALS THEORIE UND POLITIK: EIN UNFASSBAR FALSCHES GANZES

Die *Mainstream-Ökonomen* können das neoliberale Denksystem selbst nicht als systemische Hauptursache der großen Krise Europas in Erwägung ziehen. Die meisten *Nicht-Ökonomen* »spüren« zumindest, dass sich Europa seit Langem in eine falsche Richtung entwickelt, doch sie können nicht aufzeigen, woran das liegt. Diese Ausweglosigkeit verstärkt Ohnmacht und Resignation. Daher führte die Finanzkrise 2008 nicht zu einer Schwächung der herrschenden »Spielanordnung«, sondern im Gegenteil zu massiven Beschädigungen des Europäischen Sozialmodells. Nun blasen auch linke Intellektuelle zum Rückzug in nationalstaatliche Verteidigungsstellungen.

Der »TINA-Fatalismus« (*»there is no alternative«*) zeigt sich an Aussagen wie »Es kann nie wieder Vollbeschäftigung geben« oder »Staatliche Pensionen werden die Existenz der Jungen nicht mehr sichern, wenn sie einmal alt sind« oder »Die Politik ist den globalen Finanzmärkten ausgeliefert«.[34] Wer ihnen zustimmt, ist Opfer der neoliberalen Gegen-Aufklärung und Ent-Mutigung geworden (Kant: »Habe Mut, dich deines eigenen Verstandes zu bedienen!«, ist also der Wahlspruch der Aufklärung). Die Unmündigkeit ist aber nicht »selbst verschuldet«: Seit einem halben Jahrhundert wird »der Markt« als Subjekt präsentiert, dem man sich zu unterwerfen habe.

In seinem letzten Werk *Die verhängnisvolle Anmaßung* (1988) entwickelt Hayek das Konzept der »erweiterten Ordnung« als Modell einer Gesellschaft, in der Rahmenbedingungen festgelegt werden (eventuell durch einen »Weisenrat«), welche die individuellen Freiheiten möglichst wenig einschränken. Innerhalb dieses Rahmens entwickelt sich die Gesellschaft als – unvorhersehbares und nicht steuerbares – Resultat der Marktprozesse. Die erweiterte Ordnung beziehe sich »auf das, was *weit über unser Verständnis, unsere Wünsche und Zielvorstellungen sowie unsere Sinneswahrnehmungen* hinausgeht (…). Deutlich zeigt es sich in der religiösen Bedeutung des Wortes, wie wir das etwa im Vaterunser sehen, indem eine Bitte lautet ›*Dein* Wille (d. h., nicht der *meine*) geschehe, wie im Himmel und auf Erden‹ (…).«[35]

Die Marktwirtschaft als »Vaterunser«: Diese Metapher wäre (auch) den Eliten vor fünfzig Jahren lächerlich erschienen. In der Zwischenzeit wurden sie zum Neoliberalismus »konvertiert« und können vor lauter Sachzwängen den marktreligiösen Charakter ihres Weltbildes – und damit ihre »selbst verschuldete Unmündigkeit« – nicht wahrnehmen.

Mit dem Anspruch, die Gleichgewichtstheorie stelle die ultimative Wahrheit dar, verkündeten die neoliberalen Vordenker das Ende der Geschichte ökonomischer Theoriebildung.[36] Tatsächlich handelt es sich um das Ende einer Sackgasse: Dort gibt es kein Weiterkommen, die Theorie kann nur mehr auf ihre Essenz reduziert werden – die Welt der DSGE-Modelle, in der nur mehr ein *homo oeconomicus* als »repräsentativer Akteur« existiert.

Gleichzeitig hat die neoliberale »Navigationskarte« Europa immer tiefer in eine Systemkrise geführt. Auch die Lage der meisten kleinen und mittleren Unternehmer hat sich im Finanzkapitalismus verschlechtert. Am Ende einer Sackgasse muss man neue Wege suchen. Die Zeit ist reif für einen Frontalangriff auf die herrschende Theorie.

Das Menschenbild der herrschenden Wirtschaftstheorie

Nicht-Ökonomen mögen den *homo oeconomicus* für ein theoretisches Konstrukt halten ohne praktische Bedeutung. Dies ist ein fataler Irrtum: Alle Maßnahmen, die das Leben der Menschen in den vergangenen Jahrzehnten massiv verändert haben, wurden aus dieser Vorstellung abgeleitet, von der Liberalisierung der Finanzmärkte bis zum EU-Fiskalpakt.

Die Gleichgewichtstheoretiker müssen seine Existenz unterstellen, da anderenfalls ihre Modelle nicht funktionieren. Das war schon vor hundertfünfzig Jahren so, als die Neoklassiker ihrem großen Vorbild, der Physik, nacheifern wollten.[37] Die Theorie der »vollkommenen Konkurrenz« entsprach gleichzeitig der damals populären Übertragung des Darwin'schen Konzeptes der »natürlichen Selektion« auf die Evolution der Menschen (»Sozialdarwinismus«): Konkurrenz als ökonomisches Koordinationsprinzip impliziert eine Selektion der starken und eine Eliminierung der schwachen Marktteilnehmer.

Der dem russischen Hochadel entstammende Forscher und Anarchist (Fürst) Peter Kropotkin (1842–1921) hat 1902 in seinem naturwissenschaftlichen Hauptwerk *Gegenseitige Hilfe in der Tier- und Menschenwelt*[38] die einseitige Betonung der Konkurrenz in der Evolutionstheorie sowie deren Übertragung auf die menschliche Gesellschaft kritisiert. An vielen Beispielen zeigt er, dass Kooperation – bei der Aufzucht der Nachkommen, in Form von

Rudel- und Herdenbildung oder von kooperativen Jagdstrategien – als (Über-) Lebensstrategie größere Bedeutung hat als der Kampf jeder gegen jeden. Auch sei die Interpretation des Begriffes »*survival of the fittest*« falsch. Mit »*fittest*« seien nicht die Stärksten gemeint, sondern die den jeweiligen Umweltbedingungen optimal Angepassten.[39]

Etwa hundert Jahre später bestätigen Forschungen in unterschiedlichsten Gebieten wie der Ethnologie, Anthropologie, Biologie und Psychologie die Grundthese von Kropotkin und widerlegen zugleich die Vorstellung, der *homo oeconomicus* habe etwas mit real existierenden Menschen zu tun.

Michael Tomasello etwa hat gezeigt, dass sich das menschliche Denken deshalb so einzigartig weiterentwickeln konnte, weil das von Einzelnen erworbene Wissen durch kulturelle Kommunikation anderen vermittelt wird,[40] und dass wechselseitiges Lernen Kooperationsbereitschaft voraussetzt.[41] Joseph Henrich vertiefte diesen Ansatz zum Konzept des »kollektiven Gehirnes« (»*collective brain*«). Darunter versteht er die Fähigkeit, von anderen zu lernen und das Wissen an die nächste Generation weiterzugeben.[42] Auch die Arbeiten der Neurowissenschaftlerin und Psychologin Tania Singer belegen, dass Sozialverhalten keinesfalls nur von Eigennutz getrieben wird, sondern Kooperation und Altruismus das zwischenmenschliche Verhalten essenziell bestimmen.[43] Zu ganz ähnlichen Ergebnissen kommt der Mathematiker und Biologe Martin Nowak. Für ihn ist Kooperation das (neben der Darwin'schen Selektion und Mutation) dritte Prinzip der Evolution, das den Menschen als »Superkooperator« erst zu dem gemacht hat, was er ist.[44]

Daniel Kahneman hat – überwiegend gemeinsam mit Amos Tversky – untersucht, wie Menschen unter Unsicherheit Entscheidungen fällen. Seine Ergebnisse widersprechen den Grundannahmen der Gleichgewichtstheorie.[45] Rationale und emotionale Motive lassen sich nämlich nicht säuberlich trennen, und die meisten Entscheidungen beruhen nicht auf logischer Kalkulation, sondern auf heuristischen Verfahren (»Daumenregeln«). Dafür verantwortlich sind zwei Denksysteme: »System 1 arbeitet automatisch und schnell, weitgehend mühelos und ohne willentliche Steuerung. System 2 lenkt die Aufmerksamkeit auf die anstrengenden mentalen Aktivitäten.«[46]

System 1 löst für uns alltägliche Aufgaben wie Autofahren, einfache Kalkulationen ($2 \times 2 = 4$) oder assoziative Verknüpfungen (Hauptstadt von Frankreich = Paris). System 2 funktioniert langsam, ermöglicht es uns, komplexe Berechnungen und Denkoperationen durchzuführen und so Herausforderungen zu bewältigen, bei denen System 1 versagt (etwas in seinem Gedächtnis suchen, eine Steuererklärung verfassen etc.).[47]

Beide Systeme ergänzen einander (dargestellt am Beispiel der Finanzspekulation – siehe Kapitel 9): Ein erfahrener Trader wird aus Kurskonfigurationen (»*chartism*«) rasch die Wahrscheinlichkeit eines Preisschubes abschätzen (System 1). Bei der Entwicklung von Algorithmen, mit denen sich aus dem »*trending*« von Kursen Kauf- und Verkaufssignale ableiten lassen, kommt System 2 zum Zug. Die konkrete Verarbeitung solcher Signale bewältigt System 1 (sofern sie nicht automatisch exekutiert werden). Alle diese Spekulationsverfahren sind heuristischer Natur.

Emotionelle Faktoren beeinflussen den Entscheidungsprozess (System 1). Sie verursachen eine Vielzahl an Abweichungen von rationalem Verhalten. Dazu gehören die Verlustaversion (»*loss aversion*«), Selbstüberschätzung (»*overconfidence*«), Ankereffekte (»*anchoring*« – man geht bei Schätzungen von einem bestimmten Referenzwert aus), »*Framing*« (die Problemstellung schränkt den Lösungsraum ein) und andere mehr (ihre Bedeutung haben wir in Kapitel 9 am Beispiel von Finanzspekulation kennengelernt).

All diese Phänomene wurden bisher nur auf der Mikroebene erforscht, prägen aber auch makroökonomische Entwicklungen. So bewirkt Verlustaversion, dass Verteilungskonflikte – etwa in einem Unternehmen – bei einem »schrumpfenden Kuchen« viel schwerer zu lösen sind als in einer Phase der Expansion, in der niemand etwas verlieren muss.[48]

Auch eine dominante Wirtschaftstheorie selbst stellt einen »Rahmen« dar, der die Wahrnehmung einschränkt. Betrachte ich etwa Arbeitslosigkeit nur im Hinblick auf Löhne, Arbeitslosengeld und Arbeitnehmerschutz, so komme ich zu anderen Schlussfolgerungen als aus systemischer Perspektive: Die Verwendung des Marktdiagramms als universelles Wahrnehmungsraster ist das folgenreichste Beispiel für »*Framing*« (siehe Kapitel 2).

Die »Glücksforschung« (»*happiness research*«) untersucht die ökonomischen, sozialen und persönlichen Bestimmungsgründe für geglücktes Leben.[49] Es zeigt sich, dass ökonomischer Erfolg, insbesondere in Gestalt von hohem Einkommen und Vermögen, wenig Bedeutung hat. Sind die Grundbedürfnisse gedeckt, so sind nicht ökonomische »Glücksfaktoren« – die Qualität der Beziehungen zu anderen Menschen; eine befriedigende Arbeit; körperliche und seelische Gesundheit; die Qualität der natürlichen Umwelt; das Vertrauen in die staatlichen Institutionen – viel wichtiger.

Hayeks Denksystem: Alte Interessen, neu legitimiert

Hayeks Menschenbild ist ungleich realitätsnäher als das der neoklassisch-neoliberalen Theorie: Menschen verfügen nur über ein (sehr) beschränktes Wissen, ihre Entscheidungen sind auch von Emotionen beeinflusst, sie sind nicht nur eigennützig, sondern auch altruistisch (ein »animalisches Gefühl« aus der Hordenzeit).[50]

Für Hayek sind Märkte – wie jede sich evolutionär entwickelnde Institution – alles andere als vollkommen (gleichzeitig sind Marktprozesse jeder anderen Form ökonomischer Steuerung überlegen). Die Komplexität des Zusammenwirkens der Marktprozesse und das beschränkte Wissen der Akteure machen die Zukunft essenziell unsicher, Prognosen sind deshalb sinnlos, quantitative Zusammenhänge auch vergangener Entwicklungen nicht erkennbar. Das Einzige, was man erfassen könne, seien qualitative »Muster«.

Märkte sind für Hayek das Musterbeispiel einer »spontanen Ordnung«, entstanden in einem evolutionären Prozess des Probierens, Anpassens und Verbesserns. Alle wichtigen Institutionen und Regeln, letztlich die gesamte Kultur habe sich auf diese Weise »spontan« entwickelt, nicht durch rationale Planung: In der Vorzeit lebten die Menschen in kleinen Horden als Jäger und Sammler, sie waren aufeinander angewiesen und bildeten »soziale Instinkte« aus wie Altruismus oder Solidarität, die (auch genetisch) vererbt wurden. Erst die Verdrängung dieser Instinkte durch Innovationen wie Sprache, Recht und Markt habe die Herausbildung von Eigennutz, Akkumulation von Privateigentum, Konkurrenz und Individualismus als die Triebkräfte des ökonomischen und kulturellen Fortschritts ermöglicht und durch »Gruppen- und Regelselektion« befördert: Gruppen, die bessere Regeln entwickelten, setzten sich und damit ihre Regeln durch.

Die Marktprozesse stellten »Entdeckungsverfahren« dar, nicht aber Bewegungen zu stabilen Gleichgewichten. Diese Prozesse bündeln nach Hayek das verstreute Wissen unzähliger Menschen, ihre Ergebnisse sind daher jeder Art staatliche Planung überlegen. Deshalb lehnt er jeglichen »Konstruktivismus« ab wie er typisch sei für »Rationalisten« (insbesondere die französischen Aufklärer), »Reformer« (wie Rousseau oder Marx) und politische Bewegungen, die deren Konzepte umzusetzen versuchten: »Der Grundgedanke des Konstruktivismus lässt sich am einfachsten in der zunächst unverfänglich klingenden Formel ausdrücken, dass der Mensch die Einrichtungen der Gesellschaft und der Kultur selbst gemacht hat und sie daher auch nach seinem Belieben ändern kann.«[51] Dies ist es, was Hayek als »verhängnisvolle Anmaßung« bezeichnet: Die komplexe Interaktion von Milliarden Menschen, durch welche die Gesellschaft sich entwickelt, könne nicht begriffen, geplant und gesteuert werden. Genau das hätten die intellektuellen und politischen Weltverbesserer angestrebt.

Mit theoretischen Annahmen, die der Gleichgewichtstheorie fundamental widersprechen, kommt Hayek zu den gleichen »praktischen« Schlussfolgerungen: Jeder Einzelne, auch die Politik, müsse sich der Evolution anvertrauen und sich den »anonymen Kräften des Marktes unterwerfen«.

Hayeks Ideen beschäftigen mich seit Langem, und viele haben mich überzeugt. Das betrifft die Unmöglichkeit, die Gesellschaft »im Ganzen« radikal und »konstruktivistisch« zu verbessern, und es betrifft das noch größere Verhängnis, solche Konzepte ohne Geduld, also revolutionär, umsetzen zu wollen. Auch Hayeks Ansatz, ökonomische Phänomene als Prozesse zu begreifen, insbesondere Marktprozesse als »Entdeckungsverfahren«, ist realitätsnäher als das neoklassische Gleichgewichtskonzept. Es ist schon viel gewonnen, wenn wir die Muster ökonomischer Dynamik (einigermaßen) verstehen, statt exaktes Wissen vorzutäuschen.[52]

Diese Einsichten hat Hayek entwertet, indem er sie zu absoluten Wahrheiten erhob und Gegenpositionen verdammte. Tatsächlich sind die Gegensätze zwischen Eigennutz und Altruismus, »spontanen« und »konstruktivistischen« Ordnungen, Konkurrenz und Kooperation, Rationalität und Emotionalität nicht so unversöhnlich, wie Hayek unterstellt. Zwar mag die Bedeutung »spontaner Ordnungen« vor den Arbeiten von Hayek zur »kulturellen Evolution« unterschätzt worden sein. Die These, dass die »gesamte Kultur« auf diese Weise entstanden sei, scheint mir jedoch eine geradezu groteske Übertreibung.

Viel realitätsnäher ist die Vermutung, dass ein Wechselspiel zwischen »spontanen« Prozessen und ihrer »konstruktivistischen« Ordnung die kulturelle Evolution vorantreibt (»spontan« entstandene Rechtsregeln werden kodifiziert, neue Probleme lassen neue Regelungen entstehen, die in die bestehende Rechtsordnung eingebaut werden etc.). Wieder zeigt sich: Das Ausbalancieren von Polaritäten und die (versuchte) Integration von Gegensätzen erklären soziale Dynamiken besser als die Dominanz von jeweils einem »Pol« bzw. Prinzip wie Eigennutz, Konkurrenz oder »spontane« Entwicklung.[53]

Die verschiedenen Theorien Hayeks verbindet sein Interesse, Privateigentum, Rechtsordnung, Individualismus, Eigennutz und Marktfreiheit als die einzigen Prinzipien erscheinen zu lassen, an denen sich das Zusammenleben der Menschen orientieren müsse. Das Gemeinschaftliche, insbesondere in seiner institutionalisierten Form als Staatseigentum oder Sozialstaat, weise hingegen den »Weg zur Knechtschaft«. Dieses manichäische Weltbild, in dem das Gute gegen das Böse, Freiheit gegen Knechtschaft, Hayek gegen Keynes etc. kämpfen, wäre primitiv erschienen, hätte Hayek es nicht mit originellen Theorien fundiert bzw. »ausgemalt«. Brillant war seine Strategie, die Werte seiner Gegner wie Freiheit, Fortschritt und Gerechtigkeit nicht anzugreifen, sondern für seine eigenen Theorien zu reklamieren (aber nie in Verbindung mit dem Wort »sozial«[54]): Fortschritt verdanken wir demnach nur der Verfolgung des Eigennutzes auf Märkten. Staatliches Handeln, das über die Bereitstellung reiner öffentlicher Güter wie innere und äußere Sicherheit hinausgeht, behindere den Fortschritt.[55] Gerechtigkeit bedeute Gewährleistung gleicher Chancen, und diese könne es nur in einer freien Marktwirtschaft als einem sich selbst organisierenden System geben.[56]

Den »Trick«, seinen Gegnern Rückschrittlichkeit zu unterstellen, setzt Hayek auch in seiner Auseinandersetzung mit Keynes ein: Dessen Theorie habe einen Niedergang der Wirtschaftswissenschaften verursacht, von dem sie sich erst seit den 1970er-Jahren durch die Rückbesinnung auf die Mikroökonomie langsam wieder erhole.[57] Fortschritt durch Rückschritt.

Ein unfassbar falsches Ganzes

Betrachten wir die Merkmale und Auswirkungen des Neoliberalismus *in ihrer Gesamtheit*, dann ergibt sich ein klarer Befund: Es handelt sich um ein unfassbar falsches Ganzes.[58] Seine Grundüberzeugungen ergeben sich aus den Annahmen der Gleichgewichtstheorie: Destabilisierende Finanzspekulation kann es nicht geben; Arbeitslosigkeit ist freiwillig, da die Arbeitslosen sich weigern, Löhne zu akzeptieren, die der Lage auf dem Arbeitsmarkt entsprechen; Staatsverschuldung ist durch mangelnde Budgetdisziplin des Staates verursacht; Sozialleistungen senken die Leistungsbereitschaft und damit die ökonomische Effizienz. Diese Glaubenssätze ignorieren die Polaritäten der Menschen als individuelle/soziale, rationale/emotionale, eigennützige/altruistische, konkurrierende/kooperierende Wesen, und sie ignorieren, dass jedes Handeln auf Erwartungen über eine *prinzipiell unsichere* Zukunft basiert.[59]

Aus den so konstruierten Modellen werden die passenden »Therapien« abgeleitet: Deregulierung der Märkte, Senkung von Sozialleistungen und (Spitzen-)Steuern, Förderung der kapitalgedeckten gegenüber der sozialstaatlichen Altersvorsorge etc. Die Ergebnisse sind desaströs: Die »freiesten« Märkte produzieren mehrjährige Abweichungen der Wechselkurse, Rohstoffpreise und Aktienkurse von ihren »Fundamentalwerten«, also »falsche« Preise. Diese Bullen- und Bärenmärkte verursachen Wirtschaftseinbrüche und verlagern das Gewinnstreben von der Real- zur Finanzwirtschaft. Das Wirtschaftswachstum sinkt: Die Unternehmen weiten ihre Finanzinvestitionen aus, erzielen nunmehr Überschüsse, nehmen also netto keine Kredite für Realinvestitionen mehr auf. Da auch die privaten Haushalte (weiter) Überschüsse erzielen, »erleiden« die meisten Staaten Defizite infolge sinkender Steuereinnahmen und steigender Arbeitslosigkeit. Die Staatsfinanzen lassen sich nur durch Leistungsbilanzüberschüsse verbessern, dies fördert Neo-Merkantilismus und führt zu Protektionismus.

Grundwerte wie Leistungsstärke, Wettbewerbsfähigkeit, Eigenverantwortung, Erfolg, Reichtum etc. schaffen immer mehr »Minderleister« und Verlierer. Der Wert eines Menschen bemisst sich in einer Konkurrenzgesellschaft ja am Vergleich mit den Besten (daher die Bedeutung von »Rankings«). Burn-outs und Depressionen nehmen zu, das *Bedürfnis* nach Solidarität verkümmert.

Der Neoliberalismus legitimiert die Interessen des Finanzkapitals und nicht des Realkapitals: Die »Liebe zum Geld« nährt den »egozentrischen Eigennutz« (»Was die anderen verlieren, gewinne ich«), ersetzt Selbstwertgefühl und entfremdet Menschen von sich selbst und den Mitmenschen.

Durch die Erhebung »des Marktes« zu einem Subjekt, dem sich die Menschen zu unterwerfen hätten, wurde der Neoliberalismus zum erfolgreichsten Projekt von Gegen-Aufklärung und Selbst-Entmündigung. Daher wurden jene Aufgaben vernachlässigt, die nur durch das »System Politik« bewältigt werden können, von der Integration von Menschen mit Migrationshintergrund, der Verbesserung der Bildungschancen von Kindern, der Modernisierung eines sozialstaatlichen Systems der Altenbetreuung bis zur Bekämpfung des Klimawandels.

Ein Ganzes kann man nur »im Ganzen« überwinden

Das »Ganze« macht den Neoliberalismus stark: Seine Komponenten stützen einander und werden durch die »marktreligiöse« Theorie als »Schlussstein« zusammengehalten. Innerhalb des Denksystems kann es nicht widerlegt werden, außerhalb des Denksystems wird man kaum ernst genommen.

In diesem Dilemma schlossen sich immer mehr Intellektuelle und Politiker dem Mainstream an und suchten innerhalb des »falschen Ganzen« nach Kompromissen, vor etwa zwanzig Jahren auch die sozialdemokratischen Eliten. Mit einem ähnlichen Dilemma waren Hayek und seine Mitkämpfer konfrontiert, als ihr »Gegner«, der Keynesianismus, zum unangefochtenen »Common Sense« wurde. Doch sie entschieden sich für die *Totalkonfrontation*.

Diese, und nur diese Strategie wird eine Emanzipation von der neoliberalen Weltanschauung ermöglichen. Denn ein »falsches Ganzes« kann nur »im Ganzen« überwunden werden. Die wichtigsten Etappen auf diesem Weg bestehen in der Aufklärung über den jenseitigen Charakter der neoliberalen Theorien und über die fatalen Folgen der daraus abgeleiteten Politik sowie in der Entwicklung alternativer Erklärungen und Strategien.

Der Weg von »neoliberaler Knechtschaft« zu einer neuen Prosperität wird keine Jahrzehnte dauern. Erstens ist die Performance des Neoliberalismus miserabel. Zweitens bereitet eine finanzkapitalistische »Spielanordnung« selbst den Boden für ihren Niedergang. Drittens hat die Forschung das Fundament der herrschenden Theorie, den *homo oeconomicus*, irreparabel demoliert.

Das Potenzial für einen Wechsel vom Interessenbündnis zwischen Real- und Finanzkapital zu jenem zwischen Realkapital und Arbeit ist also schon vorhanden. Seiner »Aktivierung« steht allerdings der »Zauberlehrlingseffekt« entgegen: Die neoliberalen »Geister«, welche die Unternehmer(vertreter) vor fast fünfzig Jahren gerufen hatten, werden sie nicht so leicht los.

Ob es dafür – wie bisher in der Geschichte – eine massive Krisenvertiefung in Gestalt einer Finanzschmelze braucht, eventuell verbunden mit einer Auflösung der Währungsunion und einer Machtausweitung rechtspopulistischer Parteien, oder ob Aufklärung den Weg aus der Talsohle des »langen Zyklus« frei macht, lässt sich nicht prognostizieren – aber beeinflussen.

TEIL VI
NAVIGATION AUS DER KRISE

18. ÜBERWINDUNG DES FINANZKAPITALISMUS: ES BRAUCHT MENSCHENGERECHTE THEORIEN

In den letzten zwanzig Jahren haben sich unterschiedliche Formen der Reaktion auf die verheerende Gesamtperformance des Neoliberalismus entwickelt: Die Gewerkschaften lehnen die Wirtschaftsordnung selbst meist nicht radikal ab, sondern fordern traditionell-keynesianische Maßnahmen, etwa mehr öffentliche Investitionen. Allerdings entfaltet eine solche Politik innerhalb eines finanzkapitalistischen Gesamtsystems kaum Wirkung, reicht jedenfalls nicht aus, um die Krise zu überwinden. Für die Vertreter der »Finanzialisierungs-These« ist der Machtzuwachs des Finanzsektors die wichtigste Krisenursache.[1] Viele von ihnen halten diesen Prozess für untrennbar verbunden mit der Entwicklung des Kapitalismus, deren Ende nicht absehbar sei.[2] Zuversichtlicher sind die Vertreter der These vom »Postkapitalismus«[3]: Sie sehen das Ende des Kapitalismus nahen, auch wenn unklar bleibt, wie es erfolgen und was an seine Stelle treten wird. Andere Intellektuelle lehnen die herrschende Wirtschaftsordnung nicht nur ab, sondern entwickeln grundlegende Erneuerungskonzepte. Diese wollen wir uns kurz ansehen.

Konzepte für eine bessere Welt

In hartnäckigen Krisen haben neue oder wiederentdeckte Konzepte zur Verbesserung von Wirtschaft und Gesellschaft Konjunktur. Diese können darauf abzielen, durch eine spezielle Reform ein bestimmtes Problem zu bewältigen (und damit gleichzeitig andere Probleme zu mildern) oder die Gesellschaft »im Ganzen« umfassend zu erneuern. Zum ersten Typ gehört die Einführung von »Vollgeld« und die Idee eines bedingungslosen Grundeinkommens, zum zweiten Typ die Konzepte eines ökologischen Wirtschaftswachstums (»*green growth*«), einer »Gemeinwohlökonomie« sowie eines Verzichtes auf Wirtschaftswachstum (»*degrowth*«).

Die *Vollgeldreformer* sehen in der Fähigkeit der Banken, Geld durch Kreditvergabe »aus dem Nichts« zu schöpfen, ein fundamentales Problem: Die Notenbank könne die Geldmenge nicht mehr kontrollieren, die private Geldschöpfung führe zu höherer Verschuldung, befeuere die Finanzspekulation und verursache Finanz- und Wirtschaftskrisen. Die Lösung bestehe darin, die

Guthaben der Privaten in elektronisches *Vollgeld* umzuwandeln, das einer Bank nur zur Verwahrung gegeben wird. Sie kann es nicht weiterverleihen und damit kein Kreditgeld mehr schöpfen. Nur in dem Ausmaß, in dem Private der Bank einen Kredit in Form einer Spareinlage einräumen, kann die Bank ihrerseits einen Kredit vergeben. Geld soll also ausschließlich durch die Notenbank geschaffen werden – sie stellt es dem Staat zur Verfügung, der es wiederum durch seine Ausgaben in Zirkulation bringt.

Das Konzept beruht auf einer Fehldiagnose: Nicht das Kreditgeldsystem *an sich* stellt ein Fundamentalproblem dar, sondern die *Art der Verwendung* von Geld. Sind die Systembedingungen so gesetzt, dass Geld fast ausschließlich für realwirtschaftliche Transaktionen verwendet wird (wie etwa in der Prosperitätsphase), dann funktioniert ein Kreditgeldsystem: Geld wird – dezentral und flexibel – dann geschöpft, wenn die Realwirtschaft es braucht; »aus dem Nichts« wird etwas geschaffen (Kreditgeld), das die Schaffung von einem »realen Etwas« (Maschine, Wohnhaus etc.) ermöglicht. Wird aber – wie in den vergangenen Jahrzehnten – Geld zunehmend für Finanzspekulation verwendet, dann wird dies auch eine Vollgeldreform nicht eindämmen, schließlich kann jede(r) ja mit seinem Vollgeld spekulieren. Gleichzeitig würde die Vergabe von Krediten an die Realwirtschaft durch die Reform beschränkt.[4]

Ausgangspunkt der Idee eines *bedingungslosen Grundeinkommens* ist die zunehmende Ungleichheit in der Gesellschaft und damit der auf immer mehr armen Menschen lastende Druck, auch schlecht bezahlte Jobs, die nicht zu ihnen »passen«, annehmen zu müssen. Ein Grundeinkommen würde diesen Menschen »reale« Freiheit zurückgeben.

Die Grundidee stammt von neoliberalen Ökonomen wie Milton Friedman: Statt einen Sozialstaat nach europäischem Vorbild mit seinen vielfältigen Leistungen aufzubauen, könnte man die Existenz der »*working poor*« durch Aufstockung ihres Einkommens bis zu einem Minimalniveau sichern. Wie alle neoliberalen Konzepte hat es einen antiemanzipatorischen Charakter, es dient der »Ruhigstellung« der Armen und dem Abbau des Sozialstaates (wie beim finnischen Pilotprojekt eines Grundeinkommens von 560 Euro pro Monat).

Anders ist ein Grundeinkommen zu beurteilen, das die Schweizer Bürgerinitiative vorsah (in einem Volksentscheid haben es 2016 nur bzw. immerhin 22 Prozent befürwortet): Es sollte allen Bürgerinnen und Bürgern ein gesichertes Auskommen ermöglichen, also nicht nennenswert unter dem Durchschnittseinkommen unselbstständig Beschäftigter liegen (etwa 2.500 Schweizer Franken pro Monat). Die Tatsache, dass das Grundeinkommen von den Erwerbstätigen finanziert, aber (auch) von Nicht-Erwerbstätigen bezogen wird, würde von populistischen Medien und Politikern »verwertet« werden. Außerdem wird sich ein solches »großzügiges« Grundeinkommen politisch für lange Zeit nicht durchsetzen lassen.

Wenn eines Tages die damit verbundene – massive – Umverteilung von einer (großen) Mehrheit akzeptiert würde, dann könnte man mit den so verfügbar gemachten Mitteln eine bessere Lösung realisieren: eine Gesellschaft, in der »im Normalfall« jede und jeder auch an der Erwerbsarbeit Anteil hat, und zwar ohne prekäre Jobs. Dass dies ökonomisch umsetzbar ist, insbesondere durch neue Modelle der (Lebens-)Arbeitszeit, werden wir im nächsten Kapitel sehen. Die Idee eines Grundeinkommens findet ja (auch) deshalb immer mehr Befürworter, weil der Glaube an die Realisierbarkeit von Vollbeschäftigung verloren gegangen ist.

TINA-Fatalismus und Klimawandel haben die Attraktivität des »green-growth-Konzeptes« beeinträchtigt, also der Idee, die Verbesserung der Umwelt zu einem »Wachstumsmotor« zu machen und so auch soziale Probleme zu mildern. Richtig ist: Langfristig können die Probleme in den Industrieländern nicht durch immer höhere Produktion bewältigt werden. Doch wir werden eine ökologisch und sozial nachhaltige Wirtschaftsordnung nur dann schaffen können, wenn die Menschen zuversichtlicher geworden sind. Dafür braucht es einen anhaltenden Rückgang von Arbeitslosigkeit und prekärer Beschäftigung noch ohne permanente Arbeitszeitverkürzung (in der Krise ist sie kaum durchsetzbar). Ohne ein stabiles, die ökologischen und sozialen Bedingungen verbesserndes Wachstum (in einer Übergangsphase) ist dies nicht erreichbar.

Die *Gemeinwohlökonomie* möchte die Wirtschaft von Grund auf erneuern: »Solange Marktwirtschaft auf Gewinnstreben und Konkurrenz und der sich daraus ergebenden wechselseitigen Übervorteilung beruht«, schreibt etwa Christian Felber in seinem Buch zum Thema, »ist diese weder mit der Menschenwürde noch mit Freiheit vereinbar. Sie zerstört systematisch das gesellschaftliche Vertrauen (...).«[5] Daher sollen Altruismus, Gemeinwohldenken und Kooperation auch im Wirtschaftsleben Eigennutz, Profitstreben und Konkurrenz ersetzen.

Zu diesem Zweck soll jedes Unternehmen eine »Gemeinwohlbilanz« erstellen, in der es mit einem Punktsystem bewertet, in welchem Ausmaß seine

Aktivitäten (Produktion, Personalmanagement etc.) Grundwerten entspricht wie »Menschenwürde, Solidarität, Gerechtigkeit, ökologische Nachhaltigkeit und Demokratie«. Ein/e »Gemeinwohl-AuditorIn« (analog zu einem Wirtschaftsprüfer) kontrolliert die Eigenbewertung der Unternehmen, dann ist die Bilanz anerkannt. Je mehr »Gemeinwohlpunkte« ein Unternehmen aufweist, desto größere steuerliche oder sonstige Vergünstigungen bekommt es zugesprochen.

Das Konzept einer Gemeinwohlökonomie stellt eine radikale Negation des neoliberalen Wirtschafts- und Gesellschaftmodells dar, und zwar auf allen Ebenen – von den Grundwerten und Verhaltensweisen bis zu den Erfolgsindikatoren. Der *homo oeconomicus* wird operativ umgewandelt in einen *homo socialis*, für die Polaritäten menschlicher Existenz und ihr »Ausbalancieren« ist in diesem Konzept kein Raum.[6]

Immer populärer wurde in den vergangenen Jahren die »Degrowth-« bzw. »Postwachstums«-Idee. Durch Verzicht auf Wirtschaftswachstum bzw. durch einen Schrumpfungsprozess in den Industrieländern soll eine Verbesserung nicht nur der Umweltbedingungen, sondern auch der Lebenszufriedenheit der Menschen erreicht werden. Es gibt aber kein gemeinsames Konzept (wie es etwa Christian Felber für die Gemeinwohlökonomie entwickelt hat). Wie in Europa bei sinkender Produktion Arbeitslosigkeit, Prekariat und Armut bekämpft werden sollen, welche Umverteilungen dafür nötig wären, wie man diese politisch durchsetzen könnte, wie sich die Wirtschaftsbeziehungen zwischen den Industrieländern mit schrumpfender Wirtschaft und den Entwicklungsländern mit wachsender Wirtschaft gestalten ließen, all dies bleibt offen. Zu einzelnen Problembereichen finden sich auf der deutschen *Degrowth*-Website Links zu verschiedenen Artikeln, das Gemeinsame beschränkt sich aber auf die Negation von Wachstumsideologie, Neoliberalismus und Kapitalismus.

Mit Weltverbesserungsplänen und Heilslehren wird man die Krise nicht überwinden können. Dazu braucht es »kreative Zerstörung« (Schumpeter) von Theorien. Damit sich neue Theorien durchsetzen, müssen jene demoliert werden, die in die Krise führten. Die »Abbrucharbeiten« müssen auf mikro- und makroökonomischer Ebene erfolgen.

Die Kritik der Verhaltensökonomen am *homo oeconomicus*, also die Unterminierung des mikroökonomischen Fundamentes der herrschenden Theorie, reicht dafür nicht aus. Erstens bleiben die meisten Verhaltensökonomen der Gleichgewichtstheorie als Referenzmodell verhaftet.[7] Zweitens haben sich die aus der Theorie abgeleiteten Schlussfolgerungen wie »Der Staat ist schuld an seiner Verschuldung«, »Arbeitslosigkeit ist durch Lohnsenkungen und Strukturreformen zu bekämpfen« oder »Privatisierung ermöglicht generell einen effektiveren Einsatz von Ressourcen« in den Köpfen *verselbstständigt* und leben in den fiskal- und geldpolitischen *Regelwerken* der EU weiter.[8] Um zu prüfen, welche Teile des alten Gedankengebäudes noch verwendbar sind, braucht es Kriterien. Was sollten Wirtschaftstheorien leisten?

Anforderungen an menschengerechte Wirtschaftstheorien

Der Gegenstand ökonomischer Theorien – die Formen der Interaktion von Menschen in Produktion, Finanzierung, Handel und Konsum – wandelt sich, also müssen auch die Theorien wandelbare und daher offene Denksysteme sein. Die um »rationale Erwartungen« erweiterte Neoklassik aber ist ein geschlossenes System. Zufall, Unsicherheit, individuelle Freiheit, Entwicklung und Evolution haben in ihm keinen Raum.

Ihr Weltbild haben die Neoklassiker, insbesondere Léon Walras, nach dem Vorbild der Newton'schen Himmelsmechanik konstruiert.[9] Diese Denkweise hatte die Naturwissenschaft bis ins 19. Jahrhundert geprägt und wurde zuerst in der Biologie überwunden (durch die Evolutionstheorie). Kaum hatte die Wirtschaftswissenschaft ein mechanistisches Weltbild übernommen, sagte sich die Physik davon los:[10] Die Quantentheorie gibt Raum für Zufall und für Ereignisse, deren kausale Verknüpfung unbestimmt bzw. unbestimmbar ist.

Noch lehrreicher für die Wirtschaftswissenschaften: Allgemeine Relativitätstheorie und Quantentheorie widersprechen einander, doch die Physik hält an *beiden* fest – wie an zwei unterschiedlich geschliffenen Brillen, von denen man manches mit der einen, anderes mit der anderen besser wahrnehmen kann.[11] Die Welt der Wirtschaft, also die ökonomischen Interaktionen von Milliarden Menschen, ist so komplex, dass sie nicht mit einer *einzigen* »Universaltheorie« erklärt werden kann, die als Variable nur Mengen und Preise kennt. Angesichts unseres unzureichenden Verstehens wäre ein heuristisches Verfahren angemessen, indem man für unterschiedliche Problemfelder Teiltheorien entwickelt und ihre empirische Erklärungskraft prüft.

Begreift man Theorien als – vorübergehend »gültige« – Vorstellungen, wie bestimmte Entwicklungen bzw. Variablen zusammenhängen *könnten*, so wird klar: Begriffe ergeben nur im Kontext der jeweiligen Theorie einen Sinn. Innerhalb der Gleichgewichtstheorie sind daher nur Erwartungen und Verhaltensweisen »rational«, die der Theorie entsprechen: Eingeschlossen in der selbst konstruierten Tautologie muss der Theoretiker abweichendes Verhalten als irrationale »Anomalie« klassifizieren (Flecks »Denkzwang«).

Ökonomen, die nicht rationales Verhalten erforschen und in Modellen berücksichtigen, werden vom Mainstream der »*ad-hockery*« bezichtigt. Sie würden willkürlich, also »ad hoc«, Annahmen setzen und sich damit selbst nicht rational verhalten. In gleicher Weise hatten die damaligen »Mainstream-Mediziner« Sigmund Freud verspottet, als er von seinen Forschungen über unbewusste, insbesondere sexuelle Wünsche berichtete. Den gleichen »Rück-Schluss« ziehen die Mainstream-Ökonomen: Wenn es nur den *homo oeconomicus* gibt, sind alle, die einen *homo humanus* erforschen, Realitätsverweigerer.

Der Witz: In keiner anderen Wissenschaft vom Menschen – von der Philosophie, Medizin, Psychologie bis zur Soziologie – sind die Annahmen so willkürlich (»ad hoc«) wie in den Wirtschaftswissenschaften, insbesondere in der Neoklassik. Dies wird am Verhältnis von Mikro- und Makroökonomie deutlich, das weder die Gleichgewichtstheoretiker noch die »Trivial-Keynesianer« haben erfassen können. Während jene »das Ganze« in seine Einzelteile auflösten, haben diese die Makoökonomie als eigenen Bereich analysiert, also vom Verhalten der einzelnen Akteure »abgekoppelt«.[12] Dabei besteht zwischen dem Verhalten der einzelnen Akteure und der Entwicklung des (jeweiligen) Gesamtaggregates eine Wechselwirkung.

Nehmen wir wieder die Finanzmärkte als Beispiel: Die »rein« individuellen Unterschiede in Charakter und momentaner Befindlichkeit einzelner Trader gleichen sich – im Zusammenwirken ihrer Einzelentscheidungen – aus.[13] In der Entwicklung des Aggregates, etwa eines Aktienindex, kommen daher jene Verhaltensmuster zum Ausdruck, die den einzelnen Tradern gemeinsam sind. So spiegelt das »*trending behavior*« von Vermögenspreisen »Marktstimmungen« wider, umgekehrt wirken Letztere auf das Verhalten der einzelnen Trader zurück (etwa durch den Versuch, das »*trending*« durch technische Spekulationssysteme auszunützen).

Aufgabe aufklärender Wirtschaftstheorien muss es daher sein, nicht nur die Entwicklung von Gesamtgrößen aus dem Verhalten der einzelnen Akteure abzuleiten, sondern auch den Einfluss von Gesamtentwicklungen auf das mikroökonomische Verhalten zu erklären. Da die Verhaltensökonomie eine

Vielzahl von Verhaltensweisen dokumentiert, die *systematisch* der neoklassischen Rationalität widersprechen, müssen sich daraus *makroökonomische* Effekte ergeben – dies wurde bisher kaum untersucht.[14]

Angesichts der höchst konkreten Folgen, die eine aus der Theorie abgeleitete Wirtschaftspolitik für alle Menschen hat, braucht es Bedingungen, die das Entstehen von neuen Kategorien und Theorien fördern. Denn auf dem Popper'schen Weg der Falsifikation kann Neues nicht entstehen (es werden ja nur bestehende Hypothesen geprüft).

Voraussetzung dafür ist konkretes Denken. »Gedankenblitze« entspringen ja nicht innerhalb abstrakter Modelle, sondern ergeben sich aus empirischen Beobachtungen, experimentellen Zufallsentdeckungen oder Gedankenexperimenten. Als sich der junge Albert Einstein vorstellte, er würde auf der Spitze eines Lichtstrahles durch den Äther reiten, begannen ihm die Widersprüche zum Newton'schen Denksystem zu dämmern. Die gedankliche Neuordnung des Verhältnisses von Raum, Zeit und Lichtgeschwindigkeit nahm ihren Ausgang von einem konkreten Gedankenexperiment.

In der Ökonomie sollte man (auch) mit einem alternativen Gleichgewichtsbegriff operieren, der eine für alles Lebende typische Dynamik berücksichtigt und theoretische Innovationen ermöglicht: (Spekulative) Preise, Gefühle, (körperliche) Bewegungen, soziale Stimmungen etc. schwanken um ein »Gravitationszentrum«, ohne zu diesem zu konvergieren.[15] Je größer die Schwankungsbreite, desto größer die Instabilität des Systems (etwa bei schwerer bipolarer psychischer Störung oder extremen Bullen- und Bärenmärkten). Egal ob wir gehen oder uns auf den Kopf stellen, wir befinden uns in einem permanenten Prozess des Ausbalancierens (ein Betrunkener schwankt beim Gehen mehr, ein Yogi beim Kopfstand weniger als »normal«), und die Schwankungen folgen keinem regelmäßigen Schema (wenn die Herzfrequenz immer regelmäßiger wird, ist der Tod nicht weit).

Der Möglichkeitsraum des theoretischen Denkens würde erweitert, wenn man den Versuch endgültig aufgäbe, ein »Universalsystem« auf einem einzigen Prinzip – der Nutzenmaximierung von Individuen durch Konkurrenz – aufzubauen. So wird der relative Stellenwert von Konkurrenz gegenüber Kooperation von dem jeweiligen Subsystem abhängen, in dem agiert wird. Ökonomische Interaktionen innerhalb einer Familie (Taschengeld für Kinder etc.), eines Vereines (Bestimmung des Mitgliedsbeitrages und seiner Verwendung) oder eines Unternehmens (Stärkung der »Corporate Identity«) werden stärker von Kooperation geprägt sein, die Interaktion zwischen Unternehmen auf Märkten stärker von Konkurrenz.

Theoriebildung strebt nach allgemeinen Erklärungen, aber nicht zwingend nach Reduktion auf *ein* Grundprinzip und damit nach hoher Abstraktion (Einstein: »Mache die Dinge so einfach wie möglich – aber nicht einfacher«). Ist das »gesicherte Wissen« gering und sind die Möglichkeiten einer empirischen Überprüfung von Hypothesen beschränkt (wie insbesondere im Bereich der Makroökonomie), so sollte Theoriebildung nahe am »Boden der Realität« nach allgemeinen Zusammenhängen suchen.[16] Denn je abstrakter ein Gedankengebäude ist, desto leichter entzieht es sich der Konfrontation mit der Empirie (und desto schwerer sind seine ideologischen Komponenten zu erkennen).

So ist die Theorie effizienter Finanzmärkte in der Allgemeinen Gleichgewichtstheorie verankert – wäre diese falsch, bräche auch jene zusammen. Also vermeidet man die Konfrontation mit der Empirie. Dies wird durch den Abstraktionsgrad beider Konzepte und ihre tautologische Struktur erleichtert: Unter den gesetzten Annahmen kann es keine Bullen- und Bärenmärkte geben, also sieht man sie nicht. Die von mir entwickelte »Bullen-Bären-Hypothese« (BBH) ist ungleich konkreter und bietet eine allgemeine Erklärung des Transaktionsverhaltens sowie der Preisdynamik auf Finanzmärkten. Weil sie in beobachtbaren Kategorien formuliert wurde, ist sie offen für weitere Konfrontationen mit neueren Beobachtungen und entsprechende Verbesserungen.

Diagnosen und Therapien für die Bürger und die Politik

Nichts prägt die Lebensbedingungen der Menschen so umfassend wie die Lage der Wirtschaft, deren Entwicklung die Politik mitgestaltet. Diese kann dazu formal legitimiert sein, wenn sie im Parlament über eine Mehrheit verfügt. Materiell legitimiert ist sie in einer Demokratie nur dann, wenn die Bürgerinnen und Bürger die Wirtschaftsprogramme der Parteien beurteilen können. Das setzt ein ökonomisches Grundverständnis voraus, das nur durch konkrete Theorien vermittelt werden kann.

Die herrschenden Theorien haben hingegen einen gegen-aufklärerischen Charakter. Ihr Abstraktionsgrad und ihre Begriffe suggerieren höchste Komplexität (von »strukturell« in allen Varianten bis zu den »Finanzkürzeln« CDS, CDO, ABS etc.), ihre Empfehlungen an die Politik sind für »Normalbürger« nicht nachvollziehbar (etwa die Fiskalregeln der EU), und ihre Grundbotschaft, jede(r) habe sich »dem Markt« zu unterwerfen, entmutigt die Menschen, sich in ihre eigenen Angelegenheiten einzumischen.

Ich habe zu zeigen versucht, dass man allgemeine Erklärungen ökonomischer Prozesse entwickeln kann, die auch Nicht-Ökonomen nachvollziehen können. Während man auf Basis der herrschenden Theorien nicht verstehen kann, warum in Europa bis in die 1970er-Jahre Prosperität herrschte, gefolgt von einer sich langsam vertiefenden Krise, kann das mein Ansatz erklären. Das macht ihn zu einer nützlichen Orientierungshilfe. Denn seine wichtigsten Komponenten »korrespondieren« mit der empirischen Evidenz wie das unterschiedliche Profitstreben als Unternehmer oder als »Finanzchemist« (sozialer versus egozentrischer Eigennutz), die Instabilität der für Unternehmer wichtigsten Preise wie Wechselkurse, Rohstoffpreise, Aktienkurse und Zinssätze, die Verlagerung der Investitionen von Real- zu Finanzkapitalbildung, deren Folgen für Arbeitslosigkeit und Staatsverschuldung etc.

Oft werden Ökonomen mit Ärzten verglichen, die Diagnosen erstellen und Therapien entwickeln.[17] Diese Metapher ergibt in mehrfacher Hinsicht Sinn. Auch ein Arzt behandelt Patienten unter der Bedingung unvollkommener Information. Er bzw. die Medizin allgemein bedient sich der Erkenntnisse verschiedener Wissenschaften, von der Biologie und Chemie bis zur Psychologie. Die Diagnose wird in einem heuristischen Verfahren erstellt. Die darauf basierende Therapie berücksichtigt wahrscheinliche Nebenwirkungen und die Konstitution des Patienten. Es gibt daher keine »wahre« Therapie, die bei jedem Patienten mit gleicher Diagnose »durchgezogen« wird. Ein guter Arzt denkt anteilnehmend und vor-sichtig, er agiert nicht primär als Wissenschaftler, er sucht keine idealen Therapien, weil es diese nicht gibt.

Ähnlich sollten sich Ökonomen ihres beschränkten Wissens bewusst sein und die Erkenntnisse anderer Disziplinen berücksichtigen. Wenn sie der Politik Therapien empfehlen, sollten sie nach »*no-regret-strategies*« suchen (solchen, die unter verschiedenen Szenarien den geringsten Schaden anrichten). Und sie sollten anteilnehmend denken, also die sozialen »Nebenwirkungen« berücksichtigen, insbesondere für die Schwächsten in der Gesellschaft.

Wie könnte ein wirtschafts- und sozialpolitisches Programm aussehen, das einer solchen Haltung entspricht und auf dem in diesem Buch entwickelten theoretischen Rahmen beruht?

19. ERNEUERUNG DES EUROPÄISCHEN SOZIALMODELLS: KONKRETE VORSCHLÄGE

In einem Artikel in der deutschen Wochenzeitschrift *Die Zeit* habe ich im November 1996 »Zehn Etappen zum Abgrund« prognostiziert: Arbeitslosenunterstützung, Löhne und Sozialleistungen würden gekürzt, die Spannungen zwischen Unternehmern und Gewerkschaften steigen, und bei sinkendem Wirtschaftswachstum werde sich die Arbeitslosigkeit weiter erhöhen. »Hauptgewinner dieser Entwicklung werden nicht die Unternehmer, sondern die Rentiers, die Besitzer großer Finanzvermögen, werden.«[18]

Diese Prognose war keine Kunst: Da seit den 1980er-Jahren an den meisten Universitäten nur mehr die neoklassische Theorie unterrichtet wurde, war abzusehen, dass sich jene Politik durchsetzen würde, die auf dieser Theorie basiert. Sie drängt bis heute mit großem Erfolg auf Abschaffung der überbetrieblichen Tarif- bzw. Kollektivverträge, Schwächung der Sozialpartnerschaft, Flexibilisierung der Arbeitszeiten, Liberalisierung der Berufsausübung, Entlastung der »Leistungsträger« und ihrer Unternehmen sowie Stärkung der Leistungsanreize durch Kürzung von Sozialtransfers. Was haben wir also zu erwarten, wenn sich die »Neoliberalisierung« Europas fortsetzt?

Die Vollendung des neoliberalen Programms würde das Europäische Sozialmodell und zugleich die Existenz vieler kleiner und mittlerer Unternehmen zerstören. Dafür maßgeblich sind die Wechselwirkungen zwischen der Liberalisierung von Arbeitsmärkten und Gewerbeordnung, der Schwächung von Sozialstaat und Gewerkschaften, der zunehmenden Ungleichheit und dem Entstehen eines neuen »Unternehmerproletariates«: Durch Verlagerung der Lohnbildung auf die betriebliche Ebene verlieren Kollektivverträge an Bedeutung. Dies schwächt die Gewerkschaften weiter, erhöht die Ungleichheit zwischen den ArbeitnehmerInnen und dämpft die Konsumnachfrage.

Den gleichen Effekt hätten weitere Flexibilisierungen bzw. Verlängerungen der Arbeitszeiten und die Ausweitung atypischer Beschäftigungsformen. Aufgrund einer Liberalisierung der Berufsberechtigung bzw. einer Ausweitung der »freien Gewerbe« auf Friseure, Klempner, Maler, Gärtner, Fliesenleger etc. verlören standardisierte Ausbildungen an Bedeutung, und die besonders für Deutschland, Österreich und die Schweiz charakteristische »duale Ausbildung« würde geschwächt.

Die »*working poor*« bräuchten Zweit- und Drittjobs, die sie auf Online-Plattformen nach dem Vorbild von Uber finden, auf denen Dienstleistungen von Installateuren, Friseuren, Anstreichern, Gärtnern etc. zu einem weitaus günstigeren Preis als reguläre Unternehmen angeboten werden. Die online vermittelten Dienstleister können nämlich nur unzureichend zur Bezahlung von Sozialabgaben und Steuern verhalten werden, also werden gleichzeitig die Einnahmen des Sozialstaates und damit seine Leistungen geschmälert.

So würde sich Europa (weiter) »amerikanisieren«. Bisher war das *Sparen an anderen* primär dort ausgeprägt, wo »die anderen« Ausländer waren: Man spart an den Produzenten in Entwicklungsländern, wenn man T-Shirts, Schuhe etc. billig aus Bangladesch, Indien oder der Türkei bezieht. Man spart an den Frauen aus Osteuropa, die mittlerweile zu Hunderttausenden »unsere« Pflegebedürftigen zu einem – beschämend niedrigen – Lohn betreuen (»24-Stunden-Pflege«).

Wie schon heute US-Konzerne die Märkte für allgemeine Informationen (Google), für Videos (YouTube), für persönliche (Kurz-)Informationen (Facebook, Twitter, Instagram, LinkedIn), für Urlaubsquartiere (Airbnb) und Fahrtendienste (Uber) auch in Europa dominieren (in China konnte die Politik dies verhindern), würden sie auch den Online-Austausch sonstiger Dienstleistungen in Europa beherrschen. Genauer gesagt: Ihre Plattformen selbst sind der jeweils relevante Markt, die US-Konzerne haben kein Monopol auf einem Markt, sondern sie haben *den Markt selbst zum Monopol* gemacht.

Mit Ausweitung dieser Plattformen sparen wir zunehmend aneinander, graben uns also wechselseitig das »Wasser des Wirtschaftskreislaufes« ab. Jeder Einzelne glaubt, seine Lage durch Senkung der Ausgaben zu verbessern, und vergisst, dass andere das Gleiche tun. Die »unsichtbare Hand des Sparens« verwandelt den individuellen Eigennutz in eine Schrumpfung der Gesamtwirtschaft.[19]

In seinem Zusammenwirken führt die Verfolgung des Eigennutzes durch Sparen in einen (sanften) Kontraktionsprozess. Es liegt eine Variante des »Gefangenendilemmas« vor: Alle wären besser dran, wenn sie sich gegenseitig durch Steigerung ihrer Ausgaben die Einkommen erhöhten, doch müssten die (meisten) Einzelnen darauf vertrauen, dass auch die (meisten) anderen dies tun werden. Dominiert eine Spargesinnung, wird auch der Einzelne lieber bei sich und damit an anderen sparen.

Mainstream-Ökonomen begreifen die Relevanz der Trivialität »Ausgaben sind immer auch Einnahmen« deshalb nicht, weil sie die Bedeutung von Unsicherheit ignorieren und auf das Marktdiagramm fixiert sind. Innerhalb des Denksystems der Gleichgewichtstheorie müssen sie die Preiskonkurrenz als »Koordinationssystem« überschätzen.[20]

Exkurs: Internet-Plattformen als »quasi-natürliche« Monopole

Tatsächlich liegen die Stärken (und Schwächen) einer kapitalistischen Marktwirtschaft in der permanenten Schaffung von (Quasi-)Monopolen. Diese werden durch Erfindung neuer Produkte oder Verfahren für eine bestimmte Zeit erreicht. Daher besteht ein permanenter Zwang zu Innovationen, die wiederum technologische und soziale Umwälzungen nach sich ziehen.[21] Preissenkungen sind lediglich vorübergehende Strategien, um die Marktposition zu verbessern. Ein Gleichgewicht ohne Profite – der »Referenzzustand« der herrschenden Theorie – ist mit Kapitalismus nicht vereinbar.[22]

Das Zusammenwirken von Digitalisierung und Globalisierung eröffnet erstmalig die Chance, (Quasi-)Monopole *für immer* zu etablieren. Nehmen wir als Beispiel den Markt für Taxitransporte: Anbieter und Nachfrager sind über den Raum einer (Groß-)Stadt verteilt; um Leerfahrten zu vermeiden, bilden sich Taxirufzentralen. Doch mit einer Internet-Plattform lassen sich Kundenwünsche und Fahrtenangebot viel effizienter zusammenführen. Noch wichtiger: Das Angebot (Zahl der Fahrer und Fahrten) und die Nachfrage (Zahl der Kunden und ihrer Wünsche) lassen sich durch Online-Plattformen enorm ausweiten.

Diese Einsichten hat der US-Konzern Uber seit 2009 in die Praxis umgesetzt. Er schuf mit seiner Internet-Plattform den größten Einzelmarkt für Fahrtendienste, dessen Effizienz sich von selbst verbessert: Jeder Markt stellt ein Netzwerk von Verbindungen zwischen potenziellen Käufern und Verkäufern dar; je größer dieses Netzwerk ist, desto mehr Tauschakte können zustande kommen. Sie werden jedoch nicht – wie in der Welt des Marktdiagramms – durch Preisbewegungen vermittelt (für eine bestimmte Fahrt bekommt ein Kunde keine konkurrierenden Preisangebote verschiedener Uber-Fahrer), sondern durch die Plattform selbst.

317

Sobald ein Online-Netzwerk eine bestimmte Größe erreicht hat, wächst es automatisch weiter.[23] Im Fall von Uber ist es ja für neue Fahrer bzw. Kunden am einfachsten, die bestehende Plattform zu nutzen, positive Rückkoppelungseffekte erweitern das Netzwerk (sein Wert wächst exponentiell mit der Zahl der Teilnehmer – »Metcalfe'sches Gesetz«): Die Online-Plattform wird zum dominanten Markt und sein Betreiber zum Quasi-Monopolisten, der eine Gebühr für die Benutzung des Marktes verlangt. Doch ein Markt ist ein öffentliches Gut, dessen Nutzung jedem offenstehen und dessen Nutzen dem ökonomischen System als Ganzem zufließen soll. Die Privatisierung von Märkten und das Einfordern von Monopolrenten für seine Nutzung hebt die Marktwirtschaft auf.[24]

Allerdings existieren schon lange Dienstleistungen, die nur in Netzen erbracht werden können und den Netzbetreiber zum »natürlichen« Monopolisten machen, wie die Eisenbahn-, Strom-, Gas-, Wasserleitungs- oder Kanalisationsnetze (es wäre eine Ressourcenvergeudung, »Konkurrenznetze« zu schaffen). Sowohl wegen der hohen Kosten der Errichtung und Wartung solcher Netze als auch wegen der Monopolstellung des Netzbetreibers hat in Europa der Staat die Bereitstellung dieser Dienstleistungen übernommen.[25]

Dafür war ein weiterer Grund bestimmend: Die auf Basis dieser Netze erbrachten Dienstleistungen – vom öffentlichen Verkehr bis zur Energieversorgung – sind für die Teilhabe am gesellschaftlichen Leben essenziell (»Daseinsvorsorge«), ihre Bereitstellung wurde daher als Aufgabe des Sozialstaates erachtet. Erst die neoliberale »Gegenreformation« drängte auf ihre Privatisierung.[26]

Die von Uber, Airbnb, Apple, Amazon, Google, Facebook, Instagram und Twitter etc. aufgebauten Netze stellen »quasi-natürliche« Monopole dar. Die Silicon-Valley-Konzerne haben den Markt für Fahrtendienste, Kurzzeitmieten, Musik, E-Books, Konsumgüter aller Art, Suche und Tausch von Informationen zu einem privaten Monopol gemacht und kassieren Monopolrenten – in Form von Vermittlungsgebühren oder Werbeeinnahmen.

Gleichzeitig schaffen die Online-Plattformen Verbindungen zwischen einer wachsenden Zahl potenzieller Anbieter und Nachfrager, die positiven Rückkoppelungseffekte lassen jeweils *ein* Netzwerk am stärksten expandieren, es wird schließlich zum Monopolisten (»*the winner takes it all*«). So ist Facebook mit 2,13 Milliarden (2017) aktiven Nutzern zum Welt-Monopolisten geworden für den Tausch von – überwiegend persönlichen – Informationen aller Art.

Im Online-Handel lassen sich konkurrierende Netzwerke, also Verbindungen zu Produzenten bzw. Großhändlern, leichter aufbauen (insbesondere in speziellen »Nischen«) als ein Netz von »Querverbindungen« zwischen privaten Nutzern (wie bei Facebook, Airbnb oder Uber). Amazon ist daher zwar der dominierende Oligopolist im Online-Handel, aber kein Monopolist.

Das Bedürfnis nach Weitergabe bzw. Austausch von Informationen, insbesondere im größten Netzwerk, dem Internet, verlangt eine Standardisierung von Formaten. Wieder gilt: »The winner takes it all«. Bei Textverarbeitung, Tabellenkalkulation und Präsentation wurde Microsoft mit seinem Office-Paket (Word, Excel, PowerPoint) zum Welt-Monopolisten.[27]

Wo immer Tausch- und Kommunikationsverbindungen ausgeweitet werden (sollen), bieten einheitliche Netzwerke und einheitliche Standards die effizientesten Lösungen, und zwar sowohl bei physischen Netzen (Eisenbahn, Strom- und Wasserleitungen etc.) als auch bei Informationsnetzen. Globalisierung bedeutet Vernetzung der Welt, also bilden sich Netzwerke wie Facebook, Standardbetriebssysteme wie Windows oder Android und Standardprogramme wie Microsoft Office heraus.

So effizient solche »Universallösungen« sind, so problematisch ist es, dass sie privaten Konzernen (der USA) weltmarktbeherrschende Positionen einräumen. Daher fließen Facebook, Google, Apple, Airbnb, Uber oder Amazon nicht nur zweistellige Milliarden-Euro-Beträge als Monopolrenten zu, sondern eine unfassbar große Menge an Informationen über Lebensgewohnheiten, Werte und Vorlieben jedes einzelnen Nutzers (auf Facebook ist jeder zweite erwachsene EU-Bürger aktiv!). Diese werden verknüpft und für kommerzielle und politische Werbung verwendet. Wer über diese Daten verfügt, kann auch demokratische Prozesse manipulieren (wie offensichtlich im Fall der Wahl von Donald Trump zum US-Präsidenten im November 2016).

Einerseits ist es ausgeschlossen, dass die EU je Kontrolle oder auch nur substanzielle Informationen über die Verwendung der von Facebook und Co. gesammelten Daten bekommt. Überdies widersprechen der Ausbau von Online-Netzwerken zu Märkten (Airbnb, Uber) oder »Quasi-Märkten« (Facebook, Google) sowie die Einhebung von Monopolrenten von den Nutzern den Grundprinzipien der EU, Marktfreiheit und fairer Wettbewerb. Andererseits können die entsprechenden Dienstleistungen bzw. Informationen am effizientesten durch einheitliche Online-Plattformen getauscht werden, auf denen also alle Anbieter und Nachfrager vernetzt sind (wie bei jedem idealen Markt).

Der einzig gangbare Ausweg aus dem Dilemma: Europa muss eigene Netzwerke und Suchmaschinen entwickeln, gefördert und betrieben von – zu gründenden – öffentlichen Unternehmen. So wie bei den »natürlichen« Monopolen von Schienen-, Strom- oder Wasserleitungsnetzen sollten auch die »quasi-natürlichen« Monopole von Unternehmen des Gemeinwesens betrieben werden. Wie das gelingen könnte, werde ich weiter unten skizzieren, nun zurück zur Frage: Wie würde sich Europa weiter entwickeln, wenn sich am Kurs der Politik nichts Wesentliches ändert?

Die neoliberale Revolution frisst ihre Kinder

Im Gegensatz zu Bahn- oder Stromnetzen werden die Informationsnetze über die ganze Welt gelegt (es sei denn, einzelne Staaten wie China lassen dies nicht zu und entwickeln eigene Lösungen). Das bedeutet: Da sich die Silicon-Valley-Konzerne einen »*first-mover*-Vorteil« erarbeitet haben, könnten sie in Zukunft in der EU nicht nur Online-Märkte für Fahrtendienste oder Kurzzeitmieten schaffen, sondern auch für andere, schrittweise liberalisierte Berufe wie Friseure, Maler, Gärtner, Maurer etc. Dies hätte weitreichende Folgen: Immer mehr Unternehmen verschwinden oder bieten selbst ihre Dienste auf den Plattformen an (dazu müssen sie die Löhne senken sowie ihre Sozialabgaben und Steuern – zumindest teilweise – hinterziehen, sonst sind sie nicht konkurrenzfähig).

In der Folge erleiden die EU-Staaten große Einnahmenverluste, die US-Internetkonzerne (weiterhin) enorme Gewinne aus Gebühren für den Marktzugang und aus der Werbung. Gleichzeitig wächst ihr »Datenkapital«, das wiederum die künftigen Profite sichert. Die Leistungen des Sozialstaates werden auf ein Minimum reduziert. Nicht lebensnotwendige Operationen können nicht mehr finanziert werden. Auch die Qualität des öffentlichen Bildungswesens sinkt und forciert damit die »Vererbung« sozialer Ungleichheit.

Der technische Fortschritt in der Sachgüterproduktion (»Industrie 4.0«) und bei den »gehobenen« Dienstleistungen (Finanzen, Consulting etc.) ermöglicht einer schrumpfenden Oberschicht weitere Einkommenszuwächse, während das sinkende Volumen an Arbeitsstunden auf immer mehr atypische Jobs bzw. »*working poor*« verteilt wird, um so ein Überleben ohne zusätzliche Arbeitslosenunterstützungen (dafür fehlen dem Staat die Mittel) zu sichern – die Ungleichheit steigt weiter an.

Dieses Szenario beschreibt eine Gesellschaft, die in den USA schon lange Wirklichkeit geworden ist. Damit würde gleichzeitig eine Rückkehr zur Dienstbotengesellschaft des 19. Jahrhunderts möglich werden, ohne dass man die Dienstboten im eigenen Haus unterbringen muss. Viele kleine und mittlere Unternehmen würden verschwinden. Auch sie hatten vor fast fünfzig Jahren den Neoliberalismus als »ihre« Ideologie im Kampf gegen die Gewerkschaften und Sozialdemokratie begrüßt, nun frisst die Revolution ihre Kinder.

Die nächste Finanzkrise und ihre Folgen

In den letzten Jahren sind die Aktienkurse stärker gestiegen als vor den Börsencrashs 2000 und 2008. Die Anleihekurse boomten wie nie zuvor, die Immobilienpreise haben wieder kräftig zugelegt. Dieses »Absturzpotenzial« wird sich mit hoher Wahrscheinlichkeit neuerlich in simultanen Bärenmärkten entladen. Wann das sein wird, lässt sich in einer »Spielanordnung« nicht prognostizieren, die geradezu systematisch Unsicherheit produziert. Doch ein Problem wird als Auslöser einer Finanzschmelze immer wahrscheinlicher: die Handelsspannungen zwischen den USA, der EU, Japan und China.

Während China seine Leistungsbilanzüberschüsse in den vergangenen zehn Jahren drastisch reduzierte (auf etwa 1,5 Prozent des BIP 2017) und jene Japans auf hohem Niveau von ca. 4 Prozent des BIP verharren, hat sich die Leistungsbilanz der Eurozone von einem Defizit von 1,5 Prozent (2008) in einen Überschuss von ca. 4 Prozent des BIP (2017) »gedreht«.[28] Die USA importieren weiterhin im Ausmaß von fast 3 Prozent des BIP mehr Güter und Dienstleistungen, als sie exportieren. Da die USA und die Überschussländer jeweils die andere Seite für die Ungleichgewichte verantwortlich machen, könnte es zu wechselseitigen Handelssanktionen kommen. Selbst wenn ein echter Handelskrieg vermieden wird, könnten die Auseinandersetzungen auf den Finanzmärkten eine massive »Bärenstimmung« schaffen.

Die Vermögensentwertung wird ein Europa erfassen, in dem Arbeitslosigkeit, Staatsverschuldung, Ungleichheit, Nationalismus und Populismus viel größere Dimensionen erreicht haben als 2008. Selbst wenn die EZB – wie die japanische Notenbank – massiv Aktien kauft, wird sie mehrere Bärenmärkte kaum stoppen können. Also wird das Eigenkapital vieler Banken wegschmelzen. Werden sie von den Regierungen gerettet, so steigen die Staatsschulden sprunghaft; werden sie nicht gerettet, verlieren Millionen Menschen einen erheblichen Teil ihres Vermögens.

Unter diesen Bedingungen wird sich die Gesellschaft in eine von zwei Hauptrichtungen entwickeln: Entweder die langfristigen Entwicklungstendenzen verstärken sich, Arbeitslosigkeit, Armut und Ungleichheit steigen sprunghaft, Nationalismus und Populismus breiten sich massiv aus – dann könnte die EU zerfallen und ein Wirtschaftskrieg in Europa ausbrechen. Oder ein wachsender Teil der Eliten nimmt die Krise zum Anlass, einen grundlegenden Wechsel in den ökonomischen Rahmenbedingungen und in der Gestaltung der Wirtschafts-, Sozial-, und Umweltpolitik herbeizuführen.

Die nachfolgenden Vorschläge skizzieren wichtige Schritte auf dem zweiten Weg. Sie sind konkret und problemorientiert, könnten also schon jetzt realisiert werden. Dies setzt allerdings voraus, dass ein großer Teil der Eliten die systemischen Ursachen der Krise Europas begreift. Wahrscheinlich braucht es dafür noch einen Krisenschub. Doch auch in diesem Fall müssen schon heute Konzepte entwickelt und vermittelt werden, was (dann) zu tun ist.

Herausforderungen und Leitlinien eines Kurswechsels in Europa

Voraussetzung für einen grundlegenden Kurswechsel ist die wiedergewonnene Überzeugung, dass Menschen die gesellschaftliche Entwicklung mitgestalten können, insbesondere durch eine demokratisch legitimierte Politik. Diese Haltung ermöglicht es, wesentliche Fragen zu stellen: In welche Richtung soll sich Europa entwickeln? Was ist das »gemeinschaftlich Europäische«, und wie können wir es stärken? Wie bewältigen wir die bedrückendsten Probleme von Arbeitslosigkeit bis zur Erderwärmung?

Die erfolgreiche Umsetzung konkreter Projekte auf dem Weg zur Prosperität stärkt die Haltung »Das Schicksal des Menschen ist der Mensch« und ermutigt zu den nächsten Schritten. So entsteht im Gehen der Weg zu einer Gesellschaftsform, die den Werten, Bedürfnissen und Fähigkeiten der Menschen in Europa entspricht.

Es gilt vor allem, jene Aufgaben anzupacken, die im neoliberal-finanzkapitalistischen Zeitalter vernachlässigt wurden, weil sie nur durch das »System Politik« bewältigt werden können: Verbesserung der Umweltbedingungen, der Infrastruktur, des Bildungswesens, der Entfaltungschancen für die Jungen, Einschränkung der atypischen Beschäftigung, Schaffung bezahlbaren Wohnraumes, Förderung von Menschen aus sozial benachteiligten Schichten (insbesondere solcher mit Migrationshintergrund), Milderung der Ungleichheit in der Einkommens- und Vermögensverteilung und damit Stärkung des sozialen Zusammenhaltes. Werden diese Aufgaben in Angriff genommen, so brauchen wir uns – trotz fortschreitender Automatisierung – keine Sorgen machen, dass uns die Arbeit ausgeht.

Die Erneuerung des Europäischen Sozialmodells orientiert sich am Prinzip des »Ausbalancierens« verschiedener Polaritäten: Auf der Mikroebene zwischen Eigennutz als Individuum und als sozialem Wesen, zwischen rationaler und emotionaler Motivation, zwischen konkurrierenden und kooperierenden Interaktionen, auf der Makroebene zwischen Markt und Staat, technischen und sozialen Innovationen, Ökonomie und Natur, nationalem und europäischem Zusammenhalt.

Folgende Leitlinien prägen daher die umfassende Erneuerung des Europäischen Sozialmodells:

1.) Stärkung des Steuerungsprinzips »Kooperation« und damit des Systems »Politik« als Voraussetzung für eine effiziente Kombination mit dem Steuerungsprinzip »Konkurrenz« bzw. dem System »Markt«.

2.) Der Staat ist »unser Verein«, der zuständig ist für die Bereitstellung öffentlicher Güter (innere Sicherheit, Rechtssystem etc.) und die Organisation des Gesundheits- und Bildungssystems, der sozialen Sicherheit sowie der Daseinsvorsorge.

3.) Streben nach einer Balance zwischen individueller Entfaltung, insbesondere durch Marktkonkurrenz, und sozialem Zusammenhalt, insbesondere durch den Sozialstaat.

4.) Verstärkte Berücksichtigung der Ökologie bei Neugestaltung der wirtschaftlichen Rahmenbedingungen auf globaler, europäischer und nationaler Ebene.

5.) Lenkung des Gewinnstrebens von kurzfristigen Transaktionen auf Finanzmärkten zu langfristig orientierten Aktivitäten auf Gütermärkten, also Stärkung der Interessen von Realkapital und Arbeit zulasten des Finanzkapitals.

6.) Entwicklung eines Gesellschaftsmodells, das den europäischen Grundwerten »Freiheit, Gleichheit, Brüderlichkeit« entspricht und (damit) den Wünschen und Lebensgewohnheiten seiner Bürger.
7.) Ergänzung der Globalisierung von Unternehmen und Märkten durch eine »Globalisierung der Politik«, insbesondere in den Problemfeldern Klimawandel, Weltwährungssystem und Finanzmärkte.
8.) Förderung von sozialen Innovationen zur gesellschaftlichen Integration der technischen Innovationsdynamik, insbesondere zur Bewältigung des Konfliktes zwischen der steigenden Produktivität und dem – langfristig gedämpften – Wirtschaftswachstum.
9.) Jede Bürgerin und jeder Bürger soll nach Maßgabe seiner wirtschaftlichen Möglichkeiten zur Finanzierung des Gemeinwesens beitragen, im Gegensatz zu einer Sparpolitik, bei der nur jene Beiträge leisten müssen, die etwas vom Staat erhalten.
10.) Stärkung des europäischen Zusammenhaltes als »Einheit in der Vielfalt«, insbesondere im Bereich des Bildungswesens, der Kultur und der Organisation sozialer Sicherheit als Basis für das Heranwachsen einer »europäischen Identität«.

Auch der Weg zur Prosperität entsteht im Gehen. Seine wichtigsten Schritte bestehen in der Förderung der Realwirtschaft durch radikale Einschränkung der »Finanzalchemie«, der Verbesserung der Umweltbedingungen als (temporärer) »Wachstumsmotor« und in der Erneuerung der Sozialstaatlichkeit Europas. Dazu kommen Maßnahmen zur Überwindung der informationstechnologischen Abhängigkeit Europas von den »Silicon-Valley-Konzernen« sowie zur Stärkung der Rolle der EU in der Weltwirtschaft. Ist echte Vollbeschäftigung (ohne unfreiwillig-atypische Beschäftigung) erreicht, braucht es neue Arbeitszeitmodelle als soziale Innovationen. Sie erlauben es, sowohl die technischen Innovationen wie die fortschreitende Roboterisierung umzusetzen und gleichzeitig Vollbeschäftigung aufrechtzuerhalten.

Die Vorschläge sind konkret und könnten schon jetzt umgesetzt werden, wenn es den entsprechenden politischen Willen gäbe. Auf jeden Fall zeigen sie, was notwendig und möglich wäre für eine Erneuerung des Europäischen Sozialmodells.

Förderung der Realwirtschaft durch Stabilisierung der Finanzmärkte

In den vergangenen fünfundvierzig Jahren wurde »Finanzalchemie« zu einer Hauptursache der Krise Europas. Gleichzeitig erschien die Politik den globalen Finanzmärkten ohnmächtig ausgeliefert. Dabei ließe sich der Spielraum von Finanzspekulation durch Maßnahmen wie die Gründung eines Europäischen Währungsfonds, die Ersetzung des Fließhandels auf Finanzmärkten durch elektronische Auktionen oder die Einführung einer generellen Finanztransaktionssteuer leicht einschränken.

Gründung eines Europäischen Währungsfonds
In einer Währungsunion haben die Mitgliedsstaaten keine Möglichkeit, sich mithilfe der eigenen Notenbank zu (re-)finanzieren. Daher konnten »Finanzalchemisten« nach der Finanzkrise 2008 auf den Staatsbankrott einzelner Länder spekulieren und deren Anleihezinsen in unfinanzierbare Höhen treiben.

Die Nullzinspolitik der EZB war und ist eine für den Euro überlebenswichtige Notlösung, aber eben nur eine Notlösung. Schon bald (2019) wird es einen Nachfolger von Draghi geben, auch dürfte die Spekulation gegen Eurostaaten in der kommenden Finanzkrise wieder einsetzen. Also braucht es eine Systemlösung, die den Primat der Politik in der fundamentalen Frage der Steuerung des Zinsniveaus wieder herstellt.[29] Dazu wäre die Umwandlung des Euro-Rettungsschirmes (»European Stability Mechanism«, ESM) in einen »Europäischen Währungsfonds« (EWF) als gemeinsame Finanzierungsagentur aller Eurostaaten geeignet.[30]

Der EWF finanziert sich durch Einlagen, sie stünden jedem Anleger (nicht nur den Banken) als längerfristiges Finanzinvestment offen. Im Gegensatz zu Eurobonds wären sie nicht handelbar (sie entsprechen den früheren deutschen »Schatzbriefen«, mit denen Private den Staat direkt finanzieren konnten), daher könnte man mit ihnen auch nicht auf Änderungen der Zinsdifferenzen zwischen den wichtigsten Währungen (insbesondere von Euro, Dollar und Yen) spekulieren. Und da die EWF-Verbindlichkeiten von der EZB garantiert werden (eine Notenbank kann nicht pleitegehen), sind sie sicherer als deutsche Staatsanleihen (die Bundesrepublik kann »im Prinzip« pleitegehen).

Die Verzinsung wird vom EWF festgelegt.[31] Sollte das Einlagenvolumen geringer sein als seine – geplanten – Kredite an Eurostaaten, so kann sich der EWF entweder durch höhere Einlagezinsen zusätzliche Mittel besorgen oder durch Einlagen der EZB. Auf diese Weise kann die Politik auch die langfristigen Zinsen im Euroraum steuern (die kurzfristigen Zinsen steuert schon bisher die EZB). »Finanzalchemisten« können nicht mehr durch Spekulation auf den Staatsbankrott Euroländer gegeneinander ausspielen, sofern sich Letztere überwiegend durch EWF-Kredite finanzieren.[32]

Kredite werden an Eurostaaten immer unter bestimmten Bedingungen gegeben (»*conditionality*« wie beim IWF). Die Konditionen müssen nicht restriktiv sein und werden nach Projekt und Land differenziert. Sie können und sollen wirtschaftlich schwächere Länder bzw. Projekte im Umwelt- und Sozialbereich durch günstige Bedingungen stützen. Daraus ergibt sich die Möglichkeit der fiskalpolitischen Disziplinierung der Euroländer: Wenn sie die EWF-Konditionen ablehnen oder nicht erfüllen, bekommen sie (später) keinen Kredit und müssen sich durch nationale Staatsanleihen finanzieren, zu höheren Kosten und Risiken.

Durch die Steuerung des langfristigen Zinsniveaus und länder- und projektspezifische Variation der Kreditkonditionen kann der EWF wesentlich zu einer besseren Koordinierung der Fiskal- und Wachstumspolitik der Euroländer beitragen. Statt eine Fiskalunion (samt Euro-Finanzminister und eigenen Steuern) »konstruktivistisch« zu schaffen, wird der EWF evolutionär zu einer Koordinierungsinstanz der makroökonomischen Politik.

Ersetzung des Fließhandels auf Finanzmärkten durch elektronische Auktionen
Der überwältigende Teil der Finanztransaktionen wird durch computergestützte Spekulationssysteme ausgelöst. Sie verlängern und verstärken die »Schübe« von Wechsel-, Aktien- und Anleihekursen sowie der Rohstoffpreise, die sich wiederum zu mehrjährigen Bullen- bzw. Bärenmärkten akkumulieren (Kapitel 9).

Die Ersetzung des Fließhandels durch elektronische Auktionen (etwa alle zwei Stunden) würde die »Finanzalchemie« radikal einschränken, die Kurse stabilisieren und so Aktivitäten in der Realwirtschaft attraktiver machen.[33] Wenn jemand eine Devisentransaktion im Rahmen eines Export- oder Importgeschäftes tätigen, eine Aktie als Finanzinvestition erwerben oder sich mit Derivaten absichern möchte, so reicht es vollkommen aus, wenn er dazu alle zwei Stunden Gelegenheit hat.[34]

»Schnelle« Spekulationssysteme könnten nicht mehr verwendet werden, weil es kein »Datenfutter« mehr gibt.[35] Damit wäre der fatale Regelkreis durchbrochen: Schnellere Computer und schnellere Datenleitungen ermöglichen den Einsatz immer schnellerer Spekulationssysteme, deren Signale wiederum das Trading beschleunigen.

Der Auktionshandel würde Erwartungsbildung und Transaktionsverhalten grundlegend verändern. Statt die Kurskurven und Handelssignale auf sechs Bildschirmen gleichzeitig zu verfolgen, müssten die Trader sich stärker mit der Frage beschäftigen, wo der »fundamentale« Wert des jeweiligen Unternehmens liegt.

Die Ersetzung des Fließhandels in der EU durch elektronische Auktionen würde dazu führen, dass das »schnelle« Trading zu anderen Handelsplätzen abwandert, insbesondere nach London (es ist gut, wenn Schlechtes geht). Dort könnten auch Akteure aus der EU weiterhin spekulieren, allerdings müssten sie dafür die Finanztransaktionssteuer zahlen.

Einführung einer generellen Finanztransaktionssteuer
Die zweitbeste Maßnahme zur Eindämmung des »schnellen« Trading besteht in der Einführung einer Finanztransaktionssteuer (FTS). Steuerbasis ist der Wert der gehandelten Aktien, Anleihen bzw. der Kontraktwert im Fall von Derivaten.[36] Ein Steuersatz zwischen 0,01 und 0,1 Prozent würde den Erwerb eines Wertpapieres oder einer Devisentransaktion kaum belasten, das Gleiche gilt für Derivatgeschäfte zur Kurssicherung. Das »schnelle« Trading würde aber selbst bei einem Satz von nur 0,01 Prozent unrentabel.[37]

Auch wenn in der EU das »schnelle« Trading durch elektronische Auktionen eliminiert würde, wäre die Einführung einer FTS notwendig, um diese Aktivitäten von EU-Finanzinstitutionen auf Märkten außerhalb der EU zu beschränken. Dazu müsste die FTS nach dem von der EU-Kommission entwickelten »Residenzprinzip« eingeführt werden. Demnach würden alle Transaktionen von in der EU angesiedelten Finanzinstitutionen von der FTS erfasst, egal wo die Transaktion stattfindet.[38]

Auf dem Weg zu einem neuen Weltwährungssystem
Die Doppelrolle des Dollar als nationale Währung der USA und als (Ersatz-)Weltwährung ist eine Hauptursache für die Schwankungen der in Dollars no-

tierenden Rohstoffpreise (einschließlich der »Ölpreisschocks«), für die Finanzkrisen von in Dollars verschuldeten Schwellenländern sowie für die exzessive Auslandsverschuldung der USA (siehe Kapitel 7).[39] Gleichzeitig ist der Dollar die instabilste aller wichtigen Währungen, weil er die »vehicle currency« darstellt (siehe Kapitel 7).

Seit der Schaffung des Euro gibt es nur mehr vier wichtige Währungen in der Weltwirtschaft, Dollar, Euro, Renminbi und Yen. Durch Festsetzung von Zielwerten mit geringen Schwankungsbreiten (etwa 2 Prozent) könnten die Kurse zwischen diesen Währungen stabilisiert werden. Eine solche Vereinbarung wäre auch als Vorbeugung gegen »Abwertungswettläufe« wichtig, da diese Gefahr in der nächsten Finanzkrise sprunghaft steigen wird.

Damit würde gleichzeitig ein erster Schritt zum langfristigen Ziel einer echten Weltwährung gesetzt (»Globo«), welche als Maßeinheit für weltwirtschaftliche »flows« (Rohstoffhandel) und »stocks« (transnationale Finanzforderungen bzw. -verbindlichkeiten) fungiert und aus einem Bündel der wichtigsten nationalen Währungen besteht.[40]

Gründung einer EU-Behörde zur umfassenden Beaufsichtigung des gesamten Finanzsektors
Der Finanzsektor ist für das Funktionieren einer kapitalistischen Marktwirtschaft von fundamentaler Bedeutung, aber nur als »Diener« der Realwirtschaft und nicht der »selbst-referentiellen« Geldvermehrung. Diese Aktivitäten haben in Europa ein »Kartenhaus« von Forderungen und Verbindlichkeiten zwischen den Banken aufgebaut (ihre Bilanzsumme beträgt das Drei- bis Fünffache des BIP, in den USA nur etwa das Einfache). Eine Entwertung von »*financial assets*« – etwa durch einen Bärenmarkt bei Aktien und Anleihen – löst daher fatale »Dominoeffekte« aus (wie 2008). Gleichzeitig fehlt in der EU ein Datensystem, das die Finanzverflechtungen zwischen allen Finanzinstitutionen umfassend dokumentiert und so vorbeugende Maßnahmen ermöglicht.

Finanzspekulation, ihre kurzfristige Finanzierung durch Interbankkredite und »*repurchasing agreements*« (»*Repos*«), die Abdeckung von Verlusten mit ebendiesen Instrumenten, die Schwankungen von Aktien, Anleihen, Rohstoffpreisen und Wechselkursen und deren Auswirkungen auf die Bewertung von »*financial assets*« bilden ein Ganzes.[41] Deshalb braucht es eine »ganzheitliche« Beaufsichtigung durch eine »European Financial Supervisory Authority« (EFSA).[42]

Zu ihren wichtigsten Aufgaben würde der Aufbau eines Datensystems gehören, das die bilateralen Forderungen und Verbindlichkeiten zwischen allen Finanzinstituten dokumentiert, also einen Überblick über die Finanzverflechtungen in der EU ermöglicht. Es sollte auch die offenen (spekulativen) Positionen der Finanzinstitute auf den Aktien-, Anleihe-, Devisen- und Rohstoffmärkten erfassen, insbesondere auf den entsprechenden Derivatmärkten, gegliedert nach Eigen- und Kundengeschäft.[43]

Auf dieser Grundlage wäre es möglich, Beschränkungen für die Ausweitung offener Positionen in Ausnahmesituationen durchzusetzen (wenn Aktien- und Anleiheindizes, Wechselkurse und Rohstoffe innerhalb kurzer Zeit übermäßig steigen oder fallen).

Die bisher skizzierten Maßnahmen würden »Finanzalchemie« im Vergleich zu unternehmerischen Aktivitäten in der Realwirtschaft schlechter stellen. Damit Letztere nachhaltig expandieren, sollten sie zusätzlich stimuliert werden – insbesondere am Beginn des Weges zum Wohlstand. Nichts eignet sich dafür besser als Investitionen in Umwelt und Infrastruktur.

Verbesserung der Umweltbedingungen als »Wachstumsmotor«

Investitionen in die Energieeffizienz und damit in eine Verringerung der CO_2-Emissionen »rechnen« sich erst nach vielen Jahren und nur unter der Voraussetzung, dass die Annahmen über die Entwicklung der Energiekosten zutreffen. Sie werden daher nur dann stark ausgeweitet (hinreichend zur Begrenzung der Erderwärmung), wenn die Preise fossiler Energieträger langfristig überdurchschnittlich steigen und dieser Anstieg für die Investoren kalkulierbar ist.

Die Notwendigkeit einer stetigen Verteuerung fossiler Energieträger ergibt sich aus zwei ihrer Eigenschaften: Sie sind Hauptverursacher des Klimawandels, und es handelt sich um erschöpfbare Ressourcen, mit denen man entsprechend sparsam umgehen muss.

Allein schon wegen der Umweltkosten müssten die Preise der verschiedenen Arten fossiler Brennstoffe permanent stärker steigen als das durchschnittliche Preisniveau, und zwar entsprechend ihrer jeweiligen Umweltbelastung (bei der Energiegewinnung aus Erdöl entsteht mehr CO_2 als beim Einsatz von Erdgas, und bei der Verbrennung von Kohle sieht die Bilanz noch schlechter aus). Um ihren Verbrauch optimal zu beschränken, müssten sämtliche gegenwärtigen und zukünftigen Gesamt-Umweltkosten »eingepreist« werden.

»Der Markt« ist vollkommen unfähig, einen entsprechenden Preispfad zu generieren. Betrachten wir nur den wichtigsten Energieträger, Erdöl (Abbildung 9.4): Sein Preis stieg von 20 Dollar (2002) auf 147 Dollar (Mitte 2008), fiel bis Ende 2008 auf 35 Dollar, kletterte bis April 2011 wieder auf 114 Dollar und sank bis April 2016 auf unter 30 Dollar (Abbildung 9.4). Dieses fast groteske Ausmaß an Instabilität verhindert ökologisch notwendige Investitionen geradezu systematisch (und man kauft wieder verbrauchsstarke Autos wie SUVs). Sie werden nur dann in hinreichendem Maß getätigt werden, wenn sich fossile Energieträger stetig und vorhersehbar verteuern. Preissignale sind wirkungsvoller als moralische Appelle.

Für den Rechtsbereich der EU sollten daher die langfristigen Preispfade der wichtigsten fossilen Energieträger festgelegt werden. Diese Maßnahme erhöht die Wirksamkeit der vier ökologischen Großprojekte der EU enorm, die thermische Gebäudesanierung, die transeuropäischen Hochgeschwindigkeitsnetze, die Förderung der Elektro- und Wasserstoffmobilität und die Verbesserung des öffentlichen Nahverkehres.

Die Umsetzung dieser Projekte würde nicht nur die Umwelt verbessern, sondern gleichzeitig das Wirtschaftswachstum für etwa fünfzehn Jahre um 3 bis 4 Prozentpunkte erhöhen. Als »Kollateralnutzen« gehen Arbeitslosigkeit, prekäre Beschäftigung, Armut und Ungleichheit stetig zurück.

Festlegung von in der EU gültigen Preispfaden für fossile Energieträger
Aus einer Vielzahl von Studien über den Klimawandel lassen sich Schätzwerte für den maximalen Ausstoß an Treibhausgasen ableiten, bei deren Realisierung die Erderwärmung im Bereich zwischen 1,5 °C und 2 °C gehalten wird. Nach einer von der Zeitschrift *Science* vorgestellten »Roadmap« müsste dafür der CO_2-Ausstoß nach dem Höhepunkt 2020 bis 2030 halbiert und bis 2040 auf null gesenkt werden.[44]

Damit Europa seinen Beitrag zur Erreichung dieser Ziele leistet, müsste der Einsatz fossiler Energieträger stetig und verlässlich teurer werden, Erdöl etwa relativ zum allgemeinen Preisniveau bis 2030 um 15 Prozent pro Jahr. Dazu könnte im Rechtsbereich der EU für jeden fossilen Energieträger ein – zunächst bis 2030 gültiger – Preispfad festgelegt werden. Der Erdölpreis würde etwa von 65 Dollar je Barrel im Jahr 2018 auf fast 350 Dollar steigen (zu konstanten Wechselkursen).[45] Damit wäre die Profitabilität von Investitionen in die Energieeffizienz kalkulierbar: Es wäre bekannt, wo der Preis von Diesel, Benzin, Erdgas oder Kohle in fünf oder zehn Jahren liegen wird und welche Kosten sich durch Investitionen in höhere Energie- und Umwelteffizienz sparen lassen.

Da solche Investitionen bzw. die entsprechenden Produktentwicklungen besonders lange Amortisationszeiten haben, wird die so geschaffene Sicherheit zur Grundlage eines anhaltenden Investitionsbooms.

Wird der Energieverbrauch »normal« indirekt besteuert (durch eine Mineralöl- oder CO_2-Steuer), so schwanken die Energiekosten für die Verbraucher mit dem Weltmarktpreis. Sinkt etwa der Ölpreis von 150 Dollar auf 35 Dollar (wie Ende 2008), so werden dadurch Investitionen in die Energieeffizienz nachträglich unrentabel (»*sunk investments*«).[46] Diese Unsicherheit beseitigen die Preispfade. Sie werden durch flexible Steuern realisiert, welche die Differenz zwischen dem jeweiligen Weltmarktpreis und dem gültigen EU-Preis abschöpfen.

Der steuerliche Ertrag wäre enorm, er läge jährlich im dreistelligen Milliarden-Euro-Bereich (ein Teil ginge an die EU als eigenständige Finanzquelle, der andere Teil an die Mitgliedsstaaten).[47] Sämtliche Waren und Dienstleistungen würden innerhalb der EU in dem Ausmaß teurer werden, in dem bei ihrer Produktion fossile Energieträger eingesetzt werden. Mit erneuerbarer oder mit weniger Energie erzeugte Produkte würden sich verbilligen. Gleichzeitig würden Investitionen in höhere Energieeffizienz und in die Erzeugung erneuerbarer Energie profitabler.

Warenimporte der EU würden mit einer analogen Energieabgabe belastet. Da die EU-Preispfade die Umweltkosten des Verbrauches fossiler Energieträger »internalisieren«, widerspräche eine solche Abgabe nicht den Regeln der Welthandelsorganisation (WTO) (es wird angenommen, dass die Importwaren mit fossilen Energieträgern erzeugt wurden – das Gegenteil hätte der Exporteur zu belegen).

Der EU-Export energieintensiv erzeugter Produkte (Stahl, Aluminium, chemische Grundstoffe, Papier etc.) würde sich im Vergleich zu den Konkurrenzländern verteuern, die nicht veredelte Massenproduktion daher in andere Regionen abwandern. Betrachtet man nur diesen Effekt isoliert, mag er die globale Emissionsbilanz verschlechtern, sofern etwa ein Tonne Stahl in der EU energieeffizienter erzeugt werden könnte als in Schwellenländern. Deshalb auf die systematische Verteuerung fossiler Energieträger zu verzichten, wäre aber falsch. Denn in der EU würde durch die Maßnahme ein Vielfaches der durch die Verlagerung der Massenproduktion in Schwellenländer zusätzlich verursachten CO_2-Emissionen eingespart.

Natürlich wäre es ideal, wenn die Umweltkosten weltweit nach gleichen Regeln in den Preisen fossiler Brennstoffe enthalten wären. Die Tatsache, dass dies nicht erreichbar ist, wurde zum Haupthindernis für eine Bekämpfung der Erderwärmung in den einzelnen Ländern: Wenn »die anderen« ihren Energieverbrauch nicht senken, dann würden »wir« unserer Wirtschaft schaden, wenn »wir« im Alleingang sparen. Dieses Argument geht in die Irre, insbesondere dann, wenn in einem so großen Wirtschaftsraum wie der EU die systematische Verteuerung fossiler Brennstoffe mit flächendeckenden Investitionsprogrammen kombiniert und gleichzeitig das Gewinnstreben durch Eindämmung der »Finanzchemie« auf die Realwirtschaft fokussiert wird. Nun kann Umweltverbesserung zum Wachstumsmotor der EU werden.

Die wichtigsten Großprojekte dieser Strategie sind die thermische Gebäudesanierung in der gesamten EU, der Ausbau des transeuropäischen Bahnnetzes für Hochgeschwindigkeitszüge (und damit Reduktion des Flugverkehres über Distanzen von weniger als 1000 Kilometer), Förderung von Elektro- und Wasserstoffautos und Investitionen in den öffentlichen Nahverkehr (der Kern der europäischen Metropolen wird nahezu autofrei).

Thermische Sanierung des Gebäudebestandes in der EU
Durch verbesserte Wärmedämmung sowie durch Warmwasserbereitung mittels Sonnenkollektoren lässt sich der Energiebedarf eines Gebäudes (insbesondere bei Ein- und Zweifamilienhäusern) um bis zu 100 Prozent reduzieren. Selbst wenn nur der Standard eines Niedrigenergiehauses erreicht wird, beträgt das Einsparungspotenzial von Energie und damit CO_2-Emissionen bis zu 80 Prozent.[48]

Die im Einzelfall bautechnisch mögliche und wirtschaftlich effiziente Einsparung hängt ab vom Ausgangszustand des Gebäudes (also insbesondere von seinem Baujahr), von der Außentemperatur im Winter und im Sommer (von seinem Standort) sowie vom verwendeten System für Heizung, Warmwasserbereitung und eventuell Kühlung. Wegen der stetigen Verteuerung fossiler Brennstoffe werden sich langfristig nahezu alle Investitionen in höhere Energieeffizienz »rechnen«.

Derzeit sind die Sanierungsraten geradezu grotesk niedrig, in den meisten EU-Ländern wird nicht einmal 1 Prozent des Gebäudebestandes pro Jahr energieeffizient gemacht. Dafür gibt es viele Gründe: die Instabilität der Energiepreise, unzureichende Information über Einsparungspotenziale, Schwierigkeit bei der Konsensfindung zwischen den Wohnungseigentümern bzw. zwischen Hausbesitzern (einschließlich Genossenschaften) und Mietern bei mehrgeschossigen Wohngebäuden. Daher braucht es ein auf allen Ebenen koordiniertes Großprojekt: Der gesamte (sanierungsbedürftige) Gebäudebestand – Wohn- und Wirtschaftsgebäude – wird über einen Zeitraum von (etwa) fünfzehn Jahren thermisch saniert.

Die ökonomischen, sozialen und auch politischen Auswirkungen auf die Menschen in der EU wären außerordentlich positiv:
- Die Umsetzung diese Projektes belebt die Wirtschaft »flächendeckend« in der gesamten EU und gleichzeitig nachhaltig (thermische Sanierung stimuliert etwa zur Hälfte die Bauwirtschaft, die andere Hälfte entfällt auf Vorleistungen wie Dämmstoffe etc.).
- Wegen der hohen Arbeitsintensität fließt ein überdurchschnittlich großer Teil der Wertschöpfung in die Lohnsumme, deren überdurchschnittliche Konsumneigung erhebliche »Multiplikatoreffekte« auslöst.
- Setzen alle EU-Länder dieses Projekt schrittweise um, so stimulieren sie die Wirtschaft wechselseitig (was als zusätzliche Importe in andere Länder fließt, kommt in Gestalt zusätzlicher Exporte wieder zurück).
- Am weitaus stärksten werden die wirtschaftlich weniger entwickelten Länder der EU-Peripherie von diesem Großprojekt profitieren (dort ist der Gebäudebestand besonders sanierungsbedürftig).
- Selbst wenn die Staaten 30 Prozent der Investitionskosten als »Anschubfinanzierung« fördern, fließt nach kurzer Zeit viel mehr zurück in Gestalt zusätzlicher Mehrwert- sowie Lohn- und Gewinnsteuern (die Förderung macht Schwarzarbeit kaum möglich).
- Der Aufwand für Energieimporte der EU-Länder würde merklich gesenkt.

Thermische Gebäudesanierung ist das Paradebeispiel für die Möglichkeiten eines – zeitlich begrenzten – »*green growth*«: Trotz der energieintensiven Erzeugung der meisten Dämmstoffe ist die Emissionsbilanz positiv, gleichzeitig wird das Wachstum von Produktion und Beschäftigung erhöht und verstetigt.

Ein einfaches Beispiel verdeutlicht den Wachstumseffekt. In einer Studie wurde für Österreich dokumentiert: Wird (nur) der vor 1980 errichtete Gebäudebestand durch bessere Dämmung auf den Niedrigenergiestandard gebracht (ohne Erneuerung von Heizung und Warmwasserbereitung), und zwar mit einer Sanierungsrate von 3 Prozent pro Jahr, so stiege die Wertschöpfung um 1,7 Mrd. Euro.[49] Berücksichtigt man den Konsummultiplikator von (zumindest) 1,5, so ergibt sich ein Wachstumsimpuls von 1,2 Prozent des BIP. Würde die Sanierungsrate etwa verdoppelt, sodass das Großprojekt schon nach fünfzehn Jahren abgeschlossen wäre, so betrüge das zusätzliche Wirtschaftswachstum ca. 2,5 Prozent pro Jahr.

Das ist nur eine grobe Schätzung zur Verdeutlichung des Wachstumspotenzials dieses Großprojektes. Für die EU insgesamt dürfte es etwas höher liegen, wahrscheinlich bei 3 Prozent pro Jahr oder sogar darüber (die Dämmwerte des Gebäudebestandes in Österreich sind vermutlich besser als im EU-Durchschnitt, ergänzende Investitionen in Heizung und Warmwasserbereitung sind nicht berücksichtigt, ebenso wenig die nach 1980 errichteten Gebäude). Die stärksten Wachstumseffekte hätte die Gebäudesanierung in den süd- und osteuropäischen EU-Ländern.

Ein so umfassendes Projekt kann nicht durch »den Markt« realisiert werden. Vielmehr braucht es dazu Mobilisierung, Finanzierung und Koordinierung durch das »System Politik«, und zwar auf allen Ebenen.

Auf europäischer Ebene setzt die EU folgende Schritte:
- Organisation einer Kampagne zur thermischen Gebäudesanierung samt Logo, Slogan, Informationsmaterial etc.: Europa kann und wird die Lebensbedingungen in Gegenwart und Zukunft nachhaltig verbessern.[50]
- Dokumentation von »Best-Practice-Beispielen«, Ausschreibung von Wettbewerben, etwa zur Verbesserung der Dämmstoffe (Styropor ist nicht die Lösung).
- Koordination der nationalen Förderprogramme.

Eines der überzeugendsten Argumente für eine thermische Gebäudesanierung sind die Finanzierungsbedingungen. Zumindest im nächsten Jahrzehnt werden die nominellen Leitzinsen nicht nennenswert über null liegen – dies ist eine notwendige Bedingung dafür, dass eine große Finanzkrise vermieden wird. Gelingt dies nicht, so werden die Leitzinsen in einer Phase »finanzieller Repression« erst recht nahe bei null liegen.

Für alle Besitzer von Sparvermögen und Wohnraum besteht somit ein Anreiz, das Erstere in einer umfassenden Wohnraumsanierung zu veranlagen (statt es der inflationären Entwertung auszusetzen). Überdies könnten die Banken zusätzliche Kredite zu extrem günstigen Konditionen vergeben, da sie ja hypothekarisch gesichert und damit nahezu risikolos sind.

Auf regionaler Ebene braucht es ein Projektmanagement durch Vernetzung von Gemeinden, Gebäudeeigentümern, Bauwirtschaft und Kreditapparat, um die wichtigsten Teilaktivitäten voranzutreiben. Dazu gehören die Dokumentation des Sanierungspotenzials, die Erstellung eines Leitfadens über technische Optionen (etwa unterschiedliche Dämmstoffe), die Durchführung von Informationskampagnen und Einrichtung von Servicestellen in den lokalen Banken und Sparkassen.

Transeuropäische Netze für Hochgeschwindigkeitszüge
Auch der Ausbau der Bahninfrastruktur hat eine ökologische und eine ökonomische Dimension.[51] Wenn sich die Fahrzeit zwischen den meisten (zentral-)

Auf Ebene der Mitgliedsstaaten gilt es, einfache Fördermodelle zu entwickeln und ihre Umsetzung zu propagieren:
- Informationskampagnen müssten die verschiedenen Typen potenzieller Investoren wie die Besitzer von Ein- oder Zweifamilienhäuser, von Eigentumswohnungen, die Besitzer von Mietshäusern, Wohnungsgenossenschaften etc. spezifisch ansprechen.
- Rechtliche Regelungen sollten die Durchführung von Sanierungsmaßnahmen bei Mehrgeschosshäusern erleichtern (dies betrifft das Verhältnis von Wohnungseigentümern, Hausbesitzern und Mietern sowie von Genossenschaften und ihren Mitgliedern).
- Um dem Großprojekt einen starken »Startschub« zu verleihen, könnten Fördermodelle besonders günstige *»Early-Bird*-Lösungen« vorsehen.

europäischen Metropolen auf drei bis vier Stunden reduziert und gleichzeitig die Kosten des Flugverkehres wegen des Preispfades für Erdöl stetig steigen, würden die Flüge auf mittleren Distanzen massiv zurückgehen und damit auch die CO_2-Emissionen. Gleichzeitig würde die Erstellung dieser Bahnnetze das Wirtschaftswachstum in der EU deutlich erhöhen.

Besonders wichtig wäre die Einbindung der EU-Peripherie. Betrüge die Fahrzeit mit dem Zug zwischen Wien und Bukarest bzw. Sofia sechs Stunden (statt wie derzeit neunzehn bzw. einunddreißig Stunden), so würde dies nicht nur zur Überwindung räumlicher, sondern auch politischer und mentaler »Distanzen« beitragen.[52]

In Rumänien und Bulgarien, aber auch in und zwischen den künftigen EU-Mitgliedsländern Serbien, Bosnien-Herzegowina, Montenegro, Mazedonien, Albanien und Kosovo ist die Bahninfrastruktur in einem miserablen Zustand.[53] Insgesamt leben in diesen acht Ländern 47 Millionen Menschen, etwa 10 Prozent der künftigen EU33 (ohne Großbritannien), ihre wirtschaftliche und soziale Lage ist die mit Abstand schlechteste in Europa. Ein umfassender Ausbau der Bahninfrastruktur würde der Region einen nachhaltigen Wachstumsschub geben.

Die Umsetzung dieses Großprojektes erstreckt sich über mehrere Jahrzehnte, wobei Planung und Bewilligung mehr Zeit erfordern als die bautechnische Umsetzung.[54] Wenn der politische Wille dazu vorhanden wäre, könnte dieses Großprojekt ab der zweiten Hälfte der 2020er-Jahre das Wirtschaftswachstum in den betroffenen Ländern um etwa 1 Prozentpunkt pro Jahr erhöhen.[55]

Zu finanzieren wären diese gesamteuropäisch-öffentlichen Investitionen durch die Europäische Investitionsbank oder den Europäischen Währungsfonds und damit (überwiegend) auf eine Weise, welche die nationalen Budgets nicht belastet (bisher waren die Fiskalregeln eine Hauptursache für die Vernachlässigung der öffentlichen Investitionen).[56]

Investitionen in den öffentlichen Nahverkehr und Förderung von Elektromobilität

Durch die stetige Verteuerung von Treibstoffen in der EU würde der private Pkw immer weniger für jene Fahrten benutzt, für die es Alternativen gibt wie Fahrrad oder öffentliche Verkehrsmittel. Überdies wird in den Zentren der Metropolen die Benutzung des Pkw eingeschränkt, damit Umweltschutz und

Lebensqualität gestärkt werden. Um den Verzicht auf die Pkw-Benutzung zu fördern, braucht es weitere Verbesserungen im öffentlichen Nahverkehr. Das langfristige, aber durchaus nicht utopische Ziel sollte sein, zumindest die Zentren der großen Städte praktisch autofrei zu gestalten. Welche Verbesserungen der Verkehrsinfrastruktur dafür nötig sind, hängt von den lokalen Gegebenheiten ab. In jedem Fall würde die generelle Verfolgung dieses Zieles in der EU die Umwelt- und Lebensbedingungen verbessern und die wirtschaftliche Dynamik stärken.[57]

Dazu trägt auch die forcierte Entwicklung, Produktion und Verwendung von Autos und insbesondere Lkw mit Elektro- bzw. Wasserstoffantrieb bei. Den wichtigsten Beitrag leistet die Festlegung der Preispfade für fossile Treibstoffe: Wenn bekannt ist, dass die Preise für Diesel und Benzin langfristig auf fast das Fünffache steigen, sinkt die Unsicherheit über die Profitabilität der nötigen Investitionen. Dieser Prozess könnte zusätzlich gefördert werden durch Herabsetzung der CO_2-Obergrenzen auf jenes Niveau, das die europäische Autoindustrie gerade noch schaffen kann, die finanzielle Förderung entsprechender Forschungs- und Entwicklungs-Aktivitäten sowie durch eine Zusatzbesteuerung des Pkw-Bestandes nach der jeweiligen CO_2-Emission als Anreiz zum Umstieg auf eine umweltschonende Technik.

Eine Vereinheitlichung der Umweltstandards und eine Förderung der zu ihrer Erreichung nötigen Investitionen würde die Erweiterung des Europäischen Sozialmodells zu einer »ökologisch-sozialen Marktwirtschaft« ergänzen. Dies betrifft etwa eine verbesserte Abgas- und Abwasserreinigung oder den Einsatz von Kraft-Wärme-Kopplungen, aber auch die Sanierung von »Altlasten« wie Mülldeponien. Eine solche »Umweltoffensive« hätte nicht nur eine hohe Akzeptanz in der Bevölkerung, sondern würde auch qualifizierte Arbeitsplätze schaffen und die Spezialisierung Europas auf umweltverbessernde Technologien vorantreiben.

Erneuerung der Sozialstaatlichkeit Europas

Ein »New-Deal-Ansatz« der Politik bedeutet, von den bedrückendsten Problemen der Menschen auszugehen und aus einer konkreten Diagnose Maßnahmen zu ihrer Milderung zu entwickeln. Was also sind die größten sozialen Probleme in Europa? Gliedern wir sie grob nach dem Lebenszyklus:

- Bildungschancen sind extrem ungleich verteilt. Kinder aus armen Familien, insbesondere mit Migrationshintergrund, sind benachteiligt.
- Psychische Probleme von Kindern und Jugendlichen »landen« zunehmend in der Schule, doch die LehrerInnen sind – verständlicherweise – überfordert.
- Universitätsstudien werden ökonomisiert, dennoch bekommen auch Absolventen der »für die Wirtschaft« wichtigen Studien oft keinen »normalen« Arbeitsplatz.
- Das zunehmend knappe Wohnungsangebot macht es jungen Menschen immer schwerer, ein selbstständiges Leben zu beginnen.
- In Arbeit und Freizeit gewinnen Konkurrenz, Individualisierung, Leistungsdenken und die »Liebe zum Geld« an Bedeutung.
- Die Bedürfnisse der Menschen als soziale Wesen kommen zu kurz. Depressionen und andere psychische Krankheiten sind in hohem Maß sozial bedingt.
- Die Unsicherheit über die Systeme der sozialen Sicherheit steigt.

Durch verschiedene Maßnahmen kann die Politik diese Probleme mildern, die Bedingungen für ein »gutes Leben« verbessern, den Sozialstaat erneuern und damit das europäische Gesellschaftsmodell stärken.[58]

Verbesserung der Bildungschancen und »Ent-Ökonomisierung«
des Bildungswesens
Ob das Bildungspotenzial eines Kindes ausgeschöpft wird, entscheidet sich in den ersten Lebensjahren. In einem Akademikerhaushalt wird die (Früh-)Förderung auch im familiären Rahmen erfolgen, in »bildungsfernen« Schichten aber kaum. Ziel der Politik muss es daher sein, dass alle Kinder spätestens ab dem dritten Lebensjahr in einen Kindergarten gehen.[59]

Ein weiteres Ziel besteht in einer Durchmischung nach Nationalität, Muttersprache und Religionsbekenntnis. Kleine Kinder haben keine Vorurteile, sondern sind wissbegierig. Das frühe Kennenlernen »des anderen« beugt dem Entstehen von rassistischen und nationalistischen Überlegenheitsgefühlen vor und fördert das »soziale Lernen«.

Der Anteil von SozialarbeiterInnen mit Migrationshintergrund sollte in der Kinder- und Jugendfürsorge deutlich erhöht werden. So wird eine türkischstämmige Sozialarbeiterin eine ebenso aus der Türkei stammende Mutter leichter davon überzeugen können, ihre Kinder ab dem dritten Lebensjahr in einen Kindergarten zu geben, als eine »inländische« Fürsorgerin.

An den Schulen brauchen Kinder aus sozial benachteiligten Schichten mehr Förderung, dem dient auch die gemeinsame Schule der 10- bis 14-Jährigen (wie in fast allen Industrieländern). Zur Bewältigung von Entwicklungsstörungen, seelischer Krisen und Drogenkonsum der Schüler sowie zur Entlastung der Lehrer braucht es (auch) an den Schulen mehr Psychagogen und Psychotherapeuten.

Als Teil der »Neoliberalisierung« Europas gewann die ökonomische Verwertbarkeit von Bildung an Bedeutung. Zu diesem Prozess gehören die Übernahme der anglo-amerikanischen Gliederung in Bachelor-, Master- und Doktoratsstudium (»Bologna-Prozess«), der zunehmende Stellenwert von Rankings, Zulassungsbeschränkungen für immer mehr Studiengänge und gleichzeitig die Steigerung der Akademikerquote als wirtschaftspolitisches Ziel. Mit der tatsächlichen Verwertung von Studien hapert es allerdings, immer mehr AbsolventInnen müssen sich jahrelang mit atypischen Jobs zufriedengeben.

Um diesen Widerspruch zu mildern, sollte das Bildungssystem, insbesondere das universitäre, »ent-ökonomisiert« werden: Wenn die derzeit Jungen ohnehin schlechtere Beschäftigungschancen haben als die beiden Generationen vor ihnen, dann sollen sie in höherem Maß das studieren dürfen, was sie wollen. Überdies würde die Einsicht, dass Bildung mehr und anderes sein muss als die Produktion von »Humankapital«, die Pluralität in Theoriebildung und Lehre fördern, insbesondere in den Sozialwissenschaften.

Schaffung von erschwinglichem Wohnraum
Im Finanzkapitalismus ist die Bewertung von Vermögen (und nicht nur ihre Produktion) eine immer wichtigere Quelle von Profiten. Davon ist der Immobiliensektor besonders betroffen: (Bau-)Grund lässt sich nicht vermehren, die Produktion neuer Wohnungen bedient in den Ballungsräumen die Nachfrage des gehobenen Mittelstandes und der Vermögenden (zunehmend auch als Kapitalanlage). Gleichzeitig wird der gemeinnützige Wohnbau eingeschränkt.

Hauptverlierer dieser Entwicklung sind die Jungen, insbesondere in jenen Ländern, in denen die gemeinnützige Wohnungswirtschaft keine Bedeutung hat und die gleichzeitig von der Finanzkrise am härtesten getroffen wurden. So lebten 2016 in Griechenland 54,8 Prozent der 18- bis 34-Jährigen bei ihren Eltern, in Italien waren es 48,9 Prozent, in Portugal 45,6 Prozent und in Spanien 40,0 Prozent (Daten von Eurostat). In den skandinavischen

Ländern waren es hingegen nur etwa 5 Prozent, in Deutschland und Österreich 18 Prozent.

Eine Ausweitung des gemeinnützigen Wohnbaues ist Voraussetzung dafür, dass junge Menschen auf eigenen Füßen stehen können. Dadurch würde gleichzeitig der Anstieg der Mieten im kommerziellen Bereich gedrückt. So ist ihr Niveau in Wien nicht zuletzt deshalb (relativ) niedrig, weil es sich bei etwa 45 Prozent aller Wohnungen um Gemeinde- und Genossenschaftswohnungen handelt.

Eine nachhaltige Forcierung des gemeinnützigen Wohnbaues würde überdies das Wirtschaftswachstum stärken, insbesondere in den Ländern der EU-Peripherie (dort ist der Wohnungsmangel besonders drückend und neben Arbeitslosigkeit und Lohnniveau ein wesentlicher Grund für die Abwanderung in die Zentralräume).[60] Zugleich würde damit ein Beitrag zur »Dynamisierung« der Gesellschaft geleistet: Kritik am Bestehenden, Konzipierung von neuen Wegen und der Mut (und Spaß), sie zu beschreiten, ist primär die Aufgabe der jungen Generation. Damit ist es schlecht bestellt, wenn die Hälfte der 18- bis 34-Jährigen auf die Hilfe der Eltern angewiesen ist.

Neue Jobs »zwischen Markt und Staat«

Die Möglichkeiten der Jungen, ein unabhängiges Leben zu führen, haben sich in der EU auch in Bezug auf Beschäftigung und Einkommen verschlechtert. So zeigt eine neue Studie des Internationalen Währungsfonds, dass die Armutsgefährdung der Jungen seit der Finanzkrise 2008 stärker gestiegen ist als jene der Älteren.[61]

Es gibt viele Tätigkeiten, die für den Zusammenhalt einer Gesellschaft oder für die Bewahrung ihres kulturellen Erbes nützlich sind, aber nicht in hinreichendem Ausmaß geschaffen werden, weder durch Unternehmen noch vom Staat. Dazu gehören die Betreuung alter, behinderter und chronisch kranker Menschen, die Organisation von Kindergruppen durch Elterninitiativen, Initiativen zur Erweiterung des kulturellen Angebotes, für den Denkmalschutz oder zur Umweltverbesserung etc.

Solche Dienstleistungen werden zum Teil von staatlichen oder privaten Organisationen erbracht, zum Teil von Vereinen auf freiwilliger Basis. In diesem »informellen« Bereich könnten durch Zuschüsse bei Einstellung von Arbeitslosen neue Arbeitsplätze entstehen. Nicht nur für junge als Einstieg ins Erwerbsleben, sondern auch für ältere (Langzeit-)Arbeitslose. Damit würde sich der Staat Zahlungen von Arbeitslosengeld bzw. für die Mindestsicherung ersparen und Einnahmen an Steuern und Sozialbeiträgen erzielen. Gleichzeitig würden Zuversicht und Nachfrage der »Nicht-mehr-Arbeitslosen« steigen, und die Versorgung der Gesellschaft mit nützlichen Dienstleistungen würde sich verbessern.

Förderung gemeinschaftlicher Aktivitäten
Die folgenden Vorschläge sind vage, berühren aber ein fundamentales Problem: Die Dominanz der neoliberalen »Grundwerte« hat den Leistungsdruck von außen *und* innen, Versagensängste und Vereinzelung verstärkt. Die Entfremdung vieler Menschen sich selbst und den anderen gegenüber äußert sich als Flucht in Drogen, als Burn-outs, Depressionen und andere seelische Krankheiten.

Behandelt werden diese Leiden – wenn überhaupt – nur auf der individuellen Ebene durch Psychopharmaka und Psychotherapie. Aber könnte man nicht zusätzlich auf der sozialen Ebene versuchen, diesen Leiden vorzubeugen oder sie zu mildern? Könnte man nicht »Gegen-Welten« fördern, in denen im Kleinen gepflegt wird, was im neoliberalen Alltag zu kurz kommt?

Klingt ziemlich »gutmenschlich« und naiv. Diese Einschätzung ist aber selbst (mit-)geprägt von der Vorstellung »Jeder ist seines (Un-)Glückes Schmied«. Wenn ein Problem epidemischen Charakter hat und in erheblichem Maß gesellschaftlich (mit-)verursacht ist, sollte es die Politik aufgreifen (so wie die Arbeitsbedingungen spätestens seit dem 19. Jahrhundert als Krankheitsursache begriffen wurden).

Wenn die psychosozialen Probleme von den politischen Eliten (weiter) als gesellschaftspolitische Frage ignoriert werden, dann bleiben die rechten Politiker (weiter) die einzigen, welche die Verbitterten und Zukunftsängstlichen ansprechen und mit ihren Gefühlen »arbeiten«. Dagegen hilft nur Aufklärung über die gesellschaftlichen Ursachen der sozialen Lage der Missachteten und ihrer Gefühle, sodass sie sich auch wahrgenommen fühlen (nicht nur von den Populisten).

Der Weg zur Prosperität und (damit) zu einem sozialen Europa wird viele Jahre dauern. Unterwegs braucht es eine Stärkung von Initiativen, die im Kleinen das Gemeinschaftliche (er-)lebbar machen (so wie die Arbeiterbewegung mit ihren Konsumgenossenschaften und Bildungsvereinen »Gegenwelten« schuf).

Ein modernes Beispiel dafür sind die Gemeinschaftsgärten: Sie gewährleisten die Kontinuität gemeinschaftlicher Tätigkeit, Menschen unterschiedlicher nationaler und sozialer Herkunft kommen einander näher, nützen sich selbst, indem sie einander helfen. Auch das Eigennützige kommt nicht zu kurz (schließlich bepflanzt jedes Mitglied einen eigenen Bereich).[62]

Verstärkt würden Gemeinschaftlichkeit und Kontinuität, wenn die Aktivitäten im Wohnbereich angesiedelt sind, also etwa Gemeinschaftsgärten in größeren Wohnhausanlagen oder auf deren Dächern errichtet werden. Auch andere Aktivitätsfelder sind denkbar, etwa im Bereich der Kulturproduktion (Theateraufführungen, gemeinsames Musizieren etc.), der Organisation wechselseitiger Unterstützung, zum Beispiel bei handwerklichen Tätigkeiten oder gemeinsam verbrachter Freizeit (Wandern, Reisen, Schwimmen im gemeinsamen Pool am Dach etc.).

Solche Initiativen gibt es in Einzelfällen schon. Die Politik sollte sie fördern, insbesondere durch Bereitstellung der Infrastruktur (Gartenflächen, Gemeinschaftsräume in Wohnanlagen etc.) und unterstützende Betreuung durch SozialarbeiterInnen.[63]

Damit solche Initiativen nicht »soziale Sonderzonen« sind (oder bleiben), sondern Bewegungen in Richtung auf eine »menschengerechtere« Gesellschaft, braucht es die »aufklärende Politisierung« jener psychosozialen Probleme, welche die »Neoliberalisierung« Europas epidemisch anwachsen ließ.[64]

Stärkung des Sozialstaates: Effizient und solidarisch

»Wo jener notwendige Beistand aus wechselseitiger Liebe, aus Dankbarkeit, aus Freundschaft und Achtung von einem Mitglied dem anderen gewährt wird, da blüht die Gesellschaft und da ist sie glücklich« – diese Feststellung von Adam Smith stellt die fundamentale Begründung des Prinzips der Sozialstaatlichkeit dar (deshalb dürfe der Staat »bis zu einem gewissen Grade auch gegenseitige gute Dienste anbefehlen«).[65] Da Menschen nicht nur individuelle, eigennützige und rationale Wesen sind, geht es den allermeisten von uns gut, wenn es auch den anderen gut geht, zumindest aber niemand verkommt. In der Begrifflichkeit der »Wohlfahrtsökonomie« ausgedrückt: Ein sozialer Grundzusammenhalt stellt ein »öffentliches Gut« dar. Wenn man darauf vertrauen kann, dass jedem in Not geholfen wird, verbessert dies die Lebensqualität auch jener, die keine Hilfe brauchen.

Nach Jahrzehnten der Schwächung des Sozialstaates und der Teilübernahme seiner Aufgaben durch Pensionsfonds, Versicherungen und sonstige private Dienstleister (Verkehr, Telekommunikation etc.) ist der Befund eindeutig: In seinen drei Kernbereichen – Absicherung gegen die Grundrisiken (Krankheit, Unfall, Behinderung, Arbeitslosigkeit und Altersarmut), Bildungswesen und Daseinsvorsorge – bewältigt der Sozialstaat die Aufgaben nicht nur »fairer«, sondern auch effizienter als die Privatwirtschaft.

Im Bereich der Altersvorsorge ist dies besonders klar. Sowohl im kapitalgedeckten als auch im sozialstaatlichen System müssen die Aktiven auf einen Teil ihrer Einkommen verzichten. Im ersten Fall zahlen sie in den Finanzsektor ein, der die Beiträge veranlagt und gleichzeitig aus den Erträgen Pensionen an Anspruchsberechtigte auszahlt. Im zweiten Fall leitet die soziale Pensionsversicherung die Beiträge direkt an die Pensionisten weiter (Umlageverfahren). Hier wie dort werden die Einzahlungen der Aktiven an die Pensionisten weitergeleitet. Allerdings fließen bei kapitalgedeckten Systemen (hohe) Gehälter, Managementgebühren, Ausgabeaufschläge etc. an den Finanzsektor ab, ein Vielfaches des Verwaltungsaufwandes der sozialen Pensionsversicherung. Noch gravierender ist, dass der Wert des Pensionskapitals mit den Bullen- und Bärenmärkten von Anleihen, Aktien und Wechselkursen schwankt, zumal die Vorstellung herrscht, die Renten der Fonds würden sich langfristig besser entwickeln als jene des Sozialstaates (diese steigen mit dem BIP, sofern man sie nicht absichtlich kürzt). Wenn es so wäre, stünden den Pensionsansprüchen kein ebenso stark gewachsenes BIP gegenüber (siehe Kapitel 8).

Spätestens nach der kommenden Vermögensentwertung wird offenkundig werden: Mit ihrer Empfehlung, die sozialstaatliche Altersvorsorge durch das Kapitaldeckungsverfahren zu ersetzen, haben die neoliberalen Experten einen der größten »Böcke« in der Geschichte ökonomischer Lehrmeinungen geschossen.

Auch das sozialstaatliche Gesundheitssystem funktioniert besser als das private: Die Verwaltungskosten sind viel kleiner, Werbeaufwand braucht es nicht. Gegenüber der Pharmaindustrie, den Krankenhäusern und niedergelassenen Ärzten kann eine umfassende soziale Krankenkasse zudem leichter Kostensenkungen durchsetzen als viele private Versicherungen, welche die höheren Kosten einfach an ihre Kunden weitergeben.[66]

Sowohl aus Gründen der Effizienz wie auch des gesellschaftlichen Zusammenhalts muss daher das Prinzip der Sozialstaatlichkeit gestärkt werden. Für das Pensionssystem bedeutet dies: Streichung der staatlichen Förderung für die kapitalgedeckte Vorsorge und Umlenkung der Mittel in das sozialstaatliche System, insbesondere zur Erhöhung der niedrigsten Renten. Im Gesundheitssystem sollte es eine allgemeine soziale Pflichtversicherung geben (ohne die Möglichkeit für Besserverdienende, sich stattdessen privat zu versichern wie in Deutschland). Wo es mehrere soziale Krankenkassen gibt, sollten ihre Leistungen gleich sein (oder sie werden überhaupt vereinheitlicht).

Die wichtigste Herausforderung für einen modernen Sozialstaat stellt der wachsende Pflegebedarf dar. Mit der EU-Osterweiterung setzte sich folgendes Modell durch: Hunderttausende Frauen aus dem Osten werden von Vermittlungsagenturen »importiert«, sie pflegen 24 Stunden 14 Tage lang eine bedürftige Person zu Hause, dafür bekommen sie 700 bis 900 Euro. Die Kosten für die Gepflegten sind wesentlich höher, weil die Agenturen erheblich »mitschneiden«. Die Pflegerinnen agieren als (Schein-)Selbstständige, denn nur so kann man Arbeitsrecht und Tarifvertrag umgehen. Tatsächlich sind die Pflegerinnen unselbstständig, da sie an Arbeitszeit und -ort gebunden sind und die Agenturen das Bürokratische erledigen.

Dieses neoliberale Modell muss durch ein sozialstaatliches ersetzt werden: Das Pflegegeld wird erhöht und überwiegend in »Schecks« ausbezahlt, die bei anerkannten Hilfsorganisationen gegen Pflegeleistungen eingetauscht werden. Auch pflegende Angehörige können dort angestellt werden, erwerben also selbst Pensionsansprüche. So entstehen »normale« Jobs, für Inländer wie für Menschen aus anderen EU-Ländern.

Natürlich scheint ein solches System viel teurer als der gegenwärtige Pfusch, aber nur aus einzelwirtschaftlicher Sicht (»Sparen an anderen«). In systemischer Sicht sind Kosten immer auch Einkommen – wenn Hunderttausende »Normaljobs« geschaffen werden, steigen Kaufkraft und (Konsum-)Nachfrage, die wiederum Multiplikatoreffekte nach sich ziehen.

Das gilt in gleicher Weise für jene Arbeitsplätze, die geschaffen werden müssen, um die Folgen der *kollektiven Vereinzelung* zu mildern. Dazu gehören die Internetsucht und sonstige Entwicklungsstörungen von Kindern, der Drogenkonsum von Jugendlichen, das Herausfallen aus der Ausbildung (besonders häufig von Jugendlichen mit Migrationshintergrund).

Eine besondere Herausforderung wird von der Politik noch kaum wahrgenommen: Auch im ländlichen Raum haben psychische Erkrankungen zugenommen, gleichzeitig halten viele Betroffene ihr »Gestörtsein« für ein Versagen und glauben, dass auch »die anderen« so denken. Überdies ist die Versorgung mit Psychotherapeuten miserabel, und psychosoziale Zentren fehlen (wären sie »normaler« Teil der Gesundheitsversorgung, würde auch die Scham schwächer, ihre Hilfe zu brauchen). Bei schwerer Erkrankung kommt man in eine größere Anstalt, oft viele Kilometer vom Wohnort entfernt, und ist, wieder zu Hause, auf sich, die nächsten Angehörigen (so vorhanden) und auf Psychopharmaka angewiesen.

Kurz, die psychosoziale Versorgung muss ausgebaut werden, besonders für Kinder und Jugendliche und generell im ländlichen Raum.

Auch im Bereich der Daseinsvorsorge erweisen sich Privatisierungen als Flops. Der Hauptgrund besteht darin, dass diese Dienstleistungen in Netzwerkökonomien erstellt werden, also von »natürlichen Monopolisten«. Da jeweils nur *ein* Eisenbahn-, U-Bahn-, Strom-, Gas-, Wasserleitungs- und Kanalisationsnetz existiert, kann es keine Marktkonkurrenz geben. Man kann höchstens Betreiber und Benutzer des Netzes trennen und zwischen Letzteren Marktbedingungen »simulieren«. Bei manchen Netzen (Wasserversorgung, U-Bahn, Kanalisation) ist das allerdings von vornherein ausgeschlossen, bei anderen wie der Eisenbahn ist der Wettbewerb nicht fair: Private (Neben-)Anbieter befahren oft nur die stark frequentierten Linien, während der staatliche Hauptbetreiber das gesamte Netz versorgen muss.

Werden Bereiche der Daseinsvorsorge privatisiert, wird der Konflikt zwischen privatem Gewinn und sozialem Gewinn (Gemeinwohl) offensichtlich: Aufgrund des Versorgungsauftrages und der mangelnden Konkurrenz kann das Unternehmen die Tarife seiner Dienstleistungen oder die Gehälter der Beschäftigten nicht frei gestalten. Die Hauptquelle von zusätzlichem Profit wird daher die Konzentration auf lukrative Strecken und das Sparen an der Infrastruktur (also am Netz selbst).[67]

Eine faktische Teilprivatisierung der Infrastruktur erfolgt durch sogenannte »öffentlich-private Partnerschaften« (»*public-private partnerships*« – PPPs): Eine private Gesellschaft errichtet und finanziert etwa ein Teilstück einer Autobahn oder ein Krankenhaus, und der Staat oder die Benutzer (durch Mauten) bezahlen laufend für die Verwendung der Infrastruktur. PPPs haben als Folge der steigenden Staatsverschuldung und der EU-Fiskalregeln seit den 1990er-Jahren an Bedeutung gewonnen. Zwar kann so die öffentliche

Verschuldung (statistisch) reduziert werden, aber um den Preis höherer Kosten, gerechnet über die Gesamtdauer des Projektes.

Die (Teil-)Privatisierung der Daseinsvorsorge und die dafür erlassenen Richtlinien der EU demonstrieren auf eindrucksvolle Weise die Verdrängung des ökonomischen »Hausverstandes« durch die »Marktreligiosität«. Man braucht nur die Qualität und die Kosten der entsprechenden Dienstleistungen in den Ländern mit staatlicher Daseinsvorsorge mit jenen in Ländern mit privatisierter Daseinsvorsorge vergleichen (etwa durch eine Bahnreise einmal in der Schweiz oder in Frankreich und dann in Großbritannien und den USA).[68]

Das Hauptargument für Konkurrenz auch bei »(quasi-)natürlichen« Monopolen lautet: dadurch würden Innovationen vorangetrieben, das beste Beispiel sei die Privatisierung der Telekommunikation. Richtig ist: Zu »Festnetzzeiten« haben die Staatsbetriebe ihre Monopolstellung für überhöhte Gebühren (und Gehälter) genutzt. Die nachfolgende Privatisierung und Konkurrenz zwischen den Mobilfunk- und Festnetzanbietern hat allerdings auch zu einer enormen Ressourcenvergeudung geführt (in Gestalt mehrfacher Netze von Sendemasten). Überdies haben die Unternehmen den Ausbau ihrer Netze auf den – lukrativen – Bereich der Ballungszentren konzentriert, jenen im ländlichen Raum aber vernachlässigt.[69]

Die EU sollte prüfen, welche Folgen die Privatisierungen im Bereich der Daseinsvorsorge hatten, insbesondere im Hinblick auf die Versorgung der Bevölkerung und die Effizienz. Ich bin überzeugt, eine pragmatisch-lösungsorientierte Evaluierung würde ergeben: Öffentliche Unternehmen sind die bessere Lösung, zumindest für Eisenbahn, Nahverkehr, Post sowie für die Strom-, Gas-, Wasserleitungs- und Kanalisationsnetze. Allerdings braucht es – ähnlich einem Rechnungshof – unabhängige Aufsichts- und Regulationsbehörden. Diese hatten in der Zeit der alten Staatsmonopole gefehlt und wären eine nützliche Hinterlassenschaft aus dem neoliberalen Zeitalter.

Soziale Mindestsicherung in der Europäischen Union
Die neoliberal-finanzkapitalistische »Spielanordnung« und die ihr entsprechende Politik der EU haben nicht nur den sozialen Zusammenhalt innerhalb der EU-Länder geschwächt, sondern gleichzeitig den europäischen Zusammenhalt: Einerseits ist Sozialstaatlichkeit die Basis des Europäischen Sozialmodells, andererseits wurden alle Bereiche des Sozialstaates geschwächt, »erzwungen« durch den Anstieg von Arbeitslosigkeit und Staatsverschuldung.

Daher ist das Image der EU in keinem Bereich so schlecht wie in der Sozialpolitik: Die von der EU in den letzten fünfundzwanzig Jahren durchgesetzten »Strukturreformen« werden zu Recht als Zwang zu fortgesetztem Sozialabbau empfunden (siehe Kapitel 11). In den weniger entwickelten Ländern, insbesondere in den ehemaligen Planwirtschaften, waren daher die Rechtspopulisten mit ihrer nationalistischen, die »soziale Kälte« der EU angreifenden Propaganda am erfolgreichsten.

Der europäische Zusammenhalt wird nur dann gestärkt werden, wenn die EU sich zu einer »Union der Märkte *und* BürgerInnen« wandelt. Dazu braucht es nicht nur »mehr Sozialstaat, weniger privat« in den einzelnen Mitgliedsländern, sondern auch eine Garantie des Existenzminimums für jeden EU-Bürger. Wenn einzelne Mitgliedsländer dies nicht leisten können, springt ein EU-Sozialfonds ein (»Subsidiaritätsprinzip mit umgekehrtem Vorzeichen«).

Erstmals würden Menschen in der gesamten EU *spüren*, dass die EU für mehr steht als die Freiheit der Märkte. Schon ein Bruchteil der Einnahmen aus der flexiblen Abschöpfungssteuer auf fossile Energieträger würde zur Finanzierung einer EU-weiten Mindestsicherung ausreichen (laut Eurostat liegt die Armutsgefährdungsgrenze für eine Person in Bulgarien, Rumänien und Serbien nur bei etwa 150 Euro pro Monat).

EU-Strategien in einer globalisierten und digitalisierten Wirtschaft

Am Beginn dieses Kapitels habe ich gezeigt, dass sich die Silicon-Valley-Konzerne auch in Europa (Quasi-)Monopolstellungen erarbeitet haben, die sich durch positive Rückkoppelungen automatisch verstärken. Dies gilt für die von Amazon, Google, Facebook, Uber, Airbnb, Apple, Microsoft etc. bereits »eroberten« und monopolisierten Märkte für Online-Handel, Suche und Tausch von Informationen, Fahrtendienste, Kurzzeitmieten sowie für Basissoftware.[70]

Die Verbreitung dieser Netzwerke bzw. Software und die daraus resultierende Marktstellung macht es einzelnen privaten Unternehmen unmöglich (weil zu teuer und zu riskant), konkurrierende Plattformen zu entwickeln und jene kritische Masse an Kunden zu gewinnen, die Voraussetzung für ihre weitere Expansion ist. Wahrscheinlicher ist vielmehr, dass die US-Konzerne weitere Dienstleistungsmärkte in Europa erobern und zu einem (Quasi-)-

Monopol machen werden, insbesondere dann, wenn die entsprechenden Tätigkeiten zu freien Berufen erklärt werden.[71]

Aber auch wenn dies nicht geschehen sollte, muss Europa eine radikal neue Antwort auf die Herausforderung durch die Silicon-Valley-Konzerne finden. Denn die (Quasi-)Monopolstellung dieser Konzerne bedeutet, dass Haushalte und Unternehmen in der EU auf unabsehbare Zeit Monopolrenten an die USA zu zahlen haben, die nach Gutdünken erhöht werden können. Diese Abhängigkeit Europas ist umso fataler, als sie einen Bereich der Spitzentechnologie betrifft und daher auch die künftige Innovationsdynamik Europas beschränkt. Zudem liefern die Nutzer dieser Plattformen den Silicon-Valley-Konzernen eine gigantische Flut von Daten über ihr Privatleben, ihre Konsumgewohnheiten und Meinungen, deren wirtschaftliche und politische Verwertung (etwa zur Manipulation von Wahlkämpfen) unkontrollierbar ist.

Diese Entwicklungen waren für Informatiker schon lange absehbar, auch in der ökonomischen Theorie war die Problematik des exponentiellen Wachstums von Netzwerken zu Monopolen analysiert worden (»*network externalities*«), doch die Politik in Europa hielt sich an die Losung »Mehr privat, weniger Staat« und verwechselte sie mit freiem Wettbewerb.

China hat hingegen Google und Facebook blockiert und eigene Suchmaschinen bzw. »Facebook-Klone« gefördert. Auch die Verbreitung der Betriebssysteme und Programmpakete von Microsoft wurde durch »Windows-Klone« eingeschränkt (»NeoKylin«). Zusätzlich wurden chinesische Varianten von Uber und Airbnb entwickelt, und statt Amazon expandiert der chinesische Internet-Riese Alibaba. Diese »nationalistischen« Strategien waren natürlich auch durch das Kontroll- und Zensurinteresse des politischen Systems motiviert.

Auch wenn dieses Motiv in Europa wegfällt (die Geheimdienste sehen das freilich anders): Die EU muss sich aus der Abhängigkeit von den Silicon-Valley-Konzernen befreien und eigenständig-europäische Lösungen entwickeln. Zu diesem Zweck sollte ein Europäisches Software-Konsortium (ESK) geschaffen werden, in dem die besten IT-Unternehmen und (außer-)universitären Forschungseinrichtungen aus der gesamten EU vernetzt werden. Dazu braucht es eine enge Kooperation der Forschungspolitik in der EU mit den Unternehmen, eine massive finanzielle Unterstützung des ESK und den Willen der Politik, dieses gesamteuropäische Projekt umzusetzen. Nur so ließe sich der

Rückstand Europas gegenüber den USA in der Informations- und Kommunikationstechnologie aufholen und die marktbeherrschende Stellung der US-Konzerne brechen.[72]

Das beste historische Beispiel für eine solche Strategie war die Gründung von Airbus im Jahr 1970. Damals war der Rückstand Europas gegenüber den USA in der Flugzeugindustrie größer als heute in der Informationstechnologie. Durch Bildung eines transeuropäischen Konsortiums, massive Subventionen und den politischen Konsens über die Bedeutung dieses Projektes konnte der Rückstand innerhalb von zwanzig Jahren aufgeholt werden. Dies verweist auf die Wichtigkeit des Gestaltungswillens der Politik: Wäre sie 1970 so »marktreligiös« eingestellt gewesen wie in den vergangenen Jahrzehnten, gäbe es heute keine europäische Luftfahrtindustrie, denn »die Märkte« bringen keine Unternehmenskonsortien zustande.

Sind politischer Wille, ein EU-weites Unternehmenskonsortium und Finanzierungsmittel vorhanden, könnte Europa seine informationstechnologische »Kolonialisierung« durch die USA in zehn bis zwanzig Jahren überwinden. Schließlich gibt es Hunderttausende hoch qualifizierte Informatiker, die meisten von ihnen sind hoch motiviert, an einem solchen europäischen Emanzipationsprojekt mitzuarbeiten.

Die Ausgangslage ist allerdings schwierig. Nehmen wir Facebook als Prototyp für den »totalen Internet-Monopolisten«. In Europa ist die Zahl der aktiven (= täglichen) Nutzer zwischen 2013 und 2017 von 179 auf 277 Millionen gestiegen. Wenn sich diese Expansion fortsetzt, wird die Facebook-Penetration in Europa bald 80 Prozent erreichen. Kaum kleiner ist die Marktmacht von Microsoft, Apple, Google, Amazon oder Airbnb bei Betriebssystemen, Software, Suchmaschinen und Online-Handel.

Daher braucht es eine gesamteuropäische Strategie mit »langem Atem«. So könnte die Zahl der ESK-MitarbeiterInnen durchaus die Größe von Airbus erreichen (ca. 60 000). Ein Jahresbudget von 14 Mrd. Euro scheint zwar auf den ersten Blick gigantisch, es wären aber doch nur 0,1 Prozent des EU-BIP (ohne Großbritannien). Und es braucht eine nachhaltige Kampagne zur Aufklärung der Bevölkerung, dass die informationstechnologische Abhängigkeit Europas nicht nur für Jahrzehnte »Tributzahlungen« an die USA erzwingen wird, sondern Meinungsfreiheit, Demokratie und Menschenrechte bedroht. Jenseits des »edlen« Aufklärungsmotivs müssten die europäischen Eliten in Medien, Wirtschaft und Politik schon aus bloßem Eigeninteresse eine solche

Kampagne vorantreiben (ohne eigenständige »Informationsindustrie« kann Europa mit China und den USA nicht mithalten).

Das betrifft besonders das Verhalten der Nutzer von US-Netzwerken. Bisher machen sich die allermeisten Facebook-, Google- oder Amazon-Nutzer keine Gedanken, was mit den von ihnen preisgegebenen Informationen gemacht wird und noch gemacht werden kann. Wer sich einen (Teil-)Zugang zu diesen Daten erkaufen kann, hat ja nicht nur in der kommerziellen Werbung einen Vorteil, sondern auch in politischen Kampagnen. Demokratische Entscheidungen werden so (noch) mehr als bisher von der finanziellen Macht der konkurrierenden Parteien bzw. Kandidaten beeinflusst.[73]

Die Beteuerung, dass es keinen Missbrauch geben werde, ist lächerlich, solange es *prinzipiell* keine Kontrollmöglichkeit gibt und geben kann.[74] Überdies werden wir Europäer nicht von einem Orwell'schen »großen Bruder« in der »eignen« Union überwacht, sondern von privaten »großen Brüdern« in den USA, einer uns zunehmend fremden Gesellschaft. Deren Eliten begreifen Europa immer weniger als Partner, sondern als Konkurrenten. Diese Haltung wird sich in der kommenden Finanzkrise verstärken.[75]

Über all das kann man die BürgerInnen der EU aufklären. Wenn sie verstehen, was mit ihren persönlichen Daten geschehen kann, welche Auswirkungen die Marktmacht von Plattformen wie Uber oder Airbnb auf die wirtschaftliche Lage von kleinen und mittleren Betrieben hat und wie viele Milliarden Euro aus Europa an die Silicon-Valley-Konzerne fließen werden, dann wird sich das Nutzerverhalten langfristig zugunsten europäischer Betriebssysteme, Software und Online-Plattformen verlagern (lassen).

Allerdings nur dann, wenn das ESK parallel dazu solche Lösungen entwickelt hat. Mit Linux ist schon ein »Open-Source-Betriebssystem« vorhanden, in anderen Bereichen kann eine Kooperation mit US-Konzernen sinnvoll sein, aber aus einer Position (künftiger) Stärke.[76] So mag fraglich sein, ob Europa eigene Office-Programme (Textverarbeitung etc.) entwickeln muss bzw. jenen, die es schon gibt, aber wenig verbreitet sind (wie OpenOffice oder LibreOffice), zum Durchbruch verhelfen soll. Doch werden die Verhandlungen zwischen ESK und Microsoft anders verlaufen, wenn der US-Partner weiß: Die Europäer könnten es auch allein schaffen, und dann würde es gar keine Lizenzgebühren für Microsoft geben.

Stärkung der Rolle der EU in der Weltwirtschaft

Die zunehmend »marktreligiöse« Politik in Europa hat nach 1989 die Rolle des Staates auf allen Ebenen eingeschränkt. Das betraf nicht nur die makroökonomische Politik und die Schwächung des Sozialstaates, sondern auch eine aktive Technologie- und Industriepolitik.[77] Dies trug dazu bei, dass Europa nicht nur in der Informationstechnologie ins Hintertreffen geriet (ebenso in Bio- und Nanotechnologie), sondern auch bei der Auftragsvergabe für Großprojekte in Entwicklungsländern, deren Durchführung die Bildung von Unternehmenskonsortien und die Koordination mit staatlichen Stellen voraussetzt.

In Zeiten, in denen die Politik in Europa noch nicht durch einen staatsfeindlichen Grundzug geprägt war, hatten europäische Konsortien öfter den Zuschlag für die Errichtung von Eisenbahnlinien, U-Bahnen, Kraftwerke etc. bekommen. Heute sind in diesen Bereichen chinesische Konsortien erfolgreicher. Das ist nicht nur eine Folge der geringeren (Finanzierungs-)Kosten chinesischer Angebote (europäische Unternehmen könnten dies durch bessere Technologien ausgleichen, außerdem werden für die nötigen Bauarbeiten ohnehin lokale Arbeitskräfte eingesetzt).

Der Hauptvorteil chinesischer Anbieter besteht in ihrer Fähigkeit, in relativ kurzer Zeit eine Gesamtlösung zu entwickeln, ein Konsortium samt Finanzierung auf die Beine zu stellen und das Projekt umzusetzen. Das sollten auch europäische Konzerne gemeinsam mit Finanzinstituten und staatlichen Stellen (Entwicklungszusammenarbeit) schaffen. Doch in Zeiten der »Marktreligiosität« fehlt die Übung, »der Markt« löst solche Probleme nicht.

Ein Beispiel aus jüngerer Zeit ist der Bau einer neuen Eisenbahnstrecke in Kenia von der Hafenstadt Mombasa in die Hauptstadt Nairobi: Die 472 Kilometer lange Strecke wurde zwischen 2013 und 2017 von einem chinesischen Konsortium unter Einsatz von 25 000 Arbeitern aus Kenia gebaut, zu 90 Prozent finanziert von der »China Exim Bank«.

Der Bedarf an Infrastrukturinvestitionen ist in Entwicklungs- und Schwellenländern enorm, das gilt am meisten für Afrika (dort werden Wirtschaft und Bevölkerung am stärksten wachsen). Dies betrifft nicht nur das Verkehrswesen (Eisenbahn, Häfen) und die Energieversorgung, sondern auch das Gesundheits- und Bildungswesen und den Umweltschutz. Davon haben in den letzten Jahren besonders chinesische Unternehmen profitiert, überwiegend staatliche.

Das müsste nicht so bleiben. Die EU könnte Netzwerke von europäischen Unternehmen bilden, die als Partner in Betracht kommen, sie könnte frühzeitig Informationen über in Afrika (oder anderswo) geplante Infrastrukturprojekte einholen, die Bildung von entsprechenden Konsortien fördern (einschließlich der Erstellung von Angeboten und ihrer Finanzierung) und (außen-)politische Unterstützung bei den Verhandlungen mit (potenziellen) Auftraggebern leisten. Dabei wären auch Kooperationen mit chinesischen Anbietern denkbar, zumal sich deren Finanzierungskonditionen – jedenfalls bisher – als unschlagbar erwiesen haben.

Neben einem viel stärkeren Engagement von Unternehmenskonsortien aus der EU an Infrastrukturprojekten in Afrika (und anderswo) und der tra-

> Neben dem enormen Entwicklungspotenzial Afrikas gibt es drei spezielle Gründe, warum sich Europa in diesem Kontinent besonders engagieren und den wachsenden Einfluss von China bremsen sollte:
> - Langfristig wird der stärkste Migrationsdruck in Richtung Europa (weiter) von Afrika ausgehen und als Folge des Klimawandels steigen. Nachhaltig gemildert wird er nur dann, wenn sich die Lebens- und Arbeitsbedingungen in den Herkunftsländern bessern. Genauer gesagt: Wenn die Menschen darauf vertrauen (können), dass dies geschehen wird (in den ersten Jahrzehnten nach der Befreiung von den Kolonialmächten war die Lage nicht besser als heute, aber Hoffnung und Zuversicht waren viel größer).
> - Europäische Unternehmen können sich sprachlich leichter mit Afrikanern verständigen als chinesische Unternehmen (dies ist auch ein Erbe des Kolonialismus). Die staatlichen Institutionen und die lokale Bevölkerung könnten daher stärker in den Prozess der Planung und Umsetzung von Infrastrukturprojekten einbezogen werden, wenn Letztere von europäischen Konsortien durchgeführt werden statt von chinesischen. Das gilt noch mehr für Joint Ventures mit europäischen Unternehmen als Partner.
> - In keinem anderen Kontinent haben sich die europäischen Kolonialherren größerer Verbrechen schuldig gemacht als in Afrika (allein die Herrschaft von Leopold II von Belgien kostete 10 Millionen Kongolesen das Leben). Dafür gibt es keine Wiedergutmachung. Allerdings kann die historische Schuld ein zusätzliches Motiv sein, einen Beitrag zur Verbesserung der Lebensbedingungen zu leisten – erst recht, wenn dies auch der eigenen Wirtschaft nützt.

ditionell-humanitären Entwicklungszusammenarbeit im Gesundheits- und Bildungswesen sollte eine weitere, stärker »(real-)kapitalistische« Variante von Entwicklungspolitik für den privaten Sektor umgesetzt werden, die sich an der Modernisierungsstrategie Chinas orientiert: Es werden gemeinsame Unternehmen gegründet, an denen je zur Hälfte afrikanische und europäische Unternehmer beteiligt sind. Solche Joint Ventures fördern wechselseitiges Lernen, einerseits durch Technologietransfer, andererseits durch das Erfahren von Arbeitsrhythmus und Kundenpräferenzen im jeweiligen Partnerland.

Die EU auf öko-sozialem Wachstumspfad

Wie würde sich die europäische Wirtschaft entwickeln, wenn die Politik die wichtigsten, oben skizzierten Projekte realisiert? Allein die thermische Gebäudesanierung, der Ausbau der Hochgeschwindigkeitsstrecken, die Wohnbauoffensive, die gesamteuropäische Forcierung der Informationstechnologien und die Stärkung des Sozialstaates würden den Wachstumspfad für etwa fünfzehn Jahre auf 4 bis 6 Prozent pro Jahr anheben, in den Ländern der Peripherie stärker, im Zentrum schwächer.

Vor dem Hintergrund der Erfahrungen der vergangenen Jahrzehnte erscheint eine solche Dynamik utopisch. Doch ist die Eingrenzung des Möglichkeitsraumes der Zukunft aufgrund der Erfahrung der Vergangenheit dann irreführend, wenn sich ein Systemwechsel ereignet. So konnte sich niemand in China 1980 vorstellen, dass die Wirtschaftsleistung innerhalb einer Generation auf nahezu das Zwanzigfache steigen würde, auch das Wirtschaftswunder im Deutschland der 1950er-Jahre wäre vorher undenkbar erschienen.

Ein solcher Wechsel zu einer realkapitalistischen »Spielanordnung« würde sich bei Umsetzung der skizzierten Maßnahmen ergeben und damit ein im Vergleich zu den vergangenen Jahrzehnten ungleich stabilerer und »steilerer« Wachstumspfad. Seine wichtigsten Triebkräfte wären das wieder auf die Realwirtschaft fokussierte Profitstreben, die nachhaltige Verbesserung der Umweltbedingungen und die Modernisierung des Sozialstaates.

Da mit dem langfristigen Wachstum der Wirtschaft auch das Wachstum der Arbeitsproduktivität steigt (»Kaldor-Verdoorn-Effekt«) und sich zusätzlich die Roboterisierung beschleunigen wird (»Industrie 4.0«), würde auch bei einem Wirtschaftswachstum von 5 Prozent pro Jahr echte Vollbeschäftigung (ohne prekäre und unfreiwillig-atypische Jobs) frühestens nach zehn Jahren erreicht werden: Wie in Kapitel 10 ausgeführt, sind derzeit in der EU etwa 20 Prozent des Arbeitspotenzials ungenützt, bei einem Wachstum der Wirtschaft um 5 Prozent und der Produktivität um 3 Prozent wäre die Arbeitskapazität nach etwa zehn Jahren ausgeschöpft (nimmt die Produktivität stärker zu, dann entsprechend später).

Wie Arbeitslosigkeit und prekäre Beschäftigung sind auch die anderen großen Probleme der letzten Jahrzehnte – der Anstieg der Staatsverschuldung, die zunehmende Ungleichheit und die Ausbreitung von Armut – eine Folge des neoliberal-finanzkapitalistischen Systems. Diese (»endogenen«) Probleme werden automatisch gemildert, wenn die Wirtschaft einem stabilen Wachstumspfad folgt und sich gleichzeitig die ökologischen und sozialen Lebensbedingungen verbessern.[78]

Auf dem Weg zum Wohlstand werden der soziale Zusammenhalt innerhalb der einzelnen Länder der EU und der europäische Zusammenhalt zwischen den Nationen unmerklich stärker. Wenn Zukunftsangst abnimmt und Zuversicht wächst, werden Sündenböcke immer weniger gebraucht. Politiker werden auch weiterhin versuchen, Menschen oder Nationen gegeneinander auszuspielen, doch mit sinkendem Erfolg.

Auch in den 1950er- und 1960er-Jahren war den meisten Menschen nicht bewusst, dass wechselseitige Rücksichtnahme, die Bereitschaft auch der Reichen, mehr zu teilen (obwohl sie damals weniger zu teilen hatten), der Ausbau des Sozialstaates als »institutionalisierte Solidarität« deshalb gediehen und das Wohlbefinden förderten, weil es sich gleichzeitig auszahlte: In einer realkapitalistischen »Spielanordnung« dominiert der »soziale Eigennutz«, die Interessen der anderen zu berücksichtigen ist nicht selbstlos und geht daher leicht von der Hand.

Dass der »Navigationskarte« der Prosperitätsphase eine ökonomische Theorie zugrunde lag, die – wenn auch nur implizit – die Polaritäten von Menschen und ihres Zusammenlebens zu berücksichtigen suchte, war den wenigsten bewusst. Anderenfalls hätte es den Feinden von Sozialstaatlichkeit und gesellschaftlichem Zusammenhalt nicht gelingen können, mit dem Anspruch auf logische Konsistenz eine längst überholte Theorie wieder zu etablieren, aus der jene »Navigationskarte« abgeleitet wurde, die Europa in die Krise führte.

Die »Navigationskarte« für den Weg zum Wohlstand wird »im Gehen« überprüft und verbessert werden, ihr liegt ja keine wahre »Generaltheorie« zugrunde, sondern das Bestreben, die vielen Aspekte ökonomischer Prozesse – auch psychologische, soziale und politische – zu berücksichtigen und Raum zu geben für die Polaritäten menschlicher Existenz auf der Ebene des Einzelnen, der Familien, der Gemeinschaften und der Gesellschaft(en). Auf diesem Weg kann und wird es Europa gelingen, das Gemeinschaftlich-Europäische an Werten, kulturellen Traditionen und Lebensgewohnheiten zu beleben, weil all dies nicht (mehr) als Gegensatz zum Unterschiedlich-Nationalen begriffen wird, sondern als sein Rahmen.

Vollbeschäftigung bei geringem Wachstum und sinkender Arbeitszeit

Kann sich das Profitstreben nur in der Realwirtschaft entfalten, wird also Unternehmertum auf allen Ebenen bessergestellt als »Finanzalchemie«, so wächst die Wirtschaft stabil und so lange (sehr) stark, wie die Bewältigung von Problemen, die aus der Vorperiode »geerbt« wurden, den Investitionen einen zusätzlichen Schub verleihen. In den 1950er-Jahren war dies der Wiederaufbau, insbesondere in Deutschland und Japan; in den kommenden fünfzehn Jahren sollten dies (zumindest) in Europa die Verbesserung der Umweltbedingungen sowie die Stärkung des sozialen und europäischen Zusammenhaltes sein.

Ist nach zehn bis fünfzehn Jahren echte Vollbeschäftigung erreicht, sinken die Emissionen der Treibhausgase nach Plan und bildet das erneuerte Europäische Sozialmodell das gemeinsame Fundament der EU33, so wird sich das Wirtschaftswachstum abschwächen. Erstens, weil diese drei Hauptziele erreicht wurden, zweitens, weil die Befriedigung neu entstehender bzw. geschaffener Bedürfnisse nur mehr ein geringes Produktionswachstum erfordert, und drittens, weil die Bekämpfung der Erderwärmung eine weitere Verlagerung der Wachstumsdynamik zu den weniger entwickelten Regionen notwendig macht.

Nehmen wir an, das Wirtschaftswachstum pendelt sich in Europa auf etwa 1 Prozent pro Jahr ein.[79] Gleichzeitig geht der technische Fortschritt weiter, der Einsatz von Robotern erfasst alle Produktions- und Lebensbereiche und steigert die Produktivität der Arbeit. Nehmen wir weiter an, man kann je Stunde jährlich um 3 Prozent mehr erzeugen, dann muss die Zahl aller geleisteten Stunden (Arbeitsvolumen) um etwa 2 Prozent pro Jahr sinken, um Vollbeschäftigung auch bei gemächlichem Wirtschaftswachstum aufrechterhalten zu können.

Die Verkürzung der gesellschaftlichen Arbeitszeit wird durch neue Arbeitszeitmodelle erreicht. Sie ermöglichen es Menschen über fünfzig Jahren, ihre Arbeitszeit bis zum Pensionsantritt schrittweise zu verringern. Die Option der Karenz nach Geburt eines Kindes wird zu einer generellen Möglichkeit ausgebaut: Die Teilung des Lebens in drei Blöcke, Kindheit und Ausbildung, Arbeit, Ruhestand, wird aufgelockert – sie hat angesichts des erreichten Wohlstandes ihre Notwendigkeit verloren. Menschen nutzen die Karenz für unterschiedliche Aktivitäten wie ausgedehnte Reisen, Weiterbildung oder Unternehmensgründungen.

In Rezessionen wird der Rückgang des von der Wirtschaft benötigten Arbeitsstundenvolumens durch flexible Kurzarbeit realisiert und nicht mehr durch höhere Arbeitslosigkeit (sie wirkte früher als »Brandbeschleuniger« jedes Wirtschaftseinbruches). Als Vorbild diente die Politik Deutschlands 2009: Obwohl dort die Wirtschaft am stärksten einbrach, stieg die Arbeitslosigkeit dank Kurzarbeit kaum. Dies trug zur raschen Erholung bei, in der sich die Staatsfinanzen viel stärker verbesserten, als sie durch das Kurzarbeitsgeld belastet worden waren.

Daher wird im Europa der 2030er-Jahre die Reduzierung der Arbeitszeit mit öffentlichen Mitteln gefördert, sie ist also immer mit einem partiellen Lohnausgleich verbunden. Dies gilt sowohl für Altersteilzeit oder Karenz als auch für konjunkturell bedingte Kurzarbeit. Echte Vollbeschäftigung (ohne prekäre Jobs) stärkt ja nicht nur den sozialen Zusammenhalt, sondern gewährleistet auch stabile Staatsfinanzen.

Der Einsatz von Robotern und neuen Arbeitszeitmodellen kombiniert technische und soziale Innovationen: Technische Innovationen erleichtern die Arbeit und steigern ihre Produktivität, deren Ertrag wird durch soziale Innovationen überwiegend in mehr Lebensfreizeit »ausbezahlt«, Vollbeschäftigung bleibt erhalten (in den 1970er- bis 2010er-Jahren hatten hingegen die technischen Innovationen zum Anstieg der Arbeitslosigkeit beigetragen, da sich gleichzeitig eine soziale »Dis-Innovation« durchsetzte, die Wirtschaftstheorie der 1920er-Jahre).

Europa hätte sich dann doch noch jene Rahmenbedingungen geschaffen, die Keynes 1930 für 2030 prognostiziert hatte: Alle Grundbedürfnisse sind befriedigt, Arbeit, Profitstreben und die Liebe zum Geld verlieren an Bedeutung. Erstmals in der Geschichte würde nicht die Sicherung der materiellen Existenz im Zentrum des Handelns stehen. Also wird man – mit einer gewissen Mühe – beginnen, das gut Leben zu lernen (»*to live wisely and agreeably and well*«).

Da Keynes allerdings das halbe Jahrhundert neoliberaler Gegen-Aufklärung nicht vorhersah, werden wir auch in den 2030er-Jahren von einer 15-Stunden-Woche noch weit entfernt sein.

20. DIE ROLLE VON ÖKONOMEN: VON DER »MARKTRELIGIOSITÄT« ZURÜCK ZU AUFKLÄRUNG UND ANTEILNAHME

Im Oktober 2010 besuchte ich das »Science & Engineering Festival« auf der »National Mall« in Washington. Ich flanierte von einem Zelt zum anderen und blieb bei einem Vortrag des Physik-Nobelpreisträgers John C. Mather »hängen«. Er sprach über die Forschungen zur kosmischen Hintergrundstrahlung als Beleg für die Entstehung des Universums durch den Urknall. Forschung verglich er mit einer Reise, geleitet von bestimmten Vermutungen und gleichzeitig offen für Neues. In Wechselschritten zwischen der Sammlung von Beobachtungen (etwa durch Konstruktion eines speziellen Satelliten) und ihrer Berücksichtigung im theoretischen Modell entsteht der Weg und führt zu einem – in dieser Form oft nicht erwarteten – Ziel. Dieses wird zum Ausgangspunkt der nächsten »Reise«.

Manches erinnerte mich an Ludwik Flecks »Entstehung wissenschaftlicher Tatsachen« durch »Mutationen des Denkstiles«, gefördert vom »interkollektiven Denkverkehr«. Am meisten faszinierte mich die Bescheidenheit, mit der Mather darauf hinwies, was Astrophysiker alles noch nicht wissen und wie wichtig Staunen und Zweifel sind für »Forschungsreisen«.

Ich war damals Gastforscher beim Internationalen Währungsfonds. Dessen Experten verordneten gerade Griechenland ein (erstes) Sparprogramm, gemeinsam mit jenen der EU-Kommission und der EZB (»Troika«). Die Selbstgewissheit, mit der die Ökonomen ihre »Therapien« als »alternativlos« bezeichneten, stand in völligem Kontrast zur bescheidenen Haltung des Physik-Nobelpreisträgers. Dies erschien mir umso bedenklicher, als die Experten die Auswirkungen ihrer Anweisungen auf die Menschen in Griechenland gar nicht untersucht, sondern einfach aus der Gleichgewichtstheorie abgeleitet hatten (eine ökonomische Theorie verändert ihr Objekt, die Astrophysik hingegen nicht).

Die Selbstgewissheit der Mainstream-Ökonomen war nach Durchsetzung der Theorie der »rationalen Erwartungen« in den 1970er-Jahren immer stärker geworden. Für alle Probleme wie Arbeitslosigkeit, Altersvorsorge oder Staatsverschuldung hat die idealistische Theorie »alternativlose« Diagnosen und Therapien parat. Der Ökonom als forschendes Subjekt und die Akteure als seine Objekte sind vereint in der besten aller Welten: Beide orientieren sich am »wahren Modell«, und dies ist die Gleichgewichtstheorie. Beide verhalten sich »rational«, wobei »rational« als jenes Verhalten definiert wird, das sich an diesem Modell orientiert.

Ein Verhalten, das auch durch Emotionen oder soziale Interaktionen beeinflusst wird, ist demnach »irrational« und wird in der Neuen Klassischen Makroökonomie und den DSGE-Modellen ausgeblendet. Daher operieren die idealistischen Ökonomen in ihren Modellen mit einem »Einheitsmenschen«, dem »repräsentativen Akteur« (obwohl sie ideologisch den Individualismus predigen!), daher wird eine hartnäckige Arbeitslosigkeit als »strukturell« und damit als »freiwillig« interpretiert (Depressionen kann es in der Gleichgewichtswelt nicht geben), und daher ist der (Sozial-)Staat selber schuld an seiner Verschuldung.

Verhaltensökonomen registrieren hingegen viele Formen von »irrationalem« Verhalten wie übersteigerte Selbstgewissheit (»*overconfidence*«), Herdenverhalten (»*mimicry*«), Kurzsichtigkeit (»*myopia*«) oder die Einordnung von Beobachtungen in ein vorgefasstes Interpretationsraster (»*framing*«). Könnte es sein, dass Ökonomen damit unbewusst *eigene* Eigenschaften und Verhaltensweisen in die Objekte ihrer Forschung projizieren?[80]

Der Widerspruch zwischen der Beschränktheit ihres Wissens und der *Selbstgewissheit*, mit dem die meisten Ökonomen ihre Theorien und Therapien präsentieren, ist bei kaum einer anderen Gruppe von Intellektuellen so stark ausgeprägt. Das gilt etwa für Nobelpreisträger wie Robert E. Lucas (für den Keynes sein Leben lang nur ein »politischer Aktivist« gewesen war) oder Edward C. Prescott (für den die Weltwirtschaftskrise deshalb entstand, weil die Politik die Menschen veranlasste, ihre Arbeitszeit zu senken).[81] Aber auch weniger prominente Ökonomen in Wissenschaft und Medien wägen fast nie Argumente ab, sondern formulieren Thesen im Vollbesitz der Wahrheit.

Das *Herdenverhalten* von Mainstream-Ökonomen wird an ihren Prognosen besonders klar: Sie unterscheiden sich meist nur unwesentlich, weil sich die Institute an den Prognosen der anderen Institute orientieren.[82] Überdies werden wissenschaftliche Artikel eher publiziert, wenn sie dem herrschenden Denkstil entsprechen. Da von der Publikationsliste die Karriere abhängt, passen Wirtschaftswissenschaftler sich dem Mainstream an.[83]

Die *Kurzsichtigkeit* vieler Ökonomen zeigt sich an der Überbewertung der jeweils jüngsten Entwicklung – langfristige Entwicklungsmuster, aber auch die Erkenntnisse anderer Wissenschaften werden meist vernachlässigt. Für die »rein« idealistischen Ökonomen macht der Begriff der »Kurzsichtigkeit« ohnehin wenig Sinn, verfügen sie doch über eine jenseits von Zeit und Raum gültige Theorie, was sie von der Notwendigkeit hinzuschauen entbindet (siehe Kapitel 17 und 18).

»*Framing*« ist in keiner anderen Wissenschaft so verbreitet wie in der Ökonomie: Das Marktdiagramm dient als Universalraster, nach ihm werden die Beobachtungen zu den unterschiedlichsten Problemen geordnet und interpretiert – von der Arbeitslosigkeit bis zum Zinsniveau.[84] Gleichzeitig kann nur gesehen werden, was in das vom Diagramm vorgegebene Raster passt – es ist in die »neoklassische Brille« eingraviert (siehe Kapitel 2).

Gegenstand der Wirtschaftswissenschaft sind die Transaktionen von Milliarden Menschen, Millionen Unternehmen und Hunderten Staaten. Sie werden vom Streben nach Lebensgenuss, nach Profit sowie nach Stabilisierung und Verbesserung des jeweiligen Systems angetrieben, und dabei wirken rationale Kalkulation ebenso wie emotionelle Kräfte. Zur Erklärung dieser Prozesse kann es keine umfassende Theorie – quasi eine ökonomische »Weltformel« – geben (nach der sogar die Physik bisher vergeblich sucht).[85]

Dass kein Ökonom perfektes Wissen besitzt, kann man daher nicht ernsthaft kritisieren.[86] Wohl aber, dass idealistische Ökonomen den Anspruch erheben, über die ultimative Theorie zu verfügen. Diese kennt nur Preise und Mengen, nur Märkte, die immer im Gleichgewicht sind, und nur rationale, ihren Nutzen maximierende »repräsentative Agenten«. So meinte Nobelpreisträger Lucas, diese Theorie könne nur mehr »technisch« verfeinert werden.[87] Nicht-Ökonomen mag eine solche »Luftschlosstheorie« angesichts der komplexen Realität geradezu irrsinnig vorkommen. Noch rätselhafter muss es ihnen erscheinen, dass diese und ähnliche Theorien zum makroökonomischen Standard der Wirtschaftswissenschaft wurden.[88]

Die idealistische Theorie stellt ein radikal geschlossenes Denksystem dar, sie erlaubt ihren Vertretern keine empirischen Analysen.[89] Ebenso ausgeschlossen ist eine Reflexion über die eigene Theoriebildung als Reaktion auf gesellschaftliche Entwicklungen und als Instrument ihrer Beeinflussung.[90]

Doch nicht das Gleichgewichtskonzept an sich ist Ursache des totalitären Charakters der herrschenden Theorien. Das zeigt ein Vergleich mit der Denkweise der Begründer der Neoklassik im letzten Drittel des 19. Jahrhunderts.

Sie wollten mit ihren Theorien keinesfalls die Lösung der »sozialen Frage« den Märkten überlassen, sondern die Lage der breiten Masse verbessern. So betont William S. Jevons die Wichtigkeit von »moralischen Wahrheiten« (»*moral truths*« – ein wunderbarer Begriff).[91] León Walras bezeichnete sich als »wissenschaftlichen Sozialisten« und machte sozialreformerische Vorschläge.[92] Für Carl Menger wäre der Gedanke abwegig erschienen, man könne die ökonomische Dynamik lediglich aus der Interaktion von Angebot und Nachfrage begreifen.[93] Alfred Marshall, der Vollender der Neoklassik, hatte ein Leitmotiv: Wie kann ich mit meinem Denken die Lebensbedingungen verbessern, insbesondere der Armen?[94]

Die Werte und wissenschaftliche Grundhaltung der Erfinder der Neoklassik unterschieden sich also nicht wesentlich von den Klassikern wie Adam Smith.[95] Ihr Denken war auch geprägt von Anteilnahme (also nicht »rein rational«), sie differenzierten klar zwischen ihrem (abstrakten) Modell und der (konkreten) Realität (so wären Jevons oder Marshall nicht auf die Idee gekommen, aus ihrem Modell direkte Empfehlungen an die Politik abzuleiten, etwa die Arbeitslosigkeit durch Lohnsenkungen zu bekämpfen). Allerdings war ihnen klar: Theorien »im Ganzen« können Sicht- und Handlungsweisen in der »realen Welt« verändern, und das sollen sie auch.

Die Vertreter der heute dominanten »totalen« Gleichgewichtstheorie sind »coole« Konstrukteure abstrakter Modelle, die gar nicht den Anspruch erheben, einzelne Prozesse – etwa die Entwicklung der Finanzkrise 2008 – in der Realität zu erklären, mögen sie auch noch so folgenreich sein.[96] Da diese idealistischen Ökonomen sich selbst und die (imaginierten) Objekte ihrer Theorien für wesensgleich halten (rein rational, rein individualistisch, rein eigennützig etc.), entsteht ein »intellektueller Kurzschluss«: Subjekt und Objekt der Forschung sowie Modell und Realität fallen zusammen. Daher werden aus der Theorie direkt die (einzig) »richtigen« Maßnahmen für die Politik abgeleitet und ohne Rücksicht auf Verluste umgesetzt.[97]

Versuchen wir, den Mangel an Reflexion aufseiten der Mainstream-Ökonomen zu mildern, indem wir das Modell von Angebot und Nachfrage auf Produktion und Verbreitung ökonomischer Theorien anwenden.

Das *Angebot an Theorien* und damit ihre Produktion entstehen aus unterschiedlichen Motiven – die Suche nach neuen Erkenntnissen; das Bestreben, eine Grundlage für die Wirtschaftspolitik zu liefern; der Ehrgeiz, berühmt zu werden; die Befriedigung der »Theorienachfrage«; das damit verbundene Bemühen, die Interessen der jeweiligen Nachfrager zu legitimieren (Unternehmerverbände, Gewerkschaften, Think Tanks etc.); und nicht zuletzt die Erziehlung von Einkommen.

Diese Motive wirken in vielfältigen Kombinationen. Immer wird ein Wissenschaftler allerdings den Anspruch erheben, dass er der Wahrheitsfindung dient. Dienen seine Theorien gleichzeitig bestimmten Interessen, so wird er sie so konstruieren, dass der Rechtfertigungscharakter – so gut es geht – verdeckt wird.

Ein Beispiel: Hätte Milton Friedman in den 1960er-Jahren angesichts des linken Zeitgeistes ein Ende der Vollbeschäftigungspolitik gefordert, so wäre das als politisches Statement eines konservativ-liberalen Ökonomen abgetan worden. Indem er hingegen die Theorie der »natürlichen Arbeitslosenrate« konstruierte, welche die »keynesianische« Phillips-Kurve zum Ausgangspunkt nahm, die Erwartungsbildung und die – damals steigende – Inflation einbaute, erreichte er den gleichen Zweck auf »wissenschaftliche« Weise.[98]

Je stärker in einer Wirtschaftstheorie die Rechtfertigung bestimmter Interessen dominiert, desto höher ist ihr Abstraktionsgrad. Er verdeckt das Element der Legitimation und macht es dem Theoretiker leichter, sein Selbstbild als »Wahrheitssucher« zu bewahren. Auch die Betonung der methodischen Korrektheit, der logischen Konsistenz und nicht zuletzt der »Wertfreiheit« dient häufig diesem Zweck. Daher prägt folgendes Paradox die Produktion ökonomischer Theorien: je idealistischer ihr Charakter, desto materieller sind die legitimierten Interessen.

Die Produzenten realistischer Theorien gehen von den Beobachtungen aus und suchen allgemeine Zusammenhänge auf induktivem Weg herauszufinden. Sie legitimieren ebenfalls Interessen, doch ist dies weniger ein Zweck der Theoriebildung als das Ergebnis ihrer empirischen Forschung und deren Weiterentwicklung zu Theorien.[99] Zudem spielt das anteilnehmende Denken eine bedeutende Rolle: Es ist fokussiert auf das Konkrete, und aus dessen Beobachtung entstehen Ideen zu Verbesserungen der Lebensbedingungen, insbesondere der Menschen in Not. »Wertfreiheit« ist daher kein Ziel.

Auch die *Nachfrage nach Wirtschaftstheorien* entfaltet sich aus unterschiedlichen Motiven, vom Streben nach Erkenntnis bis zur Legitimation von Interessen. So werden die Gewerkschaften Theorien bevorzugen, welche einen wirtschafts- und sozialpolitisch aktiven Staat legitimieren, Unternehmerverbände fragen solche Theorien nach, welche die Notwendigkeit deregulierter

Märkte, einer verbesserten Infrastruktur und einer Privatisierung der Daseinsvorsorge begründen. Der Finanzsektor präferiert Theorien, die freie Finanzmärkte und die Privatisierung der Pensions- und Krankenversicherung legitimieren. Nur in Finanzkrisen soll der Staat Stärke zeigen.[100]

Die Bedeutung der unterschiedlichen Motive von Anbietern und Nachfragern verändert sich mit der wirtschaftlichen Entwicklung. Je mehr sich eine Krise vertieft, desto stärker überwiegt die Nachfrage nach konkreter Erklärung die nach Interessenlegitimation. Gleichzeitig nehmen die Anstrengungen der Ökonomen zu, ein entsprechendes Angebot zu erstellen, also das Rätsel der Krise zu lösen. Nun hat die realistische Ökonomie Hochkonjunktur. Beispiele wären der steigende Einfluss der sozialreformerischen bzw. sozialistischen Theorien in der Depression der 1870er-Jahre und des Keynesianismus in und nach der Weltwirtschaftskrise. In »Normalzeiten« dominieren »Rechtfertigungstheorien« wie etwa in der »Belle Époque« zwischen 1890/95 und 1914 (in dieser Periode setzte sich die Neoklassik durch). Die Produktion idealistischer Theorien erlebt dann einen Boom, wenn sich die Verteilung von Einkommen und Macht nachhaltig zulasten der Besitzer von Realkapital *und* Finanzkapital verschiebt wie in den 1960er-Jahren.

Es war daher eine brillante Strategie von Hayek, die *Produzenten* der Theorien (»*original thinkers*«) in der Mont-Pelerin-Society direkt zu vernetzen mit den *Finanziers* und den *Verkäufern*, also den Think Tanks und (prominenten) Journalisten (»*second-hand dealers in ideas*«).[101] Durch Produktion vieler Einzeltheorien wurde die »marktreligiöse Gegenreformation« vorbereitet (siehe Kapitel 6) und in den 1970er-Jahren durchgesetzt. Nach seiner Ausschmückung durch »rationale Erwartungen« übernahmen die meisten Ökonomen das neoliberal-neoklassische Gedankengebäude (siehe Kapitel 7).

Die Think Tanks verarbeiteten die Theorien (»Vorleistungen«) zu markt- und politiktauglichen »Endprodukten«, den »alternativlosen« Anweisungen an die Politik. Ihre Umsetzung – von der Liberalisierung der Finanzmärkte bis zur Austeritätspolitik in Südeuropa – hat die ökonomische, soziale und politische Lage in Europa immer mehr verschlechtert (siehe Kapitel 9 bis 12). Die kommende Finanzkrise könnte die Währungsunion und selbst die Europäische Union in ihrer Existenz bedrohen: Die Zeit ist reif für eine Renaissance der »realistischen Ökonomie«, also für den Übergang von »marktreligiösem« zu aufklärendem, von wertfreiem zu anteilnehmendem und von abstraktem zu problemorientiertem Denken.

Ein solches Denken führt unweigerlich zur Schlussfolgerung: Die »totale« Gleichgewichtstheorie ist ein vollkommener und irreparabler Unsinn (siehe Kapitel 17). Wie aber sollen Ökonomen, die sich abgemüht hatten, den Umgang mit dieser Theorie zu erlernen, eine solche Einsicht ertragen können? Wie sollen Professoren, die Jahrzehnte diese Theorie lehrten, gegen Ende ihres Berufslebens den Gedanken zulassen, dass es ein Unsinn war? Wie sollen Journalisten und Politiker damit umgehen, dass sie jahrzehntelang Mantras wie »Mehr privat, weniger Staat«, »Leistung muss sich wieder lohnen« und andere Plattitüden nachgebetet haben und durch deren Umsetzung die Lebensbedingungen von Millionen Menschen verschlechterten?

Zusätzlich erschwert wird »gesellschaftliches Lernen« in Europa durch unterschiedliche nationale Denktraditionen. Als in den 1950er- und 1960er-Jahren überall der Keynesianismus dominierte, lehrten deutsche Professoren überwiegend den Ordoliberalismus.[102] Dieser Unterschied wirkt bis heute nach, am härtesten bekam ihn Griechenland zu spüren (siehe Kapitel 11 und 12).[103]

Die Entwicklung einer »realistischen Ökonomie« braucht konkretes Denken, und dieses wird durch Anteilnahme genährt. Gleichzeitig sind Ökonomen aber überdurchschnittlich egoistisch. Dies ist das fast einhellige Ergebnis von Studien, die Haltung und Verhalten von Ökonomen mit jenen anderer Gruppen vergleichen.[104]

Falls das zutrifft, wäre das für die Gesellschaft fatal, denn Ökonomen sitzen an den Schaltstellen medialer und politischer Macht, das Denken in ökonomischen Begriffen und Sachzwängen dominiert den öffentlichen Diskurs.[105] Doch alle diese Studien sind in den vergangenen dreißig Jahren entstanden, in denen die neoliberale Weltanschauung dominierte, die uns alle egoistischer gemacht hat (siehe Kapitel 16).[106] Und je größer die Probleme in der Wirklichkeit werden, insbesondere nach der nächsten Finanzkrise, desto stärker wird das problemorientierte, konkrete und anteilnehmende Denken an Bedeutung gewinnen, auch unter Ökonomen.

Das Fundament einer »realistischen Ökonomie« ist der »*homo humanus*«, also die Grundannahme, dass Verstand und Gefühl, egoistischer und sozialer Eigennutz das Verhalten der ökonomischen Akteure bestimmen – sie sind Individuen *und* soziale Wesen. Eine solche mikroökonomische Fundierung der Makroökonomie wurde zum größten Teil von jenen Vertretern der Verhaltensökonomie bzw. der Neuroökonomie geleistet, die sich von der Gleichgewichtstheorie als Referenzmodell emanzipiert haben (siehe Kapitel 9).[107]

Natürlich erfordert das Ver-Lernen große Mühe, doch gleichzeitig macht die Zerstörung des schlechten Alten Spaß und Freude am besseren Neuen.[108] Dieses Vergnügen an der intellektuellen »kreativen Zerstörung« konnte ich auch bei der Lektüre der Arbeiten von Ernst Fehr, Colin Camerer und den anderen in Kapitel 9 erwähnten Verhaltensökonomen spüren.[109]

Ein großes Problem muss vertieft behandelt werden, auch wenn es sich nicht endgültig lösen lässt: Wie können Forscher widerspruchsfreie Theorien über das Verhalten von Menschen entwickeln, die alle durch Widersprüche geprägt sind (ebenso wie die Interaktionen zwischen ihnen)? Der Lösungsversuch durch Homo oeconomicus und »rationale Erwartungen« musste scheitern: Wenn das forschende Subjekt und das erforschte Objekt in einem Wesen zusammenfallen, wird logische Konsistenz durch jenen »intellektuellen Kurzschluss« erreicht, der das Denksystem zu einem tautologischen Nichts »verschmort«.

Einen anderen Lösungsversuch bietet die Dialektik an, für welche die vielfältigen Widersprüche in der »Realität« und ihre Entfaltung als Ausdruck eines Entwicklungsgesetzes erscheinen, des Dreischrittes von These, Antithese und Synthese. Ich operiere lieber mit dem allgemeineren Konzept von »Polaritäten«, wobei die »Pole« einander bedingen und gleichzeitig in einem Spannungsverhältnis miteinander interagieren (Verstand/Gefühl, egozentrischer/sozialer Eigennutz, Konkurrenz/Kooperation, Frau/Mann, Yin/Yang etc.).[110]

Sigmund Freud ging einen neuen Weg, um die Widersprüchlichkeit des Menschen in seiner Theorie zu berücksichtigen. Er begriff die Beziehung zwischen dem forschenden und therapierenden Subjekt (Psychoanalytiker) und dem (realen) Patienten als seinem Objekt radikal anders als die Gleichgewichtsökonomen jene zu ihrem (imaginierten) Objekt. Für Freud sind Analytiker und Patient Menschen mit Verstand, Gefühlen, Trieben, Moralvorstellungen, mit einer Vorgeschichte und mit einer Zukunft. Um dieses »Durcheinander« zu ordnen, entwickelte er das theoretische Konzept von Ich, Es und Über-Ich, ohne dieses für ein Abbild der psychischen Struktur zu halten.

Da der Analytiker nicht nur vom Verstand geleitet wird, sondern auch von (unbewussten) Trieben und Gefühlen, stellte Freud Regeln auf, damit diese Faktoren die therapeutische Beziehung möglichst wenig beeinflussen. So sollen das »Abstinenzprinzip« und die Kontrolle der »Gegenübertragung«

sicherstellen, dass der Therapeut als Projektionsfläche für Triebe und Gefühle des Patienten dient.

Dieses Problem haben wir Ökonomen nicht. Wir dürfen unbekümmert die Objekte unserer Forschung mögen und am Schicksal der Benachteiligten und Schwachen Anteil nehmen. Wir brauchen nicht »wertfrei« denken und politisch »abstinent« bleiben, sondern können ungeniert Theorien und darauf basierende Vorschläge erarbeiten, um die Lebensbedingungen zu verbessern.[111] Das Bedürfnis der Schwachen nach solchen Konzepten ist groß, ihre Nachfrage mangels Kaufkraft aber klein, viel kleiner als jene von Think Tanks und (manchen) Medien. Also werden »realistische Ökonomen« durch den Prestigewert neuer Diagnosen als Grundlage nützlicher »Therapien« entlohnt, und dieser steigt in Zeiten von Krisen.

Befürchtungen, anteilnehmendes Denken sei »unwissenschaftlich«, lassen sich am Beispiel großer Ökonomen wie Adam Smith, John Stuart Mill, Karl Marx oder John M. Keynes zerstreuen: Sie waren allesamt anteilnehmende Denker und haben die Wirtschaftswissenschaft weiter vorangebracht als etwa Milton Friedman, Robert Lucas und die anderen »coolen« Denker aus Chicago.

Angesichts der Komplexität ökonomischer Prozesse ist der Anspruch der »realistischen Ökonomie« viel bescheidener als jener der idealistischen Theorien. Einerseits sollten Ökonomen spezifische Fragen genau und damit konkret analysieren und andererseits die Querverbindungen zwischen diesen Problemen herausarbeiten.[112] Beide Aufgaben können nur in einem Suchprozess ohne definierbares Ende angegangen werden und nur in Zusammenarbeit mit anderen Disziplinen, von den übrigen Sozialwissenschaften und der (Sozial-)Psychologie bis zu technischen Disziplinen und der Klimatologie.[113]

Ein Jahr vor seinem Tod schrieb Ludwik Fleck 1960 einen kurzen Aufsatz »Krise der Wissenschaft«. Obwohl er primär die Naturwissenschaften im Auge hatte, sind seine Einsichten auch für die Wirtschaftswissenschaft relevant, heute mehr als damals. Das verdeutlicht schon der Untertitel »Zu einer freien und menschlicheren Wissenschaft« und der erste Satz: »Es ist unzweifelhaft, dass die Wissenschaft zur Gehilfin von Politik und Industrie wird, zum großen Schaden ihrer kulturellen Mission.« Einen wichtigen Grund dafür »stellt der wachsende Opportunismus vieler vor allem junger Wissenschaftler dar – Wissenschaftler, für die Wissenschaft lediglich ein moderner Weg zu einer guten Karriere ist«.[114]

Um die Willfährigkeit der Wissenschaft(ler) einzudämmen, braucht es das Bewusstsein, dass jede Erkenntnis »eine soziale Tätigkeit« ist.[115] »Deshalb muss Erkenntnis als eine Funktion von drei Elementen verstanden werden: Sie ist eine Relation zwischen dem individuellen Subjekt, dem bestimmten Objekt und der gegebenen Denkgemeinschaft (Denkkollektiv), in der das Subjekt handelt (...).«[116] Erkenntnis als sozialer Prozess findet somit ihren Ausdruck in der Dominanz eines bestimmten »Denkstiles« (wie der idealistischen Ökonomie) und eines bestimmten »Denkkollektivs« (wie dem der Anhänger der Theorie »rationaler Erwartungen«).

Die Reflexion der Wissenschaftler über den sozialen Charakter ihrer Erkenntnisprozesse hat viele Vorteile: »Der Wissenschaftler wird bescheidener, indem er die begrenzte Rolle des Individuums anerkennt.«[117] So besehen erscheint das »tiefste Problem der gegenwärtigen Zeit, die Beziehung des Individuums zur Gemeinschaft, (...) in einem neuen Licht. Die gemeinschaftliche Stimmung des Denkkollektivs (...) kann blenden, und sie kann klar sehend machen.« Für mich ist klar: Die idealistische Ökonomie hat geblendet, die realistische Ökonomie sehend gemacht, auch wenn sich damit nicht alle Fragen restlos klären lassen – dazu sind ökonomische Prozesse zu komplex.

Fleck schreibt weiter: »Jeder Politiker und jeder Geschäftsmann weiß, dass die Propaganda, also die Erweckung der gewünschten gemeinschaftlichen Stimmung, grundlegend für jede gemeinschaftliche Tätigkeit ist. Die Wissenschaftler verkennen diesen Umstand – zumindest offiziell – und werden sein Opfer.« In der Wirtschaftswissenschaft geschah in den vergangenen siebzig Jahren genau das Gegenteil: Das neoklassisch-neoliberale »Denkkollektiv« machte selbst Propaganda für die Marktgläubigkeit, die Opfer waren andere.

Doch Aufklärung hilft: »Wenn jedes Schulkind lernt, dass jede Torheit, wie groß sie auch ist, durch passende Propaganda glaubwürdig gemacht werden kann, wird der kritische Widerstand gegen die Propaganda anwachsen.«[118]

Dazu soll dieses Buch beitragen.

ANMERKUNGEN

Teil I

1 Die Allgemeine Gleichgewichtstheorie wurde im letzten Drittel des 19. Jahrhunderts entwickelt. Man bezeichnet sie auch als neoklassische Theorie oder Neoklassik. In den 1970er-Jahren kehrte die Wirtschaftswissenschaft zu diesem Paradigma zurück und baute es weiter aus.
2 Idealistisch konstruiert wäre auch folgendes pseudo-marxistische Modell: Jeder Mensch ist Teil einer Klasse, entweder Kapitalist oder Proletarier (»*there is no such thing as an individual*«). In Klassenkämpfen erobert das Proletariat die Macht im Staat (»Diktatur des Proletariats«) als Vorstufe zur »klassenlosen Gesellschaft«. Diese Art von Theorie ist ausgestorben, daher verwende ich den Begriff »idealistische Ökonomie« als Synonym für die Neoklassik.
3 So hat Karl Marx durch seine Fähigkeit, aus einer Fülle empirischen Materials das Allgemeine herauszufiltern, bahnbrechende Einsichten erarbeitet in die Dynamik der Kapitalismus als Interaktion von technologischer Entwicklung (»Fortschritt der Produktivkräfte«) und gesellschaftlicher Machtverteilung (»Produktionsverhältnisse«). Das Problem, auf Basis seiner Mehrwertlehre eine Theorie der (relativen) Preise unterschiedlicher Güter zu entwickeln, versuchte er auf idealistisch-abstrakte Weise zu lösen (und musste scheitern, weil es nicht lösbar ist).
4 Dies drücken die Bewegungen *auf der Kurve* aus. Wie stark würde die nachgefragte Menge steigen, wenn der Preis um X Einheiten sinkt, bzw. wie stark würde die angebotene Menge steigen, wenn der Preis um Y Einheiten steigt (immer unter der »*ceteris-paribus*-Bedingung«, also der Annahme, dass alles andere gleich bleibt). Der Einfluss anderer Faktoren als des Preises (etwa höherer Kaufkraft oder höherer Kosten) kommt in *Verschiebungen der Kurven* zum Ausdruck – im ersten Fall verschiebt sich die Nachfragekurve nach rechts oben, im zweiten Fall verschiebt sich die Angebotskurve nach links oben (dazu kommen wir gleich).
5 In der Sprache der Ökonomen wie in der »gewöhnlichen« Sprache werden natürlich Begriffe wie Pkw-Markt, Handy-Markt oder Kosmetika-Markt verwendet, da es wichtige Gemeinsamkeiten der jeweiligen Produkte gibt. Da aber gleichzeitig auch Produktdifferenzierungen bedeutend und in der Konkurrenz der Anbieter *ausschlaggebend* sind, darf die Logik es Marktdiagramms nicht angewendet werden. Völlig sinnlos ist die Verwendung von Begriffen wie »der Arbeitsmarkt«, da das Unterschiedliche zwischen Informatikern, Bauarbeitern, Journalisten, Ärzten etc. über das Gemeinsame dominiert. – Die einzigen Märkte, auf denen der jeweils gehandelte Gegenstand vollkommen homogen ist, sind die Finanzmärkte. Genau diese Märkte produzieren keine Gleichgewichtspreise – dazu kommen wir gleich (im Detail in Kapitel 9).

6 Da es hier darauf ankommt, verständlich zu machen, wie Mainstream-Ökonomen »ticken«, reicht es, das Marktdiagramm nur so schlampig zu erklären, wie diese es anwenden.
7 Im Modell wird angenommen, dass eine solche Ersatzleistung (»*reservation wage*«, abgekürzt RW) jedem Arbeitslosen gewährt wird. Unter dem RW-Niveau wird also keine Arbeit angeboten, die Kurve S_0 ist flach.
8 In systemischer Sicht lässt sich die gesamtwirtschaftliche Beschäftigung durch das Spiel »Die Reise nach Jerusalem« skizzieren: Ist es für Unternehmer profitabel, Realinvestitionen zu tätigen und so Arbeitsplätze zu schaffen, so wird die Zahl der Stühle jener des Arbeitsangebots entsprechen (Vollbeschäftigung). Werden andere Aktivitäten profitabler, insbesondere Finanzinvestitionen, so entsteht ein Defizit an Arbeitsplätzen (Arbeitslosigkeit).
9 Im Kontext des Marktdiagramms dargestellt: Die Nachfragekurve der Unternehmer verschob sich so weit nach rechts oben (von D_0 nach D_2), dass sie die Angebotskurve beim (Voll-)Beschäftigungsniveau Q_2 und beim (höheren) Lohnniveau W_2 schneidet (Abbildung 2.1, Diagramm d).
10 Nicht-Ökonomen wird auch diese Modifikation »jenseitig« erscheinen (und überdies unlogisch, da kein rationaler Akteur auf dem Preispfad von 100 auf 104 verkaufen wird). Doch seit der Einführung »rationaler Erwartungen« in der Theoriebildung in den 1970er-Jahren (»*rational expectations revolution*«) gehen die Theoretiker von derart »jenseitigen« Annahmen aus, dass deren Versuche, die Annahmen realitätsnäher zu gestalten, noch immer »jenseitig« erscheinen – vom Boden der Realität aus betrachtet.
11 Ausgangspunkt meiner Beschäftigung mit Finanzspekulation war die Schuldenkrise Lateinamerikas 1982. Mir war klar geworden, dass diese hauptsächlich durch die Schwankungen des Dollars verursacht worden war: Seine Abwertungen verführten diese Länder in den 1970er-Jahren zu massiver Aufnahme von Dollarkrediten, deren Last durch die 1980 einsetzende Dollaraufwertung drastisch stieg (Siehe Kapitel 7). Ich nutzte einen Forschungsaufenthalt 1986 bei Prof. Egon Matzner am Wissenschaftszentrum Berlin, um der Frage nachzugehen, warum (ausgerechnet) die Weltwährung die instabilste aller wichtigen Währungen war. Da mir die Theorien nicht halfen, bat ich meine Mitarbeiterin Eva Sokoll vom WIFO in Wien, alle Tagesdaten des DM/Dollar-Kurses einzutippen und von einem »Plotter« zeichnen zu lassen (Printer konnten das damals noch nicht). Ich bekam per Post eine ca. 2 m lange Rolle, die ich auf eine Pinwand heftete und tagelang betrachtete (die Zeichnung sah ähnlich aus wie jene von Abbildung 2.3): Welches Verhalten der Akteure kann in seinem Zusammenwirken ein solches Entwicklungsmuster generieren? Zwar fielen mir die vielen Kursschübe auf, doch hatte ich dafür keine Erklärung. Ich erzählte Prof. Matzner von meiner Verzweiflung, und er schlug vor, dass ich nach Frankfurt fahren und Trader befragen sollte. Diese Dienstreise veränderte mein Leben. Denn einige Trader zeigten mir die Kauf- und Verkaufssignale ihrer computergesteuerten Spekulationssysteme. Aber laut ökonomischer Theorie wäre der Markt nicht einmal schwach effizient, wenn

man mit solchen Systemen Profit machen kann! Dem musste ich nachgehen, und es wurde ein langer Weg. – Dem außerordentlichen Ökonomen und Menschen Egon Matzner, der leider schon 2003 mit 65 Jahren verstarb, ist bin ich auch aus vielen anderen Gründe zu Dank verpflichtet. Seine Gedankenwelt beschreibt Gabriele Matzner-Holzer in einem empfehlenswerten Buch (*Matzner-Holzer*, 2001).

12 Es gibt auch andere Akteure, welche der »Herde« folgen, ohne Systemspieler zu sein (siehe Kapitel 9).

13 Gunther Tichy untersucht, ob man die Finanzkrise hätte voraussehen können (*Tichy*, 2012A) sowie die verwandte Frage, warum die Zentralbanken die Krisenanzeichen bzw. Vorwarnung ignorierte (*Tichy*, 2012B). Er dokumentiert die unterschiedlichen Typen von Krisenerklärungen vieler (berühmter) Ökonomen und die Risikoeinschätzungen der Notenbanken. Dass die Preisdynamik auf spekulativen Märkten *selbst* durch drei Bullenmärkte das »Absturzpotential« aufgebaut hatte, das 2008 in drei Bärenmärkten »aktiviert« wurde, wurde nicht in Erwägung gezogen. Eine so drastische Vermögensentwertung musste das Eigenkapital der Banken dezimieren sowie die Nachfrage nach Investitionsgütern und nach langlebigen Konsumgütern einbrechen lassen. Solche Bewertungseffekte werden jedoch in der herrschenden Theorie vernachlässigt. Im Gegensatz dazu behandelt Helge Peukert das »Bullen-Bären-Paradigma« ausführlich in seiner Studie über die »große Finanzmarktkrise« (*Peukert*, 2010).

14 Verstärkt wurden Ausmaß und Folgen der Bullen- und Bärenmärkte durch die Bilanzierungsregeln: Demnach müssen Unternehmen ihre Vermögenswerte zu aktuellen Kursen in der Bilanz erfassen. Die Bullenmärkte haben die Bilanzen der Banken »aufgeblasen«, ihr Eigenkapital wuchs und damit ihr Spielraum für weitere Spekulationen. Die nachfolgenden Bärenmärkte senkten die Vermögenswerte der Finanzinstitutionen, ihr Eigenkapital schmolz noch schneller dahin, und sie mussten gerettet werden. – Die Folgen der »International Financial Reporting Standards« (IFRS) für Heranwachsen, Ausbreitung und Vertiefung der Finanzkrise analysieren *Stadler* (2011) und *Admati – Hellwig* (2013). Allerdings stellen nicht die Bilanzierungsregeln *an sich* das Hauptproblem dar, sondern die »manisch-depressiven« Schwankungen der Finanzmärkte (würden sie Gleichgewichtspreise generieren, wären die IFRS-Regeln kein Problem).

15 Ich verwende den Begriff »Eliten« oft in diesem Buch, und zwar im Sinne von »Machteliten«. Gemeint sind jene Personen, die in Politik, Medien, Wissenschaft und Wirtschaft bestimmende Positionen einnehmen. Das ist zwar keine wissenschaftlich präzise Definition, gibt aber ein hinreichend klares Bild, wer gemeint ist (Regierungen, führende Mitglieder von Traditionsparteien, Manager von Großkonzernen, einflussreiche Journalisten und Professoren, etc.). Der weitaus größte Teil der so umrissenen Eliten hat in den vergangenen Jahrzehnten die neoliberale Weltanschauung übernommen, wenn auch in unterschiedlicher Ausprägung. Durch diese »Homogenisierung« und Globalisierung des Denkens un-

terscheidet sich die gegenwärtige Krise am meisten von den großen Krisen der vergangenen 250 Jahre. Auf den damit verbundenen »Lernwiderstand« der Eliten komme ich in diesem Buch immer wieder zurück.
16 *Mirowski* (1992).
17 Eine kurze Biographie zu Ludwik Fleck findet sind in der Einleitung in *Fleck* (1980).
18 *Kuhn* (1979), S. 8.
19 *Fleck* (2011), S. 52.
20 *Fleck* (2011), S. 182.
21 *Fleck* (2011), S. 182.
22 Er erschien in Basel, ein Exemplar gelangte in die Harvard-Bibliothek, wo Thomas Kuhn es entdeckte.
23 *Fleck* (1980), S. 130.
24 *Fleck* (1980), S. 121.
25 *Fleck* (1980), S. 85.
26 *Fleck* (1980), S. 131. – Dieser Gedanke taucht später bei Kuhn als das Problem der »Inkommensurabilität« unterschiedlicher Paradigmata auf und bedeutet, dass Hypothesen nur *innerhalb* eines Paradigmas (Denkstil bzw. »Meinungssystem« bei Fleck) geprüft werden können. (*Kuhn*, 1962) Damit wurde die Allgemeingültigkeit des »Falsifikationstheorems« von Karl Popper in Zweifel gezogen. (*Popper*, 1934) Die dadurch ausgelöste Debatte konsumierte hunderte Seiten wissenschaftstheoretischer Literatur, Fleck wurde an keiner Stelle erwähnt.
27 *Fleck* (1980), S. 143.
28 Der »Wirtschafts-Nobelpreis« wurde (erst) 1968 von der Schwedischen Reichsbank gestiftet und 1969 erstmals verliehen (»Alfred-Nobel-Gedächtnispreis für Wirtschaftswissenschaften«). Alfred Nobel selbst stand den Wirtschaftswissenschaften sehr kritisch gegenüber (»Ich hasse sie von Herzen«, hatte er in einem Brief geschrieben).
29 *Lucas* (1980), S. 19.
30 *Fleck* (1980), S. 40.
31 *Fleck* (1980), S. 41.
32 *Fleck* (1980), S. 42. – Diesen Gedanken baute Thomas Kuhn zur Drei-Phasen-Theorie aus: In der Phase der »normalen Wissenschaft« dominiert ein Paradigma unangefochten, das Auftauchen von »Anomalien« führt in eine »Krise« und dann zu einer wissenschaftlichen Revolution.
33 *Fleck* (1980), S. 44.
34 *Friedman – Schwartz* (1963).
35 *Schulmeister* (2015A).
36 *Fleck* (1980), S. 132.
37 *Taylor* (2009).
38 *Fleck* (1980), S. 46. – Fleck bringt zwei köstliche Beispiele aus der Biologie (Bienen hätten ein mathematisches Problem perfekt lösen können) und aus der Anatomie (auf Grund der »aus dem Altertume stammenden Idee grundsätzlicher Analogie

maskuliner und femininer Geschlechtsorgane« wurde die entsprechende »Gestalt« nicht nur gesehen, sondern in den Lehrbüchern *geschaffen*).
39 Absurde Konstruktionen wie die Theorie des »real business cycle« oder allgemein die DSGE-Modelle sind (Aus-)Geburten des »Denkzwangs« des idealistisch-neoklassischen RE-Kollektivs: Auf Grund der »denkstilgemäßen« Annahmen *kann* es keine anderen Gründe für Konjunkturschwankungen geben als technische Innovationen. Man muss auch annehmen, dass alle Menschen gleiche Präferenzen haben (sonst kann man ihre Nachfragekurven nicht aggregieren). Dann kann man gleich davon ausgehen, dass nur ein Mensch existiert als »repräsentativer Agent«.
40 *Cole – Ohanian* (2004).
41 »In the 1930s, labor market institutions and industrial policy changed normal market hours. I think these institutions and actions are what caused the Great Depression.« (*Prescott*, 1999, S. 27)
42 *Fleck* (1980), 136.
43 Die »neo-klassische Synthese« war ein intellektueller Kompromiss, der das ökonomische Denken in den 1950er und 1960er Jahren prägte: In der Mikroökonomik galt weiterhin die Gleichgewichtstheorie, in der Makroökonomik jener Teil der Theorie von Keynes, der gesamtwirtschaftliche Ungleichgewichte mit der Instabilität der Gesamtnachfrage erklärte. Ihre nach Keynes wichtigsten Ursachen wie Unsicherheit, Emotionen und Finanzspekulation blieben ausgeblendet. Ich bezeichne diese Vereinfachung als »Trivial-Keynesianismus«. Näheres dazu in Kapitel 5.
44 Seit den 1980er Jahren hat sich als Untergruppe des RE-Denkkollektivs die »New Keynesian economics« entwickelt. Sie teilt mit den »Hardlinern« der Schule von Chicago die Annahme »rationaler Erwartungen«, berücksichtigt aber die Möglichkeit temporärer Ungleichgewichte als Folge nicht voll flexibler Preisbildung. Das Attribut »Keynesian« für diese Schule ist so treffend wie der Begriff »Quantensprung« für eine große Veränderung.
45 *Fleck* (1980), S. 137.
46 *Fleck* (1980), S. 137.
47 *Fleck* (1980), S. 138.
48 Manchmal brechen neue Entdeckungen den »Bann der Harmonie der Täuschungen«. (*Fleck*, 1980, S. 122f.) Fleck sieht darin keinen totalen Wandel eines »Meinungssystems«. Thomas Kuhn hingegen reduziert die Vielfalt in der Evolution des Denkens auf drei Entwicklungsstadien: »Normale Wissenschaft«, Wissenschaft in der Krise (durch Häufung von »Anomalien«) und revolutionärer Paradigmenwechsel. Die Sicht von Fleck ist offener und reichhaltiger als jene von Kuhn. Dessen Einschränkung auf drei Phasen wurde schon in der intensiven Diskussion seines Bestsellers in den 1960er Jahren kritisiert, an der sich alle renommierten Wissenschaftstheoretiker beteiligten. Doch auch Popper, Lakatos oder Feyerabend haben in ihren Arbeiten Fleck nie erwähnt, obwohl sie seinen Essay gekannt haben *müssen* (allein schon wegen dessen Erwähnung in Kuhns Vorwort).

49 In einem brillanten Artikel über »The Superiority of Economists« dokumentieren Marion Fourcade, Etienne Ollion und Yann Algan die Selbst-Isolation der Ökonomen innerhalb der Sozialwissenschaften: Sie verwenden und zitieren die Forschung anderer Disziplinen in ungleich geringerem Ausmaß als umgekehrt. Sie haben auch kaum Interesse an interdisziplinärer Forschung (*Fourcarde, Ollion und Algan*, 2015).

50 »Its central problem of depression prevention has been solved, for all practical purposes, and has in fact been solved for many decades.« (*Lucas*, 2003, S. 1 – aus der »Presidential Address« von Lucas aus Anlass der 150. Jahrestagung der American Economic Association im Jänner 2003). – Eugene Fama, ein anderer »Chicago-Ökonom«, bestreitet (ganz im Sinne von Flecks Feststellung »Was in das System nicht hineinpasst, bleibt ungesehen«) die Existenz von »bubbles« auf Finanzmärkten, weil diese nicht prognostizierbar seien (diese These vertrat Fama in vielen Interviews, etwa im *New Yorker* vom 13. Jänner 2010).

51 *Fleck* (1980), S. 140.
52 *Fleck* (1980), S. 160.
53 *Fleck* (1980), S. 149.
54 Ich habe das Buch von Ludwik Fleck 1982 gelesen. Im gleichen Jahr brach die Schuldenkrise Lateinamerikas aus. Diese soziale Katastrophe war eine indirekte Folge des erfolgreichen Kampfs von Friedman und Co. für freie Wechselkurse (siehe Kapitel 7). Zur gleichen Zeit folgten immer mehr »Keynesianer« dem neuen Mainstream. Fleck erklärte mir, wie sehr Produktion und Durchsetzung ökonomischer Theorien das Ergebnis von Erkenntnisinteressen, Herdenverhalten und Opportunismus sind. Am meisten berührte mich daher das Verhalten von Fleck im KZ Buchenwald. Den Tod riskierend, hielt er am Auftrag von Wissenschaft fest.
55 *Fleck* (1980), S. 35.
56 *Fleck* (1980), S. 36.
57 *Rothschild* (1994); *Kennedy* (2009), *Sedlacek* (2012); *Pauchant* (2013).
58 Vollständiger Titel: *An Inquiry into the Nature and Causes of the Wealth of Nations*, Erstpublikation 1776.
59 Ich verwende die jüngste, beste und leider zu wenig verbreitete Übersetzung von Monika Streissler mit dem Titel *Untersuchung über Wesen und Ursachen des Reichtums der Völker* (*Smith*, 2012). Sie wird eingeleitet und ergänzt durch zwei dichte und vielschichtige Aufsätze von Erich Streissler über den großen Adam Smith.
60 *Smith* (2012), S. 467. – »By preferring the support of domestic to that of foreign industry, he intends only his own security; and by directing that industry in such a manner as its produce may be of the greatest value, he intends only his own gain; and he is in this, as in many other cases, led by an invisible hand to promote an end which was no part of his intention. Nor is it always the worse for the society that it was not part of it. By pursuing his own interest, he frequently promotes that of the society more effectually than when he really intends to promote it.« (*Smith*, 1976, S. 456.)

61 Emma Rothschild zufolge hat Smith die Metapher als ›leicht ironischen Scherz‹ verwendet. Er, der große Aufklärer, habe sich über jene lustig gemacht, die an Kräfte der Vorsehung glaubten. (*Rothschild*, 1994) – Für einen Überblick über Interpretationen der Metapher siehe *Kennedy* (2009) und *Pauchant* (2013). Für Erich Streissler formuliert Smith mit der »unsichtbaren Hand« ein allgemeines Theorem (Eigennutz dient oft dem Gemeinwohl ohne dass dies bezweckt wurde) und ein spezielles Theorem (individuelles Gewinnstreben bei möglichst geringem Risiko maximiert das Volkseinkommen). (*Streissler*, 2012, S. 15ff.) Streissler belegt, dass Smith an vielen Stellen solche Argumente vorbringt, ob er aber mit der Metapher wirklich zwei Theoreme aufstellen wollte, scheint zweifelhaft. Dann wäre er immer wieder auf die »unsichtbare Hand« als Theorem(e) zurückgekommen. Doch er erwähnt die »unsichtbare Hand« nur im Zusammenhang mit der Unsicherheit von Außenhandel. Auch hätten die großen Ökonomen nach ihm die Metapher als essentielles Konzept wahrgenommen – sie haben sie aber nicht einmal erwähnt.
62 *Kennedy* (2009), S. 240.
63 Zitiert nach *Kennedy* (2009), S. 250. – Das Originalzitat von Samuelson lautet: »Adam Smith, the ›scanny Scot‹, (...) was so thrilled by the recognition of an order in the economic system that he proclaimed the mystical principle of ›the invisible hand‹: that each individual in pursuing only his own selfish good was led, as if by an invisible hand, to achieve the best good of all, so that any interference with free competition by government was almost certain to be injurious.«
64 *Kennedy* (2009).
65 *Kennedy* (2009).
66 *Herrmann* (2016) belegt die Bedeutung der Theorien großer Ökonomen, insbesondere von Smith, Marx und Keynes, für ein besseres Verständnis der gegenwärtigen Krise der Wirtschaft und noch mehr der Wirtschaftswissenschaften. Sie zeigt die einseitige Interpretation von Smith durch seine neoklassischen bzw. neoliberalen Nachfolger und arbeitet (deshalb) die »soziale Seite« des großen Smith heraus.
67 *Smith* (2010), S. 5. – Leider stammt die letzte deutsche Übersetzung der *Theory of Moral Sentiments* aus den 1920er Jahren (von Walther Eckstein), sie ist oft umständlich und unpräzise. Ich verwende sie bei Zitaten dennoch, um die Konkordanz mit der verfügbaren Literatur zu wahren.
68 *Smith* (2010), S. 6.
69 An Smith' Erwägungen musste ich denken, als im Herbst 2015 in vielen Ländern Europas tausende Menschen wochenlang mitarbeiteten, um das Schicksal der schutzsuchenden Flüchtlinge zu lindern. Was besonders berührte, war die Fröhlichkeit der interviewten HelferInnen. Manche von »Train of Hope« am Wiener Hauptbahnhof sprachen lachend über die »euphorisierende« Wirkung des gemeinsamen Helfens.
70 *Smith* (2010), S. 180f.

71 »Der Mann, der (...) eine edle Tat vollführt hat, der fühlt (...), dass er der natürliche Gegenstand ihrer Liebe und Dankbarkeit ist (...). Und sobald er zurückblickt nach den Beweggründern (...), kann er ihnen immer noch seine Zustimmung geben und sich selbst aus Sympathie mit der Billigung des hinzugedachten unparteiischen Zuschauers Beifall spenden (...). Der Gedanke daran erfüllt sein Gemüt mit Fröhlichkeit, Heiterkeit und Seelenruhe. Er ist in Freundschaft und Harmonie mit allen Menschen (...).« (*Smith*, 2010, S. 136)
72 *Smith* (2010), S. 137.
73 *Smith* (2010), S. 137.
74 *Smith* (2010), S. 138.
75 »Diejenigen, deren Herzen sich niemals den Gefühlen der Menschlichkeit erschließen, die sollten – meinen wir – in der gleichen Weise von der Zuneigung aller ihrer Mitgeschöpfe ausgeschlossen sein (...).« (*Smith*, 2010, S. 131).
76 *Smith* (2010), S. 129 – Smith wäre kein Gegner des Sozialstaates gewesen.
77 *Smith* (2010), S. 141.
78 *Streminger* (2017), S. 73. – In den Kapiteln 7 und 9 werden wir sehen, dass dieser destruktive Egoismus das Profitstreben von Tradern auf Finanzmärkten prägt. Denn dort gilt die Logik: Je mehr meine »Partner« verlieren, desto mehr gewinne ich. In der Realwirtschaft wird ein Unternehmer hingegen nur dann erfolgreich sein, wenn er auch die Interessen anderer, insbesondere seiner Mitarbeiter, Lieferanten und Kunden, berücksichtigt.
79 *Smith* (2010), S. 94. – Den Hinweis auf diese Textstelle verdanke ich der neuen Smith-Biographie von *Streminger* (2017), S. 222. Smith hätte damit »die Lebensgrundlage der gesamten Regenbogenpresse« angesprochen – auch in diesem Punkt sind seine Einsichten höchst aktuell.
80 *Smith* (2012), S. 747f.
81 *Eckstein* (2010), S. XLf.
82 Smith' wichtigste Erweiterungen skizziert *Streminger* (2017), S. 222.
83 *Smith* (2010), S. 520.

Teil II

1 Eine Klarstellung für wachstumskritische Leserinnen und Leser: Ich glaube nicht, dass höheres Wachstum Europas Probleme langfristig lösen kann (auch wenn es Aufgaben gibt, deren Bewältigung in einer Übergangsphase die realwirtschaftliche Expansion stärken wird – siehe Kapitel 19). Es ist aber wichtig, jene Kausalzusammenhänge herauszuarbeiten, die in einer bestimmten historischen Phase eine damals gute Entwicklung ermöglichen, um sie für die neue Gestaltung der Rahmenbedingungen in einer anderen Phase nutzen zu können.
2 *Guger* (2011). – So stieg die Abhängigkeitsquote in Österreich zwischen 1960 und 1970 von 50,4 Prozent auf 62,4 Prozent, für die Periode 2017 bis 2027 dürfte sie von 49,3 Prozent auf 57,3 Prozent steigen.

3 Keynes verlangte staatliche Konjunkturmaßnahmen, so in einem Brief an die »Times« vom 17. Oktober 1932 (gemeinsam mit anderen Ökonomen wie Arthur C. Pigou). Zwei Tage später erschien die Replik des Mainstream, vertreten durch Friedrich A. Hayek und Lionel Robbins. Sie forderten Liberalisierungen, keinesfalls dürfe der Staat »zur alten Gewohnheit verschwenderischen Ausgebens zurückkehren«. Auf diesem Feld waren Keynes und Hayek erbitterte Gegner, nicht aber in gesellschaftspolitischen Fragen (beide waren Liberale), und schon gar nicht in ihren persönlichen Beziehungen, die von Respekt und Freundschaft geprägt waren. – In einem großartigen Buch über die wichtigsten Ökonomen seit Karl Marx gelingt es Sylvia Nasar, die Wechselwirkungen zwischen den persönlichen Lebensgeschichten (insbesondere auch ihren Liebesbeziehungen), den gesellschaftlichen Entwicklungen (insbesondere den sozialen Fragen) und den unterschiedlichen Denk- und Forschungsstilen nachzuzeichnen und so den Leser am Entstehungsprozess ökonomischer Theorien teilhaben zu lassen (*Nasar*, 2011).
4 *Kindleberger* (1987).
5 *Chambers-Dimson-Foo* (2015).
6 Heinz Kurz dokumentiert, dass Jean-Baptiste Say mit dem nach ihm benannten Gesetz keinesfalls behauptet hatte, dass nicht nur Kapital, sondern auch Arbeit immer vollständig ausgelastet wäre. Diese Zuschreibung als »Say'sches Gesetz« erfolgte später durch die Neoklassiker (*Kurz*, 2010, S. 27ff.).
7 Summiert man nämlich alle Komponenten der Reihe 1000, 500, 250, 125 etc., so erhält man 2000. Allgemein lautet die Formel: Multiplikator = $1/(1-c)$, wobei »c« für die »marginale Konsumneigung« steht. In unserem Beispiel: $1/0,5 = 2$. – Unter realistischen Bedingungen ist der Multiplikator etwas kleiner, in diesem Fall läge er bei etwa 1,5. In kleinen Volkswirtschaften ist er niedriger, weil ein größerer Teil der Zusatzausgaben bzw. -einkommen als Importe ins Ausland fließt. Würden allerdings alle Länder eines großen Wirtschaftsraumes *gemeinsam* Nachfrageimpulse setzen, so wäre dieser Effekt gering, sie würden sich vielmehr gegenseitig stimulieren. Wenn umgekehrt viele Länder eine Sparpolitik verfolgen, so graben sie sich durch schrumpfende Importe gegenseitig das Wasser ab. Dies geschah nicht nur in den 1930er-Jahren, sondern nach 2010 auch in Europa.
8 *Skidelsky* (2010) demonstriert die Bedeutung der Theorie von Keynes für ein besseres Verständnis der ökonomischen und sozialen Probleme der Gegenwart. Ulrike Herrmann gelingt dies auf kompakte und dennoch unterhaltsame Weise (*Herrmann*, Kapitel 8).
9 *Keynes* (1936), S. 161, 162. – Die Quellenangaben dieser und der nachfolgenden Zitate beziehen sich auf den englischen Originaltext (*Keynes*, 1936), die Übersetzung stammt von mir.
10 *Keynes* (1936), S. 154.
11 »If I may be allowed to appropriate the term *speculation* for the activity of forecasting the psychology of the market, and the term *enterprise* for the activity of forecasting the prospective yield of assets over their whole life, it is by no means always the case that speculation predominates over enterprise.« (*Keynes*, 1936, S. 158).

12 »The actual, private object of the most skilled investment to-day is (...) to outwit the crowd, and to pass the bad, or depreciating, half-crown to the other fellow.« (Keynes, 1936, S. 155.) – Half-Crown war eine britische Münze, die 1971 aus dem Verkehr gezogen wurde.
13 »It is not a case of choosing those which, to the best of one's judgement, are really the prettiest, nor even those which average opinion genuinely thinks the prettiest. We have reached the third degree where we devote our intelligences to anticipating what average opinion expects the average opinion to be. And there are some, I believe, who practise the fourth, fifth and higher degrees.« (Keynes, 1936, S. 156).
14 »Mit Verbesserung der Organisation der Börsen steigt auch das Risiko, dass die Spekulation in ihnen vorherrscht« (Keynes, 1936, S. 158). Keynes fügt hinzu: »Auf einem der größten Investmentmärkte der Welt, New York, ist der Einfluss der Spekulation enorm.« (Keynes, 1936, S. 158f.)
15 Keynes (1936), S. 155.
16 Keynes (1936), S. 155.
17 Keynes (1936), S. 160.
18 »Speculators may do no harm as bubbles on a steady stream of enterprise. But the position is serious when enterprise becomes the bubble on a whirl-pool of speculation.« (Keynes, 1936, S. 159)
19 Keynes (1936), S. 159f., Zitat S. 159.
20 »The outstanding faults of the economic society we live are its failure to provide for full employment and its arbitrary and inequitable distribution of wealth and incomes.« (Keynes, 1936, S. 372) – Diese Feststellung bringt die gegenwärtige Lage in Europa auf den Punkt.
21 Diese Vorstellung findet sich (als »Uridee« im Sinne Ludwik Flecks) in den Religionen (Zinsverbot im Christentum und im Islam), in der Philosophie (von Aristoteles »aufwärts«), in der Literatur (Shakespeares »Kaufmann von Venedig«, Molieres »Geiziger« oder Zolas »Geld«, um nur drei Beispiele zu nennen) oder in der Psychoanalyse (Geld als Kot, Sparen als anale Fixierung).
22 »The love of money as a possession (...) is a somewhat disgusting morbidity, one of those semi-criminal, semi-pathological propensities which one hands over with a shudder to the specialists in mental disease.« (Keynes, 1930, S. 329).
23 Keynes (1936), S. vii.
24 Keynes (1936), S. 374.
25 Keynes (1936), S. 376.
26 Keynes (1943); Walterskirchen (2012).
27 Keynes (1936), S. 377f.
28 Keynes (1936), S. 378.
29 »To live wisely and agreeably and well« (Keynes, 1930) – »Für lange Zeiten wird der alte Adam in uns noch so mächtig sein, dass jedermann wünschen wird, irgendeine Arbeit zu tun, um zufrieden sein zu können (...). Wir werden mehr Dinge für uns selbst tun können. (...) Aber wir sollten uns bemühen (...) die Arbeit, die noch zu tun ist, soweit wie möglich zu teilen. Mit Drei-Stunden-Schich-

ten oder einer Fünfzehn-Stunden-Woche kann das Problem eine ganze Weile hinausgeschoben werden. Denn drei Stunden am Tag reichen völlig aus, um den alten Adam in den meisten von uns zu befriedigen!« (*Keynes*, 1930, S. 143).

30 Dazu trug auch der Zeitpunkt der Publikation bei. Im Jahr 1936 war offenkundig, dass es der Wirtschaft in jenen beiden Staaten am besten ging, die mit einer expansiven Politik die Depression bekämpften, Deutschland mit Hitlers Rüstungspolitik und die USA mit Roosevelts New Deal.

31 Was Fleck (1980) »Beharrungstendenz von Meinungssystemen« nennt, beschreibt Keynes im Vorwort zur *General Theory* so: »The difficulty lies, not in the new ideas, but in escaping from the old ones, which ramify, for those brought up as most of us have been, into every corner of our minds.« (*Keynes*, 1936, S. viii).

32 Eine andere Unvollständigkeit betrifft die Vernachlässigung der Bestandsgrößen in der *General Theory*: Keynes analysiert die Interaktion der wichtigsten Stromgrößen (»flows«) wie Sparen, Investitionen oder Defizite, vernachlässigt aber deren Akkumulation, also die Entwicklung der Bestandsgrößen (»stocks«) wie Finanzvermögen, Realkapitalstock oder Finanzschulden.

33 Die wichtigste Ausnahme sind die »Post-Keynesianer« wie Paul Davidson (*Davidson*, 2009) und insbesondere der »Solitär« Hyman P. Minsky (*Minsky*, 1975). Er analysierte in seiner »financial instability hypothesis« den Zusammenhang zwischen Marktstimmungen, der Investitionsfinanzierung und den Schwankungen der Realwirtschaft. Sein Modell eignet sich gut für eine Erklärung der Immobilienkrise in den USA. Keynes geht es in Kapitel 12 seiner »General Theory« aber um die »reinste« Form von Finanzspekulation, in der sich Finanzkapital »selbstreferenziell« zu vermehren versucht.

34 Seit 1945 heißt es Österreichisches Institut für Wirtschaftsforschung (dort habe ich zwischen 1972 und 2012 gearbeitet).

35 »the ideas of economists (...) are more powerful than is commonly understood. Indeed the world is ruled by little else. Practical men, who believe themselves to be quite exempt from any intellectual influences, are usually the slaves of some defunct economist.« (*Keynes*, 1936, S. 383). – Keynes schließt sein Buch mit den Sätzen »I am sure that the power of vested interests is vastly exaggerated compared with the gradual ecroachement of ideas. Not, indeed, immediately, but after a certain interval; for in the field of economic and political philosophy there are not many who are influenced by new theories after they are twenty-five or thirty years of age, so that the ideas which civil servants and politicians and even agitators apply to current events are not likely to be the newest. But, soon or late, it is ideas, not vested interests, which are dangerous for good or evil.« (Ebd., S. 383f.)

36 Anfang der 1930er Jahre hatten sich Hayek und Keynes noch auf der »Rezensionsfront« bekämpft: Keynes »zerriss« Hayeks *Prices and Production* im *Economic Journal* (»The book, as it stands, seems to me to be one of the most frightful muddles I have ever read«). Hayek revanchierte sich mit einem Verriss von Keynes' *Treatise on Money* in der *Economica*. Dennoch korrespondierten sie häufig, und als die »London School of Economics« nach Beginn des »Blitz-

krieges« (1940) evakuiert wurde, half Keynes Hayek, in Cambridge eine Bleibe zu finden (*Nasar*, 2011, S. 481).

37 *Walpen* (2004), S. 55ff. und *Plickert* (2008), S. 93ff.

38 Zitiert nach *Jones* (2012), S. 80f. (meine Übersetzung).

39 In seinem Hauptwerk *The Constitution of Liberty* definiert Hayek Freiheit klar negativ als »that condition of men in which coercion of some by others is reduced as much as possible«. Zitiert nach *Jones* (2012), S. 112.

40 *Hayek* (1976), S. 37.

41 *Hayek* (1976), S. 38.

42 »True individual freedom cannot exist without economic security and independence. People who are hungry and out of a job are the stuff of which dictatorships are made.« (https://en.wikipedia.org/wiki/Second_Bill_of_Rights – abgerufen am 7. März 2018. Innerhalb der Wirtschaftswissenschaften hat in den vergangenen vierzig Jahren niemand nachdrücklicher die Notwendigkeit eines auch positiven Freiheitsbegriffes betont als Nobelpreisträger Amartya Sen (*Sen*, 2000). Da es ihm um die Verbesserung der Entfaltungschancen der (ärmeren) Menschen geht, insbesondere in den Entwicklungsländern, plädiert Sen auch für staatliche Systeme der sozialen Sicherheit.

43 *Hayek* (1976), S. 207. – Ganz im Sinne von Hayek möchte ich mir kein Wissen anmaßen, das ich nicht besitze. Es scheint mir jedoch wenig plausibel, dass die Kulturen des alten Ägypten, Griechenlands, Roms oder auch des Mittelalters (ganz zu schweigen von den außereuropäischen Hochkulturen) durch »die unpersönlichen Kräfte des Marktes« geschaffen wurden. Eher dürfte das Erkenntnisinteresse Hayeks mit ihm durchgebrannt sein.

44 *Hayek* (1976), S. 164.

45 Die wichtigsten Probleme des (Zusammen-)Lebens können ja nicht theoretisch, sondern nur praktisch gelöst werden, im Prozess des *Suchens*. Und auch in diesem Prozess gibt es keine oberste Regel. Sieht man sie in der Demokratie, so begibt man sich der Möglichkeit, gemeinsam Lösungen zu *erarbeiten*. Das wird meist mühsamer sein als Mehrheitsentscheidungen, aber tragfähiger. Demokratie kann nur als Prozess funktionieren, nicht aber als Instrument, um »im Namen des Volkes« eigene Interessen durchzusetzen (Hayeks Warnungen vor der »Diktatur der Mehrheit« sind berechtigt und werden durch die Forderung der Rechtspopulisten nach Volksabstimmungen bestätigt).

46 *Hayek* (1976), S. 50f.

47 Auch bleibt unbestimmt, wann »kein echter Wettbewerb möglich ist«. Nehmen wir medizinische Dienstleistungen als Beispiel: »Im Prinzip« können diese auf Märkten gehandelt werden, es ist aber fraglich, ob eine Preiskonkurrenz von Chirurgen zu befriedigenden Ergebnissen führt. Für Milton Friedman ist die Sache hingegen klar: *Jeder* Mensch darf den Arztberuf ausüben (auch ohne Ausbildung), schließlich kann man – selber oder die Nachkommen – bei Behandlungsfehlern auf Schadenersatz klagen (*Friedman*, 2004, S. 182ff.).

48 *Hayek* (1976), S. 53.

49 *Caldwell* (2004), S. 141.
50 Neoklassische Ökonomen konnten das nicht, sie nahmen ja vollkommene Information an, und wenn diese gegeben ist, kann »im Prinzip« auch eine zentrale Planstelle die »richtigen« Gleichgewichtspreise setzen (»Konkurrenzsozialismus« von Oskar Lange und Abba P. Lerner).
51 *Hayek* (1976), S. 61.
52 *Hayek* (1976), S. 61.
53 *Hayek* (1976), S. 69.
54 *Hayek* (1976), S. 71f.
55 *Hayek* (1976), S. 208.
56 *Hayek* (1976), S. 128f.
57 *Walpen* (2004), S. 232.
58 Diese Überlegungen fasst Hayek 1945 in »The Use of Knowledge in Society« zusammen, einem zunächst wenig beachteten Artikel, der später zu einem der meistzitierten Aufsätze des *American Economic Review* wurde (*Hayek*, 1945). Entwickelt hatte Hayek diese Gedanken schon in den 1930er Jahren. Sein Verständnis von Preisdynamik widerspricht den Vorstellungen der Neoklassik fundamental (siehe dazu *Caldwell*, 2004, Kapitel 10).
59 *Mazzucato* (2014).
60 *Hayek* (1976), S. 240.
61 Siehe dazu im Detail *Walpen* (2004), S. 98ff., sowie *Plickert* (2008), 123ff.
62 Siehe zur Mont-Pelerin-Society die umfangreichen Studien von *Walpen* (2004), *Plickert* (2008), *Jones* (2012) und *Burgin* (2012). Eine Geschichte der Gesellschaft von einem Insider ist *Hartwell* (1995). (Ronald Hartwell war Mitglied und 1992 bis 1994 auch Präsident der Mont-Pelerin-Society.)
63 Zitiert nach *Jones* (2012), S. 78.
64 »The present position is one where we nearly despair«. Popper zitiert nach *Walpen* (2004), S. 102.
65 Friedman erinnert sich: »The importance of the meeting was that it showed us, that we were not alone.« (zitiert nach *Walpen*, 2004, S. 102).
66 »The Society ›saved the flag‹ and ›renewed the attack«. Zitiert nach *Walpen* (2004), S. 102.
67 »People who share with us certain common convictions«. Zitiert nach *Walpen* (2004), S. 104.
68 *Walpen* (2004), S. 105.
69 Im Folgenden einige Formulierungen aus dem »Statement of Aims« vom 8. April 1947 (https://www.montpelerin.org/statement-of-aims/ – abgerufen am 7. März 2018).
70 »To distinguish more clearly between the totalitarian and the liberal order.«
71 In den sieben Jahrzehnten seit ihrer Gründung blieb die Mont-Pelerin-Society ein informelles Netzwerk ohne institutionelle Infrastruktur. Alle zwei Jahre findet ein »General Meeting« statt, dazwischen ein »Regional Meeting«. Die Aufnahme erfolgt auf Vorschlag von zwei Mitgliedern. Heute hat die Gesellschaft weltweit

etwa 1.000 Mitglieder (davon etwa 5 Prozent Frauen – die Struktur der Mitglieder nach Ländern dokumentiert *Walpen* (2004), Anhang IV).

72 *Mirowski – Plehwe* (2015) bezeichnen im neuen Vorwort ihres Sammelbands die Mitglieder der Mont-Pelerin-Society als »Denkkollektiv« im Sinne von Fleck (1980). Ich halte das für nicht treffend, da sie (anders als die »Chicago-Ökonomen« bzw. die »Österreicher« untereinander) keinen gemeinsamen »Denkstil« pflegen.

73 Und diese war nicht gering. So meinte Friedman über Hayek: »Let me emphasize, I am an enormous admirer of Hayek, but not for his economics. I think *Prices and Production* is a very flawed book. I think his capital theory book is unreadable. On the other hand, *The Road to Serfdom* is one of the great books of our time.« (*Ebenstein*, 2003, S. 81). Umgekehrt hielt Hayek nichts von den mathematischen Gleichgewichtsmodellen der Chicago-Ökonomen.

74 »the [free market] institutes are in the propaganda industry, their goal is advocacy, the promotion of liberal ideas of free market oriented policy proposals.« Zitiert nach *Walpen* (2004), S. 247.

75 Beide Ausdrücke stammen von Hayek; zur Vernetzung der drei Gruppen im Rahmen der MPS siehe *Plickert* (2008), S. 168 f.

76 Friedman war optimistischer. In seinem 1951 erschienen Aufsatz »Neo-Liberalism and Its Prospects« schreibt er: »The stage is set for the growth of a new current of opinion to replace the old, to provide the philosophy that will guide the legislators of the next generation even though it can hardly affect those of this one.« Zitiert nach *Jones* (2012), S. 85. – Tatsächlich hatte sich die neoliberale Weltanschauung dreißig Jahre später weitgehend durchgesetzt.

77 Zitiert nach *Jones* (2012), S. 81.

78 »a new liberal program which appeals to the imagination«. Zitiert nach *Jones* (2012), S. 81.

79 »once the most active part of the intellectuals has been converted to a set of beliefs, the process by which these become generally accepted is almost automatic and irresistible«. Zitiert nach *Jones* (2012), S. 80. Dieser Satz bringt Hayeks Strategie auf den Punkt.

80 Die »Homogenisierung« des ökonomischen Denkens wurde am meisten durch die Vereinheitlichung des Inhalts der wirtschaftswissenschaftlichen Studien auf Basis der neoklassischen Theorie gefördert. Auf diese Weise reproduziert sich das wissenschaftliche »Meinungssystem« (Ludwik Fleck), gleichzeitig werden Medien und Politik mit »marktkonformen« Ökonomen versorgt. Am klarsten tritt dies an den Inhalten der ökonomischen Standardlehrbücher zu Tage. Diese wurden in einem verdienstvollen Aufklärungsbuch von einigen »heterodoxen« Ökonomen durchleuchtet (*van Treek – Urban*, 2016).

81 *Friedman* (1953A), S. 4.

82 »I think we must become more *normative* in our efforts, we should use the results of our positive analysis in the discussion of policy reform. We must use the ›is‹ to implement the ›ought‹ which the ›is‹ suggests, regardless of the methodological

impropriety of this relationship.« Zitiert nach *Walpen*, 152. – Ich habe bewusst »positive analysis« nicht wörtlich, sondern sinngemäß übersetzt, da Buchanan offensichtlich Bezug nimmt auf den Begriff der »positive economics« im vielzitierten Aufsatz von Friedman (1953A). – An dieser Stelle möchte ich hervorheben, welch reiche Fundgrube das Buch von *Walpen* (2004) ist, der hunderte Bücher und Artikel ausgewertet hat. Das Buch ist seit Jahren vergriffen, ich habe es antiquarisch für 100 Euro erworben, hätte dafür aber auch mehr gezahlt. Es ist mir rätselhaft, warum es nicht neu aufgelegt wird. Denn Walpen geht es um Grundsätzliches: Er wendet die Theorie von Antonio Gramsci über die Hegemonie von Ideen und über die Rolle der Intellektuellen im Kampf um politische Macht auf die Entwicklung der Mont-Pelerin-Society an. Ein solcher Ansatz braucht keine Aktualisierung, auch wenn die Entwicklungen seit 2004 Walpens Überlegungen bestätigen. Das würden die LeserInnen auch ohne Aktualisierung begreifen.
83 *Fama* (1970).
84 Außerdem besteht folgende Paradoxie: Unter neoliberal-finanzkapitalistischen Rahmenbedingungen macht es Unsicherheit unmöglich bzw. sinnlos, sich Erwartungen über sein Lebenseinkommen zu bilden. Das wäre – wenn überhaupt – nur in einem keynesianisch-realkapitalistischen System möglich.
85 *Friedman – Schwartz* (1963).
86 Tatsächlich stellt (Q x P) nicht das nominelle BIP (= Wertschöpfung) dar, sondern die Summe aller Umsätze (einschließlich der Vorleistungen). Betrachtet man nur Veränderungen, und nimmt man an, dass die Relation von Wertschöpfung zu Vorleistungen (kurzfristig) konstant ist, so kann man diesen Einwand vernachlässigen.
87 *Fleck* (1980), S. 40.
88 »Instead of using its powers to offset the depression, it [the Fed] presided over a decline in the quantity of money by one-third from 1929 to 1933 ... Far from the depression being a failure of the free-enterprise system, it was a tragic failure of government.« (*Friedman – Friedman*, S. 233)
89 Tatsächlich ist die Geldmenge M1 zwischen 1929 und 1933 um 26,2 Prozent und M2 um 30,9 Prozent gesunken. Im selben Zeitraum ist aber das nominelle BIP der USA *viel stärker* geschrumpft, nämlich um 45,3 Prozent (dokumentiert in *Schulmeister*, 2015). Das bedeutet: Die Umlaufsgeschwindigkeit ist markant gesunken, es war also genug Geld vorhanden, doch wurde es gehortet.
90 Überdies hat die Fed die Geldbasis (= Bargeld plus Einlagen der Geschäftsbanken bei der Zentralbank) Jahr für Jahr ausgeweitet, indem sie Staatsanleihen aufkaufte – deren Bestand ist zwischen 1929 und 1933 auf das Zwölffache gestiegen. Auch die Zinspolitik kann kaum als restriktiv bezeichnet werden, zwischen Oktober 1929 und Juni 1931 senkte die Fed den Diskontsatz von 6,0 Prozent auf 1,5 Prozent.
91 *Stigler* (1971).
92 *Buchanan – Tullock* (1962); wichtige Beiträge leisteten auch George Stigler, Gary Becker oder Vernon Smith (alle fünf waren Mitglieder der Mont-Pelerin-

Gesellschaft und bekamen ebenfalls – mit Ausnahme von Tullock – den Nobelpreis).

93 Wenn etwa der Schädiger das Verfügungsrecht besitzt, so wird ihm der Geschädigte einen Betrag zahlen und ihn so zur Verringerung seiner schädlichen Aktivität veranlassen (umgekehrt würde der Schädiger zahlen, wenn der Geschädigte das Verfügungsrecht hat). In der Realität sind diese Bedingungen oft nicht gegeben (wer hat das Verfügungsrecht über das Weltklima?) und auch keine Voraussetzungen für Verhandlungslösungen. Dieses Problem umschifft Coase, indem er stets annimmt, dass Schädiger und Geschädigte Nachbarn sind. Er glaubte auch gar nicht, dass seine Theorie von praktischem Nutzen ist. Er wollte vielmehr – wie alle Neoklassiker –zeigen: Unter bestimmten Annahmen werden in einem theoretischen Modell Marktprozesse bessere Lösungen finden als politische Prozesse (*Coase*, 1960).

94 Das »Coase Theorem« hat dazu beigetragen, dass zur Reduktion von Treibhausgasen dem Handel mit Emissionszertifikaten der Vorrang vor CO_2-Steuern gegeben wurde. Dies erwies sich als fataler Fehler. Die EU hatte Zertifikate unter der Annahme eines anhaltenden Wachstums vergeben, der Einbruch 2009 und die nachfolgende Stagnation verursachten ein Überangebot, und der Emissionspreis fiel ins Bodenlose.

95 *Coase* (1937).

96 Die Interaktionsprozesse zwischen den Mitarbeitern eines Unternehmens ermöglichen gegenseitiges Lernen und die Entwicklung neuer Ideen. Dabei spielen auch individueller Ehrgeiz und Konkurrenz eine Rolle, allerdings müssen sie fokussiert sein auf den gemeinsamen Erfolg. Dazu braucht es auch eine emotionelle Grundlage (»corporate identity«). All dies darf es im Rahmen der Gleichgewichtstheorie nicht geben, weil sonst deren Grundannahme verletzt wird, dass die Ausstattung der Individuen mit Ressourcen – dazu gehört auch »Wissenskapital« – fix ist (Lernen und damit die Akkumulation von »Humankapital« haben in der Gleichgewichtstheorie keinen Platz, der technische Fortschritt wird daher als gegeben angenommen).

97 *Becker* (1964).

98 *Becker* (1976). – Amartya Sen, jener Nobelpreisträger, der das neoklassische Paradigma radikal infrage stellt, hat das Absurde der Egoismus-Grundannahme mit folgender Szene beschrieben: »Könnten Sie mir den Weg zum Bahnhof weisen?«, fragt ein Fremder. – »Selbstverständlich«, sagt der Einheimische, und weist in die falsche Richtung, wo aber das Postamt liegt: »Und würden Sie auf dem Weg diesen Brief für mich aufgeben?« – »Selbstverständlich«, antwortet der Fremde, um danach den Brief zu öffnen und zu sehen, ob es was zu stehlen gäbe. Diese Geschichte wird oft zitiert, unter anderem im Buch von Linda McQuaig *All You Can Eat* (2001).

99 »Competition is the foundation of the good life and the most precious part of human existence: educational, civil, religious, and cultural as well as economic.« Statement von Gary Becker auf einer Konferenz der »Heritage Foundation«,

eines der größten Think Tanks der USA im Jahr 1999 (»Autumn 1999 Quarterly Report« der Foundation; siehe dazu auch *Walpen*, 2004, S. 285f.).

100 Den markantesten Kontrapunkt zur neoliberalen Auflösung von Ethik und Moral setzt Amartya Sen mit seinem sozialphilosophischen Werk *Die Idee der Gerechtigkeit* (*Sen*, 2010). Für Kurt Rothschild spielen ethische Grundfragen gerade in der Wirtschaftstheorie eine zentrale Rolle (*Rothschild*, 1992). Denn das Denken der großen Ökonomen wurde immer auch von »politischen Visionen« geleitet (*Rothschild*, 2004).

101 Die Nachfrage der Unternehmer wird durch die Kosten der Arbeit (Lohn) im Vergleich zu ihrer Grenzproduktivität (abhängig von der Technologie) bestimmt, das Angebot der Arbeitnehmer durch den Ertrag der Arbeit (Lohn) im Vergleich zum »Arbeitsleid« (= Verzicht auf Freizeit).

102 *Phillips* (1958).

103 Die »neoklassische Synthese« war der intellektuelle »Kompromiss« der »Trivial-Keynesianer« der 1950er und 1960er Jahre: Auf der Mikroebene gilt weiter die Gleichgewichtstheorie (Keynes' Einsichten über die Rolle von Unsicherheit, Emotionen und insbesondere von Finanzspekulation wurden ignoriert), auf der Makroebene wurden die Konzepte von Keynes über die Bedeutung der Gesamtnachfrage in vereinfachter Form berücksichtigt.

104 Zitiert nach *Jones* (2012), S. 85.

105 Ironie der Geschichte: William Volker war Einwanderer aus Deutschland und brachte es in der Möbelbranche zum Millionär. Den größten Teil seiner Einkünfte spendete er, allerdings geheim, was ihm in seinem Wohnort Kansas City den Namen »Mr. Anonymous« eintrug. 1931 gründete er den »William Volker Fund« zur Förderung karitativer Ziele (»care for the sick, aged and helpless«). Da er kinderlos war, übergab er das Management an seinen Neffen Harold Luhnow. Dieser wurde nach der Lektüre von *Der Weg zur Knechtschaft* zu einem überzeugten Neoliberalen und finanzierte jene Bewegung, die soziale Rechte und den Wohlfahrtsstaat bekämpfte.

106 »For several decades now it has been fashionable to fund economics. Despite the waste of some several hundred million dollars, possibly one billion dollars, on endowing chairs of free enterprise, we have been winning in economics for some time.« (*Blundell*, 2007, S. 44)

107 »the intellectuals, the people who translate and transmit ideas to the general public. Pre-eminent among such people are journalists, but one also thinks of the clergy, novelists, cartoonists, filmmakers, editors and publishers.« (*Blundell*, 2007, S. 44)

108 »All the professional jargon is translated into language any intelligent layman can understand (...). Then the book is summarized for quick reference, and summarized again (...). Most institutes reach an even broader public by sponsoring radio or TV debates, interviews, and seminars with the authors.« (*Walpen*, 2004, S. 219) – Bis heute orientieren sich neoliberale Think Tanks an diesen Empfehlungen von Fisher. In vielen Fällen braucht es gar kein Sponsoring, da viele »Marionetten der Freiheit« auch in den Medien tätig sind

und ihre Kollegen aus den »Denkfabriken« gerne zu Talk Shows oder Interviews einladen.
109 »First you must reach the intellectuals, the teachers and writers, with reasoned argument. It will be their influence on society which will prevail, and the politicians will follow.« Zitiert nach Blundell, S. 41.
110 Das Vermögen dazu verdankte er indirekt dem ersten neoliberalen Think Tank der USA, der »Foundation for Economic Education« (FEE), die 1945 in New York von Leonard Read gegründet wurde. Fisher besuchte die FEE 1952 und lernte Floyd »Baldy« Harper kennen. Dieser hatte vorher Ökonomie am »Agricultural Departement« der Cornell University unterrichtet und machte Fisher mit der Batterieaufzucht von Hühner vertraut. Fisher transferierte die Technik nach England und wurde mit seinem Unternehmen »Buxted Chickens« zum Millionär.
111 Dass es dem IEA um intellektuelle Kriegsführung ging, verdeutlichte Co-Director Arthur Seldon: »The IEA would be the artillery firing the shells (ideas). Some would land on target (the intellectuals), while others might miss. But the Institute would never be the infantry engaged in short-term, face-to-face grappling with the enemy. Rather, its artillery barrage would clear the way for others to do the work of the infantry later on.« (*Blundell*, 2007, S. 21)
112 »Several voices all singing a similar refrain because they have all independently arrived at similar conclusions is a chorus, even a clamor!« (*Walpen*, 2004, S. 219)
113 Siehe *Walpen* (2004), S. 190, sowie die Ortschronik der Gemeinde Buxted in Sussex (http://buxtedvillage.org.uk/village-info/history/anecdotes-and-stories/buxted-chickens/ – abgerufen am 7. März 2018). Dort findet sich das Zitat von Oliver Letwin: »Without Fisher, no IEA (Institute of Economic Affairs); without the IEA and its clones, no Thatcher and quite possibly no Reagan; without Reagan, no Star Wars; without Star Wars, no economic collapse of the Soviet Union. Quite a chain of consequences for a chicken farmer!« Mit »clones« sind die vielen, von Fisher nach dem Vorbild des IEA gegründeten Think Tanks gemeint.
114 Detailinformationen dazu finden sich in *Walpen* (2004), insbesondere in den Kapiteln III/1, IV/3, V und VI/1; in *Plickert* (2008), Abschnitte VIII/5, VIII/12 und IX; in *Jones* (2012), Kapitel 4, sowie in *Plehwe – Walpen* (1999). Die erste umfassende Dokumentation über die Bedeutung der Think Tanks für die »economic counter-revolution« lieferte *Cockett* (1995). Die Zitate der »mission statements« stammen von den Homepages der jeweiligen Denkfabrik, ebenso die Budgetzahlen.
115 »Ours is a system where the Federal Government should undertake no governmental, social or economic action, except where local government, or the people, cannot undertake it for themselves.« (https://www.hoover.org/about/mission-history – abgerufen am 7. März 2018)
116 »Competition of ideas is fundamental to a free society.«
117 *Walpen* (2004), S. 188f.
118 *Walpen* (2004), S. 190f.
119 Siehe dazu *Walpen* (2004), Anhang VI, sowie www.atlasnetwork.org.

120 Die »Hunold-Affäre« dokumentieren *Walpen* (2004) und *Plickert* (2008). Walpern legt das Schwergewicht auf die ideologischen Konflikte, Plickert auf die persönlichen Differenzen.
121 *Plickert* (2008), S. 374.
122 Zitiert nach *Jones* (2012), S. 116. – Heute würde das selbst Friedman nicht mehr behaupten angesichts der Politik der Medienmilliardäre und des Niedergangs von Qualität im »Kampf um die Quote«.
123 Zitiert nach *Burgin* (2012), S. 202.
124 Zitiert nach *Streminger* (1989), S. 149.
125 *Samuelson – Solow* (1960).
126 *Hayek* (1979), S. 240. – Eine exzellente Analyse des neoliberalen Vokabulars und seiner Verknüpfung zu Begriffen, die für das Gute (frei, Markt, freier Markt, etc.) und denen, die für das Böse stehen (Plan, Staat, Planwirtschaft, Wohlfahrtsstatt, etc.), findet sich in Ötsch (2009 – das Buch wurde 2017 in erweiterter Form neu aufgelegt).
127 Eine persönliche Erinnerung: Ich war 1967 ein zwanzigjähriger Jura-Student, kandidierte für eine christlich-konservative Studentenpartei und wurde 1968 zum Vorsitzenden der Studentenvertretung an der Universität Wien gewählt. Natürlich waren wir gegen »die Linken« eingestellt, doch die Aufbruchsstimmung erfasste auch uns. Es war eine Mischung aus Spaß an der Provokation, Geringschätzung des »Establishments« (deren Vertreter sich oft anbiederten) und dem Freiheitsgefühl »alles darf gedacht, vieles probiert werden«.
128 Anders als für Keynes wird die ökonomische Entwicklung für Kalecki nicht nur von wirtschaftswissenschaftlichen Ideen geprägt, sondern auch von Klasseninteressen.
129 Im Original: »lasting full employment is not at all to their [›business leaders‹] liking. The workers would ›get out of hand‹ and the ›captains of industry‹ would be anxious to ›teach them a lesson‹. Moreover, the price increase in the up-swing is to the disadvantage of small and big *rentiers* (...). In this situation a powerful alliance is likely to be formed between big business and *rentier* interests, and they would probably find more than one economist to declare that the situation was manifestly unsound.« (*Kalecki*, 1990, S. 355) – Ich habe diesen Artikel etwa zur selben Zeit (1982) kennengelernt wie Ludwik Flecks Essay. Beide haben mein Denken sehr geprägt.
130 Teilweise erfolgten die »Dollarexporte« in Bargeld: Die in Vietnam stationierten US-Soldaten (bis zu 600.000) bezahlten in Dollarscheinen, die aber nicht in die USA zurückflossen, da Dollarscheine überall auf der Welt als Zahlungsmittel akzeptiert werden.
131 *Friedman* (2004), S. 23.
132 Gegenüber DM, Franc, Pfund und Yen, gewogen mit dem Anteil dieser Währungen am »Bündel« der Sonderziehungsrechte des Internationalen Währungsfonds – diese »Special Drawings Rights« waren der »Rest« von Keynes' Idee, einen supranationalen Währungsstandard zu schaffen.

133 Wenige Monate später stellte sich auf Grund der bei »Lloyds« versicherten Schiffsladungen heraus, dass es keine nennenswerte Einschränkung der Förderung gegeben hatte. Erdöl wurde vielmehr auf Tankern solange zwischengelagert, bis der Preisanstieg durchgesetzt war. Erdölproduzenten und multinationale Ölgesellschaften (»Seven Sisters«) hatten zu beiderseitigem Vorteil kooperiert.

134 Nach »Neoliberalisierung« der Lehrbücher und Lehrpläne wurden die Studierenden nur mehr in mikroökonomischer Gleichgewichtstheorie ausgebildet, und so verbreitete sich das restaurierte Weltbild in Medien und Politik, wie Hayek es vor(her)gesehen hatte: Sobald die Intellektuellen zu einer Weltanschauung »konvertiert« würden, laufe der Prozess »automatisch« ab. – Die Deutung des gleichzeitigen Anstiegs von Inflation und Arbeitslosigkeit als Widerlegung des Keynesianismus war eine *intellektuelle Farce* in mehrfacher Hinsicht: Keynes hatte Inflation nie als taugliches Instrument zur Bekämpfung von Arbeitslosigkeit angesehen (genau das unterstellte ihm Hayek: »Hence he [Keynes] concluded that real wages must be lowered by the process of lowering the value of money. This is really the reasoning underlying the whole ›full employment‹ policy«. (*Hayek*, 2011, S. 399) Dazu müsse vielmehr die »effektive (Gesamt-)Nachfrage« erhöht werden. Auch für Phillips spiegelte »seine« Kurve lediglich wieder, dass Gewerkschaften bei höherem Beschäftigungsniveau höhere Lohnsteigerungen durchsetzen können. Jenes »trivial-keynesianische« Modell, das eine Wahlmöglichkeit zwischen Arbeitslosigkeit und Inflation suggeriert (*Samuleson – Solow*, 1960), galt nur für eine *geschlossene* Volkswirtschaft. Die Rezession 1974/75 war aber Folge des *globalen* »Ölpreisschocks«, ausgelöst durch den Zusammenbruch des Weltwährungssystems. Mit ihrem Kampf für freie Wechselkurse hatten die Neoliberalen selbst also indirekt zum Anstieg von Inflation und Arbeitslosigkeit beigetragen (»Haltet den Dieb!«).

135 Die Einsicht in diesen Zusammenhang erlangte 1933 welthistorische Bedeutung: Roosevelt suchte beim Nachbar seines Guts im Hudson Valley, Henry Morgenthau (später sein Finanzminister), Rat für seine Baumpflanzungen und der machte ihn mit dem Agrarökonomen George Warren bekannt. Dieser schloss aus einer umfassenden Studie über Rohstoffpreise, man müsse zur Brechung der anhaltenden Deflation den Goldpreis »künstlich« erhöhen, und zwar durch eine Abwertung des Dollars (Ausstieg der USA aus dem Goldstandard). Roosevelt glaubte Warrens These und nutzte im April 1933 ein juristisches Schlupfloch, um *im Alleingang* den Dollar gegenüber Gold um 50 Prozent abzuwerten. Sämtliche Berater waren entsetzt, James Warburg nannte Roosevelts Entscheidung »vollkommen hirnverbrannt«. Doch schon bald zogen die Rohstoffpreise (und die Aktienkurse) weltweit an. Heute ist klar: Roosevelts einsame Entscheidung hatte die Deflation gestoppt (siehe Kapitel 21 des brillanten Buches von *Ahamed*, 2010).

136 Ich bin Mitte der 1970er Jahre auf diesen Bewertungseffekt gestoßen. Als junger Wirtschaftsforscher war ich (auch) für das Verkehrswesen zuständig und musste jährlich die Lage der – damals staatlichen – Austrian Airlines untersuchen. Sie

hatte seit ihrer Gründung immer Verluste geschrieben, doch pötzlich verbesserte sich die Finanzlage: Sie hatte ihre Flotte mit einem Dollarkredit erneuert, erzielte ihre Erlöse aber in DM und Schilling, die gegenüber dem Dollar massiv an Wert gewannen. Die Dollarabwertung entwertete also die AUA-Schulden.

137 Noch härter wurden Franken-Schuldner in Ungarn und anderen Nicht-Euro-Ländern getroffen, deren Währungen gegenüber dem Franken noch stärker an Wert verloren als der Euro.

138 Auch die seit den 1950er Jahren wachsende Bedeutung Londons als »Dollar-Umschlagplatz« hängt direkt mit der Doppelrolle des Dollars zusammen. Wegen der Eigenschaft des Dollars als Weltwährung benötigten die »real-sozialistischen« Länder, insbesondere die Sowjetunion, Dollarguthaben, wegen der Eigenschaft des Dollars als nationale Währung wollten sie diese aber nicht in den USA halten. Daher bildete sich ein eigener Dollar-Markt außerhalb der USA, genannt »Eurodollar market«. Sein Zentrum wurde London.

139 Nachdem 1979 mit Margret Thatcher erstmals eine deklariert neoliberale Politikerin Regierungschefin geworden war, wurde der Sieg von Ronald Reagan – er verfolgte die gleichen politischen Ziele – als Signal für eine Trendwende zu konsequenter Marktliberalisierung gewertet, insbesondere zur weiteren Deregulierung der Finanzmärkte.

140 Eine ähnliche Entwicklung ergab sich in den 1990er Jahren in Ostasien: Die »tiger economies« wuchsen rascher als die Volkswirtschaften in der übrigen Welt und finanzierten ihre Leistungsbilanzdefizite mit Dollarkrediten. Ab 1995 begannen Dollarzins und Dollarkurs zu steigen und die Welthandelspreise zu fallen, der Realzins stieg zwischen 1995 und 1997 von 1,7 Prozent auf 9,8 Prozent (Abbildung 7.2). Anders ausgedrückt: Länder wie Thailand oder Südkorea erhielten für ihre Exporterlöse in DM oder Franc immer weniger Dollars, die sie für ihren Schuldendienst benötigten, 1997 brach ihre Schuldenkrise aus.

141 *Burgin* (2012), S. 220.

142 Dazu *Fischer* (2015), S. 322ff.

143 »At times it is necessary for a country to have, for a time, some form or other of dictatorial power. As you will understand, it is possible for a dictator to govern in a liberal way. And it is also possible for a democracy to govern with a total lack liberalism. Personally, I prefer a liberal dictator to democratic government lacking liberalism.« (Interview in *El Mercurio* vom 12. April 1981)

144 *Hayek* (1980), S. 112.

145 »I have not been able to find a single person even in much maligned Chile who did not agree that personal freedom was much greater under Pinochet than it had been under Allende.« – »I don't know of any totalitarian governments in Latin America. The only one was Chile under Allende.« Zitiert nach *Fischer* (2015), S. 327.

146 Wer Hayek als liberalen Ökonomen bewundert und deshalb seine Kontakte zu Pinochet verurteilt, verkennt, dass Hayek ein intellektueller Krieger war. Soll das Kriegsziel erreicht werden, sind moralische Skrupel nicht angebracht. Vielmehr

muss ein möglichst breites Kampfbündnis geschaffen werden, es reicht ganz rechts von Pinochet oder »Denkfabrikanten« wie Leonard Read – der 1955 schrieb, es hätte in den USA keine Sklaverei gegeben, wenn die »Neger so unbeugsam geblieben wären wie am Anfang, als sie in die Hände von Sklavenhändlern fielen (...) sie waren primitive Menschen (...). Es fehlten ihnen die Definitionen und die Unterscheidung zwischen Freiheit und Sklaverei« – bis »halblinks« zu Denkern wie Karl Popper. Das Phänomenale an Hayek besteht für mich darin, dass er als »Waffen« originelle Theorien mit großem Potential geschaffen hat (im Gegensatz etwa zu Friedman).

147 Dazu *Walpen* (2004), S. 170f.
148 Mit der Vertreibung der Juden und Muslime konnte man allerdings auch die Vertreibung von Keynesianern und Sozialisten assoziieren.
149 Das bekannteste Zitat von Lindbeck lautet: »Regulierung von Wohnungsmieten ist häufig die effizienteste Form, Städte zu zerstören – abgesehen von deren Bombardierung« (»next to bombing, rent control seems in many cases to be the most efficient technique so far known for destroying cities«). Entsprechend diesem salopp formulierten Schwachsinn müsste eine Stadt wie Wien schon längst zerstört sein.
150 Zu den wenigen Ausnahmen zählen Amartya Sen, Robert Mundell, George Akerlof, Joseph Stiglitz, Daniel Kahneman, Elinor Ostrom, Paul Krugman und Angus Deaton (Spieltheoretiker habe ich nicht berücksichtigt, sie stellen eine eigene Kategorie dar). Die Auswahl der Nobelpreisträger, ihre ideologischen Determinanten und ihre Folgen für die (weitere) Verbreitung der neoliberalen Weltanschauung dokumentieren *Offer – Söderberg* (2016).
151 Da die beiden Theorien im Wesentlichen übereinstimmen, bezeichnet man ihre Synthese als »New Neoclassical Synthesis« bzw. als »New Consensus Macroeconomics« (*Goodfriend – King,* 1997; *Clarida – Gali – Gertler,* 1999).
152 *Barro* (1974).
153 Vgl. *Lucas* (1976).
154 *Sargent – Wallace* (1975).
155 *Kydland – Prescott* (1982).
156 Egon Matzner erkannte schon in den 1970er Jahren die Gefährdung des Sozialstaates (obwohl dieser damals – zumindest in Österreich unter Bundeskanzler Bruno Kreisky – noch in voller Blüte stand) und plädierte für seine Erneuerung (*Matzner,* 1978 und 1982).
157 *Walpen* (2004) bringt viele Beispiele für den sozialen Zusammenhalt der Neoliberalen, von den »social events« im Rahmen der MPS-Tagungen, den dort begründeten Freundschaften bis zu den wechselseitigen Unterstützungen der »original thinkers«, der Manager der Think Tanks und der MPS-Mitglieder in den Medien.
158 Die Geschäfte von Goldman Sachs, Deutsche Bank, anderen »Investment«-Banken sowie von Hedgefonds und ihr Beitrag zum »Aufbau« und zur Vertiefung der Immobilien- und Finanzkrise sind detailliert dokumentiert in *Lewis* (2011), und in *Zuckerman* (2010).

159 Siehe den Artikel »Wall Street Collects $4 Billion From Taxpayers as Swaps Backfire« von Michael McDonald, erschienen am 10. November 2010 auf www.bloomberg.com. Dieser und ähnlich alte Artikel befinden sich nunmehr im Archiv des Nachrichtendienst, das nur für Abonnenten zugänglich ist (sie sind aber unter dem jeweiligen Titel auf anderen Webseiten leicht aufzufinden, da sie vielfach heruntergeladen und online gestellt wurden).

160 Siehe ebd. sowie »Harvard Swaps Are So Toxic Even Summers Won't Explain« von Michael McDonald, John Lauerman und Gillian Wee, 18. Dezember 2009, www.bloomberg.com.

161 Siehe »Saint-Etienne Swaps Explode as Financial Weapons Ambush Europe« von Alan Katz, 14. April 2010, www.bloomberg.com.

162 Der Mut und konkrete Verstand von Brooksley Born und ihr dreijähriger Kampf für eine Regulierung der OTC-Derivate sind vielfach dokumentiert. Eine kompakte Darstellung findet sich in *Roig-Franzia* (2009).

163 Person und Karriere von Larry Summers spiegeln die Eigenschaften des modernen »Mainstream-Ökonomen« wider: Man setzt brillante Intelligenz primär zur Legitimation von Interessen ein und entwickelt höchste Flexibilität im Spielen verschiedener Rollen als (männlicher) Professor, Politikberater, Konsulent, Redner, Politiker, etc. Über die Folgen des eigenen Handelns sieht man hinweg. *Hirsh* (2013) dokumentiert, wie Larry Summers diese verschiedenen Fähigkeiten im Lauf seiner Karriere optimierte.

164 In den USA wird dieser Widerspruch durch die »trivial-keynesianische« Politik gemildert: Die Unternehmer können mehr als in Europas darauf vertrauen, dass eine Rezession durch eine expansive Politik energisch bekämpft wird.

Teil III

1 In einem auch für Nicht-Ökonomen verständlichen Buch gibt Kromphardt einen Überblick über die verschiedenen Sichtweisen und Theorien des Kapitalismus seit Adam Smith (*Kromphardt*, 2015). In zwei von Heinz D. Kurz herausgegebenen Sammelbänden wird die Geschichte ökonomischer Theorien am Beispiel der Werke der wichtigsten Denker seit dem 17. Jahrhundert dargestellt. Obwohl die Autoren Spezialisten für den jeweils von ihnen behandelten Ökonomen sind, gelingt es ihnen, die Essenz seines Denkens in jeweils etwa zwanzig Seiten präzise und verständlich darzustellen (*Kurz*, 2008/2009).

2 Bei einer Aktiengesellschaft besteht (zusätzlich) ein analoger Verteilungskonflikt zwischen Aktionären und dem Unternehmen, wenn Erstere ein Maximum an Dividenden »herausziehen« wollen. Auch Aktienrückkäufe verschieben Finanzmittel vom Unternehmen zu seinen Aktionären. Da sie gleichzeitig die Kurse in die Höhe treiben, geht die Initiative dazu meist vom Management aus (mit dem Aktienkurs steigt der Wert ihrer »*stock options*«).

3 Schon seit dreißig Jahren fließen dem »*US corporate business*« netto keine Finanzierungsmittel durch Aktienemissionen zu, da Letztere ein kleineres Volumen haben als die Aktienrückkäufe.
4 *Marx* (1973B), S. 527.
5 *Marx* (1973B), S. 527.
6 *Marx* (1973B), S. 392 f.
7 *Marx* (1973B), S. 405 f.
8 Das ist leichter zu verstehen, als es auf den ersten Blick erscheint: Besitzt jemand eine Staatsanleihe oder eine Eigentumswohnung, die pro Jahr 5.000 Euro abwirft, und liegt das Zinsniveau bei 5 Prozent, dann beträgt der Wert dieses Kapitals 100.000 Euro; liegt das Zinsniveau bei 10 Prozent, dann beträgt der Wert des Kapitals nur 50.000 Euro. Allgemein ist der Wert eines Kapitals (bei gegebenem Ertrag) umso höher, je niedriger das Zinsniveau ist. – Als Teil der neoliberalen »Gegenreformation« haben Chicago-Ökonomen wie Nobelpreisträger Gary Becker Arbeit als »Humankapital« modelliert. Dazu Karl Marx: »Es treten hier leider zwei, diese gedankenlose Vorstellung unangenehm durchkreuzende Umstände ein, erstens, dass der Arbeiter arbeiten muss, um diesen Zins zu erhalten, und zweitens, dass er den Kapitalwert seiner Arbeitskraft nicht durch Übertragung versilbern kann.« (*Marx*, 1973B, S. 483 f.)
9 *Marx* (1973B), S. 527.
10 *Marx* (1973B), S. 528. – Die moderne »Brut von Spielern« war in den letzten fünfundzwanzig Jahren in »*special purpose vehicles*« aktiv, denen Banken Milliarden anvertrauten, um Spekulationsgeschäfte zu tätigen, die den Banken selbst zu »anrüchig« waren.
11 *Marx* (1973B), S. 452.
12 *Marx* (1973B), S. 454.
13 *Marx* (1973B), S. 495. – Abbildung 8.1 zeigt, dass die Unternehmen der Realwirtschaft seit den 1970er-Jahren viel mehr Finanzkapital akkumuliert haben als Realkapital. Gleichzeitig erhöhte der Finanzsektor seine Profite auf Kosten der Realwirtschaft. – Das einflussreiche Buch *Das Finanzkapital* (1910) des marxistischen Theoretikers Rudolf Hilferding stellt nicht den Interessengegensatz zwischen Real- und Finanzkapital ins Zentrum, sondern deren Verschmelzung. Denn »der größte Teil des (…) bei den Banken angelegten Kapitals [ist] in industrielles, produktives Kapital (…) verwandelt und im Produktionsprozess fixiert« (*Hilferding*, 2010, S. 283). Ob die Banken eher als »Realkapitalmagnaten« agieren im Sinne von Hilferding oder als »Finanzaristokraten« im Sinne von Marx, hängt von der gesamten »Spielanordnung« ab. Unter realkapitalistischen Bedingungen (wie zu Hilferdings Zeit vor dem Ersten Weltkrieg) dominiert die Beteiligung an Industriekapital, unter finanzkapitalistischen Bedingungen (wie zu Marx' Zeit um den Börsenkrach 1873) dominiert die »Finanzalchemie«. Ein ähnliches Bild ergibt sich für die Nachkriegszeit: Bis in die 1990er-Jahre waren deutsche Banken in hohem Maß an Industriekonzernen beteiligt (»Deutschland AG«), später wandten sich viele – insbesondere die Deutsche Bank – der »Finanzalchemie« zu.

14 *Marx* (1973B), S. 519.
15 *Marx* (1973B), S. 495.
16 *Marx* (1973B), S. 494.
17 *Marx* (1973B), S. 484.
18 *Marx* (1973B), S. 485.
19 Auch die Finanzkrise 2008 ließ sich gut verwerten. So wurde der Hedgefonds »Blackstone« zum größten Hausbesitzer der USA. Das Erfolgsrezept lautet: Zuerst den Bullenmarkt bei Immobilien befeuern und nach dem Crash die Häuser der Delogierten billig erwerben (zur Bedeutung von Immobilien im Finanzkapitalismus siehe den Schlussteil dieses Kapitels).
20 Zur Bedeutung der »US-Informationsrentiers« und zur Möglichkeiten einer »Ent-Kolonialisierung« der EU siehe Kapitel 19.
21 Länder mit Leistungsbilanzüberschüssen (offene Volkswirtschaften) können bzw. müssen diese im Ausland »arbeiten« lassen, meist in Form von Finanzkapital. Davon können sie aber nur dann etwas zurückbekommen, wenn sie ihre Leistungsbilanz in ein Defizit »drehen« – ihre Forderungen werden dann durch einen Netto-Bezug von Gütern und Dienstleistungen aus dem Ausland abgetragen (wie eben im Haupttext allgemein verdeutlicht). Sind sie dazu nicht bereit, so wird ihr Finanzkapital früher oder später entwertet (siehe Kapitel 13).
22 In Keynes' Zinstheorie stehen einander zwei Veranlagungsmöglichkeiten gegenüber: Anleihen oder Geld (Cash); Erstere bringen einen Zinsertrag, sind aber nicht liquide, beim Geld verhält es sich umgekehrt. Der Zins stellt jene Prämie dar, die Anleger dafür bekommen, dass sie auf den Vorteil liquider Geldhaltung verzichten. Je größer die Unsicherheit ist, desto höher ist diese »Liquiditätsprämie« und desto schwieriger wird es für die Notenbank, durch Ausweitung der Geldmenge das Zinsniveau zu senken. Als »Liquiditätsfalle« bezeichnet Keynes eine Situation, in der dies nicht mehr möglich ist: In unsicherer Zeit horten Menschen ihr Geld, statt es dem Kapitalmarkt zur Verfügung zu stellen. Dafür ist laut Keynes noch ein zweiter Grund maßgeblich: Bei niedrigen Zinsen liegen die Anleihekurse auf hohem Niveau, Kurssenkungen sind also viel wahrscheinlicher als Kurssteigerungen. Daher werden Anleger auch aus diesem Grund ihr Geld lieber in der »Spekulationskasse« horten. – Keynes' Zinstheorie ist aus mehreren Gründen wenig überzeugend. Erstens ist, wer sich in Anleihen veranlagt, durchaus liquide. Heute kann man in kürzester Zeit via Online-Banking Anleihen in Cash verwandeln, und auch zu Keynes' Zeiten wird das kaum einen Tag gedauert haben. Richtig ist, dass Anleihen Kursschwankungen ausgesetzt sind, also unter Umständen nur mit Verlust »flüssig« gemacht werden können. Doch auch die Geldhaltung ist Verlusten ausgesetzt, insbesondere durch Inflation oder Abwertungen. Zweitens stellen Anleihen nicht die einzige Alternative zur Geldhaltung dar, insbesondere Aktien kommen als Veranlagungsform in Betracht. Auch in diesem Fall ist man – insbesondere heute – liquide und trägt ein Kursrisiko. Allerdings ist der Zusammenhang zwischen Zins- und Kursniveau nicht so klar gegenläufig wie im Fall von Anleihen. Und drittens sind die Unterschiede in der

Liquidität zwischen den verschiedenen Formen von Finanzkapital (von Geld bis zu Aktien) vernachlässigbar gering im Vergleich zur unterschiedlichen Liquidität von Finanz- und Realkapital. – Der wichtigste Grund dafür, dass Keynes das Problem »Liquidität versus Ertrag« nur im Hinblick auf die Alternative »Geld versus Anleihen« untersucht hat, lag wohl in seinem Erkenntnisinteresse: Er wollte die damals (und heute wieder) herrschende Zinstheorie durch seine eigene ersetzen. Die Neoklassik geht davon aus, dass der Zins am Kreditmarkt gebildet wird, als Schnittpunkt von Sparangebot und Investitionsnachfrage, und der Marktmechanismus Spar- und Investitionsvolumen in Übereinstimmung bringt. In Keynes' Theorie bildet aber gerade das *Auseinanderfallen* von (geplantem) Sparen und Investieren die Hauptursache für makroökonomische Instabilität. Also musste er die neoklassische Zinstheorie aus dem Weg räumen, und dafür war das Konzept von Liquiditätspräferenz und Spekulationskasse bestens geeignet. Gleichzeitig konnte er mit der »Liquiditätsfalle« erklären, warum nur eine expansive Fiskalpolitik (»*deficit spending*«) die Wirtschaft aus einer Krise führen kann.

23 Die Mainstream-Ökonomen und in Europa auch die Wirtschaftspolitik vertreten die neoklassische Position: wenn schon expansive Maßnahmen, dann höchstens durch eine lockere Geldpolitik. Also hat man nach der Finanzkrise 2008 zwar notgedrungen Bankenrettungs- und Konjunkturpakete beschlossen, auf eine nachhaltig expansive Fiskalpolitik aber verzichtet – im Gegensatz zu den USA. – Für eine nützliche »Navigationskarte« reicht folgende »Theorie«: Das Zinsniveau wird von der Notenbank gesteuert, primär durch ihren Leitzins und sekundär durch Anleihekäufe bzw. -verkäufe. Das Zinsniveau ist »nach unten« durch die »Null-Schranke« begrenzt. Denn bei einem spürbar negativen Nominalzins wird Bargeld gehortet (solange es dieses gibt). Die Frage, wie sich der Zins bilden würde, wenn es keine Notenbanken gäbe, überlassen wir den »reinen« Theoretikern.

24 Wie die obigen Zitate belegen, hat Marx in seinen letzten Lebensjahren die Bedeutung einer Unterscheidung zwischen den »industriellen Kapitalisten« und den »Geldkapitalisten« erkannt, doch blieben seine Gedanken Fragment (den 3. ebenso wie den 2. Band von *Das Kapital* hat Friedrich Engels aus unzähligen Notizen Marx' zusammengestellt). Auch im 3. Band, dem die obigen Gedanken entnommen sind, kritisiert Marx die »trinitarische Formel« von den drei Produktionsfaktoren Kapital, Boden und Arbeit.

25 Das Opus magnum des US-Ökonomen Michael Hudson (*Der Sektor. Warum die globale Finanzwirtschaft uns zerstört*) untersucht jenen Prozess, durch den der Finanzsektor Einkommen, Vermögen und Macht eroberte und damit Kontrolle über die Wirtschaft erlangte (*Hudson*, 2016). Die meisten der von ihm untersuchten Entwicklungen sind auch Gegenstand des vorliegenden Buches. Hudson erklärt insbesondere die Vorgeschichte der Immobilien- und Finanzkrise mit enormer Detailkenntnis. Seine Analyse, also das kausale »Zusammensetzen« der einzelnen Phänomene, unterscheidet sich von meinem Ansatz. In marxistischer Tradition sind für Hudson gesellschaftliche Prozesse getrieben von Kämpfen zwi-

schen Akteuren oder Klassen: Auf der einen Seite stehen die oberste Oberschicht (»das Eine Prozent«) und der Finanzsektor, auf der anderen Seite die »99 Prozent« und damit die Masse der Unternehmer und Arbeiter. Mein Ansatz ist systemisch, daher spielen die dominante Wirtschaftheorie, die daraus abgeleitete »Navigationskarte« und (damit) die jeweilige »Spielanordnung« eine größere Rolle. Deshalb unterscheide ich zwischen Interessen und Akteuren. Unternehmer und Haushalte können auch ihre (sekundären) Finanzkapitalinteressen verfolgen und werden es unter finanzkapitalistischen Anreizbedingungen auch tun.

26 Im Sinne des kulturellen Klassenbegriffes von *Bourdieu* (1982).

27 Die Zunahme von Finanzspekulation, der wachsende Einfluss des Finanzsektors und der steigende Anteil von finanzwirtschaftlichen Aktivitäten an den Gesamtprofiten werden in der ökonomischen Literatur unter dem Oberbegriff »Finanzialisierung« behandelt. Dazu gibt es eine Reihe ausgezeichneter Analysen, etwa (um nur einige zu erwähnen) *Deutschmann* (2003), *Krippner* (2005), *Epstein* (2005), *Palley* (2013), *Hein* (2013), *Hudson* (2016) und *Guttmann* (2016). Alle dort untersuchten Phänomene stellen wesentliche Komponenten des Finanzkapitalismus dar, doch umfasst dieser noch andere Komponenten wie die neoliberalen Theorien, die daraus abgeleitete Politik (nicht nur in Bezug auf den Finanzsektor, sondern etwa auch auf den Sozialstaat) sowie ihre gegen-aufklärerischen und entmündigenden Folgen. Außerdem steht – in meinem Konzept – dem Finanzkapitalismus der Realkapitalismus als »Spielanordnung« gegenüber.

28 Dieser Widerspruch ist fundamental und unvermeidbar. Dies bedeutet jedoch nicht, dass »das Eine Prozent« (Michael Hudson) und der Finanzsektor als sein Verbündeter *gezielt* eine Strategie verfolgen, um die Kontrolle über Wirtschaft und Gesellschaft zu erlangen, wie Hudson annimmt (*Hudson*, 2016).

29 Mit dem enormen Anstieg von Vermögen nimmt auch in China die Versuchung zu, dieses finanzkapitalistisch zu vermehren. Seit den 2000er-Jahren sind diese Tendenzen klar erkennbar – vom Ausmaß der Bullen- und Bärenmärkte an den Börsen bis zum »*bitcoin mining*«.

30 Eine ähnlich mächtige Position hat sich die Notenbank in Japan erkämpft. In einer eindrucksvollen Studie dokumentiert *Werner* (2003) die These, dass die »Bank of Japan« diese Position nützte, um das bis Ende der 1980er-Jahre erfolgreiche (realkapitalistische) Wirtschaftsmodell Japans zu schwächen.

31 *Kondratieff* (1926); *Schumpeter* (1939).

32 Die – oben zitierten – Beobachtungen von Marx aus Band 3 des *Kapitals* über »die sich zurückziehenden Kapitalisten«, über die »Geldkapitalisten« als »neue Finanzaristokratie, eine neue Sorte Parasiten« und über »ein ganzes System des Schwindels und Betruges mit Bezug auf Gründungen, Aktienausgabe und Aktienhandel« machte er genau in dieser – finanzkapitalistischen – Entwicklungsphase. Auch der grandiose Roman *Das Geld* von Emile Zola spielt in dieser Zeit. Seine genau recherchierten Beschreibungen der Finanzakrobaten und ihrer Geschäfte »erinnern« an die moderne Finanzalchemie – von Enron bis zu Goldman Sachs und Deutscher Bank.

33 Das Konzept für den Wohlfahrtsstaat wurde in England 1908 vom Ehepaar Beatrice und Sydney Webb entwickelt (ihr Assistent war der junge William Beveridge). Sie begründen, warum ein »*housekeeping state*« nicht nur dem Entstehen sozialer Probleme wie Armut und Krankheit *vorbeugen* würde, sondern auch die Effizienz einer Volkswirtschaft erhöht. Siehe das berührende Kapitel III in dem Buch von Sylvia Nasar (*Nasar*, 2011, S. 170 ff.).

34 Nach der Weltwirtschaftskrise übernahm die keynesianische Theorie die Funktion einer »Navigationskarte«. Statt die Arbeitnehmer »in Bewegung« zu halten, kämpften die Eliten von Gewerkschaften und Sozialdemokratie für ihre »Schützlinge«. Derzeit gibt es zwar eine Krise und immer mehr Benachteiligte und Verängstigte, aber weder eine Basisbewegung noch aufgeklärte Eliten – mangels »Navigationskarte« haben sie die Orientierung verloren.

35 Natürlich war die soziale Lage der Arbeiter und Arbeiterinnen auch in der Belle Époque miserabel, doch die Veränderungen in die »richtige Richtung« nährten eine große, gemeinschaftliche Hoffnung, die im Pathos ihrer Lieder zum Ausdruck kam (»Brüder, zur Sonne, zur Freiheit«).

36 Ich folge hier der Darstellung bei *Mason* (2016), S. 80 f. – Hinsichtlich der zeitlichen Abgrenzung der Zyklen und der den Aufschwung treibenden technischen Innovation herrscht unter den Nachfolgern von Kondratieff und Schumpeter keine vollständige Einigkeit, doch sind die Unterschiede nicht gravierend und im Kontext meiner Überlegungen ohne Belang.

37 *Mason* (2016), S. 150.

38 *Mason* (2016), S. 14, 13.

39 Die Kernenergie oder der Transistor stellen keine neue Technologien dar, welche die Wirtschaft so umfassend verändert hätten wie etwa die Dampfmaschine oder die Elektrizität. Die Technologien fordistischer Massenproduktion, aber auch der Kunststoffproduktion wurden schon lange vor 1945 entwickelt (aber mangels begleitender sozialer Innovationen unzureichend umgesetzt). – Noch stärker widerspricht die Nachkriegsentwicklung der neoklassischen Wachstumstheorie. Denn sie nimmt an, dass das Wachstumstempo durch den technischen Fortschritt und seine Umsetzung auf freien Märkten bestimmt wird. In der Prosperitätsphase gab es aber keine Basisinnovationen, gleichzeitig waren die Arbeits- und Finanzmärkte strikt reguliert. In der nachfolgenden Krisenphase beschleunigte sich der technische Fortschritt, und die Märkte wurden dereguliert, insbesondere die Finanzmärkte. Die herrschende Theorie hätte daher eine hartnäckige Krise in den 1950er- und 1960er-Jahren erwarten lassen, gefolgt von zunehmender Prosperität.

40 Siehe *Mason* (2016).

41 *Schulmeister* (1998A).

42 *Arrighi* (2010); die erste Auflage erschien 1994. – Ich bin Arno Tausch sehr dankbar, dass er mich auf die Arbeiten von Arrighi hingewiesen hat.

43 Ulrike Herrmann schildert den Aufstieg Englands zur industriellen Weltmacht und arbeitet an markanten Beispielen die Triebkräfte dieses Prozesses heraus. Sie

zeigt dabei auch die Wechselwirkung zwischen dem, was ich als »real- und finanzkapitalistisches« Profitstreben bezeichne (*Herrmann*, 2013, insbesondere Kapitel 4 und 13).

44 Chinas Aufstieg zu einer ökonomischen Weltmacht wurde durch Konzentration aller Kräfte auf die Expansion der Realwirtschaft ermöglicht: Der Finanzsektor blieb verstaatlicht und finanzierte Investitionen sowie Exporte zu extrem günstigen Bedingungen, Joint Ventures mit transnationalen Konzernen siedelte man in Sonderwirtschaftszonen an. Während sich in den Industrieländern das Profitstreben zu Finanzinvestitionen verlagerte, konnte es sich in China nur in der Realwirtschaft entfalten. – In einem Punkt jedoch weicht die Entwicklung vom bisherigen Muster der »systemischen Akkumulationszyklen« ab: China wurde zum größten Kredit*geber* der USA (während gleichzeitig durch Direktinvestitionen viel US-Kapital in China angelegt wurde). Maßgeblich dafür war die extrem exportorientierte Wachstumsstrategie Chinas. Es musste seine Überschüsse im Ausland anlegen, und dafür war der Dollar die beste Option, weil man so zugleich den Wechselkurs des Yuan auf niedrigem Niveau stabilisieren konnte. – In seinem letzten Werk zeigt *Arrighi* (2007), dass die Theorie von Adam Smith wesentlich zum Verständnis des Überganges der ökonomischen Hegemonie von den USA zu China beiträgt. Besondere Aufmerksamkeit widmet Arrighi den Folgen eines langfristigen Auseinanderfallens von ökonomischer und militärisch-politischer Vormachtstellung.
45 *Braudel* (1984).
46 *Marx* (1973A), S. 168.
47 *Marx* (1973A), S. 170.
48 *Arrighi* (2010), S. 6.
49 *Arrighi* (2010), S. 5.
50 Arrighi übernimmt die Begriffe »*signal crisis*« und »*terminal crisis*« vom »Metamorphosis-Modell«, mit dem Gerhard Mensch eine zu Kondratieff-Schumpeter alternative Erklärung der wellenförmigen Ausstrahlung technologischer Innovationen entwickelt (*Mensch*, 1975). Auch im Hinblick auf die Form der »Welle« bestehen Ähnlichkeiten: Sowohl Mensch als auch Arrighi verwerfen das Modell einer durchgehenden Abfolge von Zyklen zugunsten einer S-förmigen Aufschwungsphase, gefolgt von einem durch Brüche und Krisen geprägten Übergang zu einem neuen Aufschwung.
51 Während Arrighi die Akkumulationszyklen in Zeit und Raum analysiert, beschränke ich mich auf die zeitliche Abfolge von Prosperität und Depression, insbesondere seit 1945. Die Phasen der realkapitalistischen Aufschwünge 1848–1873, 1895–1914 und 1950–1973 und der finanzkapitalistischen Abschwünge 1873–1895, 1929–1939 (in den USA und Deutschland 1929–1933) sowie seit 1973 sind ident mit den »Kernphasen« der »Arrighi-Zyklen«. Mein Grundmodell der Abfolge real- und finanzkapitalistischer »Spielanordnungen« passt auch für den Genueser und Holländischen Zyklus, seine umfassende Version ist jedoch für diese Perioden nicht anwendbar, weil es damals noch keine dominante Wirtschaftstheorie und darauf basierende Wirtschaftspolitik gab.

52 Dies war primär Folge des Kurswechsels zu einer »trivial-keynesianischen« Konjunkturpolitik und des Immobilienbooms; siehe Kapitel 13.
53 Realkapital zu laufenden Marktpreisen plus Finanzaktiva minus Finanzpassiva.
54 Siehe dazu neben der oben angeführten Literatur zur »Finanzialisierung« auch *Orhangazi* (2008).
55 Die makroökonomische Bedeutung sinkender Vermögenspreise analysiert Richard Koo am Beispiel der Entwicklung in Japan seit dem Zusammenbruch des Aktien- und Immobilienbooms Anfang der 1990er-Jahre (*Koo*, 2003, 2009): Sinkende Vermögenspreise verkürzen die Bilanzen von Banken, Unternehmen und Haushalten und reduzieren ihr Eigenkapital. Darauf reagieren diese (privaten) Sektoren mit einer Erhöhung ihres Sparens zum Zweck des Schuldenabbaues (»*de-leveraging*«). Dies verursacht eine »*balance sheet recession*« und kann in eine Depression münden, sofern der Staat nicht massiv gegensteuert. – Mein Ansatz begreift Bullen- und Bärenmärkte und ihre makroökonomischen Bewertungseffekte als *Gesamtprozess* und als essenzielle Komponente einer finanzkapitalistischen »Spielanordnung«. In einem solchen System hat der Unternehmenssektor generell Finanzierungsüberschüsse (und nicht nur in Phasen des »*de-leveraging*«).
56 Begreift man Geld als Funktion, so wird die Quantitätsgleichung »mega-tautologisch«. Die »Geldmenge« ist immer so hoch wie das Volumen der Transaktionen mit Gütern und Finanztiteln (und sonstigen Vermögen wie Immobilien). Wenn wir mit M_{FA} die als Geld verwendeten »*financial assets*« bezeichnen, so lautet die Quantitätsgleichung (die »Umlaufsgeschwindigkeit V beträgt 1, da ›Geld‹ einmalig entsteht und vergeht, wenn M_{FA} als Geld verwendet wird«):

$$M_{FA} \times V (= 1) = PQ \times Q + PF \times QF$$

Dabei bezeichnen PQ und Q bzw. PF und QF Preisniveau und Menge von Gütern bzw. Finanztiteln (Letzteres einschließlich anderer Vermögen wie Kunstwerke oder Immobilien, deren Transaktionsvolumen ist allerdings klein).
57 Als Orientierungshilfe für die Empirie hat das »trivial-keynesianische« IS/LM-Modell einen ungleich höheren Nutzwert als die »*loanable-funds*-Theorie« der Neoklassik, in welcher der Zins ein Gleichgewicht herstellt zwischen dem Sparen und den Investitionen (Letztere setzen also einen Konsumverzicht der Haushalte voraus). Doch auch das IS/LM-Modell basiert auf der Vorstellung, dass Geld eine definierbare Substanz ist (zum Vergleich von »*loanable-funds*-Theorie« und IS/LM-Modell siehe *Bofinger – Ries*, 2017).
58 Ob und in welchem Ausmaß eine Aufwertung des Finanzkapitals durch einen Bullenmarkt zusätzliche Transaktionen nach sich zieht (bzw. weniger Transaktionen im Fall eines Bärenmarktes), hängt von vielen Faktoren ab. So hat der Aktienboom der 1990er-Jahre den privaten Konsum in den USA enorm stimuliert (insbesondere die Bewertungsgewinne von Pensionsfonds und College Funds trugen dazu bei, dass die Sparquote auf null sank). Der jüngste Aktienboom seit 2009 löste viel geringere Konsumeffekte aus, weil die Bewertungsverluste durch die

Bärenmärkte 2000 und 2008 den Glauben an die Nachhaltigkeit von Kursgewinnen beschädigten.

59 Die Derivatbörse organisiert das »Wettspiel« zwischen jenen, die auf einen steigenden Preis setzen (sie kaufen Futures, halten also eine »*long position*«), und jenen, die auf einen fallenden Preis setzen (sie verkaufen Futures, haben also eine »*short position*«), und zwar so, dass die Summe der »*long positions*« und »*short positions*« gleich hoch ist (ist das für Sekunden nicht der Fall, so verändert sich der Preis, bis der Gleichstand wiederhergestellt ist). Die Margin verhindert, dass die Börse selbst Verluste erleidet. Abgerechnet wird täglich. Steigt der Ölpreis an einem Tag um 1 Dollar, dann bekommen alle Gewinner je Kontrakt 1.000 Dollar auf ihr Konto überwiesen, abgebucht von den Konten der Verlierer. Unterschreitet der Kontostand eines Verlierers eine bestimmte Grenze, so bekommt er einen »*margin call*« und muss nachschießen, anderenfalls wird sein Kontrakt gelöscht, und seine »*initial margin*« ist verloren.

60 Der Wert eines S&P 500-Future beträgt 250-mal die Zahl der Indexpunkte; steht der Aktienindex bei 2000 Punkten, so liegt der Basiswert eines Kontraktes bei 500.000 Dollar. Die Logik der Spekulation ist gleich wie im Fall eines Öl-Future oder jedes anderen Future. Bei einer Margin von etwa 10 Prozent ist der Wetteinsatz relativ hoch (50.000 Dollar). Damit sich auch der kleine Mann am Spiel beteiligen kann, wurde der S&P 500 E-mini-Future geschaffen, sein Basiswert beträgt 50-mal die Indexpunkte, also in unserem Beispiel nur 100 000 – mit etwa 10.000 Dollar ist man dabei (beim DAX-Future kostet es mehr, denn sein Basiswert beträgt 25-mal die Indexpunkte, bei einem Indexstand von 12 000 also 300.000 Euro).

61 Die Bandbreite des Hebels ist bei Optionen größer als bei Futures, da sie von verschiedenen Faktoren abhängt: der Differenz zwischen aktuellem Kurs und Ausübungspreis, der Stärke des Kurstrends, der Volatilität des Kurses, der Restlaufzeit der Option.

62 Das spektakulärste Einzelbeispiel betrifft die Spekulationen des Hedgefonds »Long-Term Capital Management«, welche 1998 das Weltfinanzsystem nahe an den Abgrund brachten (siehe Kapitel 7). Die Anwendung der Wahrscheinlichkeitstheorie in der Finanzmathematik kritisiert der Schriftsteller und Börsenhändler Nassim Taleb vehement (*Taleb*, 2015).

63 Während die auf Börsen gehandelten Instrumente standardisiert sind, können OTC-Kontrakte »maßgeschneidert« werden.

64 Exporteure, Importeure, Touristen und wer sonst Währungen tauschen muss sind als »Preisnehmer« am Devisenhandel beteiligt (und erhalten oft nicht den für sie günstigsten Wechselkurs). Aktiv spekulieren können aber nur Konzerne, weil die »Wetteinsätze« bei 5 bis 10 Millionen Dollar liegen. Wer als Amateur mit Währungen spekuliert, verwendet Derivate.

65 Die Gleichgewichtstheorie geht davon aus, dass »*asset prices*« im Prinzip ihrem Fundamentalwert entsprechen. Schießen sie kurzfristig über diesen Wert hinaus (wie in Abbildung 2.2 skizziert), bezeichnet man die entsprechenden Trends als »*fads*«, nach denen der Preis zu seinem Fundamentalwert zurückkehrt (»*mean*

reversion«). Langfristige Abweichungen werden durch »*bubbles*« verursacht (siehe dazu *Camerer*, 1989).
66 *Keynes* (1936), S. 156.
67 Die qualitativen Verfahren (»*chartism*«) versuchen, aus bestimmten Kurskonfigurationen auf eine Fortsetzung eines Trends oder einen Richtungswechsel zu schließen (»*support and resistance lines*«, »*head and shoulders*« etc.). Die quantitativen Verfahren nutzen Algorithmen durch statistische Transformation der (jüngst) vergangenen Kurse.
68 Technische Modelle handeln immer zu spät (relativ zum rückblickend optimalen Zeitpunkt der Trendwende), dafür lassen sie sich durch kurzfristigere Schwankungen nicht irritieren. So lag der Spitzenwert am 11. Juli 2008 bei 147,2 Dollar, eine »*short position*« wird aber erst am 30. Juli geöffnet: Als der MAS den MAL bei einem Wert von 132,4 Dollar von oben schneidet, wird zum aktuellen Preis von 121,4 Dollar verkauft. Er ist immer »ungünstiger« als das Niveau der Schnittpunkte von MAS und MAL.
69 Generell gilt, dass die Profite technischer Modelle in Bärenmärkten höher sind als in Bullenmärkten, weil die Kurse im ersten Fall schneller sinken als sie im zweiten steigen. Dies ist auch eine Folge der aggregierten Verkaufssignale von Tausenden unterschiedlichen Modellen. Allgemein gesagt, besteht zwischen der Kursdynamik als Abfolge von Trends und den Handelssignalen technischer Modelle eine Wechselwirkung.
70 Durch Modifikation der Parameter werden Bereiche festgelegt, in denen das Modell »neutral« bleibt, es hält dann keine »*open position*« (weder »*long*« noch »*short*«). Die Option, »nicht im Markt zu sein«, ist besonders in Phasen großer Volatilität wichtig. Manche Modelle operieren daher mit einem eigenen Volatilitätsindikator. Sie öffnen eine Position nur dann, wenn sowohl der Trendindikator als auch der Volatilitätsindikator auf »Grün« stehen.
71 *Menkhoff – Taylor* (2007).
72 Den (vorläufigen) Endpunkt erreichte dieser Prozess mit dem »*high-frequency trading*« (HFT) in Milli- bis Mikrosekunden. Auch dabei geht es um das Antizipieren von (winzigen) Preisänderungen. Diese sind jedoch nicht Teil eines Preisschubes, sondern werden entweder durch Scheinorders produziert (und ausgenützt), oder schnelle Datenleitungen und bestimmte Algorithmen ermöglichen es, große Orders »auszuspionieren« und einige Mikrosekunden früher zu kaufen bzw. zu verkaufen (»*front-running*«). Siehe dazu die spannenden Bücher von Michael Lewis (*Lewis*, 2014) bzw. von Martin Ehrenhauser (*Ehrenhauser*, 2018).
73 Diese Studien konnte ich nur durchführen, weil Markus Fulmek als Post-Doc vor fünfundzwanzig Jahren für mich ein Computerprogramm schrieb (mittlerweile ist er Professor für Mathematik an der Universität Wien), mit dem es möglich war, die Komponenten der Profitabilität technischer Modelle, ihr aggregiertes »*trading behaviour*« und damit die Interaktion vieler Modelle zu analysieren. Ich bin Markus Fulmek für die große Mühe noch heute dankbar.

74 Die wichtigsten Ergebnisse finden sich in Schulmeister (1988; 2006; 2008; 2009A; 2009B), zusammengefasst in Schulmeister (2010). Studien anderer Ökonomen sind für die Devisenmärkte Levich – Thomas (1993); Menkhoff – Schlumberger (1995); Gencay (1999); Chang – Osler (1999); Neely – Weller (1999); Gencay (1999); LeBaron (1999); Osler (2000); Maillet – Michel (2000); Neely – Weller (2003); Olson (2004); Frankel – Froot (1990); für die Aktienmärkte Goldberg – Schulmeister (1988); Brock – Lakonishok – LeBaron (1992); Hudson – Dempsey – Keasey (1996); Sullivan – Timmerman – White (1999); Gunasekarage – Power (2001); Fernandez und andere (2005); Kwon – Kish (2002); Wong – Manzur – Chew (2003); Jasic – Wood (2004); Chang – Metghalchi – Chan (2006). Ein Vergleich der Performance technischer Handelssysteme auf unterschiedlichen Märkten findet sich in Schulmeister – Goldberg (1989) und Irwin – Holt (2004).

75 Wenn jemand für eine vergangene Teilperiode die jeweils fünfundzwanzig besten Modelle auswählt und ihnen in der nachfolgenden Teilperiode folgt, hätte er auch Profit erzielt.

76 Wer dem »trading system« folgt, wird mit einer Wahrscheinlichkeit von 55 bis 70 Prozent – abhängig von Modelltyp und Datenfrequenz – einen Einzelverlust machen und in 45 bis 30 Prozent der Fälle aufgrund eines Kurstrends einen Gewinn.

77 An dieser Stelle möchte ich mich bei William Brock bedanken. Ich hatte Ende der 1990er-Jahre meine Arbeit zu technischer Spekulation wieder aufgenommen, die Resonanz war null. Ich nützte 2005 einen Forschungsaufenthalt in den USA, um einen letzten »Anlauf« zu nehmen. Ein Paper schickte ich mit der Bitte um Kommentar auch an »Buz« Brock. Seine begeisterte Antwort hat mir einen »Energieschub« verliehen. Ich danke auch Ramazan Gencay, der meinen Artikel sogleich akzeptierte (Schulmeister, 2006). Danach folgten noch drei andere Journalpublikationen (Schulmeister, 2008, 2009A, 2009B). Das genügte mir, denn die Finanzspekulation ist ja nur eine Komponente des Finanzkapitalismus, und diese »Spielanordnung« im Ganzen zu verstehen, war mein eigentliches Forschungsziel.

78 Daraus, dass die am weitesten verbreiteten Spekulationssysteme nur die in vergangenen Preisen enthaltene Information verarbeiten, folgt: Sind »trading rules« profitabel (dies ist oft der Fall), so sind die »freiesten« Märkte nicht einmal schwach effizient. Sind diese Verfahren nicht profitabel, dann trifft die Annahme rationaler Erwartungen nicht zu.

79 Nicht nur Amateure, sondern auch Profis agieren häufig als »late-coming bandwagonists«. So verbieten gesetzliche Bestimmungen Managern von Pensionsfonds, mit Derivaten »schnelle Schnäppchen« zu machen. Steigen sie zu früh ein und entwickelt sich kein Trend, wirft man ihnen unseriöse Spekulation vor; ignorieren sie Trends, dann erscheinen sie wieder als unprofessionell. In dieser Zwickmühle wählen viele den falschen Mittelweg.

80 George Soros hat diese (auch) von ihm praktizierte Strategie 1987 als Tagebuch dokumentiert in The Alchemy of Finance (Soros, 1987). Ich habe daraus viel gelernt und außerdem herzlich gelacht über die Widmung des Buches durch den

offenbar verknallten Autor: »To Susan without whom this book would have been ready much sooner«.

81 Ich arbeitete damals an einer Studie für den italienischen Konzern ENI. Dass dieser ein – zumindest mittlerer – »Player« im Erdölgeschäft war (und ist), öffnete mir die Türen nicht nur zu NYMEX, sondern auch zu Tradern von Goldman Sachs oder Merrill Lynch.

82 Später wurde der Zusammenhang zwischen Lautstärke des Trading und Preisdynamik wissenschaftlich dokumentiert (*Coval*, 2001). Auch das Wetter beeinflusst das Trading: Scheint am Morgen die Sonne, so entwickeln sich Börsenkurse signifikant günstiger (*Hirshleifer – Shumway*, 2003). Den Einfluss des allgemeinen »*emotional state*« von »*day-traders*« dokumentieren *Lo – Repin – Steenbarger* (2005). Eine neue Studie zeigt (*Cohen-Zada – Krumer – Shtudiner*, 2017): Nur bei Männern führt die mit Erfolgen verbundene Testosteron-Ausschüttung zum Gefühl der Unbezwingbarkeit. Dieser »*psychological momentum effect*« könnte »*bubbles*« verstärken. Tatsächlich sind Trader fast ausschließlich Männer. Für Amateure gilt: Männer führen um 50 Prozent mehr Transaktionen durch als Frauen, ihre Rendite ist im Durchschnitt um 1 Prozent niedriger (*Barber – Odean*, 2001). Die Bedeutung von Testosteron für soziale Interaktion im Allgemeinen untersuchen *Eisenegger – Haushofer – Fehr* (2011).

83 Als ich zum ersten Mal Trader befragte, wunderte ich mich, dass sie oft von »Arbitrage« sprachen, bis ich verstand, dass sie »Spekulation« meinten. Bei den Praktikern handelt es sich um eine Verwechslung von Begriffen (sie wissen schon, dass sie spekulieren), bei den Theoretikern aber um eine Verwechslung von Welten. Auch die »*behavioral finance*« bleibt dem neoklassischen Denksystem verhaftet, weil sie es als Referenzmodell für die Analyse von »Anomalien« verwendet. So werden die Gründe, warum »*asset prices*« von ihrem Fundamentalwert abweichen, unter dem Begriff »*Limits to Arbitrage*« untersucht (*Barberis – Thaler*, 2003) – gemeint ist »*limits to rational speculation*«.

84 Mithilfe der »Fulmek-Software«.

85 Der Einfachheit halber werden in Abbildung 12.7 die Signale der »*contrarian systems*« nicht berücksichtigt. Diese würden am Ende der Abwärtstrends, also vor den Zeitpunkten A und G, Kaufsignale produzieren bzw. vor dem Zeitpunkt D – wenn der Aufwärtstrend immer schwächer wird – Verkaufssignale. »*Contrarian models*« erhöhen also gegen Ende eines Trends den Druck auf einen Richtungswechsel, der dann von einer »*news*« ausgelöst wird (theoretisch könnten auch die »*contrarians*« allein einen Richtungswechsel herbeiführen, in der Praxis kommt der »Kick« aber von neuesten Nachrichten).

86 Eine Bubble ist eine »Kopfgeburt« der Theoretiker »rationaler Erwartungen«, denn sie stellt einen – explosiven – Gleichgewichtspfad im mathematischen Sinn dar. In der Realität kommt ein Boom, der *ausschließlich* von der Erwartung seiner Fortsetzung getrieben wird, kaum vor (historische Beispiele, die dem am nächsten kommen, wie der Boom der Preise für Tulpenzwiebeln im Holland des 17. Jahrhunderts dokumentiert *Kindleberger*, 1978). Die Booms seit den 1970er-

Jahren waren keine Bubbles, sondern ganz »normale« Bullenmärkte (Abbildungen 9.9 bis 9.11).
87 *Schulmeister* (1988; 2010 und 2012).
88 Mein Freund Michael D. Goldberg hat vor mehr als dreißig Jahren die beiden Marktstimmungen als »*expectational bias*« bezeichnet (*Goldberg – Schulmeister*, 1988). Dies ist eine treffende Bezeichnung. Tatsächlich sind die Erwartungen verzerrt: In einem Bullenmarkt rechnet man »eher« mit einem Anstieg, in einem Bärenmarkt »eher« mit einem Rückgang der Kurse.
89 Theoretische Modelle der »*behavioral finance*« erklären, warum Akteure im Boom risikofreudiger sind als im Bust (*Barberis – Huang – Santos*, 2001). Durch Experimente mit Finanzprofis konnten Forscher der ETH Zürich zeigen, dass der Einfluss von Furcht (»*fear*«) in Busts stärker ist als in Booms (*Cohn et al.*, 2015). Wie bei Epidemien könnten sich Emotionen in sozialen Netzwerken ausbreiten und verstärken so die »*emotional responses to market trends*«.
90 *LeRoy* (1989).
91 Wenn man – in einem Gedankenexperiment – alle Amateure und alle Profis zu zwei Gruppen zusammenfasst, dann sind die Ersten die Verlierer und die Zweiten die Gewinner. Innerhalb der Amateure gibt es natürlich auch Gewinner und innerhalb der Profis Verlierer. Dies gilt nicht nur für Einzelpersonen wie Nick Leeson von der Barings Bank oder Jérôme Kerviel von der Société Générale, sondern auch für Banken (so haben deutsche Landesbanken durch den Kauf von US-Schrottpapieren enorme Verluste erlitten). Da der OTC-Handel Profis vorbehalten ist und gleichzeitig ein Nullsummenspiel darstellt, verlieren in diesem Segment generell die weniger cleveren Banken zugunsten der erfahrenen »Finanzalchemiebanken« wie Goldman Sachs.
92 *Friedman* (1953B).
93 *Tversky – Kahneman* (1974); *Kahneman – Tversky* (1979). – Informativ und einfühlsam beschreibt Michael Lewis (2017) die Freundschaft und den Gedankenaustausch dieser beiden Menschen, die im Leben wie in ihren Theorien Denken und Fühlen nicht säuberlich trennen wollten.
94 *Shefrin – Statman* (1985).
95 *Barber – Odean* (2001).
96 *Tversky – Kahneman* (1974).
97 *Welch* (2000); *Huberman – Regev* (2001).
98 *Shiller* (2000). – Ich habe nur jeweils ein Beispiel aus der fast schon unübersehbaren Literatur ausgewählt, und auch das nur für wenige typische »Anomalien« auf den Finanzmärkten. Einen Überblick über »*behavioral economics*« bieten Barberis – Thaler (2003), Camerer – Loewenstein (2004), Angner – Loewenstein (2012) und Thaler (2016).
99 *Barberis – Shleifer – Vishny* (1998).
100 *Daniel – Hirshleifer – Subrahmanyam* (1998); Barber – Odean (2000).
101 Dass sie öfter Einzelverluste machen als Einzelgewinne, ist für sie ganz normal (»*cut losses short and let profits run*«).

102 *Lo* (2017), S. 2.
103 *Thaler* (2016), S. 1589. – Thaler beschreibt in seinem Buch *Misbehaving: The Making of Behavioral Economics* (*Thaler*, 2014) den langen und beschwerlichen Weg der Verhaltensökonomen (wie er selbst) mit dem Ziel, einerseits das ökonomische »Fehlverhalten« von Menschen (relativ zum *homo oeconomicus*) zu erforschen und andererseits trotz des eigenen »*misbehaving*« (relativ zum »*rational-choice-mainstream*«) vom Denkkollektiv ernst genommen zu werden.
104 *Frydman – Goldberg* (2007).
105 In ihrem Buch *Mechanical Markets* erläutern Frydman und Goldberg ihre Kritik sowohl am Konzept der »rationalen Erwartungen« (und damit des ökonomischen Mainstream) als auch der Verhaltensökonomie in einer auch für Nicht-Ökonomen verständlichen Weise (ihr erstes Buch ist sehr »technisch«). Und sie verdeutlichen die empirische Relevanz ihrer Alternative einer »*Imperfect Knowledge Economics*« (*Frydman – Goldberg*, 2011).
106 Hier seien nur Ernst Fehr, Colin Camerer, Armin Falk, George Loewenstein, Mathew Rabin, Sven Gächter, David Laibson, Urs Fischbacher und Drazen Prelec genannt.
107 Untersucht werden etwa die neurobiologischen Prozesse von »*mind reading*« und »*empathy*«, also die Fähigkeit von Menschen, sich in andere »hineinzudenken« und einzufühlen (*Singer – Fehr*, 2005), von Vertrauensbildung (*Fehr – Fischbacher – Kosfeld*, 2005) oder von altruistischem Verhalten (*Morishima et al.*, 2012). Eine Einführung in *Neuroeconomics* bieten *Camerer – Loewenstein – Prelec* (2004 und 2005), eine umfassende Darstellung enthält der Sammelband *Neuroeconomics* (*Glimcher – Camerer – Fehr – Poldrack*, 2013). Die neuroökonomischen Forschungen zur Rolle des Geldes fasst *Zweig* (2007) zusammen.
108 Die Beschränktheit ökonomischer Rationalität wird in unzähligen Studien dokumentiert. Eine gute Zusammenfassung findet sich in der Rede von Daniel Kahneman anlässlich der Verleihung des Wirtschaftsnobelpreises 2002 (*Kahneman*, 2003), ausführlicher in seinem Buch *Schnelles Denken, langsames Denken* (*Kahneman*, 2012). Einen Überblick über die wichtigsten Erscheinungsformen von nicht-(nur)-rationalem und nicht-(nur)-eigennützigem Verhalten bieten *Barberis – Thaler* (2003), *Camerer – Loewenstein* (2004), *Angner – Loewenstein* (2012) und *Thaler* (2016). Die Forschungsergebnisse (bis Ende der 1990er-Jahre) über »*bounded rationality*« sowie über die Rolle der Emotionen und sonstiger psychischer Faktoren im ökonomischen Verhalten finden sich in *Conlisk* (1996), *Elstner* (1998) und *Rabin* (1998).
109 *Fehr – Schmidt* (1999).
110 *Fehr – Camerer* (2006).
111 Eine vertiefte Diskussion von Altruismus und Reziprozität sowie deren Bedeutung für ökonomisches Verhalten findet sich in *Fehr – Fischbacher* (2002 und 2005). Den Stellenwert und die empirische Messbarkeit von Vertrauen bzw. Vertrauenswürdigkeit untersuchen *Glaeser et al.* (2000).
112 Die Vertreter der *Neuroeconomics* wollen ihre Forschungen allerdings in diese Richtung ausweiten – siehe *Glimcher – Camerer – Fehr – Poldrack* (2013).

113 *Henrich et al.* (2004). – Siehe auch die Rezension dieser Studie von *Samuelson* (2005), sie bietet überdies einen sehr kompakten und verständlichen Überblick über die wichtigsten spieltheoretischen Experimente, die durchgeführt wurden.

114 Im Kampf der Vertreter der »Neuen Klassischen Makroökonomie« gegen die »trivial-keynesianische« Theorie erwies sich ein Argument als besonders wirkungsmächtig: dass dem Keynesianismus eine »mikroökonomische Fundierung« fehlt. In den vergangenen dreißig Jahren hat die Verhaltensökonomie eine solche erarbeitet, doch nun zeigt sich: An einer empirisch fundierten Mikro-Theorie haben die idealistischen Ökonomen gar kein Interesse.

115 Dazu dürfte die Tatsache beigetragen haben, dass in den USA die »Wall-Street-Kultur« prägend blieb und Aktienspekulation daher attraktiv war, während etwa in Deutschland die Kurse genau in jener Phase stagnierten, in der die realwirtschaftliche Expansion der Aktiengesellschaften am höchsten war (Abbildung 8.2).

116 In den Abbildungen 10.1 und 10.2 ist der Finanzsektor als »Durchlaufsektor« nicht gesondert ausgewiesen (die Summe der Werte für die vier dargestellten Sektoren entspricht dem Finanzierungssaldo des Finanzsektors mit umgekehrtem Vorzeichen, die Summe über alle Sektoren ist ja null).

117 Die Wurzel dieser systemischen Überlegungen liegt in der Kreislauftheorie von Keynes. Sie fand ihren statistischen Niederschlag (außer in der Volkswirtschaftlichen Gesamtrechnung) in der Geldvermögensrechnung (»*Flow-of-Funds*-Rechnung«). Erweitert und vertieft wurde die makroökonomische »Saldenmechanik« durch Wolfgang Stützel, einen der bedeutendsten deutschen Ökonomen der Nachkriegszeit (*Stützel*, 1978). Ewald Nowotny und Peter Mooslechner analysierten schon 1980 die Entwicklung der Staatsverschuldung im Kontext der Interaktion der sektoralen Finanzierungssalden und damit als systemisches Phänomen (*Nowotny – Mooslechner*, 1980).

118 Aus der Konstellation der Salden allein lässt sich zwar eine solche Kausalität nicht ableiten, wohl aber, wenn man zusätzlich die Rahmenbedingungen berücksichtigt: Angesichts des seit etwa 1950 stabilen Wirtschaftswachstums und des Mangels alternativer Profitmöglichkeiten auf den Finanzmärkten war es für die Unternehmen rational, wenn sie ihren Gewinn in der Realakkumulation suchten.

119 In Deutschland war die Staatsschuldenquote Anfang der 1950er-Jahre sehr niedrig (Folge der Währungsreform 1948), in den Siegerländern aber wegen der Kriegskosten extrem hoch. Bis Anfang der 1970er-Jahre konnte sie in den USA von 100 Prozent auf 35 Prozent gesenkt werden, in Großbritannien von mehr als 250 Prozent auf 50 Prozent und in Frankreich von 80 Prozent auf 25 Prozent.

120 Dieser »Zinsakzelerator« wird in der Theorie übersehen, weil sie sich auf die (langfristigen) Gleichgewichtslösungen konzentriert (»*steady state*«), die Übergangsprozesse aber vernachlässigt (das Leben besteht freilich aus permanenten Übergängen). Außerdem werden im »trivial-keynesianischen« IS/LM-Modell die Bestandsgrößen wie Forderungen und Schulden vernachlässigt. In diesem Modell dämpft eine Zinssteigerung die Nachfrage, es wird also nicht spezifisch der Preisauftrieb bekämpft. Vielmehr steigen die Finanzierungskosten, und daraufhin

senken die Unternehmen ihre Investitionen. In der nachfolgenden Rezession geht (natürlich) auch die Inflation zurück. Siehe dazu *Schulmeister* (1996, 1998B, 2003).

121 *Schulmeister* (2003), Übersicht 1/D. – Die Gesamtprofitrate stellt den mit den Anteilen von Eigen- und Fremdkapital gewogenen Durchschnitt der Real- und Finanzkapitalrendite dar. Deshalb ist die Real(eigen-)kapitalrendite umso höher, je niedriger der Zinssatz (= Finanzkapitalrendite) ist.

122 Laut *Piketty* (2014) ist die Rendite auf das Gesamtkapital »normalerweise« höher als die Wachstumsrate. Unter dieser Bedingung wachsen (ererbte) Vermögen und Vermögenseinkommen rascher als die Einkommen aus laufender Produktion (sowie die daraus gebildeten Vermögen). Doch Piketty unterscheidet nicht zwischen Real- und Finanzkapital und berücksichtigt daher nicht die unterschiedliche Wachstumsdynamik in Phasen, in denen die Realkapitalrendite markant über der Finanzkapitalrendite liegt (wie zwischen 1950 und 1971), und Phasen, in denen diese Differenz wesentlich kleiner ist (wie seit 1980). Obwohl seine Untersuchung weit in die Geschichte zurückgeht, behandelt er (deshalb) auch nicht das Phänomen des »langen Zyklus«. Für eine differenzierte Kritik von Pikettys *Das Kapital im 21. Jahrhundert* siehe *Bofinger et al.* (2015).

123 Übersichten 3/U und 3/D in *Schulmeister* (1998B).

124 In der Neoklassik besteht vollkommene Information, also sind Real- und Finanzkapitalrendite ident und entsprechen im »*steady state*« der Wachstumsrate. Läge der Zins unter der Wachstumsrate, bestünde eine »dynamische Ineffizienz« (es wird zu viel investiert). In einer von Unsicherheit geprägten Welt, in der (daher) die Profiterwartungen von Realinvestitionen (erheblich) über jenen von Finanzanlagen liegen, gelten diese Schlussfolgerungen nicht (*Abel et al.*, 1989).

125 Nur dann ist sowohl die inter-sektorale Bedingung erfüllt (Summe der Gesamt- und Primärsalden = null) als auch die inter-temporale Bedingung (Schulden wachsen nicht rascher als das BIP).

126 Das Beispiel verdeutlicht, wie sich Unternehmen und Haushalte verhalten *müssten*, damit zwei logisch zwingende Bedingungen erfüllt sind: Erstens, die Summe aller Überschüsse bzw. Forderungen muss gleich sein der Summe aller Defizite bzw. Schulden (inter-sektorale Restriktion). Zweitens, Forderungen und Schulden dürfen langfristig nicht rascher wachsen als das BIP (inter-temporale Restriktion). Das Beispiel zeigt: Unter plausiblen Annahmen sind beide Bedingungen dann nicht erfüllbar, wenn der Zinssatz über der Wachstumsrate liegt. Solange dies der Fall ist (wie zwischen 1980 und 2015), *können* daher Fiskalregeln wie die Schuldenbremse bzw. der EU-Fiskalpakt *nicht funktionieren* (nur in einzelnen Ländern mit Leistungsbilanzüberschüssen wie Deutschland).

127 Allgemein gilt: Primärsaldo = Gesamtsaldo minus Zinserträge. Ist der Gesamtüberschuss der Haushalte (ihr Sparen) größer als ihre Netto-Zinserträge, so haben sie einen Primärüberschuss, sparen also mehr als ihre Zinseinnahmen und damit auch einen Teil ihrer Lohn- und Gewinneinkommen.

128 Für Deutschland und die USA siehe Übersicht 17/D bzw. 17/U in *Schulmeister* (1996).

129 Dies gilt insbesondere für Basisinnovationen. So begann die Implementierung der Mikroelektronik in die Produktion schon vor etwa vierzig Jahren, abgeschlossen ist dieser Prozess noch lange nicht.
130 *Streissler* (2012) zeigt, dass schon für Adam Smith in der Komplementarität dieser Prozesse die Essenz von Wirtschaftswachstum besteht.
131 Ein analoges Beispiel wäre im Bereich von Bürodienstleitungen der Wechsel von einfachen zu elektrischen und schließlich zu elektronischen Schreibmaschinen und weiter zum PC mit seiner immer vielfältigeren Software – und die komplementären Lernprozesse der diese Kapitalgüter bedienenden Menschen.
132 *Aus diesem Grund* zeigen die Daten: Das Verhältnis von Realkapital zum Output (K/Y = »Kapitalkoeffizient«) ist in der Gesamtwirtschaft längerfristig annähernd konstant. Wächst etwa die Arbeitsproduktivität (linear) mit dem Faktor b der Kapitalintensität [(Y/L) = b(K/L)], dann gilt (K/Y) = b. In *Schulmeister* (1998) dokumentiere ich diese Zusammenhänge empirisch (für die Gesamtwirtschaft in den USA, Deutschland und Japan sowie differenziert nach elf Sektoren). Es zeigt sich, dass die Arbeitsproduktivität in der Sachgüterproduktion etwa gleich rasch wächst wie die Kapitalausstattung je Arbeitsplatz, bei den traditionellen Dienstleistungen (Handel, Gastgewerbe) etwas langsamer, im Verkehrs- und Kommunikationswesen etwas schneller. Der gesamtwirtschaftliche Kapitalkoeffizient ist daher annähernd konstant. – Bei *Piketty* (2014) steigt das Verhältnis von Kapital zu Gesamteinkommen »normalerweise« an. Seine Verhältniszahl hat aber mit der Produktion nichts zu tun, da sein Kapitalbegriff nicht Produktionsmittel (Realkapital) erfasst, sondern sämtliche Vermögen zu laufenden Preisen (verdreifacht sich der Wert des Aktienkapitals, so steigt Pikettys Kapital-Einkommens-Relation, der Bestand an Realkapital ist davon jedoch nicht berührt).
133 In einer »realistischen« Produktionsfunktion erfolgt der Einsatz von Arbeit und Kapital entlang eines »Prozessstrahles«: Steigt der Faktoreinsatz, so steigt der Output proportional (»linear-limitationale« Funktion). Durch den technischen Fortschritt nimmt die Kapitalintensität und damit der Anstieg der Prozessstrahlen zu, der Arbeitsplatz wird mit mehr Kapital ausgestattet (in unserem »Schweißbeispiel« entspricht die Technologie mit Handschweißgeräten einem flachen, jene mit Schweißrobotern einem steilen Prozessstrahl). Unter der Bedingung einer »dynamisierten« linear-limitationalen Produktionsfunktion haben die relativen Faktorpreise keinen Einfluss auf den Faktoreinsatz (*Schulmeister*, 1998, S. 34 ff.). – Für Lehrbuchkenner: Alle möglichen Kombinationen von Arbeitseinsatz (X-Achse), Kapitaleinsatz (Y-Achse) und Output (vertikale Z-Achse) befinden sich auf einer von der X-Achse aufsteigenden Ebene (Y/K ist ja auch für unterschiedliche Prozessstrahlen konstant). Die »Isoquanten« verlaufen parallel zur X-Achse. Durch den technischen Fortschritt nimmt der Anstieg (K/Y) des steilsten Prozessstrahles zu und damit der Möglichkeitsraum der Produktion (= die schräge Fläche). Das (theoretische) Maximum ist erreicht, wenn der steilste Prozessstrahl oberhalb der Y-Achse liegt: Dann ist der Arbeitseinsatz null, es »arbeiten« nur mehr Maschinen. Diese

Vorstellung entspricht dem Verständnis der Klassiker – das vorhandene (Real-) Kapital bestimmt bzw. beschränkt die Arbeitsplätze: »(...) die Zahl derjenigen, die (...) ständig beschäftigt werden können, [muss] in einem bestimmten Verhältnis zum gesamten Kapital der Gesellschaft stehen und kann dieses nie übersteigen« (*Smith*, 2012, S. 464). Erich Streissler bringt es auf den Punkt: »Kapital ist also der limitierende Produktionsfaktor. Und für Smith – wie für alle Klassiker – sind die Produktionsfunktionen *limitational*: In jeder Verwendung steht ›Beschäftigung (...) in einem bestimmten Verhältnis zu (...) Kapital‹. Es gibt bei Smith keinerlei Substitution zwischen Kapital und Arbeit: Für jedes Produkt existiert nur *eine* Produktionstechnik, und diese bei festem Einsatzverhältnis.« (*Streissler*, 2012, S. 19)

134 Das zusätzliche Produkt einer zusätzlich eingesetzten Einheit eines Faktors nennt man »Grenzprodukt«, und mit seinem Wert wird jeder Faktor entlohnt. – In der Landwirtschaft kann man tatsächlich einen Arbeiter ein weiteres Stück Land bearbeiten lassen, und der zusätzliche Ertrag je Hektar sinkt. Das von den Klassikern Malthus und Ricardo entwickelte Konzept des »Grenzertrages« des schlechtesten noch bewirtschafteten Bodens wurde von den Neoklassikern zur »Grenzproduktivität« verallgemeinert. Während aber in der klassischen Rententheorie der zusätzlich eingesetzte Faktor (Boden) schlechtere Qualität hat, unterstellt die neoklassische Produktionstheorie Homogenität der Faktoren.

135 So zeigt sich der in Abbildung 10.3 dargestellte Nicht-Zusammenhang in *allen* elf Wirtschaftssektoren der *USA, Deutschlands und Japans seit 1960*: In *jedem* einzelnen Jahr, in *jedem* Land und in *jedem* Sektor ist das Verhältnis von Kapital- zu Arbeitseinsatz gestiegen, unabhängig von den relativen Faktorpreisen. Doch auch die Wirtschaftspolitik unterstellt die Gültigkeit der neoklassischen Produktionsfunktion. So verwenden die EU-Kommission, die EZB oder der IWF in ihren Modellen die besonders einfache Cobb-Douglas-Funktion. Demnach verändert sich der relative Faktoreinsatz genau umgekehrt proportional zu den relativen Faktorpreisen. Verbilligt sich etwa Arbeit im Vergleich zu Kapital um 1 Prozent, so wird um 1 Prozent mehr Arbeit und 1 Prozent weniger Kapital eingesetzt. Dann müsste allerdings der Anteil von Lohn- und Gewinnsumme an der Wertschöpfung konstant bleiben. Tatsächlich ist die Lohnquote in der Prosperitätsphase markant gestiegen und danach ebenso stark gefallen (Abbildungen 5.1 und 10.5). Offenbar überwiegt der ideologische »Vorteil« der herrschenden Produktionstheorie: Sie blendet die sozialen und politischen Bestimmungsgründe der (funktionellen) Einkommensverteilung aus.

136 Auch der hohe gesellschaftliche Stellenwert von Vollbeschäftigung hat dazu beigetragen, dass Unternehmen das Rationalisierungspotenzial nicht voll ausschöpften (damals verbesserte es das Image eines Unternehmens, wenn es Arbeitsplätze schuf). Solange weder das Potenzial des prozesstechnischen Fortschritts noch der Arbeitskräfte ausgeschöpft ist, können die Unternehmen ihre Produktion entweder durch Rationalisierungen ausweiten (der Prozessstrahl wird steiler) oder durch Ausweitung der Beschäftigung bei gleicher Technologie (entlang

des bisherigen Prozessstrahles). Wofür sie sich entscheiden, hängt von den jeweiligen Anreizbedingungen ab, insbesondere der Attraktivität von Realinvestitionen im Vergleich zu Finanzinvestitionen. Ist Vollbeschäftigung erreicht, so fördert dies – bei optimistischen Wachstumserwartungen – die Bemühungen, rationelle Verfahren zu entwickeln. Dies gilt insbesondere dann, wenn der »Import« von Fremdarbeitern abgelehnt wird wie in Japan (es ist kein Zufall, dass alle bedeutenden prozesstechnischen Innovationen der Nachkriegszeit aus Japan stammen – von »*profit centers*« bis zu Industrierobotern).

137 In den USA war die Arbeitslosenquote zwischen 1960 und 1972 höher als in Deutschland (5,0 Prozent gegenüber 0,8 Prozent), gleichzeitig nahm auch das Angebot an Arbeitskräften (»*labor force*«) stärker zu (+1,9 Prozent gegenüber +0,2 Prozent pro Jahr). Daher stiegen Stundenproduktivität und Reallöhne in den USA (+1,9 Prozent bzw. +2,2 Prozent) viel schwächer als in Deutschland (+4,4 Prozent bzw. +5,8 Prozent). Siehe die Übersichten 1/U, 4/U, 1/D und 4/D in *Schulmeister* (1998).

138 *Schulmeister* (2003), Übersicht 1/D. – Während man für die 1960er-Jahre die Eigenkapitalrendite als Richtgröße der Realkapitalrendite verwenden kann (damals war die Finanzakkumulation der nicht finanziellen Unternehmen bedeutungslos), gilt das für die vergangenen Jahrzehnte nicht mehr. Denn im Betriebsüberschuss stecken ja auch die Gewinne aus Finanzanlagen, die im Vergleich zum Realkapital gestiegen sind. Es ist plausibel, dass die Rendite auf die Finanzanlagen der Unternehmen zwischen 1982 und 2000 höher war als auf ihr Eigenkapital (letztere lag in Deutschland bei 5,6 Prozent). Denn in diese Zeit fiel der großen Aktien-Bullenmarkt. In diesem Fall wäre *die Realkapitalrendite kleiner gewesen als die Eigenkapitalrendite*. Dass Unternehmen dann mehr in Finanzkapital investieren als in Realkapital, ist verständlich.

139 Die Entwicklung des BIP entspricht dem Durchschnitt der Wertschöpfung aller Unternehmen. Jene, die stärker wachsen, können mehr Kredite aufnehmen und ihre »Unternehmensschuldenquote« dennoch besser stabilisieren als die »Nachzüglerunternehmen«.

140 Abbildung 17/D und 17/U in *Schulmeister* (1996).

Teil IV

1 Großbritannien und Tschechien verweigerten die Zustimmung, daher ist der Fiskalpakt juristisch als bilateraler Vertrag zwischen den restlichen (meisten) EU-Ländern konstruiert.

2 Dazu kommt noch die Berücksichtigung von Einmaleffekten (etwa Privatisierungserlöse), die wir hier vernachlässigen können.

3 Kurzfristig kann die Outputlücke auch positiv sein (es werden Überstunden gemacht) wie etwa in Spanien vor der Finanzkrise 2008 oder während des »Wiedervereinigungsbooms« in Deutschland (eine jahrelang positive Outputlücke, wie

von der EU-Kommission berechnet – Abbildungen 11.1 und 11.2 –, ist ein konzeptueller Unsinn und Folge ihres Berechnungsverfahrens).

4 Berücksichtigt man die freien Arbeitskapazitäten der »Atypischen« sowie der Entmutigten, so dürften etwa 20 Prozent der Arbeitskräfte im Euroraum »brachliegen«. Die EZB schätzt, dass einschließlich der unfreiwilligen Teilzeitarbeitnehmer und der »stillen Arbeitsreserve« etwa 18 Prozent des Arbeitsangebotes ungenützt bleiben (*ECB*, 2017). Berücksichtigt man zusätzlich die freien Kapazitäten der übrigen atypisch Beschäftigten wie »Werkverträger«, so dürften etwa 20 Prozent der »*labour force*« ungenützt bleiben (2014 waren in der gesamten EU 36,4 Prozent aller Erwerbstätigen atypisch beschäftigt – *Schulze Buschoff*, 2016, S. 10). – Doch die EU-Kommission schätzt, dass das BIP im Euroraum nur um 2,5 Prozent kleiner war als der Potenzialoutput (selbst wenn 50 Prozent der Beschäftigten unfreiwillig nur Teilzeit arbeiten könnten, würde sich an der »EU-Outputlücke« nichts ändern).

5 Ich verwende mit Absicht die Berechnungen der EU-Kommission aus jener Zeit – Herbst 2013 –, als sich Spanien noch bemühte, die Regeln des Fiskalpaktes einzuhalten, und so immer tiefer in die Krise schlitterte.

6 Hauptopfer dieses Schätzverfahrens waren all jene Länder, die von der Finanzkrise am härtesten getroffen wurden und deren Budgetsaldo sich daher am meisten verschlechtert hat. Dies gilt neben Spanien insbesondere für Griechenland und Portugal. Abbildung 11.4 zeigt, dass die EU-Kommission den Großteil der krisenbedingten Budgetverschlechterung als »strukturell« eingestuft und so die Basis für harte Sparmaßnahmen geschaffen hat (Abbildung 11.4 gibt die EU-Schätzungen vom Frühjahr 2017 wieder, sie unterscheiden sich nicht markant von jenen aus den Jahren unmittelbar nach Ausbruch der Finanzkrise).

7 *Havlik et al.* (2014), S. 15 f.

8 Siehe *Claeys – Darvas – Leandro* (2016) und *Heimberger* (2014).

9 Um den Rückweg aus der Sackgasse, in die der Fiskalpakt Europa führte, zu finden, braucht man ihn nicht außer Kraft zu setzen (ein juristisch und politisch langwieriges Unterfangen). Es reicht, wenn man eine realitätsnahe Berechnungsmethode für den Potenzialoutput entwickelt. Von größter Bedeutung ist dabei eine realistische Schätzung der strukturellen Arbeitslosigkeit. Richtwert wäre die Zahl der offenen Stellen in einer Phase guter Konjunktur: In diesem Ausmaß können bestehende Arbeitsplätze aus strukturellen Gründen nicht besetzt werden (geforderte und vorhandene Qualifikationen passen nicht zusammen). Da es auch aus Gründen der Effizienz von Arbeitsvermittlung nötig ist, in jedem Land eine einheitliche Internet-Plattform zu schaffen, auf denen alle Stellenangebote online gestellt werden (müssen) und alle Arbeitsuchenden ihre Qualifikationen etc. angeben, wären die Daten über offene Stellen umfassend und verlässlich. Ergänzen sollte man die Schätzung durch einen Vergleich von Beruf und Qualifikationsniveau der Arbeitslosen mit den gegenwärtigen und künftigen Produktionserfordernissen. Letztere sind nicht durch »den Markt« allein bestimmt (und noch weniger allein durch die Kosten der Arbeit). Wenn etwa die Politik den gesamten

Gebäudebestand im eigenen Land thermisch sanieren möchte, dann wären arbeitslose Bauarbeiter nicht (mehr) strukturell arbeitslos, in einem Land mit »marktreligiöser« Politik aber schon. Der Potenzialoutput lässt sich daher nicht »wertfrei« schätzen, sondern hängt von der jeweils dominanten Wirtschaftstheorie ab und (damit) vom politischen Willen, die gesellschaftliche Entwicklung mitzugestalten.

10 Dokumentiert in *Havlik et al.* (2014).
11 Denn in einer Währungsunion kann ein Mitgliedsland nicht mehr auf die eigene Notenbank als »*lender of last resort*« zurückgreifen. Siehe Kapitel 14.
12 Nach dem September 2011 stiegen die Zinsen weiter bis auf fast 50 Prozent (deshalb wurde Abbildung 11.4 Ende 2011 »abgeschnitten«). Dieser Wert ist insofern fiktiv, als sich Griechenland ab Mai 2010 nicht mehr am Markt finanzierte. Mit bestehenden Anleihen wurde aber weiter gehandelt, ihre Kurse sanken, und die Zinsen stiegen.
13 Die »Zinsepidemie« und damit das Heranwachsen der Eurokrise wurden durch einen fatalen Irrtum der Politik mitverursacht: Sie wollte an Griechenland ein Exempel statuieren und begriff nicht, dass sie damit auch andere Euroländer den Attacken der »Finanzalchemisten« aussetzte. Ende Oktober 2009 fragte ich einige Trader, ob sie das »Griechenland-Spiel« auf andere Länder ausweiten würden. Die Antworten waren klar »positiv« – schließlich hätte Irland ein Bankenproblem, Portugal Strukturprobleme, Spanien eine Immobilienkrise etc. Leider kennen die ökonomischen Politikberater die Finanzmärkte nur aus dem Lehrbuch. Erst ein Goldman-Sachs-Mann als EZB-Präsident verhinderte 2012 das Schlimmste, aber da hatte sich die Eurokrise schon ausgewachsen.
14 Man hätte die »Sünder« mit anderen Mitteln als unbezahlbaren Zinsen zu Disziplin verhalten können. Seit 2010 praktizierten ja alle Länder Südeuropas eine harte Sparpolitik, egal ob die Zinsen stiegen wie bis zum Sommer 2012 oder ob sie zurückgingen wie danach.
15 Das Programm der Ankäufe von Staatsanleihen (»*quantitative easing*« – QE) brauchte es dazu nicht. Gegen eine entschlossene Zentralbank zu spekulieren, ist sinnlos, weil sie über unbeschränkte »Munition« verfügt (das QE-Programm der EZB wurde erst ab März 2015 umgesetzt und förderte zusätzlich den Zinsrückgang).
16 Der Personalaufwand für die öffentlich Bediensteten ging in Griechenland um 22,9 Prozent zurück, in Portugal nur um 11,3 Prozent, in Italien und Spanien blieb er annähernd gleich, im Euroraum wurde er um 10,4 Prozent und in Deutschland um 24,7 Prozent ausgeweitet. Die Ausgaben für öffentliche Investitionen schrumpften in Griechenland um 59,1 Prozent, in Portugal und Spanien etwas weniger, in Italien »nur« um 27,9 Prozent. Im Euroraum gingen sie um 14,4 Prozent zurück, in Deutschland wurden sie hingegen um 26,6 Prozent erhöht.
17 Die meisten Arbeitslosen wurden »ausgesteuert«.
18 Absolut haben die Staatsschulden Griechenlands nach dem Schuldenschnitt nicht mehr zugenommen, da jedoch die Wirtschaft am stärksten schrumpfte, stieg die Schuldenquote weiter.

19 Der österreichisch-amerikanische Ökonom Fritz Machlup hat schon 1958 »*structural*« als »*weasel word*« bezeichnet – gleich einem hohlen, von einem Wiesel ausgesaugten Ei (*Machlup*, 1958). Es kaschiert als Wort mit vagem Inhalt und anspruchsvollem Klang nicht nur das Nicht-Wissen des Konkreten, sondern dient auch als Absicherung gegen künftige Kritik, einem Problem nicht genau auf den Grund gegangen zu sein (die alten Griechen hatten sicherheitshalber gegenüber der Akropolis den »Altar für einen unbekannten Gott« errichtet).

20 Wegen der deutschen Wiedervereinigung und der nachfolgenden Rezession 1993 untersuchen wir die mittelfristige Entwicklung vor der Finanzkrise am Beispiel der Periode 1995 bis 2008. Die nach Ländern sehr unterschiedliche Wachstumsdynamik vor 2008 ändert sich nicht, wenn man den Zeitraum schon 1990 beginnen ließe.

21 Die Niedriglohnpolitik war ein deutsches Spezifikum. In Frankreich nahmen die Löhne im gleichen Zeitraum ebenfalls um 38,0 Prozent, in Großbritannien sogar um 76,8 Prozent zu.

22 Die Leistungsbilanz ergibt sich ja aus der Entwicklung der (nominellen) Exporte und Importe. Beide Entwicklungen werden einerseits von den Preisen und der Qualität der Produkte des Inlandes im Vergleich zu jenen des Auslandes beeinflusst und andererseits von der unterschiedlichen Wachstumsdynamik.

23 In Deutschland kritisiert Heiner Flassbeck am vehementesten die deutsche Lohnpolitik und bezeichnet sie als Hauptursache der Eurokrise (siehe dazu etwa *Flassbeck – Lapavitsas*, 2015). Für Hansjörg Herr ist die unterschiedliche Lohnentwicklung zwischen Deutschland und den übrigen Euroländern nur *ein* Grund für die unterschiedliche Wachstumsdynamik, die ihrerseits die Hauptursache der steigenden Leistungsbilanzungleichgewichte darstellt (*Herr*, 2017).

24 Nach der Finanzkrise ergab sich eine spiegelverkehrte Entwicklung: Zwischen 2008 und 2016 stiegen die Lohnstückkosten in Deutschland um 17,2 Prozent, in Südeuropa stagnierten sie, und in Griechenland sanken sie um 5,1 Prozent. In Deutschland stärkte die Erhöhung der Brutto-Löhne je Beschäftigtem (+18,9 Prozent) die Binnennachfrage und förderte so den (mäßigen) Aufschwung, in Griechenland waren die Lohnsenkungen (je Beschäftigten: –16,4 Prozent) eine wesentliche Komponente des Schrumpfungsprozesses (Abbildungen 11.6). – Ob die Lohnpolitik Deutschlands die Schädigung seiner Partner gezielt anstrebte oder zumindest bewusst in Kauf nahm, kann aus den Daten allein nicht abgeleitet werden. Es könnten auch zwei Arten von »Kollateralschäden« vorliegen: 1.) Die Lohnzurückhaltung zielte in erster Linie auf die Senkung der Arbeitslosigkeit im eigenen Land ab. Wirksam wurde sie allerdings indirekt über die so erzielten Preisvorteile im Export und die Dämpfung des Imports – also auf Kosten des Auslandes. 2.) Wegen des Aufwertungsdruckes der D-Mark haben sich die deutschen Sozialpartner in Jahrzehnten an niedrige Lohnabschlüsse gewöhnt. Umgekehrt wurden in Südeuropa die Löhne regelmäßig stärker erhöht, weil die eigene Währung ohnehin wieder abwerten würde. Diese Lohnpolitik behielt man aus

Gewohnheit nach der Euro-Einführung bei. – Ungeachtet der Intentionen der unterschiedlichen Lohnpolitik in Deutschland und in Südeuropa waren ihre Folgen gravierend, insbesondere für die wirtschaftlichen Beziehungen zwischen Deutschland und Südeuropa.

25 Lediglich die Warenausfuhren Italiens nahmen schwächer zu (Südeuropa: +73,6 Prozent). Deutschland steigerte seine Warenexporte am stärksten (+155,6 Prozent). Die deutschen Exporte von Dienstleistungen wuchsen zwischen 1995 und 2008 noch stärker (+161,0 Prozent), jene Südeuropas nur um 68,7 Prozent (Abbildung 12.3). Die Dienstleistungsexporte Griechenlands, primär sein Tourismus, entwickelten sich allerdings herausragend, sie stiegen auf mehr als das Vierfache (+314,5 Prozent).

26 Offenbar haben die (relativen) Preise in der Realität nicht jene Bedeutung, welche die idealistische Wirtschaftstheorie ihnen zuschreibt.

27 Besonders schwach nahmen die Ausgaben für Importe aus Portugal zu (+22,3 Prozent).

28 Seit mehr als fünfzig Jahre reise ich immer wieder nach Griechenland und konnte so die gesellschaftliche Entwicklung ein wenig miterleben. In den 1960er-Jahren waren die Wunden der deutschen Besatzung unmittelbar spürbar. (Ich war per Anhalter unterwegs, und es war von Vorteil, kein »Germanikos« zu sein, sondern ein »Austriakos« – obwohl Österreicher in Griechenland zwischen 1942 und 1944 nicht weniger gewütet haben als deutsche Soldaten.) Ich habe daher nie verstanden, warum Deutschland nicht bereit war, Entschädigung für die vielen Massaker wie jene von Kalavryta, Klissoura, Distomo, Chariotis oder Kondomari zu leisten. Dabei wäre es ja in erster Linie um eine Geste der Versöhnung gegangen, wie sie von der deutschen Politik in anderen Fällen gesetzt wurde. Die polit-psychologische Sonderrolle Griechenlands wurde für mich in der Reaktion der deutschen Politik auf die 2009 ausgebrochene Schuldenkrise und in ihrer erniedrigenden Kommentierung durch deutsche Medien wieder bewusst. Dies betraf nicht nur Ausdrücke wie die »Schummel- und Pleitegriechen«, sondern auch intellektuell anspruchsvollere Behauptungen. So schließt sich der Historiker Sven Felix Kellerhoff der Argumentation an, Griechenland hätte sich gegenüber Deutschland verschuldet, da es laut Haager Landkriegsordnung die Besatzungskosten hätte tragen müssen (in *Die Welt* vom 15. Februar 2016). Das Kriegsrecht zugunsten Deutschlands ins Treffen zu führen, das ebendieses im Zweiten Weltkrieg mit Füßen trat, stellt ein Argument dar, das nur gegenüber Griechenland möglich ist – auf die Idee, Polen oder anderen von Deutschen (und Österreichern) besetzten Ländern die Besatzungskosten gegenzurechnen, ist bisher noch niemand gekommen. So wie damals würden auch die gegenwärtigen Schulden Griechenlands nie zurückbezahlt: »Es handelt sich um reine Subvention einer von Korruption und Misswirtschaft zerfressenen Gesellschaft.« So also sind sie, die Griechen.

29 *The Economic Consequences of the Peace*. Macmillan, London 1919.

30 Ein konkretes Beispiel ist die Bilanzsumme der Banken in Europa: Sie beträgt das Drei- bis Fünffache des BIP (in den USA hingegen lediglich etwa 90 Prozent).

Dies ist nur möglich, weil die einzelnen Banken gleichzeitig Gläubiger und Schuldner anderer Banken sind, und zwar mit unterschiedlichen Typen von Finanzinstrumenten – ein undurchschaubares Kartenhaus.

31 Da nur das Leitwährungsland sich im Ausland in eigener Währung (unbeschränkt) verschulden kann, ist es in einer unvergleichlich günstigeren Lage als Schuldnerländer wie etwa Griechenland. Nicht um einen solchen Vergleich geht es hier, sondern um die Paradoxie der Akkumulation von Finanzforderungen gegenüber dem Ausland (»Dagobert-Duck-Syndrom«): Selbst die Exportüberschüsse gegenüber einem »unsinkbaren« Schuldner wie den USA werden zu Geschenken, wenn der deutsche »Sparefroh« nie bereit ist, diese gegen ausländische Waren einzutauschen, also Defizite in der Leistungsbilanz einzugehen.

32 Charles Ponzi war ein US-Immigrant aus Italien, der (nach mehrfachen Betrügereien) 1920 in Boston die Firma »Securities Exchange Company« gründete. Er versprach eine Rendite von 50 Prozent in 45 Tagen und konnte diese einige Zeit auch auszahlen – mit neuen Einlagen. Die Methode, Zinsen permanent aus neuen Krediten zu finanzieren, nennt man in der ökonomischen Literatur »*Ponzi finance*«.

33 Wie Abbildung 14.2 zeigt, weist das Ausland seit 2013 auch gegenüber den Euroländern ohne Deutschland ein Finanzierungsdefizit auf (Letztere haben einen Überschuss).

34 *Keynes* (1930), S. 144 f.

35 Der Anteil des öffentlichen Konsums an der gesamtwirtschaftlichen Endnachfrage ist viel größer als jener der öffentlichen Investitionen. In den USA machen öffentliche Investitionen etwa ein Fünftel des öffentlichen Konsums aus, in Deutschland nur etwa ein Zehntel.

36 Stellvertretend für die Positionen der linken »Eurofighter« verweise ich auf *Gekaufte Zeit* von Wolfgang Streeck (2013A) und *Nur Deutschland kann den Euro retten* von Heiner Flassbeck und Costas Lapavitsas (2015). Die beiden letztgenannten Autoren würden allerdings an der Währungsunion festhalten, wenn eine radikale Abkehr von der Austeritätspolitik gelänge (da sie das für nahezu ausgeschlossen halten, braucht es den Ausstieg aus der Währungsunion als »Plan B«). *Scharpf* (2017) plädiert für ein Kerneuropa, bestehend aus den »nördlichen« Ländern (sie behalten den Euro) und den übrigen EU-Ländern, die wieder nationale Währungen einführen.

37 Die »Bank für Internationalen Zahlungsausgleich« in Basel fungierte als Clearingstelle. So machte man sich von der Verwendung des Dollar weitgehend unabhängig. Die EZU wurde 1955 durch das »Europäische Währungsabkommen« abgelöst. Dieses legte zusätzlich die Schwankungsbreite der beteiligten Währungen zueinander mit +/−1,5 Prozent fest.

38 Die D-Mark wurde 1961 und 1969 aufgewertet, insgesamt zwischen 1949 und 1971 um lediglich 14,4 Prozent (gegenüber dem Dollar). In gleichem Ausmaß wurde das Pfund einmal, nämlich 1967, abgewertet. Im selben Jahr wurde die Peseta um 14,3 Prozent abgewertet. Stark abgewertet wurde lediglich der Franc (1958 und 1969), insgesamt um 36,9 Prozent.

39 *Streeck* 2013B, S. 83. – Am Beispiel des Mezzogiorno (Süditalien) möchte Streeck die Erfolglosigkeit regionaler Wachstumsprogramme zeigen, und damit die Notwendigkeit nationaler Währungsräume. Allerdings stellt er selbst fest: »Lag das Pro-Kopf-Einkommen im Mezzogiorno Anfang der 1950er-Jahre um mehr als die Hälfte unter dem italienischen Durchschnittseinkommen, so verringerte sich der Abstand bis zum Ende des Nachkriegswachstums um 1970 auf etwa 33 Prozent.« (*Streeck*, 2013A, S. 188) Das war ein beeindruckend *starker* Aufholprozess (um fast 2 Prozentpunkte pro Jahr nahm das Einkommen im Mezzogiorno rascher zu als im Durchschnitt).

40 Zu Recht benennt Jürgen Habermas die »Fiktion von der fiskalischen Souveränität der Mitgliedsstaaten« und vom »Druck der Finanzmärkte auf die politisch fragmentierten Staatshaushalte« (*Habermas*, 2013, S. 70).

41 So erzielt der Unternehmenssektor nicht nur in Deutschland Überschüsse, sondern seit 2012 auch in den übrigen Euroländern sowie in Südeuropa. Da dies auch für die Haushalte gilt, erzwangen die Fiskalregeln Überschüsse in der Leistungsbilanz, sie erreichten 2016 im gesamten Euroraum fast 5 Prozent des BIP. Das einzige große Euroland, in dem der Unternehmenssektor netto Kredite aufnimmt, ist Frankreich (Abbildung 14.2). – Der Euroraum hat zwischen 2009 und 2016 seine Exporte um 42,3 Prozent gesteigert und damit stärker als seine Importe, während Konsum und Investitionen stagnierten (Abbildung 14.1). Die USA steigerten ihre Exporte lediglich um 34,0 Prozent. Auf den Neo-Merkantilismus Europas werden die anderen Länder mit Protektionismus reagieren – früher oder später.

42 Siehe die Berichte im *Wall Street Journal* in den beiden ersten Juli-Wochen.

43 Zunächst war die Lira am 14. September abgewertet worden, im »Abtausch« gegen eine Senkung des DM-Leitzinses um 0,5 Prozent. Danach erklärte Bundesbankpräsident Schlesinger, dass es keine weiteren Zinssenkungen geben werde und »noch die eine oder andere Währung unter Druck geraten könnte« (Interview im *Wall Street Journal*). Darauf nahm die Spekulation gegen Pfund und Lira so stark zu, dass beide Währungen das EWS verlassen mussten. – Die Bundesbank begründete ihre Zinserhöhungen mit dem hohen Wachstum der Geldmenge M3, das sie selbst verursacht hatte (»Haltet den Dieb«!): Der Zinsanstieg induzierte Kapitalzuflüsse aus dem Ausland und Umschichtungen zu Terminanlagen. Beide Effekte beschleunigten das Wachstum von M3. – Offenbar wollte die Bundesbank den Weg zu einer umfassenden Währungsunion (einschließlich Italiens) behindern. Sie war ja schon durch die innerdeutsche Währungsunion von der Politik »überrumpelt« worden (Präsident Pöhl war 1991 aus Protest gegen den 1:1-Umtausch zurückgetreten).

44 In einem brillanten Buch dokumentiert *Liaquat Ahamed* (2010) die verhängnisvolle Politik der vier mächtigsten Notenbankchefs vor und während der Weltwirtschaftskrise. Damals wie 1992 oder 2010 führte die Mischung aus Unverständnis, Arroganz und Machtinteressen zu gravierenden Fehlentscheidungen.

45 Damit knüpfte Deutschland an die Tradition des Ordoliberalismus an, der in den 1950er- und 1960er-Jahren Deutschland vor dem Einfluss des (Trivial-)Keynesianismus bewahrt hatte. Siehe dazu *Bofinger* (2016).

46 In seinem Klassiker *Lombard Street* hatte Walter Bagehot schon 1873 gezeigt: In einer Finanzkrise muss die Notenbank »freigiebig und kühn Kredite gewähren«. Diese Aufgabe hatten die Notenbanken in den 1930er-Jahren vernachlässigt und so die Weltwirtschaftskrise vertieft (*Kindleberger*, 1987; *Ahamed*, 2010, Kapitel 18).

47 Anders ausgedrückt: Eurostaaten haben keinen Zugriff auf Euroguthaben, geben also Schuldtitel in »fremder« Währung aus und können nicht garantieren, dass sie über die nötige Liquidität verfügen werden, um den Schuldendienst zu leisten (siehe dazu *Schuberth*, 2017; *De Grauwe – Yuemei*, 2012).

48 Berücksichtigt man noch die durch steigende Staatsverschuldung erzwungene Sparpolitik und ihre gesamtwirtschaftlichen Folgen, so erweitert sich der »Teufelskreis zum »infernalischen Dreieck« (*Bofinger*, 2012).

49 *Dany et al.* (2015).

50 Siehe dazu *De Grauwe* (2013); *Palley* (2011 und 2017).

51 Einen kompakten Überblick über die Geschichte der Eurokrise bietet *Herr* (2017). Wesentlich weiter holt *Varoufakis* (2016) aus. Für ihn liegen die Wurzeln der Krise im Zusammenbruch des Weltwährungssystems von Bretton Woods.

52 Der große Soziologe Pierre Bourdieu hat ein Europa, in dem es unpolitisches Geld gäbe, als »l'europe Tietmeyer« verspottet. In einem Artikel mit dem lapidaren Untertitel »Eine Gemeinschaftswährung ohne Gemeinschaft hat keine Zukunft« bringt Elmar Altvater in Erinnerung, dass Geld immer ein soziales Konstrukt war (*Altvater*, 2013).

53 Auch Nobelpreisträger Joseph Stiglitz sieht in der Austeritätspolitik die Hauptursache der Krise Europas, doch wäre selbst unter den Euroregeln eine bessere Politik möglich gewesen. Überleben werde die Währungsunion nur, wenn sie grundlegend erneuert wird, und zwar durch institutionelle Reformen wie eine Bankenunion samt Einlagensicherung, gemeinsamen Schuldtiteln (Eurobonds) sowie eine expansive Makropolitik (*Stiglitz*, 2016).

54 *Flassbeck – Lapavitsas* (2015).

55 *Streeck* (2015).

56 Siehe dazu die Beiträge von *Hickel* (2013), *Altvater* (2013), *Offe* (2016), *Varoufakis* (2016) sowie die Aufsätze im kürzlich erschienen Sammelband »Saving the Euro« (*Herr – Priewe – Watt*, 2017).

57 Allein die »*cross-border claims*« der Banken belaufen sich auf etwa 3.500 Mrd. Euro (*Schuberth*, 2017, chart 2). Dazu kommen noch alle Arten von Wertpapieren, die in Euroland A ausgegeben und von Banken und Nicht-Banken in Euroland B gehalten werden.

58 Bliebe der Euro als Verrechnungswährung erhalten (analog zur Rolle des Bancor in Keynes' Konzept einer »*International Currency Union*« – *Whyman*, 2015), so wäre das Grundproblem nur abgemildert. In unserem Beispiel würde die französische Staatsschuld (sie notiert weiter in Euro) um 25 Prozent aufgewertet (1 Euro = 1,25 FF), deutsche Besitzer einer französischen Anleihe müssten einen Wertverlust von 17 Prozent hinnehmen (1 Euro = 0,83 DM). Ähnliches gilt, wenn Deutschland und andere »Nordländer« den Euro behalten.

59 Deutschland wurde durch die Währungsunion zum Dreifach-Hegemon Europas: in der Realwirtschaft durch seinen Neo-Merkantilismus, in der Fiskalpolitik aufgrund der Durchsetzung seiner Stabilitätsdoktrin und in der Krisenpolitik durch seine Leistungsbilanzüberschüsse.
60 Einschließlich ihrer »Target-2-Schulden« gegenüber der EZB – Mitte 2017 betrugen diese 950 Mrd. Euro.
61 Auch ökonomisch wäre Deutschland der größte Verlierer eines europäischen Wirtschaftskrieges, denn die wiedereingeführte DM oder ein »Nord-Euro« würden massiv aufwerten. Ähnliches war Ende der 1980er-Jahre dem bis dahin erfolgreichsten Industrieland der Nachkriegszeit widerfahren: In einem Handelskrieg der USA mit Japan stieg der Wechselkurs des Yen massiv, dies »verstopfte« den »Exportkanal« Japans, das Gewinnstreben verlagerte sich auf Aktien- und Immobilienspekulation, der Zusammenbruch beider Bullenmärkte führte in die Depression.
62 Die nachstehenden Vorschläge wurden von zahlreichen Personen und Institutionen in unterschiedlichen Versionen gemacht. Genauere Darstellungen finden sich bei *Schellinger – Steinberg* (2016), *Herr – Priewe – Watt* (2017) sowie *Varoufakis – Galbraith – Holland* (2015).
63 *Priewe* (2017); *Zettelmeyer* (2017); *Semmler – Young* (2017). Ein erster Schritt wäre die Schaffung einer europäischen Arbeitslosenversicherung. Vgl. *Dulien* (2014).
64 *Bibow* (2016); *Palley* (2011; 2016). – Nur dadurch kann ein einheitliches Niveau der Anleihezinsen in den Euroländern gewährleistet werden.
65 *Priewe* (2017); *Hein* (2017).
66 *Varoufakis – Holland – Galbraith* (2015); *Schuberth* (2017).
67 *Habermas* (2013), S. 69.
68 *Offe* (2016).
69 Dies zeigt folgendes Beispiel: 2015 haben drei Ökonomen Vorschläge gemacht, wie man die vier wichtigsten Erscheinungsformen der Eurokrise nachhaltig entschärfen könnte, die Banken-, Schulden- Investitionskrise und die soziale Krise (*Varoufakis – Holland – Galbraith*, 2015). Diese Konzepte hätten auch im Rahmen der geltenden EU-Regeln umgesetzt werden können, wurden aber von den maßgeblichen Institutionen und Akteuren ignoriert.
70 Die nachstehenden Vorschläge von Ekkhard Hein (*Hein*, 2017) stimmen weitgehend mit den Analysen der bisherigen Kapitel des vorliegenden Buches überein (ähnliche Vorschläge wurden auch von anderen Ökonomen gemacht).
71 *Priewe* (2017).
72 In diesem Punkt unterscheidet sich meine Sicht von den Empfehlungen einer »post-keynesianischen« Makropolitik. Langfristig entwickelt sich ein kapitalistisches System nur dann (einigermaßen) stabil, wenn das Defizit der *Unternehmen* die Überschüsse der Haushalte ausgleicht (dafür braucht es realkapitalistische Anreizbedingungen).
73 *Truger* (2017).
74 Reprint in *Hayek* (1948).

75 *Hayek* (1948), S. 259: »(...) any change in the opportunities for investment, or the remuneration of labor in any part of the Union, will, more or less promptly, affect the supply and the price of capital and labor in all other parts of the Union«.
76 *Hayek* (1948), S. 261: »Also (...) the methods of raising revenue would be somewhat restricted for the individual states. Not only would the greater mobility between the states make it necessary to avoid all sorts of [direct] taxation which would drive capital or labor elsewhere, but there would also be considerable difficulties with many kinds of indirect taxation.« (*Hayek*, 1948, S. 260) »(...) these limitations will apply not only to state economic policy but also to economic policy conducted by trade and professional organizations extending over the territory of the state (...)«.
77 *Hayek* (1948), S. 263: »Even such legislation as the limitation of working hours or compulsory unemployment insurance, or the protection of amenities, will be viewed in a different light in poor and in rich regions and may in the former actually harm and rouse violent opposition from the kind of people who in the richer regions demand it and profit from it.«
78 *Hayek* (1948), S. 264: »Although, in the national state, the submission to the will of a majority will be facilitated by the myth of nationality, it must be clear that people will be reluctant to submit to any interference in their daily affairs when the majority which directs the government is composed of people of different nationalities and different traditions.«
79 *Hayek* (1948), S. 264: »(...) the scope for the regulation of economic life will be much narrower for the central government of a federation than for national states«.
80 *Hayek* (1948), S. 268: »(...) providing a rational permanent framework within which individual initiative will have the largest possible scope«.
81 *Hayek* (1948), S. 271.
82 *Streeck* (2013A), S. 146.
83 Auch für Philippe Van Parijs befindet sich Europa in »Hayeks Falle«, allerdings hält er es für möglich, ihr durch den Ausbau der EU zu einer Solidargemeinschaft, also durch »mehr soziales Europa« zu entkommen: »In particular, we urgently need to build socio-economic institutions that equalize prospects among all European citizens not only by opening the internal borders but also by organizing at least part of redistribution on a higher scale.« (*Van Parijs,* 2016, S. 24)
84 *Hayek* (1948), S. 264: »Planning, or central direction of economic activity, presupposes the existence of common ideals and common values; and the degree to which planning can be carried is limited to the extent to which agreement on such a common scale of values can be obtained or enforced. It is clear that such agreement will be limited in inverse proportion to the homogeneity and the similarity in outlook and tradition possessed by the inhabitants of an area.«
85 Orientieren sich große Gruppen innerhalb einer Gesellschaft an (radikal) unterschiedlichen »Navigationskarten« wie die Arbeiterbewegung und das Bürgertum

im späten 19. Jahrhundert, so wird die gesellschaftliche Dynamik stärker durch Konflikte getrieben als etwa in der »Sozialen Marktwirtschaft« der 1950er- und 1960er-Jahre. Im Extremfall zerbricht die Gesellschaft am Krieg der Ideologien wie in Deutschland um 1930. Dann wird der Nachbar zum (Erb-)Feind, die Ablehnung des Übernationalen zur Quelle von Nationalgefühl als Ersatz für sozialen Zusammenhalt. Damals Völkerbund, Internationalismus und Pazifismus, heute die EU, der Euro und »die« Globalisierung.

Teil V

1 Wie prägend dieses Leitbild in den USA war und ist, zeigt der Erfolg der Bücher von Ayn Rand, der in den USA einflussreichsten Schriftstellerin des 20. Jahrhunderts. Sie verherrlicht den (männlichen) Helden, der seine individuelle Mission gegen die Interessen von Kollektiven erfüllt. Politisch vertrat Rand einen radikalen Laissez-faire-Kapitalismus. Rand ist auch heute noch eine Ikone der radikalen »*libertarians*« wie etwa der »Tea Party«.

2 Im »Europäischen Sozialmodell« sorgt der Staat für die Absicherung gegen Grundrisiken wie Krankheit, Arbeitslosigkeit oder Behinderung und verbessert die Entfaltungschancen durch das Bildungswesen. Darin liegt der Hauptunterschied zum US-amerikanischen Modell. Laut dem von Ordoliberalen wie *Müller-Armack* (1947) entwickelten Konzept einer »Sozialen Marktwirtschaft« sollte der Wettbewerb die ökonomischen Grundprobleme am besten lösen (*Zinn*, 1992; *Schui – Blankenburg*, 2002), faktisch wurde Soziale Marktwirtschaft aber zum Synonym für die Kombination von leistungsstarker Realwirtschaft und umfassendem Sozialstaat.

3 Die wichtigsten Unterschiede in der »Unternehmenskultur« zwischen dem US-amerikanischen und dem Europäischen Modell betreffen Eigentumsverhältnisse, Finanzierungsstruktur (Banken versus Kapitalmärkte), Organisation, Strategien und Ziele der Unternehmen samt deren »Fristigkeit« (siehe dazu *Tichy*, 2003).

4 Durch technischen Fortschritt übernehmen Maschinen immer mehr Tätigkeiten von Menschen. Das erleichtert das Leben und erhöht die Arbeitsproduktivität. Ohne soziale Innovationen wie Arbeitszeitmodelle, welche die Lebensarbeitszeit verringern, wäre die Gesellschaft aber dazu verdammt, ihre Produktion zumindest im Ausmaß des technischen Fortschritts permanent zu steigern, um Arbeitslosigkeit und prekäre Beschäftigung zu vermeiden.

5 Weil mit der Sorge so viel (schlechte) Politik gemacht wird, ein Beispiel aus dem »kleinen« Zusammenleben: Jemand hat Angst, dass ihn sein/e Partner/in verlassen könnte, möchte vorsorgen und fragt ihn/sie laufend: Liebst du mich auch wirklich? Du interessierst dich doch nicht für eine/n andere/n? Wirst du mich in alle Zukunft lieben? Liebe leben in der Gegenwart wird dadurch unmöglich. Wer hingegen seine/n Partner/in seine Liebe spüren lässt, wird das befürchtete Ereig-

nis unwahrscheinlicher machen. Dies verweist auf die bewährteste Form des Umgehens mit Unsicherheit: Vertrauen schaffen, pflegen, geben und nehmen.

6 Konkretes Beispiel dazu: Im Kampf gegen die Finanztransaktionssteuer hat die Finanzlobby mit Erfolg argumentiert, dadurch würde das Pensionskapital der (kleinen) Rentner massiv geschmälert. Alle diesbezüglichen Berechnungen sind auf nahezu groteske Weise falsch, allein schon deshalb, weil Pensionsfonds kein »schnelles Trading« betreiben (dürfen). Das dokumentiere ich in *Schulmeister* (2015B).

7 Schon wenige Sätze aus der Enzyklika *Evangelii Gaudium* von Papst Franziskus zeigen den Widerspruch zwischen dem neoliberalen und dem christlichen Weltbild: »Heute spielt sich alles nach den Kriterien der Konkurrenzfähigkeit und nach dem Gesetz des Stärkeren ab, wo der Mächtigere den Schwächeren zunichtemacht. Als Folge dieser Situation sehen sich große Massen der Bevölkerung ausgeschlossen und an den Rand gedrängt (…).« (Abschnitt 53) »In diesem Zusammenhang verteidigen einige noch die ›Überlauf‹-Theorien, die davon ausgehen, dass jedes vom freien Markt begünstigte Wirtschaftswachstum von sich aus eine größere Gleichheit und soziale Einbindung in der Welt hervorzurufen vermag. Diese Ansicht, die nie von den Fakten bestätigt wurde, drückt ein undifferenziertes, naives Vertrauen auf die Güte derer aus, die die wirtschaftliche Macht in Händen halten, wie auch auf die sakralisierten Mechanismen des herrschenden Wirtschaftssystems.« (Abschnitt 54) »Einer der Gründe dieser Situation liegt in der Beziehung, die wir zum Geld hergestellt haben, denn friedlich akzeptieren wir seine Vorherrschaft über uns und über unsere Gesellschaften. Die Finanzkrise, die wir durchmachen, lässt uns vergessen, dass an ihrem Ursprung eine tiefe anthropologische Krise steht: die Leugnung des Vorranges des Menschen!« (Abschnitt 55) »Während die Einkommen einiger weniger exponentiell steigen, sind die der Mehrheit immer weiter entfernt vom Wohlstand dieser glücklichen Minderheit. Dieses Ungleichgewicht geht auf Ideologien zurück, die die absolute Autonomie der Märkte und die Finanzspekulation verteidigen.« (Abschnitt 56) »Hinter dieser Haltung verbergen sich die Ablehnung der Ethik und die Ablehnung Gottes.« (Abschnitt 57)

8 Die »Schwankungskomponente« im Prozess der individuellen und gesellschaftlichen Entwicklung ergibt sich aus dem Bemühen, Polaritäten und Widersprüche zu integrieren. Die »Trendkomponente« ergibt sich aus dem Verfolgen der großen moralischen Ziele bzw. Utopien, auf der individuellen Ebene gottgefällig zu leben, ein anständiger Mensch (gewesen) zu sein, auf der gesellschaftlichen Ebene »Freiheit, Gleichheit, Brüderlichkeit« zu verwirklichen oder »sozialeGerechtigkeit«.

9 Dieser Prozess wurde auch durch die Ablehnung des »realen Sozialismus« gestärkt, der die Rhetorik des Internationalismus mit der Praxis russischer Machtpolitik verband.

10 *Sandel* (2014).

11 Diesen »Kommerzialisierungseffekt« hatte der britische Ökonom Fred Hirsch schon 1976 in einem großartigen Buch beschrieben (*Hirsch*, 1980). Sandels Essay ist

ein Beispiel für Flecks These, dass neue Einsichten im »interkollektiven Denkverkehr« entstehen. Er hat sich als Philosoph mit den Denkweisen berühmter ökonomischer Zeitgenossen wie seinem Harvard-Kollegen Gregory Mankiw oder dem Chicago-Nobelpreisträger Gary Becker auseinandergesetzt.
12 Weitere Beispiele finden sich in Kapitel 3 von *Sandel* (2014).
13 *Sandel* (2014), S. 120. Allerdings hat Richard Posner aus den Erfahrungen mit der Finanzkrise 2008 gelernt: Der übermäßige Einfluss der Monetaristen, insbesondere im Hinblick auf die Liberalisierung der Finanzmärkte, hätte den Boden für die Krise bereitet (*Posner*, 2011).
14 Dazu *Sandel* (2014), S. 155 f.; Zitat ebd., S. 157.
15 *Smith* (2012), S. 98.
16 *Smith* (2012), S. 98.
17 So waren vor fünfzig Jahren Rücksichtnahme auf andere und Solidarität mit Menschen in Not »ganz normal«. Die realkapitalistische »Spielanordnung« machte es nötig und lohnend, die Interessen anderer zu berücksichtigen, um den *eigenen* Interessen zu dienen. Unter neoliberal-finanzkapitalistischen Bedingungen zahlt sich hingegen »egozentrischer Eigennutz« mehr aus.
18 Die von mir im Hinblick auf den Einfluss der herrschenden Wirtschaftstheorie und »Spielanordnung« skizzierten Phänomene wie Vereinzelung, Egozentrik, Abstiegsangst, Rankings, soziale Selektion etc. werden von (Verhaltens-)Ökonomen, Soziologen, (Sozial-)Psychologen oder Epidemiologen im Hinblick auf andere Einflussfaktoren analysiert. Siehe dazu etwa die Arbeiten des Soziologen Richard Sennett (*Sennett*, 1998, 2014), der Epidemiologen Kate Pickett und Richard Wilkinson (*Pickett – Wilkinson*, 2016) und des Philosophen Michael Sandel (*Sandel*, 2012).
19 Siehe etwa *Lissmann* (2014).
20 Siehe auch *Sennett* (2014), Kapitel 4.
21 Siehe *Pickett – Wilkinson* (2016), Kapitel 8 und 12.
22 Auch in diesem Fall wird politische Untätigkeit durch die Gleichgewichtstheorie legitimiert: Sie geht davon aus, dass die unterschiedliche »Ausstattung« von Menschen mit Fähigkeiten *vorgegeben* ist, und leitet daraus Arbeitsteilung und Einkommensunterschiede ab. Ganz anders sieht dies Adam Smith: »Die Unterschiede in den natürlichen Anlagen verschiedener Menschen sind in Wirklichkeit viel geringer, als uns bewusst ist, und die ganz unterschiedliche Befähigung, die Menschen verschiedener Berufe voneinander zu unterscheiden scheint, sobald sie einmal zur Reife gelangt sind, ist in vielen Fällen nicht so sehr die Ursache als vielmehr die Wirkung der Arbeitsteilung. Die Verschiedenheit einander besonders unähnlicher Charaktere, zum Beispiel eines Philosophen und eines einfachen Lastenträgers, dürfte nicht so sehr aus der Natur als vielmehr aus Lebensweise, Gewohnheit und Erziehung entstehen.« (*Smith*, 2012, S. 99)
23 Während ich dies schreibe, wird berichtet, dass die Regierung der Volksrepublik China jede(n) einzelne(n) Bürger(in) in einem totalen Ranking-System erfassen will. Die »soziale Bonität« wird nach ihren schulischen Leistungen, (kritischen)

Meinungsäußerungen, Delikten, wirtschaftlichen (Miss-)Erfolgen etc. ermittelt. Je höher die Ranking-Position einer Person ist, desto mehr Möglichkeiten stehen ihr und ihren Kindern offen – von den besten Schulen bis zu den besten Hotels. Neoliberale Wertordnung und autoritäre Staatsmacht gebären ein Orwell'sches Monster.

24 In neun Experimenten haben Vohs – Mead – Goode (2006) das soziale Verhalten von Menschen analysiert, die auf das Thema Geld »eingestimmt« wurden: Sie waren weniger hilfsbereit, wollten weniger für Hilfe beansprucht werden und legten größeren Wert auf Distanz zu anderen als die Mitglieder einer Kontrollgruppe. In einer anderen Studie zeigen Dunn – Aknin – Norton (2008), dass Geldausgeben für andere Menschen die »happiness« mehr erhöht als Geldausgeben für sich selbst.

25 Sandel (2014), Kapitel 4.

26 Für Vertreter der herrschenden Wirtschaftstheorie ist das alles höchst effizient. Das müsste auch für folgendes Geschäft gelten: Ein Vater mehrerer Kinder in einem armen Land bekommt von einem Organhändler das Angebot, sein Herz für 100.000 Dollar zu verkaufen. Denn es passt zum Körper eines Kunden, der dringend ein neues Herz braucht. Wenn der Vater einwilligt, kommt ein idealer Tausch zustande: Der Vater bewertet den Nutzen seines weiteren Lebens geringer als jenen, den die 100.000 Dollar seinen Kindern (und seiner Frau) stiften werden.

27 Sennet zeigt, wie die veränderte Arbeitswelt, Unsicherheit und Angst in einer undurchschaubaren Welt die (Selbst-)Isolation von Menschen verstärkt und ihre Kooperationsbereitschaft schwächt (Sennett, 2014, Kapitel 5 und 6).

28 So formulierte der – ursprünglich keynesianische – Ökonom Dennis Robertson 1954 bei der 200-Jahr-Feier der Columbia University, dass Ökonomen erheblich dazu beitragen können, »die knappe Ressource Liebe – das kostbarste Gut der Welt – sparsam zu verwenden«. Zitiert nach Sandel (2014), S. 159.

29 Zitiert nach Sandel (2014), S. 161.

30 Zitiert nach Sandel (2014), S. 126.

31 Pickett – Wilkinson (2016).

32 Die langfristige Entwicklung der Vermögensverteilung in den großen Industrieländern wird dokumentiert in Piketty (2014). Die wachsende Ungleichheit in Deutschland und ihre Folgen untersuchen Gustav Horn und Marcel Fratzscher (Horn, 2011; Fratzscher, 2016).

33 Die beiden »stilisierten« Situationen entsprechen (grob) meiner Wahrnehmung der Lage in den 1960er-Jahren und heute. Ich glaube tatsächlich, dass damals der Anteil jener »Reichen«, die sich als Teil der Gesellschaft empfanden und mit ihr und sich selbst einigermaßen zufrieden waren, wesentlich größer war als heute. Ein kleines Indiz für den »Entfremdungsstress« der Reichen besteht in der Aggressivität, mit der sie auf Vorschläge einer höheren Vermögensbesteuerung reagieren (als würde ein latent vorhandenes schlechtes Gewissen berührt). Vor fünfzig Jahren war das anders.

34 Sie sind tief ins Bewusstsein der meisten Menschen eingedrungen, aber falsch: Jedes ökonomische System benötigt eine bestimmte Zahl an Arbeitsstunden. Diese können durch innovative Arbeitszeitmodelle immer so verteilt werden, dass (fast) alle arbeitswilligen Menschen beschäftigt sind, und zwar ohne Aufspaltung in »normale« und »prekäre« Arbeitsplätze. Zudem gibt es in jedem ökonomischen System Erwerbstätige und Nicht-Erwerbstätige (insbesondere Kinder und Alte). Letztere bekommen – im kapitalgedeckten wie im sozialstaatlichen System – einen Teil des von den Erwerbstätigen geschaffenen Sozialproduktes, und diese Verteilung lässt sich steuern. Und selbstverständlich kann die Politik Finanzmärkte regulieren, dazu muss sie sich allerdings von der »Marktreligiosität« emanzipieren und transnational agieren. Außerdem überblicken auch die Finanzakteure nicht die Folgen ihres Handelns. Sie kennen sich nur ein bisschen weniger nicht aus als ihre Geschäftspartner, meist Amateure (zum »*money making*« reicht das).

35 Und Hayek zitiert noch eine weitere Bibelstelle zum Verhältnis Gottes zu den Menschen, um deutlich zu machen, dass der Mensch sich der erweiterten Ordnung anzupassen hat und sie nicht zu gestalten versuchen darf: »Nicht ihr habt mich erwählt, sondern ich habe euch erwählt und dazu bestimmt, dass ihr euch aufmacht und Frucht bringt und dass eure Frucht bleibt (*Joh.* 15, 16)«; beide Zitate in *Hayek* (1996), S. 76. – Noch klarer benennt Ralph Harris (er war Co-Direktor des »Institute of Economic Affairs«, Vordenker des Thatcherismus und 1982 Präsident der Mont-Pelerin-Society) den »marktreligiösen« Charakter des Neoliberalismus: »I am often sympathetic to people who talk about the theology of the market (...) once you have mastered that you see there is no other way to keep order and dynamism among scattered individuals and tribes except through an open market system. (...) Once you have got that, it's a dominant religion. (...) I have said that the market is almost god-ordained.« Zitiert nach *Walpen* (2004), S. 380.

36 Mit diesem Wahrheitsanspruch widerspricht Hayek seiner Grundannahme, dass das Wissen *jedes* Menschen prinzipiell beschränkt ist, und damit auch seiner Evolutionstheorie (*Brodbeck*, 2000; Ötsch, 2009; *Stapelfeldt*, 2014).

37 *Mirowski* (1992).

38 Das Buch erschien 1902 in London unter dem Titel *Mutual Aid: A Factor of Evolution*.

39 Aus der Menschheitsgeschichte führt Kropotkin das Zusammenleben von Naturvölkern in Clans an. Sie würden kaum Privateigentum und individualistische Lebensführung kennen. Kropotkin kritisiert sowohl ihre Idealisierung durch Rousseau (»Der edle Wilde«) als auch das Menschbild von Thomas Hobbes (»Der Mensch ist dem Menschen ein Wolf«). Für ihn ist der Mensch ein widersprüchliches Wesen, dessen egozentrisches oder soziales Verhalten von der Organisation und Wertordnung ihres Zusammenlebens (mit-)bestimmt wird. Im idealen Fall würde das Prinzip der gegenseitigen Hilfe einmal auf die ganze Menschheit ausgedehnt werden: »In der Betätigung gegenseitiger Hilfe, die wir bis an die ersten Anfänge der Entwicklung verfolgen können, finden wir also den positiven und

unzweifelhaften Ursprung unserer Moralvorstellungen; und wir können behaupten, dass in dem ethischen Fortschritt des Menschen der gegenseitige Beistand – nicht gegenseitiger Kampf – den Hauptanteil gehabt hat.« (*Kropotkin*, 1908, S. 274)

40 *Tomasello* (2006).
41 Auf Basis von Experimenten mit Kindern und Schimpansen untersucht Tomasello die uralte Frage, ob Menschen »von Natur aus« kooperativ sind (die Position von Rousseau) oder ob sie als Egoisten geboren werden und zu kooperativem Verhalten erzogen bzw. gezwungen werden müssen (die Position von Hobbes). Tomasello kommt zum Ergebnis, dass sich Kinder ganz von selbst kooperativ und hilfsbereit verhalten und ihr Verhalten erst später unter dem Einfluss der Werte ihrer jeweiligen Gruppe modifizieren (*Tomasello*, 2010).
42 *Henrich* (2015).
43 Gemeinsam mit dem Molekularbiologen und buddhistischen Mönch Matthieu Ricard hat Singer ihre Forschungsergebnisse in einem verständlichen Buch zusammengefasst. *Singer – Ricard* (2015).
44 *Nowak* (2013). – Nowak verweist auf die Unschärfe des Begriffes »altruistisch«: Für Theologen und Philosophen kommt es auf die (selbstlose) Motivation an wie Nächstenliebe, für Ökonomen mehr auf Berücksichtigung von »Fairness«, (altruistisches) Verhalten darf einem selbst durchaus nützen (das sah schon Adam Smith so – siehe Kapitel 4).
45 Das Buch *Schnelles Denken, langsames Denken* (*Kahneman*, 2012) konfrontiert die Ergebnisse der Forschung von Psychologen und Verhaltensökonomen mit den Annahmen der herrschenden Wirtschaftstheorie. Es ist mit viel Humor geschrieben und macht auf »lockere« Weise Nicht-Ökonomen mit der Denkwelt von Gleichgewichtsökonomen vertraut – große Empfehlung (auch für Ökonomen).
46 *Kahneman* (2012), S. 33.
47 System 1 wird im Gehirn im »limbischen System« verortet, System 2 im Neocortex.
48 *Kahneman* (2012), S. 374.
49 *Layard* (2005); *Frey* (2008); *Ruckriegel* (2015).
50 Die folgenden Anmerkungen fassen wesentliche Teile von Hayeks Denksystem extrem kompakt zusammen. Sie basieren auf *Caldwell* (2004), insbesondere Kapitel 10 bis 14, den in *Vanberg* (2011) zusammengefassten Aufsätzen, insbesondere in den Teilen III und IV, sowie auf *Feldmann* (2002) (siehe auch Kapitel 6 dieses Buches).
51 Zitiert nach *Vanberg* (2011), S. 210.
52 Der langfristige Entwicklungszyklus als Abfolge realkapitalistischer Prosperitätsphasen und finanzkapitalistischer Krisenphasen ist ein Beispiel für ein Muster auf makroökonomischer Ebene (Kapitel 8), meine Theorie der Finanzspekulation ist ein Beispiel für »*pattern recognition*« auf der Mikroebene (Kapitel 9).
53 So konnten die für die Wirtschaftsentwicklung besonders wichtigen Netzwerke wie Eisenbahnen, Strom- und Kommunikationsnetze etc. schon aus technischen Gründen nur »konstruktivistisch« geschaffen werden. Im Übrigen gibt es nur einen Typ von Markt, auf dem das Verhalten fast ausschließlich durch (egozen-

trischen) Eigennutz, Konkurrenz und Spontaneität geprägt wird, die Finanzmärkte. Sie stellen das markanteste Beispiel einer »*spontanen Unordnung*« dar.

54 Das Wort »sozial« ist für Hayek das verhängnisvollste »Wieselwort«, besonders in Verbindung mit den zentralen Begriffen der Neoliberalen wie »Freiheit« oder »Marktwirtschaft« (Hayek, 1996, S. 124 ff. im Abschnitt über »Unsere vergiftete Sprache«).

55 »Die Wirtschaftsgeschichte ist in hohem Maß eine Geschichte der Überwindung von Hindernissen, die der Staat im Dienste der ererbten Gefühle, der ererbten Moral und Religion der wirtschaftlichen Entwicklung in den Weg legte.« Zitiert nach *Vanberg*, S. 232.

56 Hayek übersieht, dass zur Herstellung von »Chancengerechtigkeit« eine aktive Sozial- und Bildungspolitik unabdingbar ist. Denn die Entfaltungschancen der Menschen, insbesondere der Kinder, sind ungleich verteilt, und diese Ungleichheit wurde unter dem Einfluss der Theorien von Hayek und seinen Mitstreitern immer größer.

57 »(E)conomics is now recovering from a long period of decline that was caused by the transition it attempted to make from microeconomics to macroeconomics. Keynes is clearly responsible for this change (...). I personally believe that only microeconomics really explains anything, but it is of necessity limited in its power of explanation. And, precisely because of these limitations in its explanatory capacity, economists decided to construct a new system which they thought to be more scientific: macroeconomics.« Zitiert nach *Pizano* (2009), S. 4.

58 Der Neoliberalismus in seinen verschiedenen Erscheinungsformen wurde vielfach analysiert und kritisiert. Ich möchte nur einige Arbeiten anführen wie *George* (1997), *Ötsch* (2009), *Harvey* (2005), *Thomasberger* (2012), *Crouch* (2011), *Butterwegge – Lösch – Ptak* (2008), *Brodbeck* (2000), *Schui – Blankenburg* (2002) sowie aus theologisch-ethischer Sicht *Segbers* (2002). Die Durchsetzung des neoliberalen Weltbildes dokumentieren *Burgin* (2012) und *Jones* (2012) und für den deutschen Ordoliberalismus *Ötsch –Pühringer – Hirte* (2017). Die Vereinheitlichung des ökonomischen Denkens an deutschen Universitäten wird dokumentiert in *Heise – Sander – Thieme* (2015).

59 Annahmen und Schlussfolgerungen sind nicht einmal innerhalb der Theorie konsistent. In einem brillanten Buch (*De-Bunking Economics*) dokumentiert Steve Keen, ein »mathematischer Ökonom«, die logischen Widersprüche in neoklassischen Modellen (*Keen*, 2011).

Teil VI

1 *Hudson* (2016).
2 So hätte die zunehmende Verflechtung von Finanzkapitalbesitzern, Banken und Staat schon seit dem 17. Jahrhundert »Souveränitätsreservate« entstehen lassen (*Vogl*, 2015). Das wichtigste davon ist die Zentralbank als »vierte Gewalt«. Vogl hält den Prozess der »Finanzialisierung« für unaufhaltsam. Diese resignative Hal-

tung teilen viele Vertreter dieser These. Ähnliches gilt für Pikettys Theorie, wonach zunehmende Ungleichheit eine unvermeidliche Folge »des« Kapitalismus sei und nur durch eine globale Vermögenssteuer gemildert werden könnte.

3 *Mason* (2016); *Streeck* (2015).
4 Weitere Gründe, warum eine Vollgeldreform die Vorteile eines Kreditgeldsystems außer Kraft setzen würde, ohne die systemischen Ursachen exzessiver Finanzspekulation zu berühren, finden sich in *Schulmeister* (2016). Außerdem ist zu bedenken: »Geld« stellt keine messbare Quantität, sondern eine Funktion dar, jedes »*financial asset*« wird zu »Geld«, wenn es als Geld verwendet wird. Die – so verstandene – Geldmenge lässt sich daher prinzipiell nicht steuern (siehe Kapitel 9).
5 *Felber* (2012), S. 27.
6 Ich habe mich eingehend mit der »Gemeinwohlökonomie« beschäftigt und wurde mit fortschreitender Lektüre kritischer (*Schulmeister*, 2014). Auch wenn ich konkrete Einwände gegen die Umsetzbarkeit einer Gemeinwohlbilanz habe, befürworte ich, dass einzelne Unternehmen versuchen, sich an den entsprechenden Leitlinien zu orientieren. Der Anspruch der »Gemeinwohlökonomie«, sie sei ein Konzept für eine generelle Umgestaltung der Wirtschaft, ist hingegen anmaßend. Gesellschaften lassen sich nicht nach einem großen Konstruktionsplan verändern, in diesem Punkt hat Hayek recht.
7 So schreibt Richard Thaler (Nobelpreisträger 2017): »We should not expect some new grand behavioral theory to emerge to replace the neoclassical paradigm. We already have a grand theory and it does a really good job of characterizing how optimal choices and equilibrium concepts work.« (*Thaler*, 2016, S. 1592) Hier liegt ein denkwürdiger Widerspruch vor: Wie kann man den *homo oeconomicus* als Referenz verwenden, wenn das tatsächliche Verhalten der Menschen *systematisch* von dieser »Denkfigur« abweicht? Das ist so, als verwendete man das Schachspiel als Referenzmodell für den Krieg zweier Länder mit gleicher Sozialstruktur.
8 Aus dem gleichen Grund hat ein anderer Typ von »Abbrucharbeit«, der Nachweis logischer Widersprüche *innerhalb* der Gleichgewichtstheorie (*Keen*, 2011), keinen direkten Einfluss auf die neoliberale Politik – so wichtig diese Analysen für die Auseinandersetzung zwischen den Theoretikern sind.
9 *Mirowski* (1992).
10 *Fullbrook* (2016), S. 17 ff.
11 Für die Relativitätstheorie sind Zeit und Raum ein Kontinuum, Materie setzt sich aus Teilchen zusammen, Ereignisse sind determiniert und kausal erklärbar; für die Quantentheorie sind Zeit und Raum diskontinuierlich, Materie wird als Welle-Teilchen-Dualität begriffen, Ereignisse können unbestimmt und kausal nicht erklärbar sein. »Conceptual differences greater than these are scarcely imaginable (…). Yet for most of a century these two metaphysically dissimilar narratives have worked not in competition but in tandem to the produce arguably the greatest advances in the history of science.« (*Fullbrook*, 2016, S. 30)
12 Das Fehlen einer »mikroökonomischen Fundierung« war ein »kriegs-entscheidender« Kritikpunkt der »Neuen Klassischen Makroökonomie« am Keynesianis-

mus gewesen. Ihre eigene »Fundierung« besteht allerdings darin, dass es überhaupt nur mehr einen einzigen *homo oeconomicus* als »repräsentativen Akteur« gibt. Gäbe es nämlich Menschen mit unterschiedlichen Präferenzen, so könnte man deren Nachfrage nicht aggregieren und damit auch kein makroökonomisches Gleichgewicht ableiten (*Keen*, 2012, Kapitel 3 – dieses Ergebnis war bereits 1953 mathematisch bewiesen, aber danach verdrängt worden).

13 Da Transaktionsentscheidungen geradezu blitzartig erfolgen müssen (sofern man sie nicht »*automated trading systems*« überlässt), spielt Intuition (das »Bauchgefühl«) eine große Rolle (*Gigerenzer*, 2007). Deren subjektive Komponenten – von der Schlafqualität in der vergangenen Nacht bis zu Beziehungsproblemen – werden im aggregierten Resultat eines Aktienkurses oder Aktienindex »saldiert«, nicht aber deren gemeinschaftlich-soziale Komponenten wie »Marktstimmungen«.

14 In der Physik wird schon lange ein ganzheitlicher Ansatz verfolgt. So schreibt der Physiker Paul Davies 1995: »Reality presents various levels of complexity, running from atomistic individuals to the universe. This polarity entails two possible directions of narrative explanation: accounting for the more complex in terms of the less so or vice-versa. The first approach, ›micro explanation‹, characterizes Newtonian physics. (…) But sometimes the object of inquiry begs a macro approach, as when a property of an individual thing appears mediated or determined by the whole or ensemble of which it is a part (…). Evidently the macroscopic and the microscopic worlds are intimately interwoven.« Zitiert nach *Fullbrook* (2016), S. 20 f.

15 In der herrschenden Wirtschaftstheorie konvergieren Preise zum (stabilen) Gleichgewicht, oder sie sind – bei vollkommener Information – immer in diesem Zustand. Als mathematische Möglichkeit existieren explodierende Preispfade (»*bubbles*«), wenn sich die Akteure nicht an den Fundamentalwerten orientieren (siehe Kapitel 9). Zyklische Entwicklungen aller Art – von den Abfolgen »schneller« Kursschübe nach oben und unten bis zu den »langen Zyklen« der gesamtwirtschaftlichen Entwicklung – sind in der (jetzigen) Mainstream-Theorie nicht vorgesehen.

16 Das bedeutet keinesfalls reine Deskription einzelner Entwicklungen. Genau dies haben »die Österreicher«, insbesondere Carl Menger, der deutschen »Historischen Schule«, insbesondere Gustav Schmoller, im »Methodenstreit« vorgeworfen. Tatsächlich wandte sich Schmoller gegen den Anspruch Mengers (und der späteren Neoklassiker), eine ökonomische Theorie aus einem einzigen Prinzip zu entwickeln, dem Eigeninteresse der Individuen (*Caldwell*, Kapitel 3 und 4). Demgegenüber befürwortete Schmoller einen interdisziplinären Ansatz, der ökonomische Prozesse als Teil der gesamtgesellschaftlichen Entwicklung begreift (*Prisching*, 1993/94; *Goldschmidt*, 2008).

17 Keynes meinte am Ende seines »Enkelkinder-Aufsatzes«, wenn man Ökonomen für »bescheidene und sachkundige Leute wie Zahnärzte« hielte, wäre das großartig (*Keynes*, 1930, S. 147).

18 *Die Zeit*, 1. November 1996 (*http://www.zeit.de/1996/45/Zehn_Etappen_zum_Abgrund* – abgerufen am 7. März 2018).

19 Beiden »unsichtbaren Händen« ist gemeinsam, dass ein eigennütziges Verhalten eine nicht beabsichtigte Wirkung hat. In der klassischen Version ist diese positiv, in der zweiten Version ist sie negativ: Der Versuch von (vielen) Menschen, ihre Finanzlage durch Sparen zu verbessern, verschlechtert sie.

20 Werden Friseure, Maler, Gärtner, Maurer, Altenbetreuerinnen, Fliesenleger, Urlaubsquartiere, Taxifahrten etc. billiger, so wird die Nachfrage kaum steigen (man lässt sich weder öfter die Haare schneiden noch die Wohnung ausmalen).

21 Die größten Bewunderer dieser Dynamik, also der Interaktion von »Fortschritt der Produktivkräfte« und den »Produktionsverhältnissen«, waren Karl Marx und Friedrich Engels (»Die Bourgeoisie reißt durch die rasche Verbesserung aller Produktionsinstrumente, durch die unendlich erleichterten Kommunikationen, auch die barbarischsten Nationen in die Zivilisation.« – Kommunistisches Manifest 1848).

22 Durch vollkommene Konkurrenz zwischen den Unternehmen kann es im Zustand eines allgemeinen Gleichgewichtes keine Unternehmerprofite geben, lediglich den Zins als Rendite auf das eingesetzte Kapital (und in einer modifizierten Form den »Unternehmerlohn« als Entgelt für die im eigenen Unternehmen geleistete Arbeit).

23 In der ökonomischen Theorie wird dieser Problembereich unter dem Begriff »Netzwerkexternalitäten« analysiert. Das Grundphänomen dabei ist: Für jedes Mitglied eines Netzwerkes steigt sein Nutzen mit der Zahl der Teilnehmer: Je mehr Menschen ein Telefon besitzen, desto mehr Verbindungen sind möglich, bei n Teilnehmern sind es n(n-1).

24 Das haben die Gleichgewichtsökonomen übersehen in ihrer spontanen Begeisterung für Online-Plattformen wie jener von Uber: Sie belebe die Konkurrenz, steigere die Kapazitätsauslastung von Fahrer und Auto und drücke die Preise. Mittlerweile sind schon einige Artikel über Uber mit solchen Schlussfolgerungen erschienen, und zwar in renommierten Journals und von Top-Ökonomen verfasst (Cramer – Krueger, 2016; Angrist – Caldwell – Hall, 2017). Die zugrunde liegenden Studien wurden von Uber finanziert (siehe *http://norberthaering.de/de/27-german/news/919-uber-oekonomen* – abgerufen am 7. März 2018). Die Autoren versichern, dass ihre Analysen davon in keiner Weise beeinflusst wurden. – Möglicherweise hat die durchwegs positive Einschätzung der Online-Plattformen durch den ökonomischen Mainstream auch damit zu tun, dass erstmals ein zentrales Merkmal der DSGE-Modelle in der Realität erfüllt scheint: Die Grenze zwischen selbstständiger und unselbstständiger Tätigkeit verschwimmt. Die damit zusammenhängenden Abhängigkeiten der selbstständig-unselbstständigen Fahrer vom monopolistischen »Marktbesitzer« bleiben ausgeblendet.

25 In ökonomischem Sinn ist damit immer der Gesamtstaat einschließlich der Länder und Gemeinden gemeint.

26 Die dadurch verursachten Fehlentwicklungen skizziere ich weiter unten.

27 Im Bereich der Industrie werden Standards durch nationale oder internationale Normungsinstitute erarbeitet, wie etwa durch das Deutsche Institut für Normung

(DIN) oder die Internationale Organisation für Normung (ISO). Im Bereich der Informationstechnologien setzen sich Standards wie die Dateiformate PDF oder JPG durch »sozial-darwinistische« Selektion unterschiedlicher Entwickler durch (so war es schon beim Kampf um den dominanten Video-Standard zwischen VHS und Video2000 und Betamax). Auch wenn unterschiedliche Dateiformate bzw. mit unterschiedlicher Software (etwa Textverarbeitungs- oder Präsentationsprogrammen) erstellte Dateien durch Konversion kompatibel gemacht werden können, setzt sich doch jeweils ein Standard durch (wie etwa Word bzw. PowerPoint von Microsoft).

28 In den Kapiteln 12, 13 und 14 haben wir gesehen, dass die Hauptursache für die historisch einmalige »Verbesserung« der Leistungsbilanz eines so großen Wirtschaftsraumes wie der Eurozone in der Austeritätspolitik Deutschlands und seiner »Satelliten« (bis 2009) bestand sowie in ihrer »Übertragung« auf die übrigen Euroländer nach 2009.

29 Der in der Theorie durch die Grenzproduktivität des Kapitals bestimmte »fundamentale« Gleichgewichtszins existiert in der Realität nicht, weil die Annahmen der neoklassischen Produktionsfunktion nicht gegeben sind (Kapitel 10). Empirisch fundiert sind nur folgende qualitativen Aussagen: Da die Zukunft prinzipiell unsicher ist, muss der Zinssatz unter der (erwarteten) Wachstumsrate liegen als notwendige Bedingung für die Ausschöpfung des gesamtwirtschaftlichen Produktionspotenzials. Steigt die Unsicherheit, so werden die Marktzinsen steigen (Menschen wollen »flüssig« bleiben), gerade dann aber sollten die Zinsen fallen, um die Voraussetzung für mehr Investitionen zu schaffen.

30 Die Gründung eines »Europäischen Währungsfonds« wurde erstmals 2009 vom deutschen Finanzminister Wolfgang Schäuble vorgeschlagen und kürzlich von der Europäischen Kommission gefordert. Inhaltlich unterscheidet sich das hier vorgestellte Konzept erheblich von seinen »Vorläufern«.

31 Sie liegt nur unwesentlich über jener der EZB-Einlagenfazilität (bei Termineinlagen ist sie für die Dauer der Einlage fix).

32 Die Staaten können sich aber weiterhin auch durch Ausgabe nationaler Anleihen finanzieren (dies bleibt in den ersten Jahren nach EWF-Gründung die dominante Form der Staatsfinanzierung). Zudem ließe sich durch die Verteilung der Stimmrechte im EWF und die Abstimmungsregeln verhindern, dass sich die primär an Preisstabilität orientierten Länder und die stärker an Beschäftigungsstabilität interessierten Länder wechselseitig überstimmen. Die Politik des EMF wäre daher durch das Ausbalancieren von Interessen geprägt.

33 Die Idee, den Fließhandel durch elektronische Auktionen zu ersetzen, widerspricht dem »marktreligiösen« Zeitgeist der letzten Jahrzehnte und hat daher in der Debatte um Finanzreformen keine Rolle gespielt. Vorgeschlagen wurde sie erstmals von Robert A. Haugen (ich fand den Hinweis darauf in *Keen*, 2011, S. 390). Ironischerweise entspräche dieser Vorschlag auch der Gleichgewichtstheorie: Nach ihrem Erfinder, Léon Walras stellen Auktionen jene Verfahren dar, durch welche die Gleichgewichtspreise ermittelt werden können.

34 Die Auktion erfolgt auf elektronischen Handelsplattformen in der gleichen Weise, in welcher der Eröffnungskurs bestimmt wird: Der Computer berechnet auf Basis sämtlicher Kauf- und Verkaufsorders den Gleichgewichtskurs, gültig für die folgenden zwei Stunden.
35 Insbesondere der Hochfrequenzhandel, auf den auf manchen Märkten schon der Großteil aller Transaktionen entfällt, würde entsorgt. »Technische« Modelle können zwar auch mit Zwei-Stunden-Kursen operieren, diese generieren aber relativ wenige Handelssignale. Außerdem könnte man das Intervall zwischen Auktionen verlängern: Je mehr sich die Trader an den »*fundamentals*« orientieren, desto unnötiger werden häufige Auktionen (Informationen über ein neues Patent oder einen unerwarteten Verlust eines Unternehmens treten nicht im »Stundentakt« auf).
36 Da der Kontraktwert ein Vielfaches dessen beträgt, was man als Sicherstellung (Margin) zu leisten hat, ist die Belastung durch die FTS umso höher, je größer der Hebel, also je riskanter ein Derivatgeschäft ist.
37 *Schulmeister* (2010).
38 Im Februar 2013 hatte die EU-Kommission einen modifizierten Entwurf für eine »*financial transactions tax*« vorgestellt, er wurde in einer konzertierten Kampagne der »Finanzalchemiebanken« wie Goldman Sachs oder Deutsche Bank »gekillt«. Siehe dazu *Schulmeister* (2015B).
39 *Schulmeister* (2000).
40 Die übrigen Währungen schwanken gegenüber dem »Globo« oder stehen zu ihm in einer festen, aber veränderbaren Relation (»*adjustable peg*« wie im Bretton-Woods-System) – je nach Präferenz des betreffenden Landes.
41 Mit Repos verschaffen sich Banken kurzfristig (meist »*overnight*«) Liquidität von anderen Banken, indem sie Wertpapiere verkaufen mit der Verpflichtung, sie am nächsten Tag zurückzukaufen. Sie dienen insbesondere der schnellen Abdeckung von Spekulationsverlusten. Aufgrund ihrer Konstruktion wäre für Repos die Finanztransaktionssteuer zu zahlen. Dies machte die Finanzlobby im Frühjahr 2013 zu einem zentralen Argument gegen die FTS und konnte so die Politik bluffen (*Schulmeister*, 2015B).
42 Derzeit ist die Aufsicht aufgesplittert in je eine EU-Behörde für Banken, Versicherungen und Wertpapierhandel. Dazu kommen die Beaufsichtigung der Großbanken durch die EZB, ein Bankenabwicklungsmechanismus samt entsprechendem Gremium in Brüssel sowie ein Ausschuss für Systemrisiken, der bei der EZB angesiedelt ist.
43 Die Daten über das spekulative Kundengeschäft könnten zusätzlich getrennt dokumentiert werden in (andere) Finanzinstitutionen, Unternehmen und private Haushalte (anonymisiert). Sie geben Hinweise über das Ausmaß der »Amateurspekulation« und damit zunehmend verbundene »Spielsucht«.
44 Mit dem Vorschlag eines festen Preispfades für fossile Brennstoffe möchte ich zeigen, wie man wirkungsvoller als durch CO_2-Zertifikate oder eine CO_2-Steuer negative Kostenanreize und positive Profitanreize setzen kann für eine massive Bekämpfung der Erderwärmung. Die Annahmen übernehme ich von einem

Wikipedia-Eintrag (*https://de.wikipedia.org/wiki/%C3%9Cbereinkommen_von_Paris* – abgerufen am 7. März 2018), sie können durch bessere Szenarien ersetzt werden – die ökonomische Argumentation wird davon nicht berührt.

45 In größeren Intervallen wird geprüft, ob der Rückgang des Energieeinsatzes den Zielwerten entspricht, und der Preispfad entsprechend angepasst.

46 Als besonders kontraproduktiv erwies sich der Handel mit CO_2-Zertifikaten. Sinken die Weltmarktpreise fossiler Brennstoffe und kommt es gleichzeitig zu einem Wirtschaftseinbruch (wie 2009), so braucht die Wirtschaft weniger Zertifikate, ihr Preis sinkt und damit der Anreiz, in höhere Energieeffizienz zu investieren.

47 Der Weltmarktpreis fossiler Brennstoffe würde aufgrund der geringeren Importnachfrage der EU sinken, ihr Preis in der EU stetig steigen (und damit Preisspanne und Steuerbasis). Mit den Erträgen der flexiblen Energieabschöpfungssteuer können unter anderem eine soziale »Abfederung« der erhöhten Energiekosten für einkommensschwache Haushalte und andere Begleitmaßnahmen finanziert werden, auf die ich hier nicht näher eingehe.

48 *Kletzan-Slamanig et al.* (2008). – Zusätzlich sinkt in den Sommermonaten bzw. den wärmeren Regionen wie Südeuropa der Kühlungs-Energiebedarf, jedenfalls aber die Raumtemperatur im Gebäude, und damit verbessert sich der Wohnkomfort.

49 *Kletzan-Samanig et al.* (2008), S. 41.

50 Von großer Bedeutung ist die sozialpsychologische Komponente, also die Verbreitung einer Stimmung von Zuversicht und Selbst-Ermächtigung. Dies war nicht nur eine Hauptkomponente von Roosevelts New Deal, sondern auch der Strategie Schwedens in den 1930er-Jahren: Mit der Schaffung des Wohlfahrtsstaates nahm man ein Projekt in Angriff, das Nachfrage, Produktion und Zuversicht stärkte. So konnte die Politik das Übergreifen der Weltwirtschaftskrise auf dieses kleine Land verhindern.

51 Mit dem Megaprojekt »Transeuropäische Netze« (TEN) versucht die EU seit den späten 1980er-Jahren, den Binnenmarkt zu stärken (forciert zuerst vom Kommissionspräsidenten Jacques Delors). Sie umfassen Energie-, Straßen- und Eisenbahnnetze. Ihre Umsetzung hat sich seit der Finanzkrise 2008 verzögert. (China hat umgekehrt als Teil seiner Krisenbekämpfung den Bau von Schienennetzen beschleunigt.)

52 Alle ehemaligen »real-sozialistischen« Länder, die 2004 der EU beigetreten sind, hatten das »Pech«, dass der Zusammenbruch ihres Systems in die Blütezeit des Neoliberalismus fiel (und diesen zusätzlich nährte): Die Politik vertraute auf »die Märkte« und vernachlässigte die Infrastruktur und die sozialen Sicherungssysteme. Der Beitritt zur EU bzw. EWG wäre ganz anders verlaufen, wenn der »reale Sozialismus« schon in den 1960er-Jahren kollabiert wäre.

53 Spätestens in den 2030er-Jahren dürften die Länder des Westbalkans EU-Mitglieder sein. Soll der wachsende Einfluss von Russland, der Türkei und Saudi-Arabiens in Teilen dieser Region zurückgedrängt werden, wird die EU diesen Ländern schon bald konkrete Beitrittsperspektiven bieten müssen.

54 So hat China die 1300 Kilometer lange Hochgeschwindigkeitsstrecke zwischen Peking und Shanghai in weniger als drei Jahren gebaut, nämlich zwischen 2008 und 2010 – mit der Planung war 2001 begonnen worden. Die forcierte Umsetzung dieses Projektes nach Ausbruch der Finanzkrise 2008 ist ein bemerkenswertes Beispiel für die erfolgreiche Kombination von Wachstums- und Konjunkturpolitik.
55 Das ist natürlich nur ein ganz grober Schätzwert. So hat kürzlich die tschechische Regierung beschlossen, eine Hochgeschwindigkeitsstrecke zwischen Prag und Dresden bzw. Prag und Brünn zu bauen und die Kosten mit 12 Prozent des BIP veranschlagt (bei einer Bauzeit von zehn Jahren wären das etwas mehr als 1 Prozent pro Jahr). Die tatsächlichen Wachstumsimpulse (einschließlich der Multiplikatoreffekte) hängen von vielen Faktoren ab. Die weniger entwickelten Regionen werden jedenfalls vom beschleunigten Ausbau der Bahnnetze überdurchschnittlich profitieren.
56 Die transeuropäischen Netze entlasten die Umwelt nicht nur durch Reduktion des Straßen- und insbesondere Lkw-Verkehres. Die Hochgeschwindigkeitsstrecken werden ja auch für den Güterverkehr verwendet (natürlich mit verminderter Geschwindigkeit).
57 Das mag heute utopisch erscheinen – wie »gestern« noch die Idee, den öffentlichen Nahverkehr kostenlos anzubieten, die heute ernsthaft diskutiert wird.
58 Zur Notwendigkeit einer Stärkung und Erneuerung des Sozialstaates, insbesondere nach der Finanz- und Wirtschaftskrise 2008, siehe *Marterbauer* (2011) und *Butterwegge* (2013).
59 In anderen Ländern (Skandinavien, Frankreich oder Belgien) gehen die Kinder schon ab dem ersten Lebensjahr in einen – zumeist öffentlichen – Kindergarten. Diese Gewohnheit hat nicht nur die Berufstätigkeit von Frauen gefördert, sondern auch die Zahl ihrer Kinder.
60 Das größte Hindernis für eine massive Ausweitung des gemeinnützigen Wohnbaues besteht im Mantra »Mehr privat, weniger Staat«. Dabei ist spätestens seit David Ricardo klar: Da Grund prinzipiell nicht vermehrbar ist, gelten die »Marktgesetze« in diesem Bereich nicht. In einem epochalen Werk zeigte Karl Polanyi, wie die Behandlung von Grund als »fiktive Ware« seit dem 19. Jahrhundert zur Entwicklung einer »Marktgesellschaft« beitrug (*Polanyi*, 1944). Die Umverteilung von der breiten Masse der Mieter zu Rentiers widerspricht dem Leistungsdenken.
61 *Chen* et alt. (2018).
62 Im Gegensatz zu den Kommunen der 1968er-Generation sind die Ziele der Gemeinschaftsgärtner wohltuend menschengerecht (»bodenständig«). Konkrete Informationen zu dieser Bewegung aus der Praxis verdanke ich Christine Hochsteiner. Siehe dazu *www.anstiftung.de* für Deutschland und *www.gartenpolylog.org* für Österreich.
63 Derzeit werden gemeinsame Aktivitäten in erster Linie für Senioren organisiert. Schüler fahren immer seltener gemeinsam eine Woche Skilaufen, aufs Land oder in die Hauptstadt. Das Gleiche gilt für gemeinsame Aktivitäten von Belegschaften, insbesondere Betriebsausflüge.

64 Dieser kurze Abschnitt kann ein riesiges Problemfeld nur oberflächlich berühren. Er dient als Hinweis auf eine Aufgabe, die mir sehr wichtig erscheint: Die Politik muss die verheerenden psychosozialen Folgen des Neoliberalismus als Herausforderung zum Aufklären und Handeln begreifen. Sonst bleiben die Gefühle der Missachteten der Nährboden des Rechtspopulismus.

65 *Smith* (2010), S. 137, 129.

66 Hier ist außerdem zu beachten, dass mit der Zahl der Kunden die Kosten je Versicherungsfall sinken (»*economies of scale*«) – dies gilt erst recht für die sozialstaatliche Pensionsversicherung. Darüber hinaus erfolgt die Bereitstellung medizinischer Dienstleistungen unter der Bedingung extrem beschränkter und asymmetrisch verteilter Information, der Konkurrenzmechanismus funktioniert daher nicht. Zweckmäßiger ist es, die Kostenvorteile großer Einheiten zu nutzen und das »*rent-seeking*« von Ärzten und der Pharmaindustrie durch – externes und internes – Controlling einzudämmen. Das gilt insbesondere im Hinblick auf das Problem, dass sich das Angebot an neueren Medikamenten und Therapien die entsprechende Nachfrage schafft.

67 Genau das ergab sich dort, wo auch die Infrastruktur privatisiert wurde, wie das Eisenbahnnetz in Großbritannien oder die Wasserleitungsnetze in manchen europäischen Kommunen (die Privatisierung der Netze wurde in den meisten Fällen wieder rückgängig gemacht). Bleibt die Infrastruktur im Besitz öffentlicher Unternehmen und wird von ihnen gewartet, so trägt der Staat die Erhaltungskosten, und die Gewinne werden (teil-)privatisiert (die Gebühren der privaten Netzbenutzer decken nicht die anteiligen Vollkosten von deren Wartung).

68 Auch die Zustellungsnetze der Post stellen »quasi-natürliche« Monopole dar. »Quasi«, weil es zwar technisch (leicht) möglich ist, dass zwei oder mehrere Anbieter das gleiche Netz bedienen, ökonomisch aber ineffizient. Wenn etwa drei private Paketzusteller in der gleichen Stadt tätig sind, werden Tausende »leere Kilometer« abgespult. Diese Kostenvergeudung wird dann durch Sparen am Personal wieder hereingebracht. Ich erwähne dies ergänzend deshalb, weil die Bedeutung von Netzwerkvorteilen von den »Marktreligiösen« immer unterschätzt oder sogar gänzlich ausgeblendet wird.

69 Dass auch dort die Bevölkerung mit schnellem Internet versorgt wird, entspricht dem Gemeinwohlaspekt der Daseinsvorsorge, und dieser kommt bei ihrer Privatisierung immer zu kurz. Im konkreten Fall sollte man die Unternehmen daher verpflichten, mit einem Teil ihrer Gewinne den Netzausbau auf dem Land rascher als bisher voranzutreiben.

70 Anders als in den USA und vielen anderen Ländern hat Uber in Europa (noch) keine marktbeherrschende Stellung. Maßgeblich dafür sind wettbewerbsrechtliche Gründe (die privaten Fahrer besitzen keine Taxi-Lizenzen) sowie Proteste der Taxiunternehmen.

71 Dieses Ziel kann »niederschwellig«, ja fast unmerklich dadurch erreicht werden, dass Benutzer von Online-Diensten an deren jeweiligen Sprachassistenten als Mensch-Maschine-Schnittstelle gewöhnt werden (Amazon – Alexa, Apple – Siri,

Microsoft – Cortana, Google – Google Assistant). Der Sprachassistent kann leicht jede Art von Dienstleistung vermitteln.

72 Außerdem stellen Internet-Plattformen, Betriebssysteme und Standardsoftware »quasi-natürliche« Monopole dar, weil eine einheitliche Lösung wegen der »Netzwerkexternalitäten« auch die effizienteste Lösung ist. Wie bei den natürlichen Monopolen der »sozialen Daseinsvorsorge« (Wasserleitungs-, Schienen-, Stromnetze etc.) sollten auch die Basisdienste der »Informations-Daseinsvorsorge« von gemeinwirtschaftlichen Unternehmen bereitgestellt werden.

73 Nur ein paar Beispiele, was die US-Konzerne alles von uns wissen. So hat Uber einmal seine Daten in Bezug auf »One-Night-Stands« seiner Nutzer ausgewertet (das lässt sich aus den Zeiten und Ziel- bzw. Anfahrtsort leicht rekonstruieren), Amazon weiß, welche Stellen in einem E-Book welchem Kunden besonders gefallen, welche Anmerkungen er für sich gemacht und wo er zu lesen aufgehört hat. Google weiß, wer wann welchen Film im Netz angesehen hat, Airbnb kennt die Reisegewohnheiten jedes Kunden, und Facebook ist über Liebesgeflüster, Sexualpraktiken, politische Einstellung, Depressionen, Familienkonflikte bestens informiert (solange die Kunden dies ihren »Freunden« mitteilen). Welchen Einfluss die Auswertung von Facebook-Daten durch »Cambridge Analytica« für die Präsidentschaftskampagne von Donald Trump tatsächlich hatte, ist umstritten; nicht aber, dass durch immer bessere Auswertung von immer mehr »*big data*« aus den sozialen Medien die Fairness von Wahlkämpfen drastisch beeinträchtigt wird (schon jetzt bedeutet die unterschiedliche Finanzkraft von Wahlwerbern einen Schritt von der Demokratie zur Plutokratie).

74 Zu den Folgen des »Absaugens« von Daten aller Art durch Facebook, Google und Co. siehe *Schrems* (2014); das Internet und im Speziellen die sozialen Medien als Brutstätte von Hetzkampagnen und Lügen behandelt *Brodnig* (2016 und 2017).

75 Angesichts ihrer Erfolge und ihrer gigantischen Informationsmacht entwickeln die *master minds* des Silicon Valley zunehmend die Vorstellung, sie könnten und sollten die Welt mit immer besserer Technologie verbessern, also beherrschen (siehe dazu Bader, 2015; Hofstetter, 2014; Keen, 2015; zu ihrer Marktmacht siehe Dolata, 2018). Ihre Strategien »passen« genau zum Konzept einer neoliberal-finanzkapitalistischen »Spielanordnung«. So wie die »Finanzrentiers« bzw. die »Immobilienrentiers« aus ihrem Besitz (und nicht primär aus der Produktion) Profite erzielen, so auch die »Informationsrentiers« aus dem Besitz von Betriebssystemen, Softwarepaketen und Online-Plattformen (deren Schaffung und Erweiterung stellte hingegen einen höchst innovativen »realkapitalistischen« Prozess dar). – Ideologisch treiben die *master minds* des Silicon Valley den Neoliberalismus auf die Spitze: Hatte Milton Friedman die Existenz von Monopolen für das geringere Übel angesehen als deren Regulierung, so lehnt sein Sohn David D. Friedman als Vertreter des »Anarchokapitalismus« jeden Staat ab (er ist Professor an der Jesuiten-Universität Santa Clara nahe dem Silicon Valley). Diese Bewegung ist wiederum ein Zweig des »Libertarismus«, dem sich die meisten Top-

manager und Unternehmer des Silicon Valley zugehörig fühlen (auch Tesla-Gründer Elon Musk). Sie befürworten Monopole, weil deren Gewinne den technischen Fortschritt vorantrieben, Marktkonkurrenz lehnen sie als ein veraltetes Konzept ebenso ab wie demokratische Entscheidungen (diese seien viel weniger effizient als jene der Eliten wie sie selbst). Daher plant das »Seasteading Insitute« die Errichtung einer staatsfreien Zone am offenen Meer. Vorsitzender war von 2008 bis 2011 Patri Friedman, Sohn von David und Enkel von Milton Friedman. Seither arbeitet er wieder bei Google als Entwicklungsingenieur. Zu Ideologie und Vernetzung der Vor-Denker und Vor-Macher des Silicon Valley siehe den kompakten Artikel von Michael D. Bader (*Bader*, 2015).

76 Neben dem Betriebssystem Linux sind auch eigene Cloudspeicher-Dienste – als Gegenstück zu Google Drive, Onedrive, iCloud, Dropbox – bereits vorhanden (ownCloud oder Nextcloud). Diese Dienste haben den großen Vorteil, dass Daten auf eigenen Servern/Speichersystemen liegen und Austauschmöglichkeit mit anderen ownCloud-/Nextcloud-Instanzen besteht (Federation-Service). Die Weiterentwicklung und Nutzung dieser Clouds müssen daher forciert werden.

77 Mariana Mazzucato (2014) dokumentiert nüchtern und umfassend, dass alle bedeutenden Innovationen, welche den kreativen Unternehmern – Steve Jobs dient als Paradebeispiel – zugeschrieben werden, nur durch staatliche Förderung ermöglicht wurden (von der Finanzierung der Grundlagenforschung an den Universitäten bis zu Aufträgen der Militärverwaltung). Ein eindrucksvolles Beispiel ist die staatliche »Aufstiegshilfe« für die Silicon-Valley-Konzerne, insbesondere für Apple (*Mazzucato*, 2014, Kapitel 5). Auch der Aufstieg Japans nach dem Zweiten Weltkrieg wurde durch die koordinierende Technologiepolitik des Ministeriums für internationalen Handel und Industrie (MITI) nicht nur koordiniert, sondern vorangetrieben. (Japan war bis Ende der 1980er-Jahre das Musterbeispiel einer »realkapitalistischen Spielanordnung«, erst der Einbruch des Finanzkapitalismus in Gestalt eines grotesken Booms von Aktienkursen und Immobilienpreisen, gefolgt von deren Kollaps, machte dem Modell den Garaus.)

78 Umgekehrt scheitern Versuche, diese Probleme innerhalb einer »Spielanordnung« zu mildern, in welcher der »egozentrische Eigennutz« dominiert und durch »Lassen wir unser Geld arbeiten« ausgelebt wird. So ist eine wirkungsvolle Besteuerung von Vermögen unter finanzkapitalistischen Rahmenbedingungen nicht durchsetzbar, auch wenn es selbst den Reichen besser ginge, wenn sie nicht über das Leid von vielen hinwegsehen müssten.

79 Kapitalismus ohne Kapitalrendite und damit ganz ohne Wachstum ist nicht möglich (noch weniger ein langfristiges »*de-growth*«). Ein Absterben des Kapitalismus aufgrund seiner inneren Widersprüche halte ich für höchst unwahrscheinlich (zumindest in den nächsten Jahrzehnten), schon seine »Bändigung« durch realkapitalistische Rahmenbedingungen und einen starken (Sozial-)Staat wird ein hohes Maß an Aufklärung und Engagement erfordern.

80 Unter Projektionen versteht man jenen psychischen »Abwehrmechanismus«, durch den man Wünsche oder Eigenschaften, die in einem selber »stecken«, die

man aber unterdrücken möchte, einem anderen unterschiebt. Ein Beispiel aus dem Alltag: Jemand verwickelt mich in ein Gespräch, das mich nervt und schon zu lange dauert. Also werde ich vor meinem »Absprung« einwerfen: »Ich möchte Sie jetzt nicht länger stören.« – Aus Gründen einer verkürzten Darstellung skizziere ich im Folgenden bestimmte, mir typisch erscheinende Verhaltensmuster von (Mainstream-)Ökonomen pauschal. Davon gibt es – auch innerhalb des Mainstream – vielfältige Ausnahmen.

81 In einem brillanten Artikel dokumentiert Heinz D. Kurz die Kombination von verbaler Überheblichkeit und theoretischer Substanzlosigkeit der Vertreter der »Neuen Klassischen Makroökonomik« am Beispiel ihrer Leitfigur Robert E. Lucas (*Kurz*, 2010). Die groteske »Erklärung« der Weltwirtschaftskrise durch Edward C. Prescott haben wir in Kapitel 3 kennengelernt als Beispiel für eine »Schöpferische Dichtung« im Sinne Ludwik Flecks.

82 »Die Klugheit lehrt, dass es besser für den Ruf ist, auf konventionelle Weise zu scheitern als auf unkonventionelle Weise erfolgreich zu sein.« (»Wordly wisdom teaches that it is better for reputation to fail conventionally than to succeed unconventionally«; *Keynes*, 1936, S. 158.)

83 In Kapitel 3 haben wir gesehen, wie gut die Gedanken von Ludwik Fleck über »Denkstil«, »Meinungssysteme« und »Denkzwang« zu Entwicklungen in der Wirtschaftswissenschaft passen.

84 Nach der »*loanable funds*«-Theorie wird das Zinsniveau bestimmt durch den Schnittpunkt des Angebotes an Finanzierungsmittel (Sparen) und der Nachfrage nach Finanzierungsmittel (Investitionen); siehe dazu auch Kapitel 8.

85 In diesem Punkt hat Hayek recht, sein Leben lang hat er die Beschränktheit des Wissens betont. So heißt es am Ende seiner Rede anlässlich der Verleihung des Wirtschaftsnobelpreises am 11. Dezember 1974: »Wer mit seinen Bestrebungen, die soziale Ordnung zu verbessern, nicht mehr Schaden als Nutzen anrichten möchte, muss lernen, dass es hier – wie in allen anderen Bereichen, in denen eine ihrem Wesen nach strukturierte Komplexität vorherrscht – unmöglich ist, jenes vollständige Wissen zu erlangen, das nötig wäre, um das Geschehen vollständig zu kontrollieren.« (»If man is not to do more harm than good in his efforts to improve the social order, he will have to learn that in this, as in all other fields where essential complexity of an organized kind prevails, he cannot acquire the full knowledge which would make mastery of the events possible.« *Hayek*, 1974, letzter Absatz) Im nächsten Satz folgert Hayek: »Er wird daher das Wissen nutzen müssen, das ihm zugänglich ist, nicht um seine Ergebnisse zu gestalten wie ein versierter Handwerker sein Werkstück, sondern eher um ein Wachstum zu befördern, indem er eine geeignete Umgebung schafft, wie ein Gärtner es für seine Pflanzen tut.« (»He will therefore have to use what knowledge he can achieve, not to shape the results as the craftsman shapes his handiwork, but rather to cultivate a growth by providing the appropriate environment, in the manner in which the gardener does this for his plants.«) Das klingt klüger, als es ist: Wenn das Wissen, das Ökonomen sich erarbeitet haben, zeigt, dass Spekulation auf freien Finanz-

märkten die wichtigsten Preise in der Weltwirtschaft destabilisiert, dann wird und soll die Politik Spekulation radikal einschränken, so wie ein Gärtner das Unkraut entfernt. Damit werde ich aber gleichzeitig auf die Aktien- und Wechselkurse sowie Zinssätze und Rohstoffpreise einwirken (»*shape the results*«).

86 Man muss schon zufrieden sein, wenn man die wichtigsten, einander vielfach widersprechenden Theorien kennt und dieses Wissen mit jenem aus anderen Disziplinen, insbesondere der anderen Sozialwissenschaften, der (Sozial-)Psychologie und der Geschichtswissenschaften, in der Analyse der Empirie kombiniert. Mindestens ebenso wichtig ist das Bemühen, aus einer Fülle empirischer Beobachtungen (etwa auch durch Laborexperimente, wie in der Verhaltensökonomie und den *Neuroeconomics* üblich) Vermutungen über allgemeine Zusammenhänge zu gewinnen. Beide Forschungsansätze, Deduktion und Induktion, gegeneinander auszuspielen, ist sinnlos, weil sie einander bedingen. Die – ebenfalls sinnlose – Frage, welcher Ansatz in der Wirtschaftswissenschaft der richtige ist, stand im Zentrum des »Methodenstreites« zwischen der (zweiten) Historischen Schule und der sich konstituierenden Österreichischen Schule (die Hauptkontrahenten waren Gustav Schmoller und Carl Menger; siehe *Caldwell*, 2004, Kapitel 3).

87 Siehe dazu den Kommentar von Heinz D. Kurz samt Originalzitat: »Lucas und seine Anhänger haben wichtige und wesentliche Dinge auf dem Altar geopfert, den sie für die Fortschritte der ökonomischen Techniken hielten. Lucas formuliert mit bewundernswerter Klarheit, worin der Fortschritt in den Wirtschaftswissenschaften seiner Meinung nach besteht: ›Für mich ist der Fortschrittsfaktor in den Wirtschaftswissenschaften ganz und gar technisch bedingt: bessere Mathematik, bessere mathematische Formalisierung, bessere Daten, bessere Datenverarbeitungstechniken, bessere statistische Methoden, bessere Berechnungssysteme.‹« (»Lucas and his followers have sacrificed important substantive issues on the altar of what they consider to be advances in economic techniques. Lucas is admirably clear about what he considers progress in economics to consist of: ›I see the progressive […] element in economics as entirely technical: better mathematics, better mathematical formulation, better data, better data-processing methods, better statistical methods, better computational methods (*Lucas*, 2004, p. 22; emphases added).‹« *Kurz*, 2010, S. 29.)

88 Die »New Keynesian Economics« unterscheidet sich in den Grundannahmen nicht von der »New Classical Macroeconomics«. Erstere dominiert in den USA an der Ost- und Westküste (»*saltwater economics*«), die andere in Chicago (»*freshwater economics*«). Im Gegensatz zu diesen beiden Varianten idealistischer Wirtschaftstheorien besteht die Aufgabe realistischer Theorien darin, mikro- und makroökonomische Analysen zu kombinieren, also den Wald *und* die Bäume in den Blick zu nehmen. Die herrschenden Theorien können schon deshalb keinen Wald sehen (geschweige denn vor lauter Bäumen übersehen), weil sie nur *einen* Baum kennen, den »repräsentativen Agenten«.

89 Wenn Vertreter der »totalen Gleichgewichtsökonomie« Entwicklungen in der »realen Welt« untersuchen, projizieren sie die Logik ihrer »idealen Welt« in die Empirie,

sie erschaffen gewissermaßen die Beobachtungen. Das beste Beispiel ist die »Erklärung« der Weltwirtschaftskrise mit der New-Deal-Politik (*Cole – Ohanian*, 2004), die insbesondere dazu geführt habe, dass die Menschen weniger arbeiteten, weshalb ein Wirtschaftseinbruch unvermeidlich gewesen sei (*Prescott*, 1999; siehe dazu Kapitel 3). – Generell versuchen die idealistischen Ökonomen mit ihren Modellen Zahlenreihen zu generieren, deren *Muster* jenem der beobachteten Daten lediglich ähnlich ist (»Kalibrierung«). In der keynesianisch inspirierten Ökonometrie versuchte man, Modelle zu entwickeln, welche die tatsächliche Entwicklung möglichst genau nachzeichnen (und nicht nur ein ähnliches Muster generieren).

90 In Kapitel 6 haben wir gesehen, dass die Renaissance der neoliberalen Theorien in hohem Maß eine Reaktion auf die Machtverschiebungen in den 1960er-Jahren war. Umgekehrt hat ihre Durchsetzung in den 1970er-Jahren die gesellschaftlichen Verhältnisse, insbesondere in Europa, nachhaltig verändert. Der Anspruch auf »Wahrheit« und »Wertfreiheit« erhöhte das Zerstörungspotenzial dieser Theorien im Kampf gegen Keynesianismus und Sozialstaatlichkeit, gemäß James Buchanans Slogan: »Wir müssen das ›So ist es‹ verwenden, um das ›So soll es sein‹ durchzusetzen« (siehe Kapitel 6).

91 Jevons betont die Bedeutung der »Anteilnahme an dem, was andere empfinden« (»*sympathy with the feelings of others*«; zitiert nach *von Suntum*, 2008, S. 271). Damit knüpfte er direkt an Adam Smith an, gleichzeitig könnte der Gegensatz zu den modernen »amoralischen« Gleichgewichtstheoretikern kaum größer sein, insbesondere zu Nobelpreisträger Gary Becker (siehe Kapitel 6).

92 So sollte der Staat das gesamte Land besitzen und sich mit den Pachteinnahmen statt mit Steuern finanzieren. So könnten auch Arbeiter Kapital bilden, und dies würde zu einer gerechteren Einkommensverteilung beitragen (*Schwalbe*, 2008, S. 258).

93 Siehe dazu *Milford* (2008). – Auch für Menger war der Mensch kein nutzenmaximierender Homo oeconomicus, vielmehr suchte Menger nach einem realistischen, für die Analyse ökonomischen Verhaltens geeigneten Menschenbild. Er hat sich deshalb ausführlich mit Psychologie beschäftigt.

94 Im zweiten Kapitel ihres wunderbaren Buches beschreibt Sylvia Nasar, mit welcher Beharrlichkeit Marshall gemeinsam mit seiner Frau Mary Paley (eine seiner ersten Studentinnen) dieses Ziel sein Leben lang verfolgte und wie akribisch er empirisches Material sammelte. So bereiste er als junger Ökonom mehrere Monate lang die USA und besuchte auch später immer wieder Unternehmen, um sich über die neuesten technologischen Entwicklungen zu informieren (dieser Forschungsansatz ist den modernen Neoklassikern völlig fremd). Sein wichtigstes Konzept zur Armutsbekämpfung entwickelte er unabhängig von der Gleichgewichtstheorie: Die Forcierung des technischen Fortschritts würde die Arbeitsproduktivität und (damit) die Reallöhne erhöhen (siehe dazu auch Kapitel 10).

95 Die Hauptunterschiede liegen in der Methodik (der Abstraktionsgrad der Gleichgewichtstheorie ist höher, und es dominiert die Deduktion) und in der ideologi-

schen »Stoßrichtung« (gerichtet gegen sozialistische Theorien einschließlich der reformerischen Varianten der »Kathedersozialisten« wie Gustav Schmoller).

96 Heinz Kurz dokumentiert und »zerlegt« die Rechtfertigung von Lucas, dass die »Neue Klassische Makroökonomie« die Finanzkrise 2008 nicht vorhersehen (und auch nicht im Nachhinein erklären) konnte (*Kurz*, 2010).

97 Das Schätzverfahren des Potenzialoutputs und die »Behandlung« Griechenlands sind eindrückliche Beispiele (siehe Kapitel 11).

98 Über die Frage der Wertfreiheit ökonomischen Denkens waren Milton Friedman und seine Frau Rose unterschiedlicher Meinung. Rose bemerkte in ihren gemeinsamen Memoiren: »Mich hat es immer beeindruckt, wie leicht es war, auf die wissenschaftlichen Ansichten eines Ökonomen zu schließen, wenn ich seinen politischen Standpunkt kannte; und es ist mir nie gelungen, mir einzureden, dass der politische Standpunkt die Folge seiner wissenschaftlichen Ansichten war.« (»I have always been impressed by the ability to predict an economist's positive views from my knowledge of his political orientation, and I have never been able to persuade myself that the political orientation was the consequence of the positive views.« Mit »*positive*« ist hier »wissenschaftlich« gemeint im Sinne von Milton Friedmans *The Methodology of Positive Economics, Friedman*, 1953A.) Gegen Ende seines Lebens räumte Milton ein, dass seine Frau in dieser Frage wohl richtig gelegen habe (*Friedman – Friedman*, 1998, S. 217 ff.). Den Hinweis fand ich in *Caldwell* (2004), S. 380.

99 So zeigten Adam Smith und David Ricardo die Vorteile von Arbeitsteilung und legitimierten damit die Forderung nach Freihandel, aber auch nach Freizügigkeit der Arbeiter. Beides richtete sich gegen die Interessen der Grundherren.

100 Diese unterschiedlichen Präferenzen in der Nachfrage nach ökonomischen Theorien spiegeln die drei ökonomischen Fundamentalinteressen Arbeit, Realkapital und Finanzkapital wider (siehe Kapitel 8).

101 In unterhaltsamen und aufklärerischen zwölf Minuten wurden in der Kabarettsendung »Die Anstalt« Geschichte und Macht der Mont-Pelerin-Society« dargestellt – große Empfehlung! (*www.zdf.de/comedy/die-anstalt/die-anstalt-die-mont-pelerin-gesellschaft-100.html*).

102 Siehe *Bofinger* (2016). – Ökonomen, welche die Theorie von Keynes weiterentwickelten wie etwa Wolfgang Stützel, blieben Außenseiter.

103 In den USA sind auch nach Jahrzehnten des Neoliberalismus Komponenten des keynesianischen Denkens erhalten geblieben, während in Deutschland der ordoliberale Glaube an das »Allheilmittel Konkurrenzfähigkeit« und damit das merkantilistische Denken des 17. Jahrhunderts an Einfluss gewann (Kapitel 13). So wird in den USA der Konsumnachfrage größte Aufmerksamkeit geschenkt, in Deutschland hingegen den (»weltmeisterlichen«) Exporten.

104 Eine Zusammenfassung der ersten Forschungen zum Egoismus von Ökonomen findet sich in *Frank – Gilovich – Regan* (1993). Demnach spenden Ökonomie-Professoren weniger für Wohltätigkeitszwecke als Professoren anderer Disziplinen, Ökonomie-Studierende verhalten sich in spieltheoretischen Experimenten

weniger kooperativ als Kontrollgruppen. Beim »*ultimatum game*« wird eine Person mit einem bestimmten Geldbetrag, sagen wir 10 Euro, ausgestattet und bietet einer anderen Person einen Teil davon an. Lehnt diese ab, bekommen beide nichts, nimmt sie an, wird entsprechend geteilt. Wären Menschen rein rationale Nutzenmaximierer, so würde der erste Spieler stets nur 1 Cent anbieten und die verbleibenden 9,99 Euro erhalten, denn der zweite Spieler würde das Angebot annehmen, schließlich ist 1 Cent mehr als nichts. In der Realität aber hat Fairness einen Eigenwert, sodass solche Angebote abgelehnt werden. Eine Aufteilung und damit ein Gewinn für beide kommen meist dann zustande, wenn das Angebot bei etwa »halbe-halbe« liegt. Ökonomen machen aber signifikant kleinere Angebote und nehmen auch kleinere an (*Carter – Irons*, 1991). Spätere Forschungen bestätigten diese Resultate. Einige Forscher führen dieses Verhalten auf den Inhalt des Ökonomie-Studiums zurück, also auf die Vorstellung vom Eigennutz als einziger Triebkraft des Verhaltens (etwa *Wang – Mahotra – Murnighan*, 2011), andere darauf, dass sich Egoisten eher für ein Ökonomie-Studium entscheiden (etwa *Frey – Meier*, 2003) oder auf eine Kombination beider Effekte (etwa *Cipriani – Lubian – Zago*, 2009). Eine spezielle Studie unter deutschen Studierenden dokumentiert, dass Ökonomen merklich korrupter sind als ihre Kollegen anderer Studienrichtungen (*Frank – Schulze*, 2000). Lediglich eine Studie findet keine Unterschiede im egoistischen Verhalten zwischen Ökonomen und Nicht-Ökonomen (*Yezer – Goldfarb – Poppen*, 1996).

105 Der – mittlerweile legendäre – Slogan von Bill Clintons Präsidentschaftskampagne 1991 bringt es auf den Punkt: »Es ist die Wirtschaft, Dummkopf.« (»It's the economy, stupid!«)

106 Dass Ökonomen nicht »von Natur aus« egoistischer sind als der Durchschnitt und daher an der Lage der sozial Schwachen Anteil nehmen, erkennt man an den Generationen der »Krisenökonomen«. So nahm in der Depression der 1870er- und 1880er-Jahre der Einfluss Kapitalismus-kritischer Ökonomen zu – von den Sozialismus-Theoretikern bis zu den »Kathedersozialisten« der Historischen Schule in Deutschland und den Sozialreformern der »Fabian Society« in England. Die Begründer der Neoklassik waren ebenfalls anteilnehmende Denker. Auch in den 1930er-Jahren beschäftigten sich Ökonomen zunehmend mit der Krisenanfälligkeit des Kapitalismus – von John M. Keynes und »seinem« Cambridge-Zirkel bis zu Michal Kalecki oder Karl Polanyi.

107 Schon im dritten Satz des Vorwortes zu seiner *General Theory* stellt Keynes fest: »Wenn die orthodoxe Wirtschaftswissenschaft falsch liegt, dann hat man den Fehler nicht in der übergeordneten Struktur zu suchen, sondern im Mangel an Klarheit und Allgemeingültigkeit in den zugrunde liegenden Prämissen.« (»If orthodox economics is at fault, the error is to be found not in the superstructure but in a lack of clearness and of generality in the premises«; *Keynes*, 1936, S. V.) Sarkastischer ausgedrückt: Die neoklassische Theorie ist ein »Luftschloss« und hat daher kein Fundament am Boden der Realität, ist aber elegant konstruiert.

108 Im Gedicht »Lob des Zweifels« von Bertolt Brecht – ich mag es sehr – heißt es: »Oh, wie war doch der Lehrsatz mühsam erkämpft! / Was hat er an Opfern gekostet! / Dass dies so ist und nicht etwa so / Wie schwer war's zu sehen doch! / Aufatmend schrieb ihn ein Mensch eines Tages in das Merkbuch des Wissens ein. / Lange steht er vielleicht nun da drin und viele Geschlechter / Leben mit ihm und sehn ihn als ewige Weisheit / Und es verachten die Kundigen alle, die ihn nicht wissen. / Und dann mag es geschehen, dass ein Argwohn entsteht, denn neue Erfahrung / Bringt den Satz in Verdacht. Der Zweifel erhebt sich. / Und eines anderen Tages streicht ein Mensch im Merkbuch des Wissens / Bedächtig den Satz durch« (*Brecht*, 1981, S. 626 f.).

109 Mit dem Begriff »kreative Zerstörung« hatte der österreichische Ökonom Joseph A. Schumpeter (1883–1950) die ökonomische Innovationsdynamik charakterisiert. Auf berührende Weise beschreibt Sylvia Nasar sein in jeder Hinsicht »kurvenreiches« Leben (*Nasar*, 2011, Kapitel V). Es führte Schumpeter von Triesch in Mähren nach Wien, London, Kairo, Czernowitz, Wien, New York, Graz, Wien, Bonn und schließlich an die Harvard Universität, wo unter anderen Paul A. Samuelson sein Schüler war.

110 Ein Grund, warum ich das »offenere« Konzept von Polaritäten jenem der Dialektik vorziehe, liegt darin, dass Letztere Ent-Wicklung als Fortschritt begreift (sowohl in der idealistischen Variante von Hegel wie in der materialistischen Version von Marx und Engels). Das Spannungsfeld zwischen Polen hat ein breiteres Spektrum möglicher Folgen, neben Fortschritt kann es auch zu Blockaden oder Rückschritten kommen (etwa Selbstmord, der nur in den seltensten Fällen – etwa zur Beendigung des Leidens eines Todkranken – als Fortschritt begriffen werden kann). Auch die Selbstzerstörung der Menschheit ist eine Möglichkeit, in der Dialektik aber nicht vorgesehen. – Zu meinen Lieblingssätzen gehört jener von Johann Nestroy: »Überhaupt hat der Fortschritt das an sich, dass er viel größer ausschaut, als er wirklich ist.« In diesem Sinn halte ich es für eine dankenswerte Aufgabe von Ökonomen, Theorien und Konzepte zu entwickeln für eine »Spielanordnung«, in der sich Rücksichtslosigkeit und Kaltherzigkeit weniger auszahlen als heute.

111 Adam Smith hat dies nicht nur in seiner wissenschaftlichen Arbeit getan (Kapitel 4), sondern auch im privaten Leben. So schreibt Gerhard Streminger über die Verlesung des Testamentes: »Smith hatte so gut wie sein gesamtes Vermögen Armen geschenkt, den meisten heimlich. Wohltätigkeit war für den Begründer der Wirtschaftswissenschaft nicht nur eine Sache des Herzens, sondern auch der Hände (…). Damit war auch eine Erklärung gefunden, weshalb beim Begräbnis Menschen zu sehen waren, die den letzten Weg eines Universitätsprofessors üblicherweise nicht begleiten.« (*Streminger*, 2017, S. 220 f.)

112 Amatya Sen nennt die erste Aufgabe »*separation*«, die zweite »*integration*«. Die ökonomische Disziplin braucht beides (*Sen*, 2008). Es handelt sich also um eine für die Ökonomie konstitutive »Polarität«.

113 Ein Bestimmungsgrund ökonomischer Prozesse, der keiner Disziplin zugeordnet werden kann und in dem Wirtschaftswissenschaft nahezu vollständig vernach-

lässigt wird, ist der »Faktor Macht«. Norbert Häring beleuchtet diesen Aspekt und bringt eine Vielzahl von Beispielen seiner Relevanz (*Häring*, 2010).

114 *Fleck* (2011), S. 466.
115 *Fleck* (2011), S. 467.
116 *Fleck* (2011), S. 468.
117 *Fleck* (2011), S. 471.
118 *Fleck* (2011), S. 471. – Die Vorgeschichte zu Ludwik Flecks Aufsatz »Krise in der Wissenschaft« (er fand sich unveröffentlicht im Nachlass) beleuchtet das Scheitern seiner Bemühung, als Begründer einer soziologischen Erkenntnis- und Wissenschaftstheorie wahrgenommen zu werden: 1958 hatte ein US-amerikanischer Physiker, Harold K. Schilling, in einem Aufsatz in *Science* wesentliche Einsichten aus Flecks *Entstehung und Entwicklung einer wissenschaftlichen Tatsache* plagiiert und zum Schluss noch unverschämt angemerkt: »So far as I am aware, such a model, or image, does not now exist.« (Dokumentiert in *Fleck*, 2011, S. 473.) In seinem Aufsatz zitierte Fleck den Artikel von Schilling und verwies zugleich auf seinen dreiundzwanzig Jahre davor publizierten Essay (ohne Schilling direkt des Plagiats zu bezichtigen). Fleck wollte lediglich seinen Essay aus 1935 in Erinnerung bringen – er hatte sich schon ab 1949 vergeblich um eine Neuauflage bemüht. Was Fleck nicht wissen konnte: Thomas S. Kuhn »verwertete« schon seit Jahren in der Arbeit an seinem Buch *Die Struktur wissenschaftlicher Revolutionen* alle wesentlichen Einsichten aus Flecks Essay. Es wurde 1962 publiziert und rasch zu einem Welterfolg.

LITERATUR- UND QUELLENVERZEICHNIS

Literaturnachweise

Abel, Andrew B., Mankiw, N. Gregory, Summers, Larry H., Zeckhauser, Richard J.: »Assessing Dynamic Efficiency: Theory and Evidence«. In: *Review of Economic Studies* 56/1989, S. 1-20.

Admati, Anat, Hellwig, Martin: *Des Bankers neue Kleider*. München 2013.

Aglietta, Michel: *A Theory of Capitalist Regulation: The US Experience*. London 2001.

Ahamed, Liaquat: *Die Herren des Geldes*. München 2010.

Altvater, Elmar, »Der politische Euro«. In: *Blätter für deutsche und internationale Politik* 5/2013, S. 71-79.

Angner, Erik, Loewenstein, George, »Behavioral Economics«. In: Uskali Mäki (Hrsg.): *Handbook of the Philosophy of Science: Philosophy of Economics*. Amsterdam 2012, S. 641-690.

Angrist, Joshua D., Caldwell, Sydnee, Hall, Jonathan V.: *Uber vs. Taxi: A Driver's Eye View*. Cambridge (MA), Oktober 2017.

Arrighi, Giovanni: *Adam Smith in Beijing*. London 2007.

Arrighi, Giovanni: *The Long Twentieth Century*. London 2010.

Atzmüller, Roland, Becker, Joachim, Brand, Ulrich, Oberndorfer, Lukas, Redak, Vanessa, Sablowsi, Thomas (Hrsg.): *Fit für die Krise? Perspektiven der Regulationstheorie*. Münster 2013.

Bader, Michael D.: »Ein Versuch gegen Libertarismus und Monopolismus«. Auf: https://www.gfe-media.de/blog/gegen-libertarismus-und-monopolismus/.

Barber, Brad M., Odean, Terrance: »Trading is Hazardous to Your Wealth: The Common Stock Investment Performance of Individual Investors«. In: *The Journal of Finance* 55/2000, S. 773-806.

Barber, Brad M., Odean, Terrance: »Boys Will Be Boys: Gender, Overconfidence and Common Stock Investment«. In: *Quarterly Journal of Economics* 116/2001, S. 261-292.

Barberis, Nicholas, Shleifer, Andrew, Vishny, Robert: »A model of investor sentiment«. In: *Journal of Financial Economics* 49/1998, S. 307-343.

Barberis, Nicholas, Huang, Ming, Santos, Tano: »Prospect Theory and Asset Prices«. In: *Quarterly Journal of Economics* 116(1)/2001, S. 1-53.

Barberis, Nicholas, Thaler, Richard: »A Survey of Behavioral Finance«. In: *Handbook of the Economics of Finance*, Bd. 1/B. Amsterdam 2003, S. 1053-1128.

Barro, Robert: »Are Government Bonds Net Wealth?«. In: *Journal of Political Economy* 82(6)/1974, S. 1095-1117.

Becker, Gary S.: *Human Capital: A Theoretical and Empirical Analysis, with Special Reference to Education*. Chicago 1964.

Becker, Gary S.: *The Economic Approach to Human Behavior*. Chicago 1976.

Bibow, Jörg: »Der verspätete Aktivismus der AZB: Zwischen Hoffnung und Verzweiflung«. In: *WISO Diskurs*26/2016.

Blundell, John: *Waging the War of Ideas*. London 2007.

Bofinger, Peter: »Das infernalische Dreieck«. In: *Blätter für deutsche und internationale Politik* 10/2012, S. 51–62.

Bofinger, Peter, Horn, Gustav A., Schmid, Kai D., van Treeck, Till: *Thomas Piketty und die Verteilungsfrage*. SE Publishing, 2015 Auf: http://verteilungsfrage.org/2015/03/thomas-piketty-und-die-verteilungsfrage-neues-e-book-erschienen/.

Bofinger, Peter: »Der lange Schatten des Walter Eucken«. Auf: https://makronom.de/der-lange-schatten-des-walter-eucken-15665. 24. Juni 2016.

Bofinger, Peter G., Ries, Mathias: *Excess Saving and Low Interest Rates: Theory and Empirical Evidence*. London, Juni 2017.

Boyer, Robert, Saillard Yves (Hrsg.): *Régulation Theory. State of the Art*. London 2002.

Bourdieu, Pierre: *Die feinen Unterschiede. Kritik der gesellschaftlichen Urteilskraft*. Frankfurt am Main 1982.

Brand, Ulrich: »Degrowth: Der Beginn einer Bewegung?«. In: *Blätter für deutsche und internationale Politik* 10/2014, S. 29–32.

Braudel, Fernand: *Aufbruch zur Weltwirtschaft*. Reinbek 1984 (Bd. 3 von Braudels *Sozialgeschichte des 15.–18. Jahrhunderts*).

Brecht, Bertolt: *Die Gedichte in einem Band*. Frankfurt am Main 1981.

Brodnig, Ingrid: *Hass im Netz. Was wir gegen Hetze, Mobbing und Lügen tun können*. Wien 2016.

Brodnig, Ingrid: *Lügen im Netz. Wie Fake News, Populisten und unkontrollierte Technik uns manipulieren*. Wien 2017.

Brock, William A., Lakonishok, Josef, LeBaron, Blake: »Simple Technical Trading Rules and the Stochastic Properties of Stock Returns«. In: *The Journal of Finance* 47/1992, S. 1731–1764.

Brodbeck, Karl-Heinz: *Die fragwürdigen Grundlagen der Ökonomie*. Darmstadt 2000.

Brunnermeier, Markus K., James, Harold, Landau, Jean-Pierre: *The Euro and the Battle of Ideas*. Princeton 2016.

Buchanan, James, Tullock, Gordon: *The Calculus of Consent – Logical Foundations of Constitutional Democracy*. Ann Arbor 1962.

Burgin, Angus: *The Great Persuasion: Reinventing Free Markets since the Depression*. Cambridge (MA) 2012.

Butterwegge, Christoph: *Krise und Zukunft des Sozialstaates*. Wiesbaden 2013.

Butterwegge, Christoph, Lösch, Bettina, Ptak, Ralf: *Kritik des Neoliberalismus*. Wiesbaden 2008.

Caldwell, Bruce: *Hayek's Challenge – An Intellectual Biography of F. A. Hayek*. Chicago 2004.

Camerer, Colin: »Bubbles and Fads in Asset Prices«. In: *Journal of Economic Surveys* 3(1)/1989, S. 3–41.

Camerer, Colin, Loewenstein, George: »Behavioral Ecoomics: Past, Present, Future«. In: Camerer, Colin, Loewenstein, George, Rabin, Mathew (Hrsg.): *Advances in Behavioral Economics*. Princeton 2004, S. 3–51.

Camerer, Colin, Fehr, Ernst: »When Does ›Economic Man‹ Dominate Social Behavior?«. In: *Science* 311, Januar 2006, S. 47–52.

Camerer, Colin, Loewenstein, George, Prelec, Drazen: »Neuroeconomics: Why Economics Needs Brains«. In: *Scandinavian Journal of Economics* 106(3)/2004, S. 555–579.

Camerer, Colin, Loewenstein, George, Prelec, Drazen: »Neuroeconomics: How Neuro-Science Can Inform Economics«. In: *Journal of Economic Literature* 43(1)/2005, S. 9–64.

Carter, John R., Irons Michael D., »Are economists different, and if so, why?«. In: *Journal of Economic Perspectives* 5/1991, S. 171–177.

Chaloupek, Günther, Marterbauer, Markus (Hrsg.): *75 Jahre General Theory.* Wien 2012.

Chambers, David, Dimson, Elroy, Foo, Justin: »Keynes the Stock Investor«. In: *Journal of Financial and Quantitative Analysis* 50(4), August 2015, S. 843–868.

Chang, P. H. K., Osler, C. L.: »Methodical Madness: Technical Analysis and the Irrationality of Exchange-Rate Forecast«. In: *The Economic Journal* 109, Oktober 1999, S. 636–661.

Chang, Yung-Ho, Metghalchi, Massoud, Chan, Chia-Chung: »Technical trading strategies and cross-national information linkage: the case of Taiwan stock market«. In: *Applied Financial Economics* 16/2006, S. 731–743.

Chen, Tingyun, Hallaert, Jean-Jacques, Qu, Haonan, Queyranne, Maximilien, Pitt, Alexander, Rhee, Alaina, Shabunina, Anna, Vandenbussche, Jérôme, Yackovlev, Irene: *Inequality and Poverty Across Generations in the European Union.* Washington, Januar 2018.

Cheung, Yin W., Chinn, Menzie D., Marsh, Ian W.: »How do UK-Based Foreign Exchange Dealers Think Their Market Operates?«. In: *International Journal of Finance and Economics* 9(4)/2004, S. 289–306.

Cipriani, Giam P., Lubian, Diego, Zago, Angelo: »Natural Born Economists?«. In: *Journal of Economic Psychology* 30/2009, S. 455–468.

Claeys, Gregory, Darvas, Zsolt, Leandro, Alvaro: *A Proposal to Revive the European Fiscal Framework.* Brüssel, März 2016.

Clarida, Richard, Gali, Jordi, Gertler, Mark: »The science of monetary policy: a New Keynesian perspective«. In: *Journal of Economic Literature* 37/1999, S. 1661–1707.

Coase, Ronald: »The Nature of the Firm«. In: *Economica* 4(16)/1937, S. 386–405.

Coase, Ronald: »The Problem of Social Cost«. In: *Journal of Law and Economics* 3(1)/1960, S. 1–44.

Cockett, Richard: *Thinking the Unthinkable, Think-Tanks and the Economic Counter-Revolution.* London 1995.

Collignon, Stefan: »Macroeconomic Imbalances in Europe: a mistaken concept?«. In: Herr, Hansjörg, Priewe, Jan, Watt, Andrew (Hrsg.): *Saving the Euro – redesigning Euro Area economic governance.* SE Publishing, 2017. Auf: https://www.socialeurope.eu/wp-content/uploads/2017/06/EURO-web.pdf (Juni 2017), S. 275–289.

Cohen-Zada, Danny, Krumer, Alex, Shtudiner, Ze'ev: »Psychological Momentum and Gender«. In: *Journal of Economic Behavior & Organization*, März 2017, S. 66–81.

Cohn, Alain, Engelmann, Jan, Fehr, Ernst, Marechal, Michel A.: »Evidence for Countercyclical Risk Aversion: An Experiment with Financial Professionals«. In: *American Economic Review* 105(2)/2015, S. 860–885.
Cole, Harold, Ohanian, Lee: »New Deal Policies and the Persistence of the Great Depression: A General Equilibrium Analysis«. In: *Journal of Political Economy* 112(4)/2004, S. 779–816.
Conlisk, John: »Why Bounded Rationality?«. In: *Journal of Economic Literature* 34, Juni 1996, S. 669–700.
Coval, Joshua D.: »Is sound just noise?«. In: *The Journal of Finance* 56(5)/2001, S. 1887–1910.
Cramer, Judd, Krueger, Alan B.: »Disruptive Change in the Taxi Business: The Case of Uber«. In: *American Economic Review* 106(5)/2016, S. 177–182.
Crouch, Colin: *Das befremdliche Überleben des Neoliberalismus. Postdemokratie II.* Berlin 2011.
Daniel, Kent D., Hirshleifer, David, Subrahmanyam, Avanidhar: »Investor Psychology and Security Market Under- and Overreactions«. In: *The Journal of Finance* 53(6)/1998, S. 1839–1885.
Dany, Geraldine, Gropp, Reint E., Littke, Helge, von Schweinitz, Gregor: *Germany's Benefit from the Greek Crisis*. Halle, Juli 2015.
Davidson, Paul: *The Keynes Solution*. New York 2009.
De Bondt, Werner F. M., Thaler, Richard: »Does the Stock Market Overreact?«. In: *The Journal of Finance* 40(3)/1985, S. 793–805.
De Grauwe, Paul: »The European Central Bank as Lender of Last Resort in the Government Bond Markets«. In: *CESifo Economic Studies* 59(3)/2013, S. 520–535.
De Grauwe, Paul, Ji, Yuemei: »Self-fulfilling crises in the Eurozone: An empirical test«. In: *Journal of International Money and Finance* 34/2012, S. 15–36.
De Long, J. Bradford, Shleifer, Andrew, Summers, Larry H., Waldmann, Robert J.: »Positive Feedback Investment Strategies and Destabilizing Rational Speculation«. In: *The Journal of Finance* 45(2)/1990, S. 379–395.
Deutschmann, Christoph: »Ende und Wiederkehr des Keynesianismus. Rätsel der aktuellen Wirtschaftspolitik«. In: *Leviathan* 31(3)/2003, S. 291–302.
Dolata, Ulrich: »Internetkonzerne: Konzentration, Konkurrenz und Macht«. In: Dolata, Ulrich, Schrape, Jan-Felix (Hrsg.): *Kollektivität und Macht im Internet: Soziale Bewegungen – Open Source Communities – Internetkonzerne*. Wiesbaden 2018, S. 101–131.
Dullien, Sebastian: *A European Unemployment Benefit Scheme: How to Provide More Stability in the Euro Zone*. Gütersloh 2014.
Dunn, Elizabeth W., Aknin, Lara B., Norton, Michael I.: »Spending Money on Others Promotes Happiness«. In: *Science* 319, März 2008, S. 1687–1688.
Ebenstein, Alan: *Hayek's Journey – The Mind of Friedrich Hayek*. New York 2003.
Eckstein, Walther: »Einleitung«. In: Smith, Adam: *Theorie der ethischen Gefühle*. Hamburg 2010, S. XV–XXIII.
Ehrenhauser, Martin: *Die Geldroboter*. Wien 2018.
Eisenegger, Christoph, Haushofer, Johannes, Fehr, Ernst: »The role of Testosteron in social interaction«. In: *Trends in Cognitive Sciences* 15(6), Juni 2011, S. 263–271.

Elstner, John: »Emotions and Economic Theory«. In: *Journal of Economic Literature* 36, März 1998, S. 47-74.

Epstein, Gerald A. (Hrsg,): *Financialization and the World Economy.* Cheltenham 2005.

European Central Bank: »Assessing labour market slack«. In: *ECB Economic Bulletin* 3/2017, S. 31-35.

European Commission: *White Paper on the Future of Europe. Reflections and scenarios of EU27 by 2015.* Brüssel 2017.

Fama, Eugene: »Efficient Capital Markets. A Review of Theory and Empirical Work«. In: *The Journal of Finance*, Mai 1970(2), S. 383-417.

Farrant, Andrew, McPhail, Edward: »Can a Dictator Turn a Constitution into a Can-opener? F. A. Hayek and the Alchemy of Transitional Dictatorship in Chile«. In: *Review of Political Economy* 26(3)/2014, S. 331-348.

Fehr, Ernst, Camerer, Colin: »When Does ›Economic Man‹ Dominate Social Behavior?«. In: *Science* 311(5757)/2006, S. 47-52.

Fehr, Ernst, Fischbacher, Urs: »Why social preferences matter – the impact of non-selfish motives on competition, cooperation and incentives«. In: *Economic Journal* 112, März 2002.

Fehr, Ernst, Fischbacher, Urs: »Human Altruism – Proximate Patterns and Evolutionary Origins«. In: *Analyse & Kritik* 27/2005, S. 6-47.

Fehr, Ernst, Fischbacher, Urs, Kosfeld, Michael: »Neuroeconomic Foundations of Trust and Social Preferences: Initial Evidence«. In: *American Economic Review* 95 (2), März 2005, S. 346-351.

Fehr, Ernst, Schmidt, Klaus M.: »A Theory of Fairness, Competition, and Cooperation«. In: *The Quarterly Journal of Economics* 114(3)/1999, S. 817-868.

Felber, Christian: *Gemeinwohlökonomie.* Wien 2012.

Feldmann, Horst: »Hayek's Theorie der kulturellen Evolution: Eine Kritik der Kritik«. In: Brezinski, Horst (Hrsg.): *Kulturelle Prägungen wirtschaftlicher Institutionen und wirtschaftspolitischer Reformen.* Berlin 2002, S. 51-91.

Fernandez-Rodriguez, Fernando, Gonzalez-Martel, Christian, Sosvilla-Rivero, Simon: »Optimization of technical trading rules by genetic algorithms: Evidence from the Madrid stock market«. In: *Applied Financial Economics* 15(11)/2005, S. 773-775.

Fischer, Karin: »The influence of neoliberals in Chile before, during, and after Pinochet«. In: Mirowski, Philip, Plehwe, Dieter (Hrsg.): *The Road from Mont Pelerin: The Making of the Neoliberal Thought Collective.* Cambridge (MA) 2015.

Flassbeck, Heiner, Lapavitsas, Costas: *Nur Deutschland kann den Euro retten.* Frankfurt am Main 2015.

Fleck, Ludwik: *Entstehung und Entwicklung einer wissenschaftlichen Tatsache.* Frankfurt am Main 1980.

Fleck, Ludwik: *Denkstile und Tatsachen.* Frankfurt am Main 2011.

Fourcarde, Marion, Ollion, Etienne, Algan, Yann: »The Superiority of Economists«. In: *Journal of Economic Perspectives*, Winter 2015, S. 89-114.

Frank, Björn, Schulze, Gunther G.: »Does economics make citizens corrupt?«. In: *Journal of Economic Behavior and Organization* 43/2000, S. 101-113.

Frank, Robert H., Gilovich, Thomas, Regan, Dennis T.: »Does studying economics inhibit cooperation?«. In: *Journal of Economic Perspectives* 7/1993, S. 159–171.

Frankel, Jeffrey A., Froot, Kenneth A.: »Chartists, Fundamentalists, and Trading in the Foreign Exchange Market«. In: *American Economic Association Papers and Proceedings* 80(2)/1990, S. 181–185.

Fratzscher, Marcel: *Verteilungskampf: Warum Deutschland immer ungleicher wird.* München 2016.

Frey, Bruno S.: *Happiness. A revolution in economics.* Cambridge (MA) 2008.

Frey, Bruno S., Meier, Stephan: »Are political economists selfish and indoctrinated? Evidence from a natural experiment«. In: *Economic Inquiry* 41/2003, S. 448–462.

Friedman, Milton (1953A): »The Methodology of Positive Economics«. In: Ders.: *Essays in Positive Economics.* Chicago 1953, S. 3–43.

Friedman, Milton (1953B): »The Case for Flexible Exchange Rates«. In: Ders.: *Essays in Positive Economics*, Chicago 1953, S. 157–203.

Friedman, Milton: »The Quantity Theory of Money – A Restatement«. In: Ders. (Hrsg.): *Studies in the Quantitative Theory of Money.* Chicago 1956, S. 3–21.

Friedman, Milton: *A Theory of the Consumption Function.* Princeton 1957.

Friedman, Milton: *Kapitalismus und Freiheit.* München 2004 (Erscheinungsjahr der Originalausgabe von *Capitalism and Freedom*: 1962).

Friedman, Milton: »The Role of Monetary Policy«. In: *American Economic Review* 58(1)/1968, S. 1–17.

Friedman, Milton: »The Social responsibility of Business Is to Increase its Profits«. In: *New York Times Magazine*, 13. September 1970, S. 122–125.

Friedman, Milton, Friedman, Rose: *Two Lucky People.* Chicago 1998.

Friedman, Milton, Schwartz, Anna J.: *A Monetary History of the United States 1967–1960.* Princeton 1963.

Frydman, Roman, Goldberg, Michael D.: *Imperfect Knowledge Economics.* Princeton 2007.

Frydman, Roman, Goldberg, Michael D.: *Mechanical Markets.* Princeton 2011.

Fullbrook, Edward: *Narrative Fixation in Economics.* Bristol 2016.

Galbraith, James K.: *What Is the American Model Really About?* New York 2003.

George, Susan: »How to Win the War of Ideas«. In: *Dissent*, Sommer 1997, S. 47–53.

Gencay, Ramazan: »Linear, non-linear and essential foreign exchange rate prediction with simple technical trading rules«. In: *Journal of International Economics* 47/1999, S. 91–107.

Gigerenzer, Gerd: *Bauchentscheidungen: Die Intelligenz des Unbewussten und die Macht der Intuition.* München 2007.

Glaeser, Edward L., Laibson, David I., Scheinkmann, Jose A., Soutter, Christine L.: »Measuring Trust«. In: *Quarterly Journal of Economics*, August 2000, S. 811–846.

Glimcher, Paul W., Camerer, Colin F., Fehr, Ernst, Poldrack, Russel A. (Hrsg.): *Neuroeconomics – Decision Making and the Brain.* Amsterdam 2013.

Goldberg, Michael D., Schulmeister, Stephan: *Technical Analysis and Stock Market Efficiency, Economic Research Report.* New York 1988.

Goldschmidt, Nils: »Gustav Schmoller«. In: Kurz, Heinz D. (Hrsg.): *Klassiker des ökonomischen Denkens*, Bd. 1. München 2008, S. 287–305.

Goodfriend, Marvin, King, Robert: »The New Neoclassical Synthesis and the role of monetary policy«. In: Bernanke, Ben S., Rotemberg, Julio (Hrsg.): *NBER Macroeconomics Annual*. Cambridge (MA) 1997.

Guger, Alois: »Volkswirtschaftliche und sozialpolitische Auswirkungen von geminderter Arbeitsfähigkeit«. In: Pfeil, W. J. (Hrsg.): *Geminderte Arbeitsfähigkeit*. Wien 2011.

Gunasekarage, Abeyratna, Power, David M.: »The profitability of moving average trading rules in South Asian stock markets«. In: *Emerging Markets Review* 2(1)/2001, S. 17–33.

Guttmann, Robert: *Finance-Led Capitalism*. New York 2016.

Habermacher, Florian, Kirchgässner, Gebhard: *Sind Wertpapierhändler schlimmer als Psychopathen?* Zürich 2011. Auf: http://www.oekonomenstimme.org/artikel/2011/10/sind-wertpapierhaendler-schlimmer-als-psychopathen/.

Habermas, Jürgen: »Demokratie oder Kapitalismus?«. In: *Blätter für deutsche und internationale Politik* 4/ 2013 S. 59–70.

Häring, Norbert: *Markt und Macht*. Stuttgart 2010.

Hartwell, Ronald M.: *A History of the Mont Pelerin Society*. Indianapolis 1995.

Harvey, David: *A Brief History of Neoliberalism*. Oxford 2005.

Hauser, Oliver P., Rand, David G., Peysakhovich, Alexander, Nowak, Martin A.: »Cooperating with the future«. In: *Nature* 511, 10. Juli 2014, S. 220–223.

Havlik, Karel, McMorrow, Kieran, Orlandi, Fabrice, Planas, Christophe, Raciborski, Rafal, Röger, Werner, Rossi, Alessandro, Thum-Thysen, Anna, Vandermeulen, Valerie: *The Production Function Methodology for Calculating Potential Growth Rates & Output Gaps*. Brüssel, November 2014.

Hayek, Friedrich A.: »The Use of Knowledge in Society«. In: *American Economic Review* 35(4), September 1945, S. 519–530.

Hayek, Friedrich A.: *Der Weg zur Knechtschaft*. München 1976 (Erscheinungsjahr der Originalausgabe von *The Road to Serfdom*: 1944).

Hayek, Friedrich A.: »The economic conditions of interstate federalism«. In: Ders.: *Individualism and Economic Order*. Chicago 1948.

Hayek, Friedrich A.: *The Constitution of Liberty*. London 2011 (Erscheinungsjahr der Originalausgabe: 1960).

Hayek, Friedrich A.: »Wissenschaft und Sozialismus«, Vortrag anlässlich des 25-jährigen Bestehens des Walter Eucken Instituts am 6. Februar 1979. In: Vanberg, Viktor J. (Hrsg.): *Hayek Lesebuch*. Tübingen 2011. S. 230–240.

Hayek, Friedrich A.: *The Pretence of Knowledge*. Rede anlässlich der Verleihung des Wirtschaftsnobelpreises am 11. Dezember 1974. Auf: https://www.nobelprize.org/nobel_prizes/economic-sciences/laureates/1974/hayek-lecture.html (abgerufen am 21. März 2018).

Hayek, Friedrich A.: *Recht, Gesetzgebung und Freiheit. Eine neue Darstellung der liberalen Prinzipien der Gerechtigkeit und der politischen Ordnung*, Bd. 2. Landsberg am Lech 1980.

Hayek, Friedrich A.: *Die verhängnisvolle Anmaßung: Die Irrtümer des Sozialismus*. Tübingen 1996 (Erscheinungsjahr der Originalausgabe von *The Fatal Conceit*: 1988).

Heimberger, Philipp: »Das strukturelle Defizit: Methodische Probleme und politische Implikationen«. In: *momentum QUARTERLY* 3(3)/2014, S. 125–148.

Hein, Eckhard: *The Macroeconomics of Finance-dominated Capitalism – and its Crisis*. Cheltenham 2013.

Hein, Eckhard: »An alternative macroeconomic policy approach for the Eurozone«. In: Herr, Hansjörg, Priewe, Jan, Watt, Andrew (Hrsg.): *Saving the Euro – redesigning Euro Area economic governance*. SE Publishing, 2017. Auf: https://www.socialeurope.eu/wp-content/uploads/2017/06/EURO-web.pdf (Juni 2017), S. 61–81.

Hein, Eckhard, Detzer, Daniel: »Post-Keynesian alternative policies to curb macroeconomic imbalances in the Euro area«. In: *Panoeconomicus* 62(2)/2015, S. 217–236.

Heise, Arne, Sander, Henrike, Thieme, Sebastian: *Das Ende der Heterodoxie?* Wiesbaden 2015.

Henrich, Joseph: *Secret of Our Success: How Culture Is Driving Human Evolution, Domesticating Our Species, and Making Us Smarter*. Princeton 2015.

Henrich, Joseph, Boyd, Robert, Bowles, Samuel, Camerer, Colin, Fehr, Ernst, Gintis, Herbert (Hrsg.): *Foundations of Human Sociality: Economic Experiments and Ethnographic Evidence from Fifteen Small-Scale Societies*. Oxford 2004.

Herr, Hansjörg: »A history of the crises of the European Monetary Union«. In: Herr, Hansjörg, Priewe, Jan, Watt, Andrew (Hrsg.): *Saving the Euro – redesigning Euro Area economic governance*. SE Publishing, 2017. Auf: https://www.socialeurope.eu/wp-content/uploads/2017/06/EURO-web.pdf (Juni 2017), S. 13–39.

Herr, Hansjörg, Priewe, Jan, Watt, Andrew (Hrsg.): *Saving the Euro – redesigning Euro Area economic governance*. SE Publishing, 2017. Auf: https://www.socialeurope.eu/wp-content/uploads/2017/06/EURO-web.pdf (Juni 2017).

Herrmann, Ulrike: *Der Sieg des Kapitals*. Frankfurt am Main 2013.

Herrmann, Ulrike: *Kein Kapitalismus ist auch keine Lösung*. Frankfurt am Main 2016.

Hickel, Rudolf: »Raus aus dem Euro, zurück ins Chaos«. In: *Blätter für deutsche und internationale Politik* 7/2013, S. 35–39.

Hilferding, Rudolf: *Das Finanzkapital*. Wien 1910.

Hirsch, Fred: *Die sozialen Grenzen des Wachstums*. Reinbek 1980.

Hirsh, Michael: »The Comprehensive Case Against Larry Summers«. In: *The Atlantic*, 13. September 2013.

Hirshleifer, David, Shumway, Tyler: »Good Day Sunshine: Stock Returns and the Weather«. In: *The Journal of Finance* 58(3)/2003, S. 1009–1032.

Hofstetter, Yvonne: *Sie wissen alles: Wie intelligente Maschinen in unser Leben eindringen und warum wir für unsere Freiheit kämpfen müssen*. München 2014.

Hommes, Cars: »Heterogeneous Agent Models in Economics and Finance«. In: Judd, Kenneth L., Tesfatsion, Leigh (Hrsg.): *Handbook of Computational Economics* 1(2)/2006, chapter 23, S. 1109–1186.

Hong, Harrison, Stein, Jeremy C.: »A unified theory of underreaction, momentum trading, and overreaction in asset markets«. In: *Journal of Finance* 54/1999, S. 2143–2184.

Horn, Gustav A.: *Des Reichtums fette Beute: Wie die Ungleichheit unser Land ruiniert.* Frankfurt am Main 2011.

Huberman, Gur, Regev, Tomer: »Contagious Speculation and a Cure for Cancer: A Non-Event that Made Stock Prices Soar«. In: *Journal of Finance* 56(1), Februar 2001, S. 387–396.

Hudson, Michael: *Der Sektor.* Stuttgart 2016.

Hudson, Robert, Dempsey, Michael, Keasey, Kevin: »A note on the weak form efficiency of capital markets: the application of simple technical trading rules to UK stock prices – 1935 to 1994«. In: *Journal of Banking Finance* 20/1996, S. 1121–1132.

Irwin, S. H., Holt, B. R.: »The Impact of Large Hedge Fund and CTA Trading on Futures Market Volatility«. In: Gregoriou, G. N., Karavas, V. N., L'Habitant, F. S., Rouah, F. (Hrsg.): *Commodity Trading Advisers: Risk, Performance Analysis and Selection.* New York 2004, S. 151–182.

Jasic, Teo, Wood, Douglas: »The profitability of daily stock market indices trades based on neural network predictions: case study for the S&P 500, the DAX, the TOPIX and the FTSE in the period 1965–1999«. In: *Applied Financial Economics* 14(4)/2004, S. 285–297.

Jegadeesh, Narasimhan: »Evidence of predictable behavior of security returns«. In: *Journal of Finance* 45/1990, S. 881–898.

Jegadeesh, Narasimhan, Titman, Sheridan: »Returns to buying winners and losers, implications for stock market efficiency«. In: *The Journal of Finance* 48(1)/1993, S. 65–92.

Jegadeesh, Narasimhan, Titman, Sheridan: »Overreaction, Delayed Reaction, and Contrarian Profits«. In: *The Review of Financial Studies* 8/1995, S. 973–993.

Jones, Daniel Stedman: *Masters of the Universe: Hayek, Friedman, and the Birth of Neoliberal Politics.* Princeton 2012.

Kahneman, Daniel: »Maps of Bounded Rationality: Psychology for Behavioral Economics«. In: *American Economic Review* 93(5), Dezember 2003.

Kahneman, Daniel: *Schnelles Denken, langsames Denken.* Berlin 2012.

Kahneman, Daniel, Tversky, Amos: »Prospect Theory: An Analysis of Decision Under Risk«. In: *Econometrica* 47/1979, S. 263–291.

Kaldor, Nicolas: »A model of economic growth«. In: *Economic Journal* 67(268)/1957, S. 591–624.

Kalecki, Michal: »Political Aspects of Full Employment«. In: *Collected Works of Michal Kalecki,* Bd. I, Oxford 1990.

Kaufman, Perry J.: *Trading Systems and Methods.* New York 2013.

Keen, Andrew: *Das digitale Debakel: Warum das Internet gescheitert ist – und wie wir es retten können.* München 2015.

Keen, Steve: *Debunking Economics.* London–New York 2011.

Kennedy, Gavin: »Adam Smith and the Invisible Hand: From Metaphor to Myth«. In: *Econ Journal Watch* 6(2), Mai 2009, S. 239–263.

Kennedy, Gavin: »Paul Samuelson and the Invention of Modern Economics of the Invisible Hand«. In: *History of Economic Ideas* 3/2010, S. 105–120.

Keynes, John M.: »The Economic Possibilities of Our Grandchildren« (1930). Deutsch in: Reuter, Norbert: *Wachstumseuphorie und Verteilungsrealität. Wirtschaftspolitische Leitbilder zwischen Gestern und Morgen.* Marburg 2007.

Keynes, John M.: *The General Theory of Employment, Interest and Money.* London 1936; hier zitiert nach der First Harbinger Edition, Harvest/HBJ Book, New York, London 1964.

Keynes, John M.: »The General Theory of Employment«. In: *The Quarterly Journal of Economics,* Februar 1937.

Keynes, John M.: »The Long-Term Problem of Full Employment«. In: *Collected Writings,* Bd. 27. London-Basingstoke 1980, S. 320–325 (deutsch in: Reuter, Norbert, *Wachstumseuphorie und Verteilungsrealität.* Marburg 2007, S. 159–164).

Kindleberger, Charles P.: *Manias, Panics, and Crashes. A History of Financial Crises.* New York 1978.

Kindleberger, Charles P.: *The World in Depression.* London 1987.

Kletzan-Slamanig, Daniela, Köppl, Angela, Artner, Heidemarie, Karner, Andreas, Pfeffer, Thomas: *Energieeffiziente Gebäude. Potentiale und Effekte von emissionsreduzierenden Maßnahmen.* Wien, Oktober 2008.

Kondratieff, Nikolai D.: »Die langen Wellen der Konjunktur«. In: *Archiv für Sozialwissenschaft und Sozialpolitik* 56/1926, S. 573–609.

Koo, Richard: *Balance Sheet Recession: Japan's Struggle with Uncharted Economies and Its Global Implications.* New York 2003.

Koo, Richard: *The Holy Grail of Macroeconomics: Lessons from Japans Great Recession.* New York 2009.

Krippner, Greta R.: »The financialization of the American Economy«. In: *Socio-Economic Review* 3(2), Mai 2005, S. 173–208.

Kromphardt, Jürgen: *Analysen und Leitbilder des Kapitalismus von Adam Smith bis zum Finanzmarktkapitalismus.* Marburg 2015.

Kropotkin, (Fürst) Peter: *Gegenseitige Hilfe in der Tier- und Menschenwelt.* Leipzig 1908.

Kurz, Heinz D. (Hrsg.): *Klassiker des ökonomischen Denkens,* 2 Bde. München 2008 und 2009.

Kurz, Heinz D.: »On the dismal state of a dismal science?«. In: *Investigación economica, Escuel National de Economía* 69(274), Oktober 2010.

Kwon, Ki-Yeol, Kish, Richard J.: »Technical trading strategies and return predictability: NYSE«. In: *Applied Financial Economics* 12/2002, S. 639–653.

Kydland, Finn E., Prescott, Edward C.: »Time to Build and Aggregate Fluctuations«. In: *Econometrica* 50(6)/1982, S. 1345–1370.

Layard, Richard: *Die glückliche Gesellschaft – Was wir aus der Glücksforschung lernen können.* Frankfurt am Main–New York 2005.

LeBaron, Blake: »Technical Trading Rule Profitability and Foreign Exchange Intervention«. In: *Journal of International Economics* 1999, S. 125–143.

Levich, Richard, Thomas, Lee: »The Significance of Technical Trading Rule Profits in the Foreign Exchange Market: a Bootstrap Approach«. In: *Journal of International Money and Finance* 12/1993, S. 451–474.

Lewis, Michael: *The Big Short*. New York 2011.

Lewis, Michael: *Flash Boys*. New York 2014.

Lewis, Michael: *Aus der Welt: Grenzen der Entscheidung oder Eine Freundschaft, die unser Denken verändert hat*. Frankfurt am Main 2017.

LeRoy, Stephen F.: »Efficient Capital Markets and Martingales«. In: *Journal of Economic Literature* 27(4)/1989, S. 1583–1621.

Lissmann, Konrad P.: *Geisterstunde. Die Praxis der Unbildung. Eine Streitschrift*. Wien 2014.

Lo, Andrew: »The Adaptive Market Hypothesis: Market Efficiency from an Evolutionary Perspective«. In: *Journal of Portfolio Management* 30(1)/2004, S. 15–29.

Lo, Andrew: *Adaptive Markets*. Princeton 2017.

Lo, Andrew, Repin, Dimitry V., Steenbarger, Brett N.: »Fear and Greed in Financial Markets: A Clinical Study of Day-Traders«. In: *American Economic Review* 95(2), Mai 2005, S. 352–359.

Lucas, Robert E.: »Expectations and the Neutrality of Money«. In: *Journal of Economic Theory* 4(2)/1972, S. 103–124.

Lucas, Robert: »Econometric Policy Evaluation: A Critique«. In: Brunner, K.; Meltzer, A. (Hrsg.): *The Phillips Curve and Labor Markets. Carnegie-Rochester Conference Series on Public Policy* 1. Amsterdam 1976, S. 19–46.

Lucas, Robert E.: »The Death of Keynesian Economics«. In: *Issues and Ideas*, Winter 1980.

Lucas, Robert E.: »Macroeconomic Priorities«. In: *American Economic Review*, März 2003, S. 1.

Lucas, Robert E.: »My Keynesian education«. In: De Vroey, M., Hoover, K. (Hrsg.): *The IS-LM Model: Its Rise, Fall and Strange Persistence. Annual Supplement to vol. 36 of History of Political Economy*. Durham 2004, S. 12–24.

Machlup, Fritz: »Structure and Structural Change: Weaselwords and Jargon«. In: *Zeitschrift für Nationalökonomie* 18(3)/1958, S. 280–298.

Maillet, Bertrand, Michel, Thierry: »Further Insights on the Puzzle of Technical Analysis Profitability«. In: *The European Journal of Finance* 2000, S. 196–224.

Mankiw, Gregory N., Taylor, Mark P.: *Grundzüge der Volkswirtschaftslehre*. Stuttgart 2015.

Marterbauer, Markus: *Zahlen bitte!: Die Kosten der Krise tragen wir alle*. Wien 2011.

Marx, Karl (1973B): *Das Kapital*, Erster Band. Berlin 1973 (Band 23 der Ausgabe der Werke von Karl Marx und Friedrich Engels).

Marx, Karl (1973B): *Das Kapital*, Dritter Band. Berlin 1973 (Band 25 der Ausgabe der Werke von Karl Marx und Friedrich Engels).

Mason, Paul: *Postkapitalismus*. Frankfurt am Main 2016.

Matzner, Egon: *Wohlfahrtsstaat und Wirtschaftskrise*. Reinbek 1978.

Matzner, Egon: *Der Wohlfahrtsstaat von morgen*. Frankfurt am Main 1982.

Matzner-Holzer, Gabriele: *Egon Matzner – Querdenker für eine andere Welt*. Wien 2011.

Mazzucato, Mariana: *Das Kapital des Staates*. München 2014.

Menkhoff, Lukas, Schlumberger, Manfred: »Persistent Profitability of Technical Analysis on Foreign Exchange Markets?«. In: *Banca Nazionale del Lavoro Quartely Review*, Juni 1995, S. 189–216.

Menkhoff, Lukas, Taylor, Mark P.: »The obstinate passion of foreign exchange professionals: Technical analysis«. In: *Journal of Economic Literature* 45(4)/2007, S. 936–972.

Mensch, Gerhard: *Das technologische Patt.* Frankfurt am Main 1975.

Milford, Karl: »Carl Menger«. In: Kurz, Heinz D. (Hrsg.): *Klassiker des ökonomischen Denkens*, Bd. 1. München 2008, S. 306–325.

Minsky, Hyman P.: *John Maynard Keynes.* New York 1975.

Mirowski, Philip: *More Heat than Light: Economics as Social Physics, Physics as Nature's Economics.* Cambridge 1992.

Mirowski, Philip, Plehwe, Dieter: *The Road from Mont Pelerin: The Making of the Neoliberal Thought Collective.* Cambridge (MA) 2015.

Morishima, Yosuke, Schunk, Daniel, Bruhin, Adrian, Ruff, Christian C., Fehr, Ernst: »Linking Brain Structure and Activation in Temporoparietal Junction to Explain the Neurobiology of Human Altruism«. In: *Neuron* 75, Juli 2012, S. 73–79.

Müller-Armack, Alfred: *Wirtschaftslenkung und Marktwirtschaft.* Hamburg 1947.

Nasar, Sylvia: *Markt und Moral.* Gütersloh 2011.

Neely, Christopher J., Weller, Paul A.: »Technical Trading Rules in the European Monetary System«. In: *Journal of International Money and Finance* 18/1999, S. 429–458.

Neely, Christopher J., Weller, Paul A.: »Intraday Technical Trading in the Foreign Exchange Market«. In: *Journal of International Money and Finance* 22(2)/2003, S. 223–237.

Noll, Thomas, Scherrer, Pascal: »Professionelle Trader in einer Gefangenendilemma-Situation«. In: Jackmuth, Hans-Willi, de Lamboy, Christian, Zawilla, Peter (Hrsg.): *Fraud Management in Kreditinstituten – Praktiken, Verhinderung, Aufdeckung.* Frankfurt am Main 2013, S. 257–279.

Nowak, Martin A. (Mitarbeit: Highfield, Roger): *Kooperative Intelligenz: Das Erfolgsgeheimnis der Evolution.* München 2013.

Nowotny, Ewald, Mooslechner, Peter: *Gesamtwirtschaftliche Finanzierung und öffentliche Verschuldung*, Österreichisches Forschungsinstitut für Sparkassenwesen. Wien 1980.

Offe, Claus: *Europa in der Falle.* Frankfurt am Main 2016.

Offer, Avner, Söderberg, Gabriel: *The Nobel Factor.* Princeton 2016.

Orhangazi, Özgür: »Financialization and Capital Accumulation in the Nonfinancial Corporate Sector: A Theoretical and Empirical Investigation on the US Economy, 1973–2003«. In: *Cambridge Journal of Economics* 32(6)/2008, S. 863–886.

Olson, Dennis: »Have Trading Rule Profits in the Currency Markets Declined Over Time?«. In: *Journal of Banking and Finance* 2004, S. 85–105.

Osler, Carol L.: »Support for Resistance: Technical Analysis and Intraday Exchange Rates«. In: *Economic Policy Review, Federal Reserve Bank of New York*, Oktober 2000, S. 53–68.

Ötsch, Walter O.: *Mythos Markt.* Marburg 2009.

Ötsch, Walter O., Pühringer, Stephan, Hirte, Katrin: *Netzwerke des Markts.* Wiesbaden 2017.

Palley, Thomas: »The European Union Needs a Government Banker«. In: *Challenge* 54, Juli-August 2011, S. 5–21.

Palley, Thomas: *Financialization: The Economics of Finance Capital Domination*. New York 2013.

Palley, Thomas: »Fixing the Euro's Original Sins: The Monetary – Fiscal Architecture and Monetary Policy Conduct«. In: Herr, Hansjörg, Priewe, Jan, Watt, Andrew (Hrsg.): *Saving the Euro – redesigning Euro Area economic governance*. SE Publishing, 2017. Auf: https://www.socialeurope.eu/wp-content/uploads/2017/06/EURO-web.pdf (Juni 2017), S. 83–103.

Pauchant, Thierry C.: *The False Ethics of the Market's Invisible Hand – Adam Smith's Three Warnings. Working Paper*. Montreal 2013.

Peukert, Helge: *Die große Finanzmarktkrise*. Marburg 2010.

Phillips, Alban W.: »The Relation Between Unemployment and the Rate of Change of Money Wage Rates in the United Kingdom, 1861–1957«. In: *Economica* 25(100)/1958, S. 283–299.

Pickett, Kate, Wilkinson, Richard: *Gleichheit. Warum gerechte Gesellschaften für alle besser sind*. Berlin 2016 (revidierte Ausgabe von *Gleichheit ist Glück*, 2010).

Piketty, Thomas: *Das Kapital im 21. Jahrhundert*. München 2014.

Pizano, Diego: *Conversations with Great Economists*. New York 2009.

Plehwe, Dieter, Walpen, Bernhard: »Wissenschaftliche und wissenschaftspolitische Produktionsweisen im Neoliberalismus – Beiträge der Mont Pelerin Society und marktradikaler Think Tanks zur Hegemoniegewinnung und -erhaltung«. In: *Prokla* 29(115)/1999, S. 203–235.

Plickert, Philip: *Wandlungen des Neoliberalismus. Eine Studie zu Entwicklung und Ausstrahlung der »Mont Pèlerin Society«*. Stuttgart 2008.

Polanyi, Karl: *The Great Transformation*. Boston 1944.

Popper, Karl R.: *Logik der Forschung*. Wien 1934.

Posner, Richard: *A Failure of Capitalism. The Crisis of '08 and the Descent into Depression*. Cambridge (MA) 2011.

Prescott, Edward C.: »Some Observations on the Great Depression«. In: *Federal Reserve Bank of Minneapolis Quarterly Review* 23(1), Winter 1999.

Priewe, Jan, »From the Maastricht Treaty to the Euro crisis – exploring the guidelines for reform of the Euro system«. In: Herr, Hansjörg, Priewe, Jan, Watt, Andrew (Hrsg.): *Saving the Euro – redesigning Euro Area economic governance*. Auf: https://www.socialeurope.eu/wp-content/uploads/2017/06/EURO-web.pdf. (June 2017).

Prisching, Manfred: »Schmoller's Theory of Society«. In: *History of Economic Ideas* 1/2(3/1)/1993/1994, S. 117–142.

Rabin, Mathew: »Psychology and Economics«. In: *Journal of Economic Literature* 36, März 1998, S. 11–46.

Reuter, Norbert: *Wachstumseuphorie und Verteilungsrealität. Wirtschaftspolitische Leitbilder zwischen Gestern und Morgen*. Marburg 2007.

Roig-Franzia, Manuel: »Brooksley Born, the Cassandra of the Derivatives Crisis«. In: *Washington Post*, 26. Mai 2009.

Rothschild, Emma: »Adam Smith and the Invisible Hand«. In: *The American Economic Review* 84(2), Mai 1994, S. 319–322.

Rothschild, Kurt W.: *Ethik und Wirtschaftstheorie*. Tübingen 1992.

Rothschild, Kurt W.: *Die politischen Visionen großer Ökonomen*. Göttingen 2004.

Ruckriegel, Karlheinz: »Glücksforschung: Erkenntnisse und Konsequenzen«. In: *Internationale Zeitschrift* für Philosophie und Psychosomatik 1/2015. Auf: www.ruckriegel.org.

Samuelson, Larry: »Foundations of Human Sociality: A Review Essay«. In: *Journal of Economic Literature* 43(2)/2005, S. 488–497.

Samuelson, Paul A.: *Economics: An Introductory Analysis*. New York 1948.

Samuelson, Paul A., Solow, Robert: »Analytical Aspects of Anti-Inflation Policy«. In: *American Economic Review, Papers and Proceedings* 50/1960, S. 177–194.

Sandel, Michael J.: *Was man für Geld nicht kaufen kann*. Berlin 2014.

Sargent, Thomas J., Wallace, Neil: »›Rational‹ Expectations, the Optimal Monetary Instrument, and the Optimal Money Supply Rule«. In: *Journal of Political Economy* 83(2)1975.

Scharpf, Fritz W.: »There Is an Alternative: The Flexible European Currency Community«. In: Herr, Hansjörg, Priewe, Jan, Watt, Andrew (Hrsg.): *Saving the Euro – redesigning Euro Area economic governance*. SE Publishing, 2017. Auf: https://www.socialeurope.eu/wp-content/uploads/2017/06/EURO-web.pdf (Juni 2017), S. 155–174.

Schellinger, Alexander, Steinberg, Philipp (Hrsg.): *Die Zukunft der Eurozone*. Bielefeld 2016.

Schrems, Max: *Kämpfe um deine Daten*. Wien 2014.

Schuberth, Helene: »EMU architecture and governance of finance«. In: Herr, Hansjörg, Priewe, Jan, Watt, Andrew (Hrsg.): Saving the Euro – redesigning Euro Area economic governance, 2017. Auf: https://www.socialeurope.eu/wp-content/uploads/2017/06/EURO-web.pdf (Juni 2017), S. 195–221.

Schui, Herbert, Blankenburg, Stephanie: *Neoliberalismus: Theorie, Gegner, Praxis*. Hamburg 2002.

Schulmeister, Stephan: »Currency Speculation and Dollar Fluctuations«. In: *Banca Nazionale del Lavoro Quarterly Review* 167/1988, S. 343–366.

Schulmeister, Stephan: *Zinssatz, Investitionsdynamik, Wachstumsrate und Staatsverschuldung*. Wien 1996.

Schulmeister, Stephan (1998A): »Der polit-ökonomische Entwicklungszyklus der Nachkriegszeit«. In: *Internationale Politik und Gesellschaft* 1/1998.

Schulmeister, Stephan (1998B): *Die Beschäftigungsdynamik in den USA im Vergleich zu Deutschland und Japan*. Wien 1998.

Schulmeister, Stephan: »Globalization without global money: the double role of the dollar as national currency and as world currency«. In: *Journal of Post Keynesian Economics*. 22(3)/2000, S. 365–395.

Schulmeister, Stephan: *Aktienkursdynamik und Realkapitalbildung in den USA und in Deutschland*. Wien 2003.

Schulmeister, Stephan: »The interaction between technical currency trading and exchange rate fluctuations«. In: *Finance Research Letters* 2/2006, S. 212–233.

Schulmeister, Stephan: »Components of the profitability of technical currency trading«. In: Applied *Financial Economics* 2008, S. 1–14.

Schulmeister, Stephan (2009A): »Aggregate Trading Behavior of Technical Models and the Yen/Dollar Exchange Rate 1976-2007«. In: *Japan and the World Economy* 21/2009, S. 270–279.

Schulmeister, Stephan (2009B): »The Profitability of Technical Stock Trading: Has it Moved from Daily to Intraday Data?«. In: *Review of Financial Economics* 18(4), Oktober 2009, S. 163–210.

Schulmeister, Stephan: *Short-term Asset Trading, long-term Price Swings, and the Stabilizing Potential of a Transactions Tax.* Washington, 2. November 2010. Auf: http://stephan.schulmeister.wifo.ac.at/fileadmin/homepage_schulmeister/files/FinSpec_IMF_10_10.pdf.

Schulmeister, Stephan: *Technical Trading and Commodity Price Fluctuations.* Wien 2012.

Schulmeister, Stephan: »The European Monetary Fund: A Systemic Problem Needs a Systemic Solution«. In: Revue de l'OFCE, Débats et politiques 127/2013, S. 1–36.

Schulmeister, Stephan: *Die »Gemeinwohlökonomie« – ein wissenschaftliches Konzept und (daher) ein geeigneter Gegenstand eines Universitätslehrgangs?* Salzburg, Mai 2014. Auf: stephan.schulmeister.wifo.ac.at/fileadmin/homepage_schulmeister/files/GWO___Uni_Salzburg_04_14.pdf.

Schulmeister, Stephan (2015A): »Die Große Depression, der New Deal, ihre Bewertung durch den Mainstream und die Krise Europas«. In: Jürgen Kromphardt, Harald Hagemann (Hrsg.): *Für eine bessere gesamteuropäische Wirtschaftspolitik.* Marburg 2015, S. 161–202.

Schulmeister, Stephan (2015B): »The struggle over the financial transactions tax: A politico-economic farce«. In: Mathieu Catherine, Sterdyniak, Henri: *What future for taxation in the EU? Revue de l'OFCE, EUROFRAME 2014 Conference volume.* Paris 2015, S. 15–57.

Schulmeister, Stephan: *Das »Vollgeldsystem«. Notwendige Reform oder gefährliches Allheilmittel?* Wien 2016.

Schulmeister, Stephan, Goldberg, Michael, D.: »Noise Trading and the Efficiency of Financial Markets«. In: Giacomo Luciani (Hrsg.): *The American Financial System: Between Euforia and Crisis. Quaderni della Fondazione Olivetti.* Rom 1989, S. 117–164.

Schulmeister, Stephan, Schratzenstaller, Margit, Picek, Oliver: *A General Financial Transaction Tax – Motives, Revenues, Feasibility and Effects, Study of the Austrian Institute of Economic Research (WIFO),* Vienna April 2008.

Schulze Buschoff, Karin: *Atypische Beschäftigung in Europa.* Düsseldorf 2016.

Schumpeter, Joseph A.: *Business Cycles, A Theoretical, Historical and Statistical Analysis of the Capitalist Process.* New York–London 1939.

Schwalbe, Ulrich: »Léon Walras«. In: Kurz, Heinz D. (Hrsg.): *Klassiker des ökonomischen Denkens,* Bd. 1. München 2008, S. 242–266.

Sedlacek, Thomas: *Die Ökonomie von Gut und Böse*. München 2012.
Segbers, Franz: *Die Hausordnung der Tora. Biblische Impulse für eine theologische Wirtschaftsethik*. Luzern 2002.
Semmler, Willi, Young, Brigitte: »Re-Booting Europe: What kind of Fiscal 223 Union – what kind of Social Union?«. In: Herr, Hansjörg, Priewe, Jan, Watt, Andrew (Hrsg.): *Saving the Euro – redesigning Euro Area economic governance*. SE Publishing, 2017. Auf: https://www.socialeurope.eu/wp-content/uploads/2017/06/EURO-web.pdf (Juni 2017), S. 223–249.
Sen, Amartya: Ökonomie für den Menschen. Wege zu Gerechtigkeit und Solidarität in der Marktwirtschaft. München 2000.
Sen, Amartya: »The Discipline of Economics«. In: *Economica* 75(300)/2008, S. 617–628.
Sen, Amartya: *Die Idee der Gerechtigkeit*. München 2010.
Sennett, Richard: *Der flexible Mensch*. Berlin 1998.
Sennett, Richard: *Zusammenarbeit*. München 2014.
Shefrin, Hersh, Statman, Meir: »The Disposition to Sell Winners Too Early and Ride Losers Too Long: Theory and Evidence«. In: *Journal of Finance* 40/1985, S. 777–790.
Shiller, Robert: *Irrational Exuberance*. Princeton 2000.
Simmel, Georg: *Philosophie des Geldes*. Köln 2009.
Singer, Tania, Fehr, Ernst: »The Neuroeconomics of Mind Reading and Empathy«. In: *American Economic Review* 95(2), Mai 2005, S. 340–345.
Singer, Tania, Ricard, Matthieu: *Mitgefühl in der Wirtschaft: Ein bahnbrechender Forschungsbericht*. München 2015.
Skidelsky, Robert: *Die Rückkehr des Meisters*. München 2010.
Smith, Adam: *Inquiry into the Nature and Causes of Wealth of Nations*. Indianapolis 1976.
Smith, Adam: *Theorie der ethischen Gefühle*. Hamburg 2010.
Smith, Adam: *Untersuchung über Wesen und Ursachen des Reichtums der Völker*. Tübingen 2012.
Smith, Jean Edward: *FDR*. München 2007.
Soros, George: *The Alchemy of Finance*. New York 1987.
Stadler, Wilfried: *Der Markt hat nicht immer recht*. Wien 2011.
Stapelfeldt, Gerhard: *Dialektik der ökonomischen Rationalisierung. Kritik der ökonomischen Rationalität*, 1. Bd. Hamburg 2014.
Stigler, George: »The theory of economic regulation«. In: *Bell Journal of Economics* 2(1)/1971, S. 3–21.
Stiglitz, Joseph A.: *The Euro and Its Threat to the Future of Europe*. London 2016.
Streeck, Wolfgang (2013A): *Gekaufte Zeit. Die vertagte Krise des demokratischen Kapitalismus*. Frankfurt am Main 2013.
Streeck, Wolfgang (2013B): »Vom DM-Nationalismus zum Euro-Patriotismus?«. In: *Blätter für deutsche und internationale Politik* 9/2013, S. 75–92.
Streeck, Wolfgang: »Wie wird der Kapitalismus enden?«. In: *Blätter für deutsche und internationale Politik* 3/2015, S. 99–111 (Teil I) und 4/2015, S. 109–120 (Teil II).

Streissler, Erich: »Einführung«. In: Smith, Adam: *Untersuchung über Wesen und Ursachen des Reichtums der Völker*. Tübingen 2012, S. 1–31.
Streminger, Gerhard: *Adam Smith*. Reinbek 1989.
Streminger, Gerhard: *Adam Smith – Wohlstand und Moral*. München 2017.
Stützel, Wolfgang: *Volkswirtschaftliche Saldenmechanik. Ein Beitrag zur Geldtheorie*. Tübingen 1978.
Sullivan, Ryan, Timmermann, Allan, White, Halbert: »Data-Snooping, Technical Trading Rule Performance, and the Bootstrap«. In: *The Journal of Finance* 54(5)/1999, S. 1647–1693.
Taleb, Nassim N.: *Der Schwarze Schwan: Die Macht höchst unwahrscheinlicher Ereignisse*. München 2015.
Thaler, Richard: *Misbehaving: The Making of Behavioural Economics*. New York 2014.
Thaler, Richard: »Behavioral Exonomics: Past, Present and Future«. In: *American Economic Review* 106(7)/2016, S. 1577–1600.
Thomasberger, Claus: *Das neoliberale Credo*. Marburg 2012.
Taylor, John B.: *The Financial Crisis and the Policy Responses: An empirical analysis of what went wrong*. Cambridge (MA) 2009.
Tichy, Gunther: »Wirtschaftsverfassung als Wettbewerbsinstrument«. In: Weinzierl, R. (Hrsg.): *Hegemonie des American Way of Life oder europäischer Weg?* Wien 2003.
Tichy, Gunther (2012A): »Could we have foreseen the financial crisis?«. In: Streissler, Erich, Tichy, Gunther: *How to Forecast Economic Developments During and After Crises*. Wien 2012, S. 9–28.
Tichy, Gunther (2012B): »Why did policy ignore the harbingers of the crisis«. In: Streissler, Erich, Tichy, Gunther: *How to Forecast Economic Developments During and After Crises*. Wien 2012, S. 29–47.
Tomasello, Michael: *Die kulturelle Entwicklung des menschlichen Denkens*. Frankfurt am Main 2006.
Tomasello, Michael: *Warum wir kooperieren*. Berlin 2010.
Truger, Achim (2015A): »The Fiscal Compact, Cyclical Adjustment and the Remaining Leeway for Expansionary Fiscal Policies in the Euro Area«. In: *Panoeconomicus* 62(2)/2015, S. 157–175.
Truger, Achim (2015B): »Austerity, cyclical adjustment and the remaining leeway for expansionary fiscal policies within the current European fiscal framework«. In: *Journal for a Progressive Economy*, 6. Juli 2015, S. 32–37.
Truger, Achim: »The golden rule of public investment as a least common denominator to achieve a fiscal stimulus in the Euro Area«. In: Herr, Hansjörg, Priewe, Jan, Watt, Andrew (Hrsg.): *Saving the Euro – redesigning Euro Area economic governance*. SE Publishing, 2017. Auf: https://www.socialeurope.eu/wp-content/uploads/2017/06/EURO-web.pdf (Juni 2017), S. 250–272.
Tversky, Amos, Kahneman, Daniel: »Judgment under uncertainty: Heuristics and biases«. In: *Science* 185/1974, S. 1124–1131.
Vanberg, Viktor, J.: *Hayek Lesebuch*. Tübingen 2011.
Van Parijs, Philippe: *Just Europe*. Florenz, November 2016.

Van Treeck, Till, Urban, Janina (Hrsg.): *Wirtschaft neu denken – Blinde Flecken der Lehrbuchökonomie*. Berlin 2016.
Von Suntum, Ulrich: »William Stanley Jevons«. In: Kurz, Heinz D. (Hrsg.): *Klassiker des ökonomischen Denkens*, Bd. 1. München 2008, S. 267–286.
Varoufakis, Yannis: *Das Euro-Paradox*. München 2016.
Varoufakis, Yannis, Holland, Stuart, Galbraith, James K.: *Bescheidener Vorschlag zur Lösung der Eurokrise*. München 2015.
Vogl, Joseph: *Der Souveränitätseffekt*. Zürich 2015.
Vohs, Kathleen D., Mead, Nicole L., Goode, Miranda R.: »The Psychological Consequences of Money«. In: *Science* 314, November 2006, S. 1154–1156.
Walpen, Bernhard: *Die offenen Feinde und ihre Gesellschaft: Eine hegemonietheoretische Studie zur Mont Pèlerin Society*. Hamburg 2004.
Walterskirchen, Ewald: »Langfristige Perspektiven von Keynes und die aktuelle Wirtschaftsentwicklung«. In: Chaloupek, Günther, Marterbauer, Markus (Hrsg.): *75 Jahre General Theory*. Wien 2012.
Wang, Long, Malhotra, Deepak, Murnighan, J. Keith: »Economics Education and Greed«. In: *Academy of Management Learning & Education* 10(4)/2011, S. 643–660.
Welch, Ivo: »Herding among security analysts«. In: *Journal of Financial Economics* 58/2000, S. 369–396.
Werner, Richard A.: *Princes of the Yen: Central bankers and the Transformation of the Economy*. London 2003.
Whyman, Philip B.: »Keynes and the International Clearing Union: A Possible Model for Eurozone Reform?«. In: *Journal of Common Market Studies* 53(2), März 2015, S. 399–415.
Wong, Wing-Keung, Manzur, Meher, Chew, Boon-Kiat: »How rewarding is technical analysis? Evidence from Singapore stock market«. In: *Applied Financial Economics* 13/2003, S. 543–551.
Yezer, Anthony M., Goldfarb, Robert S., Poppen, Paul J.: »Does studying economics discourage cooperation? Watch what we do, not what we say or how we play«. In: *Journal of Economic Perspectives* 10/1996, S. 117–186.
Zettelmeyer, Jeromin: »Ist der Euro noch zu retten?«. In: Schellinger, Alexander, Steinberg, Philipp (Hrsg.): *Die Zukunft der Eurozone*. Bielefeld 2016 und Bonn 2017.
Zinn, Karl G.: *Soziale Marktwirtschaft*. Mannheim 1992.
Zuckerman, Greg: *The Greatest Trade Ever*. New York 2010.
Zweig, Jason: *Your Money and Your Brain*. New York 2007.

Quellennachweise

Für Daten, welche unverändert übernommen wurden, wird nur die Quelle angegeben. Wurden sie weiterverarbeitet (etwa zur Schätzung des Werts von Real- oder Finanzkapital), so wird auch die Studie angeführt, in der das entsprechende Verfahren dokumentiert ist).

Abbildung 2.3: Yahoo Finance, NYMEX, Fed.
Abbildung 2.4: NYMEX, CBOT.
Abbildung 2.5: Yahoo Finance, Case-Shiller, Standard & Poors.
Abbildung 5.1: OECD, Eurostat, WIFO
Abbildung 5.2: IMF, WIFO.
Abbildung 7.1: IMF, WIFO.
Abbildung 7.2: IMF, WIFO.
Abbildung 8.1: Fed, Bundesbank, destatis, WIFO (Schulmeister, 1998B).
Abbildung 8.2: Fed, Bundesbank, destatis, WIFO (Schulmeister, 2003).
Abbildung 8.3: Fed.
Abbildung 9.1: Yahoo Finance.
Abbildung 9.2: Fed, WIFO.
Abbildung 9.3: Fed, Olson Financial Group.
Abbildung 9.4 bis 9.6: NYMEX, WIFO.
Abbildung 9.9: OECD, IMF.
Abbildung 9.10: NYMEX, CBOT.
Abbildung 9.11: Yahoo Finance.
Abbildung 9.12: Yahoo Finance, Case-Shiller, Standard & Poors.
Abbildung 9.13: BIS, WFE, WIFO (Schulmeister – Schratzenstaller – Picek, 2008).
Abbildung 10.1: Bundesbank (Werte für 1995 bereinigt um den Effekt der Auflösung der Treuhandanstalt und für 2000 um den Effekt der UMTS-Lizenzvergabe).
Abbildung 10.2: Fed.
Abbildung 10.3: Eurostat, OECD.
Abbildung 10.4: WIFO (Schulmeister, 1998B).
Abbildung 10.5 und 10.6: Eurostat, OECD.
Abbildung 11.1 bis 11.5: Eurostat.
Abbildung 11.6: Thomson Reuters.
Abbildung 11.7: IMF.
Abbildung 11.8: Eurostat.
Abbildung 11.9: Eurostat, OECD.
Abbildung 11.10: OECD
Abbildung 11.11 bis 11.16: Eurostat.
Abbildung 12.1 bis 12.4: Eurostat.
Abbildung 12.5 und 12.6: Bundesbank.
Abbildung 13.1: Fed, Bundesbank, Eurostat.
Abbildung 13.2: Fed, EZB, Eurostat.

Abbildung 13.3: Fed, Eurostat.
Abbildung 13.4: Fed, IAB.
Abbildung 13.5: Fed, Eurostat.
Abbildung 14.1 und 14.2: Eurostat.
Abbildung 15.1: OECD, Penn World Tables.
Übersicht 15.1: Eurostat.

Abkürzungen

BIS: Bank für Internationalen Zahlungsausgleich
CBOT: Chicago Board of Trade
Destatis: Statistisches Bundesamt
Eurostat: Statistisches Amt der Europäischen Union
Fed: US-Zentralbank (»Federal Reserve System«)
IAB: Institut für Arbeitsmarkt- und Berufsforschung
IMF: Internationaler Währungsfonds
NYMEX: New York Mercantile Exchange
OECD: Organisation für internationale Zusammenarbeit und Entwicklung
WFE: World Federation of Exchanges

DANKSAGUNG

Das Nachdenken über Ursachen und Folgen der Schuldenkrise Lateinamerikas 1982 hatte mich zur These geführt: Die gesamtwirtschaftliche Performance hängt davon ab, ob die Rahmenbedingungen das Gewinnstreben auf die »Turbinen der Realwirtschaft« lenken oder auf Finanzspekulation. Prüfung und Untermauerung dieser These erforderten in den nachfolgenden Jahrzehnten empirische Untersuchungen in unterschiedlichsten Bereichen – vom Einsatz von Realkapital und Arbeit in der Produktion bis zu computergesteuerten Spekulationssystemen auf Basis von Tages- bis Minutendaten.

Der Arbeitsaufwand von Datenbeschaffung und -auswertung war riesig, und den hat Eva Sokoll bewältigt. Sie war schon 1977 »meine« statistische Assistentin am WIFO geworden. Erschwerend für sie kam hinzu, dass ich bei der Datenarbeit zur Pedanterie neige. Dennoch ist über die vielen Jahre eine große Lebensfreundschaft herangewachsen. Ich gestehe: Das habe ich oft (aus)genutzt, gerade auch für dieses Buch: Eva hat das Datenmaterial und die Vorlagen für die Grafiken erstellt – noch dazu in ihrer Freizeit. Ich bin ihr sehr, sehr dankbar und ihrem Mann auch, dem Meisterkoch Gerald, besonders für feine Speisen und edelsten Schnaps.

Das vorliegende Buch ist mein erstes (»richtiges«) und wohl auch mein letztes, also habe ich am Manuskript gefeilt und poliert. Als ich es – zum größten Teil – im November 2017 abgab, dachte ich: Da kann man nicht mehr allzu viel verbessern. Mein Lektor Bernd Klöckener aus Berlin widerlegte mich gründlich: Er machte unzählige Umstellungs- und Kürzungsvorschläge, und die waren so gut, dass Widerstand aus Eitelkeit erst gar nicht aufkam. Bernd fungierte als idealer »Test-Leser«, er prüfte jedes Argument und jeden längeren Gedankengang auf seine Verständlichkeit auch für Nicht-Ökonomen. Denn diese soll das Buch ebenso erreichen wie meine Kollegen Ökonomen. Dieses Ziel hat Bernd zu seinem eigenen gemacht. Nach dem halben Jahr Zusammenarbeit kannte er meinen Text nachweislich besser als ich. Sein Engagement ging über eine hervorragende Arbeit eines Profis weit hinaus. Dafür danke ich ihm von Herzen.

Die vielen Grafiken wurden von Wolfgang Fuehrer erstellt, er hat sich mit Geduld und Interesse in vielen Besprechungen erklären lassen, welche Zusammenhänge sichtbar gemacht werden sollten, und dies dann umgesetzt.

Der ECOWIN-Verlag hat das Buchprojekt trotz mehrfacher Verzögerungen geduldig unterstützt, ich bin seinem Leiter Dirk Rumberg und insbesondere Bettina Stimeder dankbar, sie hat das Projekt am längsten begleitet und gefördert. In der Endphase hat das Management von Anna-Magdalena Kasper für eine reibungslose Umsetzung gesorgt.

Die mediale Verbreitung wurde und wird von Barbara Brunner unterstützt, vielen Dank auch an sie.

Schon vor dem Lektorat haben Freunde von mir Teile des Texts gelesen und nützliche Vorschläge gemacht, besonders intensiv haben sich Agnes Schulmeister, Helmut

Hiess und Georg (»Schurli«) Herrnstadt mit dem Buchprojekt auseinandergesetzt. Volker Bahl, Kurt Bayer, Alois Guger, Gustav Horn, Daniela Kloock, Ferdinand Lacina, Rosa Lyon, Brigitte Ortner, Christoph Markytan, Markus Marterbauer, Michael Mitterauer, Stefan Schiman, Helene Schuberth, Kalypso Schulmeister, Monika und Agnes Streissler, Oliver Tanzer, Armin Thurnher, Achim Truger, Werner Vogt, Ewald Walterskirchen, Karin Zauner haben Teile des Manuskripts gelesen und nützliche Anregungen gemacht.

Meine »fixe Idee«, die gesamtwirtschaftliche Dynamik aus der Interaktion der Interessen von Arbeit, Realkapital, und Finanzkapital zu erklären, konnte ich am Österreichischen Institut für Wirtschaftsforschung (WIFO) deshalb verfolgen, weil ich ab 1981 im Bereich »Strukturwandel und langfristige Entwicklung der Weltwirtschaft« forschen sollte, ein Zwei-Personen-Referat (mit Eva Sokoll). In dieser »Allerweltsfunktion« konnte ich Studien zu sehr unterschiedlichen Themen machen (siehe das Literaturverzeichnis), sofern ich dafür zumindest eine Teilfinanzierung durch Drittmittel organisierte. Die meisten Studien wurden vom Jubiläumsfonds der Österreichischen Nationalbank unterstützt, ich bin dafür sehr dankbar.

Der Aufstieg von Jörg Haider in den 1990er-Jahren und der Versuch der Traditionsparteien, auch in Österreich eine – den Sozialstaat schwächende – Sparpolitik durchzusetzen (womit sie Haider in die Hände spielten), veranlassten mich, dagegen in Zeitungskommentaren und Fernsehdiskussionen anzukämpfen. Damit habe ich »meinem« Institut bei einigen Finanziers Schwierigkeiten bereitet. Besonders in der Zeit der (ersten) schwarz-blauen Regierung (2000–2006) unter Kanzler Wolfgang Schüssel nahm der Druck zu (zumal ich zu dieser Zeit mit Freunden das Volksbegehren »Sozialstaat Österreich« organisierte). Doch die Institutsleiter – Helmut Kramer und Karl Aiginger – sowie WIFO-Präsident Christoph Leitl haben das Recht auf Meinungsäußerung und politisches Engagement als »Privatperson« verteidigt, auch wenn sie meine zunehmend radikale Kritik an Sparpolitik und Neoliberalismus nicht teilten (in vergleichbaren deutschen Forschungsinstituten wäre ich wohl rausgeflogen). Dafür bin ich ihnen sehr dankbar und noch mehr dafür, dass ich dreißig Jahre lang mein »eigenbrötlerisches« Forschungsprogramm durchziehen konnte.

Im WIFO von 1972 bis 2012 arbeiten zu dürfen war ein großes Privileg und Glück, besonders wegen der Diskussionskultur: Fast täglich wurde über Fragen der Wirtschaftspolitik und manchmal auch der Theorie in der »Kaffeerunde« debattiert. Ein solcher Austausch unterschiedlicher Sichtweisen und damit die Pflege von Pluralität standen im Gegensatz zur wachsenden »Homogenisierung« des ökonomischen Denkens an den Universitäten. Ich habe davon sehr profitiert.

Einigen Kolleginnen und Kollegen vom WIFO bin ich aus unterschiedlichen Gründen zu speziellem Dank verpflichtet wie Kurt Bayer, Stefan Ederer, Alois Guger, Angelina Keil, Angela Köppl, Helmut Kramer, Thomas Leoni, Peter Leser, Christine Mayrhuber, Peter Mayerhofer, Eva Novotny, Michael Peneder, Stefan Schiman, Stefan Schleicher, Margit Schratzenstaller-Altzinger, Gunter Tichy und Ewald Walterskirchen. Bei EDV-Problemen haben mir besonders Wolfgang Klameth, Marianne Schöberl,

Peter Holzer, Thomas Haas und Peter Janecek geholfen. Die Software zur Analyse technischer Spekulationssysteme hat Markus Fulmek entwickelt.

Auch von Diskussionen mit anderen österreichischen Ökonomen habe ich profitiert, insbesondere mit Markus Marterbauer, Peter Mooslechner, Ewald Nowotny, Helene Schuberth, Elisabeth Hagen, Wilfried Stadler, Georg Feigl, Agnes Streissler, Mathias Schnetzer, Miriam Rehm, Georg Kovarik, Sepp Wall-Strasser, Michael Miess, Werner Kogler, und Lukas Tockner. Hans Seidel, Kurt W. Rothschild und Egon Matzner, mit denen ich viele anregende Gespräche geführt habe, werden mir stets in Erinnerung bleiben. Von den Kollegen aus Deutschland möchte ich insbesondere Gustav A. Horn, Jürgen Kromphardt, Achim Truger, Eckhard Hein, Arne Heise, Hansjörg Herr und Peter Wahl erwähnen.

Mit zwei in den USA lebenden Ökonomen habe ich die längste Zeit einen fachlichen wie freundschaftlichen Kontakt, Michael D. Goldberg und Robert P. Guttmann. Beide lernte ich – unabhängig voneinander – anlässlich eines Forschungssemesters an der New York University 1983 kennen. Michael war der erste, dem ich meine Theorie der Finanzspekulation erläuterte und der sie (zum größten Teil) ernstnahm. Ich bin ihm auch – und noch mehr – aus persönlichen Gründen sehr verbunden (ebenso wie seiner Frau Sybille). Mit Robby hatte ich vom ersten Moment an eine nahezu gleiche »Wellenlänge« in Bezug auf die vielfältigen Gegensätze zwischen Real- und Finanzkapital und deren Bedeutung für ein Verständnis der langfristigen Wirtschaftsentwicklung.

Viele Menschen haben über eine lange Zeit indirekt zum Entstehen dieses Buchs beigetragen. So ziehe ich mich seit 1984 zum Nachdenken, Wandern und Moutainbiken in ein kleines, altes (1599) Bauernhaus am Hubberg in Ybbsitz zurück. Einen großen Teil des Buchs habe ich dort geschrieben. Den Besitzern Leopold und Rosi Dieminger danke ich dafür sehr. Sie haben nicht zuletzt mit unzähligen Speckjausen das Buch genährt. Das Gleiche gilt für die Nachbarn vom »Kirchweg«, Lambert und Vroni Kaltenbrunner – dort gab es auch noch Most dazu ...

Alle, die mir über viele Jahre in den kleinen und großen Dingen des Lebens halfen – von der Pflege meiner 34-jährigen »Lady« (Yamaha XJ 500) bis zur Seelenstärkung – wie Josef Hauer, Margarete Kronfuss, Marta und Endi Markowicz, Natalie Maibach, Marianne Martin, Marcel Ondray, Katja Rainer und Kurti Swoboda, haben dadurch ebenfalls einen Beitrag zum Buch geleistet. Und natürlich die Freunde (darunter auch viele der oben erwähnten Ökonomen): Bernhard Krause, mit dem ich schon seit dem Gymnasium befreundet bin – wir haben schöne Reisen gemacht und einander nie (ganz) aus den Augen verloren; Werner Vogt, der wichtigste Freund aus der Studentenzeit, der mir bis heute ein Vorbild ist, besonderes im Mut zum aufrechten Gang; Heinz Fischer, den ich in den Debatten um die Hochschulreform näher kennengelernt habe (schon zehn Jahre vorher – er war als aufstrebendes »Polittalent« öfter in unserer Familie eingeladen – durfte ich als 14-Jähriger den Mundschenk für ihn spielen); Letizia Pedrazzi aus Modena, mit der sich eine fast 40-jährige Lebensfreundschaft entwickelt hat, und ihre Familie; Dagmar und Alfred Guttmann, Traude und Josef Nowak,

Elisabeth und Franz Herzog, Eva Renn, Christl und Erich Kainz, Eva und Günther Gretzmacher, Gottfried Schellmann, Werner A. Perger, Gottfried Kögeler, Georg Psota, Maria Orlicka-Liese und ihr Mark, Friedel Hans, Michael Kerbler und Magda Hochsteiner.

Aus Wohngemeinschaftszeiten haben Freundschaften »überlebt« mit Ernst Haider und Angelika Haider-Kircher, Günther Haberl, Christine Reiterlechner, Arno Einwittschläger, Elke Atzler, Tamara Guttmann, Irene Brandauer-Schöffmann und – last but not least – Daniela Kloock aus Berlin.

Vor fast dreißig Jahren wurde unsere (erstgeborene) Tochter Sarah in eine kurz davor gegründete Kindergruppe aufgenommen. Daraus entwickelte sich ein Freundeskreis, der bis heute besteht. Wir gingen und gehen gemeinsam Skilaufen, werden jährlich vom Nikolo bedacht und nehmen Anteil an den großen und kleinen Problemen (auch an meiner mehrjährigen »Buchschwangerschaft«): Eva und Peter Ahnelt, Marlene Schneider und Georg Herrnstadt, Angelika Linsmeier und Helmut Hiess, Kerstin Witt-Löw und Raimund Löw, Brigitte Ortner und Kurt Langbein, Susi Chamrad und Christian Schmeiser, Ursula Mayr und Erich Zobetz.

Bei Organisation des Volksbegehrens »Sozialstaat Österreich« sind für mich wichtige Freundschaften entstanden mit Renata Schmidtkunz, Emmerich Talos, Elisabeth Paschinger, Ernst Berger, Sieglinde Rosenberger, Evelyn Fluch und Eva Maria Bachinger, und in jüngster Zeit habe ich im Rahmen der Kampagne »Christlich geht anders« Menschen kennengelernt wie Gabriele Kienesberger, Ferdinand Kaineder, Magdalena Holztrattner, Margit Appel, Elisabeth Ohnemus, Markus Blümel, Elisabeth Mayer, Franz Helm, Regina Polak, Rainald Tippow und Christoph Watz. Sie alle haben mir durch ihr Engagement immer wieder Kraft gegeben.

Die wichtigsten Beziehungen freilich waren und sind jene im engsten und weiteren Familienkreis, und sie waren vom langen Entstehungsprozess des Buchs am meisten betroffen. Dass ich oft – physisch wie mental – zu wenig präsent war, tut mir Leid, zumal sich Vieles nicht so entwickelt hat, wie erhofft. Meine älteste Tochter Sarah hat manche Verletzungen durch zwei Scheidungen bei sich und ihren drei Schwestern zu lindern versucht, ist trotz dieser Last zu einer jungen Frau herangewachsen, die Freude am Leben hat und anderen Freude macht. Wie Hannah die Welt empfindet und begreift, wissen wir nicht. Aber wie sehr sie alle mit ihrer Fröhlichkeit ansteckt, das spüren wir: Sie ist ein Glücksbringer – vielen Dank auch an Sigi und Paul Mazal, die Begründer von »Geh mit uns«, wo Hannah lebt, und allen MitarbeiterInnen, insbesondere Maja Rack und Sabine Simlinger. Sophie und Laura gehen ihren Weg, und als Motorradfahrer weiß ich: Wenn der Weg das Ziel ist, dann lieber Kurven als die Autobahn. Allen vier Töchtern bin ich dankbar, dass sie so sind, wie sie sind. Auch deshalb schulde ich Ruth von Bonin-Schulmeister und Romana Schulmeister Dank.

Meine Schwestern Clara, Agnes, Terese und meine Schwägerin Ursula Schulmeister pflegen die für sie wichtigsten Verbindungen in einem familiären Beziehungsgeflecht von mittlerweile fünfundzwanzig Kindern und Enkelkinder, das Wien, Böheimkirchen, Den Haag, Sierning und Brüssel verbindet. Viele haben an meinen »Buchwehen« Anteil genommen, manche haben Teile oder fast alles vor-gelesen.

Meinen Eltern Hedwig und Otto Schulmeister bin ich für Vieles dankbar, besonders aber dafür: Ich war ein sehr unfolgsames Kind, wusste mich über Verbote hinwegzusetzen und war besonders im Gymnasium ein schlimmer Schüler – wenn Lehrer das »Lehrerhafte« herausstellten, habe ich empfindlich reagiert. Deshalb brachte ich öfter nicht nur einen »Vierer« in »Betragen« nach Hause, sondern auch Mitteilungen vom Direktor des »Wasagymnasiums« wie: »Über Ihren Sohn Stephan Schulmeister wurde ein vierstündiger Karzer verhängt. Grund: Beleidigende Äußerungen über einen Professor vor der Klasse – Wien, am 6. 5. 1964.« Dafür wurde ich zu Hause nie sanktioniert, vielmehr konnte mein Vater einen gewissen Stolz nur mit Mühe verbergen (und mein Opa auch, der deshalb diese Mitteilungen archivierte). Das Widerspenstige konnte weiter gedeihen.

Christine Hochsteiner hat wichtige »außerökonomische« Anregungen für dieses Buch gegeben, von Michael Sandels Gedanken über *Was man mit Geld nicht kaufen kann* (samt Einführung in die entsprechende Praxis) bis zu ihrer Erfahrung als »Gemeinschaftsgärtnerin« und Flüchtlingsbetreuerin. Dafür bin ich ihr dankbar – und für noch viel mehr. Aber das gehört nicht hierher. Wohl aber der Schlusspunkt des Buches.

REGISTER

Abel, Andrew B.   406, 443
Adler, Viktor   143
Admati, Anat   371, 443
Aglietta, Michel   443
Ahamed, Liaquat   388, 415, 416, 443
Aknin, Lara B.   422, 446
Algan, Yann   374, 447
Allais, Maurice   83
Allende, Salvador   112, 113, 389
Altvater, Elmar   416, 443
Angner, Erik   403, 404, 443
Angrist, Joshua D.   428, 443
Aron, Raymond   75
Arrighi, Giovanni   147f., 150f., 396f., 443
Arrow, Kenneth   50, 285
Artner, Heidemarie   452
Atzmüller, Roland   443

Bader, Michael D.   434f., 443
Barber, Brad M.   402f., 443
Barberis, Nicholas   402ff., 443
Barro, Robert   115, 390, 443
Bebel, August   143
Becker, Gary S.   86, 91, 96, 113, 291, 383f., 392, 421, 438, 443
Becker, Joachim   443
Berlusconi, Silvio   84
Bernanke, Ben S.   449
Beveridge, William H.   75, 396
Bibow, Jörg   417, 444
Bismarck, Otto von   143
Blankenburg, Stephanie   419, 425, 456
Blundell, John   94, 385f., 444
Bofinger, Peter   398, 406, 415f., 439, 444
Born, Brooksley   119f., 391, 455
Bourdieu, Pierre   395, 416, 444
Bowles, Samuel   450

Boyd, Robert   450
Boyer, Robert   444
Brand, Ulrich   443f.
Brandt, Willy   101
Braudel, Fernand   148, 397, 444
Brecht, Bertold   252, 441, 444
Brezinski, Horst   447
Brock, William A.   401, 444
Brodbeck, Karl-Heinz   423, 425, 444
Brodnig, Ingrid   434, 444
Bruhin, Adrian   454
Brunnermeier, Markus   444
Buchanan, James   87, 90, 96, 99, 112f., 266, 383, 438, 444
Burgin, Angus   381, 387, 389, 425, 444
Bush, George W.   248
Butterwegge, Christoph   425, 432, 444

Caldwell, Bruce   381, 424, 427, 437, 439, 444
Caldwell, Sydnee   381, 428, 443
Camerer, Colin   365, 399, 403f., 444f., 447f., 450
Cameron, David   95
Carroll, Lewis > Dodgson, Charles L.
Carter, John R.   440, 445
Chaloupek, Günther   445, 460
Chambers, David   377, 445
Chan, Chia-Chung   401, 445
Chang, P. H. Kevin   401, 445
Chang, Yung-Ho   401, 445
Chen, Tingyun   432, 445
Cheung, Yin W.   445
Chew, Boon-Kiat   401, 460
Chinn, Menzie D.   445
Cipriani, Giam P.   440, 445
Claeys, Gregory   410, 445
Clarida, Richard   390, 445

469

Clinton, Bill   119, 193, 247f., 250, 440
Coase, Ronald   86, 90f., 96, 99, 113, 384, 445
Cockett, Richard   386, 445
Cohen-Zada, Danny   402, 445
Cohn, Alain   403, 446
Cole, Harold L.   373, 438, 446
Collignon, Stefan   445
Conlisk, John   404, 446
Coval, Joshua D.   402, 446
Cramer, Judd   428, 446
Crouch, Colin   425, 446

Daniel, Kent D.   403, 446
Dany, Geraldine   416, 446
Darvas, Zsolt   410, 445
Davidson, Paul   379, 446
De Bondt, Werner F. M.   446
De Grauwe, Paul   416, 446
DeLong, Brafdord J.   446
Delors, Jacques   254f., 260, 431
Dempsey, Michael   401, 451
Detzer, Daniel   450
Deutschmann, Christoph   395, 446
Dimson, Elroy   377, 445
Director, Aron   84, 93
Dodgson, Charles L (= Lewis Carroll)   246
Dolata, Ulrich   434, 446
Draghi, Mario   223, 259, 325
Dullien, Sebastian   446
Dunn, Elizabeth W.   422, 446

Ebenstein, Alan   382, 446
Eckstein, Walther   375, 376, 446
Ehrenhauser, Martin   400, 446
Einstein, Albert   37, 312f.
Eisenegger, Christoph   402, 446
Elstner, John   404, 447
Engelmann, Jan   446
Engels, Friedrich   115, 143, 394, 428, 441, 453
Epstein, Gerald A.   395, 447

Erhard, Ludwig   58
Eucken, Walter   83f., 444, 449

Fama, Eugene   87, 114, 374, 383, 447
Farrant, Andrew   447
Fehr, Ernst   365, 402, 404, 445ff., 450, 454, 458
Felber, Christian   308f., 426, 447
Feldmann, Horst   424, 447
Feldstein, Martin   255
Fernandez-Rodriguez, Fernando   447
Fischbacher, Urs   404, 447
Fischer, Karin   389, 447
Fisher, Antony   89, 95, 385f.
Flassbeck, Heiner   252, 412, 414, 416, 447
Fleck, Ludwik   7, 36ff., 48, 50, 55, 89, 106, 114, 182, 217, 311, 358, 366f., 372ff., 378f., 382f., 387, 421, 436, 442, 447
Foo, Justin   377, 445
Fourcarde, Marion   374, 447
Frank, Bjorn   440, 447
Frank, Robert H.   439, 448
Frankel, Jeffrey A.   401, 448
Fratzscher, Marcel   422, 448
Freud, Sigmund   311, 365
Frey, Bruno S.   424, 440, 448
Friedman, Milton   42, 46, 73f., 81, 83ff., 86ff., 92ff., 96, 98ff., 111ff., 117, 182, 211f., 216, 255, 307, 362, 366, 372, 374, 380ff., 387, 390, 403, 434f., 439, 448, 451
Friedman, Rose   383, 439, 448
Froot, Kenneth A.   401, 448
Frydman, Roman   186, 404, 448
Fullbrook, Edward   426f., 448

Galbraith, James K.   417, 448, 459
Gali, Jordi   390, 445
Gencay, Ramazan   401, 448
George, Susan   425, 448
Gertler, Mark   390, 445
Gigerenzer, Gerd   427, 448

Gilovich, Thomas   439, 448
Gintis, Herbert   450
Glaeser, Edward L.   404, 448
Glimcher, Paul W.   404, 448
Goldberg, Michael D.   186, 401, 403f., 448, 457, 465
Goldfarb, Robert S.   440, 460
Goldschmidt, Nils   427, 449
Gonzalez-Martel, Christian   447
Goode, Miranda R.   422, 460
Goodfriend, Marvin   390, 449
Greenspan, Alan   119f.
Gropp, Reint E.   446
Guger, Alois.   376, 449, 464
Gunasekarage, Abeyratna   401, 449
Guttmann, Robert P.   395, 449, 465

Habermacher, Florian   449
Habermas, Jürgen   264, 415, 417, 449
Hahn, Frank   50
Hall, Jonathan V.   428, 443
Hallaert, Jean-Jacques   445
Harberger, Arnold   112
Häring, Norbert   442, 449
Hartwell, Ronald M.   381, 449
Harvey, David   425, 449
Hauser, Oliver P.   449
Haushofer, Johannes   402, 446
Havlik, Karel   410, 411f., 449
Hayek, Friedrich A.   18, 50, 73ff., 93f., 100, 112f., 264, 266ff., 295, 299ff., 303, 363, 377, 379ff., 387ff., 417f., 423ff., 436, 444, 446f., 449ff., 459
Heath, Edward   97
Heimberger, Philipp   410, 450
Hein, Eckhard   395, 417, 450, 465
Heise, Arne   425, 450, 465
Hellwig, Martin   371, 443
Henrich, Joseph   297, 405, 424, 450
Herr, Hansjörg   412, 416f., 445, 450, 455ff., 459, 465
Herrmann, Ulrike   375, 377, 396f., 450
Hickel, Rudolf   416, 450

Hilferding, Rudolf   392, 450
Hirsch, Fred   420, 450
Hirsh, Michael   391, 450
Hirshleifer, David   402f., 446, 450
Hirte, Katrin   425, 454
Hofstetter, Yvonne   434, 450
Holland, Stuart   417, 459
Hommes, Cars   450
Hong, Harrison   450
Hoover, Herbert   96
Horn, Gustav A.   422, 444, 451, 464f.
Huang, Ming   403, 443
Huberman, Gur   403, 451
Hudson, Michael   394f., 425, 451
Hudson, Robert   401, 451
Hume, David   267
Hunold, Arnold   98, 387

Irons, Michael D.   440, 445

James, Harold   444
Jasic, Teo   401, 451
Jegadeesh, Narasimhan   451
Jevons, William S.   48f., 361, 438, 459
Ji, Yuemei   446
Jones, Daniel Stedman   380ff., 385ff., 425, 451

Kahn, Richard   64f.
Kahneman, Daniel   183, 186, 297, 390, 403f., 424, 451, 459
Kalecki, Michal   102f., 387, 440, 451
Kant, Immanuel   52, 73, 267, 280, 295
Karamanlis, Kostas   220, 240
Karner, Andreas   452
Kaufman, Perry J.   451
Kautsky, Karl   143
Keasey, Kevin   401, 451
Keen, Andrew   434, 451
Keen, Steve   425ff., 429, 451
Kennedy, Gavin   50, 374f., 451
Keynes, John M.   10, 18f., 36, 62ff., 73ff., 86, 92, 99, 102, 107, 115f.,

124f., 133, 142, 158, 166, 175, 185f., 242f., 246, 301, 356f., 359, 366, 373, 375, 377ff., 385, 387f., 393f., 400, 405, 414, 416, 425, 427, 436, 439f., 445f., 452, 454, 460
Kindleberger, Charles P.   402, 416, 452
King, Robert   390, 449
Kirchgässner, Gebhard   449
Kish, Richard J.   401, 452
Kletzan-Slamanig, Daniela   431, 452
Knight, Frank   83
Koch, Charles   93, 97
Koch, David   93, 97
Kohl, Helmut   135, 255, 260
Kondratieff, Nikolai D.   141, 144ff., 150f., 395ff., 452
Koo, Richard   398, 452
Köppl, Angela   452, 464
Kosfeld, Michael   404, 447
Kreisky, Bruno   101, 135, 390
Krippner, Greta R.   395, 452
Kromphardt, Jürgen   391, 452, 457, 465
Kropotkin, (Fürst) Peter   296f., 423f., 452
Krueger, Alan B.   428, 446
Krugman, Paul   46, 390
Krumer, Alex   402, 445
Kuhn, Thomas S.   38f., 46, 372f., 442
Kurz, Heinz D.   377, 391, 436f., 439, 449, 452, 454, 457, 459
Kwon, Ki-Yeol   401, 452
Kydland, Finn E.   43, 113, 115, 390, 452

Lafontaine, Oskar   252
Laibson, David I.   404, 448
Lakonishok, Josef   401, 444
Landau, Jean-Pierre   444
Lapavitsas, Costas   412, 414, 416, 447
Layard, Richard   424, 452
Leandro, Alvaro   410, 445
LeBaron, Blake   401, 444, 452
Leopold II von Belgien   352
LeRoy, Stephen F.   403, 453
Letwin, Oliver   95, 386

Levich, Richard   401, 452
Lewis, Michael   390, 400, 403, 453
Lindbeck, Assar   113, 390
Lippmann, Walter   75, 82
Lissmann, Konrad P.   421, 453
Littke, Helge   446
Lo, Andrew   185, 402, 404, 453
Loewenstein, George   403f., 443ff.
Lopokova, Lydia   62
Lösch, Bettina   425, 444
Lubian, Diego   440, 445
Lucas, Robert E.   40, 45, 81, 113ff., 359f., 366, 372, 374, 390, 436f., 439, 453
Luhnow, Harold   93, 385
Lundberg, Erik   113

Machlup, Fritz   83f., 412, 453
Maillet, Bertrand   401, 453
Malhotra, Deepak   460
Malthus, Thomas   49, 127, 408
Mandeville, Bernard   50
Mankiw, Gregory N.   44, 46, 421, 443, 453
Manzur, Meher   401, 460
Marechal, Michel A.   446
Marsh, Ian W.   445
Marshall, Alfred   361, 438
Marterbauer, Markus   432, 445, 453, 460, 464f.
Martino, Antonio   84
Marx, Karl   18, 49, 54, 115, 124f., 127, 129, 132, 134, 143, 145, 148ff., 186, 299, 366, 369, 375, 377, 392ff., 397, 428, 441, 453
Mason, Paul   145ff., 396, 426, 453
Mather, John C.   358
Matzner, Egon   370f., 390, 453, 465
Matzner-Holzer, Gabriele   371, 453
Mazzucato, Mariana   381, 435, 453
McMorrow, Kieran   449
McPhail, Edward   447
Mead, Nicole L.   422, 460
Meier, Stephan   440, 448

Menger, Carl   48f., 361, 427, 437f., 454
Menkhoff, Lukas   400f., 453f.
Mensch, Gerhard   397
Merkel, Angela   34
Merton, Robert   120
Metghalchi, Massoud   401, 445
Michel, Thierry   401, 453
Milford, Karl   438, 454
Mill, John S.   49, 186, 366
Minsky, Hyman P.   379, 454
Mirowski, Philip   372, 382, 423, 426, 447, 454
Mises, Ludwig von   73, 79, 83f., 93, 96
Mooslechner, Peter   405, 454, 465
Morishima, Yosuke   404, 454
Müller-Armack, Alfred   58, 419, 454
Murnighan, J. Keith.   440, 460
Muth, John   114

Nasar, Sylvia   377, 380, 396, 438, 441, 454
Neely, Christopher J.   401, 454
Nixon, Richard   105
Noll, Thomas   454
Norton, Michael I.   422, 446
Nowak, Martin A.   297, 424, 449, 454
Nowotny, Ewald   405, 454, 465

Obama, Barack   120
Oberndorfer, Lukas   443
Odean, Terrance   402f., 443
Offe, Claus   416f., 454
Offer, Avner   390, 454
Ohanian, Lee E.   373, 438, 446
O. Henry > Porter, William Sydney
Ollion, Etienne   374, 447
Olson, Dennis   401, 454
Orhangazi, Özgür   398, 454
Orlandi, Fabrice   449
Osler, Carol L.   401, 445, 454
Ötsch, Walter O.   387, 423, 425, 454

Palley, Thomas   395, 416f., 455
Palme, Olof   101

Papandreou, Giorgos   33, 220, 240
Pauchant, Thierry C.   374f., 455
Paulson, John   118
Peukert, Helge   371, 455
Peysakhovich, Alexander   449
Pfeffer, Thomas   452
Phillips, Alban W.   92f., 99, 108, 113, 362, 385, 388, 453, 455
Pickett, Kate   421f., 455
Piketty, Thomas   125, 293, 406f., 422, 426, 444, 455
Pinochet, Augusto   86, 112f., 389f., 447
Pitt, Alexander   445
Pizano, Diego   425, 455
Planas, Christophe   449
Plehwe, Dieter   382, 386, 447, 454f.
Plickert, Philip   380ff., 386f., 455
Polanyi, Karl   432, 440, 455
Polanyi, Michael   83
Ponzi, Charles   244, 414
Poppen, Paul J.   440, 460
Popper, Karl   83, 312, 372f., 381, 390, 455
Porter, William Sydney (= O. Henry)   291
Power, David M.   401, 449
Prelec, Drazen   404, 445
Prescott, Edward C.   43, 113, 115, 359, 373, 390, 436, 438, 452, 455
Priewe, Jan   416f., 445, 450, 455ff., 459
Prisching, Manfred   427, 455
Ptak, Ralf   425, 444
Pühringer, Stephan   425, 454

Qu, Haonan   445
Queyranne, Maximilien   445

Rabin, Mathew   404, 444, 455
Raciborski, Rafal   449
Rand, David G.   449
Reagan, Ronald   95, 110, 113, 247, 386, 389
Redak, Vanessa   443

Regan, Dennis T. 439, 448
Regev, Tomer 403, 451
Repin, Dimitry V. 402, 453
Rhee, Alaina 445
Ricard, Matthieu 424, 458
Ricardo, David 18, 49, 115, 124, 127, 134, 408, 432, 439
Robbins, Lionel 83, 377
Röger, Werner 449
Roig-Franzia, Manuel 391, 455
Roosevelt, Franklin D. 43, 62, 75, 77, 88, 90, 149, 151, 379, 388, 431
Röpke, Wilhelm 75, 82ff., 97f.
Roscher, Wilhelm G. F. 143
Rossi, Alessandro 449
Rotemberg, Julio 449
Rothschild, Emma 374f., 456
Rothschild, Kurt W. 385, 456, 465
Rousseau, Jean-Jacques 267, 299, 423, 424
Rubin, Robert 119f.
Ruckriegel, Karlheinz 424, 456
Rueff, Jacques 75
Ruff, Christian C. 454
Rüstow, Alexander 75, 84, 97f.

Sablowsi, Thomas 443
Saillard, Yves 444
Samuelson, Larry 405, 456
Samuelson, Paul A. 44, 46, 49f., 70, 92, 375, 387, 441, 451, 456
Sandel, Michael J. 284, 288, 420ff., 456
Sander, Henrike 425, 450
Santos, Tano 403, 443
Sargent, Thomas J. 113, 390, 456
Say, Jean-Baptiste 64, 377
Scharpf, Fritz W. 414, 456
Scheinkmann, Jose A. 448
Schellinger, Alexander 417, 456, 460
Scherrer, Pascal 454
Schlumberger, Manfred 401, 453
Schmid, Kai D. 444
Schmidt, Klaus M. 404, 447

Schmoller, Gustav 143, 427, 437, 439, 449, 455
Scholes, Myron 120
Schrape, Jan-Felix 446
Schrems, Max 434, 456
Schuberth, Helene 416f., 456, 464f.
Schui, Herbert 419, 425, 456
Schulze, Gunther G. 440, 447
Schumpeter, Joseph A. 141, 144, 146, 309, 395ff., 441, 457
Schunk, Daniel 454
Schwalbe, Ulrich 438, 457
Schwartz, Anna J. 42, 87, 372, 383, 448
Sedlacek, Thomas 374, 458
Segbers, Franz 425, 458
Semmler, Willi 417, 458
Sen, Amartya 380, 384f., 390, 441, 458
Sennett, Richard 421f., 458
Shabunina, Anna 445
Shefrin, Hersh 403, 458
Shiller, Robert 403, 458, 460f.
Shleifer, Andrew 403, 443, 446
Shtudiner, Ze'ev 402, 445
Shumway, Tyler 402, 450
Simmel, Georg 458
Simons, Henry 98
Singer, Tania 297, 404, 424, 458
Skidelsky, Robert 377, 458
Smith, Adam 7, 18, 47ff., 78, 97ff., 124, 127, 134, 186, 267, 285, 291f., 342, 361, 366, 374ff., 383, 391, 397, 407f., 421, 424, 433, 438f., 441, 443, 446, 451f., 455, 458
Smith, Jean Edward 458
Smith, Vernon 383
Söderberg, Gabriel 390, 454
Solow, Robert 92, 387f., 456
Soros, George 177, 256, 401, 458
Sosvilla-Rivero, Simon 447
Soutter, Christine L. 448
Stadler, Wilfried 371, 458, 465
Stapelfeldt, Gerhard 423, 458

Statman, Meir   403, 458
Steenbarger, Brett N.   402, 453
Stein, Jeremy C.   450
Steinberg, Philipp   417, 456, 460
Stigler, George   83f., 86, 90, 96, 99, 113, 383, 458
Stiglitz, Joseph A.   46, 50, 390, 416, 458
Streeck, Wolfgang   252f., 262, 266, 414ff., 418, 426, 458
Streissler, Erich   374f., 407f., 459
Streminger, Gerhard   53, 376, 387, 441, 459
Strobl, Thomas   34
Stützel, Wolfgang   405, 439, 459
Subrahmanyam, Avanidhar   403, 446
Sullivan, Ryan   401, 459
Summers, Lawrence H.   118ff., 290, 391, 443, 446, 450

Taleb, Nassim N.   399, 459
Taylor, John B.   42, 372, 459
Taylor, Mark P.   44, 400, 453f.
Thaler, Richard   185, 402ff., 426, 443, 446, 459
Thatcher, Margaret   51, 81, 86, 95, 97, 113, 386, 389
Thieme, Sebastian   425, 450
Thomas, Lee   401, 452
Thomasberger, Claus   425, 459
Thum-Thysen, Anna   449
Tichy, Gunther   371, 419, 459, 464
Timmermann, Allan   459
Titman, Sheridan   451
Tobin, James   50
Tomasello, Michael   297, 424, 459
Trichet, Jean-Claude   223
Truger, Achim   417, 459, 464f.
Trump, Donald   246, 319, 434
Tullock, Gordon   90, 383f., 444
Tversky, Amos   183, 186, 297, 403, 451, 459

Urban, Janina   382, 459

Vanberg, Viktor J.   424f., 449, 459
Vandenbussche, Jérôme   445
Vandermeulen, Valerie   449
Van Parijs, Philippe   418, 459
Van Treeck, Till   444, 460
Varoufakis, Yannis   416f., 460
Vishny, Robert   403, 443
Vogl, Joseph   425, 460
Vohs, Kathleen D.   422, 460
Volcker, Paul   247
Voltaire   267
Von Suntum, Ulrich   438, 460

Waldfogel, Joel   291
Waldmann, Robert J.   446
Wallace, Neil   390, 456
Walpen, Bernhard   380ff., 385ff., 390, 423, 455, 460
Walras, Léon   48f., 310, 361, 429, 457
Walterskirchen, Ewald   378, 460, 464
Wang, Long   440, 460
Watt, Andrew   416f., 445, 450, 455ff., 459
Welch, Ivo   403, 460
Weller, Paul A.   401, 454
Werner, Richard A.   395, 460
White, Halbert   401, 459
Whyman, Philip B.   416, 460
Wilkinson, Richard   421f., 455
Wong, Wing-Keung   401, 460
Wood, Douglas   401, 451

Xiaoping, Deng   140

Yackovlev, Irene   445
Yezer, Anthony M.   440, 460
Young, Brigitte   417, 457

Zago, Angelo   440, 445
Zeckhauser, Richard J.   443
Zettelmeyer, Jeromin   417, 460
Zinn, Karl G.   419, 460
Zuckerman, Greg   390, 460
Zweig, Jason   404, 460